스포츠지도사 한권으로 정리하기

이 책 한 권이면 합격한다!!

2급 스포츠지도사 · 2급 생활스포츠지도사
유소년 스포츠지도사 · 2급 장애인스포츠지도사 · 노인 스포츠지도사

김택천, 한태룡, 김정효, 한동욱, 정진욱, 양종현 편저

Rainbow BOOKS

스포츠지도사 한권으로 정리하기

인 쇄　2021년 3월 5일
발 행　2021년 3월 10일

편저자　김택천, 한태룡, 김정효, 한동욱, 정진욱, 양종현

발행처　레인보우북스
주 소　서울특별시 관악구 신림로 75 레인보우B/D
전 화　(02) 2032-8800
팩 스　(02) 871-0935
E-mail　min8728151@rainbowbook.co.kr
홈페이지　www.rainbowbook.co.kr

ISBN　978-89-6206-497-1　(93690)
값　28,000 원

* 본서의 무단복제를 금하며, 잘못된 책은 구입한 곳에서 교환해 드립니다.

이 책을 시작하며

우리나라의 경제 성장에 따른 국민의 여가선용 기회가 많아지고 그 결과 스포츠에 참여하는 국민들이 지속적으로 증가하고 있는 실정입니다. 이는 곧바로 체육 시장의 확대를 가져왔으며 이에 따른 체육지도자의 수요 또한 지속적으로 증가하는 추세라고 할 수 있습니다.

이런 점들을 반영하여 정부는 국민체육진흥법을 개정하여 2015년부터 체육지도자 자격증 시험이 변경하여 경기지도자, 생활체육지도자에서 스포츠지도사, 건강운동관리사, 장애인스포츠지도사, 노인스포츠지도사로 자격종류가 세분화하였습니다. "실기·구술시험 → 이론연수 → 필기시험"에서 "필기시험 → 실기·구술시험 → 실무연수로 양성과정 또한 변경하였습니다.

특히, 예전의 3급 생활체육지도자 자격은 2급 생활스포츠지도사 자격을 변경되어 체육지도자를 지망하는 사람들에게 반드시 필요한 자격이기도 합니다.

이에 당시 저희 편저자들은 2015년 스포츠지도사를 지망하시는 분들을 위해 '스포츠지도자 만전도전 완전정리'라는 편저를 발간하여 자격증을 취득하는데 많은 기여를 하였습니다. 이후 1차례의 개정 작업을 통해 책을 발간한 바가 있습니다.

초판본에서 지금까지 스포츠지도사 과목의 변화는 없었으나 과목의 일부 내용이 시대의 변화에 따라 추가되거나 변경될 수밖에 없으며 이에 적합한 스포츠지도사 자격을 위한 시험 준비서에 대한 요구가 증가하고 있습니다.

따라서 기존 책을 근간으로 편저자를 재구성하여 스포츠지도사를 지망하시는 분의 필기시험 준비하는데 도움을 줄 있는 책자를 발간하게 되었습니다.

이 책은 기존의 스포츠 이론과 최근의 생활체육, 전문체육, 엘리트체육의 정책을 반영하는 등 스포츠지도사 시험의 특성을 고려하여 출제 범위에 포함되는 내용의 이론을 가능한 전반적으로 다루면서 요약하고 중요한 부분에 대한 기초문제를 제시하여 문제마다 정답과 문제의 핵심 내용을 정리 해설하였습니다.

체육지도자의 스포츠지도사 자격 취득은 개인 뿐 아니라 국민의 체육복지 차원에서도 중요한 일입니다. 다가올 미래사회에서 스포츠지도사 자격은 생활이나 전문체육의 안정화와 발전을 선도하는 실질적인 자격이라 할 수 있습니다. 체육지도자가 되고자 하시는 분에게 이번에 발간한 책이 실질적인 도움이 되었으면 하는 소망을 안고 스포츠지도사가 되기 위해 이 책을 구독하며 준비하는 지망자 여러분들의 노력에 부응하는 결실을 맺으시길 기원합니다.

편저자 일동 드림

PART 01 | 스포츠사회학

Chapter 01 스포츠와 스포츠사회학의 이해 3
Chapter 02 스포츠와 정치 8
Chapter 03 스포츠와 경제 12
Chapter 04 스포츠와 교육 15
Chapter 05 스포츠와 미디어 18
Chapter 06 스포츠와 사회계층 22
Chapter 07 스포츠와 사회화 28
Chapter 08 스포츠와 일탈 34
Chapter 09 미래사회의 스포츠 41

기초문제 45

PART 02 | 스포츠교육학

Chapter 01 스포츠교육의 배경과 개념 59
Chapter 02 스포츠교육의 정책과 제도 67
Chapter 03 스포츠교육의 참여자 이해론 86
Chapter 04 스포츠교육의 프로그램론 92
Chapter 05 스포츠교육의 지도방법론 100
Chapter 06 스포츠교육의 평가론 151
Chapter 07 스포츠교육자의 전문적 성장 157

기초문제 164

PART 03 스포츠심리학

Chapter 01	스포츠심리학의 개관	181
Chapter 02	인간운동행동의 이해	183
Chapter 03	스포츠수행의 심리적 요인	194
Chapter 04	스포츠수행의 사회 심리적 요인	214
Chapter 05	운동심리학	229
Chapter 06	스포츠심리상담	234

기초문제　　　237

PART 04 한국체육사

Chapter 01	체육사의 의미	255
Chapter 02	선사시대 및 삼국시대	259
Chapter 03	고려 및 조선시대	265
Chapter 04	근·현대	272

기초문제　　　287

PART 05 | 운동생리학

Chapter 01	신체와 운동 능력의 이해	303
Chapter 02	인체의 에너지원	310
Chapter 03	운동 후 회복	323
Chapter 04	근육계와 운동	329
Chapter 05	신경계와 운동	343
Chapter 06	호흡계	357
Chapter 07	순환계와 운동	373
Chapter 08	내분비계와 운동	389
Chapter 09	일·파워·에너지 소비량 측정	398
Chapter 10	운동과 환경	403
Chapter 11	건강, 체력 및 트레이닝	406
Chapter 12	트레이닝의 기초	409
Chapter 13	트레이닝의 실제	420

기초문제 429

PART 06 | 운동역학

Chapter 01	운동역학 개요	445
Chapter 02	운동역학의 이해	448
Chapter 03	인체 역학	456
Chapter 04	운동학의 스포츠 적용	464
Chapter 05	운동역학의 스포츠 적용	473

Chapter 06 일과 에너지   497
Chapter 07 다양한 운동기술의 분석   503

기초문제   511

스포츠윤리학

Chapter 01 스포츠와 윤리   531
Chapter 02 경쟁과 페어플레이   545
Chapter 03 스포츠와 불평등   552
Chapter 04 스포츠에서 환경과 동물윤리   558
Chapter 05 스포츠와 폭력   564
Chapter 06 경기력 향상과 공정성   568
Chapter 07 스포츠와 인권   573
Chapter 08 스포츠 조직과 윤리   583

기초문제   591

PART 01

스포츠사회학

한 태 룡

Chapter 01 스포츠와 스포츠사회학의 이해
Chapter 02 스포츠와 정치
Chapter 03 스포츠와 경제
Chapter 04 스포츠와 교육
Chapter 05 스포츠와 미디어
Chapter 06 스포츠와 사회계층
Chapter 07 스포츠와 사회화
Chapter 08 스포츠와 일탈
Chapter 09 미래사회의 스포츠

기초문제

Chapter 01 스포츠와 스포츠사회학의 이해

01 스포츠의 이해

1) 스포츠의 진화 - 놀이에서 기원하고 게임의 형태를 거치며 진화

구분	특성
놀이	- 즐거움을 위해(쾌락성), 개인의 선택(자발성)에 따른 활동으로, 규칙이나 역할이 임의적(자유성)이고 일상과 분리(허구성)되며, 재화를 벌지 못하는(비생산성) 행위
게임	- 놀이와 스포츠의 중간단계로 조직화 및 역할분화가 이루어진 형태 - 신체기능, 전술, 확률 등의 요소로 경쟁
스포츠	- 규칙, 조직 제도, 경쟁의 측면에서 가장 높은 수준의 활동 - 다양한 신체기능의 활용이 요구

2) 스포츠의 특징 - 놀이의 특성에 더하여 다양한 특성을 지님

구분	특징
불확실성	- 결과를 예측하기 힘들다
규칙성(제도화)	- 사전에 합의된 규칙에 의거하여 신체기능, 전술, 확률, 경험 등의 요소에 의해 승패가 결정된다.
경쟁성	- 승리를 위해 타인 및 타집단과 대립적 입장에 서는 행위 - 물질 및 정신적 보상의 근거
신체의 움직임	- 신체의 움직임을 겨루는 행위

제도화	- 행동이나 조직이 체계화 또는 표준화되는 과정
	- 스포츠의 제도화 과정(코클리 Coakley)
	  ▷ 공식적 집단에 의한 규칙의 표준화
	  ▷ 규칙집행 기구 존재
	  ▷ (승리하기 위한) 행동의 조직적, 합리적 측면 강조
	  ▷ 전문성이 증대되면서 경기기술의 정형화

3) 근대스포츠의 특징 - 거트만 Guttmann

특징	내용
세속화	- 고대올림픽처럼 종교행사가 아니라, 종교와 무관하게 발전 - 오히려 스포츠가 세속적 종교화됨
평등성	- 참여기회와 참여조건의 평등
전문화	- 구성원간의 임무분담으로 인한 전문성의 등장(예 : 단체운동의 포지션) - 장비와 도구의 전문화
합리화	- 목적과 수단 간의 논리적 인과관계에 따른 합리성 강조
관료화	- 지역, 국가, 국제기구 등 수직적인 명령체계를 지닌 관료조직이 존재
수량화	- 시간, 거리, 점수 등으로 표준화된 기록 존재(예술적 표현까지도 수량화) - 같은 공간에서 시합하지 않아도 경쟁이 이루어지게 됨
기록추구	- 기록을 만들고 이에 대한 극복을 강조

기출문제

코클리(J. Coakley)가 제시한 스포츠 제도화의 특성에 해당하지 않는 것은?(2017년)
① 경기규칙의 표준화
② 경기기록의 계량화
③ 활동의 조직적, 합리적 측면 강조
④ 경기기술의 정형화

➡ 정답 ②
코클리의 스포츠조직화 과정은 경기규칙의 표준화, 규칙집행기구 존재, 활동의 조직적, 합리적 측면 강조 등을 의미한다. 경기기록의 계량화는 거트만이 이야기 하는 '수량화'와 유사한 개념으로 코클리의 주장은 아니다.

Chapter 01 _ 스포츠와 스포츠사회학의 이해

02 스포츠사회학의 의미

1) 스포츠사회학의 정의 및 연구영역

   (1) 스포츠사회학의 정의
   - 스포츠사회학은 사회학의 한 분과로서 스포츠를 사회적으로 연구하는 학문, 스포츠 현상을 인간의 '관계'라는 측면에서 분석함

   (2) 스포츠사회학의 연구영역 및 과제
   - 거시적 영역 : 사회제도(교육, 정치, 경제 등)와 스포츠의 관계
   - 미시적 영역 : 사람들의 작은 단위인 집합, 조직 등과 스포츠의 관계
   - 전문적 영역 : 스포츠사회학의 연구를 위한 대상과 방법 등의 이론

영역	주제	내용
거시적 영역	스포츠의 기능	- 가치 및 이데올로기의 전달, 정치와의 관계
	스포츠와 종교	- 종교와 스포츠의 유사점
	스포츠와 교육	- 학업성취와 스포츠 등
	스포츠와 실력주의	- 계층이동 요인으로서의 스포츠
	스포츠와 성	- 스포츠의 성차 및 성적 불평등
미시적 영역	소집단의 상호작용	- 소집단의 구조 및 구성
	지도자론	- 효율적 지도자 유형 등
	사회화	- 스포츠참가의 동인, 참가의 결과 등
	사기 및 공격성, 비행 등	- 승리와 사기의 관계 - 관중과 경기자의 폭력행위
전문적 영역	학문적 적합성	- 스포츠 사회학 연구의 이유 및 연구방법
	스포츠사회학 이론	- 구조기능주의, 갈등론 등

기출문제

스포츠사회학의 정의에 대한 설명으로 적절하지 않은 것은?(2019)
① 스포츠의 맥락에서 인간의 사회행동 법칙을 규명한다.
② 스포츠 현상을 일반 사회구조의 측면에서 설명한다.
③ 사회학의 하위분야로 스포츠 현상에 사회학적 개념을 적용한다.
④ 선수 개인의 행동과 관련된 인간 내면의 특성 및 과정을 설명한다.

▶ 정답 ④
①~③까지는 스포츠와 사회적 관계에 대한 설명이지만, ④는 사회가 아닌 개인에 대한 문제를 다루고 있다.

03 스포츠의 사회적 기능

1) 사회 정서적 기능

   (1) 긴장 및 갈등의 해소
   - 사회구성원의 욕구해소, 불만 및 스트레스 분출, 정서적 순화
   - 정서의 정화효과(카타르시스 효과)

   (2) 유대감 및 우애감 생성
   - 단체 종목의 경우, 혹은 소속팀 생활에서 경기 및 연습 상황에서 우애, 연대의식, 소속감, 친밀감 등의 감정이 나타남
   - 관람자와 같은 비경기자에게도 이와 유사한 연대의식이 형성됨
   - 스포츠외의 활동(사교활동 등)까지 친밀한 유대감을 연장

2) 사회 통합 및 통제 기능

   (1) 사회 통합기능
   - 한 사회에서 다양한 원인으로 분열이 일어났을 경우, 통합을 유도하는 기능
   - 스포츠는 이질적 개인을 공통체로 융화하고 화합시키기 때문
   - 이 같은 공동체 의식은 팀이나 클럽 등의 소규모 형태뿐만 아니라, 학교, 시, 도, 국가 등으로까지 확산

   (2) 사회 통제 기능
   - 스포츠는 사회 성원에게 사회의 기본적 가치관과 규범을 학습하도록 하여 이를 개인에게 내면화시킴
   - 지배층이 그런 가치관을 만들어낸다면 스포츠를 통해 피지배층의 취향, 의식, 가치관, 태도 등을 통제할 수 있고
   - 이를 통해 지배층은 강압적이지 않은 상태에서 자신이 원하는 방식으로 사회체제의 유지와 존속을 이끌어낼 수 있음

> ※ 스포츠의 사회적 안전판(safety valve)으로의 역할
>
> 사회적 긴장이 늘어나서 체제가 위험에 처할 만큼의 압력이 증대되는 경우, 이런 압력을 안전하게 해소시킬 수 있는 기능

3) 사회화 기능

(1) 스포츠 사회화의 의미
- 사회화란 개인이 소속된 사회집단의 가치, 역할, 문화적 태도 등을 습득하여, 그 사회의 구성원으로 참여하게 되는 일련의 과정
- 스포츠사회화란 스포츠라는 소사회에서 개인이 스포츠 활동을 통해 그 집단과 나아가 일반 사회에 사회화 되는데 기준이 됨

(2) 스포츠사회화의 내용

① **인격형성**
- 스포츠 활동을 통해 사회가 요구하는 바람직한 인격(성실, 책임감, 협동, 예의 등)을 형성

② **규율준수**
- 스포츠를 통해 상대를 인정, 존중하며, 규칙 준수하고, 심판의 권위에 복종하는 태도를 양성

③ **경쟁윤리**
- 스포츠는 자본주의 사회가 요구하고 중시하는 미덕인 경쟁을 통한 승리, 승리를 통한 보상의 기회를 학습할 수 있는 기반
- 동등한 조건 하에서의 경쟁과 이를 위한 철저한 준비, 인내, 용기, 담력 등의 인성은 사회에 적응하는데 중요한 요소로 작용

④ **적응**
- 스포츠는 체력과 정신력의 배양을 통해 개인이 환경의 변화 또는 주변으로의 도전에 대응할 수 있는 능력을 길러줌

기출문제

〈보기〉에서 설명하는 스포츠의 사회적 기능으로 적절한 것은?

2002년 한일월드컵에서 한국축구대표팀은 4강 신화를 만들었다. 이 과정에서 성별, 연령에 관계없이 많은 국민들이 길거리 응원에 참가하며 국가에 대한 애착심과 소속감을 되새겼다.

① 사회통합　　　② 사회통제　　　③ 신체소외　　　④ 사회차별

▶ 정답 ①

Chapter 02 스포츠와 정치

01 스포츠와 정치의 결합

1) 스포츠의 정치적 속성 및 기능
① 스포츠의 정치적 표현성 - 참가자는 특정 집단(단체나 조직, 사회와 국가 등)을 대표하고, 경기의 결과는 집단의 성패를 의미
② 스포츠 조직의 정치화과정 - 스포츠조직의 거대관료화로 인해 내부 권력투쟁 등의 정치적 속성을 지님(예 : 프로구단과 선수협의회)
③ 스포츠 이벤트를 둘러싼 정치적 상황의 전개 - 정치적 상황이 특정 경기에 영향을 미치는 경우(예 : 평창동계올림픽의 남북화해분위기)
④ 스포츠의 제도적 특성 - 국민적 정체성 형성 및 지배이데올로기 선전기구로서의 역할을 통해 스포츠 자체가 사회의 정치제도화 과정으로 작용

2) 정치의 스포츠 이용방법
① 상징 - 경기에 임한 선수는 개인이 아닌 국가를 대표하는 인물로 설정되며, 그들의 승리는 개인적 승리가 아닌 민족과 국가의 영광으로 해석
② 동일화 - 상징을 매개로 선수 개인이나 대표팀을 자신과 일체화하는 행동
③ 조작 - 상징과 동일화의 효과를 극대화하기 위해 인위적으로 개입하는 행동

Chapter 02 _ 스포츠와 정치

> **기출문제**
>
> 정치가 스포츠를 이용하는 방법 중 〈보기〉의 사례에 해당하는 것은?(2019)
>
> > 스포츠에 참여하는 선수나 팀이 스포츠 경기 자체를 뛰어넘어 특정 집단을 대리 또는 대표하는 것으로 의미가 확장되는 과정을 일컫는다.
>
> ① 상징화   ② 동일화   ③ 조작화   ④ 우민화
>
> ▶ 정답 ①

02 스포츠와 국내정치

1) 스포츠 정책의 이해 – 복지 vs 이데올로기 전파수단

   (1) 복지로서의 스포츠 정책 – 스포츠가 지닌 국민건강증진과 여가기회를 제공
   (2) 이데올로기 전파 수단으로의 스포츠 정책 – 스포츠가 지닌 정치지도자에 대한 국민적 지지를 이끌어내기 위한 수단

2) 스포츠에 정치가 개입하는 이유

   (1) 국민건강 증진과 여가기회 제공
   - 국가적 경제생산력 증진, 삶의 질 향상, 국민건강 증진, 의료비 절감 등의 효과, 재정소요 감소

   (2) 국위선양
   - 국제적 위상 및 외교적 역량 증대의 목적으로 스포츠 활용

   (3) 사회통합 및 내셔널리즘의 강화
   - 구성원의 정서적 일체감을 통한 집단에 대한 소속감 형성의 역할(예 : 2002년 월드컵 경기의 응원문화)
   - 내셔널리즘은 일정한 민족이 지니는 소속감이나 애착심 등을 강조하려는 이데올로기임. 사회통합의 자료로 활용됨

   (4) 국가 및 지역사회 경제발전의 촉진
   - 올림픽, 월드컵 등의 메가 이벤트의 유치를 통한 경제발전 유도, 기반시설(교통, 주거환경 개선)확보, 행사 조직을 위한 인적 인프라 구축 등의 효과

(5) 정부나 정치가에 대한 지지확보
- 정치가 개인의 인지도 및 정치적 입지 강화를 위한 선전수단으로서의 스포츠

(6) 지배이데올로기에 부합하는 가치 및 성향의 강조
① 지배이데올로기 - 사회의 질서유지를 위해 구성원이 지킬 필요 있는 가치와 태도(예 : 충성심, 근면성, 인내심 등)
② 지배이데올로기를 자연스럽게 받아들일 수 있는 자원으로서 스포츠를 이용함

03 스포츠와 국제정치

1) 국제정치에서 스포츠의 역할

(1) 외교적 도구 - 친선 및 승인의 수단이 되는 반면, 항의수단으로 사용
- 친선 및 승인 수단 : 공식적인 외교채널로 접근하기 힘든 국제문제를 비공식적으로 접근하기 위한 기능
(예 : 1971년 미국탁구대표팀의 중국에 대한 핑퐁외교, 2018 평창동계올림픽에서의 남북화해분위기)
- 항의수단 : 국제적 갈등상황에서 선수단 입국거부, 경기불참 등을 통해 항의의사를 전달하는 경우(예 : 1970~80년대 남아프리카 공화국에 대한 세계적인 스포츠 배제, 1980년 모스크바 및 1984년 LA올림픽의 불참사태)

(2) 국위선양 : 국가 위신과 국제적 인지도 향상

(3) 이데올로기 및 체제선전의 수단
- '스포츠 성적 = 국력'의 상징, 체제의 우월성을 입증하는 근거로 활용됨

(4) 정부나 정치가에 대한 지지확보
- 정치가 개인의 인지도 및 정치적 입지 강화를 위한 선전수단으로서의 스포츠

(5) 국제 이해 및 평화

2) 올림픽과 국제 정치

(1) 올림픽 경기의 정치적 오염 - 올림픽을 특정 국가의 정치적 의도에 이용
① 베를린대회(1936) : 나치의 이념과 민족주의를 과시하기 위해 개최

② 멜버른대회(1955) : 수에즈운하의 문제, 헝가리 침략에 항의하는 아랍국가의 불참
③ 뮌헨대회(1972) : 아랍 테러리스트(검은 구월단)에 의한 이스라엘 선수 인질사건
④ 모스크바대회(1980), LA대회(1984) : 동서양진영국가의 불참으로 인해 올림픽 무용론까지 대두

(2) 정치적 오염의 원인
① 국가주의 - 고대 올림픽 경기는 폴리스간의 경쟁 속에 탄생했고, 근대 올림픽도 국가의식을 함양하려는 목적으로 시작됨
② 정치권력의 강화의도 - 국가권력의 강화, 국가이념 혹은 정치체재의 선전, 국민적 단결 유도를 위해 올림픽이 활용됨
③ 상업주의의 팽창 - 상업주의는 경기의 흥미를 높이기 위해 경쟁성을 부각하는데 국가간의 경쟁은 이에 대한 좋은 수단이 됨

기출문제

〈보기〉의 내용에 공통적으로 해당하는 스포츠의 정치적 이용 방식은?(2017)

- 남아프리카공화국의 인종차별정책에 반대하는 많은 국가들이 남아프리카공화국에서 개최된 국제대회에 불참하였다.
- 구소련의 아프가니스탄 침공을 문제 삼아 미국을 비롯한 서방국가들이 1980년 모스크바 올림픽 경기대회에 불참하였다.

① 국제 평화 증진   ② 체제 선전의 수단   ③ 전쟁의 촉매   ④ 외교적 항의

▶ 정답 ④
남아프리카 공화국이나 1980 모스크바 올림픽의 경우는 국제적 갈등상황에서 선수단 입국거부, 경기불참 등을 통해 항의의사를 전달하는 경우를 의미한다. 이는 스포츠의 국제정치상황에서의 외교적 항의에 해당한다.

Chapter 03 스포츠와 경제

01 현대 스포츠발전에 영향을 미친 사회적 요소

요소	특징
산업화	- 노동의 기계화에 따른 여가창출, 고정임금으로 인한 수입증대 - 스포츠가 여가선용수단으로 각광
도시화	- 경기를 관람할 수 있는 관중동원의 토대. 프로스포츠발전의 기반
교통 및 통신의 발달	- 스포츠정보 전파 속도 및 관람객의 이동능력 증대 - TV 등 생생한 시각정보전달이 발전에 크게 기여함

02 상업주의와 스포츠

1) 상업주의의 의미

의미	- 무엇이든 돈벌이의 대상으로 보는 영리 본위의 사고방식
조건	- 자본주의 시장경제 : 물질적 보상 - 대도시 : 자본거래가 많고, 관중이 많이 모일 수 있는 조건 - 자본의 집중 : 대규모 시설 등의 거대자본이 필요 - 소비장려문화 : (스포츠 등의)소비를 미덕으로 하는 사회
영향	- 스포츠의 '내용'과 '조직'에는 영향이 크지만, '구조'의 변화는 크지 않음

2) 상업주의로 인한 스포츠(목적, 구조, 내용, 조직)의 변화

요소	특징
목적	- 스포츠를 상품으로 인식하여 흥행에 입각한 프로페셔널리즘 추구
구조	- 규칙변화를 통해 흥미를 높이려고 노력함 (속도감 있는 경기진행, 다양한 득점체계, 광고를 위한 시간 추가 등)
내용	- 경기자체 〉득점 및 승리, 영웅적 가치 〉심미적 가치
조직	- 대회가 대중매체, 팀 구단주, 대회 후원자의 지원 하에 개최 - 경기의 내면적 측면보다 개·폐회식의 의전, 예산의 확보, 대중매체의 보도 등을 중시

기출문제

스포츠의 상업화에 따른 변화 중 〈보기〉의 사례에 해당하는 것은?(2019)

> 2013년 미국프로야구 LA 다저스와 신시내티 레즈의 경기에서 한국의 류현진 선수와 추신수 선수 간의 맞대결이 펼쳐지자 미국프로야구 사무국은 이 날을 코리안 데이로 지정하고 한국의 걸그룹 소녀시대를 초청하여 애국가를 제창하게 하였다. 이 외에도 미국프로야구 사무국은 각종 의전행사 및 경품행사를 개최하여 언론의 반응에 촉각을 곤두세웠다.

① 스포츠 기술의 변화　　　② 스포츠 규칙의 변화
③ 스포츠 조직의 변화　　　④ 선수, 코치의 경기 성향 변화

▶ 정답 ③ 경기 외적인 이벤트이기 때문에 스포츠조직의 변화에 해당한다.

3) 프로스포츠와 상업주의

- 프로스포츠는 상업주의 출현과 함께 스포츠 영역에서 가장 획기적으로 발전한 분야임

(1) 프로스포츠의 주수입원

① 방송중계료 - 규모가 크고 세계화가 된 구단일수록 비중이 높음
② 광고수입 - 미디어 가치에 따라 차이가 있음. 방송중계료와 유사규모
③ 경기관련 수입 - 입장료, 매점 수입료 등

(2) 프로스포츠의 순기능과 역기능

순기능	역기능
- 여가선용 등 흥미거리 제공 - 지역사회통합 및 지역경제활성화 - 아마추어스포츠 활성화(선수진로확보) - 스포츠대중화(대중의 스포츠이해도 향상)	- 물질만능주의 강화 - 비인기 종목 등 아마추어 스포츠의 퇴조 - 도박 및 불법행위 발생가능성 증대

(3) 프로스포츠에서 시행하고 있는 제도

제도명	의미	영향력
보류(유보)조항	- 계약해지나 트레이드가 아니면 선수의 의사로 이적하지 못하게 하는 제도	- 선수의 임금통제
드래프트	- 신인선수 선발할 때 일정순서(대체로 전년도 성적의 역순)로 팀이 선수를 선택	- 선수의 팀선택 권리 박탈 - 선수임금 통제
트레이드	- 구단의 합의 하에 선수를 교환하는 제도 - 현금트레이드와 선수 간 트레이드로 구분	- 선수의 팀 선택권 제한
샐러리 캡	- 팀 소속 선수의 연봉총액의 상한선 제한	- 선수의 임금제한 - 팀의 재정난 해소
에이전트	- 선수의 대리인(연봉, 광고계약, 이적 등)	- 선수 권익보호 - 선수간 빈익빈부익부 우려
자유계약제도	- 일정선수생활 이후 선수가 구단을 선택할 수 있는 권리 보장	- 선수 권익보호 - 계약금의 대폭 인상
최저연봉제	- 연봉의 하한선 규정	- 선수 권익보호

기출문제

프로스포츠에서 시행되는 제도와 특징이 바르게 연결된 것은? (2019)
① 보류조항(reserve clause) - 일정 기간 선수들의 자유로운 계약과 이적을 막아 선수단 운영비를 줄이기 위한 목적으로 도입되었다.
② 최저연봉제(minimum salary) - 신인선수의 연봉협상력을 줄여 선수단 운영경비를 줄이기 위한 목적으로 도입되었다.
③ 샐러리 캡(salary cap) - 선수 개인에게 지불할 수 있는 최대 연봉 상한선으로, 선수 간 연봉 격차를 줄이기 위한 목적으로 도입되었다.
④ 트레이드(trade) - 선수가 새로운 팀으로 이적하기 위해 구단에 요구할 수 있는 권리로, 구단은 특별한 사유가 없는 한 선수의 요구에 응해야 한다.

▶ 정답 ①

Chapter 04 스포츠와 교육

01 스포츠의 교육적 기능

1) 스포츠의 교육적 순기능

순기능		내용
전인 교육	학업장려	- 교육기회 제공 및 촉진(감독이나 코치의 격려 및 지원, 상담 등)
	사회화촉진 과 정서순화	- 바람직한 가치(도전, 노력, 경쟁 등)의 학습을 통한 인격형성
사회 통합	학교내 통합	- 애교심 및 단결심 등 공동체의식 고양
	지역사회와의 통합	- 학교간의 적대관계 해소 - 지역에 존재하는 이해부족의 해소
사회 선도	평생체육	- 학교에서의 스포츠 경험이 평생체육에 기반이 되고 거기서 배운 가치가 내면화 되어 바람직한 사회인의 발판이 마련됨
	사회적 약자 권익 신장	- 여학생, 장애학생의 참여를 통해 본인의 권리의식이 고양되고, 일반학생의 인권 의식이 개선됨

2) 스포츠의 교육적 역기능

역기능		내용
교육목 표결핍	승리제일주의	- 참가보다 성적과 결과의 중시, 교육적 목표와 내용 도외시
	참여기회제한	- 소수의 기능 우수자만 참여하게 됨
	성차별간접학습	- 사회 내의 존재하고 있는 성차별적 요소를 학교스포츠 활동을 통해 학습
부정행위		- 상업화(장학금형태의 학비보조, 숙식비의 감면, 상급학교 진학 시 선수와 가족 에게 각종 금품의 제공)
		- 학업에 대한 편법(학업태만 방기, 성적조작 등 편법 실시)
		- 기타 : 부정선수의 경기 출전, 금지 약물의 복용 등
비인간적 훈련		- 과도한 훈련, 체벌, 공포 분위기 경험, 부상 중에 강요에 의한 경기 출전 등

02 한국의 학원스포츠(학교운동부)

1) 학원스포츠에 대한 찬반논쟁

- 지지자는 학원스포츠가 교육적 목적과 학생의 발달에 기여한다고 주장
- 반대자는 반교육적이며, 책임 있는 시민으로 교육시키는데 방해가 된다고 주장

찬 성	반 대
1. 학교 활동 및 학업 활동 촉진	1. 학업활동에 방해, 학교 문화의 왜곡
2. 자존감, 책임감, 성취, 팀워크를 형성	2. 의존성, 권력지향 등 부정적 가치 전달
3. 건강 촉진, 체육활동에 대한 흥미 유발	3. 수동적 관람자로 만들고, 선수에게 부상 초래
4. 일체감 형성, 학교를 조직화함	4. 피상적, 일시적 단결심을 형성
5. 부모, 동문 및 지역사회의 지원 유도	5. 자원이나 설비, 지역사회의 지지를 독점
6. 사회에서 인정하는 역량을 개발할 기회부여	6. 학생선수가 특권을 누리는 계급화된 시스템

2) 학원스포츠 제도의 변화

(1) 체육특기자 제도
- 1972년도에 법정 사업화되어 체육에 특별한 소질을 지닌 학생을 발굴·육성하기 위해 상급학교 입학 시 특례를 인정
- 학생선수가 운동만 잘하면 대학까지 입학할 수 있도록 제도적으로 보장

(2) 학원스포츠의 문제점 대두 및 대책
- 이전부터 학생선수에 대한 문제점은 제기되었으나, 2000년도 후반부터 학교운동부 내의 폭행, 성폭행, 학습권 미비 등에 대한 사회적 비판이 높아짐
- 이에 대해 정부(교육부, 문화체육관광부)는 종합대책을 수립하고, 2013년 국회에서 학교체육진흥법을 입법함
- 학교체육진흥법에서 학습권보장제(일명 '최저학력제')를 실시하여 학생선수의 최저학력 기준을 두는 등 다양한 해결방안을 모색하고 있음

Chapter 04 _ 스포츠와 교육

기출문제

아래 내용에 나타나는 스포츠의 교육적 역기능을 〈보기〉에서 찾아 바르게 묶은 것은?

○○이는 초등학교에서 씨름선수로 활약하면서 늘 좋은 성적을 내는 상위권 선수였다. 학교의 명성을 높이려는 A중학교에서 메달을 따는 조건으로 ○○이에게 장학금 형태의 학비보조, 숙식제공 및 학업성적보장을 해주겠다며 스카우트 제의가 들어왔다. 그래서 ○○이는 A중학교로 진학하기로 결정했다.

㉠ 승리지상주의   ㉡ 학원스포츠의 상업화
㉢ 일탈과 부정행위   ㉣ 참여기회의 제한
㉤ 학업에 대한 편법과 관행   ㉥ 비인간적 훈련

① ㉠, ㉢, ㉤, ㉥   ② ㉠, ㉡, ㉢, ㉤   ③ ㉡, ㉢, ㉣, ㉤   ④ ㉡, ㉢, ㉤, ㉥

▶ 정답 ②

스카우트 제의를 받은 학생선수의 씨름성적이 좋았기 때문에 해당학교에서 선호하였다. 이는 '승리지상주의'에 해당된다. 또한 스카우트 과정에서 학비보조, 숙식제공 등 경제적 보상이 있었기 때문에 '상업화'의 문제가 제기될 수 있다. 한편 학업성적보장을 해주겠다는 의미는 '학업에 대한 편법과 관행에 해당한다.
다만 그 학생선수의 스카우트로 인하여 다른 학생선수의 참여기회가 제한되었다고 볼 수는 있지만, 직접적인 관련은 크지 않다고 볼 수 있다. 또한 비인간적 훈련에 대한 부분은 설명되어 있지 않다.

Chapter 05 스포츠와 미디어

01 스포츠와 미디어의 이해

1) 스포츠 미디어의 의미
- 미디어 : 소수가 다수를 대상으로 정보 및 의미를 전달하는 연결수단
- 스포츠 미디어 : 스포츠를 전달하는 수단
- 미디어 스포츠 : 미디어를 통해 전달되는 스포츠를 의미하며 경기 자체만이 아닌 의도된 메시지도 포함되어 있음

2) 스포츠미디어의 이론

이론	내용

개인차 이론	- 미디어는 개별관람자의 인성에 호소하는 메시지 제공하고, 수용자는 개별 심리적 욕구를 만족하기 위해 미디어를 이용
	- 미디어를 통해 얻고자 하는 욕구의 종류
	  가. 인지적 욕구: 경기의 지식, 결과, 통계 등
	  나. 정의적 욕구 : 경기의 흥미와 흥분
	  다. 도피적 욕구 : 감정의 순화
	  라. 통합적 욕구 : 사회적 교류와 공유 등

사회범주이론	- 사회는 공통적 특징(성별, 연령별, 경제수준, 거주지역 등)을 지닌 범주가 존재 - 동일한 미디어자극에 범주마다 다르게 반응함 예) 복싱, 이종격투기에 대한 남성과 여성의 선호도 차이
사회관계이론	- 개인의 미디어의 소비는 미디어 내용보다 개인의 사회관계가 더 크게 영향을 미치고 있음 예) 어린시절부터 아버지 때문에 매일 축구중계를 본 성인은 축구중계를 선택
문화규범이론	- 미디어는 한 사회의 지배적인 사상이나 가치를 선택적으로 강조하여 보여주고 소비자에게 미치는 영향력이 강함 - 이런 미디어에 노출된 소비자는 스포츠에 대한 가치 및 태도가 특정 방향으로 변화되거나 고정관념이 더욱 강해질 수 있음

3) 핫미디어와 쿨미디어, 핫(미디어)스포츠와 쿨(미디어)스포츠

(1) 맥루한의 매체이론과 미디어 유형 구분

의미	- 미디어는 비슷한 기능이 있지만 형태(신문, 잡지, 만화, TV 등) 마다 성격이 차이가 있다고 설명 - 그 차이는 '정의성'과 '감각참여성' 때문임
정의성의 뜻	- TV 모니터의 해상도와 같은 의미의 definition이란 용어 - 화면이 선명하면 명확히 보이는 것처럼, 정의성이 높을수록 미디어의 정보가 확실하게 느껴짐
감각참여성의 뜻	- 미디어를 보는 수용자가 얼마나 신경을 쓰고 있는가를 의미함 - 감각참여성이 높으면 몰입도와 집중도가 높고, 낮으면 떨어짐
정의성과 감각참여의 관계	- 정의성과 감각참여는 서로 역관계에 있음 : 정보가 많고 선명하여 집중하지 않아도 됨. : 반면 정보가 적고 선명하지 않아서 집중해야 알 수 있음
미디어 유형	- 핫미디어(정의성↑, 감각참여↓) : 신문, 잡지, 라디오 등 - 쿨미디어(정의성↓, 감각참여↑) : 비디오, 영화, TV 등

(2) 핫(미디어)스포츠와 쿨(미디어)스포츠

- 맥루한의 매체이론을 기준으로 스포츠종목의 특성에 따라 구분한 개념
- 경기의 전반적 상황을 한 눈에 파악하기 쉬울수록 정의성이 높아짐(정적일수록, 진행속도가 느릴수록, 공수가 구분이 될수록 정의성이 높아짐)

구분	핫(미디어)스포츠	쿨(미디어)스포츠
구분	정의성↑, 감각참여↓	정의성↓, 감각참여↑
특징	진행속도↓, 정적, 공수구분존재	진행속도↑, 동적, 공수구분없음
해당종목	사격, 수영, 레슬링, 야구	축구, 농구, 미식축구 등

기출문제

〈보기〉는 맥루한(M. McLuhan)의 매체이론에 근거한 내용이다. 쿨(cool) 매체스포츠에 해당되는 내용만으로 묶은 것은?(2018)

㉠ 스포츠의 정의성 높음		㉡ 관람자의 감각몰입성 높음	
㉢ 야구	㉣ 축구	㉤ 테니스	㉥ 핸드볼

① ㉠-㉣-㉥   ② ㉠-㉢-㉤   ③ ㉡-㉣-㉥   ④ ㉡-㉢-㉤

▶ 정답 ③

02 스포츠와 미디어의 상호관계

1) 미디어의 영향

관람스포츠의 발달에 따라 미디어의 영향력이 증대 추세, 스포츠가 미디어에 경제적으로 의존하게 되어 미디어의 요구에 따라 스포츠의 형태와 내용이 변화됨

양상	내용	사례
경기규칙개정	- 화면에서 식별이 쉽게 하기 위해	유도의 컬러 도복
	- 중계 시간의 예측가능성 향상	테니스의 타이브레이크 도입
경기일정변경	- 시청률 증대를 위해 다른 시각 또는 날짜를 잡음	1988년 서울 올림픽에서의 경기시간변경
기술발달	- 비디오분석 등을 통한 타선수의 기술습득	

2) 스포츠의 영향

(1) 미디어의 프로그램 공급원으로서 스포츠의 우수성

① 경제성 - 드라마나 영화에 비해 저렴하면서, 이와 유사한 시청률을 올림
② 예측가능성 - 드라마에 비해 시청률에 대한 사전 예측이 비교적 용이하여, 경기단체와 적정 방송료를 협상, 조정할 수 있음

(2) 스포츠가 미디어에 미친 영향

① 미디어 콘텐츠 제공 - 기사 및 방송거리의 제공
② 미디어 장비의 보급 확대 - 보다 훌륭한 화질의 TV 수상기에 대한 요구
③ 미디어 테크놀로지 발전 - 스포츠 수요자의 욕구를 충족시키기 위해 보도기법이나 장비의 향상(예 : 정지화면, 느린 화면, 이중화면, 클로즈업 등 방송기법의 개발)

3) 스포츠 미디어 윤리

(1) 스포츠 미디어 윤리의 필요성

- 스포츠 미디어를 통해 만들어지는 스포츠 이미지는 사회의 지배적 가치를 만들고 독자에게 가치와 행동의 기준을 제공
- 올바른 가치관과 윤리의식을 가지고 기초 공정성과 정확성을 유지

(2) 비윤리적 스포츠미디어의 유형

① 편파보도 - 특정 입장에 유리하도록 주관적으로 서술된 보도
② 엘로우 저널리즘(황색보도) - 선정적이고 질 낮은 호기심에 호소하는 흥미본위의 보도

03 스포츠 미디어의 이데올로기

- 미디어를 통해 보여지는 스포츠에는 다양한 이데올로기가 포함되어 있음

종류	내용
성공이데올로기	- 승리와 성공을 가장 중요한 요소로 취급 - 과정보다는 결과 위주의 보도
성차별이데올로기	- 남성스포츠 위주의 편성, 여성선수의 외모에 대한 강조
영웅이데올로기	- 뛰어난 한 명에게 집중된 보도 - 엘리트주의(성공한 개인의 경제적 성취 등)의 부각
국가주의이데올로기	- 개인의 성공을 국가적 성공과 연계하여 보도
개인주의이데올로기	- 사회의 모순은 개인의 노력으로 극복가능함

- 이런 다양한 이데올로기는 서로 연관되어 나타나기도 하며, 자본주의 체계 내에서 소비주의 등과의 관계를 지니고 있음

기출문제

1. 스포츠미디어에 내포된 이데올로기와 이를 보도하는 방식이 바르게 연결된 것은?(2018)
   ① 국가주의 이데올로기 - 특정 선수만이 아닌 모든 선수를 함께 부각하여 보도
   ② 젠더 이데올로기 - 여성 선수의 탁월한 기량에 초점을 두어 보도
   ③ 자본주의 이데올로기 - 경제적 가치를 중시하여 스포츠의 소비를 유도하는 보도
   ④ 개인주의 이데올로기 - 결과만을 중시하고 항상 승자의 시각에서 보도

   ➡ 정답 ③

2. 선수 개인의 사생활이나 비공식적인 내용을 중심으로 대중을 자극하고 호기심에 호소하는 흥미 위주의 스포츠관련 보도를 지칭하는 용어는?
   ① 팩 저널리즘(pack journalism)   ② 옐로 저널리즘(yellow journalism)
   ③ 하이에나 저널리즘(hyena journalism)   ④ 뉴 저널리즘(new journalism)

   ➡ 정답 ②

Chapter 06 스포츠와 사회계층

01 사회계층의 이해

1) 사회계층의 의미
▸ 계층은 '구조화된 불평등'(사회적 희소가치가 불평등 배분된 상태가 구조화)이다.

2) 사회계층의 특성

(1) 튜민의 이론

특성	내용	사례
사회성	- 선천적이거나 생물학적 요인이 아닌 사회적 요인에 의해 만들어짐	성차별은 선천적 성의 문제가 아니라 사회적으로 만들어짐
고래성	- 예전부터 존재했음	고대 올림픽에서의 참가조건(자유인, 남성 등)
보편성	- 어느 사회에서나 존재하고 있음	도장종목의 급수, 포지션 별 연봉차이 등
다양성	- 불평등의 형태나 정도는 사회마다 차이가 있음	조선시대의 노비와 서양 중세의 농노의 차이
영향성	- 개인이 특정영역에서 받은 불평등은 다른 영역에서도 영향을 미침 - 이로 인해 계층 간에는 서로 인생관이 완전히 달라짐	사회계층별 코로나 19발병률이나 영아사망률 등의 차이

(2) 베블렌의 유한계급론 : 계층별로 사는 방식이 다르다
- 유한계급 : 노동을 하지 않고 여가를 즐기는 귀족 상류층
- 유한 계급의 과시적 소비 : 필요에 따르지 않고 타인에게 과시할 목적으로 소비를 한다 (나는 이만큼 돈을 써도 되는 사람이야)
  - 참고) 과시적 여가 : 시간을 아무렇게나 사용해도 된다는 것을 보여주기 위한 여가활동(나는 이렇게 시간을 함부로 써도 살 수 있어)

(3) 부르디외의 자본유형 : 불평등은 어떤 형태로 재생산되는가?
- 상류층이 지닌 자본의 유형
  ① 경제자본 : 화폐나 주식과 같은 경제적 의미를 지니는 자본형태
  ② 사회자본 : 혈연, 학연 등의 사회적 네트워크
  ③ 문화자본 : 체화된 형태(몸에 익힌 어학이나 스포츠 등), 객관화된 형태(책, 악기), 제도화된 형태(자격증, 졸업장 등)의 세 가지로 구분

기출문제

〈보기〉의 괄호 안에 들어갈 용어는?

부르디외(P. Bourdieu)는 생활양식과 같은 사회문화적 요소를 계급결정 요인으로 간주하고 이를 자본의 개념으로 다루었다. 이 개념에 따르면 스포츠는 체화된 (   )의 한 형태로써 사회의 계층구조에 관여한다.

① 경제자본　　② 사회자본　　③ 문화자본　　④ 소비자본

▶ 정답 ③

3) 사회계급과 계층

(1) 사회계급 : 칼 막스
- 경제적 능력(생산수단의 소유)여부로 자본가(부르주아)와 임노동자(프롤레타리아)로 구분되는 불평등 구조

(2) 사회계층 : 막스 베버
- 불평등은 여러요인(자산, 지위, 권력 등)에 의해 발생, 카스트제, 신분제 등을 포함하는 개념

기준	계급(class)	계층(stratification)
계층간 관계	계급 간 적대적 관계	연속적 상하의 구조
계층의식	계급 성원 간 집합의식이 존재	계층 성원 간 집합의식이 없음
세계관	상반된 이해로 분열된 사회를 전제	유기적으로 통합된 사회를 전제

4) 스포츠계층의 형성과정

  (1) 지위의 분화
     - 분업체계에 의해 각자의 역할(권한과 책임)이 부여되면서, 각 지위별 특성이 출현

  (2) 지위의 서열화
     - 지위의 특성이 만들어진 후, 각 지위가 비교되면서 우열이 나타나는 상태
     - 이후 서열화 되는데 서열이 만들어지는 원인
       : 역할을 수행하는데 필요한 개인적 특성(예 : 신체적, 지적 능력 등), 역할수행에 필요한 기능이나 능력의 전문성, 역할의 사회적 영향력 등

  (3) 평가
     - 각 역할에 대해 지위가 적절하게 배열되는 과정, 위광(사회적 존경), 호감(특정역할에 대한 선호도), 인기(타인에게 주목받는 정도) 등이 평가의 요소가 됨

  (4) 보수 및 보상의 부여
     ① 역할에 따른 보상체계 및 방법이 만들어지는 과정
     ② 보수의 유형
       - 재화(예 : 월급, 연봉 등), 용역에 대한 사용권리(예 : 선수의 운동장 사용권)
       - 권한 및 권력(자신의 뜻대로 타인을 움직일 수 있는 능력)
       - 비물질적 보수(명성이나 인기 등)

02 사회계층별 스포츠참가의 차이

참가	유형	상류층은 중하류층보다 직접참여 선호(시간적여유)
	종목	중하류층은 단체종목, 상류층은 개인종목(테니스, 골프, 등)
관람		상류층은 경기장에서 직접 관람(1차적 관람), 하류층은 대중매체를 통한 관람(2차적 관람)

※ 상류층이 개인 종목에 많이 참가하는 이유
- ㉠ 경제적 원인 – 특정종목은 용구 구입, 시설 이용, 입장료 등의 부담이 큼
- ㉡ 사회화 과정 – 일부 개인 종목은 어린 시절부터 체계적인 훈련이 필요
- ㉢ 과시적 소비 – 스포츠를 통한 부와 재력의 과시
- ㉣ 직업적 특성 – 일과시간이 불확실해서 함께 할 참가자가 적어야 편리함

기출문제

계층별 스포츠 참가에 대한 설명으로 옳지 않은 것은?
① 계층별 사회적 조건에 따라 스포츠 참가 유형에 차이가 나타난다.
② 하류계층은 경제적 조건 때문에 상류계층보다 상대적으로 스포츠의 직접관람률이 낮다.
③ 상류계층은 자신의 경제적 여유를 드러내려는 속성으로 인해 하류계층보다 단체스포츠 참가를 더 선호한다.
④ 상류계층은 특정 종목을 강조하는 분위기에 따라 사회화과정에서 해당종목에 자연스럽게 익숙해지게 된다.

➡ 정답 ③

03 스포츠와 계층이동

1) 계층이동의 의미와 유형

   (1) 계층이동의 의미
      - 한 개인이 특정 사회계층에서 다른 계층으로 옮겨가는 행위로, 한 사회 내에 계층 이동의 빈도나 정도는 그 사회의 개방성을 나타냄

   (2) 계층이동의 유형
      ① 수직이동(상승 및 하강이동) : 사회경제적 지위의 체계가 오르내리는 이동형태
         (예 : 후보선수가 주전선수가 됨(상승). 1군 선수가 2군으로 강등됨(하강))
      ② 수평이동 : 유사한 지위체계에서 이동하는 형태(예 : 2루수에서 3루수로 포지션 이동)
      ③ 시간을 기준으로 한 계층이동
         - 세대 내 이동(개인의 생애 동안), 세대 간 이동(여러 세대에 걸쳐)
      ④ 계층이동에 미치는 인간관계를 기준으로 한 계층이동
         - 경선이동(타인과의 경쟁을 통한 계층이동), 후원이동(타인의 도움으로 인한 계층이동)

2) 사회이동기제로서의 스포츠

   (1) 스포츠 참가가 사회이동을 촉진한다고 주장하는 입장
      ① 전문직종에 조기 입문
         - 우수선수는 고교 졸업 후 곧장 프로선수가 되어 어린시절 재산 축적함
      ② 교육기회 제공 - 최소한의 학력 확보, 장학금 수령기회 증대
      ③ 다양한 형태의 후원 기회
         - 기업체로부터 광고출연 제의, 명성을 통해 취업 및 사업기회를 얻음
      ④ 올바른 태도의 함양
         - 일반 직업 영역에서도 바람직한 가치(리더십, 대인관계, 팀워크, 등)를 스포츠 장면에서 먼저 함양함

   (2) 스포츠 참가로 인한 사회이동 촉진에 반대하는 입장
      ① 스포츠는 과도한 경쟁체계임
         - 스타플레이어는 일부에 불과하고, 다수는 보잘 것 없는 연봉을 받는 평범한 선수들로 구성된 사회이고 경쟁도 강함
      ② 학습시간의 부족으로 인한 학력저하가 나타남
         - 학창시절 운동에 몰두해서 사회인으로서 필요한 학습과 교양능력의 부족으로 사회부적응 가능성이 높음

Chapter 06 _ 스포츠와 사회계층

③ 성공 이데올로기의 속임수이다
- 스포츠 참가로 인해 사회이동이 촉진된다는 주장은 누구나 노력하면 성공할 수 있다는 일종의 '성공 이데올로기'를 대중에 확신시키기 위한 속임수임

기출문제

스포츠와 계층이동 유형에 대한 설명으로 적절한 것은?(2019)
① 수직이동은 한팀의 선수가 다른 팀으로 같은 대우를 받고 이적하는 경우를 말한다.
② 개인이동은 소속 집단이 특정 계기를 통하여 집합적으로 이동하는 것을 말한다.
③ 수평이동은 팀의 2군에 소속되어 있던 선수가 1군으로 승격하여 이동하는 경우를 말한다.
④ 세대 간 수직 이동은 운동선수가 부모보다 더 많은 수입과 명예를 얻게 되는 경우를 말한다

▶ 정답 ④

Chapter 07 스포츠와 사회화

01 스포츠사회화의 의미

1) 스포츠사회화의 정의
   - 스포츠의 영역에서 나타나는 사회화로서, 다른 구성원과의 상호작용을 통해 스포츠 집단 내 가치관, 신념, 태도 등을 습득해가는 과정

2) 스포츠사회화의 과정
   ① 개인이 스포츠에 '입문'하여 스포츠와 관련된 문화적 내용을 '학습'하여 '내면화'하고, 스포츠로부터 '멀어지기'까지의 단계
   ② 스포츠로의 사회화(socialization into sport), 스포츠를 통한 사회화(socialization via sport), 스포츠로부터의 탈 사회화(desocialization from sport)의 순서이며, 이후 다시 스포츠에 참가하는 재사회화(resocialization)가 나타나기도 함

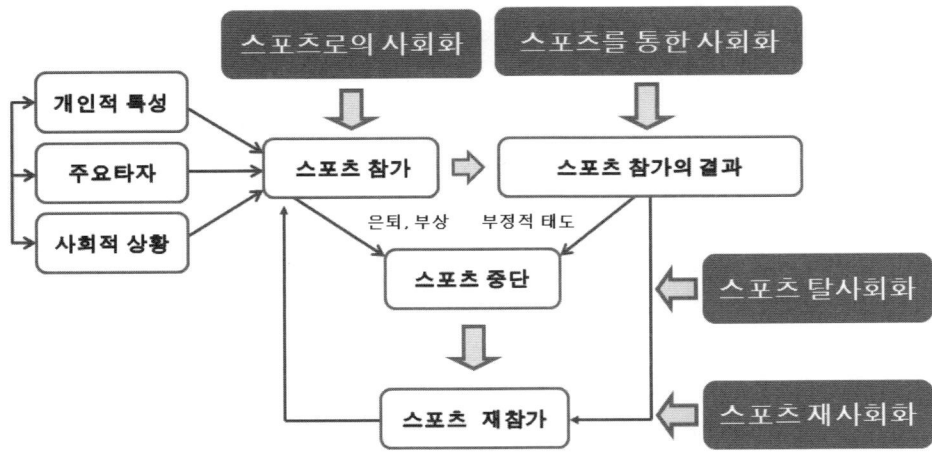

스포츠 사회화의 개념 모형

3) 스포츠사회화의 이론

(1) 사회학습이론 : 레오나르드

의미	스포츠사회화는 학습을 받는 상황과 유사하게 일어남
방법	- 강화(상과 벌), 코칭(가르침), 관찰학습(타인의 행동을 관찰)을 통해 스포츠사회화가 이루어짐
요소	- 학습의 결과에 영향을 미치는 3요소 가. 개인적 특성(성별, 연령, 출생서열, 사회경제적 지위 등) 나. 중요타자 및 준거집단(가족, 동료, 코치 등) 다. 사회화 상황(집단의 구조, 개인의 지위 등)

(2) 역할이론

의미	스포츠사회화는 무대에서 역할을 부여받고 연기하는 것처럼 이루어짐
방법	타인과 상호작용하면서 자신이 처한 상황을 파악하고 자신의 역할을 완성해감
과정	한 사회에서 지위가 확고한 사회화 주관자(준거집단, 중요타자 등)와 피사회화자 사이의 상호작용과 모방

(3) 준거집단이론

의미	(모든 대상에게 사회화 되는게 아니라) 스스로가 중요하다고 생각하는 집단이 기준(준거)이 되어 사회화함
영향정도	- 구성원이 그 집단과 어느 정도 동일시하고 있느냐에 따라 차이 있음 - 준거집단은 규범집단, 비교집단, 청중집단 등이 있음

기출문제

〈보기〉에서 설명하고 있는 레오나르드(W.Leonard Ⅱ)의 스포츠 사회화 이론은?(2019)

- A고교 농구 감독은 팀 훈련 과정에서 학생선수들의 운동수행 능력을 향상시키기 위하여 상과 벌을 활용한다.
- B선수는 다른 팀 선수가 독특한 타격 자세로 최다안타상을 획득하자 그 선수의 타격자세를 관찰하여 자신만의 것으로 발전시켰다.

① 사회학습이론   ② 역할이론   ③ 준거집단이론   ④ 근거이론

▶ 정답 ① 사회화과정에서 강화와 관찰학습을 사용하였기 때문에 사회학습이론으로 설명할 수 있다.

02 스포츠로의 사회화와 스포츠를 통한 사회화

1) 스포츠로의 사회화
- 스포츠 사회화의 초기 단계로 개인의 특성, 참가에 영향을 미친 중요한 사람이나 기관(주요타자), 참가 당시의 주변 상황(사회화 상황)에 따라 다양한 양상을 보임

(1) 개인별 특성
- 성별, 연령, 출생서열, 사회경제적 지위 등과 같은 특성으로 스포츠 참여나 역할학습에 영향을 미침

(2) 스포츠 사회화의 주관자(주요타자), 준거집단
- 스포츠로의 사회화에 영향을 미치는 주체
- 주관자 및 주요타자는 '개인'인 반면 준거집단은 '단체'를 의미함
① 가족 : 초기 스포츠 사회화(미취학아동)에 영향을 미침
② 동료집단 : 성장에 따라 영향력이 커짐. 가정에서 경험하지 못하는 평등한 관계, 독립심, 리더십 발현의 기회 제공
③ 학교 : 정규수업시간, 교내 운동 프로그램, 학교 간 운동부 경기 관람 등의 기회제공
④ 지역사회 : 비영리, 영리 목적의 스포츠 시설을 통해 지역 주민의 참여기회 제공
⑤ 대중매체 : 스포츠와 친숙해지는 기회를 제공하여, 직·간접적으로 스포츠를 소비하고 스포츠에 참가하도록 유도

(3) 사회적 상황
- 스포츠환경(시설, 용품, 기구, 프로그램 등)의 접근성과 편리성
- 특정 국가 및 민족의 역사, 종교, 문화적 특수성

2) 스포츠를 통한 사회화

(1) 스포츠를 통한 사회화의 의미
- 스포츠 활동의 경험을 통해 가치, 태도, 행동양식을 습득, 이를 통해 사회가 요구하는 바를 습득할 수 있는 연결고리로서 활용

(2) 스포츠 참여의 유형
① 스포츠 참여의 형태
- 행동적(몸으로) 참여, 인지적(지식으로) 참여, 정의적(감성적으로) 참여
- 행동적 참여는 경기자로 참가하는 1차적 참여, 코치, 팬 등의 2차적 참여로 구분
② 스포츠 참여의 정도에 따른 유형(케년 등)
- 일상적 참가 : 정규적인 활동 개인의 생활과 조화를 이룬 상태
- 주기적 참가 : 일정한 간격을 유지하면서 지속적으로 참가하는 상태
- 일탈적 참가 : 스포츠참가에 모든 시간을 소비하는 상태(1차적 일탈참가)와 거액의 내기를 할 정도로 탐닉하는 상태(2차적 일탈참가)로 구분
- 참가중단 : 전혀 참가하지 않았거나 특정한 이유로 참가하지 않은 상태
③ 참가수준 : 조직적 참가와 비조직적 참가로 구분

	조직적 참여	비조직적 참여
의미	- 동호회 등 조직 소속 - 주기적 참가 유형	- 조직 없이 혹은 최소한의 조직으로 스포츠 참가
특징	- 안정되고 지속적 참여 보장 - 기량과 승리 강조	- 성취, 자아실현, 자기만족 등 내적 보상을 추구

(3) 스포츠를 통한 사회화에 영향을 미치는 요인(스나이더)
① 참여의 정도 - 스포츠의 구속력에 따라 차이가 발생
② 참여의 자발성 - 자발적 스포츠 참가는 스포츠 활동을 통해 습득한 가치 및 행동양식을 일상생활로 전이하는데 효과적
③ 스포츠 조직 내의 사회적 관계 : 프로 팀(금전적 보상)과 스포츠 동호인집단(자아실현 및 자기성취)의 인간관계는 많은 차이가 있음

④ 사회화 주관자의 위신과 위력 : 주관자의 위신이 높을수록 사회화가 촉진
⑤ 참가자의 개인적 및 사회적 특성 : 개인의 성향, 태도 같은 심리적 요인

기출문제

〈보기〉에서 스나이더(E. Snyder)가 제시한 스포츠 사회화의 전이 조건을 모두 고른 것은?(2017)

㉠ 스포츠 참가 정도	㉡ 스포츠 참가의 자발성 여부
㉢ 스포츠 참가자의 개인적·사회적 특성	㉣ 사회화 주관자의 위신 및 위력

① ㉠   ② ㉠, ㉡   ③ ㉠, ㉡, ㉢   ④ ㉠, ㉡, ㉢, ㉣

➡ 정답 ④

03 스포츠의 탈사회화, 재사회화

1) 스포츠 탈사회화

(1) 스포츠 탈사회화의 의미

연령, 부상 등의 이유로 스포츠 참가 중지해서 더 이상 스포츠 사회화가 이루어지지 않는 상태

(2) 탈사회화의 유형

① 자발적 탈사회화 – 개인의 자발적 의사에 의한 탈사회화
② 비자발적 탈사회화 – 큰 부상이나 스포츠에서의 부진, 팀 내 입지저하, 연령증가 등 예기치 않은 상황에서 본의 아니게 발생

(3) 탈사회화에 영향을 미치는 요인

① 개인적 환경 : 성, 연령, 계층, 교육수준
② 취업 가능성 : 은퇴 이후 취업을 할 수 있는 능력 및 기회
③ 스포츠의 중요성 : 스포츠가 개인의 정체성에서 차지하는 정도
④ 역할 사회화 가능성 : 스포츠 외의 영역에 대한 사전 계획 및 사회화 정도
⑤ 인간관계 : 가족이나 친지로부터 받는 지원의 정도

2) 스포츠 재사회화

(1) 스포츠재사회화의 의미
- 스포츠를 그만둔 후, 다시 스포츠로 복귀하여 스포츠사회화과정을 밟는 경우

(2) 스포츠재사회화의 유형 및 제한성
- 유형 : 운동선수는 아니지만 스포츠와 관련된 유사 역할, 즉 감독, 트레이너 등
- 제한성 : 복귀 기회를 제공받지 못했거나, 다른 영역에서 활동을 할 경우 스포츠 재사회화의 기회는 제한됨

Chapter 08 스포츠와 일탈

01 스포츠 일탈의 이해

1) 스포츠 일탈의 개념

   (1) 스포츠 일탈의 의미
   - 스포츠 일탈행동은 스포츠 환경에서 벌어지는 다양한 형태의 규범 위반 행동을 의미
   - 폭력, 약물복용, 도박, 승부조작, 부정선수, 불법 스카우트 행위 등의 스포츠 가치의 훼손행위와 각종 범죄 행위 등이 포함

   (2) 스포츠 일탈에 대한 두 가지 관점

   ① **절대론적 관점**
   - 사회의 일탈에 대한 보편적, 절대적 기준은 명확하고, 구성원은 이를 준수해야 하는데 그렇지 못하면 일탈로 간주

   ② **상대론적 입장**
   - 일탈에 대한 기준은 때에 따라(시간), 장소(사회)에 따라 다르고 사회적으로 합의된 수준(규범의 수용 정도)이 존재
   - 규범의 수용 정도에서 벗어나게 되면 과소동조(너무 안 지키는 형태)도, 과잉동조(병적으로 규범에 집착하는 형태) 모두 일탈 간주

※ 과잉동조의 원인(코클리)

- 현대스포츠에서 강조하는 윤리기준을 너무 맹신해서 과잉동조가 나타남
- 스포츠윤리기준의 종류와 내용
  가. 몰입규범 : 경기에 헌신하라
  나. 구분짓기규범 : 너는 일반인과 다르므로 탁월성을 위해 노력하라
  다. 인내규범 : 위험과 고통을 참고 경기하라
  라. 도전규범 : 장애물에 도전하고 이겨내라

기출문제

스포츠 일탈에 대한 설명으로 옳은 것은?
① 절대론적 접근에 따르면 스포츠 일탈은 승리추구라는 보편적 윤리 가치체계의 준수 유무에 따라 결정된다.
② 상대론적 접근에 따르면 스포츠 일탈은 개인의 윤리적 문제가 아닌 사회 구조적인 문제이다.
③ 스포츠 일탈에 대한 절대론적 접근은 과잉동조 개념을 설명하는데 매우 유용하다.
④ 스포츠 일탈에 대한 상대론적 접근은 창의성과 변화를 약화시킨다는 비판을 받는다.

➡ 정답 ②
사회 규범의 성격이 절대적이고 만고불변의 진리이며 모든 사회에서 보편적인 성질을 지녔다고 평가하는 것이 절대론이다. 반면 상대론은 사회규범이 때와 장소에 따라 다를 수 있는데 그 기준은 각 사회가 합의한 것(사회적으로 구성된 것)이라는 점이다.
①번은 보편적 윤리체계를 상정하고 있다는 의미에서는 옳으나 그 윤리체계를 승리추구로 한정하고 있어 스포츠맨십이나 페어플레이정신 등의 가치를 제외시키고 있기 때문에 정답으로 인정하기 힘들다. ③번의 설명은 상대론의 입장이며, ④번은 근거가 없다.
②번은 상대론에서 말하는 사회적 합의가 사회구조적 산물이라 할 수 있기 때문에 정답에 가장 가깝다.

2) 스포츠 일탈의 기능

(1) 스포츠 일탈의 역기능

① 스포츠의 공정성 훼손 - 스포츠의 기본가치 저해, 스포츠의 의미 상실

② 스포츠에 대한 부정적 가치 생산 및 스포츠 탈 사회화 조장

③ 스포츠의 질서 및 예측가능성을 위협, 긴장과 불안 조성

(2) 스포츠 일탈의 순기능

① 규범의 가치를 재인식하는 기회 제공, 규범에 대한 동조 강화

② 더 큰 사회적 문제를 사전에 차단할 수 있는 계기

③ 변화의 계기 - 기존의 상식을 넘어선 새로운 기술의 창조(예 : 높이뛰기의 포스베리 플롭, 수영의 접영 등)

3) 스포츠 일탈의 원인

   (1) 양립불가능한 가치지향
   - 상충하는 가치가 동시에 나타나는 모순적 상황에 직면(페어플레이에 대한 요구 vs 무조건적인 승리의 요구)

   (2) 경쟁적 보상구조와 승리에 대한 강박

   (3) 역할갈등
   - 한 개인에 대한 두 가지 이상의 지위(예 : 인격을 키우는 교육자의 역할과 팀 승리를 해야 하는 코치의 역할)에 대해 느끼는 갈등상황

02 스포츠 일탈의 이론

1) 머튼의 아노미이론

   (1) 아노미의 의미
   - 규범이 없는 상태라는 의미이나 지켜야 할 규범이 너무 많고 규범이 각자 다른 행동을 요구하여 갈등하면서 혼란에 빠진 상태를 뜻함

   (2) 5가지 일탈유형
   - 스포츠상황에서의 일탈은 개인이 목적(승리)과 수단(규범준수)의 관계를 어떻게 설정하느냐에 따라 종류가 다르게 나타남

일탈의 유형	개인의 태도		내용 및 사례
	목적	수단	
동조	수용	수용	대부분 일탈로 간주되지 않음. 규칙이 허용하는 범위 내에서 시간 끌기, 파울작전 전개 등의 행위는 일탈로 간주
혁신	수용	거부	- 부정적 일탈 : 부정행위를 하더라도 승리추구 - 긍정적 일탈 : 새로운 성공방식의 모색
의례주의	거부	수용	실현가능한 작은 목표를 통해 좌절을 감소시킴
도피주의	거부	거부	참가중단이나 포기

| 혁명 | 거부/수용 | 거부/수용 | 모두 거부하고 새로운 길을 모색(예 : 생활체육운동) |

2) 낙인이론(베커, 레머트)

(1) 낙인 및 낙인이론의 의미
- 낙인 : 사회가 특정행동이나 특정인을 문제화하여 고립 또는 주변화 시키는 행위
- 낙인이론 : 동일한 행위도 낙인찍기에 따라 일탈여부가 판가름 나게 됨

(2) 일탈의 유형
- 1차적 일탈 : 일시적이고 경미한 일탈이 발생
- 2차적 일탈 : 낙인이 찍히면 이후부터 행위자를 색안경을 끼고 주목함

기출문제

머튼(R. K. Merton)의 아노미(anomie)이론에서 일탈행동에 대한 적응형태와 특징이 바르게 연결된 것은?
① 반란(반역)주의 - 스포츠에서 이기기 위해서는 수단과 방법을 가리지 않아야 한다고 생각한다.
② 도피주의 - 스포츠에서는 승패보다 규칙을 지키며 참가하는데 가치가 있다고 생각한다.
③ 혁신주의 - 기존의 스포츠를 거부하고 새로운 형태의 스포츠를 개발해야 한다고 생각한다.
④ 동조주의 - 스포츠에서는 규칙을 준수하면서 이기는 것이 중요하다고 생각한다.

▶ 정답 ④

03 일탈행위의 유형

1) 폭력행위
(1) 정의 – 고의적 또는 수단적으로 상대방에게 신체적 위해를 가하는 공격행위
(2) 유형(스미스)

명칭	내용	사례
거친 신체접촉	- 신체접촉이 필요한 종목에서 발생하는 신체접촉. 게임의 일부로 허용	농구 골밑 몸싸움
경계폭력	- 규칙 상 위반되나 경기전략으로 사용되기도 하는 약한 형태의 폭력형태. - 보복행위 유발가능성 높음	투수의 빈볼
유사범죄폭력	- 경기규칙 위반이며 선수 간의 허용범위를 넘어선 폭력형태. 징계 사유	아이스하키의 심한 보디체크
범죄폭력	- 명백한 범죄행위	심판에 대한 구타

2) 도핑
(1) 정의 – 의도(개인의 선택) 혹은 비의도(감독 및 코치의 권유)로 금지약물복용
(2) 유형
　① 회복촉진제 – 상처완화, 고통경감, 신경 안정 등의 목적으로 사용하는 약물
　② 부가촉진제 – 경기력을 향상시킬 목적으로 복용하는 화학적 물질
(3) 형태의 진화
　- 유전자 도핑(유전자 정보 변형), 서지컬 도핑(외과적 수술 활용), 기술도핑(첨단기술 적용) 등으로 진화하고 있음

3) 부정 및 범죄행위

(1) 정의
　① 부정행위 – 경기에서 이길 목적으로 규칙이나 규정에서 정한 범위를 벗어나는 행위
　② 범죄행위 – 법률에 의해 민형사상 금지된 행위

(2) 유형
　① 부정행위 – 비승인 용기구의 사용, 경기성적 및 승부 조작, 심판매수, 서류위조 등
　② 범죄행위 – 마약소지 및 복용, 성범죄, 폭력단조직 등

04 관중폭력

1) 정의
- 다수의 관중이 스포츠를 통해 발생하는 공동의 감정을 기반으로 하여 나타나는 일시적, 충동적 폭력행동

2) 관중폭력을 일으키는 군중유형
- 인습적 관중 : 특정한 목적으로 한 자리에 모인 사람들, 규칙적 행동을 보임
- 능동적 관중 : 감정이 격화되어 폭력적으로 된 사람들, 폭동까지도 가능함

3) 관중폭력의 원인
① 사회구조적 요인 - 스포츠가 벌어지고 있는 지역사회의 특징(지역불균형, 차별 등) 때문에 발생(예 : '레알마드리드'와 'FC바르세로나' 간의 '엘 클라시코')
② 상황적 요인
  - 경기장의 특수한 상황에 의해 관중폭력이 일어나는 경우로
  - 관중의 규모(대규모 군중일수록), 관중의 밀도(비좁은 환경의 불쾌함), 소음(소란한 음향으로 인한 흥분), 좌석의 종류(서 있는 좌석일수록 과격), 관중의 구성성분(열성적일수록 과격), 경기의 중요도(중요한 경기일수록)로 인해 나타남.

4) 관중폭력의 통제

통제범주	통제항목
물리적 환경	관중석과 경기장의 분리, 선수석의 보호막 설치
	응원단의 분리 배치, 출입구 구분배정
	관중석의 이동식 차단벽 설치
	계단에 접이식 간이좌석설치
제도적 장치	주류반입금지 정책의 강화
	음주자의 강제 퇴장
	경기장청원제도 도입 및 사법권부여
	지정좌석제의 탄력적 운영
	경기 시작 전 관중에 대한 안전교육 시행
	가족석 설치 운영 및 할인제도 시행

기출문제

드워(C. Dewar)가 제시한 프로야구 경기의 관중 난동 요인에 대한 설명으로 옳은 것은?
① 관중이 많을수록 난동 발생 가능성이 낮다
② 경기의 후반부일수록 난동 발생 가능성이 낮다.
③ 기온이 내려갈수록 난동 발생 가능성이 높다.
④ 시즌의 막바지로 접어들수록 난동 발생 가능성이 높다.

▶ 정답 ④
특정경기의 후반부나 시즌의 막바지일수록 경기의 중요도가 높아지기 때문에 관중폭력이 발생할 가능성이 높다.

Chapter 09 미래사회의 스포츠

01 미래사회의 스포츠변화에 영향을 미치는 요인

1) 테크놀로지의 발전
   ① 테크놀로지의 의미
      - 자연과학적, 공학적 기술의 이용
   ② 테크놀로지 적용의 결과
      - 신체의 통제 및 효율적 활용, 안전, 정확한 규칙집행, 장비기능개선
   ③ 테크놀로지의 발전으로 인한 딜레마
      - 어느 정도까지 허용, 규제할 것인가(예 : 인간이 유전자 조작을 활용하여, 인위적으로 특정 스포츠에 가장 적합한 선수(슈퍼플레이어)가 만들어진다면, 그를 경기하도록 해야 할 것인가?)

2) 통신과 전자매체의 발달
   ① 통신과 전자매체발달의 의미
      - TV, 인터넷, 무선 전화 등 장비의 개발 및 개선
   ② 통신과 전자매체의 적용결과
      - 스포츠의 시각적 이미지뿐만 아니라, 현장에 대한 평가와 의미형성도 함께 전달되고, 그 결과 통신과 전자매체의 의견에 따라 일반 대중의 의견이 형성되게 됨
   ③ 통신과 전자매체의 발전으로 인한 문제
      - 상징과 동일화의 효과를 극대화하기 위해 매체가 인위적으로 개입하는 행동을 어떻게, 어디까지 막아야 할 것인가?

3) 조직화 및 합리화

① 조직화 및 합리화의 의미 - 거대조직에 의한 계획적, 목표지향적 운영
② 조직화 및 합리화의 적용결과
  - 즐거움의 요소(자발성, 표현의 즐거움, 창조성 등)에 대한 결여
③ 조직화와 합리화로 인한 문제
  - 스포츠 참가에 대한 획일적 기준의 적용과 스포츠 참여의 즐거움에 대한 다양성 파괴

4) 상업화와 소비주의

① 상업화와 소비주의의 의미
  - '시민'이 아닌 '소비자'로서의 의미가 확대됨
② 상업화와 소비주의의 적용결과
  - 경기로 인해 만들어진 경제적 이익이 경기 자체보다 중요해져서, 스포츠 자체가 이익을 목적으로 사고파는 상품이 됨
③ 상업화와 소비주의로 인한 문제
  - 영리를 목적으로 하지 않는 스포츠 참가에 대한 공공영역의 확대 필요성 제기

02 스포츠와 세계화

1) 스포츠 세계화의 이해

(1) 스포츠 세계화의 의미
  - 스포츠에서 혹은, 스포츠를 통해 인적, 물적, 사상적(이념, 아이디어, 각종 사회적 이슈 등)으로 국경 없이 전 세계가 연결되는 추세

(2) 스포츠 세계화의 예
  - 스포츠 경기 참가의 세계화 : 1896년 제1회 아테네 올림픽에서 14개 참가국, 2008년 베이징 올림픽 때 204개국으로 증가
  - 스포츠 문화소비의 세계화 : 아디다스, 나이키 등 다국적 기업이 제작한 운동화와 트레이닝복 착용, 운동과 건강에 대한 상식 공유 등

2) 스포츠 세계화의 동인

(1) 제국주의

① 제국주의의 의미와 스포츠의 세계화
- 제국주의는 강한 군사력과 경제력으로 다른 나라나 민족을 정벌하여 식민지로 삼는 침략주의적인 경향이나 국가 정책으로, 영역의 지배보다는 영향력이나 패권을 확대하는 사상 등을 말함
- 제국주의로 인하여 서구열강이 식민제국 건설을 위해 침략을 시작하면서 피식민국가에 대한 스포츠의 전파가 시작됨

② 제국주의의 스포츠 세계화의 사례 : 크리켓과 럭비가 인기 있는 거의 모든 나라들이 과거 영국의 식민지국가인 영국연방국가(Commonwealth of Nations)

(2) 민족주의

① 민족주의의 영향
- 스포츠는 국가의 이름으로 치러지는 과정에서 민족으로의 정체성형성이 부각됨
- 피식민국가는 제국주의에 의해 스포츠를 알게 되었지만, 그 스포츠는 피식민국가의 민족주의를 형성시킨 역할을 수행하기도 했음(예 : 손기정 옹의 마라톤 우승과 일장기 말소사건)

② 냉전시대의 민족주의
- 미국을 위시한 자유민주주의 진영과 소련을 중심으로 한 공산진영의 대립
- 냉전시대 양진영 간의 스포츠 대결이 양 체제의 우월성을 입증하는 장으로 기능

(3) 종교의 전파

① 19세기 '강건한 기독교 사상(muscular christianity)' 성립과 기독교 교리의 포교활동 전개
② YMCA의 역할 : 강건한 기독교 사상으로 YMCA탄생. 스포츠 보급에 큰 역할 담당
③ 우리나라도 1903년 '황성기독교 청년회'라는 명칭으로 출발한 조선의 YMCA가 근대의 문물인 농구, 야구, 배구 등을 소개

(4) 테크놀로지의 진보

① 현재는 시공의 제약을 넘어서서 실시간으로 스포츠 중계가 가능한데, 이는 테크놀로지의 진보에 힘입은 바 큼
② 교통혁명과 스포츠의 전파
- 증기기관 및 내연기관의 발달로 근대스포츠를 전 세계로 유통시킴
- 대규모 응원단의 이동 및 홈앤드어웨이 경기 방식이 가능해짐

③ 위성기술과 스포츠의 유통
- 60년대 중, 후반부터 개발된 위성 기술은 80년대 이후 본격적인 스포츠 세계화를 이루게 됨

3) 스포츠 세계화로 인한 변화

변화양상	– 전 세계를 대상으로 스포츠시장의 확대가 이루어짐 – 스포츠양극화 현상 심화 : 일부 리그가 특정종목 시장을 장악하여 군소리그의 관심부족이 심화 – 선수취업 기회 확대
장점	– 스포츠경기의 이윤창출 극대화 – 선수의 기술수준 향상 및 선수생활의 가능성 확대

단점	– 양극화 현상으로 인한 빈익빈부익부 현상부각
	– 문화제국주의
	  : 전 세계적으로 동일한 형태의 스포츠소비가 나타남
	  : 전통 스포츠의 쇠퇴 현상(예 : 한국의 씨름) 가속화

기출문제

〈보기〉에서 스포츠 세계화의 과정에 대한 설명으로 옳은 것을 모두 고른 것은?(2017)

㉠ 제국주의 시대에 스포츠를 통한 동화정책은 식민지 체제의 지배를 정당화하는데 기여하였다.
㉡ 19세기 기독교는 아시아와 아프리카 원주민의 종교적 거부감을 해소하는데 스포츠를 활용하였다.
㉢ 과학기술의 진보는 스포츠의 시·공간적 제약을 극복하는데 기여하였다.
㉣ 제국주의 시대 스포츠는 결과적으로 피식민지 주민의 민족주의적 감정을 억제하는데 기여하였다.

① ㉠　　　② ㉠, ㉡　　　③ ㉠, ㉡, ㉢　　　④ ㉠, ㉡, ㉢, ㉣

▶ 정답 ③
제국주의와 제국주의 시절의 기독교는 스포츠를 활용하여 피식민국가에 대한 식민지배의 정당화를 위해 노력하였다. 그러나 피식민국가에 이식된 스포츠는 역으로 해당국가의 민족주의적 감정을 자극하는 촉매제로 활용되기도 한다. 우리나라의 경우 1936년 베를린 올림픽 당시 손기정선수와 관련된 일장기 말소사건 등이 좋은 예이다.

기초문제

01 코클리가 설명하는 스포츠의 제도화 과정 중 잘못 설명된 것은 무엇인가?
① 공식적 집단에 의한 규칙의 표준화가 나타난다.
② 엄격하고 체계적인 규칙적용을 위해 다양한 기구가 존재하게 된다.
③ 승리를 위해 행동의 조직적이고 합리적 측면이 강조된다.
④ 경기의 전문성이 증대되면서 경기기술의 창의적 측면이 확대된다.

<정답> ④

전문성이 증대되면서 효율적으로 경기를 치르기 위한 기술의 발전이 이루어지고, 그 결과 기술의 정형화가 이루어진다.

02 거트만이 설명하는 근대스포츠의 특징으로 맞는 것은 무엇인가
① 종교중심화　　② 즉흥화　　③ 합리화　　④ 표준화

<정답> ③

표준화는 코클리의 스포츠의 제도화 과정의 한 부분이다.

03 다음 중 스포츠사회학연구의 거시적 영역만으로 짝 지워진 것은 무엇인가?
① 스포츠와 교육, 지도자론　　② 소집단의 상호작용, 사회화
③ 스포츠사회학이론, 사회화　　④ 스포츠와 종교, 스포츠와 교육

<정답> ④

거시적 영역은 교육, 정치, 경제 등의 사회적 제도와 스포츠의 관계에 대한 부분이다.

04 다음 중 스포츠의 사회통제 기능에 대한 설명은 무엇인가?
① 한 사회에서 다양한 원인으로 분열이 일어났을 경우, 스포츠는 이를 통합한다.
② 스포츠는 이질적 개인을 공통체로 융화하고 화합시키는 기능이 있다.
③ 스포츠로 얻어진 공동체 의식은 시, 도, 국가 등으로 확산된다
④ 스포츠는 사회 성원에게 사회의 기본적 가치관과 규범을 학습하도록 하여 이를 개인에게 내면화시킨다.

<정답> ④

스포츠를 통해 개인에게 내면화된 규범과 가치관을 통제한다면 지배층이 피지배층의 의식, 가치관을 통제할 수 있다. 따라서 4번은 사회통제 기능이다.

05 다음 보기에서 설명하는 정치의 스포츠이용방법 중 한 가지는 무엇인가?

> ○ 국제경기에 임한 선수를 개인이 아닌 국가를 대표하는 인물로 설정
> ○ 선수의 승리를 개인적 승리가 아닌 민족과 국가의 영광으로 해석

① 내면화　　② 동일화　　③ 조작　　④ 상징

<정답> ④

06 올림픽 경기가 특정 국가의 정치적 의도에 이용되는 상황을 정치적 오염이라고 하는데, 정치적 오염의 원인이 아닌 것은 무엇인가?
① 개인의 계급의식을 고취하기 위한 목적으로 선전되려고 하기 때문에
② 국가의식을 함양하기 위한 수단으로 사용하려고 하기 때문에
③ 국가이념 혹은 정치체재를 선정하기 위한 도구로 사용하려 하기 때문에
④ 경기의 흥미를 높이기 위한 경쟁성 부각이 상업주의에 의해 팽창시키려 하기 때문에

<정답> ①

올림픽 경기의 구조는 국가 간의 대결 구도이기 때문에 각 선수의 개별 국가 내에서의 사회적 계급은 부각되기 어려움

07 극도의 인종차별 정책인 아파르트헤이트로 인해 1990년대 초반까지도 국제 스포츠계에서 고립되었던 국가는 다음 중 어디인가?
① 코스타리카　　② 남아프리카 공화국　　③ 아르헨티나　　④ 브라질

<정답> ②

남아프리카 공화국의 아파르트헤이트는 극도의 인종차별정책이다. 이후 넬슨 만델라가 대통령으로 취임한 이후에야 남아프리카 공화국은 국제 스포츠계에 다시 나올 수 있게 되었다.

기 초 문 제

08 보기의 사례는 국제정치에서 스포츠의 역할 중 무엇을 설명하고 있는가?

> 1971년 미국탁구대표팀의 중국에 대한 핑퐁외교, 2018 평창동계올림픽에서의 남북교류

① 친선과 승인수단
② 외교적 항의수단
③ 이데올로기 및 체제선전의 수단
④ 정치가에 대한 지지확보수단

<정답> ①

미국탁구대표팀 파견이나 평창올림픽의 남북교류는 모두 외교 현장에서 풀기 어려운 문제를 스포츠의 힘으로 극복하고자 했던 사례로서 친선과 승인의 수단으로 스포츠가 사용되었던 것이다.

09 다음 중 스포츠의 교육적 순기능이 아닌 것은 무엇인가?

① 목표에 대한 도전, 노력, 경쟁, 스포츠맨쉽 등의 가치 습득
② 교내 운동부 행사를 통한 애교심과 단결심 증진
③ 시설의 방과 후 개방 등을 통한 지역사회와의 유대관계 강화
④ 성적과 결과를 중시하는 승리지상주의

<정답> ④

성적과 결과를 중시하는 승리지상주의는 스포츠의 역기능임

10 다음 보기는 학원 스포츠 제도에 대한 설명이다. 올바른 명칭은 무엇인가?

> ○ 1972년도에 제정되어 체육에 특별한 소질을 지닌 학생을 발굴, 육성함
> ○ 운동만 잘하면 대학에 입학할 수 있도록 제도적으로 보장함

① 학교체육진흥법
② 최저학력제
③ 체육요원 양성 제도
④ 체육특기자 제도

<정답> ④

학교체육진흥법은 학원스포츠의 다양한 문제를 해결하기 위해 최근 입법되었고, 이중 최저학력제를 주요 내용으로 담고 있다.

기 초 문 제

11 상업주의가 스포츠에 영향을 끼친 내용으로 바르지 못한 것은 무엇인가?

① 대부분의 대회가 누군가의 후원 하에 개최되어 구경거리(쇼, show)화되었다.
② 경기 자체보다는 득점 결과, 승리만을 추구하는 풍토가 생겨나게 되었다.
③ 광고 등을 위해 휴식시간, 득점체계 등의 구조적인 변화가 생기게 되었다.
④ 관중이 영웅적 가치보다 심미적 가치를 중시하게 되었다.

<정답> ④
관중은 심미적 가치보다 영웅적 가치를 중시하게 되었다. (예: 골 세러머니 등)

12 다음 중 현대 스포츠발전에 영향을 미친 사회적 요소로 바르지 못한 것은 무엇인가?

① 산업화   ② 인구절벽   ③ 도시화   ④ 통신수단의 발전

<정답> ②

13 다음 중 프로스포츠의 순기능으로 바르지 못한 것은 무엇인가?

① 개인의 여가시간 선용을 위한 콘텐츠를 제공하여 생활의 활력소 역할을 함
② 대중에게 스포츠를 친밀하게 느끼게 하여 스포츠의 대중화를 선도하였음
③ 스포츠의 외양에 대한 관심이 높아져 대중스포츠의 고급화가 이루어졌음
④ 연고지로 운영되는 특정 지역 주민들의 공동체 의식을 고취시킴

<정답> ③

14 다음 보기에서 설명하고 있는 내용에 일치하는 것은 무엇인가?

> - 나는 K리그 경기보다 분데스리가의 경기가 더 좋아. 훨씬 박진감 있고 경기의 질도 높아.
> - 1990년대를 살았던 우리나라의 어린이들 중 NBA는 몰라도 마이클 조던을 모르는 어린이는 아마도 없을 것이다.

① 스포츠의 거대화로 인한 문화경직화
② 스포츠의 상업화로 인한 영리지상주의 문제
③ 스포츠의 표준화로 인한 문화제국주의
④ 스포츠의 지역화로 인한 의사소통 단절 문제

기 초 문 제

<정답> ③
전 세계 어디서나 동일한 스포츠 소비가 일어나고, 이로 인해 자국의 스포츠가 약화되는 현상을 문화제국주의라고 한다.

15 다음 중 프로스포츠로 인한 세계화의 장점이 아닌 것은 무엇인가?
① 전 세계 어디서나 동일하게 스포츠를 소비할 수 있게 됨
② 시장의 확대로 인해 이윤 창출을 극대화할 수 있음
③ 활동 무대가 세계로 확장됨에 따라 선수생활의 가능성이 확대됨
④ 선수들의 기술 수준이 향상되어 수준 높은 경기 운영이 가능해짐

<정답> ①
전 세계 어디서나 동일하게 스포츠를 소비하게 됨으로써 전통스포츠가 쇠퇴하게 되는 현상은 세계화의 단점 중 하나임.

16 다음 보기의 내용이 설명하고 있는 현상으로 가장 적절한 것은?

> A : 저는 영국 프리미어 리그의 광팬입니다. 2군 선수들 이름도 다 알고 있어요.
> B : 축구를 좋아하는군요? K리그 경기도 자주 보십니까? K리그는 관람객 부족으로 인해 고전을 겪고 있다고 하네요.
> A : 안타깝긴 하지만, 프리미어 리그 경기 챙겨보기에도 시간이 부족해서요. 아무래도 다 관심을 쏟기는 어렵습니다.

① 스포츠의 지역화   ② 스포츠의 양극화   ③ 스포츠의 세계화   ④ 스포츠의 상업화

<정답> ②

17 다음 중 프로스포츠에서 시행하고 있는 제도가 아닌 것은?
① 보류조항   ② 최고연봉제   ③ 에이전트   ④ 자유계약 제도

<정답> ②
최고연봉제가 아닌 선수연봉의 하한선을 규정하고 있는 최소연봉제를 실시하고 있다. 최고연봉제와 샐러리 캡이 혼동되기 쉽지만 샐러리 캡은 팀 소속 선수의 연봉총액의 상한선을 제한하는 조치이다.

기초문제

18 스포츠와 미디어는 서로 영향을 주고받으며 발전하고 있다. 다음의 보기 중 스포츠가 미디어에게 미친 예는 무엇인가?
① 시청자 편의를 위해 스포츠의 경기규칙이 개정되었음
② 중계시간 예측을 위해 경기규칙이 개정되었음
③ 미디어를 통해 새로운 스포츠 종목이 창출되었음
④ 스포츠는 미디어에 풍부한 콘텐츠를 제공하고 있음

<정답> ④
'①', '②', '③'는 스포츠에 대한 대중매체의 영향임에 반해, '④'는 미디어에 대한 스포츠의 영향임

19 스포츠미디어 이론 중 개인차 이론에서 '감정의 순화'는 미디어수용자가 미디어를 통해 얻고자 욕구 중 무엇을 말하고 있는가?
① 인지적 욕구   ② 정의적 욕구   ③ 도피적 욕구   ④ 통합적 욕구

<정답> ③

20 스포츠 보도에서 많이 나타나는 현상으로, 선정적이며 질 낮은 호기심에 호소하는 흥미본위의 보도를 지칭하는 용어는 무엇인가?
① 옐로 저널리즘   ② 하이에나 저널리즘   ③ 폭로 저널리즘   ④ 낙하산 저널리즘

<정답> ①

21 다음 설명의 빈 칸을 채우시오.

○ 계층이란 (   )된 불평등으로, 사회적 희소가치가 불평등하게 배분된 상태가
(   )된 것을 말한다. 이는 등급이나 서열이 나타나면서 사회적 불평등의 원인이 된다.

① 타인화   ② 객체화   ③ 구조화   ④ 오염화

<정답> ③
계층은 구조화된 불평등이다. 불평등은 사회구성원이 반발할 수 있는 요인인데, 구조화되었기 때문에 대다수 구성원이 어느 정도 인정할 수 밖에 없는 특징이 있다.

기 초 문 제

22 막스베버가 사회계층의 원인을 설명하기 위한 개념이 아닌 것은 무엇인가?

① 자산(property)   ② 지위(status)   ③ 권력(power)   ④ 결혼(marriage)

<정답> ④

23 다음의 보기는 체육학과 학생들이 모여서 스포츠와 사회계층에 대해 대화한 내용이다. 이중 '계층이동'에 대해 말한 사람은 누구인가?

> A : 우리 사회의 희소가치가 불평등하게 배분된 상태가 점점 구조적으로 고착화되는 것 같아.
> B : 사회 분업 체계에 의해 각자의 역할이 부여되고, 각 지위별 특성이 출현하면서 서열이 생기게 되는 거지.
> C : 서열 안의 개인이 특정 사회계층에서 다른 계층으로 옮겨가는 행위가 가능하다는 것이 우리 사회의 희망 아닐까?
> D : 스포츠 참가가 사회 이동으로서의 가능성도 촉진한다는 생각이 들어.

① A   ② B   ③ C   ④ D

<정답> ③

계층이동은 특정 사회계층에서 다른 계층으로 옮겨가는 행위이다.

24 스포츠계층의 형성과정에 대한 단계적 설명으로 순서가 바른 것은 무엇인가

① 지위의 분화 – 지위의 서열화 – 평가– 보수 및 보상의 부여
② 보수 및 보상의 부여 – 지위의 서열화 – 평가– 지위의 분화
③ 보수 및 보상의 부여 – 평가 – 지위의 서열화 – 지위의 분화
④ 지위의 분화 – 지위의 서열화 – 보수 및 보상의 부여 – 평가

<정답> ①

25 사회계층에 따른 스포츠 참가 유형에 대한 설명으로 틀린 것은 무엇인가?

① 상류층은 골프, 테니스 등의 종목을 하는 경향성이 높다.
② 상류층은 대중매체를 통한 관람을 하는 경우가 많다.
③ 하류층은 경기장에서 직접 관람하는 비율이 낮다.
④ 하류층은 축구 등의 단체 종목 참여율이 높은 편이다.

<정답> ②

상류층은 경기를 직접 즐길 뿐만 아니라 관람도 경기장에서 직접하는 비율이 높다.

26 상류층이 개인 종목에 많이 참가하는 이유가 아닌 것은 무엇인가?
① 상류층은 어린 시절부터 체계적인 훈련을 받아야 가능한 스포츠 분야에 노출될 기회가 자연스럽게 많다.
② 상류층은 용구 구입, 시설 이용 등의 비용을 절약하기 위한 태도가 배어 있기 때문에 단체스포츠는 잘 하지 않는다.
③ 상류층은 부와 재력을 과시하기 위한 수단으로 스포츠를 소비한다.
④ 상류층은 일과시간이 불확실해서 개인 여가 활동을 선호하는 편이다.

<정답> ②

27 다음의 보기는 루비 어머님의 배드민턴 동호회 활동 수기 중 일부를 옮겨온 것이다. 각 단계의 순서가 바르게 묶인 것을 고르시오.

> (1) 나는 광주로 이사 와서 처음으로 배드민턴을 시작하게 되었다.
> (2) 아파트 동호회에 가입하여 배드민턴을 배우게 되면서 배드민턴만 배운 것이 아니라 광주 지역에 대해서도 많이 알게 되었다. 서울에서 40년 넘게 살다가 지방으로 이사와서 새로운 사람을 만나는 계기가 되었다.
> (3) 1년 정도 배드민턴을 쳤는데 치고 돌아오는 길에 미끄러져 허리를 삐끗하였다. 회복이 쉽지 않아 결국 한 동안 배드민턴을 그만두게 되었다.
> (4) 어쩌다보니 그렇게 배드민턴을 그만두게 된 지 3년이나 시간이 지났을 즈음, 아들의 학교 어머니회 모임을 통해 다시 배드민턴을 시작하게 되었다. 이제 다음 주에 시합을 앞두고 있는데……

① 스포츠를 통한 사회화 - 스포츠로의 사회화 - 스포츠 탈사회화 - 스포츠 재사회화
② 스포츠로의 사회화 - 스포츠를 통한 사회화 - 스포츠 탈사회화 - 스포츠 재사회화
③ 스포츠로의 사회화 - 스포츠를 통한 사회화 - 스포츠 재사회화 - 스포츠 탈사회화
④ 스포츠를 통한 사회화 - 스포츠 탈사회화 - 스포츠 재사회화 - 스포츠로의 사회화

<정답> ②

기 초 문 제

28 몇 년 전에 20년만의 선수생활을 마감한 한국인씨는 은퇴 후 휴식을 취하다가 이번에 새로 생긴 신생 구단의 코치로 취업하였다. 그는 스포츠의 사회화 과정 중 어떤 단계인가?
① 스포츠를 통한 사회화   ② 스포츠로의 사회화
③ 스포츠 재사회화   ④ 스포츠 탈사회화

<정답> ③

29 다음 중 스포츠 참여의 정도를 결정하는 요인이 아닌 것은 무엇인가?
① 기간(참여 총시간)   ② 강도(참여의 몰입 정도)
③ 빈도(특정기간 동안의 참여 횟수)   ④ 숙련도(스포츠 수행 수준)

<정답> ④

30 다음 중 스포츠 참여 형태가 같은 것끼리 묶인 것은 무엇인가?

> 철수 : 나는 요즘에 일주일에 2번씩 조기 축구 동호회에서 공격수를 맡고 있어.
> 영희 : 나는 철수랑 같은 팀 코치로 철수의 전담 트레이너야.
> 민수 : 나는 우리 동네 축구팀의 열혈 팬이야. 보는 것만으로도 기분이 좋아져.

① 철수, 영희   ② 영희, 민수   ③ 철수, 민수   ④ 철수, 영희, 민수

<정답> ②
스포츠 참여의 형태 중 행동적 참여는 1차적 참여, 2차적 참여로 구분되는데, 철수는 1차적 참여(경기자로 참여)이고, 영희와 민주는 2차적 참여(코치, 팬 등으로 참여)이다.

31 다음은 스포츠로의 사회화에 영향을 미치는 주체에 대한 설명이다. 바르지 못한 것은 무엇인가?
① 대중매체는 스포츠와 쉽게 친숙해질 수 있는 기회를 제공하기에 잘 활용하여야 한다.
② 동료집단은 가정에서 경험하지 못하는 평등한 관계를 제공하지만, 아이의 성장에 따라 영향력이 점차 줄어든다.
③ 가족은 미취학 아동의 스포츠 사회화에 가장 큰 영향을 미친다.
④ 지역사회는 다양한 스포츠 시설을 통해 지역 주민에게 참여기회를 제공한다.

기초문제

<정답> ②

32 스포츠일탈의 순기능으로 바르지 않은 것은?
① 더 큰 사회적 문제를 사전에 인지하여 차단할 수 있음
② 기존의 상식을 뛰어넘는 새로운 변화를 도출해낼 수 있음
③ 규범의 가치를 재인식하는 기회를 제공할 수 있음
④ 스포츠의 탈사회회를 조장할 수 있음

<정답> ④
스포츠 탈사회화 조장은 스포츠 일탈의 역기능임

33 다음 중 코클리가 주장하는 스포츠일탈의 과잉동조의 원인 중 몰입규범의 내용으로 적절한 것은 무엇인가?
① 경기에 헌신하라
② 위험과 고통을 참고 경기하라
③ 장애물에 도전하고 이겨내도록 하라
④ 너는 일반인과 다른 존재이다. 탁월성을 위해 노력하라.

<정답> ①

34 다음 설명의 빈 칸을 채우시오.

(ㄱ)란 경기에서 이길 목적으로 규정에서 정한 범위를 벗어나는 행위로 승부조작 심판 매수 등의 유형의 행위이고, (ㄴ)란 법률에 의해 금지된 행위로 마약소지 및 복용 등의 행위를 말한다.

	(ㄱ)	(ㄴ)		(ㄱ)	(ㄴ)
①	부정행위	범죄행위	②	범죄행위	부정행위
③	일탈행위	범죄행위	④	부정행위	일탈행위

기초문제

<정답> ①

부정행위는 스포츠 내에서 비난을 받은 행위이고, 범죄행위는 이를 넘어서 법적으로 처벌이 가능한 행위를 말한다.

35 다음 중 대표적인 스포츠 일탈의 유형이 아닌 것은 무엇인가?

① 개인이 선택한 약물복용
② 허용되지 않은 방송연애활동
③ 승인된 과도한 참가
④ 소수의 관중으로 인한 관중폭력

<정답> ②

스포츠일탈의 유형은 폭력행위, 약물복용, 부정 및 범죄행위, 과도한 참가, 관중폭력 등이다.

36 다음 괄호 안에 들어갈 표현으로 옳은 것은 무엇인가?

( )를 통해 피식민국가에 대한 스포츠의 전파가 시작되었으며 그 예로는 크리켓과 럭비가 인기 있는 거의 모든 나라들이 과거 영국의 식민지국가였음을 들 수 있다.

① 민족주의　　② 제국주의　　③ 세계주의　　④ 국가주의

<정답> ②

제국주의는 자신국가의 확장을 위해 식민지를 개척하고, 이를 통해 피식민국가를 착취한다.

37 다음 중 스포츠 세계화의 예로 적절하지 않은 것은 무엇인가?

① 1896년 제 1회 아테네 올림픽은 14개의 나라에서 참가한 것에 그쳤지만, 2008년 베이징 올림픽 때에는 참가국이 204개국으로 증가하였다.
② 네팔의 시골로 여행을 갔는데, 그나라 사람 중에 아디다스, 나이키에서 제작한 운동화를 신고 있는 청소년이 눈에 많이 띄었다.
③ 한국 피트니스 업계의 변화는 미국 피트니스 업계의 변화의 흐름과 일치한다.
④ 손기정옹이 한국 최초로 세계 대회인 올림픽에서 마라톤 우승을 했다.

<정답> ④

기 초 문 제

38 스포츠의 근대화가 진행되면서 여러 가지 문제들이 생겨났다. 다음 중 그 문제의 성격이 다른 것은 무엇인가?
① 자발성, 창조성 등과 같은 즐거움이 결여되기 쉽다.
② 즐거움에 대한 다양성이 파괴되기 쉽다.
③ 스포츠참가에 대한 획일적 기준이 적용되기 쉽다.
④ 스포츠 자체가 이익을 목적으로 사고파는 상품이 되기 쉽다.

<정답> ④

'①', '②', '③'는 조직화 및 합리화로 인해 발생가능한 문제들인 것에 비해 '④'는 상업화와 소비주의에 따른 문제이다.

39 우리나라에서 1903년 '황성기독교 청년회'라는 명칭으로 출발하여 근대스포츠인 농구, 야구, 배구 등을 소개한 단체의 이름은 무엇인가?
① YWCA
② 보이스카웃 연맹
③ YMCA
④ 한국기독학생회총연맹

<정답> ③

40 테크놀로지의 진보가 스포츠에 미친 효과와 그 설명으로 올바르지 못한 것은 무엇인가?
① 시간과 공간의 제약을 뛰어넘어 실시간으로 스포츠를 접할 수 있다.
② 증기기관의 발달로 인한 교통혁명으로 인해 스포츠의 세계화가 가능해졌다.
③ 테크놀로지의 발전으로 인한 딜레마로 인한 윤리적 문제가 제기되기 시작했다.
④ 홈앤드어웨이 경기 방식이 가능해진 것은 스포츠팬의 수가 증가했기 때문이다.

<정답> ④

홈앤드어웨이 경기 방식이 가능해진 것은 증기기관의 발달로 인해 대규모 응원단의 이동이 가능해졌기 때문이다.

PART 02

스포츠
교육학

김택천

Chapter 01 스포츠교육의 배경과 개념
Chapter 02 스포츠교육의 정책과 제도
Chapter 03 스포츠교육의 참여자 이해론
Chapter 04 스포츠교육의 프로그램론
Chapter 05 스포츠교육의 지도방법론
Chapter 06 스포츠교육의 평가론
Chapter 07 스포츠교육자의 전문적 성장

기초문제

Chapter 01 스포츠교육의 배경과 개념

01 스포츠교육의 역사

1) 스포츠 가르치기에 대한 역사적 관심

(1) 19세기 초·중반

① **체조 시스템**
- 19세기 후반 미국 체육: 유럽식 체조시스템과 미국식 체조시스템이 주류
- 유럽식 체조시스템: 민족주의를 바탕으로 개인적 발달을 목표로 했지만, 집단적 단결을 조장하는 성격을 가지고 있어 군사훈련에 이용
- 미국식 체조시스템: 유럽식 시스템 프로그램의 규칙적인 참여로 얻어지는 신체적, 도덕적 혜택과 건강상의 이익을 강조

② **건강중심적 기독교주의(19세기 중반)**
- 동부지역의 발전, 산업혁명의 성숙, 중산계층의 성장으로 도시 발달에 따라 청교도주의의 영향력 축소 → '건강중심적 기독교주의'를 통한 종교와 스포츠의 타협
- '건강중심적 기독교주의' 철학: 체력과 운동능력은 정신적, 도덕적, 종교적 목적이 개발되고 유지되는 중요한 통로

③ **이상적인 남성상과 여성상**
- 19세기가 체육의 제 분야가 모두 발달했던 시기였지만, 여자보다는 남자 중심
- 19세기 이상적인 남성상과 여성상: 폐쇄적 고정관념이 일반화되어 있었음
- 19세기 이상적인 남성상: 미국이 위대한 나라가 되기 위해 남자들이 좀 더 남성다움을 추구
- 19세기 이상적인 여성상: 동정심, 순결, 복종심, 가정중심적 사고방식 등 소위 말하는 '여성의 미덕' 속으로 사회화를 추구, 격렬한 운동과 스포츠는 부적합

④ 아마추어리즘과 페어플레이 정신
- 19세기 후반 스포츠 부흥으로 '아마추어리즘'과 '페어플레이 정신' 구현 노력
- 부유한 미국 스포츠 광: 영국 상류층의 중요 윤리적 미덕인 페어플레이와 좋은 경기 등을 중요하게 생각
- 19세기 올림픽 게임 부활을 통해 윤리적 행동 규칙으로 '아마추어리즘과 '페어플레이 정신'이 드러남.

(2) 19세기 말과 20세기 초

① 신체육
- Thomas Wood: '진보주의 교육이론'에 근거하여 '체조 중심의 체육'으로부터 '신체를 통한 교육으로서의 체육' 철학으로 넘어가는 분수령을 마련하는 '새로운' 체육에 대해 발표
- 진보주의 교육: '하는 것'이 '아는 것'과 동일하게 중요
- 존 듀이(John Dewey): 민주사회에 있어서 평화적인 개혁을 가져오는 길은 교육, 교육은 아이들이 적극적 참여자가 되는 의미있는 경험, '인간의 총체성'을 신봉, 심신일원론, 모든 교육적 활동은 동시에 지적, 도덕적, 신체적 결과를 가져옴
- 듀이는 체육의 강력한 지지자, 체육이 사회적 목적을 성취시키고자 할 때 듀이의 지지가 더욱 강화, 우드, 해더링턴과 함께 '신체를 통한 교육' 전파의 중심인물

② 유럽 교육사상의 영향
- 미국 신체육의 철학: 18세기 중반 프랑스의 루소에 의해 완성된 '자연주의'에 뿌리를 둔 진보주의 교육의 영향 속에서 발전
- 루소: 개인을 완전한 자유 속에서 자라도록 도와주는 '자연적인' 교육프로그램 주장, 모든 종류의 신체적 경험을 이용. 특히 체조, 스포츠, 게임 등과 같은 신체 활동에 대한 적극적 관심과 열의
- 루소는 체육이 '경쟁'과 '협동'의 중요한 성격 특성을 기르는 역할을 한다고 믿음, 학교에 체육 시설 설치를 주장, 게임과 스포츠의 이용을 장려
- 유럽의 교육사상으로서 자연주의 철학의 계통: 루소-바세도우-페스탈로찌-프뢰벨-듀이(미국)로 이어졌음
- 바세도우: 1774년 독일에 '박애학교' 설치, 루소가 제시한 경험적 학습이 중요시되는 자연주의적 교육을 주창하고 체조, 게임, 스포츠, 그리고 놀이 활동 등을 박애 학교의 중요 교육과정으로 선정하여 자연주의 철학을 실제로 실현
- 페스탈로찌: 모든 지식은 경험과 활동에 근거한다고 믿음, 기본적 교육 방법-경험 학습 이용, 신체 훈련은 중요한 교육내용. 체조의 목적: 아동의 신체를 그가 원래부터 가지고 있었던 지적, 정서적 측면과 다시 일치시키고 조화시키는 것
- 프뢰벨: 삶의 총체성과 활동의 총체성, 유아교육의 놀이 활동을 강조. 스포츠와 게임

은 아동의 신체적 능력뿐만 아니라 지력과 성격함양에도 공헌을 한다고 주장. 프뢰벨의 아이디어 대부분이 듀이의 진보주의 교육철학에 포함, 진보주의 철학적 사상과 교육이론에 근거하여 우드의 '신체육'과 헤더링턴의 '신체를 통한 교육으로서의 체육'이라는 개념이 주창됨

③ 철학적 개념으로서의 놀이

- 놀이와 신체활동의 개념: 루소와 같은 사상가가 출현하면서 다시 주목받기 시작, 중요한 특성으로 인정받기 시작한 것은 19세기부터. 프뢰벨 사상의 역할: 놀이가 하나의 중요한 교육적 과정으로 인정받음
- 프뢰벨: 놀이는 아동시기에 있어서 가장 자연스러운 자기 표현방법. 놀이는 자기 자신과 자기 주변의 세계에 대하여 배우는 가장 기본적인 매개체
- 독일의 쉴러: 놀이의 개념이 일반 철학분야에서 중요한 탐구의 대상이 되도록 만드는 일에 공헌. 교육 분야는 프뢰벨에게, 철학 분야는 니체에게 영향을 끼침
- 20세기 초반- 놀이의 개념은 중요한 철학적 개념의 하나로 그리고 교육이론의 대상으로서 확고한 자리를 차지. 놀이의 중요성을 인정함에 따라 20세기 초기 미국에서 만연했던 '놀이터 증가 운동'과 YMCA와 기독교 청년회 같은 단체들이 스포츠와 체력증강 운동을 광범위하게 채택하게 됨
- 놀이의 개념-헤더링턴과 신체육을 주장하던 다른 체육지도자들의 사상 속에도 명백하게 반영. '신체를 통한 교육' 철학의 주장자들은 여러 가지 목적, 특히 사회적 목적을 추구하기 위해서 놀이 활동을 매체로 이용
- 놀이의 '개념'이 철학적으로 그리고 교육학적으로 인정되고 난 후에야, 놀이를 이용한 프로그램이 실시되었음

④ 20세기 초반

- 20세기 초반: 하나의 체육교육철학을 형성하기 시작. 이 철학은 그 후 약 50년간 지배적인 체육교육철학으로서 체육의 전 분야에 영향
- 20세기 체육교육철학: 신체육을 주장한 우드에 의해 가장 명료한 되고 헤더링턴, 캐시디, 윌리암스, 내쉬 등에 의해 더욱 세련됨
- 20세기 체육교육철학의 주장: 체육활동에 참여하는 것은 지적, 신체적, 사회적, 도덕적 발달을 가져다주므로 가치 있다. 이 같은 주장은 체육이 청소년의 성장에 아주 중요한 역할을 함으로 학교에서 체육과목을 반드시 포함시켜야 한다고 믿음

(3) 20세기 중반 이후

① 휴먼무브먼트와 움직임 교육

- 휴먼무브먼트
  - 1930년 후반부터 라반이 개발, 1950년대 '휴먼무브먼트' 철학이 등장
  - 라반: 1948년 「현대교육무용」 출판. 휴먼무브먼트 철학의 이론적 기반 및 그것으로

부터 도출되는 실제적 지침들을 상세하게 기술
- '신체를 통한 교육으로서의 체육' 철학을 기반으로 하는 체육교사 프로그램의 문제가 대두됨으로써 이를 계기로 '체육 학문화 운동'이 발생. 스포츠 심리학, 스포츠 생리학, 스포츠 사회학 등과 같은 체육학의 하위 학문 분야들이 발전하기 시작 → 각 분야들은 각자를 서로 연결시킬 철학적 틀이 필요, '휴먼 무브먼트' 철학이 아주 적합하다는 것을 발견
- '휴먼 무브먼트' 철학의 영향: 각 대학에서 초기에 학문적 세분화를 위한 기초로서, 학부 전문 교육을 위한 교육과정 개발의 틀로서, 초중고 체육교과의 개선을 위한 기초로서, 학부 전문 교육을 위한 교육과정 개발의 틀로서, 초중고 체육 교과의 개선을 위한 기반으로서의 역할
• 움직임 교육
- 체육교육에서 어떤 종목 그 자체가 교육과정을 구성하는 구조적 기초; 각 종목에서 배우는 운동기능은 단순한 것에서 복잡한 것으로 계열화되고 아이들의 신체적 성숙도나 일반적 준비 정도에 적합한 상태로 아이들에게 제시
- 움직임 교육의 교육과정: 교육체조, 교육무용, 교육게임으로 구분, 교육방법은 '탐색'과 '발견'이 이용, 수업분위기는 비경쟁적이고 성취감을 얻을 수 있도록 만드는 분위기
• '휴먼 무브먼트' 철학은 미국 체육계에 특히, 교사교육과 학교체육 분야에 계속해서 강력한 영향을 미치고 있는 아이디어

② **인간주의 스포츠와 인간주의 체육교육**
• 1960년대와 70년대 유행했던 '인간주의 철학사조'가 체육 분야에 영향
• 제 3의 심리학이라고 불린 '자아의 심리학'은 개인의 성장과 자아의 발달을 통한 개개인의 잠재능력을 최고도로 발달시키는 것에 초점
• 인간주의적 교육의 철학은 교육 분야에서 열린 교육, 정서 교육, 가치관 확립 등등을 강조하게 만들었고, 성적과 평가를 위한 경쟁을 경시
• 헤리슨의 「인간주의적 체육교육」을 출판: 인간중심적 체육교육을 위한 이론적 기초를 제공, 인성발달, 자기 표현력 함양, 그리고 대인관계의 향상 등을 학교 체육의 제 일차적 목표로 강조

③ **놀이 교육과 스포츠 교육**
• 놀이 교육
- 70년대 일부 학자들은 '체육활동은 그 자체로서 가치를 가져야 한다.'고 주장. 미시니는 오래 전부터 주장, 시덴톱에 의해 '놀이 교육' 개념으로 구체화
- 놀이교육의 목적: 아이들로 하여금 운동 기술을 습득하고, 신체 활동에 대한 애정을 갖도록 돕는 것
- 놀이 교육의 사상은 교육과정 개발을 위한 처방이라기보다는 하나의 철학 사조

- 스포츠 교육
  - '놀이 교육'에서 출발 1986년에 '스포츠 교육'으로 주장됨
  - 스포츠 교육의 목적: 아이들에게 좋은 스포츠의 기능, 지식, 태도를 교육시켜서, 아이들 스스로가 스포츠를 즐기고 참여하며 보다 건전한 스포츠 문화에 보다 적극적인 공헌자가 되도록 하는 것
  - 스포츠 교육의 이론적 가정
    · 스포츠는 놀이로부터 유래
    · 스포츠는 우리 문화의 중요한 한 영역, 우리 문화의 건강과 생명력에 영향을 미치는 중요한 역할
    · 스포츠는 놀이의 한 단계 발전된 형태, 문화의 건강에 중요한 역할. 스포츠가 체육 교육의 내용이 되어야 함
    · 놀이 교육은 구체적인 교육과정 개발로 발전되지 못했지만, 스포츠 교육은 구체적 교육 프로그램을 개발

2) 스포츠 가르치기에 대한 최근의 노력

(1) 건강 체력에 대한 관심
① '운동 체력'(motor performance related fitness)에서 건강 체력(health related fitness)으로 변화
② 운동체력: 운동을 효율적으로 수행하는데 필요한 민첩성, 평형성, 협응성, 순발력, 반응시간, 속도 등을 요소로 하는 체력
③ 건강체력: 생명 유지와 질병의 예방과 치료, 활동적인 삶에 영향을 미치는 것으로 신체조성, 심폐능력, 유연성, 근력 및 근지구력 등을 요소로 하는 체력

(2) 인권과 평등 중시
① 성차, 개인의 신체기능, 문화적 차이 등의 불평등한 교육 문제 해소를 위한 각종 방안을 마련
② 선수나 학생의 인권 보장과 평등(equity)에 관한 지도자들의 인식을 제고를 위해 각종 교육 및 연수 등을 통해 노력
③ 체육과 교육과정: 개인의 성차, 체력, 운동기능, 흥미, 학습방법 등의 차이에 따른 수준별 교수 방법 제시, 장애인 통합교육을 강조

(3) 우리나라의 학교 체육 활동 확대
① 체육의 필요성 증가: 과학기술의 발달, 교통 통신의 발달, 생활 편의 시설의 확대에 따른 신체활동 시간 감소, 비만 인구의 급증과 각종 성인병의 발병률 증가로 인한 신체활동 부족의 심각한 사회문제 발생
② 청소년의 경우: 학습량의 증가와 운동 부족, 인터넷과 게임중독 등 각종 유해 요인에

노출되면서 학교폭력과 위험(At-risk) 청소년의 문제가 점점 심각
③ 청소년들의 건강과 폭력 예방을 위해 학교체육 활동 증가를 위한 정책 도입
④ 학생체육활동 시간 확보: 중학교 '학교스포츠클럽 활동' 도입, 고등학교에서도 기본 수업시수 10단위로 확대, 0교시 체육활동, 틈새 체육활동, 방과후 특기적성교육, 토요스포츠데이 활동. 학교스포츠클럽(동아리) 교내 리그전과 학교 간 경기 등을 확산

02 스포츠교육의 개념

1) 협의의 스포츠교육

(1) 스포츠의 개념

① 스포츠(sports)는 실제생활을 벗어난 기분전환이나 만족을 위한 레크리에이션적인 모든 신체활동으로서 '운동경기'를 의미하며 '경쟁이 따르는 운동'
② 스포츠는 외면적 형태에 있어 인간 활동 가운데 정신적, 정서적 활동을 배제한 신체기능, 신체기량, 또는 신체발현을 주목적으로 하는 활동(임번장, 2010)
③ 스포츠는 신체적 동작을 주로 하는 활동으로 건강유지와 경기 및 기록을 중요시 한다는 점에서 현대사회에서는 강조

(2) 협의의 스포츠교육

공통된 규칙 아래에서 경쟁하여 성과와 기록 추구를 목표로 하는 신체 활동을 매개로 인간의 가능성을 계획적으로 이끌어 내고 구체적, 지속적으로 변화시키는 교육

2) 광의의 스포츠교육

(1) 스포츠교육의 범위

① 신체 및 신체활동을 매개로 하는 운동과 스포츠는 물론 인간 움직임을 포함한 상호관계를 포함
② 전인(whole person)교육을 추구하기 위해서는 최소한 신체적, 정신적, 사회적인 측면에서 안녕을 지향
③ 운동교육이나 스포츠교육을 넘어선 이를 포괄한 그 이상의 교육 범위

(2) 개념

① 학교체육, 생활체육, 전문체육의 교육을 포괄하는 체육교육 개념
② 운동 기능 중심과 신체활동 중심 가치를 넘어 실천적 건강영역으로서 건강습관을 위한 부분까지 확대되어 인식하고 실천하는 영역

03 스포츠교육의 현재

1) 학교에서의 스포츠교육

   (1) 체육 교과

   국가수준 체육과 교육과정에서 활동의 목표와 내용, 방법과 평가를 제시. 모든 학생들은 체육수업을 통해 국가 사회적으로 요구되는 건강, 표현, 여가 활동을 포함한 스포츠에 대해 다양한 학습 경험을 하도록 교육

   (2) 비교과 체육활동

   방과후 특기적성교육, 토요스포츠데이 활동 등 어린이, 청소년들이 다양한 스포츠 활동을 경험하며 건강, 인성의 발달을 도모할 수 있도록 교육하는 활동. 중학교의 '학교스포츠클럽 활동', '학교스포츠클럽', '방과 후 특기적성 교육', '토요스포츠데이 활동', '틈새체육' 등이 이에 포함

2) 생활에서의 스포츠교육

   (1) 생활체육의 목표

   개인 선택에 의한 활동으로 스포츠에 내재되어 있는 교육적 의미와 목표보다는 스포츠 참여의 재미나 여가선용, 건강을 위한 개인 행복을 추구하는 학습을 통해 긍정적인 경험으로 일상생활로 반영되는 사회적으로 의미 있는 활동

   (2) 생활체육 프로그램

   ① 체육활동을 효과적으로 지도하여 참여자들의 삶의 질을 향상시키는데 기여하는 것을 목적으로 체육활동의 목적과 목표, 대상자, 활동내용과 방법, 장소 등의 제반 활동을 포함

   ② 학교체육에 비해 연령 폭이 넓고, 개별화된 프로그램으로 제공 기관과 실시 장소, 참여자의 특성, 교육 시설 환경에 따라 융통성 있게 구성

3) 경기에서의 스포츠교육

   (1) 전문체육의 목표

   국가적으로는 공식적인 스포츠 경기에 참가하여 국가 이미지 제고, 위상 강화, 국민 통합 및 자긍심 고취, 생활체육 활성화의 선도적 역할을 하는 등 긍정적인 효과를 높이는 한편 개인적으로는 스포츠 경기에서 타인 또는 팀과 경쟁하여 승리를 위한 기량을 연마하여 향상

(2) 경기 지도의 변화
　① 기존의 운동생리학, 운동역학, 스포츠심리학 등 적용한 훈련방법을 넘어서 훈련 방법 자체의 효과성을 높이는 과학적 훈련이 필요
　② 스포츠교육의 교수(teaching)를 선수 경기력 향상 지도와 연계하여 코칭(coaching)과 결합하여 교육으로서 경기 지도 수행

Chapter 02 스포츠교육의 정책과 제도

01 스포츠교육의 역사학교체육

1) 국가체육교육과정 및 학교체육진흥법

(1) 국가체육교육과정

① 체육과 교육과정의 변천

적용 기간	구분	주요 특징
1946 - 1954	교수요목기	식민지 교육에서 민주주의 자유교육으로의 전환기
1955 - 1963	1차 개정	우리나라가 만든 최초의 체계적인 교육과정
1963 - 1973	2차 개정	체육과의 명칭이 초중등 모두 '체육'으로 통일
1973 - 1981	3차 개정	국민학교에 '놀이' 대신 '운동' 개념 도입
1981 - 1987	4차 개정	움직임 교육과정의 영향으로 '기본 운동' 개념 도입
1987 - 1992	5차 개정	교육내용을 심동, 인지, 정의 영역으로 나누어 제시
1992 - 1997	6차 개정	구성 체제에서 '성격' 항목이 새롭게 추가됨
1997 - 2007	7차 개정	교육내용이 '필수'와 '선택'으로 나누어 제시됨
2007 - 2013	2007년 개정	'신체활동가치'의 개념이 새롭게 도입됨
2013 - 2016	2009년 개정	창의·인성 강조와 학년군 제도 도입
2017 - 현재	2015년 개정	안전 강조와 교과역량, 핵심 개념 도입

출처: 체육과 교육과정의 변천 과정 및 특징(교육인적자원부, 2007)체육과 교육과정(교육부, 2015)

② 체육과 교육과정의 구성 체제
'2015 개정 체육과 교육과정'의 구성체제와 구성요소는 다음과 같다.

구성 체제	구성 요소		주요 내용
체육과의 성격	체육과의 본질과 역할		체육의 교과적 특수성 및 정체성 설명
	체육과의 역량		역량으로서 건강 관리 능력, 신체 수련 능력, 경기 수행 능력, 신체 표현 능력에 대한 설명
	체육과의 영역		건강, 도전, 경쟁, 표현, 안전의 영역 정의
체육과의 목표	체육과의 목표		체육교과 역량 습득을 통한 전인 교육 실현
	학교급 교육 단계		초등학교: 신체활동의 기본 및 기초 교육 중학교: 신체활동의 심화 및 적용 교육
내용의 영역과 기준	내용 체계		영역별로 구분하여 핵심 개념, 일반화된 지식, 내용요소, 기능으로 제시
	성취 기준		학년군, 영역, 내용별로 나누어 성취기준, 교수·학습 방법 및 유의 사항, 평가 방법 및 유의 사항 제시, 학년군별 신체활동 예시 제시
교수·학습 및 평가의 방향	교수·학습	교수·학습의 방향	체육과 역량 함양 지향, 수준별 수업, 자기 주도 교수·학습, 통합적 교수·학습, 맞춤형 교수·학습, 정과 외 체육 활동과 연계에 대한 지침
		교수·학습의 계획	교육과정 운영, 교수·학습 운영, 교수·학습 활동에 대한 계획 지침
	평가	평가의 방향	교육과정과의 연계성, 평가 내용의 균형성, 방법과 도구의 다양성에 대한 지침
		평가의 계획	평가 내용 선정, 성취기준 및 성취수준의 선정, 방법 및 도구 선정·개발에 대한 지침
		평가 결과의 활용	교수·학습 계획 수립, 평가 결과의 재구성·안내, 개인별 평가 결과에 대한 활용 방안 제시

출처: 체육과 교육과정(교육부, 2015)

(2) 학교체육진흥법[시행 2017. 10. 19.] [법률 제14763호, 2017. 4. 18., 일부개정]
① 학교 체육활동 강화 및 운동부 육성 등과 같은 학교체육 활성화에 필요한 내용의 법률화. 2013년 3월 제정.
② 학교체육진흥법의 구성 및 주요 내용
- 제 3조(학교체육 진흥 시책과 권장): 국가 및 지방자치단체(교육감을 포함한다)는 학교체육 진흥에 필요한 시책을 마련하고 학생의 자발적인 체육활동을 권장·보호 및 육성하여야 한다.

- 제4조(기본 시책의 수립 등): 교육부장관은 문화체육관광부장관과 협의하여 학교체육 진흥에 관한 기본 시책을 5년마다 수립·시행한다.
- 제5조(협조): 교육부장관과 문화체육관광부장관은 제4조에 따른 시책을 수립·시행하기 위하여 필요한 경우 지방자치단체의 장, 교육감 및 관계 기관 또는 단체의 장에게 협조를 요청할 수 있다.
- 제6조(학교체육 진흥의 조치 등)

  학교의 장은 학생의 체력증진과 체육활동 활성화를 위하여 다음 각 호의 조치를 취하여야 한다.
  1. 체육교육과정 운영 충실 및 체육수업의 질 제고
  2. 제8조에 따른 학생건강체력평가 및 제9조에 따라 비만 판정을 받은 학생에 대한 대책
  3. 제10조에 따른 학교스포츠클럽 및 제11조에 따른 학교운동부 운영
  4. 학생선수의 학습권 보장 및 인권보호
  5. 여학생 체육활동 활성화
  6. 유아 및 장애학생의 체육활동 활성화
  7. 학교체육행사의 정기적 개최
  8. 학교 간 경기대회 등 체육 교류활동 활성화
  9. 교원의 체육 관련 직무연수 강화 및 장려
  10. 그 밖에 학교체육 활성화를 위하여 필요한 사항
- 제7조(학교 체육시설 설치 등): 국가 및 지방자치단체는 학생의 체육활동에 필요한 운동장, 체육관 등 기반시설을 확충하여야 한다.
- 제8조(학생건강체력평가 실시계획의 수립 및 실시): 국가는 학생의 건강체력 상태를 측정하기 위하여 매년 3월 말까지 학생건강체력평가 실시계획을 수립하고 학교의 장은 실시계획에 따라 학생건강체력평가를 실시하여야 한다.
- 제10조(학교스포츠클럽 운영) 학교의 장은 학생들이 신체활동 프로그램에 참여할 수 있도록 학교스포츠클럽을 운영하여 학생들의 체육활동 참여기회를 확대하여야 한다.
- 제11조(학교운동부 운영 등) 학교의 장은 학생선수가 일정 수준의 학력기준(이하 "최저학력"이라 한다)에 도달하지 못한 경우에는 별도의 기초학력보장 프로그램을 운영하여 최저학력이 보장될 수 있도록 노력하여야 하며, 필요할 경우 경기대회 출전을 제한할 수 있다.
- 제12조(학교운동부지도자) 학교의 장은 학생선수의 훈련과 지도를 위하여 학교운동부에 지도자(이하 "학교운동부지도자"라 한다)를 둘 수 있다.
- 제13조(스포츠강사의 배치) 국가 및 지방자치단체는 학생의 체육수업 흥미 제고 및 체육활동 활성화를 위하여 「초·중등교육법」 제2조제2호에 따른 초등학교에 스포츠강사를 배치할 수 있다.
- 제13조의2(여학생 체육활동 활성화 지원) 교육부장관은 여학생의 체육활동 활성화에 필요한 기본지침을 수립하여 교육감 및 학교의 장에게 통보하여야 하고, 학교의 장은

기본지침에 따라 매년 여학생 체육활동 활성화 계획을 수립·시행하여야 한다.
- 제14조(유아 및 장애학생 체육활동 지원) 국가 및 지방자치단체는 「유아교육법」제8조에 따라 설립된 유치원에 재원 중인 유아 및 「장애인 등에 대한 특수교육법」제17조에 따라 일반학교 또는 특수학교에 배치된 특수교육대상자에 대하여 적절한 체육활동 프로그램을 운영하여야 한다.

2) 체육교사 및 기타 정책

(1) 초등학교 체육전담교사
① 개념 및 자격기준 : 초등학교에서 체육교과만을 지도하는 교사, 초등교사 양성기관을 통하여 초등학교 1·2급 정교사 자격증을 획득한 자.
② 임용과정 및 절차: 각 시·도별로 매년 치러지는 '교육공무원 임용후보자 선정경쟁시험(초등 임용고시)'에 응시하여 합격을 한 후, 시험 성적순서에 따라 시·도교육청 관내 초등학교로 발령
③ 역할부여 및 활동: 학교장의 명에 의하여 '초등체육 전담교사'의 역할을 부여. 주당 20시간 내외의 체육수업을 담당하며, 본인의 희망 또는 개별 학교의 사정에 따라 역할을 지속하거나, 초등교사의 또 다른 역할(학급담임, 타 교과 전담교사 등)을 수행

(2) 중등학교 체육교사
① 개념 및 자격기준 : 중·고등학교에서 체육교과만을 지도하는 교사, 중등교사 양성기관 또는 교직이수과정, 교육대학원 졸업 등을 통하여 중등학교 체육 1·2급 정교사 자격증을 획득한 자에 한하여 자격 부여
② 임용과정 및 절차 : 각 시·도별로 매년 치러지는 '교육공무원 임용후보자 선정경쟁시험(중등 임용고시)'에 응시하여 합격 후, 일정 기간 내에 시·도교육청 관내 중·고등학교로 발령
③ 역할부여 및 활동 : 학교에 발령을 받은 후에는 학교장의 명에 의하여 '중·고등학교 체육 교사'의 역할을 부여 받음. 대게 주당 20시간 내외의 체육수업을 담당하게 되며, 중학교와 고등학교 간의 이동 가능. 특별한 경우(전문직 발령, 교감 발령 등)를 제외하고, 정년까지 체육 교과의 지도만을 담당

(3) 스포츠강사
① 개념 및 자격기준: 초·중·고에서 학교스포츠클럽 및 방과 후 체육활동을 지도, 정규 체육수업의 수업진행 및 보조 역할을 하는 지도자. 대학에서 체육관련 학과를 이수한 자 중, 초등학교 2급 정교사, 중등학교 체육 2급 정교사, 실기교사 자격증, 체육지도자 자격증 중 하나 이상이 필요.
② 선발 및 절차: 초등 스포츠강사의 경우 각 시·도의 지역 교육지원청 별로 필요에 따라 '선발 공고'를 통해 선발, 중등학교의 경우 개별 학교에서 공고를 통해 필요인원을 선발.

③ 역할 및 직무: 각 시·도교육청 및 학교급 별로 다소간의 차이가 있지만 대게 다음과 같은 역할 부여
- 체육수업 보조(담임교사 책임 하에 체육수업 협력 지도)
- 학생 안전관리, 체육교구 및 시설관리
- 학생건강체력평가제(PAPS) 업무 지원
- 체육대회 등 체육관련 행사지원
- 정규수업 외 학교스포츠클럽 지도
- 체육수업 운영과 관련 학교장(감), 체육담당부장교사, 담임교사와 협의한 사항
- 방학기간 중 '여름방학·겨울방학 프로그램' 운영
- 특수학교 스포츠강사는 초등학교 체육수업을 보조하되 학교의 여건에 따라 유치원, 중고등학교 체육수업을 보조

(4) 학교체육 활성화 정책

① 2020학년도 추진목표: 운동하는 모든 학생 공부하는 학생 선수
(1학생 1스포츠, 인권 중심의 학교운동부 운영을 통한 모든 학생의 건강하고 행복한 삶)

② 4대 중점과제 및 19대 실행과제
- 1. 학교체육교육 내실화
    1-1. 체육수업 내실화
    1-2. 교원 전문역량 강화
    1-3. 체육교육 전문인력 지원
    1-4. 초등 생존수영실기교육 확대
    1-5. 체육교육과정 특성화학교 운영
    1-6. 여학생 체육활동 활성화
    1-7. 건강체력 증진 프로그램 운영
- 2. 학교스포츠클럽 활성화(운동하는 모든 학생)
    2-1. 학교스포츠클럽 운영 의무화
    2-2. 중학교 학교스포츠클럽 활동 내실화
    2-3. 교육(지원)청 학교스포츠클럽 리그 활성화
    2-4. 전국 학교스포츠클럽 축전 운영
    2-5. 다양한 형태의 학교스포츠클럽 활동 지원
- 3. 학교운동부 운영 선진화(공부하는 학생선수)
    3-1. 학생선수 학습권 보장
    3-2. 학생선수 인권 보호 강화
    3-3. 학교운동부 운영 계획 수립 및 투명한 운영
    3-4. 교육적인 학교운동부 운영 지원

- 4. 학교체육 네트워크 운영 및 인식 개선
  4-1. 학교체육 네트워크 운영 및 지원체계 구축
  4-2. 체육활동 중요성 인식 개선
  4-3. 학교체육시설 개방 관리

02 생활체육

1) 국민체육진흥법 및 국민체육진흥정책

(1) 국민체육진흥법

① 정의: 우리나라 국민들에게 체육활동을 진흥하여 이를 바탕으로 온 국민이 각자의 체력증진 및 건전한 정신 육성을 도모하기 위해 1962년 9월 17일 법률 제1146호로 제정 공포한 법률. 이후 수차례에 걸친 개정작업을 통해 2020년 1월 16일 법률 제16225호로 개정 시행중

② 국민체육진흥법의 생활체육 관련 주요 구성 항목 및 내용

- 제 2조(정의)
  3. "생활체육"이란 건강과 체력 증진을 위하여 행하는 자발적이고 일상적인 체육 활동을 말한다.
  6. "체육지도자"란 학교·직장·지역사회 또는 체육단체 등에서 체육을 지도할 수 있도록 이 법에 따라 다음 각 목의 어느 하나에 해당하는 자격을 취득한 사람을 말한다.
     가. 스포츠지도사
     나. 건강운동관리사
     다. 장애인스포츠지도사
     라. 유소년스포츠지도사
     마. 노인스포츠지도사
  7. "체육동호인조직"이란 같은 생활체육 활동에 지속적으로 참여하는 자의 모임을 말한다.
  9. "체육단체"란 체육에 관한 활동이나 사업을 목적으로 설립된 다음 각 목의 어느 하나에 해당하는 법인이나 단체를 말한다.
     가. 제5장에 따른 통합체육회·대한장애인체육회 및 그 지부·지회(지부·지회의 지회를 포함한다), 한국도핑방지위원회, 서울올림픽기념국민체육진흥공단
     나. 제11호에 따른 경기단체
     다. 「태권도 진흥 및 태권도공원 조성 등에 관한 법률」 제19조에 따른 국기원 및 같은 법 제20조에 따른 태권도진흥재단
     라. 「전통무예진흥법」 제5조에 따른 전통무예단체

마. 「스포츠산업 진흥법」 제20조에 따른 사업자단체
바. 「체육시설의 설치·이용에 관한 법률」 제34조에 따른 체육시설업협회
사. 국내대회, 국제대회 등 대회 개최를 위하여 설립된 대회조직위원회
아. 그 밖의 체육활동 법인 또는 단체

- 제10조(직장 체육의 진흥)
  ① 국가와 지방자치단체는 직장 체육 진흥에 필요한 시책을 마련하여야 한다.
  ② 직장의 장은 대통령령으로 정하는 바에 따라 체육동호인조직과 체육진흥관리위원회를 설치하는 등 직장인의 체력 증진과 체육 활동 육성에 필요한 조치를 마련하여야 한다.
  ③ 대통령령으로 정하는 직장에는 직장인의 체력 증진과 체육 활동 지도·육성을 위하여 체육지도자를 두어야 한다. 〈개정 2012.2.17.〉
  ④ 「공공기관의 운영에 관한 법률」에 따른 공공기관 중 대통령령으로 정하는 기관(이하 "공공기관"이라 한다)과 대통령령으로 정하는 직장에는 한 종목 이상의 운동경기부를 설치·운영하고 체육지도자를 두어야 한다. 〈개정 2009.3.18., 2012.2.17.〉

- 제11조(체육지도자의 양성)
  ① 국가는 국민체육 진흥을 위한 체육지도자의 양성과 자질 향상을 위하여 필요한 시책을 마련하여야 한다.
  ② 문화체육관광부장관은 대통령령으로 정하는 자격 요건을 갖춘 사람으로서 체육지도자 자격검정(이하 "자격검정"이라 한다)에 합격하고 체육지도자 연수과정(이하 "연수과정"이라 한다)을 이수한 사람에게 문화체육관광부령으로 정하는 바에 따라 체육지도자의 자격증을 발급한다. 다만, 학교체육교사 및 선수(문화체육관광부장관이 지정하는 프로스포츠단체에 등록된 프로스포츠선수를 포함한다) 등 대통령령으로 정하는 사람에게는 대통령령으로 정하는 바에 따라 자격검정이나 연수과정의 일부(제3항에 따른 성폭력 등 폭력 예방교육은 제외한다)를 면제할 수 있다. 〈개정 2012. 2. 17., 2020. 2. 4.〉
  ③ 연수과정에는 성폭력 등 폭력 예방교육이 포함되어야 한다. 〈신설 2020. 2. 4.〉
  ④ 제2항에 따라 자격검정이나 연수를 받거나 자격증을 발급 또는 재발급 받으려는 사람은 문화체육관광부령으로 정하는 바에 따라 수수료를 납부하여야 한다. 〈신설 2012. 2. 17., 2020. 2. 4.〉
  ⑤ 체육지도자의 종류·등급·검정 및 자격 부여 등에 필요한 사항은 대통령령으로 정한다. 〈개정 2012. 2. 17., 2020. 2. 4.〉

- 제13조(체육시설의 설치 등)
  ① 국가와 지방자치단체는 국민의 체육 활동에 필요한 시설의 적정한 확보와 이용에 필요한 시책을 마련하여야 한다.
  ② 국가와 지방자치단체는 장애인 체육 활동에 필요한 시설의 설치와 운영에 필요한 시책을 마련하여야 한다.

③ 직장의 장은 종업원의 체육 활동에 필요한 시설을 설치·운영하여야 하며, 학교의 체육시설은 학교 교육에 지장이 없는 범위에서 지역 주민에게 개방·이용되어야 한다. 〈개정 2012.2.17.〉
④ 국가와 지방자치단체는 민간의 체육시설 설치를 권장하고 건전하게 운영되도록 하여야 한다.
⑤ 제1항부터 제4항까지의 규정에 따른 체육시설의 설치·이용 등에 필요한 사항은 따로 법률로 정한다.

- 제16조(여가 체육의 육성)
① 국가와 지방자치단체는 국민이 여가를 선용할 수 있도록 하기 위하여 여가 체육 활동의 육성·지원에 필요한 시책을 마련하여야 한다.

- 제16조의 2(생활체육 활동 및 체력 인증)
① 국가 및 지방자치단체는 생활체육에 관한 국민들의 자발적 참여를 유도하고 과학적 체력관리를 지원하기 위하여 생활체육 활동 및 체력에 대한 인증에 필요한 시책을 마련하여야 한다.
② 문화체육관광부장관은 인증 업무의 전문성과 신뢰성을 확보하기 위하여 대통령령으로 정하는 지정 기준에 따라 인증기관을 지정할 수 있다.
③ 문화체육관광부장관은 제2항에 따른 인증기관에 대하여 인증 업무 수행 및 운영에 필요한 경비를 예산의 범위에서 지원할 수 있다.

(2) 국민체육진흥정책

생활체육 분야와 관련하여 '2030스포츠비전'을 통해 현 정부가 추진하고 있는 국민체육진흥정책의 주요 내용은 다음과 같다.

비전	사람을 위한 스포츠, 건강한 삶의 행복
정책 방향	[운동하기 편한 나라] 스포츠 복지는 국민의 권리이자 국가의 의무, 국민이 스포츠를 즐기며 건강하게 살 수 있도록 국가가 책임지고 지원 [스포츠클럽 시스템 정착] 스포츠클럽을 통해 생활스포츠와 전문스포츠가 선순환하는 스포츠 시스템 정착 [스포츠 가치의 사회적 확산] 공정·협동·도전 등 스포츠 가치가 국민의 삶 속에 스며들 수 있는 사회적 여건 조성
핵심어	사람 중심 삶의 질 향상 / 건강한 공동체 / 정의로운 스포츠 / 민주적 거버넌스

추진전략	핵 심 과 제
신나는 스포츠	I. 평생동안 즐기는 맞춤형 스포츠 프로그램 II. 언제 어디서나 편하게 이용하는 스포츠 시설 III. 우수 체육지도자에게 배우는 스포츠 강습
함께하는 스포츠	IV. 우리동네 스포츠클럽 V. 소외 없이 모두가 함께하는 스포츠 환경 VI. 남과 북이 함께 만드는 평화 스포츠 시대
자랑스러운 스포츠	VII. 공정하고 도전적인 스포츠 문화 VIII. 국격을 높이고 우호를 증진하는 국제스포츠 IX. 경제성장을 이끄는 스포츠산업
풀뿌리 스포츠	X. 민주적 거버넌스

출처: 사람을 위한 스포츠 건강한 삶의 행복(문화체육관광부, 2018)

① 2030스포츠비전
  사람을 위한 스포츠, 건강한 삶의 행복
② (신나는 스포츠) 국민 누구나 자유롭고 즐겁게 운동할 수 있는 여건을 조성하여 보편적 복지 차원의 스포츠 복지 국가 실현
  • 평생 동안 즐기는 맞춤형 스포츠 프로그램
    ▸ 3세부터 시작하는 스포츠활동 습관화
    ▸ 청소년의 스포츠 경험 다양화
    ▸ 100세까지 이어지는 스포츠활동 일상화
  • 언제 어디서나 편하게 이용하는 스포츠 시설
    ▸ 일상에서 편리하게 이용하는 스포츠시설
    ▸ 스포츠시설 및 정보의 체계적 관리
  • 우수 체육지도자에게 배우는 스포츠 강습
    ▸ 선수·지도자가 인정받는 사회 여건 조성
    ▸ 체육지도자 양성·배치 시스템 선진화
③ (함께하는 스포츠) 이웃과 함께, 지역사회가 함께, 사회적 약자와 함께, 남과 북이 함께 스포츠를 매개로 어울림으로써 사회통합을 지향
  • 우리동네 스포츠 클럽
    ▸ 스포츠클럽 지원 체계 개선

- ▸ 스포츠클럽 생태계의 다양화
- ▸ 스포츠클럽 기반의 전문선수 육성체계 구축
- 소외 없이 모두가 함께하는 스포츠 환경
  - ▸ 소외 청소년을 위한 스포츠 프로그램 지원
  - ▸ 장애인스포츠 서비스 편리성 강화
- 남과 북이 함께 만드는 평화 스포츠 시대
  - ▸ 지속가능한 남북 스포츠 교류 기반 마련
  - ▸ 남북 스포츠 교류 복원 및 확대

④ (풀뿌리 스포츠) 신나는 스포츠, 함께하는 스포츠, 자랑스러운 스포츠 달성을 위한 추진체계로서 국민 참여 중심의 민주적 선진 스포츠행정 시스템 구축

- 민주적 거버넌스
  - ▸ 스포츠 복지 실현을 위한 거버넌스
  - ▸ 체육단체 역량 및 책임성 강화
  - ▸ 미래지향적 법령체계 개편

2) 스포츠지도사 및 기타 정책

(1) 스포츠 지도사

「국민체육진흥법시행령」일부 개정안이 국무회의를 통과(2014년 7월 7일)함에 따라 체육지도자의 자격 종류·등급, 체육지도자의 자격 취득을 위한 응시 요건 등 개편

① 생활스포츠지도사 제도 관련 국민체육진흥법 시행령

[대통령령 제29421호, 2018. 12. 24, 타법개정]

- 제 2조(정의)
  6. "스포츠지도사"란 별표 1의 자격 종목에 대하여 전문체육이나 생활체육을 지도하는 사람을 말한다.
  7. "건강운동관리사"란 개인의 체력적 특성에 적합한 운동 형태, 강도, 빈도 및 시간 등 운동 수행방법에 대하여 지도·관리하는 사람을 말한다.
  8. "장애인스포츠지도사"란 장애유형에 따른 운동방법 등에 대한 지식을 갖추고 별표 1의 자격 종목에 대하여 장애인을 대상으로 전문체육이나 생활체육을 지도하는 사람을 말한다.
  9. "유소년스포츠지도사"란 유소년(만 3세부터 중학교 취학 전까지를 말한다. 이하 같다)의 행동양식, 신체발달 등에 대한 지식을 갖추고 별표 1의 자격 종목에 대하여 유소년을 대상으로 체육을 지도하는 사람을 말한다.
  10. "노인스포츠지도사"란 노인의 신체적·정신적 변화 등에 대한 지식을 갖추고 별표 1의 자격 종목에 대하여 노인을 대상으로 생활체육을 지도하는 사람을 말한다.
- 제9조(스포츠지도사)

① 스포츠지도사는 1급 전문스포츠지도사, 2급 전문스포츠지도사, 1급 생활스포츠지도사, 2급 생활스포츠지도사로 구분한다.
⑤ 1급 생활스포츠지도사는 별표 1에 따른 자격 종목의 2급 생활스포츠지도사 자격을 취득한 후 3년 이상 해당 자격 종목의 지도경력이 있는 사람으로서 동일 자격 종목에 대하여 1급 생활스포츠지도사 자격을 취득하기 위한 자격검정에 합격하고, 연수과정을 이수한 사람으로 한다. 〈개정 2017. 8. 16.〉
⑥ 2급 생활스포츠지도사는 2급 생활스포츠지도사 자격을 취득하기 위한 자격검정에 합격하고, 연수과정을 이수한 사람으로 한다. 〈개정 2017. 8. 16.〉

② **생활스포츠지도사 응시 자격요건 완화**
- 체육지도자 학력 중심의 자격요건 차별화 문제 해소
- 유소년스포츠지도사, 노인 스포츠지도사, 2급 장애인스포츠지도사 등 신설되는 자격은 2급 생활스포츠지도사와 같이 18세 이상이면 누구나 응시 가능하도록 변경

③ **자격검정이나 연수과정의 면제 대상 확대**
- 생활스포츠지도사가 보유한 자격종목이 아닌 다른 종목으로 동급의 자격을 취득하려는 경우에도 필기시험 및 연수과정을 면제. 추가 자격 취득이 가능한 경로를 마련.
- 체육지도자가 보유한 자격종목으로 다른 종류의 자격을 취득하려는 경우(예시: '2급 전문스포츠지도사/축구'가 생활스포츠지도사/축구'를 취득하려는 경우)에도 자격검정이나 연수과정의 일부 면제과정 신설.

④ **생활체육 종목의 확대 수요를 반영한 생활체육 분야 종목 추가**
- 생활스포츠지도사 종목(42종목)에 궁도, 댄스스포츠, 사격, 육상, 족구, 아이스하키, 철인3종, 패러글라이딩, 하키, 핸드볼, 풋살, 파크골프를 추가하여, 생활스포츠지도사 종목을 54종목으로 확대.
- 신설되는 유소년스포츠지도사의 자격종목은 생활스포츠지도사 54종목에 학생들이 즐겨하는 줄넘기, 플라잉디스크, 피구를 포함하여 57종목으로 지정.
- 노인 스포츠지도사의 자격종목에는 그라운드 골프를 추가하여 55종목으로 지정, 장애인스포츠지도사의 자격종목은 국제대회가 있는 34종목 모두 포함.

⑤ **스포츠지도사 자격제도 도입의 쟁점**
체육지도자가 되기 위해 체육학과를 졸업한 이점이 없음. 대학의 체육관련 학과들은 개정된 시험과목을 교육과정에 반영하기 위해 대학마다 신규과목 개설 또는 과목명 변경을 통해 교과과정 개편 진행

(2) 생활체육진흥 정책

① **생활체육 참여기회 확대**
- 시·도 생활체육교실

「스포츠교실」운영 1만 개소 확대 정책에 따라 지방자치단체가 지역특성에 맞는 주민 선호

종목을 중심으로 학교체육시설, 체육공원 등 근린생활체육시설을 활용하여 운영. 생활체육교실은 소규모 지역단위로 생활체육 참여기회 제공, 생활체육의 일상화 확산 사업
- 생활체육광장
  지역주민이 가장 가까운 곳에서 쉽게 생활체육에 참여할 수 있도록 마을 단위의 기초적인 참여환경 제공 사업. 사업목적은 전 국민의 생활체육 참여기회 확대, 체육활동의 생활화로 건강한 삶 유지, 지역 주민의 체력향상 및 이웃 간 이해증진을 유도, 역 주민의 화합과 건전한 여가 풍토 조성
- 다양한 생활체육교실 운영
  · 어린이체능교실 및 청소년체련교실
  · 장수체육대학 및 여성생활체육강좌
  · 레크리에이션교실
  · 클럽대항청소년체육대회
  · 직장체육지도자 강습회
  · 유명선수 생활체육교실

② 생활체육동호인 육성 지원 사업
- 전국종목별연합회 육성
  · 동호인클럽: 생활체육의 자율적 발전 도모, 투자 효율화, 합리적 운영체제 구축의 핵심 대상
  · 전국종목별연합회의 역할: 생활체육동호인클럽의 연합체로서 지역 간, 클럽 간 체육교류활동. 전국종목별연합회 발전은 동호인클럽 육성을 통한 생활체육 참여인구 확대의 원동력
- 생활체육대회 개최
  · 종목별 동호인 행사 지원(종목별 생활체육대회 개최)
  · 전국 국민생활체육 대축전
  · 전국 어르신생활체육대회
  · 전통종목 전국대회
- 동호인 리그
  · 지역동호인클럽 활성화
  · 종목별 클럽 리그제 운영

③ 직장체육활동 육성 사업
- 찾아가는 생활체육 서비스
  · 전국의 직장·단체 등을 지도자가 직접 순회 방문 생활체육 보급함으로써 직장체육 활성화 유도.
  · 직장·단체를 대상으로 직접 현장에 방문하여 양질의 프로그램을 지도·보급함으로써 생활체육에 대한 이해와 참여의식 고취 및 생활체육 참여 확산 추진

- 지역주민에게 생활체육 참여방법을 알려주고 운동프로그램을 제공, 개인에게 적합한 프로그램을 권장·지도하여 지역사회 생활체육 활성화 추진
- 지도내용: 생활체조(가슴을 열자, 덩더꿍 체조, 민속에어로빅스, 택견, 스트레칭), 레크리에이션 체조(차차차, 포크댄스, 자이브 등), 직장 및 가정 내에서 쉽게 할 수 있는 생활체육 종목 및 체조, 배드민턴, 탁구, 배구 등. 직장과 단체에서 희망하는 프로그램과 여성을 위한 생활체육 프로그램 등 보급

- 직장 종목별 클럽리그제 운영
  - 직장체육진흥의 핵심 과제: 직장 동호인클럽을 육성, 집단 활동을 활성화
  - 연중 지속되는 직장 동호인클럽 전국리그를 통해 직장 내 동호인클럽 육성
  - 2005년까지 '직장 동호인클럽 전국리그'사업으로 운영, 2006년부터 '종목별 클럽리그제 운영'사업에 포함되어 추진
  - 직장 종목별 클럽리그제 운영 사업의 목적: 직장 생활체육 동호인 활동의 전국적인 확산 유도, 동호인 클럽간의 지속적인 교류 계기 마련, 직장체육 활성화에 기여

④ **소외계층 체육활동 지원 사업**
- 소외계층 운동용구 보내기
  - 전국 사회복지시설의 소외계층 대상으로 체육활동을 통한 여가선용 여건 조성하고, 명랑하고 활기찬 삶을 영위할 수 있도록 소외계층 운동용구 보내기 사업을 추진
- 소외계층 생활체육 프로그램
  - 생활체육 활동 대상에서 소외되기 쉬운 불우청소년 대상으로 운영되는 사업
  - 사업의 목적 : 생활체육 소외계층에게 폭넓은 체육활동 참여기회 제공 , 청소년 건강증진 및 건전 여가활동 여건 조성

⑤ **생활체육 홍보 및 정보 서비스 사업**
- 스포츠 7330 캠페인
  - 스포츠 7330: 핵심 홍보 사업으로 '일주일에 세 번 이상 하루 30분 운동하자'는 취지아래 중장기적으로 추진
  - 우리사회의 구조 변화와 국민의 요구를 적극 반영한 계획적 홍보사업
  - 스포츠 7330 단계별 목표와 내용

구분	1단계(시범사업-도입) (2005~2006)	2단계(정착사업-확산) (2007~2009)	3단계(강화) (2010~)
목표	생활체육 참여율 40%	생활체육 참여율 40~50%	생활체육 참여율 50%이상
내용	• 스포츠 7330 선포식 • 로드맵 설정	• 홍보기법의 다양화 • 스포츠 7330 아젠다 형성	• 스포츠 7330 생활화 • 브랜드의 국제화

- 범국민생활체육캠페인 전개
  - 다양한 언론매체를 활용, 생활체육 참여에 대한 국민의식을 높이고자 범국민생활체육 캠페인 전개

- 생활체육정보센터 운영
  - 국민이 원하는 다양한 생활체육 정보를 빠르고 정확하게 전달하기 위한 정보전달 및 유통 환경 구축
  - 생활체육 정보를 신속하고 정확하게 공유하는 e비즈니스 기반을 조성하고 생활체육 정보의 증가에 따른 효율적 관리체계 확립, 양질의 정보서비스 제공하기 위한 생활체육정보센터 설치·운영

⑥ **생활체육지도자의 효율적 관리 및 활용 사업**
- 체육지도자공동운영제
  - 체육지도자공동운영제 : 일종의 체육지도자 뱅크(bank) . 각급 연수원을 통하여 정부에서 배출한 유자격 생활체육지도자와 지역 내 체육지도 가능 인력들의 정보를 수집 보관, 체육지도자가 필요한 사람이나 단체에 적절한 지도자를 공급할 수 있도록 체육지도자의 수요공급 체계 구축 사업
  - 체육지도 인력을 확보하고 원활한 수급체계를 구축하여 생활체육 활동을 체계적으로 지원함으로써 체육지도자의 효율적 관리와 활용을 도모하는데 목적
- 생활체육자원봉사단 운영
  - 생활체육자원봉사단 운영 : 유자격 생활체육지도자로 충당할 수 없는 분야에서 생활체육 운영 인력 확보 및 인력 활용 극대화 위해 추진
  - 생활체육 지도인력을 광범위하게 확보하여 체계적·효율적으로 관리함으로써 생활체육 활성화 도모, 자발적인 생활체육 봉사활동 분위기 조성, 봉사자의 적극적 참여 유도가 목적
- 지역단위 생활체육지도자 배치
  - 지역단위 생활체육지도자 배치: 각 지역주민의 생활체육 활동을 지도·육성할 유자격 지도자를 행정 구역별로 배치 운영
  - 생활체육의 전국적 확산을 통해 국민의 생활체육참여 확대를 도모하고 건전한 사회건설에 이바지하며 청년층 체육인을 위한 일자리 창출을 도모하는데 목적
- 어르신전담지도자 배치
  - 어르신전담지도자 배치: 노인들이 생활체육 참여를 통해 건강하고 활력적인 삶을 영위함으로써 성공적 노화를 이룰 수 있도록 지원하는데 목적

03 전문체육

1) 국민체육진흥법 및 국민체육진흥정책

(1) 국민체육진흥법

① **국민체육진흥법의 전문체육 관련 내용**
- 제2조(정의)
  2. "전문체육"이란 선수들이 행하는 운동경기 활동을 말한다.
  4. "선수"란 경기단체에 선수로 등록된 자를 말한다.
  4의2. "국가대표선수"란 대한체육회, 대한장애인체육회 또는 경기단체가 국제경기대회(친선경기대회는 제외한다)에 우리나라의 대표로 파견하기 위하여 선발·확정한 사람을 말한다.
  8. "운동경기부"란 선수로 구성된 학교나 직장 등의 운동부를 말한다.
  10. "도핑"이란 선수의 운동능력을 강화시키기 위하여 문화체육관광부장관이 고시하는 금지 목록에 포함된 약물 또는 방법을 복용하거나 사용하는 것을 말한다.
- 제10조(직장 체육의 진흥)
  ④ 「공공기관의 운영에 관한 법률」에 따른 공공기관 중 대통령령으로 정하는 기관(이하 "공공기관"이라 한다)과 대통령령으로 정하는 직장에는 한 종목 이상의 운동경기부를 설치·운영하고 체육지도자를 두어야 한다. 〈개정 2009. 3. 18., 2012. 2. 17.〉
- 제14조(선수 등의 육성)
  ① 국가와 지방자치단체는 선수와 체육지도자에 대하여 필요한 육성을 하여야 한다. 〈개정 2020. 2. 4.〉
  ② 국가와 지방자치단체는 우수 선수와 체육지도자 육성을 위하여 필요한 표창제도를 마련하여야 한다.
  ③ 국가, 지방자치단체, 공공기관, 그 밖에 대통령령으로 정하는 단체는 대통령령으로 정하는 우수 선수에게 아마추어 경기 생활을 할 수 있게 하기 위하여 문화체육관광부장관이 요청하면 우수 선수와 체육지도자를 고용하여야 한다. 〈개정 2008. 2. 29., 2009. 3. 18.〉
  ④ 국가는 올림픽대회, 장애인 올림픽대회, 그 밖에 대통령령으로 정하는 대회에서 입상한 선수 또는 그 선수를 지도한 자와 체육 진흥에 뚜렷한 공이 있는 원로 체육인에게 대통령령으로 정하는 바에 따라 장려금이나 생활 보조금을 지급하여야 한다.
- 제14조의2(대한민국체육유공자의 보상)
  ① 국가는 국가대표선수 또는 국가대표선수를 지도하는 사람이 국제경기대회의 경기, 훈련 또는 이를 위한 지도 중에 사망 또는 중증 장애를 입은 경우에 그 선수 또는 지도자를 대한민국체육유공자로 지정한다.
  ② 국가는 대한민국체육유공자에게 대통령령으로 정하는 바에 따라 국가유공자에 준하

는 보상을 하여야 한다.

③ 다음 각 호의 사항을 심사·의결하기 위하여 문화체육관광부에 국가대표선수보상심사위원회(이하 "위원회"라 한다)를 둔다.

- 제14조의3(선수 등의 금지행위)

① 전문체육에 해당하는 운동경기의 선수·감독·코치·심판 및 경기단체의 임직원은 운동경기에 관하여 부정한 청탁을 받고 재물이나 재산상의 이익을 받거나 요구 또는 약속하여서는 아니 된다.

② 전문체육에 해당하는 운동경기의 선수·감독·코치·심판 및 경기단체의 임직원은 운동경기에 관하여 부정한 청탁을 받고 제3자에게 재물이나 재산상의 이익을 제공하거나 제공할 것을 요구 또는 약속하여서는 아니 된다.

- 제15조(도핑 방지 활동)

① 국가는 스포츠 활동에서 약물 등으로부터 선수를 보호하고 공정한 경쟁을 통한 스포츠 정신을 높이기 위하여 도핑 방지를 위한 시책을 수립하여야 한다.

② 국가는 도핑을 예방하기 위하여 선수와 체육지도자를 대상으로 교육과 홍보를 실시하여야 하고, 체육단체 및 경기단체의 도핑 방지 활동을 지도·감독하여야 한다.

② 국민체육진흥법 시행령의 전문체육 관련 내용

- 제3조(국민체육 진흥 시책)

①「국민체육진흥법」(이하 "법"이라 한다) 제4조제1항에 따라 문화체육관광부장관이 수립하여 시행하는 국민체육 진흥에 관한 기본 시책(이하 "기본시책"이라 한다)에는 다음 각 호의 사항이 포함되어야 한다.

2. 선수와 체육지도자의 보호·육성

- 제6조(학교 체육의 진흥을 위한 조치)

법 제9조에 따라 학생의 체력 증진과 체육 활동의 육성을 위하여 학교가 취하여야 할 조치는 다음 각 호와 같다.

4. 운동경기부와 선수의 육성·지원

- 제12조(선수와 체육지도자의 보호·육성)

① 국가와 지방자치단체는 법 제14조제1항에 따라 체육장학제도의 마련, 직장의 알선, 장애연금 지급, 상해보험제도의 활용 등 선수와 체육지도자의 보호와 육성을 위한 대책을 마련하여야 한다.

② 직장의 장은 그가 고용하는 선수와 체육지도자가 형의 선고나 징계에 따라 면직하는 경우를 제외하고는 그 신분을 보장하여야 한다.

③ 학교와 직장의 장은 그가 고용하고 있는 체육지도자에 대하여 문화체육관광부장관으로부터 국가대표선수의 지도를 위한 파견요청이 있는 경우에는 그 요청에 따라야 한다.

- 제13조 (대한민국체육상 등)

① 국가는 법 제14조제2항에 따라 다음 각 호의 어느 하나에 해당하는 사람에게는 매년 대한민국체육상을 수여한다.

1. 우수 선수로서 국민체육 발전에 뚜렷한 공적이 있는 사람

3. 체육지도에 뚜렷한 공적이 있는 사람

- 제14조(우수 선수의 고용)

  국가·지방자치단체 및 공공기관 외에 법 제14조제3항에 따라 우수 선수와 그 체육지도자(선수에게 전문체육을 지도할 수 있는 자격이 있는 체육지도자로 한정한다)를 고용하여야 하는 단체의 범위는 제7조제2항에 따라 운동경기부를 설치·운영하여야 하는 공공단체로 한다. 〈개정 2014. 7. 7.〉

- 제15조(장려금 또는 생활 보조금의 지급)

  ① 법 제14조제4항에서 "대통령령으로 정하는 대회"란 세계선수권대회, 장애인세계선수권대회, 유니버시아드대회, 아시아경기대회, 장애인아시아경기대회, 농아인올림픽대회, 그 밖에 문화체육관광부장관이 인정하는 대회를 말한다. 〈개정 2016. 2. 3.〉

  ② 법 제14조제4항에 따라 올림픽대회, 장애인올림픽대회 및 제1항에 따른 대회에서 입상한 선수에게는 경기력향상연구연금을, 그 지도자에게는 체육지도자 연구비 등의 장려금을 지급한다. 〈개정 2014. 7. 7.〉

  ③ 법 제14조제4항에 따라 체육을 통한 국위의 선양, 선수의 지도, 생활체육의 진흥 등에 뚜렷한 공이 있다고 문화체육관광부장관이 인정하는 원로 체육인에게는 생활안정을 지원하기 위한 생활 보조금을 지급한다.

  ④ 제2항과 제3항에 따른 장려금과 생활 보조금 지급대상자의 선정 및 지급 기준과 지급 방법 등에 관하여 필요한 사항은 문화체육관광부장관이 정한다.

(2) 국민체육진흥정책

① 2030스포츠비전

비전	사람을 위한 스포츠, 건강한 삶의 행복
정책 방향	[운동하기 편한 나라] 스포츠 복지는 국민의 권리이자 국가의 의무, 국민이 스포츠를 즐기며 건강하게 살 수 있도록 국가가 책임지고 지원 [스포츠클럽 시스템 정착] 스포츠클럽을 통해 생활스포츠와 전문스포츠가 선순환하는 스포츠 시스템 정착 [스포츠 가치의 사회적 확산] 공정·협동·도전 등 스포츠 가치가 국민의 삶 속에 스며들 수 있는 사회적 여건 조성
핵심어	사람 중심 삶의 질 향상 / 건강한 공동체 / 정의로운 스포츠 / 민주적 거버넌스

추진전략	핵 심 과 제
신나는 스포츠	I. 평생동안 즐기는 맞춤형 스포츠 프로그램 II. 언제 어디서나 편하게 이용하는 스포츠 시설 III. 우수 체육지도자에게 배우는 스포츠 강습
함께하는 스포츠	IV. 우리동네 스포츠클럽 V. 소외 없이 모두가 함께하는 스포츠 환경 VI. 남과 북이 함께 만드는 평화 스포츠 시대
자랑스러운 스포츠	VII. 공정하고 도전적인 스포츠 문화 VIII. 국격을 높이고 우호를 증진하는 국제스포츠 IX. 경제성장을 이끄는 스포츠산업
풀뿌리 스포츠	X. 민주적 거버넌스

출처: 사람을 위한 스포츠 건강한 삶의 행복(문화체육관광부, 2018)

② (자랑스러운 스포츠) 공정·협동·도전 등 스포츠 가치의 사회적 확산으로 국민 모두가 자랑할 수 있는 스포츠 문화 형성
- 공정하고 도전적인 스포츠 문화
  ▸ 스포츠 공정 문화 조성
  ▸ 선수 육성 체계 강화
- 국격을 높이고 우호를 증진하는 국제스포츠
  ▸ 국제스포츠교류 법·제도 기반 공고화
  ▸ 한국 특성화 국제교류 사업 개발
  ▸ 전략적 국제교류 확대
- 경제성장을 이끄는 스포츠산업
  ▸ 스포츠산업 지속성장을 위한 신시장 창출
  ▸ 국내 스포츠기업 성장 동력 강화
  ▸ 스포츠산업 혁신 기반 조성

(3) 스포츠지도사

국민체육진흥법(2015년 1월 1일 시행)에 따라 종전 1,2급 경기 지도자 자격은 1,2급 전문 스포츠지도사로 자격등급이 변경

① 전문 스포츠지도사의 자격
- 1급 전문 스포츠지도사는 2급 전문 스포츠지도사 자격을 취득한 후 3년 이상 해당

자격 종목의 경기지도경력이 있는 사람으로서 동일 자격 종목에 대하여 1급 전문 스포츠지도사 자격을 취득하기 위한 법 제11조제2항에 따른 체육지도자 자격검정(이하 "자격검정"이라 한다)에 합격하고, 법 제11조제2항에 따른 체육지도자 연수과정(이하 "연수과정"이라 한다)을 이수한 사람으로 한다.
- 2급 전문 스포츠지도사는 해당 자격 종목에 대하여 4년 이상의 경기경력이 있는 사람으로서 2급 전문 스포츠지도사 자격을 취득하기 위한 자격검정에 합격하고, 연수과정을 이수한 사람으로 한다. 이 경우 다음 각 호의 어느 하나에 해당하는 사람에 대해서는 그 수업연한을 경기경력으로 본다.
  1. 「고등교육법」 제2조에 따른 학교에서 체육 분야에 관한 학문을 전공하고 졸업한 사람(졸업 예정자를 포함한다)
  2. 문화체육관광부장관이 인정하는 외국의 제1호에 해당하는 학교(학제 또는 교육과정으로 보아 제1호에 따른 학교와 같은 수준이거나 그 이상인 학교를 말한다)에서 체육 분야에 관한 학문을 전공하고 졸업한 사람

② **전문 스포츠지도사의 역할과 주요 업무**
- 1급 전문 스포츠지도사
  - 역할: 다양한 실제 지도 경험을 바탕으로 특정 종목에 대한 전문적인 지도 능력을 갖추고, 선수의 경기력을 극대화할 수 있는 지도법을 강구한다. 또한, 전문스포츠지도사 교육 프로그램을 개발하고 전문스포츠지도사를 지도하고 관리한다.
  - 주요업무: 선수(특히, 국가대표 수준) 대상 특정 스포츠 지도, 스포츠 경기대회 계획 및 조직, 특정 스포츠 종목의 과학적 훈련 프로그램 개발, 국가대표 훈련 계획 및 조직, 전문스포츠지도사 교육 프로그램 개발 및 운영, 전문스포츠지도사 교육 및 관리 등을 한다.
- 2급 전문 스포츠지도사
  - 역할: 특정 스포츠 종목에 대한 전문적인 지식과 기능을 구비하고 체계적이고 효과적인 방법을 활용하여 선수를 지도한다.
  - 주요업무: 선수 대상 특정 스포츠 지도, 경기력 향상을 위한 훈련 프로그램 개발 및 운영, 스포츠 경기대회 운영, 운동부 관리 및 운영, 체육 영재 육성 및 관리 등을 한다.

Chapter 03 스포츠교육의 참여자 이해론

01 스포츠교육 지도자

학교체육, 전문체육, 생활체육의 각 분야에서 지식과 경험을 바탕으로 체육지도자의 자격을 갖추고 학생, 직장인, 일반인 등을 지도하는 체육 또는 스포츠의 전문지도자

1) 체육교육전문가(교사, 강사)
학교체육에서 주 업무로 체육교육을 담당하는 체육전문가

(1) 체육교사
① 개념: 학교 체육 전반에 걸쳐 학생들이 신체 활동을 매개로 신체적, 정신적, 사회적으로 건강한 시민으로 성장할 수 있도록 안내하며 체육학과 교육학은 물론 체육교육에 대한 전문 지식과 교사로서 인격과 자질을 갖추고 체육교사자격증을 소지하고 학교에 체육교사로 재직하고 있는 체육교육전문가
② 역할: 학생들의 신체와 정신의 조화로운 발달을 통해 전인으로 성장하도록 체육수업을 하는 교육자로서 학교체육의 계획, 조직, 조정, 예산, 관리 등의 업무를 관장하며 다음과 같은 역할을 수행한다.
- 학습 안내자
- 학습 조력자
- 인성지도자
- 학생의 롤 모델

③ 갖추어야 하는 자질(자격기준):
- 건전한 인성과 교직사명감
- 학생 개인의 특성과 신체활동 학습 및 발달 정도를 이해
- 체육교과에 관한 전문 지식
- 체육교과, 학생, 교육상황에 적합한 교육과정 개발, 운영
- 체육수업의 효과적 계획, 운영
- 학생의 신체활동 관련 학습을 관찰, 평가

- 교육공동체 구성원들과 협력 관계 구축
- 전문성 개발을 위한 끊임없는 반성과 실천

(2) 스포츠강사

① 개념: 스포츠강사는 정규체육수업 보조 및 학교스포츠클럽을 지도하는 체육전문 강사. 주로 학교스포츠클럽과 정규 수업 후 방과 후 활동을 지도
② 역할: 학교체육에서 안내자, 보조자, 행사자, 전문가, 개발자 등의 역할을 담당
③ 갖추어야 하는 자질
- 건전한 인성과 사명감
- 학생 이해의 열린 마음
- 학생 중심의 유대관계 형성
- 체육에 관한 전문 지식

2) 스포츠지도전문인

스포츠지도전문인은 학교 운동부, 실업팀이나 프로 스포츠 구단 등에 소속된 코치나 감독 등의 지도자 또는 다양한 스포츠 시설이나 체육 동호회 및 사회단체에서 자발적으로 운동에 참여하는 일반인들을 지도하는 체육 전문가로 자격종목에 대하여 전문체육이나 생활체육을 지도하는 스포츠지도자

(1) 전문스포츠지도사

① 개념: 전문 스포츠지도사는 스포츠의 전문적 과학 지식과 체계적인 종목 전문지도 능력, 리더십을 갖추고 선수의 경기력과 팀의 역량을 높이는 스포츠지도자
② 역할: 소속팀을 위해 각자의 숙련된 경기지도 경력과 스포츠과학 이론을 접목하여 경기력 향상을 위해 지도하며 지도방법 개발자, 실행자. 독려자, 통합자, 대변자, 모니터, 지시자, 배려자의 역할을 담당
③ 갖추어야 하는 자질
- 전문지식 습득 능력
- 선수 특성 파악 능력
- 의사전달자 능력
- 공정성과 책임감
- 사명감과 도덕성

(2) 생활스포츠지도사

① 개념: 생활체육지도자는 자발적인 생활체육 참여자들을 대상으로 참여자의 욕구에 적합한 체육 프로그램을 제공하며 지속적으로 스포츠 활동에 참여할 수 있도록 안내하는 스포츠지도자
② 역할: 소해당 분야에 대한 실기 능력과 더불어 건강에 대한 지식과 책임감을 바탕으로 일반인들이 운동을 통해 행복과 삶의 질 향상을 꾀할 수 있도록 생활체육 활동 목표의

설정, 효율적인 지도 기법의 개발, 생활체육 지도자 간의 인간관계 유지, 생활체육 프로그램 개발, 재정의 관리, 생활체육에 대한 연구의 역할을 담당

③ 갖추어야 하는 자질
- 투철한 사명감
- 친근감과 신뢰감
- 도덕적 품성
- 칭찬의 미덕
- 공정성

02 스포츠교육 학습자

1) 유아
유아는 생애주기 중 신체의 구조와 기능이 가장 빠르게 발달하기 때문에 평생 건강과 심신의 조화로운 발달을 위해 체육활동이 매우 중요한 시기이다.

(1) 유아의 특징
① 신체 구조가 정상화되며 기본적인 운동 능력을 기르는 시기
② 내부 기관들의 기능이 완성, 질병에 대한 면역력 생성
③ 감각과 인지 능력이 빠르게 발달하며, 가족 관계를 통해 기본적인 언어 능력과 사회성 발달이 이루어지기 시작

(2) 유아의 체육활동
① 걷고, 달리고, 구르고, 미끄러지는 신체 활동이 유아기의 신체 발육과 발달에 도움
② 주요 근육의 조절 능력 향상, 인지 및 정서 발달과 더불어 심신의 조화로운 발달을 위해 걷기, 달리기, 공굴리기 등 놀이 중심 운동이 바람직

2) 아동
아동은 움직임과 아울러 호기심과 탐구심이 왕성하고 일상생활에서 행동이나 태도, 생각이 하루가 다르게 성장한다. 따라서 이 시기의 생활 경험이 미래 생활에 커다란 영향을 미치기 때문에 아동들에게 여러 측면에서 다양한 생활 경험을 할 수 있도록 하여 건강한 생활 습관과 올바른 인성을 갖춘 사람으로 성장할 기회를 제공이 중요하다.

(1) 아동의 특징
① 신체적으로 빠르게 성장하면서 남녀의 성 구분이 뚜렷해지는 시기

② 자기중심적 사고를 벗어나 객관적·추상적 사고력을 갖게 되며, 인지 능력이 빠르게 발달하고, 또래와의 놀이를 통해 사회성이 강화된다.
③ 적절한 영양 공급이 신체 발달에 중요하지만, 섭취하는 영양에 비해 운동량이 부족하면 질병에 대한 저항력이 약해지며 비만이 되어 성인에게 나타나는 생활 습관병이 생길 수 있다.

(2) 아동의 체육활동
① 뼈와 근육을 강화하고 몸의 유연성과 바른 자세의 형성을 위해서는 춤과 리듬 활동, 달리기, 수영, 구기 운동 및 가벼운 웨이트 트레이닝 등이 바람직하다.
② 호기심이 왕성한 시기이므로 심신의 균형 잡힌 성장과 발달을 위해 안전하면서도 다양한 흥미 위주의 신체 활동을 해야 한다.

3) 청소년
청소년은 신체적, 심리적, 사회적으로 다양한 변화와 발달을 경험하며 성인으로 성장하게 된다. 이 시기의 다양한 학습 및 경험이 행동이나 태도 및 인격 형성에 지대한 영향을 미친다.

(1) 청소년의 특징
① 생식 기능이 완성되고, 남녀의 신체적 특징이 뚜렷하게 발현되는 시기
② 골격과 근육의 기초가 완성되고 신장과 체중이 급격히 증가하며 활동량이 크게 늘어난다.
③ 자아 정체성의 확립 과정에서 자아가치의 혼란이 발생할 수 있다.

(2) 청소년의 체육활동
① 골격과 근육의 형성, 신체적·정신적 변화에 따른 스트레스 해소, 원만한 대인 관계의 형성을 위해서는 구기 운동을 비롯한 다양한 운동 참여함으로써 평생 체육의 기틀을 마련하도록 한다.
② 규칙적이고 운동 참여는 평생 건강의 기초

4) 일반 성인
성인은 20세부터 60세에 걸쳐 늙어가면서 체력이 저하되고 여러 가지 생리적 변화를 겪지만 이 시기에 가장 활발한 사회적 활동을 전개하며 생활한다.

(1) 일반 성인의 특징
① 성장이 완료되어 신체 변화가 거의 없는 시기로, 사회·심리적 요인들로 인해 신진 대사와 건강에 영향을 받는다.
② 반복되는 일상생활에 따른 피로와 식습관(영양 불균형이나 영양 과다)으로 인해 각종 생활 습관병이 발생할 수 있다.

(2) 일반 성인의 체육활동

① 생애 주기 동안 체력이 최고조에 이르는 20~30대는 활동적인 전신 운동과 야외 운동을 통해 몸 전체의 근육을 고르게 발달시키도록 한다.
② 체력이 서서히 저하되는 40~50대는 신체에 무리가 되지 않는 수영이나 등산, 걷기 같은 운동을 규칙적으로 실시해 체력 저하를 지연하도록 한다.

5) 노인

노인은 신체적·정신적 기능이 점차 쇠퇴되면서 생활 활력이 떨어지고 노화가 진행되어 건강 유지가 어려우며 고독과 소외를 느끼는 경우가 많다. 따라서 체육활동을 통해 노화로 겪는 문제를 극복하여 삶의 보람과 생활의 균형을 유지하는 것이 매우 중요하다.

(1) 노인의 특성

① 신체 기능의 노화와 함께 각종 퇴행성 질환의 발생으로 신체 활동이 저하된다.
② 사회 활동의 단절로 소외감과 상실감 등 정신 건강의 문제가 발생할 수 있다.
③ 과거 운동 습관의 영향이 커서 동일 연령대에서도 개인별 건강에 큰 차이가 있다.

(2) 노인의 체육활동

① 신체 기능을 유지하고 체력 저하를 막기 위해 몸에 무리가 되지 않는 걷기와 맨손 체조같은 운동을 위주로 하고, 적절한 영양 섭취와 휴식을 병행하여야 한다.
② 소외감에 따른 스트레스를 해소하기 위해 가능한 한 가족 또는 친구들과 함께 운동하도록 한다.

6) 장애우

장애우는 선천적이든 아니든 신체적 또는 정신적 능력의 결함으로 인하여 일상의 개인 또는 사회생활에 필요한 것을 확보하는데 스스로는 완전히 혹은 부분적으로 행할 수 없다. 따라서 장애유형에 따른 운동방법 등에 대한 지식을 갖추고 자격종목에 대하여 장애우를 대상으로 지도하는 전문가의 도움이 필요하다.

(1) 장애우의 특성

① 의학적, 생리학적으로 불편할 뿐만 아니라 이로부터 파생되는 취학, 취업, 결혼 등의 문제에도 직면하고 있어 한 사람의 장애인에게 나타나는 문제는 중층화된 복잡한 구조
② 장애문제가 복잡한 만큼 그 해결을 위해 사회복지는 사회복지(사업)학, 의학, 교육학, 심리학, 사회학, 행정학, 법학, 경제학 기타 여러 분야의 통합성이 요구

(2) 장애우의 체육활동

① 장애아동은 장애인스포츠지도사의 도움을 받아 장애의 환경을 최대한 확대하여 신체

적·인지적 통제력을 획득할 수 있는 활동을 중심으로 체육활동에 참여한다.

② 장애청소년에게 본래의 교육적 이념을 희생시키지 않고 비장애청소년과 균형 있게 체육활동을 통합하여 성공적으로 달성하기 위해서 장애인스포츠지도사의 도움을 받아 장애와 비장애와의 관계에서 발생하는 활동의 한계를 극복하여 성공하는 활동 경험에 제공되는 체육활동에 참여한다.

③ 장애성인은 가정을 이루거나, 특수학교 졸업 이후 적절한 사회적 지지체계가 마련되지 않아 집에 방치되거나 시설에 보호되는 경우가 없도록 장애인스포츠지도사의 도움을 받아 대인관계의 성숙, 사회적응 기술, 직업적 기능, 성적 적응 등을 할 수 있도록 기초적인 체육활동을 해야 한다.

④ 장애노인의 경우 치료와 보호가 필요하기 때문에 개인이나 가족 내에서의 문제가 아니라 국가나 지역사회의 적극적인 개입을 통해 지속적으로 건강을 유지할 수 있도록 장애인스포츠지도사의 도움을 받아 체육활동을 참여하도록 해야 한다.

⑤ 중증 장애우는 반드시 장애인스포츠지도사의 도움을 받아 건강 유지를 위한 최소한 체육활동에 참여할 수 있도록 한다.

Chapter 04 스포츠교육의 프로그램론

01 학교체육 프로그램 개발 및 실천

학교체육 프로그램은 체육교과와 관련된 수업으로 행해지는 '교과 체육활동'과 정규수업이 아닌 학교의 체육활동인 '비교과체육활동'으로 구분된다. 비교과활동에는 창의적체험활동의 학교스포츠클럽활동, 방과 후 학교스포츠클럽, 토요스포츠클럽, 학교 운동부 등이 포함된다.

1) 체육수업

체육수업은 초등학교 3학년부터 중학교 3학년까지의 공통교육과정과 고등학교의 선택교육과정으로 구성된 교과활동으로 국가교육과정에 근거하여 각 학교에 적합한 프로그램을 계획하여 실시하고 평가한다.

(1) 체육수업 프로그램의 개발
① 구체적이고 체계적으로 지도 계획 수립
② 창의·인성을 지향하는 학습 환경 조성
③ 통합적 교수학습 활동 및 효율적 교수학습 방법 활용
④ 학교 내외적 환경 고려
- 학급 규모 및 학습자 특성 파악
- 시간 배당 및 기자재 확보
- 학습자 안전 관리

(2) 체육수업 프로그램의 지도
① 체육과 교육과정에 근거해서 연간계획, 학기 계획, 교수학습과정 등 체계적인 수업 계획을 통해 학생들에게 심동적, 인지적, 정의적 영역의 학습이 통합적으로 이루어질 수 있도록 지도

② 수업 목표, 수업 내용, 용·기구, 평가 등의 내용을 포함하여 수업 계획을 학교 현장에서 적용 및 동료교사와 공유

2) 학교스포츠클럽 프로그램

학교스포츠클럽은 방과 후에 체육활동에 취미를 가진 동일 학교 학생으로 구성 및 운영되는 스포츠 동아리를 의미하며 자율 체육활동, 체육 동아리, 스포츠클럽 등 학교 내에서 이루어지고 있는 스포츠 활동을 조직적으로 운영 및 관리하는 형태이다(교육부, 2013; 허현미, 김선희, 2007). 학교스포츠클럽의 대상은 학교 운동부에 소속된 학생들을 제외한 초등학교 2학년부터 고등학교 3학년에 재학생으로 자발적으로 학교스포츠클럽 동아리 활동에 참여하는 학생이다.

(1) 학교스포츠클럽 운영

① **학교스포츠클럽 운영의 목적**
- 활기차고 즐거운 학교분위기 조성
- 1인 1운동의 생활화로 학생 건강 체력 증진
- 스포츠맨십 교육을 통한 바른 인성 함양
- 능동적이고 창의적인 스포츠 활동으로 학습능력 향상
- 건전한 청소년 여가문화 조성
- 생활체육 활성화를 위한 지역사회 협력 체제 구축

② **학교스포츠클럽의 특성과 범위**
- 스포츠/체육 중 특정 종목에 대한 연습과 대회 참여를 주요 활동 내용으로 하는 학생 집단
- 학생들의 자발적 참여와 자율적 운영의 성격
- 소속 학생이 지속적인 소속감을 느낄 수 있도록 클럽의 문화를 형성
- 전인 교육의 측면에서 교육적으로 바람직한 내용과 방법으로 운영
- 지도교사가 존재. 별도의 지도자(코치)를 둘 수 있음

③ **학교스포츠클럽대회 유형**
- 교내 학교스포츠클럽 리그대회
- 지역교육지원청 학교스포츠클럽 리그대회
- 시도 학교스포츠클럽 리그대회
- 전국학교스포츠클럽대회

(2) 학교스포츠클럽 운영시 고려사항

① **활동 시간 다양화**

학교 체육시설 부족, 방과후 시간 부족 등 학생들이 운동할 수 있는 시간이 부족하여 다양한 틈새 시간을 활용하여 학교스포츠클럽 운영

② **학생주도의 자발적 참여 확대**
스포츠클럽 활동 시간, 기간, 대회 준비, 팀원 모집 등 학교스포츠클럽 활동 전반에 걸쳐 학생들이 주도적으로 참여할 수 있는 기회를 제공함으로써 주인의식 및 책임감을 갖고 활동할 수 있도록 운영

③ **스포츠 인성 및 스포츠 문화 체험 제공**
학교스포츠클럽은 학생들에게 스포츠 기술 습득 뿐 아니라 생활 기술을 습득하고 실천할 수 있는 기회를 제공하여 인성을 함양하는 교육적 체육활동으로 스포츠 인성 발달과 스포츠 문화 체험이 되도록 운영

3) 기타 학교체육활동프로그램

(1) 창의적 체험활동의 학교스포츠클럽 활동
'학교스포츠클럽 활동'은 정규 학교 교육과정 중 창의적 체험활동의 동아리 활동시간에 이루어지는 체육활동으로 학교폭력 예방 및 체력 증진, 학업 스트레스 등에서 벗어나 인성 함양을 위해 체육 활동을 확대하여 중학교에서 실시하고 있는 창의적 체험활동 시간

(2) 학교운동부
학교운동부는 초, 중, 고등학교에서 방과 후에 스포츠에 흥미와 적성을 가진 학생들이 대한체육회 및 종목 단체에 선수로 등록하여 경기력 향상을 위해 전문적인 훈련을 받아 학교 대표로 공식 전문운동 경기에 출전하며 활동하기 위해 팀으로 운영한다.

02 생활체육 프로그램 개발 및 실천

생활체육은 유아에서 노인까지 전 국민을 대상으로 참여자의 요구를 충족시킬 수 있는 여러 유형의 스포츠 활동들이 실행되며 시설, 전문 스포츠지도사, 생활체육 프로그램, 생활체육 참여자로 구성된다. 생활체육 프로그램은 넓은 의미로는 생활체육 조직의 효율적인 운영을 위한 스포츠 활동의 총체적 운영계획이자 좁은 의미에서 생활체육 참여자들의 단순한 스포츠 활동 내용을 뜻한다. 생활체육 프로그램은 일반적으로 생애주기별로 참여자를 구분하여 유아체육 프로그램, 아동체육 프로그램, 청소년체육 프로그램, 성인체육 프로그램, 노인체육 프로그램으로 분류한다.

1) 유소년스포츠 프로그램

(1) 유소년스포츠 프로그램의 개념

유소년스포츠 프로그램은 어린이들에게 다양한 신체활동 및 움직임 경험을 제공함으로써 이들의 심동적·사회적 능력을 향상시켜 건강하게 성장하도록 도모하는 것을 목적으로 한다.

(2) 유소년스포츠 프로그램 유형

① 강습형 유소년스포츠 프로그램

강습형 유소년스포츠 프로그램은 유소년들의 신체적·심리적·사회적 특징을 고려하여 이들의 욕구 및 스포츠 활동 참여 동기에 알맞은 스포츠 활동을 제공하는 프로그램

② 시합형 유소년스포츠 프로그램

시합형 유소년스포츠 프로그램은 주로 종목별 체육대회와 스포츠클럽 리그전 중심으로 대회참가를 통한 성취감 경험과 다양한 스포츠 체험의 기회를 제공하는 프로그램

③ 행사형 유소년스포츠 프로그램

행사형 프로그램은 일회성 스포츠 프로그램으로서 주로 체육 또는 스포츠 인식, 유소년 친목도모, 스포츠 활동 체험 등 다양한 의도로 추진되는 프로그램

(3) 유소년스포츠 프로그램 고려사항

① 자발적 움직임 활동
② 다양한 신체활동 경험 고려
③ 지역 시설과 연계 고려
④ 유소년의 스포츠 활동 시간 대 고려

2) 청소년스포츠 프로그램

(1) 청소년스포츠 프로그램의 개념

청소년스포츠 프로그램은 청소년들의 심리·생리적 특성을 고려해서 청소년들이 방과 후에 스포츠 활동을 통해서 운동기능을 습득하며 삶의 즐거움과 활력을 찾을 수 있도록 제공하는 스포츠 프로그램

(2) 청소년스포츠 프로그램 유형

① 강습형 청소년스포츠 프로그램

강습형 청소년스포츠 프로그램은 청소년들의 신체적·심리적·사회적 특징을 고려하여 이들의 욕구 및 스포츠 활동 참여 동기에 알맞은 스포츠 활동을 제공하는 프로그램

② **시합형 청소년스포츠 프로그램**
　　시합형 청소년스포츠 프로그램은 주로 청소년 스포츠동호회 중심으로 진행되거나 스포츠 클럽 중심으로 리그 대회참가를 통한 성취감 경험과 다양한 스포츠 체험의 기회를 제공하는 프로그램

(3) 청소년스포츠 프로그램 고려사항
　　① 프로그램의 지속성
　　② 발달운동 중심 프로그램
　　③ 청소년 개인의 요구와 흥미
　　④ 청소년의 생활패턴

3) 성인스포츠 프로그램

(1) 성인스포츠 프로그램의 개념
　　성인스포츠 프로그램은 일반 성인들을 대상으로 삶의 즐거움 및 활력을 찾을 수 있도록 스포츠 활동을 총체적으로 계획하고 운영하여 제공하는 프로그램
　　성인스포츠 프로그램의 운영 목적은 다음과 같다.
　　① 신체적 건강 유지
　　② 사교
　　③ 스트레스 해소 및 삶의 즐거움 추구
　　④ 흥미 확대
　　⑤ 사회적 안정 추구

(2) 성인스포츠 프로그램의 유형
　　① **강습형 성인스포츠 프로그램**
　　　　강습형 성인스포츠 프로그램은 생활체육지도사가 성인을 대상으로 정해진 시간에 스포츠 활동을 지도하는 것으로서 일정한 시간과 장소에서 반복적으로 행해지는 프로그램

　　② **시합형 성인스포츠 프로그램**
　　　　시합형 성인스포츠 프로그램은 참여자들이 자신의 스포츠 능력을 평가하고 타 선수들과 경쟁할 수 있는 기회를 제공하는 유형이나, 우승을 목적으로 하기 보다는 팀 간의 친목도모 및 스포츠 활동을 즐기는데 중점을 둔 프로그램

(3) 성인스포츠 프로그램 고려사항
　　① 성인의 신체적·심리적·사회적 특징 및 요구
　　② 접근성 및 주변 시설과 상황
　　③ 프로그램의 지속성

④ 다양성과 전문성

4) 노인스포츠 프로그램

   (1) 노인스포츠 프로그램의 개념

   노인스포츠 프로그램은 이러한 노년기의 신체적·심리적·사회적 특징을 고려하여 노인들이 신체활동을 통해서 삶의 즐거움 및 활력을 찾을 수 있도록 제공하는 스포츠 프로그램 노인스포츠 프로그램의 운영 목적은 다음과 같다.

   ① 신체적 건강 유지
   ② 사회적 관계 형성
   ③ 삶의 즐거움 추구
   ④ 흥미 확대
   ⑤ 사회적 안정 추구

   (2) 성인스포츠 프로그램의 유형

   ① **강습형 노인스포츠 프로그램**

   강습형 노인스포츠 프로그램은 노인들의 신체적·심리적·사회적 특징을 고려해서 노인스포츠를 전담하는 노인스포츠지도사 또는 어르신생활체육지도자가 노인들을 대상으로 정해진 시간에 스포츠 활동을 지도하는 프로그램

   ② **시합형·행사형 혼합 노인스포츠 프로그램**

   시합형·행사형 혼합 노인스포츠 프로그램은 노인들에게 일상생활에서 벗어나 여러 동호회 회원들이 한자리에 모여 축제분위기 속에서 실버스포츠 종목을 즐길 수 있는 기회를 제공하며 새로운 스포츠 체험의 장을 마련해 주는 프로그램

   (3) 성인스포츠 프로그램 고려사항

   ① 노인의 신체적·심리적·사회적 특징 및 요구
   ② 접근성 및 주변 시설과 상황
   ③ 관련 프로그램의 연계성
   ④ 학습자(노인), 전문 노인스포츠지도사, 행정담당자의 협력 요구

03 전문체육 프로그램 개발 및 실천

전문체육은 운동선수들이 행하는 운동 경기 활동으로 대한 체육회의 경기 단체에 등록한 아마추어 선수들이 행하는 엘리트 스포츠와 프로스포츠 협회에 등록한 프로선수들이 행하는 프로스포츠로 구분된다.

1) 청소년 스포츠코칭 프로그램[1]

(1) 청소년 스포츠코칭 프로그램의 개념

청소년스포츠 코칭 프로그램은 기술 및 기능 습득과 향상을 위한 코칭 계획 뿐 아니라 지성, 감성, 덕성을 균형있게 발달시킬 수 있도록 총체적인 관점에서 구성한 프로그램

(2) 청소년 스포츠코칭 프로그램의 유형

① Play It Smart(PIS)

고등학교 풋볼 운동부 운영에 적용한 전인적 발달 프로그램으로 1년간 잘 짜여진 계획을 통해 선수들은 운동 뿐만 아니라 팀 내에서 개별적인 역할분담, 그룹 스터디 참가, 정규 수업 참가 등의 기본 원칙을 실천하도록 하는 프로그램

② Positive Coaching

미국에서 결성된 긍정 코칭 협회(Positive Coaching Alliance)가 스포츠 현장에서 '승리와 교훈' 즉 시합에서 이기기와 삶을 위한 가르침이라는 두 가지 목표를 한꺼번에 추구하는 스포츠 코칭 개념으로 청소년스포츠를 지도하는 코치와 부모를 대상으로 제공하는 프로그램

③ Long-Term Athlete Development(LTAD)

어린 아이에서부터 엘리트 수준까지 선수가 되기 위한 준비 및 경쟁적인 스포츠 활동에 참가 단계 등 일상생활에서부터 전문적인 스포츠 활동에 이르기 까지 선수들의 총체적인 발달을 도모하기 위해 체계적인 발달 단계 및 지도 과정을 제시하는 프로그램

(3) 청소년 스포츠코칭 프로그램 고려사항

① 코치 중심에서 선수중심의 관점
② 인성 중심 지도 실천
③ 일상생활로의 전이

---

[1] 최의창(2014)가 아시아교육연구에서 발표한 '전인적 청소년 교육을 위한 스포츠 활용'에서 인용

2) 성인 스포츠코칭 프로그램

(1) 성인 스포츠코칭 프로그램의 개념

성인 스포츠코칭 프로그램은 대학선수 및 그 이상 엘리트 스포츠에서의 코칭에 적용되는데 기술 습득이나 전술적 측면보다는 이미 습득된 기술의 세련화, 정교화의 관점에서 지도되어야 하며 개방화의 관점에서 선수 스스로 전술이나 전략에 대한 분석 및 개발할 수 있는 기회를 제공하는 프로그램

(2) 성인 스포츠코칭 프로그램 고려사항

① 자기 주도적인 환경 조성
② 지속적인 자기 성찰을 위한 기회 제공

Chapter 05 스포츠교육의 지도방법론

01 스포츠 지도를 위한 교육모형

가. 직접 교수 모형

> 교사가 수업리더 역할을 한다.

1) 모형의 개요

   가) 개념

   학생이 교사의 관리 하에 가능한 한 연습을 많이 하고, 교사는 학생이 연습하는 것을 관찰하고, 학생에게 높은 비율의 긍정적이고 교정적 피드백을 제공한다.

   나) 특징

   교사 중심의 의사결정과 교사 주도적 참여 형태를 특징으로 한다.

   다) 목적

   학생이 연습 과제와 기능 연습에 높은 비율로 참여하도록 하기 위해 수업시간과 자원을 가장 효율적으로 이용한다.

   라) 수업의 6단계

   (1) 전시 과제 복습   (2) 새로운 과제 제시   (3) 초기 과제 연습
   (4) 피드백 및 교정   (5) 독자적인 연습   (6) 정기적인 복습

2) 직접교수 모형의 기초

가) 이론적 배경 및 근거

(1) 근거이론
직접 교수 모형은 행동주의 심리학자인 스키너(Skinner)의 조작적 조건화 이론에서 파생되었으며 행동 훈련의 과정으로 나타난다.

(2) 행동훈련의 주요 개념
- (가) 조형: 완벽한 행동을 지향하는 일련의 작은 학습 단계나 유사 행동
- (나) 모형: 바람직한 기능 또는 능숙한 동작 수행의 모범적 사례 제시
- (다) 연습: 바람직한 행동을 지향하여 수행을 반복하는 동시에 학습자 반응기회(OTR)를 높이는 과정

> ※ **학습자반응기회(opportunities to respond: OTR)**
> 제시된 과제에 대한 학습자반응기회를 말하는 것으로 높은 비율의 OTR은 학생들이 제시된 과제에 적절하고 성공적으로 반응하고 있는 비율이 높다는 것을 의미한다.

- (라) 피드백: 직접 교수모형에서는 긍정적 피드백과 교정적 피드백이 선호된다.
- (마) 강화: 학생들의 과제수행시도를 교정한다. 예를 들어, 주의집중, 노력, 과제참여행동 유지, 지시 따르기, 수업 규칙과 일상 규칙 지키기와 같은 여러 가지 종류의 학생 행동을 보상할 때 간헐적으로 사용된다.

나) 학습 영역의 우선순위와 영역간 상호작용

(1) 학습 영역의 우선순위
심동적 학습 > 인지적 학습 > 정의적 학습

(2) 영역간 상호작용
규칙과 개념 학습에서 인지적 학습이 최우선되나, 주로 심동적 영역의 학습을 촉진하는 데 활용된다.

다) 학생의 학습 선호
회피적이고 경쟁적이고 의존적인 경향이 있는 학생에게 효과적이다.

3) 교수-학습의 특징

가) 수업 주도성
- (1) 내용선정: 교사가 완전한 통제권을 가진다.
- (2) 수업운영: 교사가 모든 계획 및 운영을 결정한다.
- (3) 과제제시: 교사가 모든 과제 제시를 계획하고 통제한다.

(4) 참여형태: 개별연습, 파트너연습, 소집단연습, 스테이션연습 및 전체집단연습 등과 같은 다양한 유형이 사용된다.
(5) 교수적 상호작용: 거의 모든 상호작용이 교사에 의해 시작되고 통제된다.
(6) 학습진도: 연습 초기 학습과제에서 학습진도를 교사가 엄격하게 통제하지만 할당된 연습 시간 동안 몇 번을 시도할지는 학생이 결정한다.

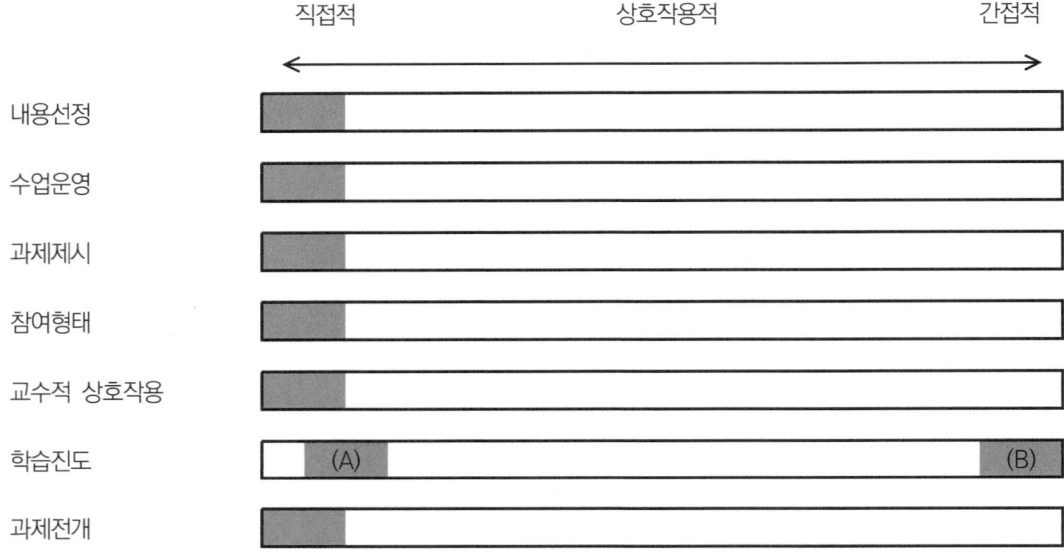

나) 주요 참여 형태

스테이션이 종종 사용되지만 선택한 과제 구조에 따라서 개별, 파트너, 소집단, 대집단, 전체집단으로 연습한다.

다) 과제제시와 과제구조

(1) 과제제시

교사가 모델의 역할(시범)을 하거나 교육매체를 활용하기도 한다.

(2) 과제구조

(가) 초기 학습 과제
① 개인 공간에서의 개별 연습　② 반복적 훈련에 의한 개별 연습
③ 교사주도의 연습　　　　　　④ 간이게임

(나) 연속적인 학습 과제와 학생 자체 연습을 위한 과제의 구조
① 파트너 연습　　② 스테이션 과제　③ 순환코스와 장애물코스
④ 복잡한 훈련　　⑤ 간이게임　　　　⑥ 미니게임

4) 교사 전문성

　가) 교사 전문성

　　(1) 과제 분석 및 내용 목록

　　　교사들은 학생들이 발전함에 따라 학습 과제 순서를 구성하는데 사용되는 세부적인 과제 분석을 할 수 있어야 한다. 과제 분석이 완전히 이루어지면, 교사는 내용목록을 작성할 수 있어야 한다.

　　(2) 학습 목표

　　　교사들은 학생들이 운동수행 기준을 달성하려는 노력을 기울일 수 있도록 목표를 진술할 수 있어야 한다.

　　(3) 체육 교육 내용

　　　교사가 주요 교수자원의 역할을 하기 때문에, 가르칠 단원에 대한 내용 전문성이 가장 중요하다.

　　　(가) 과제를 제시할 때 능숙한 기능 수행을 보여줄 수 있는 능력

　　　(나) 구체적이고 정확한 피드백을 더 많이 제공하기 위해 학생들의 운동기능을 관찰할 수 있는 능력

　　(4) 발달단계에 적합한 수업

　　　교사는 반드시 학생들의 발달 능력을 고려하여 학생들의 인지 능력에 맞는 수준에서 이해할 수 있는 언어를 사용해 과제제시를 해야 하고 과제 구조에 대한 명확한 지시를 내려야 한다.

　나) 직접교수 모형에 효과적인 교수 기술

　　(1) 수업 계획

　　　교사는 내용 목록을 결정하고 학생이 학습할 학습과제에 대한 계획을 세울 필요가 있다.

　　(2) 시간과 수업관리

　　　교사는 학생들에게 높은 OTR과 ALT를 높게 제공하기 위해 수업에 할당된 시간을 최대화한다.

　　(3) 과제제시 및 과제구조

　　　OTR의 비율을 높이면서 학습과제에 신속하고 정확하게 참여할 수 있도록 과제 제시 및 구조가 이뤄져야 한다.

> ※ 효과적인 과제제시 및 과제 구조의 8가지 측면(Graham, 1988)
> ① 명확한 지도 지침 만들기　② 제시될 내용의 활용도 강조하기
> ③ 새로운 내용을 구조화하기　④ 학생의 주의집중을 위해 신호 만들기
> ⑤ 정보를 요약하고 반복하기　⑥ 이해도 체크하기
> ⑦ 책무성의 정도를 제시하기　⑧ 학습을 위한 건설적인 분위기 조성하기
>
> ※ QMTPS(교수행동질적측정도구)에 의한 교사의 과제제시 기술 평가
> ① 명확성　② 시범　③ 단서의 수　④ 단서의 정확성
> ⑤ 단서의 질　⑥ 초점의 적절성　⑦ 구체적이고 일관성 있는 피드백

(4) 의사소통
명확하게 의사소통할 수 있는 기술이 요구된다.

(5) 교수정보
교사는 의사소통을 주도하고, 학생은 듣거나 주시한다. 교수정보의 유형은 언어적 단서와 시범 단서, 피드백은 긍정적 피드백과 교정적 피드백이 활용된다.

(6) 수업정리 및 종료
수업은 잘 계획된 수업 정리와 종료로 끝을 맺는다.

5) 학습평가

가) 비공식적 평가
매우 실용적이지만 과제수행기준 성공률을 잘못 파악할 위험이 있다.

나) 공식적 평가
체계적이고 객관적이지만 체육수업에서 실행가능성 여부에 대한 제한점을 가지고 있다.

나. 개별화 지도 모형

> 학생은 학습속도를 스스로 조절한다(되도록 빠르게, 필요하면 느리게).

1) 모형의 개요

가) 개념

학생이 미리 계획된 학습 과제의 계열성에 맞추어 자신에게 맞는 학습속도로 학습하도록 설계된 모형이다.

나) 특징

학습진도가 빠른 학생은 교사의 허락이나 동의 없이도 계속 진도를 나가며, 학습진도가 느린 학생은 교사(혹은 우수한 동료 등)와 상호작용하며 학습해 나가게 한다.

다) 목적

학생에게 자기주도적인 학습자가 되고, 동시에 교사에게는 상호작용이 필요한 학생과 많은 상호작용을 가능케 하는 것이다.

2) 개별화 지도 모형의 기초

가) 이론적 배경 및 근거

(1) 근거이론

(가) 응용 행동분석학
개별화 지도 모형은 인간의 학습이 개인과 외부 환경의 상호작용의 결과로 일어난다고 본다.

(나) 교수 기계(teaching machine)
교사가 질문과 답변을 결정하나, 내용제시와 피드백 및 강화 작용을 기계가 한다.

(다) 교수 기계의 강화 기능
① 창의적이며 흥미로운 학습자료를 바라볼 수 있는 능력
② 학습목표를 향한 규칙적이고 실제성 있는 과정
③ 학습의 즉각적인 평가
④ 교사의 학생 개인에 대한 관심

나) 학습영역의 우선순위와 영역간 상호작용

(1) 학습영역의 우선순위
심동적 학습 〉 인지적 학습 〉 정의적 학습

(2) 영역간 상호작용

학생이 인지능력을 동원하여 문서자료와 시각 자료를 통해 과제 제시와 과제 구조를 이해하나, 대부분의 수행 기준이 진술된 심동적 영역의 수행을 촉진하기 위해서 이뤄진다.

다) 학생의 학습 선호도

회피형, 경쟁형, 의존형 학생에게 가장 효과적이다.

3) 교수-학습의 특징

가) 수업의 주도성

(1) 내용선정: 교사에게 내용 선정과 계열성 결정의 전권이 주어진다.
(2) 수업운영: 교사가 관리계획, 학급규칙, 구체적 절차를 결정하나 내용이 결정되고 나면 각 차시에서 수업운영에 대한 책임이 학생에게 있다.
(3) 과제제시: 문서와 시각 자료의 형태로 학생에게 과제가 전달된다.
(4) 참여형태: 거의 독립적으로 연습한다.
(5) 교수적 상호작용: 교사는 학생에게 높은 수준의 교수 상호작용을 제공할 수 있다.
(6) 학습진도: 각 학생은 학습과제를 참여할 때 자신만의 진도를 결정한다.
(7) 과제전개: 과제 진도의 결정은 학생 스스로 한다.

	직접적 ←――――― 상호작용적 ――――――→ 간접적
내용선정	직접적 쪽
수업운영	간접적에 가까운 상호작용적
과제제시	직접적 쪽
참여형태	간접적에 가까운 상호작용적
교수적 상호작용	상호작용적
학습진도	간접적
과제전개	간접적에 가까움

나) 주요 참여형태

개별 연습을 주로 활용한다.

다) 과제제시와 과제구조

(1) 과제제시

(가) 문서: 문서만으로는 심동적 기능에 대한 이해가 추상적이므로 시각적 미디어가 요구된다.
(나) 사진: 모범적인 기능 수행이 담긴 사진은 유용하다.
(다) 삽화: 사진보다 신체 일부를 에니메이션으로 작성하여 연결된 동작을 보여줄 수 있다.
(라) 비디오와 테잎: 상업적 비디오 뿐만아니라 자체제작 녹화물을 이용한다.
(마) CD: 비디오와 유사한 효과를 발휘한다.

(2) 과제구조(Poole, Sebolt, Metzler, 1996)

(가) 준비도 과제   (나) 이해력 과제   (다) 기준 연습 과제
(라) 도전 과제   (마) 퀴즈   (바) 게임 또는 시합
(사) 숙달을 위한 시도   (아) 숙달의 검증
(자) 개별화 지도 모형의 개인 학습지

4) 교사 전문성

가) 교사 전문성

(1) 발달단계에 적합한 수업 운영
(2) 정확하고 간결한 학습 목표의 진술

나) 과제 분석과 내용 전개

내용 모듈을 단순한 과제에서부터 복잡한 과제의 순서로 구성한다.

다) 개별화 지도 모형에서의 효과적인 교수 기술

(1) 수업계획

수행기준이 미리 설계되어야 하며, 단원이 시작되기 전에 학생 개인 학습지로 만들어져야 한다.

(2) 시간과 수업운영

학생은 학습지에 있는 정보에 준하여 학습 활동을 한다.

(3) 과제 제시와 과제 구조

수업 매체를 통해 학생에게 과제가 전달된다.

(4) 의사소통

글쓰기가 주요한 의사소통의 수단이 된다.

(5) 교수정보

직접교수 모형보다 3배 이상의 피드백을 제공할 수 있다.

(6) 수업정리 및 종료

정리와 종료에 대한 계획은 없고 수업이 끝나면 학생은 기구를 정리하고 교사에게 학습지를 제출한다.

라) 학생의 발달 요구사항

(1) 이해력

개별화 지도 모형에서 학생은 학습지에 있는 관리 정보와 과제 정보를 읽을 줄 알아야 한다.

(2) 기자재 활용 능력

개별화 지도 모형에서 과제와 구조정보를 제시하는 데에는 인쇄 매체 말고도 수많은 정보기술(비디오 테입, CD, 컴퓨터 활용)이 사용되므로 이를 다룰 수 있는 능력이 요구된다.

(3) 학생의 책무성

개별화 지도 모형에서 주요한 특징은 교사의 직접적인 안내가 없는 개별적인 학생 학습이다. 그러므로 학생은 자신의 연습을 스스로 관찰하고, 자기평가를 함으로써 자신의 과제 숙달을 검증하는 책무성이 필요하다.

(4) 도움 요청

개별화 지도 모형이 개별 연습을 그 특징으로 하지만, 학생들이 도움을 필요로 할 때 미리 정해진 신호로 교사에게 도움을 요청할 수 있다.

5) 학습 평가

가) 학생이 정해진 수행 기준에 따라 학습 과제를 완수하여 다음 단계의 과제로 넘어가면 그것이 곧 평가가 된다.

나) 교사는 개별화 지도 모형에 근거해서 지도하고 평가함으로서 다음과 같은 유용한 정보를 얻게 된다.

(1) 과제가 너무 쉽거나 어려운지를 알 수 있다. 이를 근거로 교사는 과제를 수정하거나, 삭제하거나, 조합한다.

(2) 각 과제를 수행하는 데 걸리는 평균 시도의 횟수를 계산할 수 있다.

(3) 과제의 숙달을 위한 연습의 횟수를 결정하는 데 사용될 수 있다

(4) 학습이 느리고 보다 많은 지도가 필요한 학생을 파악할 수 있다.

다. 협동학습모형

> 모든 팀원이 함께 학습목표를 달성해야 한다.

1) 모형의 개요

   가) 개념

   팀보상, 개인적 책무성, 모든 학생의 성공적인 학습을 위한 평등한 기회제공과 같은 공통적인 특성을 가진 수업모형이다.

   나) 협동학습의 지도목표(Hilke, 1990)

   (1) 학생 사이에 협동적인 협력 학습을 증진한다.
   (2) 긍정적인팀 관계를 독려한다.
   (3) 학생의 자아존중감을 개발한다.
   (4) 학업 성취력을 향상시킨다.

   다) 협동학습의 기본 요소(Jhonson, Holubec, 1994)

   (1) 팀원간의 긍정적인 상호의존
   (2) 일대일의 발전적인 상호작용
   (3) 개인의 책무성/책임감
   (4) 대인관계와 소집단 인간관계 기술
   (5) 팀 반성

2) 모형의 기초

   가) 이론적 배경과 근거

   (1) 동기이론

   모든 팀원들이 공헌하고 성취해야 한다는 점을 모든 팀원들에게 인식시키는 구조를 조성하는 데 활용된다.

   (2) 인지이론

   팀 목표를 달성하기 위해 팀에게 적당한 양의 도전을 부여하는 발달단계에 적합한 학습과제를 학생에게 제공하는 데 사용된다.

   (3) 사회학습이론

   다른 팀원들을 지켜보고 그들을 경청하면서 학습이 이뤄진다는 것에 기초한다.

   (4) 행동이론

   협동과정, 학생의 과제 참여, 팀 목표달성에 따른 보상 사이의 관계를 제공하는 데 사용된다.

나) 학습영역의 우선순위와 영역간 상호작용
　(1) 학습영역의 우선순위
　　　(가) 인지적 학습에 초점을 맞춘 경우: 정의적/인지적 영역 〉 심동적 영역
　　　(나) 심동적 학습에 초점을 맞춘 경우: 정의적/심동적 영역 〉 인지적 영역
　(2) 영역간 상호작용
　　　세 영역이 공유될 때 복잡한 형태로 영역간 상호작용이 이루어진다.

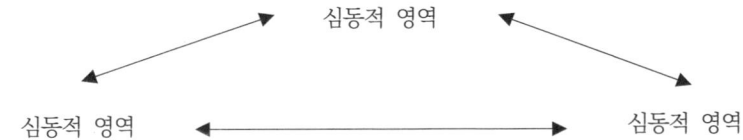

다) 학생의 학습 선호도
　　참여적이고 협력적이며 경쟁적이고 독립적인 학생에게 효과적이다.

3) 교수학습의 특징
　가) 수업의 주도성

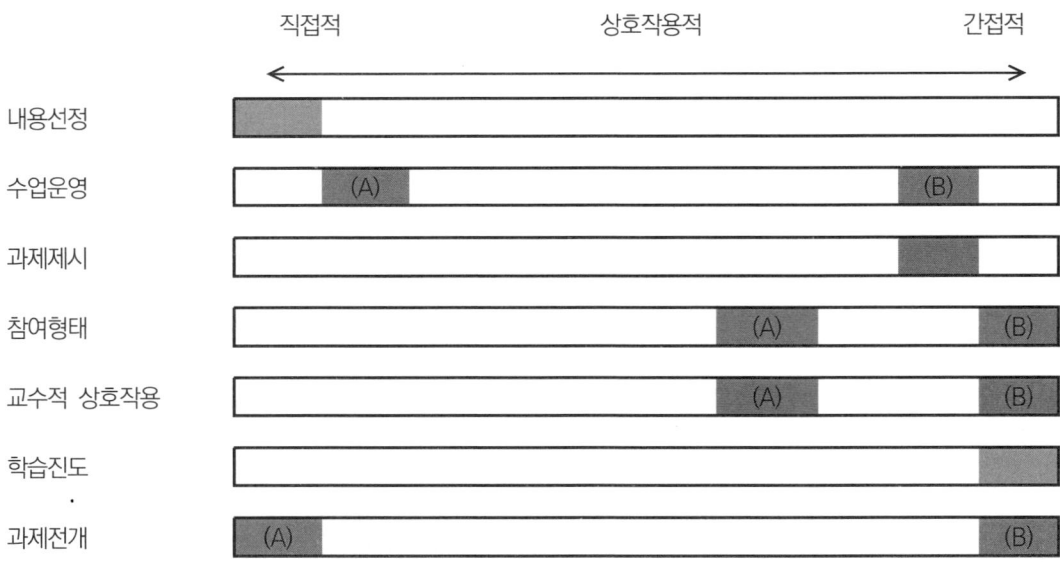

　　(1) 내용선정: 교사가 수행해야 할 과제를 결정하고 학생에게 알려준다.
　　(2) 수업운영: 팀이 학습과제에 참여하기 전까지 교사중심으로 이뤄지다가(A) 팀들이 과제를 시작하면 운영권은 학생에게 이양된다(B).
　　(3) 과제제시: 협동학습에서는 교사에 의한 과제 제시가 없다.

(4) 참여형태: 학생주도형과 교사와의 상호작용형 두 가지가 있다.
(5) 교수적 상호작용: 팀원이 주어진 과제를 하는 동안에는 학생중심이나(B) 교사가 학생의 사회성을 발달시키려 질문을 하는 경우에는 상호작용형이 된다.
(6) 학습진도: 학생중심적으로 학습 진도가 진행된다.
(7) 과제전개: 새로운 과제의 시점은 교사가 결정하는 반면 과제가 주어진 후에는 각 팀에서 결정이 된다.

나) 주요 참여 형태
대부분 4-6명으로 구성된 팀에 의해서 실시된다.

다) 과제제시와 과제구조
(1) 과제 제시

교사는 과제가 무엇인지만 알려주고 과제를 완수하는 구체적인 방법은 학생에게 알려주지 않는다. 교사에 의한 과제제시가 없다.

(2) 과제 구조

(가) 모둠별 성취분배 방식(Student Teams-Achievement Divisions: STAD)
① 각각의 팀은 동일한 학습 과제와 필요한 자원을 부여받으며, 교사의 지도를 1차 연습 시간(15분에서 20분 정도) 동안 받고나서 팀별로 연습한다.
② 연습 후에는 학습한 내용에 대해 시험을 치루며, 모든 팀원들의 점수가 합쳐져서 팀 점수가 된다. 팀 점수를 공개하고, 교사는 협동 과정에 대해 학생들과 토론하고, 팀의 상호작용을 높일 수 있도록 조언한다.
③ 팀은 동일한 과제를 다시 반복해서 2차 연습을 한다. 이때 팀은 협동심을 강조하고 모든 팀원들의 점수를 높이는데 중점을 둔다. 팀 점수가 1차 시험보다 높아야 한다는 것을 알려 준다.

(나) 팀 게임 토너먼트(Team Games Tournament: TGT)
① 학생들을 팀별로 나누고 팀별로 학습과제를 1차 연습한다.
② 1차 연습이 끝나면 팀별로 시험을 본다. 각 팀에서 1등, 2등, 3등, 4등 점수를 받은 사람은 다른 팀에서 같은 등수인 학생의 점수와 비교한다. 즉 1등은 1등끼리, 2등은 2등끼리 점수를 비교하는 식이다.
③ 각 비교 쌍별로 가장 높은 점수를 얻은 학생에게 일정한 상점을 부여한 후 2차 연습을 한다.
④ 연습 후에 다시 시험을 보고 1차 때와 마찬가지로 같은 등수끼리 점수를 다시 비교한다.
⑤ 게임이 끝난 후에 가장 높은 점수를 받은 팀이 승리팀이 된다. 그 과정에서 팀원 사이의 협동이 조장된다.

(다) 팀협력 수업(Team-Assisted Instruction: TAI)
① 팀을 선정한 후 학생에게 수행 기준과 학습 과제가 제시된 목록을 제공한다. 이 목록에는 학생들이 학습해야 할 기술과 지식 영역을 쉬운 것에서부터 어려운 단계로 나누

어 제시되어 있다.
② 팀원들이 혼자 또는 다른 팀원들의 도움을 받으면서 그 과제들을 연습한다.
③ 학생이 수행 기준에 따라 과제를 완수하면 다른 팀원이 과제 수행 여부를 체크한 후 다음 과제로 이동한다.
④ 팀 성적은 매주 각 팀들이 수행한 과제 수를 점수로 환산하거나 개인별로 시험을 본 후 개인 점수를 합산하여 계산한다.

(라) 직소(Jigsaw) 방식

협동학습의 대표적인 교수전략 중 하나인 직소 방식은 아래에 제시된 두 방법이 가장 일반적으로 사용되고 있다.

(a) 방법1
① 학생들은 팀으로 나누고, 각 팀별로 여러 과제(기술, 지식 영역, 또는 게임)를 익힌다.
② 모든 팀원들은 자신의 팀에 할당된 과제를 익힌 후, 교사가 되어 다른 팀에게 그 내용을 가르쳐준다. 즉, 포핸드 드라이브를 익힐 때 A팀이 교사가 되어 B팀과 C팀에게 가르쳐 준다. 평가는 다른 팀을 지도하는 지도 능력에 기초하여 이루어진다.

(b) 방법2
① 각 팀원들이 주제 또는 기술에 전문가가 되기 위해 세부 요소들을 익히게 된다.
② 팀원이 할당된 학습 내용을 익히면, 각 팀에서 동일한 주제나 기술을 학습한 학생들끼리 모여 전문가 집단을 구성한다. 전문가 집단은 자신들이 배운 내용을 공유하게 된다.
③ 전문가 집단 모임 후 전문가들은 원래 자신의 집단으로 돌아가 배운 것을 다른 팀원들에게 가르쳐 준다. 이러한 방법들은 동료 교수를 통하여 다른 학생을 가르칠 수 있다.

(마) 집단 연구(Group Investigation)
① 이 전략은 팀이 학습 과정에 협동하고 학습 결과를 공유하는데 사용된다.
② 팀이 선정되고 과제가 할당되면 팀들은 3주안에 과제를 완성해야 한다.
③ 학생들은 수업 시간이나 그 외의 시간을 이용하여 과제를 수행할 수 있다.
④ 발표는 단체 프로젝트 형식으로 이루어지며, 이때, 포스터, 콜라주, 비디오 테이프, 컴퓨터 그래픽, 보고서 등 여러 가지 매체를 이용한다.

4) 교사의 전문성

가) 교사 전문성
(1) 학습자
(2) 학습 이론
(3) 과제 분석과 내용 발달
(4) 발달 단계에 적합한 수업

(5) 평가

(6) 사회적/정서적인 학습 분위기 조성 및 유지

(7) 체육 교육 내용

(8) 평등

나) 효과적인 교수 기술

(1) 수업계획: 팀과 학급에게 주어지는 과제를 결정하는 단원 수준에서 이루어진다.

(2) 시간과 수업운영: 팀이 결정되고 과제를 수행하게 되면 학생은 수업운영에 대한 책임을 갖게 된다.

(3) 과제 제시와 과제 구조: 과제제시가 없고 다만, 교사는 팀을 선정하고 과제를 구조화하며 팀이 과제를 수행하도록 감독한다.

(4) 의사소통: 교사는 과제를 구조화하고 전략을 설명할 때 명확하고 구체적인 정보를 팀에게 제공해야 한다.

(5) 교수 정보: 교사는 두 가지 유형의 교수 정보(과제설명의 구조화, 반성시간 동안의 질문기술)를 능숙하게 제공해야 한다.

(6) 수업 정리 및 종료: 학생이 어떻게 협동했는지를 스스로 확인하는 교사 주도의 반성시간을 갖고 끝낸다.

5) 학습 평가

가) 심동적 영역의 평가

(1) 간단한 실기 시험 (예, 목표물에 성공적으로 슈팅한 수)

(2) 과제의 시간 측정 (예, 100m를 달리는 데 소요된 시간)

(3) 정확성 검사 (예, 슛 성공률)

(4) 일관성 (예, 연속적으로 슛팅한 수)

(5) 표준화된 실기 검사

나) 인지적 내용의 평가

(1) 퀴즈(선택형, 완성형, 조건형, 단답형)

(2) 학습의 구체적인 성과물(포트폴리오, 비디오. 콜라쥬, 다른 학생들에게 학습된 수업)

(3) 완성된 과제물의 질적 평가와 각 수준별로 세부 규정 서술.

(4) 교사가 각 팀의 작품에 대한 교사의 채점표와 평가서

다) 정의적 영역의 평가 방법

(1) 각 팀을 정기적으로 모니터하고 긍정적이고 부정적인 사회적 상호작용 기록(주요사건 기록법).

(2) 긍정적이고 부정적인 상호작용 패턴과 횟수를 관찰하기 위해 체크리스트 사용.
(3) 팀별로 작업일지(어떤 일은 누가 했는지) 작성.
(4) 팀별로 긍정적이고 부정적인 사례를 기록한 일지 작성

라. 스포츠 교육 모형

> 유능하고 박식하며 열정적인 스포츠인으로 성장하기

1) 모형의 개요

   가) 개념

   스포츠교육모형은 학생들에게 긍정적이고, 교육적이며, 지속적인 스포츠 경험을 통해 스포츠가 가지고 있는 다양한 가치들을 달성하도록 설계된 교육과정과 교수모형이다.

   나) 목적

   (1) 유능한 스포츠인
   기술력, 게임 난이도에 따른 전략, 경기지식이 풍부한 스포츠 참여자
   (2) 박식한 스포츠인
   스포츠의 규칙, 의례, 전통 및 가치를 이해하고 판단할 수 있는 스포츠 참여자 또는 관람자
   (3) 열정적인 스포츠인
   다양한 스포츠 문화를 보존하고 증진할 수 있는 방향으로 행동하고 참여하는 스포츠인

   다) 스포츠교육모형의 핵심 요소

   (1) 시즌
   연습기간, 정규시즌 및 그 전후 시기, 결승전 등을 포함하는 장시간의 기간으로서 최소 20시간 수업 시수가 요구된다.
   (2) 팀 소속
   학생은 시즌 동안 한 팀의 일원으로 수업에 참여한다.
   (3) 공식 경기
   학생은 시즌을 조직하고 운영하는 의사결정에 참여하게 된다.
   (4) 결승전 행사
   시즌은 라운드로빈 토너먼트(리그전), 팀 경쟁 혹은 개인 경쟁 등 다양한 형태의 이벤트로 끝난다.
   (5) 기록 보존
   게임 중 양산되는 수많은 기록들은 전략을 가르치거나 팀 내 혹은 팀 사이의 흥미를 유발

하는 데 활용하며, 평가에도 반영한다.
(6) 축제화
시즌 동안 경기의 진행이 축제 분위기로 유지되게 한다.

2) 교수학습의 특징

가) 수업의 주도성

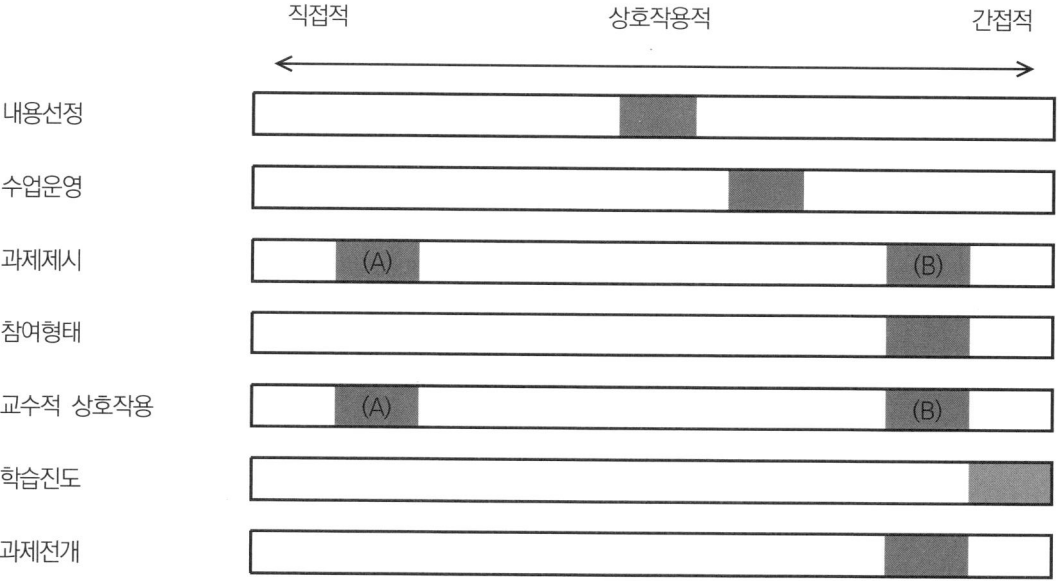

(1) 내용선정: 교사가 종목을 선정하고 학생에게 정보를 제공하는 직접적인 선택과 학생에게 선택의 범위를 제공하여 학생으로 하여금 스포츠 종목을 선택하게 한다.
(2) 수업운영: 시즌에 대한 전반적인 구조를 제시하는 초기 수업 운영에 대한 결정을 대부분 교사가 한다.
(3) 과제제시: 동료교수와 협동학습의 형태로 이뤄질 수도 있고, 미니워크샵 형식으로 교사에 의해서 수행될 수 있다.
(4) 참여형태: 학생은 할당된 임무들을 수행하는 과정 속에서 학습을 한다.
(5) 교수적 상호작용: 동료 및 소집단 협동학습 활동에서 팀으로 일할 때 학생 사이의 상호작용이 일어난다. 교사는 자료 제공자이며 대부분의 수업은 학생 대 학생의 상호작용으로 이루어진다.
(6) 학습진도: 팀 구성원들은 시즌 경쟁에 대한 준비와 시즌 전 계획을 보충하는 데 무엇이 필요한지를 결정한다.
(7) 과제전개: 팀들은 시즌을 준비하고 게임 사이의 연습 과제의 순서에 대한 의사결정을 하게 된다.

나) 주요 참여 형태

주요 참여 형태는 직접교수, 협동학습, 동료교수로 볼 수 있다.

다) 과제제시와 과제구조

(1) 과제제시

(가) 선수 지도

교사는 팀 선정과 시즌의 조직에 대한 전반적인 감독을 하며, 이러한 과제제시의 기능은 각 팀과 리더들에게 전달된다.

(나) 역할 지도

교사는 시즌동안 학생에게 부여된 역할을 지도하기 위해 직접교수를 많이 사용한다.

(2) 과제구조

(가) 선수 지도

게임 연습과 준비에서 스포츠 코치들이 팀을 지도하는 방법과 유사하다.

(나) 역할 지도

사람들이 스포츠에서 선수 이외의 주요 역할을 학습하는 방법과 유사하다.

3) 교사의 전문성

가) 교사 전문성

(1) 학습자   (2) 발달 단계에 적합한 수업
(3) 체육 교육 내용   (4) 평등
(5) 평가   (6) 사회적/정서적인 학습 분위기 조성 및 유지

나) 효과적인 교수기술

(1) 수업 계획

시즌 동안 어떤 게임을 수행할 것인지를 결정하여 공식적인 계획을 수립한다.

(2) 수업 운영

연습과 시즌이 시작되면 수업운영은 학생에게 맡겨지며, 교사는 시즌 동안 계획대로 잘 진행되고 있는지를 확인한다.

(3) 발달 단계적으로 적합한 역할 결정

스포츠 상황에서 필요한 코치, 매니저, 트레이너, 기록원 등의 역할을 학생들이 잘 수행할 수 있도록 훈련시킨다.

(4) 의사소통교사는 학생과 직·간접적인 의사소통에 능해야 하며, 특히 질문 형태의 간접적인 의사소통 기술이 필요하다.

(5) 교수 정보

선수의 역할과 코치, 기록원 같은 관련인들의 역할에 대한 교수 정보를 각각 제공해야 하며, 거의 모든 교수정보는 협동학습과 동료교수를 통해 전달된다.

(6) 수업정리 및 종료

주요 경기 결과를 요약하고 좋은 경기와 경기내용을 보여준 선수와 팀에게 칭찬을 한다.

4) 학습 평가

가) 선수 평가

(1) 기본 기능

학생 코치와 팀 동료들이 체크리스트를 활용하여 평가한다.

(2) 규칙과 전략 지식

간단한 지필 검사나 퀴즈로 평가한다.

(3) 게임 수행 능력과 전술

실제 경기가 진행되는 동안에 평가를 한다. (예: GPAI)

(4) 팀웍

선수들과 학생 코치 사이의 상호작용을 관찰함으로써 평가한다.

나) 임무 학습에 대한 평가

(1) 임무 지식

시즌 시작 전 각자의 임무에 대한 기본적 지식을 평가한다.

(2) 기술 수행

능숙한 기술로 유연한 게임 운영을 할 수 있는지 평가한다.

(3) 게임 중 실제평가

실제 게임이 진행되는 동안 각자에게 부여된 임무가 제대로 수행되는지 평가한다.

마. 동료 교수 모형

> 나는 너를, 너는 나를 가르친다.

1) 모형의 개요

가) 개념

동료교수 모형은 교사의 체계적인 계획과 지도에 의해 학생과 학생이 짝을 이루어 서로서로 학습을 돕는 교수모형이다.

나) 특징

기술수준이 높은 학생이 기술수준이 낮은 학생을 항상 가르치는 것은 아니며, 학생들이 서로 도와 가며 배우는 상호작용적인 학습과정이 강조된다.

다) 주요 개념

(1) 교사는 직접교수 모형에서 처럼 수업에서 많은 의사결정권을 가지고 있다.
(2) 교사가 교수자를 훈련시키고 과제를 부여한다.
(3) 연습을 하는 학습자는 교수자와 함께 학습 개선을 유도하는 상호작용을 하게 된다.

라) 타 모형과의 차이점

(1) 직접교수모형과 다르다.
(2) 모스톤(Mosston)의 상호학습 유형과 다르다.
(3) 동료교수 모형은 한 학생이 다른 학생을 가르치는 전략에 의존하기는 하지만, 교사가 모형에 기반한 접근법을 계획해서 따를 때에만 동료교수 모형이 된다.
(4) 동료교수는 학생들이 한 가지 이상의 학습 활동을 위해 짝을 지어서 '나란히'(side by side) 학습을 하는 파트너 학습과는 다르다.
(5) 동료교수는 작은 규모로 이루어지는 협동 학습과 다르다.

마) 용어의 정의

(1) 교수자(Tutor): 임시로 교사의 역할에 선정된 사람
(2) 학습자(Learner): 교수자의 관찰 및 감독 하에서 실습하고 있는 사람
(3) 2인 관계(Dyad): 교사-학습자 한 쌍(2인1조)
(4) 학생(Student): 학생들이 교수자나 학습자의 역할에 있지 않을 경우 학급 내에서 학생들을 묘사하기 위해 사용 되는 일반적인 용어

2) 동료교수 모형의 기초

가) 이론적 배경 및 근거

(1) 사회학습 이론
(2) Piaget의 인지발달 이론
(3) 구성주의 학습 이론

나) 학습 영역의 우선순위와 영역간 상호작용

(1) 학습영역의 우선순위
① 전형적인 우선순위: 심동적영역 > 인지적 영역 > 정의적/사회적 영역
② 교수자의 우선순위: 인지적영역 > 정의적/사회적 영역 > 심동적 영역

(2) 교수자가 교사 역할을 수행하는 데 필요한 모든 과제와 내용 정보를 습득함으로써 학습영역간 상호작용이 인지적 영역에서 처음 나타난다.

다) 학생의 학습 선호도
(1) 교수자: 참여적, 협력적, 독립적인 태도를 선호한다.
(2) 학습자: 참여적, 협력적, 종속적인 태도를 선호한다.

3) 교수학습의 특징

가) 수업의 주도성
(1) 내용선정: 교사가 내용과 순서를 완전히 조정한다.
(2) 수업운영: 교사가 관리계획, 규칙, 세부절차를 결정한다.
(3) 과제제시: 한 수준은 교사가 교수자에게 수행단서, 과제구조, 숙달기준을 안내할 때이고 또 다른 수준은 교수자가 학습자에게 주어진 과제 연습을 시작하도록 정보를 제공할 때이다.
(4) 참여형태: 2인 1조 (3인 1조도 가능)
(5) 교수적 상호작용: 교사가 교수자에게 정보를 제공하고, 이 후에 교사는 교수자의 관찰, 분석 및 의사소통 기술을 향상시키기 위해 질문과 응답과 같은 대화 방식으로 상호작용한다.
(6) 학습진도: 교사가 교수자에게 과제제시와 과제구조 정보를 제공한다면, 교수자는 학습자에게 그것을 전달하고 학습자는 자신의 학습속도로 연습을 시작한다.
(7) 과제전개: 교사는 각 단원의 내용 목록과 그 안에서 학습 활동이 바뀌는 시기를 결정한다.

직접적 ← 상호작용적 → 간접적

내용선정	직접적
수업운영	직접적~상호작용적
과제제시	직접적
참여형태	직접적
교수적 상호작용	(A) 직접적, (B) 상호작용적
학습진도	간접적
과제전개	직접적

나) 주요 참여 형태

짝 또는 세 사람으로 한 조를 구성한다.

다) 과제제시와 과제구조

(1) 과제제시

교사는 교수자에게 기술 시범 또는 연습 과제를 주요 학습단서와 함께 제시한다. 이 점에서 직접교수 모형과 유사하다.

(2) 과제구조

한 학생이 관찰하는 동안 다른 학생이 연습한다.

4) 교사 전문성

가) 교사 전문성

(1) 발달 단계에 적합한 수업
(2) 과제 분석과 내용 전개
(3) 평가
(4) 사회적/감정적 분위기

나) 효율적인 수업 기술

(1) 수업계획

학습목표를 성취할 수 있는 명확한 과제를 제시할 수 있어야 하며 교수자-학습자가 교사가 제시한 과제를 성취할 수 있도록 계획해야 한다.

(2) 시간과 수업관리

학생들이 교수자-학습자의 역할을 교대해야 하기 때문에 교사는 수업시간을 분절할 때 주의해야한다. 학생들에게 각각의 역할이 적절하게 동일한 양의 시간을 제공해야한다.

(3) 과제제시

교사가 교수자와 학습자에게 과제제시와 과제 구조에 관해 훌륭한 정보를 제공하였다면 교수자들은 일시적으로 교수 책임을 맡게 될 때 효율적으로 역할 수행을 할 수 있다.

(4) 의사소통

교사는 교수자가 학습자에게 과제를 충분히 제시할 수 있도록 하기 위해 교수자의 이해도를 자주 확인해야한다.

(5) 교수정보

교사는 교수자에게 수업정보를 제공하는데 있어서 문제 해결 능력을 촉진시키는 질문에 기초해야 한다.

(6) 수업정리

교사는 학생들에게 교수자-학습자로서 각각 학습한 것, 상호 작용하는 동안 학습한 것 등을 정리하면서 학생들에게 발표하도록 하며 체육수업 전체에서 어떤 일이 일어났는지 큰 그림을 볼 수 있도록 해주어야 한다.

5) 학습 평가

교수자는 평가자로서 도움을 준다. 학습자의 수행과정을 관찰하고 각 학습과제의 숙련도를 확인하는데 도움을 준다. 이러한 학습활동에 대한 평가는 관찰 체크리스트를 통해 가능하다.

가) 체크리스트 활용에 있어서 전제 조건

(1) 체크리스트는 교수자가 심동적 영역에서 수행을 관찰하고 학습자의 어떤 부분의 움직임 또는 기술의 정확도를 확인하기에 용이하다. 그러나 교사는 교수자가 학생의 움직임 또는 최상의 수행 결과를 판단할 수 있도록 훈련시켜야 한다.

(2) 학습자의 움직임과 수행 결과를 찾아내는 교수자의 능력과 체크리스트 항목의 수와 복잡성을 일치시켜야 한다.

나) 체크리스트 평가의 장점

교수자-학습자 모두에게 도움을 줄 수 있다. 체크리스트 항목이 교수자가 학습자의 역할을 수행할 때 중요한 수행 단서를 상기 할 수 있고 학습자는 과제를 수행하는 동안 구체적인 피드백을 얻을 수 있다.

바. 탐구 수업 모형

> 문제 해결자로서의 학습자

1) 모형의 개요

가) 개념

교사가 일련의 질문을 이용하여, 학생들의 사고를 자극하여 다양한 수준의 '움직임 답변'(신체 동작으로 교사의 질문에 답하는 것)을 이끌어 내는 교수 방법이다.

나) 수업의 절차

(1) 교사가 학생들에게 일련의 질문으로 문제(또는 과제)를 제시한다.

(2) 학생들은 혼자 또는 모둠별로 사고 활동을 시작하고, 몇몇 해결 방안을 탐색 및 모색하게 된다.

(3) 학생들의 인지적 영역에서의 학습 활동은 (신체활동으로 표현되는 답변을 하기 위한) 전제조건 또는 자극으로 이용한다.

(4) 학생들은 혼자 또는 모둠별로 해결 방안(움직임 형태로 표현되는 답변)을 찾는다.

다) 유사 용어

'문제 해결, 탐구 교수, 학습자 중심 교수, 발견 교수, 간접적 교수' 등 다양한 명칭으로 불리지만, 이러한 학습지도 방법의 핵심은 '질문'이기 때문에 이와 같은 교수 방법을 '탐구 중심 교수'라 한다.

라) 타 수업 모형과의 차이점

탐구 중심 교수모형은 협동학습 모형이나 전술적 게임 모형과 유사한 점이 많으나 탐구 중심 모형은 보다 다양한 구조나 형식으로 구성되어 있다. 특히, 학생 개개인의 사고활동을 통해 광범위하게 인지적, 심동적 영역의 답변을 탐색토록 하며, (다양한 신체 활동을 유발하는) '명백하지 않은' 답변을 수행하도록 하는 것이 가장 큰 차이점이다.

2) 모형의 기초

가) 이론적 배경 및 근거이론

(1) Bruner의 발견학습이론
(2) Ausubel의 의미수용학습
(3) 구성주의 학습이론

나) 문제 해결의 5단계

(1) 문제의 규명
(2) 문제의 제시
(3) 문제에 대한 유도 설명
(4) 최종 해답의 규명 및 정교화
(5) 분석, 평가, 논의를 위한 발표

다) 학습영역의 운선순위와 영역간 상호작용

(1) 학습영역의 우선순위

인지적 학습 〉 심동적 학습 〉 정의적 학습

(2) 영역간 상호작용

교사가 어떤 영역을 학습활동의 두 번째 순위로 정하는가에 따른다. 예컨대, 교사가 학생이 문제를 해결하여 숙달된 움직임을 발표하는 것에 초점을 맞춘다면 인지적 영역에서의 학습은 반드시 심동적 영역의 학습을 조정해야 한다.

라) 학생의 학습 선호도

참여형, 협력형, 독립형의 학생에게 효과적이다.

3) 교수-학습의 특징

가) 수업의 주도성

(1) 내용선정: 교사가 단원과 각 수업에서 학생이 배울 모든 내용을 결정한다.
(2) 수업운영: 교사가 관리계획과 특정의 수업절차를 결정한다.
(3) 과제제시: 학생이 학습과제를 해결하기 위해 문제를 부여받을 때 활용된다. 과제 제시는 교사가 학생의 사고와 움직임을 자극하면서 의사소통하는 질문형태로 나타난다.
(4) 참여형태: 인지적 과제에 대해 학생은 가능한 해답들을 탐색하고 다른 학생들과 협력하며 새로운 시도를 하게 된다.
(5) 교수적 상호작용: 교사는 학생의 사고력을 자극하고 움직임 유형을 탐색하도록 하기 위해 직접적으로 설명하지 않고 질문을 한다.
(6) 학습진도: 교사가 전체 단원과 각 수업진도를 결정한다.
(7) 과제전개: 교사가 단원과 각 수업의 학습과제의 목록과 내용계열을 결정한다.

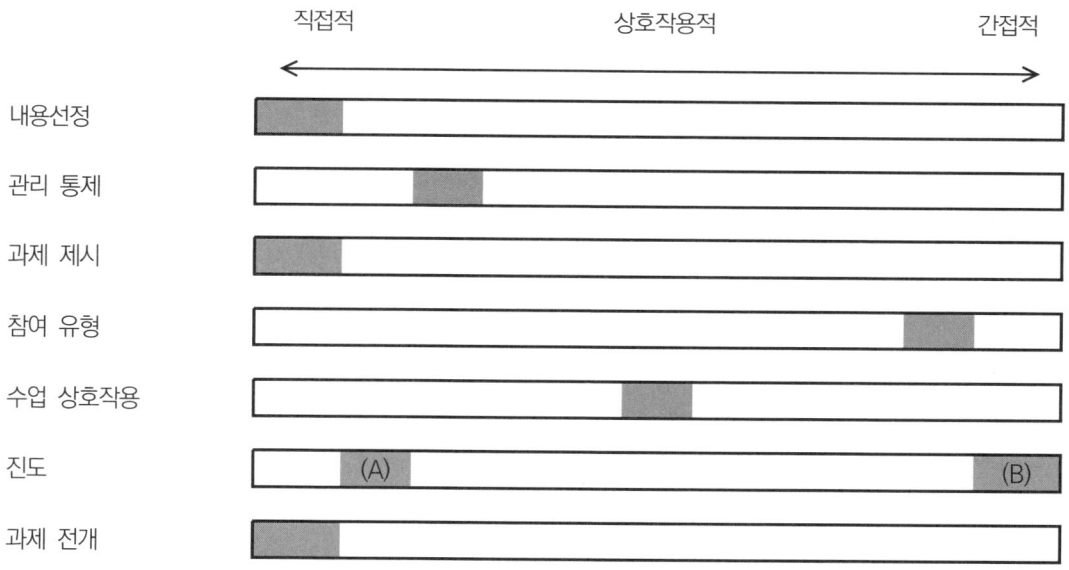

나) 주요 참여 유형

개별, 파트너, 소집단, 임시 팀, 단체, 학급 전체로 활용된다.

다) 과제제시와 과제구조

(1) 과제 제시

교사는 개념이나 움직임을 시범보이지도 않고 설명도 안하며 학생으로 하여금 나타내보이도록 주문을 한다. 즉 과제 제시는 '과제의 설정'과 '질문하기'가 주된 요소가 된다.

(2) 과제 구조

탐구수업모형은 학생이 '생각하고 움직이기'를 할 수 있는 매우 다양한 과제 구조를 활용할 수 있다.

4) 교사의 전문성

가) 교사의 전문성
(1) 학습자
(2) 학습 이론
(3) 발달단계에 적합한 수업
(4) 학습 영역과 목표
(5) 과제 분석과 내용 전개
(6) 평가
(7) 체육교육내용
(8) 교육과정모형

나) 효과적 교수 기술
(1) 수업 계획
(가) 단원 계획: 단원 전개, 지식 수준, 질문의 계열성, 해결가능한 문제나 과제, 학생의 학습활동 참여 형태를 고려하여 단원 계획을 구성한다.
(나) 차시별 수업 계획: 수업 계획에 포함될 내용은 각 문제나 과제 구성방법, 해결가능한 특별한 문제(과제), 질문 내용 및 순서 작성, 수업 조직, 추수 질문 내용 등이다.

(2) 수업 조직

교사가 특별하게 의도한 바가 있거나 학생들에게 제시하는 문제(과제)의 복잡성에 따라 개별적인 학습활동이 되도록 조직할 수 있다. 과제의 성격에 따라 2인 1조, 소집단, 임시집단, 대집단, 전체 학급 등으로 조직할 수 있다.

(3) 학습자료 준비

충분하게 교구나 기자재 등의 학습자료를 사전에 준비, 설치하여 학생들의 학습 대기 시간을 감소시켜야 한다. 수업 조직에 따라 충분한 자료를 사전에 준비한다.

(4) 수업운영

교사가 사전 수업 계획대로 학생의 학습활동 흐름을 유지하고, 적절한 진도로 수업을 진행해야 한다. 수업 중에는 학생의 학습 활동을 주시 및 관찰, 감독하여 학습에 몰두할 수 있도록 한다.

(5) 과제 제시

문제나 과제를 제시할 때는 대부분 언어적으로 제시하나 유인물 또는 시청각 매체를 이용하면 더욱 효과적이다. 과제를 제시할 때, 그 과제를 통해 학생들이 '생각하고 움직일 수 있도록'하는 것이 무엇보다도 중요하다.

(6) 과제 구조

학생들에게 제시하는 과제는 질문의 형태를 띄게 되는데, 이러한 질문을 단계적으로 구성해야 하며, 예상 답변을 통해 그 다음 질문으로 이어지도록 해야 한다. 특히, 수업의 도입 부분에서는 학생의 흥미를 유발시킬 수 있는 질문을 작성해야 한다.

(7) 질문의 이용 시기 및 수준과 형태

(가) 질문 이용 시기

① 수업 도입: 학생의 흥미를 유발시키고 적극적인 참여를 이끌어낸다.
② 수업 중간: 학생들이 문제를 해결하는 과정에서 교사가 적절하게 개입한다.
③ 수업 정리: 학생의 학습 정도를 점검한다.

(나) 질문의 수준

학생의 지적 수준과 발달 단계, 차시별 수업 목표와 부합되어야 하며, 아래와 같이 각각의 수준에서 공통적인 질문 형태를 가지고 있어야 한다.

수준	탐구 중심 교수의 공통적인 질문 형태
지식	"~을 보여줄래?" "~을 말해볼래?"
이해	"~을 설명해봐" "어째서..." "어떻게 그렇게 됐지"
적용	"네가 알고 있는 것으로 이것을 말해봐" "~와 얼마나 비슷한 지 말해봐"
분석	"~는 —과 어떤 점에서 차이가 나지?" "왜 ~하지 않았어?" "분석해 봐라"
종합	"만약 ~ 하다면 어떤 일이 생길까?" "~를 새롭게 해 볼 수 있겠니?" "변화가 생겼다면, 어떻게 처리할 거니?"
평가	"반드시 해야 할 것이 뭐지?" "~가 좋을까 아니면 —가 좋을까?" "~하는 이유가 무엇이냐?" "그것이 ~하는 적절한 방법인가?"

(다) 질문의 형태

지식, 이해, 적용의 수준에서 질문은 수렴적 질문 형태이며, 분석, 통합, 평가 수준에서는 발산적 질문이 적절하다.

(8) 응답 대기 시간 및 재질문

질문을 한 다음에는 기다려 준다. 학생들이 질문의 내용을 정확하게 이해하지 못했거나 또 다른 자극을 주기 위해서는 재차 질문을 해야 한다.

(9) 교수정보

이 교수 모형은 교사의 질문 형태 수업방법으로 이루어지며, 학생들의 사고력을 촉진하여 스스로 문제해결을 하는 과정이 핵심이다.

(10) 수업 정리

학생들의 학습 정도를 점검해야 한다. 이 때에도 질문을 이용하면 효과적인데 그 질문 수준은 수업 과정에서의 질문과 비슷하면 된다.

5) 학습 평가

    가) 비공식적 평가

        학생이 생각하고 운동을 수행할 때 교사는 학생들의 행동을 관찰하여 평가한다. 질문 형태에 따라 학생들의 답변을 파악하기도 하며, 간단한 질문을 통해 학생의 학습에 대한 이해도를 점검할 수도 있다.

    나) 공식적 및 전통적 평가

        간단한 퀴즈나 컴퓨터를 이용한 테스트, 운동수행 기록지 작성, 기초 기능 테스트 등을 이용하여 평가할 수 있다.

    다) 대안적 평가

        (1) 체크리스트를 이용한 동료 평가
        (2) 동료의 답변을 평가
        (3) 체크리스트를 이용한 자기 평가
        (4) 답변 방식을 설명한 일지
        (5) GPAI 이용
        (6) 학생의 창의적 움직임 및 매체를 이용한 제시
        (7) 지식 수준 점검 기록표

사. 전술 게임 모형

> **이해중심 게임 지도**

1) 모형의 개요

    가) 개념

        전술게임 모형은 학생들이 게임을 통해서 게임 수행에 필요한 두 요소 즉, 전술적 지식과 게임 기능을 익히게 하는 교수모형이다.

    나) 특징

        영국의 Bunker와 Thorpe가 개발한 '이해중심 게임지도 모형'은 '전술 게임 모형'이라고도 불리울만큼 게임을 지도함에 있어서 전술적인 상황에 주된 초점을 맞추는 동시에 게임 수행을 좋아하는 학생의 흥미와 학생의 발달 수준을 최대한 고려한다.

다) 전술 게임 모형의 6단계

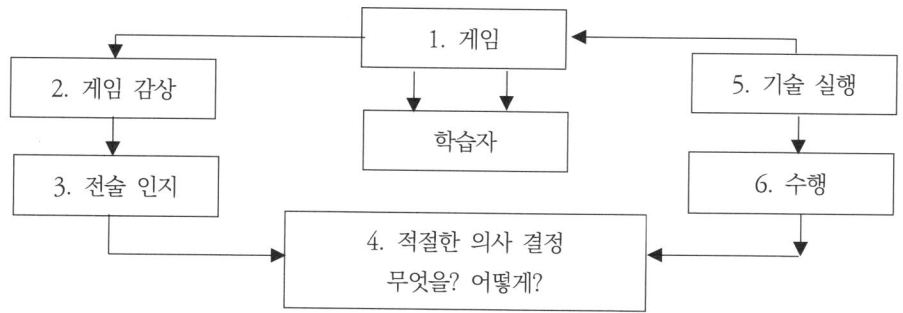

라) 전통적인 게임지도와 전술게임 모형의 비교
  (1) 전통적인 게임지도: 기능중심 게임지도
    (가) 게임 기능을 따로 따로 연습시키고 난 후 게임 규칙을 간략하게 소개하고 나서야 게임을 실행시켰다.
    (나) 게임 수행에 필요한 두 요소 중 기능에 보다 초점을 맞춘다.
    (다) 그 결과 학생들이 게임을 배웠다고는 하나 정작 게임을 실행하는 데 한계를 나타내 보이고, 게임을 배우는 과정에서도 학생들의 흥미와 참여도가 반감되었다.
  (2) 전술게임 모형
    (가) 전술게임 모형 게임에 내재하는 원리를 지도함으로써 학생들로 하여금 게임의 핵심 전술과 게임 기술을 익히도록 하는 것에 주력한다.
    (나) 이를 위해서 이 모형에서는 게임의 기본 속성(예; 게임의 구조와 전술)에 따라 분류하여 게임을 유형화 한다.

게임 유형	종 목
침범형(영역형)	농구, 하키, 풋볼, 라크로스, 넷볼, 축구
네트/벽면형	(네트형) 배드민턴, 피클볼, 탁구, 배구 (벽면형) 핸드볼, 라켓볼, 스쿼시
필드/러닝스코어형(타격형)	야구, 발야구, 소프트볼
표적형(타겟형)	볼링, 골프, 크로켓, 당구

    (다) 게임위주로 학습하게 됨으로써 학생들은 흥미를 느낀다.
    (라) 게임의 기본 속성을 중심으로 지도 받음으로써 게임간의 공통적인 전술적 지식을 이해하고, 게임 기술을 효과적으로 실행하게 된다.

2) 모형의 기초
  가) 이론적 배경 및 근거이론
    (1) 구성주의 이론
    (2) 인지학습 이론

나) 학습영역의 우선순위 및 영역간 상호작용

(1) 학습영역의 우선순위

   인지적 영역 〉 심동적 영역 〉 정의적 영역

(2) 영역간 상호작용

   학생이 우선 인지적 영역에서 전술 문제를 해결하고, 이어 심동적 영역에서의 게임 유사 상황을 촉진한다.

다) 학생의 학습 선호

대부분 직접 교수를 활용한다. 회피형, 경쟁형, 의존형 학생에게 효과적이다.

3) 교수학습의 특징

가) 수업의 주도성

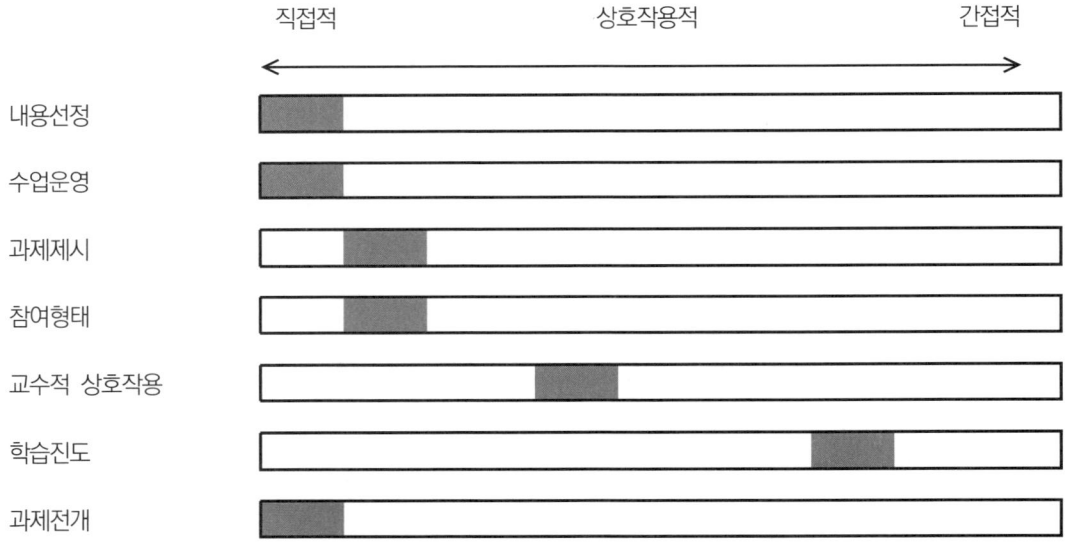

(1) 내용선정: 교사에 의해서 게임을 계획된다.
(2) 수업운영: 교사가 모형의 관리계획, 수업규칙, 특정 절차를 결정한다.
(3) 과제제시: 교사가 게임 지식의 가장 주요한 정보원이 된다.
(4) 참여형태: 교사는 모든 학습 과제와 과제구조를 결정하고, 학생으로 하여금 전술문제를 해결하게 하며 모의 상황 또는 연습을 실행하도록 학생을 지도한다.
(5) 교수적 상호작용: 교사는 게임 모의상황과 연습 동안 학생이 전략적 문제를 해결할 수 있도록 연역적 질문들을 활용하고 단서, 안내 및 피드백을 제공함으로써 대부분의 상호작용을 시작한다.

(6) 학습진도: 학생이 게임상황에 참여하게 되면 연습을 언제 시작하고 마칠 것인지에 대해서 학생 스스로 의사결정할 수 있게 되며 이 부분에서 이 모형은 학생중심이 된다.
(7) 과제전개: 교사는 각 학습활동이 끝나고 학생이 다음 전술문제와 학습과제로 이동하는 시기를 결정한다.

나) 주요 참여 형태
(1) 기능연습시 동일 과제에 개별적으로 참여한다.
(2) 게임유사상황과 변형 게임에서의 참여 형태는 소집단으로 이뤄진다.
(3) 정식 게임 수행시에는 학생의 준비도에 따라 교사에 의해 이루어지거나 그렇지 않을 수도 있다.

다) 과제제시와 과제구조
(1) 과제제시
 (가) 초기 게임형식: 모의 게임을 이해하는 데 필요한 정보만 제시한다.
 (나) 기술 연습: 움직임 패턴을 설명하고 시범보이며 언어적 단서를 제공한다.
 (다) 변형 게임: 변형게임의 전술적 목표에 대한 설명을 제시한다.
 (라) 정식 게임: 게임이 시작되기 전 전술적 문제를 부과한다.
(2) 과제구조
 (가) 게임 형식: 일반적인 게임 상황을 모의 상황으로 제공한다.
 (나) 기술 연습: 개별연습, 2인조 연습, 소집단 연습, 대집단 연습
 (다) 변형 게임: 대표성과 과장성을 지닌 과제 구조
 (라) 정식 게임: 즉흥적인 재생, 선수-코치, 모의상황

4) 교사 전문성

가) 교사 전문성
(1) 발달 단계에 적합한 수업
(2) 학습영역과 목표
(3) 과제 분석 및 내용 전개
(4) 체육교육내용
(5) 평가

나) 효과적인 교수 기술
(1) 수업 계획

수업 초기에 제시하는 간단한 게임에 내포되어 있는 전술적 문제가 모든 학습 과제의 출발점이 되어야 한다.

(2) 수업운영

학습 과제는 게임 상황을 모의적으로 구성한 것이어야 한다.

(3) 과제 제시

과제 제시는 직접 교수와 유사하나, 과제가 시작되기 전에 전술적 문제를 해결하기 위해서 연역적인 질문을 활용하는 점에 있어서 차이가 난다.

(4) 의사 소통

대부분의 과제들은 연습 상황과 주요 전술적 사항에 대한 명확하고 자세한 설명이 요구되기 때문에 의사소통 기술이 중요하다.

(5) 교수정보

수업 정보나 학습단서는 과제를 제시할 때 또는 학생들이 과제를 연습하는 동안에 언어적 상호작용의 형태로 이루어진다.

(6) 수업 정리

수업 중에 제시한 전술적 문제들에 다시 초점을 맞춘다.

5) 학습 평가

가) 게임 통계 자료의 평가

게임 성적을 경기의 주요 지표로 활용한다.

나) 전략적 의사결정과 기술실행의 평가(GPAI)

(1) GPAI의 특징

GPAI는 게임의 전술적 지식을 평가하는 실제적인 평가 기법이다.

(2) GPAI의 요소

(가) 베이스: 수행자가 기술 수행을 하면서 홈 또는 제자리로 적절하게 돌아오기,

(나) 조정하기: 공격적이든 방어적이든 게임의 흐름에 따라서 요구되는 수행자의 움직임

(다) 의사결정: 공을 가지고 게임 중에 무엇을 할 것인지에 관해서 적절한 선택하기, 기술실행,선정된 기술의 효과적인 수행,

(라) 보조하기: 경기자가 속한 팀이 공을 가지고 있을 때 패스를 받기 위한 위치로의 움직임

(마) 보완하기: 공을 가지고 있는 경기자를 보호하거나 공에 다가서기,

(바) 가드/마크: 공을 가지고 있든 가지고 있지 않든 간에 공격자를 방어하기,

(3) GPAI의 수행 측면

(가) 의사결정의 적절성

(나) 기술수행의 효과성

(다) 보조하기의 적절성

(4) GPAI의 점수 계산

항목	계 산 법
게임참여	적절한 결정 수 + 부적절한 결정 수 + 효과적인 기술 실행 수 + 비효과적인 기술 실행 수 + 적절한 보조 움직임 수
의사결정 (DMI)	적절한 결정 수 / (적절한 결정수+부적절한 결정 수) × 100
기술실행 (SEI)	효과적인 회수 / (효과적인 횟수+비효과적인 횟수) × 100
보조하기 (SI)	적절한 횟수 / (적절한 횟수+부적절한 횟수) × 100
게임 수행	[DMI+SEI+SI] / 3

아. 개인적·사회적 책임감 모형

> 모형의 주제: 통합, 전이, 권한 위임, 교사와 학생의 관계

1) 모형의 개요

가) 개념

개인적·사회적 책임감 지도 모형(Teaching for Personal and Social Responsibility: TPSR)은 책임감과 신체활동(기능과 지식)을 두 가지는 동시에 추구하여 성취하면서 신체활동과 스포츠 활동에서 개인이 책임감을 인식하고 수용하며, 실천하는 것이 중요하면서도 유일한 학습 결과인 교수모형이다.

나) 특징

체육에서 가르쳐야 하는 내용으로, 학생이 자신과 타인에 대한 책임을 어떻게 져야 하는지에 대한 방법을 연습하고 배울 수 있는 기회들을 제공하며 전략과 학습 활동은 개인적·사회적 발달이 주된 학습목표일 때 이용한다. 일반적인 체육 프로그램에도 적용할 수 있으며, 다른 수업 모형과도 혼용하여 활용할 수 있다

2) 모형의 주제와 책임감 수준

TPSR 모형은 통합, 전이, 권한 위임, 교사와 학생의 관계라는 네 가지 주제가 있으며 책임감 수준은 다음과 같다.

수준	특징	의사결정과 행동의 사례
5단계	전이	• 지역 사회 환경에서 타인 가르치기 • 집에서 개인적 체력 프로그램 실행하기 • 청소년 스포츠 코치로 자원하기 • 학교 밖에서 훌륭한 역할 본보기 되기
4단계	돌봄과 배려	• 먼저 단정하지 않고 경청하고 대응하기 • 거드름 피우지 않고 돕기 • 타인의 요구와 감정을 인정
3단계	자기 방향 설정	• 교사 감독 없이 과제 완수 • 자기 평가 가능 • 자기 목표 설정 가능 • 부정적인 외부 영향에 대응 가능
2단계	참여와 노력	• 자기 동기 부여 있음 • 의무감 없는 자발적 참여 • 열심히 시도하는 학습(실패하는 것도 좋음)
1단계	타인의 권리와 감정 존중	• 다른 사람을 방해하지 않고 참여하기 • 자기 통제 보임(기질, 언어) • 타인을 고려하면서 안전하게 참여하기 • 평화로운 갈등 해결 시도
0단계	무책임감	• 참여 의지 없음 • 어떠한 수준의 책임감도 수용할 의사 없음 • 자기 통제 능력 없음 • 다른 사람들을 방해하는 시도

3) 교수학습의 특징

가) 수업의 주도성

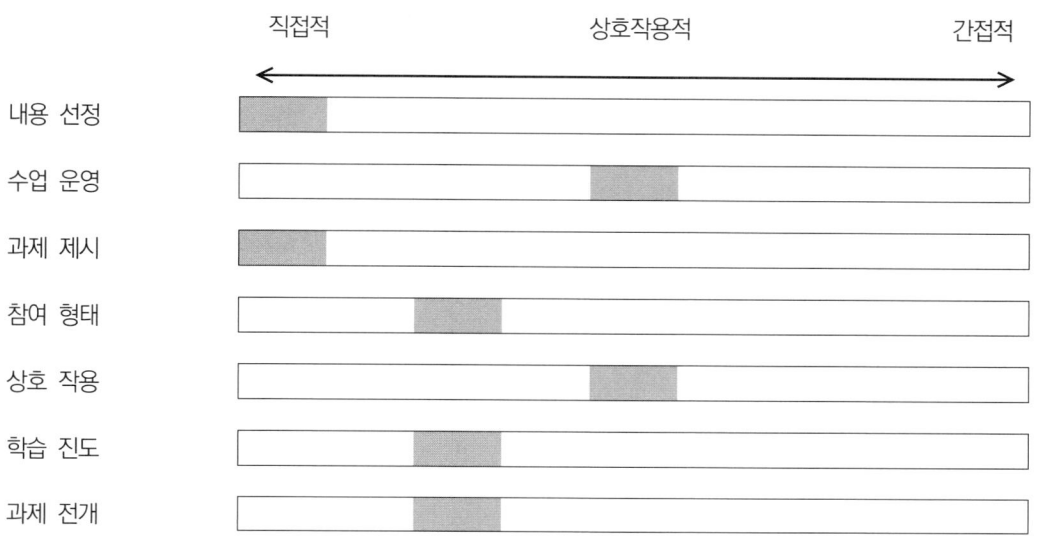

(1) 내용 선정: 교사가 학생들의 현재 책임감 수준을 확인하고 수업 내용을 결정한다.
(2) 수업 운영: 교사가 학생의 책임감 수준에 맞추어 직접적 및 간접적 통제를 하게 된다.
(3) 과제 제시: 교사의 관찰과 학생의 현재 수준 평가를 토대로 교사가 과제 제시를 한다.
(4) 참여 형태: 교사가 학생의 참여 형태를 결정한다.
(5) 교수적 상호 작용: 교사가 학생들과 항상 상호작용한다.
(6) 학습 진도: 교사는 학생이 다음 수준으로 언제 옮겨갈지 시기를 결정한다.
(7) 과제 전개: 교사가 학습 과제의 전환 시기를 결정한다.

4) 교사 전문성

가) 신체 활동 내용: 교사는 다양한 방식으로 신체 활동 내용에 대해 알아야 한다. 신체 활동 내용이 책임감의 다섯 가지 수준에서 어떻게 활용될 수 있는지 알 필요가 있다.
나) 학생 발달: 교사는 아동과 청소년 발달, 특히 정서적 성숙과 사회적 기술에 대한 많은 지식이 필요하다.
다) 환경 요인: 교사는 학생들의 문제를 총체적으로 검토하기 위하여 학생 행동에 영향을 미칠 수 있는 환경적인 요인에 대한 폭넓은 이해가 필요하다.
라) 의사소통: 교사는 학생과 원활하게 의사소통 할 수 있는 능력을 갖추어야 한다. 학생에게 권한 위임: 교사는 학생에게 신체 활동 환경에서 자신들이 의사를 결정하고 행동하도록 권한을 부여해야 한다. 이는 교사가 학생들이 그러한 결정을 하도록 돕고 학생들이 긍정적·부정적 결과들을 모두 경험하도록 허용한다는 것을 의미한다.

자. 하나로 수업 모형[2]

1) 수업 목적
하나로 수업 모형은 학생을 스포츠의 심법적 차원에 입문시켜 '참 좋은 사람'으로 만드는데 목적이 있다. 하나로 수업에서는 스포츠를 '게임'(기법적 차원)과 '문화'(심법적 차원)로 구분하여 이해한다. '스포츠를 게임으로 이해하기'는 스포츠를 단지 기술, 전술, 규칙을 제대로 익히고 배워서 경기를 한다는 기법적 차원의 이해이다. '스포츠를 문화로 이해하기'는 스포츠를 전통, 안목, 정신을 파악하고 받아들이는 심법적 차원의 이해이다. 게임으로서의 스포츠는 할 수 있게 되는 것이고, 문화로서의 스포츠는 알 수 있게 되는 것이다. 학생들이 스포츠를 배우면서 이 두 가지 측면을 모두 습득하게 된다는 의미이다.

2) 수업 방법과 운영

① 수업 방법
- 직접체험 활동
  직접체험 활동은 '스포츠를 잘 하는 것'(기능, 전술, 게임)으로, 스포츠의 기법적 차원에 대한 경험을 맛보도록 함으로써 스포츠 기능을 향상시켜준다.
- 간접체험 활동
  간접체험 활동은 '스포츠를 잘 아는 것'(안목, 정신, 전통)으로, 스포츠의 심법적 차원에 대한 체험을 함으로써 그 스포츠의 정신세계 속으로 입문할 수 있게 한다.

② 수업 운영
- 직접교수 활동
  직접교수 활동은 내용의 기법적 차원(기술, 전술, 규칙)을 가르치기 위한 교사의 수업행동으로 직접체험 활동을 직접적으로 학생에게 전달하는 교사의 행동
- 간접교수 활동
  간접체험 활동은 '스포츠를 잘 아는 것'(안목, 정신, 전통)으로, 스포츠의 심법적 차원에 대한 체험을 함으로써 그 스포츠의 정신세계 속으로 입문할 수 있게 되는 활동

③ 하나로 수업의 특징
- 터: 수업활동이 이루어지는 공간
- 패: 수업활동을 이루어내는 학생들의 소집단 모둠
- 교수학습 활동 형태
  학생들을 패로 조직하여 모든 수업활동들을 하고 각 터에서는 하기·읽기·쓰기·보기·듣기 등이 포함되는 다양한 수업활동을 하게 되며 학생들은 다양한 직접 및 간접체험 활동들을 수업시간에 한 곳에서 행하는 것이 아니라, 여러 곳의 터에서 동시다발적으로 행하면

---

[2] 최의창(2010)의 「인문적 체육교육과 하나로 수업」에서 인용

서 교수학습이 이루어진다.

3) 수업 평가

하나로 수업에서 평가는 '접합식 평가'와 '통합식 평가'라는 두 가지 방법 사용

① 접합식 평가

낱낱의 과제들을 수행한 정도를 합산하여 총점으로 평가하는 방법

② 통합식 평가

하나의 틀 속에서 학생의 체험정도를 모두 찾아내 평가하는 방법

02 스포츠 지도를 위한 교수기법

1) 지도를 위한 준비

(1) 맥락 분석

가르치는 내용, 방법, 학습자가 배우는 것에 영향을 미치는 시간적, 인적, 물적 자원들에 대한 분석

(2) 내용 분석

가르쳐야만 하는 내용들을 나열한 후, 학습목표, 학습자의 현재 능력이나 지식 및 태도, 그리고 소요되는 총 시간 등을 고려하여 가르칠 내용을 선정하고 그 순서를 결정

(3) 학습 목표 분석

일반적으로 학습 목표는 일반 목표와 행동 목표로 구분되며 맥락 분석과 내용 선정 결과를 고려하여 설정해야 한다. 일반 목표는 의도하는 학습의 포괄적인 영역에 대한 목표인 반면, 행동 목표는 성취해야하는 특정한 운동수행 기준을 목표로 한다. 행동 목표는 ①운동수행에 필요한 상황과 조건, ②성취해야 하는 행동, 기능, 지식, ③설정된 운동수행 기준 등의 3가지로 구성된다.

(4) 관리구조

안전하고 효율적인 학습 환경을 조성하기 위해 학습자 관리는 사전에 계획되어야 하며 관리구조 분석 시에는 다음과 같은 요소들을 고려해야 한다.

① 규칙의 결정과 발표

② 학습 공간(운동장이나 체육관 등)의 출입 및 사용과 관련된 절차

③ 용기구의 분배, 관리, 수거 및 정리 절차

④ 안전 규칙

⑤ 출석 절차

⑥ 주의집중과 시작/정지에 필요한 신호 결정

(5) 평가

학습자의 학습 성취도 평가를 계획해야 하며, 구체적인 평가 절차와 기준을 마련해야 한다. 이때 평가에서 고려 사항은 평가 목표와 결과, 평가 방법, 평가 시기(진단평가, 형성평가, 총괄평가 등), 평가 계획과 수행 방법 등이 있다.

(6) 지도자와 학습자의 역할과 임무

① **지도자 역할은 학습 목표가 '모방'이냐 '창조'이냐에 따라 변화**
- 목표가 '모방 학습'인 경우 지시자(commander) 역할을 수행
- 목표가 '창조 학습'인 경우 촉진자(facilitator) 역할을 수행하며 학습자의 학습을 안내하는 역할

② **학습자 역시 학습 상황에서 자신의 역할과 임무를 숙지, 학습자가 학습 과정에서 새로운 역할과 책임감을 수용할 수 있는 시간을 주어야 한다.**

2) 지도계획안의 설계

(1) 지도계획안의 필요성

지도계획을 수립하여 실행과정에서 효율적이고 효과적인 지도를 위해 주어진 시간, 노력, 자원을 가장 효과적으로 사용하기 위해서 필요

(2) 지도계획안의 이점

① 각 학습 시작 및 종료 시기 명료

② 학습 진행 과정 점검

③ 장·단기 의사결정의 시점 파악 용이

④ 지도계획 수정의 토대

⑤ 지도 계획과 실행의 비교를 통해 지도 효과성 평가

(3) 지도계획안 작성의 고려사항

① **정교하고 유연한 계획 수립**

지도행동, 관리, 결과에 영향을 미칠 수 있는 중요한 요소들과 사건을 지도자가 수업 전에 예상 할 수 있도록 계획

② **자신이 사용할 목적으로 작성**
자신이 직접 이해하고 적용할 수 있는 방식으로 작성

③ **추가 계획 수립**
계획보다 과제 숙달이 빠르거나 느릴 경우를 대비하여 추가적인 지도계획 준비

④ **대안적 계획 수립**
예상치 못한 상황이 발생했을 때, 현재 내용과 직접적으로 관련 있는 학습 활동을 학습자에게 제공할 수 있는 별도 계획 수립

⑤ **지도계획안의 보관**
파일로 보관한 다음, 다음 지도할 때 사용

⑥ **지도계획안 평가**
지도계획을 평가하여 지도계획의 수정이나 추후 지도계획에 참고

(4) 지도계획안의 작성

지도 맥락, 학습 목표, 시간과 공간의 배정, 학습활동, 과제 제시와 과제 구조, 평가, 수업의 정리와 종료 등의 공통적인 내용을 포함해서 작성

① **지도 맥락의 간단한 기술**
지도에서 고려되어야 하는 학습자(성별, 연령, 학습자 수, 장애 학습자 등), 시간, 장소, 수업의 차시 등에 대한 간단한 기술

② **학습 목표**
1~3개 정도의 학습 목표를 구체적으로 수립

③ **시간과 공간의 배정**
- 수업 시간, 수업환경 설정, 관리 방법을 고려하여 총 지도시간을 대략적으로 추정하고 과제별 활동시간 배정
- 각 활동에 필요한 학습 환경의 조직을 쉽게 알아볼 수 있는 간단한 도해로 제작하여 활동 공간 배정

④ **학습 활동 목록**
학습자 수행 과제 순서로 학습 활동 목록 작성

⑤ **과제 제시와 과제 구조**
과제의 내용 구조와 제시 방법을 반드시 포함

⑥ **평가**
평가에 필요한 시간의 배정, 평가 운영 방법, 필요한 용기구 및 자료의 조직에 관한 내용을 포함하여 평가 시기나 평가의 관리 및 절차상의 고려사항 제시

⑦ **학습 정리 및 종료**
학습내용의 핵심적인 단서 기억, 학습 내용, 중요 내용을 재확인하도록 학습정리 과정 포함하여 종료

3) 지도내용의 전달

(1) 지도내용의 발달적 조직

① **내용의 발달적 분석**
발달적 분석은 지도 내용을 확대, 세련, 응용 단계로 분석하는 과정으로써, 지도 내용의 복잡성과 난이도의 점진적 발달, 운동 수행의 질, 응용경험의 통합 등의 요인을 고려한다. 발달적 분석은 지도자에게 운동 경험의 계열성 있는 구조를 제공하는 장점이 있다.

- 확대
  - 내용의 발달적 분석은 확대 과제로 시작되며 학습경험을 간단한 과제에서 복잡한 과제로 또는 쉬운 과제에서 어려운 과제로 발전시키는 것이 과제의 확대
  - 확대 과제를 조직하는 방법
    · 과제 간 발달
    · 과제 내 발달
- 세련
  - 세련 과제 개발에서는 운동 수행의 질, 즉 '운동 수행 경험의 의미'에 초점
  - 세련 과제는 목표의 범위를 좁히고 수행의 질적 발달에 대한 학습자의 책무성을 강하게 부여할 때 매우 효과적
- 응용
  - 응용 과제는 확대와 세련을 통해서 습득된 기능을 실제 또는 실제와 유사한 상황에서 사용할 수 있도록 지도내용 조직
  - 스포츠 활동에서 응용 과제는 내용 진행의 마지막 경험으로 예정해 두는 것이 아니라 운동 경험의 전 과정을 통해서 분산

② **기능의 속성에 따른 내용 발달**
- 폐쇄기능의 발달
  - 폐쇄기능: 환경의 변화에 영향을 받지 않는 기능
    폐쇄기능의 대표적인 (예) 골프, 양궁, 사격 등에서 필요로 하는 기능
  - 폐쇄기능은 학습의 선행 조건. 체력(근력과 유연성)과 운동 능력을 필요로 하며, 신체적 능력, 운동능력, 학습자의 특별한 발달 단계를 고려하여 발달적으로 분석
  - 폐쇄기능 내용 분석의 고려사항
    · 전체 - 부분의 문제
    · 용구의 변화

- 과제 간 발달
- 연습조건의 변화
- 특정한 운동수행 목표에 따라 분류
- 정확성과 파워
- 환경적 계획
- 다른 환경에서 폐쇄기능의 발달
- 개방기능의 발달
  - 개방 기능: 환경의 변화에 따라 기능의 요구 조건이 변화하는 기능
  개방 기능의 대표적인 (예) 팀 스포츠와 관련된 기능
  - 어떤 기능이 게임에서 어떻게 사용되고 있는가를 구체적으로 확인해야 함
  - 개방기능 내용 분석의 고려사항
    - 개방기능을 폐쇄기능으로서 교수
    - 반응과 반응의 이용에 관한 연습

(2) 과제 제시 전략

① 학습자 주의 집중
- 학습자 주의 집중 기술
  - 학습 방해요인 통제
  - 주의집중 신호와 절차 확립 및 연습
  - 지도자 가까이에 집합시켜 설명
  - 과제를 간략하게 제시

② 과제 전달 방법
- 언어적 전달
  언어적 전달은 전체 학습자를 대상으로 비교적 많은 양의 내용을 설명할 때 효율적. 운동 기능 또는 스포츠 기능에 대한 경험이 높지 않은 학습자에게 언어적 전달만으로 과제를 전달하는데 한계
- 시범
  시범은 학습자에게 시각적 단서를 제공하기 때문에 학습자의 이해를 높이는 전달 방법
  〈시범을 보일 때 고려사항〉
    - 정확한 시범
    - 학습자 시범의 활용
    - 연습 조건과 일치한 시범
    - 문제해결 과제에서의 시범
    - 기능의 핵심 측면을 강조한 시범
    - 기능의 수행 이유 설명

- 시범 후 학습자 이해 확인
- 매체
  매체를 활용할 경우, 필요한 부분이나 강조할 부분을 느린 동작으로, 반복적으로, 관찰하기 용이하게 제공할 수 있다는 장점

③ **학습단서의 선택과 조직**
- 내용에 따른 단서 선택
  - 폐쇄기능의 단서: 기능의 요점을 시각적으로 제공
  - 개방기능의 단서: 복잡한 환경을 폐쇄기능의 연습조건 수준까지 단순화시켜 제공
- 학습단서의 조직
  - 요약단서: 학습단서를 복잡한 과제에 관해 설명을 계열성 있게 조직하여 한 단어로 제시하는 단서
  - 요약단서는 학습 내용을 시각적으로 기억하여 동작을 형성하는데 기여

④ **질문의 활용**
- 질문은 학습의 인지적 참여를 독려하는데 중요한 역할을 할 뿐만 아니라, 학습자의 동기를 유발하는 역할
- 질문은 회고적, 집중적, 분산적, 가치적 질문으로 구분되며, 회고적 질문이나 집중적 질문은 창의적 사고보다는 지도 시간에 제시한 과제를 확인하는데 적합
  - 회고적 질문: 기억수준의 대답만 필요로 하는 질문
  - 집중적 질문: 이전에 경험했던 내용의 분석 및 통합에 필요한 질문
  - 분산적 질문: 이전에 경험하지 않은 문제의 해결에 필요한 질문
  - 가치적 질문: 사실 문제보다 가치문제와 관련하여 취사선택, 태도, 의견 등을 표현하는데 필요한 질문

⑤ **과제 제시의 명료성**
- 과제 제시 명료성의 지침
  - 학습자 지향
  - 논리적으로 계열화된 과제 전달
  - 좋은(혹은 올바른) 예와 그렇지 않은 예의 비교 제시
  - 개별화된 과제 제시
  - 난해한 부분의 반복 설명
  - 학습자의 과거경험 활용
  - 이해 확인 질문 활용
  - 지도 자료의 역동적 제시

4) 지도내용의 연습 및 교정

(1) 과제 연습에 따른 지도자 행동

① **지도 감독된 과제 연습**

지도 감독된 과제 연습은 지도자에 의하여 지도되고 감독되는 과제 연습

② **개별적 과제 연습**

개별적 과제 연습은 기존에 배웠던 내용에 새로운 과제를 통합시킬 수 있으며, 자동화를 목적으로 할 때 유용. 지도자의 임무는 학습자에게 할당된 과제를 지속적으로 수행하게 하며 필요한 피드백을 제공해주기 위해 '적극적 감독'

③ **과제 연습의 주시**

주시활동이란 학습자의 학습 성취가 기준을 달성한 정도를 관찰하고 평가하는 공식적이고 비공식적인 방법

(2) 연습 중 지도자 행동

① **비기여 행동**

비기여 행동은 수업내용에 기여할 가능성이 전혀 없는 행동으로 학습지도에 부정적인 효과

② **간접기여 행동**

간접기여 행동은 학습과 관련은 있지만 수업내용 자체에 직접 기여하지는 않는 행동
- 스포츠 지도 상황에서 간접기여 행동의 예
  · 부상한 학습자의 처리 행동
  · 과제 외 문제의 토론 참여
  · 변과 물 마시는 문제 처리와 관련된 행동
  · 학습 활동에의 참여와 경기 운영과 관련된 행동

③ **직접 기여 행동**

지도자의 직접 기여 행동은 크게 지도행동과 운영행동으로 구분
- 지도행동: 운동과제를 직접 가르치는 교수행동으로 과제의 수행방법 설명, 학습자의 과제수행 관찰, 학습자의 과제수행 도움, 운동과제의 수정 및 발전 등과 관련된 행동
- 운영행동: 운동과제를 가르치는데 도움이 되도록 학습 환경을 조성하는 교수행동으로 운동과제를 수행할 수 있도록 교구, 학습자, 공간을 정리하거나 학습자에게 교구를 사용하여 팀을 구성하도록 지시하거나, 또는 학습자의 부적절한 행동을 제지하는 등의 행동
- 성공적인 지도를 위한 구체적인 직접 기여 행동
  · 안전한 학습 환경의 유지
  · 과제의 명료화와 강화

- 생산적인 학습 환경 유지
- 피드백의 제공
- 개인과 소집단을 위한 과제의 변화 및 수정
- 학습자 반응의 관찰과 분석

(3) 학습자 상호작용

① 의사소통으로서의 상호작용
- 의사전달의 효과적인 수행 전략
    - 말하는 사람의 주체를 분명히 하라.
    - 판단하려 하지 말고 기술하라.
    - 학습자의 입장 혹은 관점을 이해하라.
    - 타인의 감정에 민감하라.
    - 언어적 단서뿐만 아니라 비언어적 단서에 유의하라.
- 의사수용의 효과적인 전략
    - 전해들은 이야기를 정확하게 이해하기 위해 노력해야 한다.
    - 주의집중 기술을 이용하는 것이 효과적이다.
    - 말하는 사람의 비언어적 단서에 유의하라.
    - 현재 자신이 경험하고 있는 감정이 메시지에 영향을 미친다는 것을 고려해야 한다.

② 상호작용 기능 수행의 유의점
- 학습자와 상호작용할 때는 다음의 측면을 유의한다.
    - 일관성 있는 상호작용
    - 주요한 학습자 행동에 관한 직접적 상호작용
    - 과제와 상호작용의 일치
    - 수업 외 문제에 관한 학습자와의 상호작용
    - 학습지도와 인간관계의 개선을 위한 열정의 유지
    - 학습자의 감정과 정서에 기초한 지도자

5) IT의 효과적 활용

(1) IT 매체 활용의 효과

① 피드백 효과
- 피드백의 양 증가
- 피드백의 정확성 증가
- 즉시적인 피드백 증가

② 학습자 동기 효과

자신의 동작을 스스로 평가하는 과정은 수행의 자기 통제성이 향상되며 호기심과 같은 흥미를 이끌어낼 수 있어 운동 수행의 내적 동기가 강화

③ 의사소통 효과

IT 매체에 저장된 정보는 지도자와 학습자 또는 학습자 간의 쌍방향 의사소통을 증진, IT 매체를 통해 지도자와 학습자 그리고 학습자 간 학습내용을 중심으로 소통할 수 있는 가능성 증가

(2) IT 매체 활용 사례

① 디지털 캠코더를 이용한 사례
- 디지털 캠코더를 이용해, 연속된 수행 동작 기록
- 기록된 자료를 노트북에 연결하여 파일로 저장
- 학습자 자신의 수행 동작 확인 및 피드백

② 디지털 카메라를 이용한 사례
- 운동 수행 자세 디지털 카메라 촬영
- 저장 파일에서 학습자 자신의 동작과 이상적인 동작 비교 및 피드백

③ 스마트폰을 이용한 사례
- 준비운동 시 스마트폰의 음악 이용
- 스마트폰에 저장된 해당 종목 선수들의 동작이나 동영상 이용
- 경기 상황 녹화, 팀 작전 회의 자료로 이용
- 무용 창작물 촬영, 회의 자료로 이용

④ 웹을 이용한 사례
- 촬영된 동작이나 동영상 자료를 인터넷 카페에 탑재
- 촬영 자료를 학부모의 메일로 전송

6) 효과적 관리운영

(1) 상규적 활동

① 상규적 활동은 한 타임의 스포츠 지도시간에 반복적으로 일어나는 활동
② 수업 시작, 출석 점검, 화장실이나 물 먹는 행동 등과 같은 행동
③ 상규적 활동이 일어나는 사건을 루틴으로 확립하여 학습자에게 적용하면 학습 과제 시간을 증가시키는데 도움

(2) 예방적 수업 운영
① 예방적 수업 운영 전략은 예측되는 문제 상황을 사전에 예측하고 규칙을 개발하여 수업 운영 시간을 최대한 줄이기 위한 노력
② 예방적 수업 운영 관리 기술
- 최초활동의 통제
- 수업시간의 엄수
- 출석점검 시간의 절약
- 주의집중에 필요한 신호의 교수
- 높은 비율의 피드백과 긍정적인 상호작용의 활용
- 수업 운영 시간의 기록 게시
- 열정, 격려, 주의환기의 활용
- 즉각적인 성과를 위한 수업운영 게임의 이용

(3) 수업 흐름의 관리
수업 운영 행동은 학습자의 학습 시간이나 학습 기회를 높이는 데 목적이 있으며 부적절하거나 지나친 지도자의 운영 행동은 학습자의 수업 흐름에 방해가 되므로 다음과 같은 교수 기술이 필요

① **동시처리**
최초 수업 활동의 여세를 유지하면서 수업에 방해되는 일들을 동시에 처리

② **학습 활동의 침해**
지도자의 지나친 개입이나 부적절한 시기에 임의로 학습자의 학습활동을 중단시키지 않도록

③ **탈선**
지도자의 계획된 목표에서 탈선하지 않기 위해 노력

④ **중도포기, 전환-회귀**
학습자의 문제 행동을 지적하다가 갑작스럽게 다른 교수 행동으로 전환하지 않도록

⑤ **과잉설명**
위험 행동이나 떠드는 행동을 하지 않도록 하는 게 목적이었다면 그 행동에 대한 지나친 훈육은 필요하지만 목표에는 부적절

⑥ **세분화**
집단을 세분화하는 것은 학습자의 책임감을 높이기 때문에 적용될 수 있으나 대기 시간이 늘어날 수 있다는 점 역시 고려

(4) 학습자 관리 기술

① 학습자 행동수정의 기본 전략
- 지도자는 부적절한 학습자의 행동을 빠르게 수정시킬 수 있는 교수 기술이 필요
- 학습자 행동수정의 기본 원리
    - 구체적으로 진술하라
    - 행동수정의 수반성을 신중하게 처리하라
    - 조금씩 변화시켜라
    - 단계적 변화를 추구하라
    - 일관성을 유지하라
    - 현재 수준에서 출발하라

② 적절한 행동의 향상에 필요한 기술
- 동기적 측면에서, 학습자가 부정적 행동을 했을 경우 즉각적으로 지적하거나 교정을 요구하는 것보다 적절한 행동을 하였을 때 칭찬과 격려를 했을 때 적절한 행동이 향상
- 적절한 행동을 향상시키는 기술
    - 수업규칙을 분명히 하라
    - 긍정적 상호작용을 통해 적절한 행동을 유도하라
    - 다양한 방법을 사용하라
    - 부적합한 행동 단서를 무시하고 긍정적인 상호작용을 하라

③ 부적절한 행동의 감소에 필요한 기술
- 부적절한 행동을 감소시키는 기술
    - 부적절한 행동을 무시하라
    - 언어적 제지를 효과적으로 이용하라
    - 구체적이고 효과적인 벌의 전략을 사용하라

④ 행동수정 전략의 공식화
문제 행동으로 인한 수업 상황이 심각해져 특별한 주의가 필요할 때 통제 기능보다 강력한 권위를 부여하는 행동수정 전략이 필요
- 행동공표
- 행동계약
- 바람직한 행동게임
- 대용보상 체계

7) 안전 및 예방

안전한 학습 환경을 제공해 주는 것은 모든 지도자의 중요한 책임이다. 위험이 수반되는 학습일수록 지도자는 안전수칙을 더욱 더 강조해야 한다. 모든 스포츠 활동은 상해 위험이 있기에 더욱 요구되는 사항

[안전을 극대화하기 위한 전략]

- 학습장(체육관이나 운동장 등)에서의 안전 규칙 개발 및 공지
다른 장소와는 달리, 스포츠 활동을 하는 학습장에서 타인과 함께 운동하는 방법, 시설이나 기구의 적절한 사용법, 잠재적으로 불안전한 영역 또는 상황이 포함
- 규칙 점검
안전 규칙을 잊는 경우가 많으므로 안전 규칙을 학습자에게 상기
- 일관성 있는 관리
학습장에서 학습자가 안전하게 행동을 하면 체계적으로 보상, 반면 공지된 규칙을 위반하는 위험한 행동에 대해서 벌을 주는 등 행동 수정 기법을 일관되게 적용
- 동료 경고 체계
학습자끼리 짝을 짓거나 소집단을 편성하게 되는 경우 지도자는 그 집단의 구성원에게 서로 친구들을 지켜보면서 안전을 위협하는 문제에 '조심해'라고 외치도록 요청
- 학습자가 활동 참여하기 시작할 때 감독하기
가장 쉽고 좋은 전략 중 하나는 새로운 연습 과제나 게임이 시작될 때 지도자가 지속적으로 학습자를 감독

03 세부지도목적에 따른 교수기법

1) 건강을 위한 지도기법

(1) 건강활동의 목표와 지도

① 건강활동의 목표는 건강에 대한 올바른 이해를 바탕으로 개인의 건강 유지, 증진
② 자신의 생활 습관 및 운동습관을 점검하여 건강관리 계획을 수립하도록 하고, 환경오염, 안전사고 등의 예방에 관심
③ 건강하게 생활하려면 신체적 건강뿐만 아니라 정신적 건강, 사회적 건강에도 관심을 두어 통합적인 차원에서 관리

(2) 스포츠 7330과 신체활동가이드라인 7560+ 실천하기

① 스포츠 7330: 문화체육관광부와 국민생활체육회에서 전개하고 있는 '7330'은 '일주일에 세 번 이상, 한번 운동할 때마다 30분 이상 운동하자.'는 스포츠 참여 범국민 캠페인

② 학생 신체활동가이드라인 7560+: 성장기 청소년의 건강 체력 증진, 질병예방, 비만감소를 위해서는 '7(일주일에), 5(5일), 60(하루에 60분 이상), +(누적해서) 운동하자.'는 캠페인

(3) 건강 체력의 구성 요소별 운동 방법

① **심폐지구력 운동**
- 심폐지구력은 걷기, 달리기, 수영, 자전거 타기, 계단 오르기 등과 같이 일정시간 동안 지속할 수 있는 유산소 운동을 통해 향상
- 심폐지구력 운동의 효과
  · 심장 질환 및 고혈압 감소, 지방 소모에 의한 체지방 감소
  · 제2형 당뇨병의 위험 감소 및 혈당 조절
  · 면역 기능 향상으로 감기, 유행성 독감, 바이러스성 질병 감염률 감소
  · 혈관과 모세 혈관 강화

② **근력 및 근지구력 운동**
- 근력을 향상시키기 위해서는 운동 강도를 강하게 하고, 반복 횟수를 적게 하는 것이 좋다. 반면 근지구력을 향상시키기 위해서는 근력 운동보다 운동 강도를 약하게 하고, 반복 횟수를 늘리는 것이 효과적
- 근력 및 근지구력 운동의 효과
  · 육체적 업무 수행 능력 향상, 상해 위험 감소
  · 골밀도 증가로 골다공증 예방, 경추 및 요추의 부담 감소

③ **유연성 운동**
- 유연성은 신체의 각 관절이 움직일 수 있는 범위를 크게 해 주는 스트레칭을 통해 향상
- 유연성 운동의 효과
  · 평형성과 조정력 향상
  · 신체 활동 수행 능력 향상, 좋은 자세 유지
  · 혈액 순환 원활, 신체 조직에 영양 공급 능력 향상

2) 여가를 위한 지도기법

여가는 일이나 공부에서 벗어나 자유로운 시간에 스스로 참여하는 활동으로, 여가 활동에 참여하면 자신을 발견하고, 즐거움, 만족감, 성취감 등을 얻게 되어 행복한 삶을 사는 데 도움

(1) 여가 활동의 실천 방법
- 여가 활동은 자신이 현재 속해 있는 환경에서 지속적으로 참여하는 것이 중요
- 건전한 여가 활동의 실천 방법

- 가정에서는 시간과 종목을 고려한 온 가족이 함께 참여할 수 있는 신체적 여가 활동 실천
- 학교에서는 자유 게임활동, 야외 활동, 사회적 활동, 스포츠클럽 등의 건전한 여가 활동에 스스로 참여
- 지역사회에서는 지역 주민과 서로 예의와 질서를 지키면서 지역에 갖추어져 있는 여가 시설을 최대한 활용

(2) 여가 활동 지도의 전략

- 학습자들이 여가 활동을 바르게 이해하고 활발한 신체 활동의 즐거움을 경험함으로써 신체적으로 활동적이고 정신적으로 긍정적인 사고와 생활 태도를 지닐 수 있도록 지도
- 학습자들이 여가 활동을 바르게 이해하고 활발한 신체 활동의 즐거움을 경험함으로써 신체적으로 활동적이고 정신적으로 긍정적인 사고와 생활 태도를 지닐 수 있도록 지도
- 여가 활동 지도의 전략 예시
  - 여가 활동 계획을 세울 때에는 자기 주도적 학습 전략을 활용
  - 직접 체험 학습을 통해 가족과 즐길 수 있는 다양한 활동 방법 지도
  - 학습자들의 체험 기회를 넓히기 위한 시설을 안내
  - 여가를 바르게 즐기기 위한 철저한 안전 지도

3) 경쟁을 위한 지도기법

(1) 경쟁 스포츠의 개념과 특성

경쟁은 개인이나 집단 간의 능력을 서로 겨루는 상황에서 자기편과 협동하며 책임감을 갖고 최선을 다하되, 상대를 배려하며 정정당당하게 경기에 임할 수 있는 능력을 추구하는 데 필요한 요소이다. 경쟁의 과정에서는 기본적인 경기 수행 능력과 다양한 인지 전략을 기르는 데 초점

(2) 경쟁 스포츠의 지도 전략

경쟁 스포츠를 지도할 때에는 부분적인 기능 습득에 중점을 두기보다는 다양한 게임이나 경기를 통해 문제 해결 능력, 상황 판단 능력 등과 같은 창의적 사고력 학습이 중요

- 경쟁 스포츠 지도의 전략
  - 게임(경기)-토의-게임(경기) 지도 전략 적용
  - 학습자의 의사결정 능력과 창의성을 기를 수 있도록 확산형 지도전략 활용
  - 간접체험 학습은 자기 주도적 수업 전략 활용

(3) 경쟁 스포츠에서 교수 전략의 활용

학습자들은 경쟁 스포츠를 배우는 과정에서 적절한 교수 전략을 활용하면 경쟁 스포츠의 내용을 보다 잘 이해하고, 적용할 수 있는 인지 능력을 함양

4) 인성을 위한 지도기법

(1) 인성교육의 방향

인성교육을 구현하기 위해 고려해야 할 조건은 다음과 같다.

- 인성교육은 통합의 원리 지향
- 지속적인 인성교육
- 인간관계 중시
- 인성교육은 자율성의 원리 지향
- 체험 중심의 인성교육

(2) 인성교육의 구체적 지도 기법

- 신체활동을 위한 내적 동기유발과 열정의 조성을 위한 활동은 신체활동의 증대뿐만 아니라 영예로운 스포츠 행위를 추구하도록 학생에게 도전감을 주고 그들을 결속시킴
- 협동학습모형이나 개인적·사회적 책임감 모형 등을 활용한 인성 함양

① 게임 상황에서 협동학습 모형의 구조 활용하기

- 협동 학습 모형(cooperative teaching model)은 전통적인 소집단 학습의 단점을 해결하고, 학습자 간에 협력적인 상호 작용을 촉진하기 위해 긍정적 상호 의존, 개인적 책무성, 협동 기술, 집단 보상을 강조한 수업 방법
- 협동 학습 모형은 모든 학습자에게 동등한 학습 참여 기회를 보장하고, 지도자 중심이 아니라, 학습자 중심의 수업을 함으로써 수업 방법의 민주화라는 측면에서도 의의
- 협동 학습 모형에 적합한 수업 구조 전략
  협동학습 모형은 학습자들이 신체활동에 참여하면서 긍정적인 정서를 함양하면서 타인과의 관계를 유지하는 가운데 학습자들의 인성을 함양할 수 있는 요소를 담고 있어 모둠별 성취 배분(STAD), 팀 게임 토너먼트(TGT) 그리고 직소 방식 등을 활용하여 수업 구조 전략을 수립

② 책임감 가르치기

[책임감 가르치기에서의 4단계 성취 목표]

- 자기통제력 기르기
- 프로그램의 참여와 노력하는 태도 기르기
- 독립적 과제 실행
- 타인을 배려하고 돕기

5) 표현을 위한 지도기법

(1) 표현의 의미와 종류

- 표현의 의미
  표현이란 생각과 느낌을 신체 움직임으로 나타내고, 자신과 타인의 움직임을 감상하는 능력
- 표현의 종류
  - 심미 표현
  - 현대 표현
  - 전통 표현

(2) 표현을 위한 지도 기법

표현 활동의 종류별로 제시된 요소를 중점으로 학습하도록 지도

- 심미 표현
  - 기술미
  - 예술미
  - 형식미
- 현대 표현
  - 창의적 표현
  - 현대적 리듬
  - 기술적 표현력
- 전통 표현
  - 창의적 표현
  - 현대적 리듬
  - 기술적 표현력

Chapter 06 스포츠교육의 평가론

01 평가의 이론적 측면

1) 평가의 목적과 활용

(1) 평가의 목적

① 측정이나 검사가 가치 중립적 활동이라면, 평가는 가치 지향적 활동
② 평가의 진정한 목적 : 지도자의 교육활동 개선
③ 지도자의 교육활동 개선 내용
- 교수-학습의 효과성 판단
- 학습자의 운동수행 참여 및 향상 동기 촉진
- 학습자의 학습상태와 학습지도에 관한 정보 제공
- 학습지도 및 관리운영의 효율성을 위한 집단 편성
- 학습자 역량 판단을 통한 이수 과정 선택 정보 제공
- 교육프로그램 또는 교육과정의 적합성과 적절성 확인
- 교육목표에 따른 학습진행 상태 점검과 지도활동 조정

(2) 평가의 활용

① 평가 방향은 교육프로그램과의 연계성, 평가 내용의 균형성, 평가 방법의 타당성과 신뢰성 확보를 통하여 생활체육에 참여하는 다양한 계층과 욕구를 지닌 학습자의 개인적 역량을 고려하여 설정
② 교육평가는 교육활동에 도움을 주기 위한 활동이므로 평가 자체를 목적으로 수용하기보다 목적을 달성하기 위한 수단으로 활용하는 것이 바람직
③ 평가의 단계
- 1단계(평가목적 결정) : 평가의 내용과 방법은 평가목적에 따라 결정되므로 스포츠지도사는 교육평가에 있어 평가목적을 확인하여 결정하는 것이 가장 먼저 이루어진다.

- 2단계(학습성과 확인) : 1단계의 평가목적을 달성하기 위해서 스포츠지도사는 학습자의 학습성과를 구체적으로 확인·진술·분류한다.
- 3단계(평가도구 제작) : 스포츠지도사는 평가목적 달성에 필요한 자료나 정보를 효과적으로 수집할 수 있는 도구를 제작하거나 선정한다.
- 4단계(평가자료 수집) : 스포츠지도사는 제작한 평가도구를 학습자 등과 같은 평가 대상에게 실시하여 필요한 정보와 자료를 수집한다.
- 5단계(평가자료 분석) : 스포츠지도사는 평가도구로 수집한 정보와 자료를 양적이나 질적으로 분석 또는 해석할 수 있는 역량을 갖춘다.
- 6단계(평가결과 보고) : 스포츠지도사는 분석한 평가 결과를 평가 대상자에게 설명하고 향후 보완해야 할 사항에 대해 논의한다.
- 7단계(평가결과 활용) : 스포츠지도사는 1단계의 평가목적 달성을 위해 활용하는 단계이며, 평가 결과의 특징을 분석하여 교수-학습 방법의 개선에 활용한다.

④ **평가의 기능**
- 진단평가 : 교육프로그램 실시 이전에 참여자의 특성을 점검하는 평가활동으로 학습자 또는 참여자의 정보를 수집하고 교육 방향을 설정·수정하며 학습장애의 원인과 정도를 파악하기 위한 기능
- 형성평가 : 교육프로그램이나 지도방법의 개발 단계에서 이루어지는 과정중심의 평가활동으로 지도 방법과 과정, 결과의 향상과 효율을 증진시키는 방향으로 프로그램과 지도방법과 수정하기 위한 기능
- 총괄평가 : 교육프로그램과 지도방법을 적용한 이후 학습자들의 성취도를 포함한 프로그램의 효과 및 효율성 등의 결과를 종합적으로 판단하기 위한 기능

2) 평가의 양호도

(1) 타당도

① **내용타당도**
- 내용타당도는 검사문항이 측정하려고 하는 내용을 얼마나 잘 대표하고 있느냐는 정도
- 내용타당도를 높이기 위한 확인사항
  · 모든 검사문항이 내용영역의 범위를 벗어나지 않도록 해야 한다.
  · 검사문항이 내용 영역의 특성을 대표하여야 한다.
  · 검사문항이 영역의 특성을 일반화할 수 있을 정도로 충분해야 한다.
  · 문항의 난이도가 학습자 집단의 특성에 비추어 적절해야 한다.
  · 내용전문가의 관점에서 볼 때 문항과 척도 제시가 적절하도록 전문가의 판단을 통해 확인해야 한다.

② 준거타당도
- 준거타당도는 측정도구의 측정결과가 준거가 되는 다른 측정결과와 관련이 있는 정도
- 미래의 측정결과와의 연관성은 예측타당도라고 하고, 현재의 다른 측정결과와의 연관성은 공인타당도라고 한다.

③ 구인타당도
- 측정도구가 재려고 하는 심리적 특성에 대해 조작적 정의를 내리고, 조작적 정의를 기준으로 측정하고자 하는 심리적 특성의 구인을 얼마나 제대로 측정하고 있는가를 나타내는 타당도 유형

(2) 신뢰도

① 검사-재검사

검사-재검사 신뢰도 추정방법은 시간차를 두고서 개념이나 변인 측정을 두 번 실시해 두 관찰값의 차이로서 신뢰도를 측정하는 방법

② 동형검사

동일한 구인을 측정하는 두 개의 검사지를 개발하여 이로부터 나온 점수들 간의 상관관계를 구하여 신뢰도를 추정하는 방법

③ 내적 일관성

하나의 측정도구 내 문항들 간의 연관성 유무, 즉 내적으로 일관성이 있는지 없는지를 파악함으로써 측정문항의 신뢰도를 추정하는 방법

02 평가의 실천적 측면

1) 평가의 모형

(1) 평가 모형의 개념
① 평가모형: 효과적으로 평가목적을 달성하기 위해 특정한 평가방식이나 측정방식을 적용하여 평가의 방법 및 절차를 체계화해 놓은 틀
② 평가모형은 복잡한 평가현상을 구체적으로 파악하는 데 매우 유용한 정보를 제공해 주는 역할

(2) 교육평가 모형

① 교육평가 모형의 분류

- 목표중심 교육평가 모형
    - Tyler의 평가모형
    - Metfessel과 Michael의 평가모형
    - Provus의 불일치 평가모형
    - Hammond의 합치유관모형
- 운영중심 교육평가 모형
    - Stufflebeam의 의사결정 평가모형
    - Alkin의 CSE모형
- 소비자중심 교육평가 모형
    - Scriven의 탈목표모형
    - CMAS 체크리스트
- 전문가중심 교육평가 모형
    - Eisner의 교육적 감식안과 비평모형
- 반론중심 교육평가 모형
    - Wolf의 법정판결모형
    - Weiss의 정치적 협상모형
- 참여자중심 교육평가 모형
    - Stake의 반응적 평가모형
    - Parlrtt와 Hamilton의 조명적 평가모형
    - Guba와 Lincoln의 자연주의 평가모형

② **목표중심의 'Provus의 불일치 평가모형' 단계별 평가 활동**

단계	평가 활동
1단계	- 교육프로그램 개요의 요약정리 - 교육프로그램 투입, 전개, 산출 등에 종합적인 정보 수렴 - 수집 정보와 산출결과를 교육프로그램의 목적이나 정의와 비교 - 수행수준과 교육목표 사이의 불일치 발생시 교육목표 수정
2단계	- 교육프로그램의 수정 및 실행여부 확인을 위한 현장관찰 - 수행수준과 교육목표 사이의 불일치 발생시 교육목표 재수정
3단계	- 교육프로그램의 중간 성취목표 달성 확인 - 학습자의 행동변화 방향 확인(형성적 평가개념) - 불일치시 프로그램 또는 목표 수정
4단계	- 교육프로그램 구성요소의 최종 교육목표 성취정도 확인 - 사전사후 행동변화, 실험통제 집단결과 비교(총괄적 평가개념)
5단계	- 반드시 적용하는 단계는 아닐 수 있음 - 실험적인 교육프로그램과 기존 프로그램의 비교 - 상황적 변화에 따른 효과 파악

③ 참여자중심의 'Stake의 반응적 평가모형' 단계별 평가 활동

단계	평가 활동
선행조건	- 사전학습경험, 사전 학업성취도 수준, 흥미, 태도, 적성 등의 자료 수집
실행과정 (상호작용)	- 스포츠지도자와 학습자간의 본격적인 상호작용을 통해 교육프로그램 목적 성취 - 레포 형성 활동, 토론, 대화 등을 통한 상호작용 전개
결과측면	- 학습자의 능력, 학업성취도, 태도 변화 등 결과에 관심 - 학습결과 및 학습효과 분석할 때 장기적-단기적, 인지적- 정의적, 개인적-집단적 측면 고려한 결과분석·제시

④ 운영중심의 'Stufflebeam의 의사결정 평가모형' 단계별 평가 활동

단계	평가 활동
상황평가	- 상황적 조건을 통한 평가문제 발견 및 확인
투입평가	- 교육프로그램과 지도체제의 효능성 확인 및 평가
과정평가	- 교육프로그램 설계상의 결점 파악과 문제해결 탐색
산출평가	- 교육프로그램의 장·단점을 종합적으로 심사

2) 평가의 기법

(1) 평가 기준

① 준거지향 평가(절대평가)

- 준거지향 평가는 학습자들이 알아야 할 지식과 기술을 아는지 모르는지를 평가하는 방법
- 준거지향 평가에서는 교육 또는 지도목표를 평가준거로 하기 때문에 준거지향 평가를 '목표지향 평가'라고도 한다.

② 규준지향 평가(상대평가)

- 학습자의 학업성취도를 학습자 상호간의 상대적 비교를 통해서 성적을 결정하는 평가방법
- 상대적인 정보만 제공하고 목표달성도에 관한 정보를 제공하지 못하는 단점과 지나친 경쟁을 부추기는 문제, 지적 성취의 등급화 조장 등의 여러 가지 비교육적인 영향을 주고 있다.

③ 자기지향 평가

- 자기지향 평가는 자신의 능력이나 특성을 스스로 판단하는 활동
- 개인이 자기 자신의 행동을 평가하는 한 방법으로 자신의 능력이나 특성을 스스로 판단하는 평가활동

(2) 평가 기법

① 체크리스트
- 체크리스트는 특별한 행동이나 수행의 어떤 특징이 있었는지 아닌지 아는 것이 중요할 때 이용
- 체크리스트는 대개 현장에서 수행을 관찰하여 기록되지만 비디오테잎 등으로 녹화된 장면이나 지필로 쓰여진 제출물 또는 다른 산출물들을 보고 평가하기도

② 평정척도
- 평정 척도는 대개 특성이 존재하는 정도를 결정하는데 이용
- 평정 척도는 준거가 구체적이며, 판단하여 결정하기에 명확하게 서술되어야 함

③ 루브릭
- 평가자들에게는 평가 시 활용할 수 있도록 각각의 수행 수준의 특징에 대한 정보를 명세화하여 제공
- 학습자에게 자신의 수준에 대해 분명한 피드백을 제공하여 향후 수행 능력에 필요한 내용을 알려줌

④ 관찰
- 관찰은 관찰대상·관찰시기·관찰방법을 사전에 명확히 하여 우연적 관찰과 구별하여야 한다.
- 관찰은 충분한 자료를 얻어서 수량화, 객관적 사실과 관찰자 해석의 구분, 관찰의 결과를 다른 관찰자와의 협의를 거친 다음에 결정하는 일 등을 매우 중요시한다.
- 관찰은 경기관람·촬영영상·경기영상 등을 통해 이루어지며 관찰할 때 고려할 사항은 다음과 같다.
  - · 관찰 목적을 분명히 할 것   · 관찰 문제를 분명히 설정할 것
  - · 관찰 대상을 결정할 것   · 관찰 장면을 선정할 것
  - · 관찰 기간을 결정할 것   · 관찰하려는 행동이나 행동 단위를 명확히 정의할 것
  - · 기록의 형식을 정할 것   · 관찰자의 위치와 피관찰자에게 끼칠 영향을 고려할 것

⑤ 학습자 일지
- 학습자 일지는 학습자의 학습 진행 및 학습 내용을 상세히 기록한 문서
- 학습자 일지는 자기 평가의 도구가 될 수도 있고, 타인에게 자신의 활동 기록을 입증해야 할 때 이용되기도 한다.

⑥ 학습자 면접과 설문지
- 학습자들의 생각이나 감정에 관한 정보를 얻는 가장 효과적인 방법은 지도자가 학습자에게 직접 물어보는 것이다.
- 설문지나 면담을 통하여 교육프로그램 등에 관한 학습자의 생각을 알 수 있다.

Chapter 07 스포츠교육자의 전문적 성장

01 스포츠교육전문인의 전문역량

<u>스포츠교육전문인</u> : 학교체육, 생활체육, 전문체육 영역에서 체육의 전문 지식과 기능을 가지고 체육활동을 지도하는 전문가

1) 학교체육지도자의 핵심역량 개발

(1) 학교체육지도자의 개념과 핵심역량

① **개념**
- 학교체육을 가르치는 전문가로서 체육교사가 대표적임
- 학교체육에서 체육수업은 체육교사가 담당하며 방과후 체육활동은 체육교사 및 스포츠강사 등이 담당

② **핵심역량**
- 체육과목 교사자격기준으로 학교체육 전문인의 전문성(핵심역량) 판단
- 체육과목 교사자격기준은 태도, 지식, 수행으로 구성

✓ 체육과목 교사자격기준

영역	표시과목별 자격기준	세부자격기준
교직인성 · 사명감	[기준 1] 체육교사는 건전한 인성과 교직사명감을 갖는다.	1. 체육교사는 교육공동체 구성원 모두를 존중하고 차별 없이 대한다. 2. 체육교사는 교직의 국가 사회적 영향을 인식하고 교직 업무에 솔선수범한다. 3. 체육교사는 학생의 신체활동 생활화 및 건전한 체육 문화 및 복지 정착에 노력한다.

영역	표시과목별 자격기준	세부자격기준
학습자 이해	[기준 2] 체육교사는 학생 개인의 특성과 신체활동 학습 및 발달 정도를 이해한다.	1. 체육교사는 학생의 신체, 인지, 사회, 정서 발달 정도 및 차이를 이해한다. 2. 체육교사는 학생의 선행 학습 내용 및 방식, 학습 동기 및 요구를 이해한다. 3. 체육교사는 학생의 개인적 특성과 환경을 이해한다.
교과 지식	[기준 3] 체육교사는 체육교과에 관한 전문 지식을 갖는다.	1. 체육교사는 체육교과의 전문적인 이론 지식과 실기 능력을 바탕으로 통합적 지도에 대한 전문적 지식을 탐구 및 실천한다. 2. 체육교사는 체육교과의 기반이 되는 학문의 지식을 폭넓게 이해한다. 3. 체육교사는 체육교과와 기반이 되는 학문의 최신 지식을 지속적으로 탐구한다.
교육과정 개발·운영	[기준 4] 체육교사는 체육교과, 학생, 교육상황에 적합한 교육과정을 개발, 운영한다.	1. 체육교사는 체육과 교육과정의 구성원리와 내용체계를 이해한다. 2. 체육교사는 체육과 교육과정을 학생, 학교, 지역의 특성 및 환경에 적합하게 재구성한다. 3. 체육교사는 체육과 교육과정의 운영 과정 및 결과를 분석하여 전문성과 창의성을 발휘하여 학교현장에 적합한 교육과정으로 설계·개선한다.
체육수업 계획, 운영 및 환경 관리	[기준 5] 체육교사는 체육수업을 안전하고 효과적으로 계획, 운영한다.	1. 체육교사는 체육교과의 목표, 학생수준 및 학생요구, 학습여건을 고려하여 수업을 계획한다. 2. 체육교사는 다양한 ICT 활용 능력을 포함하는 수업방법, 활동, 자료, 매체를 활용하여 수업을 효과적으로 운영한다. 3. 체육교사는 학생의 체육 학습 요구를 진단하고, 4가지 체육교과 역량 중심 학습에 필요한 적절한 지원을 제공한다.
학습 모니터 및 평가	[기준 6] 체육교사는 학생의 신체활동 관련 학습을 관찰하고 평가한다.	1. 체육교사는 평가 목적 및 내용에 적합한 관찰·평가 방법을 이해하고 적용한다. 2. 체육교사는 관찰·평가 결과를 학생에게 제공한다. 3. 체육교사는 관찰·평가 결과를 체육수업 개선에 활용한다.
프로그램의 설계, 운영, 평가	[기준 7] 체육교사는 다양하고 창의적인 학교체육 프로그램을 설계, 운영, 평가한다.	1. 체육교사는 다양성과 창의성을 발휘하여 학생의 흥미와 수준을 적극 반영한 체육교육 프로그램을 설계한다. 2. 체육교사는 학생들이 자발적으로 체육 프로그램에 참여하여 교육적 효과를 높일 수 있도록 운영한다. 3. 체육교사는 체육 프로그램의 설계와 운영 전반에 대해 체계적으로 평가하고 개선을 위해 노력한다.
학교체육 정책의 이해	[기준 8] 체육교사는 학교체육에	1. 체육교사는 사회, 문화, 정치, 경제적 맥락에서 체육의 중요성과 필요성을 이해한다.

영역	표시과목별 자격기준	세부자격기준
및 실행	대한 전문 지식과 사회적 기능에 대해 이해하고 체육수업을 통해 실행한다.	2. 체육교사는 학교체육의 정책적 변화와 사회적 위치에 대한 비판적 안목과 지식을 갖는다. 3. 체육교사는 인성, 건강, 사회성 등이 함양될 수 있도록 학교체육 정책을 반영하여 체육교육을 실천하며 노력한다.
협력관계 구축 및 전문성 개발	[기준 9] 체육교사는 학습공동체의 구성 및 협력관계를 구축하여 전문성 개발을 지속적으로 실천하고 반성한다.	1. 체육교사는 자발적으로 학습공동체 구성과 교사 전문성 및 체육교과 전문성 개발을 실천한다. 2. 체육교사는 학습공동체의 협력 관계를 구축하여 수업 자원 및 정보 교류 활동에 적극적으로 참여한다. 3. 체육교사는 연수프로그램, 프로젝트, 워크숍 등에 참여하며 지속적으로 전문성 개발을 평생 실천한다.

(2) 학교체육지도자의 전문성 개발

① **직전교육과 현직교육**
- 직전교육 : 학교체육지도자로서 갖추어야 할 태도·지식·수행의 능동적 전문성을 체계적으로 준비하는 과정의 교육
- 현직교육 : 학교체육지도자의 지속적인 성장과 발달을 위해 생애 전반에 걸쳐 학습을 받는 교육

② **학교체육지도자의 발달 4단계(Katz, 1972)**
- 생존 단계(survival stage) : 교직에 첫발을 내디딘 교사들이 처음 자리를 잡으면서 탐색, 생존을 위한 노력의 시기
- 보강(강화) 단계(consolidation stage) : 이전에 획득한 경험과 지식 등을 보완하고 다음 학년도에 수행해야 할 업무와 기능에 있어서 세분화를 위한 준비 시기
- 갱신 단계(renewal stage) : 종래와 같은 일을 반복적으로 되풀이하기보다는 무언가 새로운 것을 시도해 보고자 하는 시기
- 성숙 단계(maturity stage) : 교사로서의 철학, 성장과 학습의 본질, 학교와 사회의 관계, 그리고 교직 등에 관한 의미 있는 질문에 대하여 나름대로 안목과 관점을 형성하는 시기

2) 생활체육지도자의 핵심역량 개발

(1) 생활체육지도자의 개념과 핵심역량

① **개념**
- 학교체육과 전문체육을 제외한 생활 속에서 다양한 연령층의 사람을 대상으로 평생체

육 활동을 가르치는 전문가
- 생활체육지도자가 갖추어야 할 전문능력은 인지, 기능, 인성적 측면의 능력

② 핵심역량
- 인지적인 면 : 법제적 지식, 생활체육 참여자에 대한 지식, 종목내용 지식, 교수 내용 지식, 교육환경지식이 핵심역량으로 필요
- 기능적인 면 : 프로그램 개발 능력, 종목 지도능력, 관리능력 등이 핵심역량으로 필요
- 인성적인 면 : 참여자의 개인차 이해 및 포용 등이 핵심역량으로 필요

(2) 생활체육지도자의 전문성 개발

① 직전교육과 현직교육
- 직전교육 : 생활체육지도자로서 갖추어야 할 티칭과 코칭을 수행하는 능력과 자질을 체계적으로 준비하는 과정의 교육
- 현직교육 : 해당 종목의 지도자 자격을 소지하고 채용된 지도자에게 직무 능력, 전문 능력을 함양하기 위해 자발적이거나 의무적으로 이루어지는 제반 교육

② 생활체육지도자의 발달 4단계
- 생존 단계(survival stage) : 지도자 자신의 환경, 적용 프로그램 운영, 동호인 관리 등에 많은 관심을 갖는 시기
- 보강(강화) 단계(consolidation stage) : 프로그램의 내용, 동호인 관리에 관심을 갖는 시기
- 갱신 단계(renewal stage) : 보다 전문적인 지식, 동호인의 개별 특성에 주목하는 시기
- 성숙 단계(maturity stage) : 지도자로서 개인적인 가치관과 신념 등에 관한 부분까지 서서히 관심 영역이 확장되는 시기

③ 전문성 제고 방법
- 현장연구 : 교육 환경의 맥락적 특성을 가장 잘 반영할 수 있는 장점이 있으며 현장연구 5단계는 "문제설정→정부 수집·분석 해석→전문지식습득→목표달성 가능 행동 결정→실행 및 결과 기록"
- 동료코칭 : 동료 지도자와 상호 간 코칭 개선을 위해 실시하는 상호학습 과정으로 동료코칭의 절차는 "팀 선정→코칭 관찰→관찰의 과정과 결과 공유→새로운 적용→실천력 유지"
- 스터디 그룹 : 생활체육 현장에서 스포츠센터를 중심으로 가장 많이 이루어지고 있는 교육 방법

3) 전문체육지도자의 핵심역량 개발

   (1) 전문체육지도자의 개념과 핵심역량

   ① **개념**
   - 엘리트 선수를 대상으로 탁월한 수행을 하도록 돕는 전문가

   ② **핵심역량**
   - 철학 및 윤리: 선수 중심의 코칭 철학, 스포츠의 긍정적 가치 지도, 개인적·사회적·윤리적 책임행동 지도
   - 안전과 상해 예방: 안전시설 제공, 보호용구 준비, 참여자의 건강과 안전, 위험한 물리적 환경 사전 파악, 응급처치, 스포츠 건강관리 프로그램 운영, 부상에 의한 심리적 불안 대처
   - 신체적 컨디셔닝: 훈련(기술훈련, 체력단련, 회복프로그램) 설계, 영양 섭취 관리, 도핑 예방 및 약물 정보 제공, 부상 회복 체력프로그램 준비
   - 성장 및 발달: 성장 발달과 운동기술 학습 현장 적용, 선수의 사회적, 정서적 성숙 조장, 책임감과 리더십 학습 기회 제공
   - 지도법 및 커뮤니케이션: 긍정적인 학습 환경 제공, 목표 설정과 관찰, 시즌훈련 및 연간 훈련 연습 조직, 일일연습 계획과 실천, 적절한 지도 방법 활용, 심리기술 지도 및 활용, 효과적인 의사소통 기술 활용, 동기유발 기술 활용
   - 운동기능 및 전술: 종목 관련 단위기능·복합기능·테크닉 습득, 수준에 적합한 시합 전략과 전술 개발 및 적용, 훈련 계획 및 경기 분석에 다양한 방법 활용
   - 조직과 운영: 대회관리 및 운영 효율성, 스포츠 프로그램 홍보, 적합한 인력자원 활용, 재정자원 활용, 비상사태 행동계획 수립·실천과 문서화 작업, 스포츠 프로그램 정보·문서·기록 관리, 코칭 관련 법적 책임사항과 위기관리절차 이행
   - 평가: 수행결과 평가기술 활용, 개별 선수의 실력수준에 대한 다양한 평가방법 활용, 효과적이고 객관적인 선수평가 방법 사용, 코치자신과 스태프에 대한 객관적이고 효과적인 평가방법 활용

   (2) 전문체육지도자의 전문성 개발

   ① **전문체육지도자의 발달 단계**
   - 미국: 초보코치→중급코치→마스터코치
   - 영국: 초급코치→레벨2 코치→중견코치→마스터코치
   - 뉴질랜드: 초보코치→숙련코치
   - 캐나다: 입문→개발→고급

   ② **전문체육지도자의 발달단계**
   - 입문 단계: 대학에서 관련 교육을 이수하거나 종목별 협회 차원의 연수를 통해 전문

체육지도자로서의 직무 적응능력을 위한 핵심지식을 학습하는 시기. 입문단계 코치의 핵심역량 영역-참여자 발달, 스포츠교육과정, 코칭 교육학, 문화와 맥락, 연구와 코치개발
- 개발 단계: 입문단계에서 습득한 지도 기술이나 지식을 현장 적용 과정에서 시행착오를 최소화하고 동기화하는 과정. 개발단계의 교육은 형식적 방식, 비형식적 방식, 무형식적 방식의 형태로 진행
  - 형식적 방식(성장): 고도로 제도화되고, 관료적이며, 교육과정에 의하여 조직된 교육을 통해 성장하는 과정으로 성적, 학위 또는 자격증 등을 부여받는 성장
  - 비형식적 방식(성장): 일상적인 경험으로부터 얻는 배움을 통한 성장
  - 무형식적 방식(성장): 공식화된 교육기관 밖에서 행해지는 조직적인 학습 기회로서 비교적 단기간에 자발적으로 이루어지는 성장
- 고급 단계: 자신만의 지도 철학과 기술을 발달시키는 단계로 비형식적 방식의 반성적 자기 개발의 비중이 높아짐

02 장기적 전문인 성장 및 발달

학교체육, 생활체육, 전문체육의 모든 영역에서 종사하는 전문인(지도자)는 전문인으로서 자질과 역량을 지니고 있으며 장기적으로 성장하면서 전문성이 신장됨
스포츠교육전문인의 성장은 형식적 성장, 무형식적 성장, 비형식적 성장의 3가지로 나누어 이루어짐

1) 형식적 성장

① **형식적인 체육전문인 교육을 통하여 성장**
- 형식적인 체육전문인 교육: 고도로 제도화되고, 관료적이며, 교육과정에 의해 조직된 교육기관(대학)에서 소정의 교육 이수를 통해 성적과 학위 및 자격증을, 자격시험 합격으로 자격증을 부여하는 교육

② **형식적 성장의 예**
- 대학의 학위과정
- 학교체육지도자, 생활체육지도자, 전문체육지도자를 위한 대학의 교육 프로그램
- 미국체육스포츠협회의 코치 자격증 제도, 영국의 코치 자격증 프로그램, 캐나다의 코칭 자격 프로그램, 호주의 코치 자격 인증제도

2) 무형식적 성장

① 무형식적 성장의 개념
- 단기간의 세미나, 워크숍, 컨퍼런스 참여와 같이 공식화된 교육기관 밖에서 행해지는 조직적인 학습의 기회 참여를 통해 성장
- 무형식적 교육은 지속적이며 광범위하게 이루어질 수도 있으며 더 많은 지식을 아는 누군가에 의해 포럼의 기회 제공이 특징
- 형식, 무형식, 비형식을 연계하여 보면 형식적 교육에 가까움

② 무형식적 성장의 예
- 코칭 컨퍼런스, 세미나, 워크숍, 클리닉 등

3) 비형식적 성장

① 비형식적 성장의 개념
- 일상적인 경험으로부터 얻는 배움의 형식을 통해 성장

② 비형식적 성장의 예
- 과거의 선수 경험
- 비형식적인 멘토링
- 실제적인 코칭 경험
- 동료 코치나 선수들과의 대화

기 초 문 제

01 우드의 "신체육"과 헤더링턴의 "신체를 통한 교육으로서의 체육"이 주창되는데 직접적으로 영향을 미친 교육이론은?

① 본질주의 ② 재건주의 ③ 직관주의 ④ 진보주의

<정답> ④

④ = 자연주의에 뿌리를 둔 진보주의 교육의 영향 속에서 "신체육"과 "신체를 통한 교육" 탄생

02 헤리슨의 「인간주의적 체육교육」에서 강조한 체육의 일차적 목표가 아닌 것은?

① 인성발달 ② 대인관계의 향상
③ 스포츠 기능 습득 ④ 자기 표현력 함양

<정답> ③

헤리슨의 「인간주의적 체육교육」에서 강조한 체육의 일차적 목표는 '인성발달', '자기 표현력 향상', '대인관계의 향상'

03 체력과 관련하여 아래의 빈칸에 들어갈 내용은?

( )은 생명 유지와 질병의 예방과 치료, 활동적인 삶에 영향을 미치는 것으로 신체조성, 심폐능력, 유연성, 근력 및 근지구력 등을 요소로 하는 체력이다.

① 건강체력 ② 운동체력 ③ 전문체력 ④ 스포츠체력

<정답> ①

① = 건강과 관련된 체력으로 신체조성, 심폐능력, 유연성, 근력 및 근지구력 등을 요소로 한다.

04 스포츠의 개념에 대한 설명으로 거리가 먼 것은?

① '신체활동을 통한 교육'을 목적으로 한다.
② 건강유지와 경기 및 기록을 중요시 한다.
③ 신체활동을 주로 하는 경쟁이 따르는 운동이다.
④ 신체기능, 신체기량, 또는 신체발현을 주목적으로 하는 활동

<정답> ①

① = 체육교육의 목적이다.

기 초 문 제

05 다음에서 설명하는 체육으로 가장 알맞은 것은?

> 개인 선택에 의한 활동으로 스포츠에 내재되어 있는 교육적 의미와 목표보다는 스포츠 참여의 재미나 여가 선용, 건강을 위한 개인 행복을 추구하는 학습을 통해 긍정적인 경험으로 일상생활로 반영되는 사회적으로 의미 있는 활동

① 생활체육 ② 전문체육 ③ 특수체육 ④ 학교체육

 <정답> ①

전문체육은 운동선수 경기력 향상 목적으로, 특수체육은 장애인의 체육활동으로, 학교체육은 학생 교육 목적 활동으로 이루어지며 생활체육은 학교체육과 특수체육과 겹치는 부분도 있으나 스포츠 참여의 재미나 여가선용, 건강을 위한 개인 행복을 추구하는 활동이다.

06 2015 개정 체육과 교육과정의 특징은?

① 최초의 체계적인 교육과정
② '놀이' 대신 '운동' 개념 도입
③ 안전 강조와 교과역량, 핵심 개념 도입
④ 움직임 교육과정의 영향으로 '기본 운동' 개념 도입

<정답> ③

③ = "안전 강조와 교과역량, 핵심 개념 도입"은 2009 개정 체육과 교육과정의 주요 특징

07 생활체육과 관련하여 아래의 빈칸에 들어갈 내용은?

> 스포츠 (   ) 캠페인은 '일주일에 세 번 이상 하루 30분 운동하자'는 취지 아래 중장기적으로 추진하는 생활체육 홍보사업이다.

① 7330 ② 7360 ③ 7530 ④ 7560

<정답> ①

'일주일에 세 번 이상 하루 30분 운동하자'는 취지의 생활체육 캠페인은 스포츠 7330 캠페인이다.

기 초 문 제

08 국민체육진흥법에서 설명하는 "전문체육"의 정의는?
① 선수들이 행하는 운동경기 활동
② 건강과 체력 증진을 위하여 행하는 자발적이고 일상적인 체육 활동
③ 국민 체력을 증진하고, 건전한 정신을 함양하여 명랑한 국민 생활을 영위하는 것
④ 운동경기·야외 운동 등을 통하여 건전한 신체와 정신을 기르고 여가를 선용하는 것

<정답> ①

① = 전문체육의 정의   ② = 생활체육의 정의
③ = 국민체육진흥의 목적   ④ = 체육의 정의

09 생활체육진흥 정책의 "생활체육 참여기회 확대" 과제로 거리가 먼 것은?
① 생활체육광장
② 시·도 생활체육교실
③ 다양한 생활체육교실 운영
④ 직장 종목별 클럽리그제 운영

<정답> ④

④ = "직장체육활동 육성 사업" 과제에 해당

10 "2030스포츠비전"의 추진전략으로 거리가 먼 것은?
① 풀뿌리 스포츠   ② 신나는 스포츠   ③ 함께하는 스포츠   ④ 영광스러운 스포츠

<정답> ④

"2030스포츠비전"의 추진전략은 신나는 스포츠, 함께하는 스포츠, 자랑스러운 스포츠, 풀뿌리 스포츠

11 다음에서 설명하는 스포츠교육 지도자는?

> 스포츠의 전문적 과학 지식과 체계적인 종목 전문지도 능력, 리더십을 갖추고 선수의 경기력과 팀의 역량을 높이는 스포츠지도자

① 체육교사   ② 스포츠강사   ③ 생활스포츠지도사   ④ 전문스포츠지도사

<정답> ④

전문스포츠지도사는 스포츠의 전문적 과학 지식과 체계적인 종목 전문지도 능력, 리더십을 갖추고 선수의 경기력과 팀의 역량을 높이는 스포츠지도자이다.

기초문제

12 다음에서 설명하는 체육활동이 필요한 대상은?

> · 신체 기능을 유지하고 체력 저하를 막기 위해 몸에 무리가 되지 않는 걷기와 맨손체조 같은 운동을 위주로 하고, 적절한 영양 섭취와 휴식을 병행
> · 소외감에 따른 스트레스를 해소하기 위해 가능한 한 가족 또는 친구들과 함께 운동하도록 한다.

① 아동   ② 청소년   ③ 성인   ④ 노인

<정답> ④

설명 내용은 신체활동 저하, 사회활동 단절에 따른 소외감과 상실감을 느끼는 노인을 대상으로 한 체육활동이다.

13 학교스포츠클럽 운영할 때 고려사항으로 거리가 먼 것은?

① 활동 시간 다양화
② 학생주도의 자발적 참여 확대
③ 가족단위 위주의 활동 프로그램 구성
④ 스포츠 인성 및 스포츠 문화 체험 제공

<정답> ③

학교스포츠클럽 운영시 고려사항은 활동 시간 다양화, 학생주도의 자발적 참여 확대, 스포츠 인성 및 스포츠 문화 체험 제공 등이며 가족단위 위주의 활동 프로그램 구성은 고려사항으로 보기 어렵다.

14 다음에서 설명하는 유소년스포츠 프로그램의 유형은?

> 주로 종목별 체육대회와 스포츠클럽 리그전 중심으로 대회참가를 통한 성취감 경험과 다양한 스포츠 체험의 기회를 제공하는 프로그램

① 강습형 유소년스포츠 프로그램   ② 시합형 유소년스포츠 프로그램
③ 통합형 유소년스포츠 프로그램   ④ 행사형 유소년스포츠 프로그램

<정답> ②

주로 종목별 체육대회와 스포츠클럽 리그전 중심으로 대회참가를 통한 성취감 경험과 다양한 스포츠 체험의 기회를 제공하는 프로그램은 시합형 유소년스포츠 프로그램이다.

기초문제

15 다음에서 설명하는 수업모형은?

> 교사 중심의 의사결정과 교사 주도적 참여 형태로 학생이 교사의 관리 하에 가능한 한 연습을 많이 하고, 교사는 학생이 연습하는 것을 관찰하고, 학생에게 높은 비율의 긍정적이고 교정적 피드백을 제공하는 수업모형

① 동료교수모형　　② 직접교수모형　　③ 탐구수업모형　　④ 협동학습모형

<정답> ②

직접교수모형은 교사 중심의 의사결정과 교사 주도적 참여 형태를 특징으로 한다.

16 다음에서 설명하는 수업모형은?

> 교사가 수업리더 역할을 하며 수업의 내용선정, 수업운영, 과제제시를 통제 결정하고 거의 모든 상호작용이 교사에 의해 시작되고 통제되는 수업모형

① 동료교수모형　　② 직접교수모형　　③ 탐구수업모형　　④ 협동학습모형

<정답> ②

직접교수모형은 수업의 내용선정, 수업운영, 과제제시를 통제 결정하고 거의 모든 상호작용이 교사에 의해 시작되고 통제된다.

17 다음에서 설명하는 수업모형은?

> 학습 진도가 빠른 학생은 교사의 허락이나 동의 없이도 계속 진도를 나가며, 학습 진도가 느린 학생은 교사(혹은 우수한 동료 등)와 상호작용하며 학습하고 학생이 미리 계획된 학습 과제의 계열성에 맞추어 자신에게 맞는 학습속도로 학습하도록 설계된 수업모형

① 직접교수모형　　② 탐구수업모형　　③ 협동학습모형　　④ 개별화지도모형

<정답> ④

개별화지도모형은 학습 진도가 빠른 학생은 교사의 허락이나 동의 없이도 계속 진도를 나가며, 학습 진도가 느린 학생은 교사(혹은 우수한 동료 등)와 상호작용하며 학습한다.

기 초 문 제

18 개별화지도모형에 대한 내용으로 옳은 것은?

① 전적으로 교사 통제를 받으며 학습한다.
② 학생은 거의 협동에 의존하여 연습한다.
③ 내용 선정과 계열성 결정은 교사가 한다.
④ 각 차시에서 수업운영에 대한 책임이 교사에게 있다.

<정답> ③

개별화지도모형은 내용 선정과 계열성 결정은 교사가 하며 각 차시에서 수업운영에 대한 책임이 학생에게 있다. 또한 학생은 거의 독립적으로 연습하며 교사는 학생에게 높은 수준의 교수 상호작용을 제공할 수 있다.

19 다음에서 설명하는 수업모형은?

> 팀보상, 개인적 책무성, 모든 학생의 성공적인 학습을 위한 평등한 기회제공과 같은 공통적인 특성을 가진 수업모형

① 직접교수모형 ② 협동학습모형 ③ 개별화지도모형 ④ 스포츠교육모형

<정답> ②

협동학습모형은 팀보상, 개인적 책무성, 모든 학생의 성공적인 학습을 위한 평등한 기회제공과 같은 공통적인 특성을 가진 수업모형이다.

20 협동학습모형에 대한 내용으로 옳은 것은?

① 교사에 의한 과제 제시가 없다.
② 학생중심으로 수업운영이 이뤄진다.
③ 교사중심적으로 학습 진도가 진행된다.
④ 과제 전개는 과제가 주어진 후에는 교사가 결정한다.

<정답> ①

협동학습모형은 팀이 학습과제에 참여하기 전까지 교사중심으로 수업운영이 이뤄지며 교사에 의한 과제 제시가 없다. 학생중심적으로 학습 진도가 진행되며 과제가 주어진 후에는 각 팀에서 과제 전개가 결정이 된다.

기초문제

21 다음에서 설명하는 협동학습모형의 과제구조는?

> ① 이 전략은 팀이 학습 과정에 협동하고 학습 결과를 공유하는데 사용된다.
> ② 팀이 선정되고 과제가 할당되면 팀들은 3주안에 과제를 완성해야 한다.
> ③ 학생들은 수업 시간이나 그 외의 시간을 이용하여 과제를 수행할 수 있다.
> ④ 발표는 단체 프로젝트 형식으로 이루어지며, 이때, 포스터, 콜라주, 비디오 테이프, 컴퓨터 그래픽, 보고서 등 여러 가지 매체를 이용한다.

① 직소방식　　　② 집단 연구　　　③ 팀협력 수업　　　④ 팀 게임 토너먼트

<정답> ②

집단 연구는 학습 과정에 협동하고 학습 결과를 공유하는데 사용되며 발표는 단체 프로젝트 형식으로 이루어진다.

22 다음에서 설명하는 수업모형은?

> 유능하고 박식하며 열정적인 스포츠인을 목적으로 학생들에게 긍정적이고, 교육적이며, 지속적인 스포츠 경험을 통해 스포츠가 가지고 있는 다양한 가치들을 달성하도록 설계된 수업모형

① 직접교수모형　　　② 협동학습모형　　　③ 개별화지도모형　　　④ 스포츠교육모형

<정답> ④

스포츠교육모형은 유능하고 박식하며 열정적인 스포츠인을 목적으로 학생들에게 긍정적이고, 교육적이며, 지속적인 스포츠 경험을 통해 스포츠가 가지고 있는 다양한 가치들을 달성하도록 설계된 수업모형이다.

23 스포츠교육모형의 핵심 요소가 아닌 것은?

① 시즌　　　② 팀 반성　　　③ 팀 소속　　　④ 공식 경기

<정답> ②

스포츠교육모형의 핵심 요소는 시즌, 팀 소속, 공식 경기, 결승전 행사, 기록 보존, 축제화이다.

기 초 문 제

24 다음에서 설명하는 수업모형은?

> 기술수준이 높은 학생이 기술수준이 낮은 학생을 항상 가르치는 것은 아니며, 학생들이 서로 도와 가며 배우는 상호작용적인 학습과정이 강조되며, 교사의 체계적인 계획과 지도에 의해 학생과 학생이 짝을 이루어 서로서로 학습을 돕는 수업모형

① 동료교수모형　　② 직접교수모형　　③ 협동학습모형　　④ 스포츠교육모형

<정답> ①

동료교수모형은 학생들이 서로 도와 가며 배우는 상호작용적인 학습과정이 강조되며, 교사의 체계적인 계획과 지도에 의해 학생과 학생이 짝을 이루어 서로서로 학습을 돕는 수업모형이다.

25 동료교수모형에 대한 내용으로 옳지 않은 것은?

① 짝 또는 세 사람으로 한 조를 구성한다.
② 학생이 내용과 순서를 완전히 조정한다.
③ 교사가 관리계획, 규칙, 세부절차를 결정한다.
④ 한 학생이 관찰하는 동안 다른 학생이 연습한다.

<정답> ②

동료교수모형에서 내용과 순서는 교사가 완전히 조정한다.

26 다음에서 설명하는 수업모형은?

> 교사가 일련의 질문을 이용하여, 학생들의 사고를 자극하여 다양한 수준의 '움직임 답변' 즉, 신체 동작으로 교사의 질문에 답하도록 이끌어 내는 수업모형

① 동료교수모형　　② 직접교수모형　　③ 탐구수업모형　　④ 스포츠교육모형

<정답> ③

탐구수업모형은 교사가 일련의 질문을 이용하여, 학생들의 사고를 자극하여 다양한 수준의 '움직임 답변' 즉, 신체 동작으로 교사의 질문에 답하도록, 이끌어 내는 수업모형이다.

기 초 문 제

27 탐구수업모형에 대한 내용으로 옳은 것은?

① 교사는 직접적으로 설명하고 질문에 답한다.
② 반드시 짝을 이루어 과제를 수행한다.
③ 학생이 관리계획과 특정의 수업절차를 결정한다.
④ 인지적 과제에 대해 학생은 가능한 해답들을 탐색한다.

<정답> ④

탐구수업모형은 교사는 학생의 사고력을 자극하고 움직임 유형을 탐색하도록 하기 위해 직접적으로 설명하지 않고 질문을 한다. 교사가 관리계획과 특정의 수업절차를 결정하며 인지적 과제에 대해 학생은 가능한 해답들을 탐색한다.

28 다음에서 설명하는 수업모형은?

> 학생들이 게임을 통해서 게임 수행에 필요한 두 요소 즉, 전술적 지식과 게임 기능을 익히게 하는 수업모형

① 전술게임모형
② 직접교수모형
③ 탐구수업모형
④ 스포츠교육모형

<정답> ①

전술게임모형은 학생들이 게임을 통해서 게임 수행에 필요한 두 요소 즉, 전술적 지식과 게임 기능을 익히게 하는 수업모형이다.

29 전술게임모형의 표적형 게임으로 옳은 것은?

① 골프
② 야구
③ 풋볼
④ 라켓볼

<정답> ①

전술게임모형의 표적형 게임은 볼링, 골프, 크로켓, 당구 등과 같이 표적을 맞추거나 표적에 넣는 게임이다.

기초문제

30 다음에서 설명하는 수업모형은?

> 다른 수업 모형과도 혼용하여 활용할 수 있으며, 책임감과 신체활동(기능과 지식)을 두 가지는 동시에 추구하여 성취하면서 신체 활동과 스포츠 활동에서 개인이 책임감을 인식하고 수용하며, 실천하는 것이 중요하면서도 유일한 학습 결과인 수업모형

① 전술게임모형 ② 탐구수업모형
③ 스포츠교육모형 ④ 개인적·사회적 책임감 모형

<정답> ④

개인적·사회적 책임감 모형은 다른 수업 모형과도 혼용하여 활용할 수 있으며, 책임감과 신체활동(기능과 지식)을 두 가지는 동시에 추구하여 성취하면서 신체 활동과 스포츠 활동에서 개인이 책임감을 인식하고 수용하며, 실천하는 것이 중요하면서도 유일한 학습 결과인 수업모형이다.

31 개인적·사회적 책임감 모형의 책임감 수준의 단계와 특징이 옳은 것은?

① 2단계: 전이 ② 3단계: 참여와 노력
③ 4단계: 돌봄과 배려 ④ 5단계: 자기 방향 설정

<정답> ③

개인적·사회적 책임감 모형의 책임감 수준의 단계는 0단계 무책임감, 1단계 타인의 권리와 감정 존중, 2단계 참여와 노력, 3단계 자기 방향 설정, 4단계 돌봄과 배려, 5단계 전이로 구성된다.

32 다음에서 설명하는 수업모형은?

> 스포츠를 '게임'(기법적 차원)과 '문화'(심법적 차원)로 구분하여 이해하고 게임으로서의 스포츠는 할 수 있게 되는 것이고, 문화로서의 스포츠는 알 수 있게 됨으로써 학생을 스포츠의 심법적 차원에 입문시켜 '참 좋은 사람'으로 만드는데 목적을 두고 있는 수업모형

① 전술게임모형 ② 탐구수업모형
③ 협동학습모형 ④ 하나로 수업모형

<정답> ④

하나로 수업모형은 학생을 스포츠의 심법적 차원에 입문시켜 '참 좋은 사람'으로 만드는데 목적이 있다.

기초문제

33 하나로 수업의 특징에 대한 내용으로 옳지 않은 것은?

① 평가: 통합식 방법만으로 평가
② 터: 수업활동이 이루어지는 공간
③ 간접체험: 스포츠의 심법적 차원에 대한 체험
④ 패: 수업활동을 이루어내는 학생들의 소집단 모둠

<정답> ①

하나로 수업에서 평가는 '접합식 평가'와 '통합식 평가'라는 두 가지 방법 사용

34 지도계획안의 이점이 아닌 것은?

① 지도계획 수정의 토대
② 학습 진행 과정 점검
③ 일시적, 즉흥적 수업에 활용
④ 각 학습 시작 및 종료 시기 명료

<정답> ③

지도계획안의 이점은 각 학습 시작 및 종료 시기 명료, 학습 진행 과정 점검, 장·단기 의사결정의 시점 파악 용이, 지도계획 수정의 토대, 지도 계획과 실행의 비교를 통해 지도 효과성 평가

35 다음에서 설명하는 지도내용의 발달적 분석 과정은?

- 운동 수행의 질, 즉 '운동 수행 경험의 의미'에 초점
- 목표의 범위를 좁히고 수행의 질적 발달에 대한 학습자의 책무성을 강하게 부여할 때 매우 효과적

① 기초　　　　② 세련　　　　③ 응용　　　　④ 확대

<정답> ②

세련 과제 개발에서는 운동 수행의 질, 즉 '운동 수행 경험의 의미'에 초점을 두고 세련 과제는 목표의 범위를 좁히고 수행의 질적 발달에 대한 학습자의 책무성을 강하게 부여할 때 매우 효과적이다.

기 초 문 제

36 폐쇄기능의 발달에 대한 내용으로 옳은 것은?
① 팀 스포츠와 관련된 기능이다.
② 환경의 변화에 따라 기능의 요구 조건이 변화하는 기능이다.
③ 반응과 반응의 이용에 관한 연습은 내용분석의 고려사항이다.
④ 특정한 운동수행 목표에 따른 분류는 내용 분석의 고려사항이다.

<정답> ④

특정한 운동수행 목표에 따른 분류는 폐쇄기능 내용 분석의 고려사항이다.

37 창의적 사고보다는 지도 시간에 제시한 과제를 확인하는데 적합한 질문만으로 제시된 것은?
① 가치적 질문, 분산적 질문
② 가치적 질문, 집중적 질문
③ 분산적 질문, 집중적 질문
④ 집중적 질문, 회고적 질문

<정답> ④

회고적 질문이나 집중적 질문은 창의적 사고보다는 지도 시간에 제시한 과제를 확인하는데 적합하다.

38 지도내용의 연습 및 교정을 위한 과제 연습에 따른 지도자 행동으로 거리가 먼 것은?
① 과제 연습의 몰입
② 과제 연습의 주시
③ 개별적 과제 연습
④ 지도 감독된 과제 연습

<정답> ①

지도내용의 연습 및 교정을 위한 과제 연습에 따른 지도자 행동은 지도 감독된 과제 연습, 개별적 과제 연습, 과제 연습의 주시이다.

39 연습 중 지도자 행동 중 간접기여 행동은?
① 과제의 명료화와 강화
② 생산적인 학습 환경 유지
③ 과제 외 문제의 토론 참여
④ 학습자 반응의 관찰과 분석

<정답> ③

과제 외 문제의 토론 참여는 학습과 관련은 있지만 수업내용 자체에 직접 기여하지는 않는 행동이므로 간접기여 행동이다.

기 초 문 제

40 의사소통으로서의 상호작용을 위한 의사수용의 효과적인 전략에 해당하는 것은?

① 타인의 감정에 민감하라.
② 판단하려 하지 말고 기술하라.
③ 학습자의 입장 혹은 관점을 이해하라.
④ 주의집중 기술을 이용하는 것이 효과적이다.

<정답> ④

의사수용의 효과적인 전략에는 "전해들은 이야기를 정확하게 이해하기 위한 노력", "주의집중 기술을 이용, 말하는 사람의 비언어적 단서에 유의", "현재 자신이 경험하고 있는 감정이 메시지에 영향을 미친다는 것을 고려"가 있다.

41 학습자 행동수정의 기본 원리로 거리가 먼 것은?

① 일관성을 유지하라.
② 구체적으로 진술하라.
③ 가능한 빨리 변화시켜라.
④ 현재 수준에서 출발하라.

<정답> ③

학습자 행동수정의 기본 원리에는 "구체적으로 진술하라", "행동수정의 수반성을 신중하게 처리하라", "조금씩 변화시켜라", "단계적 변화를 추구하라", "일관성을 유지하라", "현재 수준에서 출발하라"가 있다.

42 학습자 관리 기술 중에서 적절한 행동을 향상시키는 기술이 아닌 것은?

① 수업규칙을 분명히 하라.
② 다양한 방법을 사용하라.
③ 부적합한 행동 단서를 주목하라.
④ 긍정적 상호작용을 통해 적절한 행동을 유도하라.

<정답> ③

적절한 행동을 향상시키는 기술에는 "수업규칙을 분명히 하라", "긍정적 상호작용을 통해 적절한 행동을 유도하라", "다양한 방법을 사용하라", "부적합한 행동 단서를 무시하고 긍정적인 상호작용을 하라"가 있다.

기 초 문 제

43 다음에서 설명하는 기능이 있는 평가는?

- 교육프로그램 실시 이전에 참여자의 특성을 점검하는 평가활동
- 학습자 또는 참여자의 정보를 수집하고 교육 방향을 설정·수정
- 학습장애의 원인과 정도를 파악

① 수행평가　　　② 진단평가　　　③ 총괄평가　　　④ 형성평가

<정답> ②

진단평가는 교육프로그램 실시 이전에 참여자의 특성을 점검하는 평가활동으로 학습자 또는 참여자의 정보를 수집하고 교육 방향을 설정·수정하며 학습장애의 원인과 정도를 파악하기 위한 기능을 가진 평가이다.

44 다음에서 설명하는 평가는?

- '목표지향 평가'라고도 한다.
- 교육 또는 지도목표를 평가준거로 한다.
- 학습자들이 알아야 할 지식과 기술을 아는지 모르는지를 평가하는 방법이다.

① 규준지향 평가　　② 성장지향 평가　　③ 자기지향 평가　　④ 준거지향 평가

<정답> ④

준거지향 평가는 학습자들이 알아야 할 지식과 기술을 아는지 모르는지를 평가하는 방법으로 교육 또는 지도목표를 평가준거이므로 준거지향 평가를 '목표지향 평가'라고도 한다.

45 다음에서 설명하는 평가는?

- 상대적인 정보만 제공하고 목표달성도에 관한 정보를 제공하지 못하는 단점이 있다.
- 지나친 경쟁을 부추기는 문제, 지적 성취의 등급화 조장 등의 여러 가지 비교육적인 영향을 주는 평가 방법이다.
- 학습자의 학업성취도를 학습자 상호간의 상대적 비교를 통해서 성적을 결정하는 평가방법이다.

① 규준지향 평가　　② 성장지향 평가　　③ 자기지향 평가　　④ 준거지향 평가

<정답> ①

규준지향 평가는 학습자의 학업성취도를 학습자 상호간의 상대적 비교를 통해서 성적을 결정하는 평가방법으로 상대적인 정보만 제공하고 목표달성도에 관한 정보를 제공하지 못하는 단점과 지나친 경쟁을 부추기는 문제, 지적 성취의 등급화 조장 등의 여러 가지 비교육적인 영향을 주는 평가이다.

기초문제

46 다음에서 설명하는 평가 기법은?

> 학습자의 학습 진행 및 학습 내용을 상세히 기록한 문서로 자기 평가의 도구가 될 수도 있으며 타인에게 자신의 활동 기록을 입증해야 할 때 이용되기도 한다.

① 관찰   ② 루브릭   ③ 평정척도   ④ 학습자 일지

<정답> ④

학습자 일지는 학습자의 학습 진행 및 학습 내용을 상세히 기록한 문서로 자기 평가의 도구가 될 수도 있으며 타인에게 자신의 활동 기록을 입증해야 할 때 이용되기도 하는 평가 기법이다.

PART 03

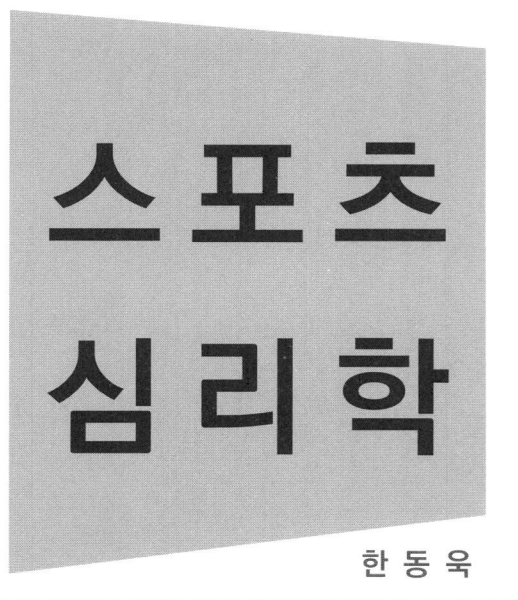

스포츠 심리학

한 동 욱

Chapter 01 스포츠심리학의 개관
Chapter 02 인간운동행동의 이해
Chapter 03 스포츠수행의 심리적 요인
Chapter 04 스포츠수행의 사회 심리적 요인
Chapter 05 운동심리학
Chapter 06 스포츠심리상담

기초문제

Chapter 01 스포츠심리학의 개관

01 스포츠심리학의 정의 및 의미

1) 스포츠심리학의 정의
경쟁이 있는 스포츠 상황과 개인의 건강을 위해 참여 하는 운동 상황에서 운동 행동과 정신 과정을 이해하고 그 지식을 현장에 적용하는 스포츠과학의 한 분야이다(김선진 등, 2015).

2) 스포츠심리학의 의미
(1) 광의적 개념으로 심리학의 원리나 이론을 스포츠 및 운동 상황에 적용하는 운동학습, 운동제어, 운동발달, (협의의) 스포츠심리학, 건강운동심리학을 포함하는 (광의의) 스포츠심리학이 있다.
(2) 협의적 개념으로 스포츠의 경쟁 상황에서의 심리상태를 유지하기 위해 다양한 심리적 방법과 원리를 규명하는 분야의 (협의의) 스포츠 심리학이 있다.

02 스포츠심리학의 역사

1) 발전 역사
(1) 초창기(1895-1920): 트리플릿(Triplett)은 스포츠심리학 최초의 연구를 수행하였다. 그는 사회적 영향과 수행의 관계를 연구하였는데 사이클 선수가 혼자 탈 때보다 단체로 탈 때 속도가 증가한다는 것을 발견했다.
(2) 그리피스 시대(1921-1938): 북미스포츠심리학의 아버지인 콜먼 그리피스(Colman Griffith)는 코칭심리학, 운동경기 심리학을 출판하였고 미국 프로야구팀의 스포츠심리 전문가로 채용되어 경기력 향상을 위한 활동을 하였다.

(3) 학문적 준비기(1966-1979): 스포츠심리학 관련 국제 학회 모임과 학술지가 창간되었고 독립된 학문 영역으로의 토대를 마련하면서 발전하는 시기이다.
(4) 연구와 컨설팅 발전기(1980-2000): 선수와 팀에 적용하려는 관심이 증가하였고, 하위 분야로 (건강)운동심리학이 발전하기 시작하였다. 모학문인 심리학의 이론을 가져왔던 시대에서 모학문 전문가에게 독자적인 지식을 제공하는 단계의 시기이다.
(5) 현재의 스포츠심리학(2000년-현재): 지식의 현장 적용에 관심이 크게 늘었고 스포츠심리 컨설팅, 운동기술 분석가 등과 같은 새로운 직업 영역이 개척되어 진행되고 있는 시기이다.

03 스포츠심리학의 영역과 역할

1) 스포츠심리학의 영역

일반적으로 (광의의) 스포츠심리학은 운동학습, 운동제어, 운동발달, (협의의) 스포츠심리학, (건강)운동심리학과 같이 5가지 영역으로 구분된다.

운동학습	운동기술을 효율적으로 습득하는 방법을 찾는데 관심
운동제어	운동 상황에서 발생하는 동작의 원리와 기전을 규명하는데 관심
운동발달	연령에 따라 인간의 운동기능이 어떻게 변화되는지에 대한 관심
스포츠심리학	최상 수행을 위한 다양한 심리적 원리 및 방법을 규명하는데 관심
운동심리학	운동 참여로 정신건강을 유지하고 변화시키는 방법을 찾는데 관심

2) 스포츠심리학의 역할

스포츠심리학은 스포츠 및 운동 상황에서 일어나는 인간의 움직임과 정신 과정을 이해하고 조절하는 역할을 한다. 따라서 스포츠심리학 전공자들은 연구자, 교육자, 상담자 등의 역할을 수행한다.

Chapter 02 인간운동행동의 이해

01 운동제어

1) 운동제어의 정의
유기체(개인), 환경, 과제의 상호작용 속에서 나타나는 인간운동행동의 원리와 기전을 지각, 인지, 동작 측면에서 규명하는 연구 영역이다(김용호 등, 2015).

2) 운동제어체계(이론)

(1) 폐쇄회로체계
① 운동 동작에 관한 오류의 탐지 및 수정을 위한 참조준거(수행 오류에 대한 탐지 및 수정 역할)가 있기 때문에 동작 결과 등이 피드백 되고 이러한 참조준거와 비교됨으로써 동작이 이루어진다고 보는 제어체계이다.
② 폐쇄회로체계에서는 빠른 동작의 생성에 대해서 설명하지 못하는 한계점이 있다.

(2) 개방회로체계
① 대뇌 겉질에 저장되어 있는 운동프로그램에 의해 수행자의 동작이 생성된다는 체계이다.
② 사전에 실행이 계획되어 있어서 특정 시간에 효과기에 명령을 보내고 오차가 있을 때에도 효과기에는 수정하지 않고 명령을 수행한다.

(3) 일반화된 운동프로그램체계
① 도식이론과 관련된 체계로 폐쇄회로체계의 피드백과 개방회로체계의 운동프로그램의 개념을 통합하여 운동행동을 설명하는 체계이다.
② 도식이론에는 수행할 운동과 유사한 과거의 운동결과를 바탕으로 운동을 계획하는 회상도식과 피드백 정보를 통해 동작을 수정하는 재인도식과 같이 두 가지의 기억구조가 있다.
③ 불변매개변수와 가변매개변수에 따라 운동프로그램이 바뀌게 된다.

불변매개변수	-요소의 순서: 동작 또는 반응 요소의 순서 -시상: 근육 수축의 시간적 구조 -상대적 힘: 전체 힘의 양을 구성하는 각 근육의 힘의 비율
가변매개변수	-전체지속시간, 전체힘, 근육선택 변수, 공간적 변수 등

(4) 다이내믹 시스템 체계

① 유기체(개인), 환경, 과제의 상호작용 속에서 자기조직의 원리와 비선형의 원리에 따라 동작이 발생되고 변화되는 것을 설명하는 체계이다.

② 자기조직 원리는 유기체, 환경, 과제와 같은 제한요소의 상호작용 결과가 특정 조건 상황과 일치하거나 부합되어 질 때 움직임이 저절로 발생하는 것이며 비선형 원리는 동작의 변화가 선형적인 특성으로 나타나지 않는다는 것을 말한다.

③ 상변이 개념을 사용하면서 동작의 변화(예: 불안정 →안정성)를 설명할 수 있다.

3) 정보처리 접근의 이해

1) 정보처리 접근은 인간의 정보처리능력과 과정을 규명하는데 인간을 능동적인 정보처리자로 간주한다.
2) 단계: 자극확인(감각지각)단계, 반응선택단계, 반응실행(반응프로그래밍) 단계를 거친다.

자극확인단계	반응선택단계	반응실행단계
제시된 자극을 확인 및 탐지	→ 환경 특성에 맞게 어떤 반응을 할 것인가를 결정	→ 반응 실행을 위한 구체적인 체계 생성 및 조직화

※ 반응실행단계에서 처음에 제시된 자극에 대하여 반응하고 있을 때 두 번째 자극을 제시하게 되면 두 번째 자극에 반응하는 시간, 즉 반응시간이 늦게 되는 심리적불응기가 발생한다. 이는 스포츠 경기에서 속임수 동작을 설명해 줄 수 있는 현상이다.

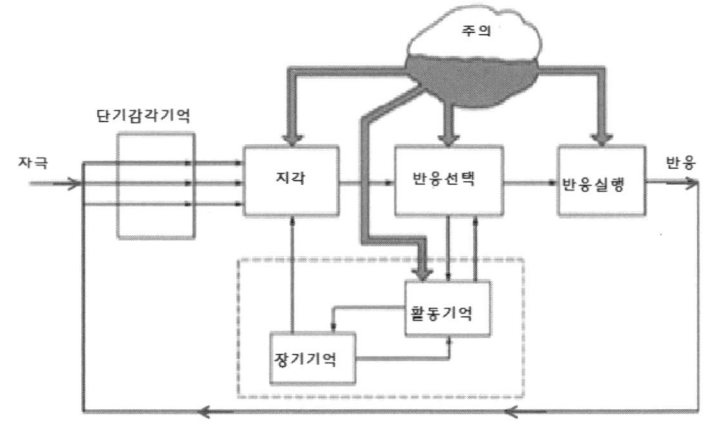

인간의 정보처리 모형(김선진, 2009 재인용)

3) 기억의 이해
   (1) 보유할 수 있는 정보의 양과 시간, 또는 저장된 정보 유형에 따라 다음과 같이 구분된다.

감각기억	청각, 시각, 운동감각 등의 감각시스템을 들어온 정보가 저장되는 기억으로 저장된 직후 잊혀 지며, 새로운 정보가 유입되면 쉽게 손실(단기감각기억)
단기기억	감각 시스템에서 유입된 정보를 제한된 수로 선택적으로 저장 할 수 있음
장기기억	단기기억에서 저장된 정보가 인지적인 처리과정을 거쳐 저장되는 기억의 형태로서 용량의 제한 없음

   (2) 기억의 과정은 부호화, 응고화, 인출의 과정을 갖는다.

   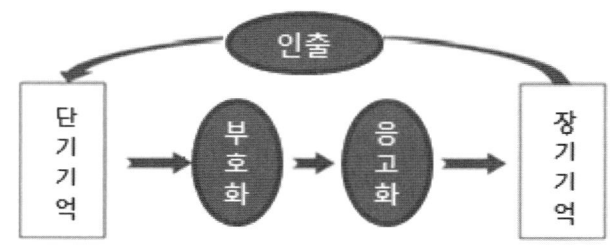

   기억의 과정(김선진, 2009)

   ① 부호화: 자극정보를 선택하게 되고 인간의 기억에 저장할 수 있는 형태로 변환 과정
   ② 응고화: 단기기억에 있는 정보 중 일부를 장기기억으로 가게 하는 과정
   ③ 인출: 저장되어 있는 기억 정보를 끄집어내어 회생시키는 과정

02 운동학습

1) 운동학습의 개념
   (1) 연습과 경험의 과정을 통해 과제와 환경적인 변화에 부합하는 효율적인 운동기술을 형성해가는 과정을 연구하는 분야이다.
   (2) 효율적인 운동수행을 습득하기 위해서 개인의 능력을 비교적으로 영구적인 변화를 일으키게 하는 내적과정에 초점을 맞춘다.

2) 운동기술의 이해
   ① 운동기술의 분류
      ㉠ 근육의 크기: 대근운동기술과 소근운동기술

⑥ 환경의 안정성: 폐쇄운동기술과 개방운동기술

구분	폐쇄운동기술	개방운동기술
정의	환경적 조건이 변하지 않고 예측 가능성이 높은 상황에서의 운동기술	환경적 조건이 변화고 예측하기 어려운 상황에서의 운동기술
해당 기술	양궁, 사격, 농구 자유투 등	대부분의 구기 및 투기 종목 상황 예) 수비수를 제치는 농구 드리블 상황, 레슬링 공격 상황 등
연습방법	반복적인 연습 권장	예측할 수 없는 다양한 상황에서의 연습 권장

© 동작의 연속성: 비연속적 운동기술, 계열적 운동기술, 연속적 운동기술

구분	비연속 운동기술	계열적 운동기술	연속적 운동기술
정의	동작의 시작과 종료가 명확한 운동기술	2개 이상의 비연속 운동기술	시작과 종료가 명확하지 않은 운동기술
해당 기술	던지기, 받기, 치기 등	야구의 수비기술, 체조기술 등	수영, 조깅 등

② 2차원적 분류: 젠타일(Gentile)은 환경적 맥락과 동작의 기능에 따라 16가지의 운동기술군으로 분류하였다.

※ 안정상태 조절조건은 폐쇄운동기술 조건과 유사하며 운동상태 조절조건은 개방운동기술 조건과 유사함

3) 운동학습 단계

(1) 피츠(Fitts)의 단계

① 인지단계: 과제나 기능의 특성과 목적을 이해하고, 과제 수행 전략을 개발하는 단계이다.
② 연합단계: 과제 수행 전략을 선택하고, 잘못한 수행에 대한 적절한 해결책을 찾을 수 있는 단계이다
③ 자동화단계: 의식적인 요구가 크게 요구되지 않고 과제를 효율적으로 수행할 수 있는 단계이다.

(2) 젠타일(Gentile)의 단계

① 움직임 개념의 습득 단계: 목표달성을 위한 적절한 동작의 형태를 이해하는 단계로 동작 형태에 대한 이해와 환경 특성을 이해한다.
② 고정화 및 다양화 단계: 일반적으로 폐쇄운동기술은 고정화 단계를 가지며, 개방운동기술은 다양화 단계를 거친다. 예를 들어, 양궁이나 사격과 같은 폐쇄운동기술은 기술의 안정성을 향상시키는 단계를 거치며, 농구나 축구와 같은 개방운동기술은 예측할 수 있는 다양한 환경에서의 적응성을 높이는 단계를 거치는 것이 효과적이다.

		동작의 기능			
		신체이동 없음		신체이동	
		물체조작 없음	물체조작	물체조작 없음	물체조작
환경적맥락	안정상태 조절 조건 동작간 가변성 없음	-제자리에서 균형잡기	-농구 자유투 하기	-계단 오르기	-책 들고 계단 오르기
	안정상태 조절 조건 동작간 가변성 있음	-수화로 대화하기	-타이핑하기	-평균대 위에서 체조기술 연기하기	-리듬체조에서 곤봉 연기하기
	운동상태 조절 조건 동작간 가변성 없음	-움직이는 버스 안에서 균형잡기	-같은 속도로 던져지는 야구공 받기	-움직이는 버스 안에서 걸어가기	-물이 든 컵을 들고 일정한 속도로 걷기
	운동상태 조절 조건 동작간 가변성 있음	-트레드밀 위에서 장애물 피하기	-자동차 운전하기	-축구경기에서 드리블하는 선수 수비하기	-수비자를 따돌리며 드리블해 나가기

제타일의 운동기술 분류(김선진, 2009)

(3) 번스타인(Bernstein)의 단계

① 자유도 고정 단계: 경험해 보지 않은 운동기술 학습에 있어서 초기에 수행하게 되는 움직임에 관여하는 신체의 자유도를 고정(줄임)한다.

② 자유도 풀림 단계: 연습이 진행됨에 따라 자유도를 풀어 사용 가능한 자유도의 수를 늘리는 단계로 환경적 요구에 쉽게 적응할 수 있게 되는 단계이다.

③ 반작용 활용 단계: 수행자의 신체 안팎에서 발생하는 힘을 활용하여 더욱 효율적으로 운동기술을 발휘할 수 있는 단계로 더 많은 여분의 자유도를 활용할 수 있게 된다.

※ 자유도: 시스템이 움직일 수 있는 가능성의 수

4) 운동학습과 피드백

(1) 피드백의 의미: 목표와 실제 수행 간의 차이에 대한 정보를 말한다.

(2) 피드백의 분류: 피드백은 학습자 내부의 감각체계로 부터 제공되는 감각피드백(내재적 피드백)과 외부로부터 제공되는 보강피드백(외재적 피드백)으로 분류된다(김용운 등, 2018).

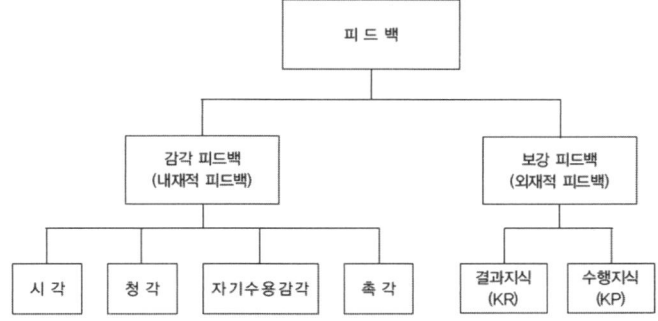

피드백의 분류(김선진, 2009)

(3) 수행지식(KP)의 이해
  ① 개념: 동작의 유형 또는 폼에 대한 질적인 정보를 주는 운동학적 피드백이다.
    예)손목을 부드럽게 잘 사용했어.
  ② 제공방법: 수행지식은 언어적으로 설명하거나 다양한 영상자료를 활용할 수도 있고 특정 도구나 장비를 통해 눈으로 관찰하기 어려운 근육 및 관절 등의 활동 수준 정보인 바이오피드백 형태로 제공될 수 있다.

(4) 결과지식(KR)의 이해
  ① 개념: 동작 결과에 대한 정보를 주는 피드백이다.
    예)슛이 우측으로 1m 벗어났어.
  ② 결과지식의 빈도
    ㉠ 절대빈도: 결과지식 제시 총수를 말한다.
    ㉡ 상대빈도: 제시된 결과지식 수/전체 시행 수 × 100
      전체 시행 수에 대한 결과지식의 빈도수를 백분율로 나타낸 것이다.
  ③ 결과지식의 종류

점감결과지식	학습후기로 갈수록 결과지식의 상대빈도를 감소시키는 피드백
요약결과지식	일정 연습 시행 후에 결과지식을 요약해서 제공하는 피드백
평균결과지식	일정 연습 시행 후 결과지식의 평균 정보를 제공하는 피드백
수용범위 결과지식	㉠ 사전에 정한 목표 수행범위(수용범위)에 벗어났을 때 제공하는 결과지식으로 수행 결과 정보 제공과 동기 유발 강화 기능이 있다. ㉡ 반대로 역수용범위 결과지식은 수용범위 안에 들어 온 정보를 제공하는 결과지식이다.
자기통제 피드백	㉠ 학습자가 필요할 시 정보를 제공하는 피드백 ㉡ 학습자의 인지적 노력에 초점을 두고, 능동적인 인지적 처리과정이 운동기술 학습에 영향을 미친다는 것을 전제로 한다.

5) 운동학습과 연습법

(1) 맥락간섭의 이해
  ① 연습 시 기술 동작 간 또는 시행 횟수 간에 간섭이 발생하는 정도를 맥락간섭이라고 한다.
  ② 맥락간섭 크기는 구획(분단)연습, 계열(시열)연습, 무선연습 순으로 크다.

구획연습(분단연습)	하나의 운동기술의 연습을 종료 후에 다른 하나의 운동기술을 연습 예) AAAAABBBBBCCCC
계열연습(시열연습)	운동기술을 일정한 연습순서로 연습 예) ABCABCABCABCABC
무선연습	연습순서를 무선적으로 제시하여 연습 예) ACBCBACBABAACBC

③ 행동계획재구성 및 정교화 가설에 따르면 구획연습은 운동수행에 효과가 가장 크며, 무선연습은 운동학습 효과를 높이는데 가장 유리한 연습법이다.

※ 운동수행은 연습에 따른 일시적인 운동상태 변화를 의미한다. 그러나 운동학습으로 일시적인 변화가 아닌 오랜 시간이 지나도 학습자가 향상된 수행을 유지할 수 있는 정도를 의미하는 것으로 파지 및 전이 검사를 통해 평가한다.

(2) 집중연습과 분산연습
① 연습시간이 휴식시간보가 상대적으로 긴 연습법이 집중연습이고, 휴식시간이 연습시간보다 긴 경우를 분산연습이라 한다.
② 지도자는 학습자의 특성, 운동기술의 특성, 성취 목표 등을 고려하여 어떠한 연습법을 사용할 것인지를 결정한다.

(3) 전습법과 분습법
① 학습자가 여러 운동 기술들을 동시에 전체적으로 학습하는 방법이 전습법이며, 하위 단위로 나누어 연습하는 방법을 분습법이라 한다.
② 전습법과 분습법 중 어떠한 연습법을 선택할 때 학습자의 수행 능력과 조직화와 복잡성과 같은 운동기술 특성을 고려한다.

전습법	운동기술 특성	연속적으로 연결되어 있어 조직화가 높고 과제가 단순하여 복잡성이 낮은 운동기술을 연습할 때 사용
	학습자 특성	장기간 주의집중 할 수 있고, 전체 동작을 기억해 낼 수 있는 능력이 있는 경우 권장
분습법	운동기술 특성	하위 운동기술 간의 조직화 정도가 낮고 난이도가 있어 복잡성이 높은 운동기술을 연습할 때 사용
	학습자 특성	장시간 주의집중을 할 수 없고 기억 능력에 한계가 있는 과제 연습 시 권장

(4) 가이던스 기법
① 신체적, 언어적, 또는 시각적 방법을 사용하여 학습자의 운동 수행에 도움을 제공하는 과정을 가이던스 기법이라 한다.
② 사용 목적은 학습자의 수행 오류를 줄이고, 위험한 동작을 수행하는데 있어서 두려움을 차단해 주고 부상을 예방이기 위해서이다.
③ 운동기술 학습과 운동재활 시 도움을 줄 수 있는 기법이지만 지나치게 많이 사용하게 되면 가이던스에 의존성이 커지기 때문에 적절한 시기에 제거할 필요가 있다.

※ 가이던스 기법의 대표적 예
㉠ 체조 동작 회전 시 허리나 어깨를 잡아 줘서 회전 경험을 시켜주는 것
㉡ 골프 스윙 시 헤드업 동작을 방지하기 위해 머리를 고정시켜주는 행위 등

6) 운동학습의 측정

(1) 파지검사

① 연습과정을 통해 향상된 운동기술의 향상 정도를 오랜 기간이 지나도 얼마큼 잘 유지할 수 있는지를 측정하는 검사이다.

② 파지는 운동학습 정도를 평가해 주는데 학습자의 특성, 운동과제의 특성, 환경의 특성에 따라 파지 정도가 다르게 나타난다.

③ 절대파지와 상대파지 점수를 산출하여 운동학습 정도를 파악할 수 있다.

절대파지		연습 시행 종료 후 일정한 파지 기간이 지난 후 나타난 점수
상대파지	차이점수	연습의 마지막 시행에서 나타난 점수와 파지 검사의 최초 시행 점수의 차이
	백분율점수	연습하는 동안 나타난 수행 점수의 변화점수에 대한 차이점수의 백분율
	저장점수	파지시행(검사)에서 연습 마지막 시행에서 얻은 점수에 이르기 까지 소요된 시행횟수

(2) 전이검사

① 선행 수행 또는 학습경험이 다른 환경 또는 운동기술의 수행에 얼마만큼 영향을 주는지를 측정하는 검사이다.

② 전이에 미치는 요인은 과제간 유사성, 처리과정 유사성, 선행 과제 연습량 정도, 연습법 등이 있다.

③ 쏜다이크(Thorndike)의 동일요소이론에서는 운동기술 수행에 관여된 동일한 요소들 간의 유사성 정도에 따라 전이가 다르게 나타날 수 있다고 본다(유사성이 높을수록 정적전이가 발생).

※ 전이의 분류 ㉠효과에 따른 분류 : 정적전이, 부적전이, 영전이 ㉡영향을 주고 받는 시간적 관계에 따른 분류 : 순행적 전이, 역행적 전이

※ 양측성전이
학습자가 어떤 한쪽 팔(손)이나 발로 특정의 운동기술을 발전시켰을 때, 그것이 반대의 신체 분절 또는 대각선의 신체 분절에 미치는 영향 정도를 측정하는 것이다.

03 운동발달

1) 운동발달의 개념 및 주요 관심

(1) 운동발달의 개념

① 운동발달은 연령에 따른 인간 움직임의 발달적 변화의 특성을 규명하는 연구 분야이다.

② 운동발달은 연령이 증가함에 따라 신체의 기능이 변화하고 개인에 따라 차이를 나타낸다. 엄마 뱃속에 있을 때부터 죽을 때까지 기능적인 역량이 지속적으로 향상 또는 감소하는 계열적 변화의 특성을 보인다.

(2) 운동발달의 주요 관심

① 발달의 원리: 성장과 운동제어가 일련의 방향성을 가진다.

머리-꼬리 발달	머리에서 발 방향으로 발달한다. 예) 태어나서 영아가 걷기까지의 과정(눕기→앉기→서기→걷기)
중앙-말초 발달	신체 중심에서 손과 발로의 말초부위로 발달한다. 예) 줄넘기 학습 시(몸통 제어→팔과 손의 효과적 제어)

② 계통발생적-개체발생적 행동

계통발생적 행동	예측 가능하며 기초적인 움직임 과정에서 볼 수 있는 운동행동 예) 걷기, 점프, 달리기 등
개체발생적 행동	환경적 요인에 의해 영향을 받아 학습을 통해 획득되는 운동행동 예) 자전거 타기, 수영 등

③ 연속성과 불연속성

연속성	양적인 변화를 통해서 설명되는 인간의 운동발달 특성 예) 배대고 기기 시 움직임 형태 변화는 없지만 속도가 빨라지는 영아의 운동 행동적 특성
불연속성	질적인 변화를 통해서 설명되는 인간의 운동발달 특성 예) 배대고 기기를 하다가 어느 순간 무릎 대고 기기나 걷기와 같은 새로운 움직임 형태가 나타나는 영아의 운동행동적 특성

2) 운동발달 단계와 모델

(1) 발달의 시기적 구분

발달은 임신과 동시에 생명이 있을 때부터 생을 마감하기 까지 일반적으로 다음과 같이 시기 구분을 한다.

시기적 구분		기 간	
태내기	배아기	임신~출생	임신~8주
	태아기		8주~출생
영아기		출생~2세	
유아기		2세~6세	
아동기		6세~12세	
청소년기		12세~18세	
성인기	초기	18세 이상	18~40세
	중기		40~65세
	후기(노인기)		65세 이상

(2) 운동발달 단계와 특징

단 계	시 기	특 징
반사	임신∽1세	불수의적 움직임이나 전형적인 리듬을 갖는 형태의 움직임이나 신경체계는 미완성
기초	출생∽2세	수의적 움직임을 수행하기 시작하는 단계
기본 움직임	2∽6세	지각 운동능력 발달 및 신체인식과 균형유지 발달
스포츠 기술	초등학교	기본 움직임을 더욱 세련되게 하는데 각각의 움직임 동작을 서로 연과지어 일관된 동작을 형성할 수 있는 단계
성장과 세련	청소년기	질적, 양적인 측면에서 가장 급격하게 발달하는 시기
최고수행	성인기 초기	근력, 심폐기능, 정보처리 능력 등이 최고의 능력을 발휘할 수 있는 시기
퇴보	30세 이후	생리적, 신경학적 기능이 감소하는 시기

3) 운동발달 모델

(1) 뉴웰(Newell)의 운동발달 모델

운동발달은 개인, 환경, 과제의 상호작용에 의해 영향을 받는다.

개인 제한요소	구조적 측면	신장, 몸무게, 근육 질량 등과 같은 신체 물리적 특성
	기능적 측면	기억이나 주의 형태 등과 같은 인지적 특성
환경 제한요소	물리 환경적 측면	온도, 중력, 지지면의 형태 등과 같은 요인
	사회 문화적 측면	성별, 인종, 문화 등과 같은 요인
과제 제한요소		운동 목표, 규칙, 사용 장비 등과 같은 요인

(2) 겔라우(Gallahue)의 운동발달 모델
　① 시간의 흐름에 따른 인간의 운동행동을 묘사한다.
　② 개인, 과제, 환경의 세 가지 요소를 표현한 삼각형과 모래시계(시간의 흐름을 나타냄)가 결합된 형태로 이 두 개간의 상호작용에 의해 운동발달이 일어난다.

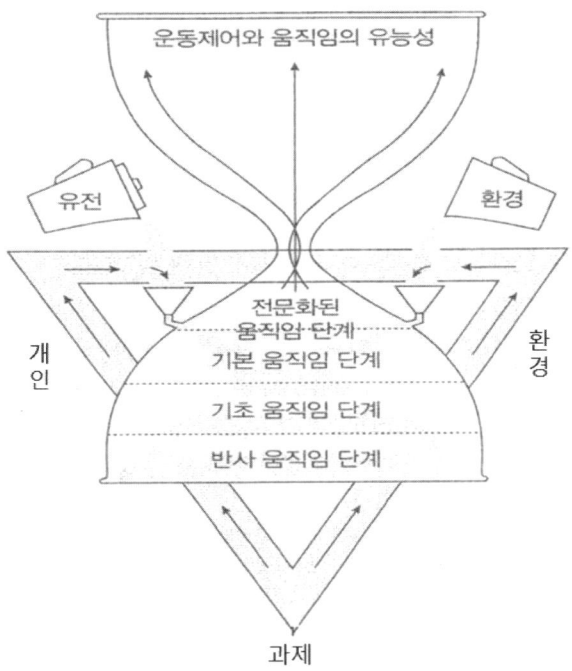

겔라우의 운동발달 모델(김선진, 2013 재인용)

Chapter 03 스포츠수행의 심리적 요인

01 성격과 스포츠

1) 정의와 특성

(1) 사고, 감정, 행동의 특징적 패턴에서 타인과 구분되는 개인차를 성격이라 한다.
(2) 성격은 독특성, 안정성과 일관성과 같은 특성이 있다.
(3) 홀랜드(Hollander)와 마튼스(Martens)의 성격 구조

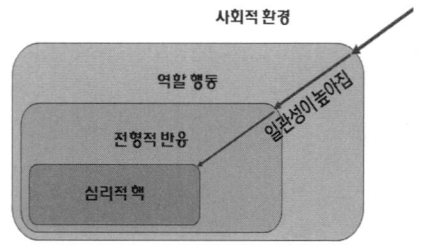

역할행동	가장 표면적이고 변화가능 변화 할 수 있는 부분을 나타내며 개인이 사회적 역할에 따른 일정한 행동
전형적반응	환경에 적응하거나 인간을 둘러싼 외부세계에 반응하는 양식, 환경과의 상호작용을 통해 학습, 전형적 반응은 심리적 핵을 보여주는 지표가 되기도 함
심리적 핵	성격의 핵심 영역으로 태도, 동기, 가치, 흥미, 믿음 등이 포함

2) 성격 이해의 접근법

(1) 심리역동 접근

① 프로이드(Freud)는 인간의 무의식이 성격과 행동을 결정하는 주요한 원동력으로 본다.
② 무의식은 원초아(이드), 자아(에고), 초자아(슈퍼에고)로 구분된다.

원초아	무의적이고 본능적 욕망
자아	- 원초아와 초자아 사이에서 조정을 담당하는 의식상태 - 지속적이며 역동적인 갈등상태(심리역동)
초자아	도덕적 양심

(2) 사회인지 이론
① 인간 행동을 설명하는데 있어서 인지과정을 포함시켜 지각과 인지를 중요시 여긴다.
② 인간은 단순히 환경에 단순하게 반응하는 것이 아닌 적극적으로 지각하고 인지를 하여 어떻게 행동할지를 결정한다.

(3) 성격 특성, 기질 접근
① 개인의 성격 또는 행동의 일관성 및 일반적인 특성을 찾아 미래의 행동을 예측하는 접근이다.
② 카텔(Catell)의 16PF 질문지(표면특성, 기본특성)와 아이젱크(Eysenk)의 2차원 성격 모형(내외향성, 정서적 안정성) 등이 이러한 특성을 규명한다.

(4) 성격 5요인(Big 5) 모형
① 성격 구조를 5개 요인으로 제시하여 설명한다.

정서적 불안정성	예민한 신경, 불안, 우울, 분노 정도
외향성	열정, 사교성, 단호함, 활동성
개방성	독창성, 다양성 추구, 호기심
호감성	상냥함, 이타성, 겸손
성실성	절제, 성취지향성, 자제력

(5) 상호작모형
① 개인적 요인과 상황적 요인을 동시해 고려해서 인간의 행동을 설명하는 모형이다.
B(행동) = f(P, E)
P: 개인적 요인, E: 상황적 요인
② 상호작용 접근은 경기 등과 같은 중요한 상황 정도에 따라 불안 할 수도 있고 그렇지 않을 수도 있다는 것을 설명하는 데 용이하다.

(6) 통합모형
① 성격 5요인이나 상호작용 모형을 뛰어 넘어 성격을 이해하기 위해 생물심리학적 접근을 시도하는 모형이다.
② 생물학적 그리고 사회학적 관점을 합하여 새로운 5요인의 통합 모형을 제시했다.

인간의 일반적인 진화 측면에서 독특한 차이
기질적 특성
적응 특성(목표나 대처 전략 등)
스스로 규정한 삶 내러티브(삶의 의미, 통합, 목적을 부여하는 스토리)
문화적, 사회적 맥락

3) 성격의 측정

(1) 구성적 성격 검사: 구조화된 반응 양식(선다형이나 진위형 항목)을 주고 그 중에서 자신에게 맞는 응답을 고르는 자기보고식 검사이다.
   ① 카텔의 16PF
   ② 아이젱크의 한국판 성격 차원 검사
   ③ 스포츠 전문검사: POMS, SCAT CSAI-2, TSCI

(2) 비구성적 검사: 제시된 애매한 자극에 대한 반응을 분석함으로써 피험자의 성격을 진단하는 검사이다.
   ① 로샤잉크반점 검사: 일련의 잉크반점 무늬가 있는 10장의 카드로 구성, 한 번에 한 장씩 보여주며 닮게 보이는 것을 반응하도록 하여 분석한다.
   ② 주제통각검사(TAT): 30장의 주제가 들어있는 그림과 한 장의 빈 카드로 구성하여 그림을 보고 과거, 현재, 미래의 이야기를 하게 하여 분석한다.

4) 모건(Morgan)의 정신건강 모형

기분상태 프로파일(POMS)을 통해 엘리트 선수와 비우수선수의 정신건강 상태를 분석하였다.

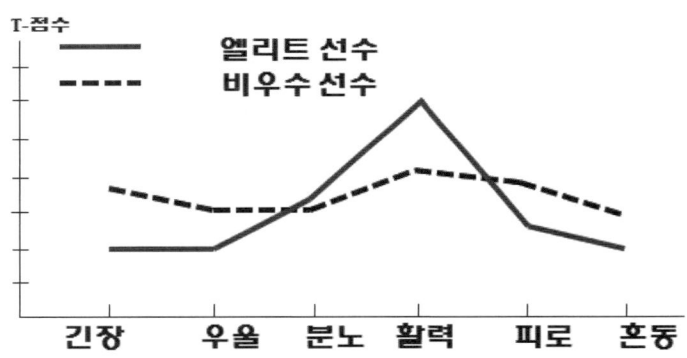

- ㉠ 엘리트 선수들의 불안, 우울, 분노, 피로, 혼란과 같은 부정적 심리 요인은 낮게 나타나나 활력은 높게 나타났다.
- ㉡ 비우수 선수들의 프로파일은 평평한 모양을 나타낸다.
- ㉢ 우수 선수들의 심리적 프로파일은 긍정적인 정신건강 프로그램과 일치한다.

02 정서와 시합불안

1) 정서

(1) 번아웃

① 정의: 번아웃은 탈진이라고도 하며 탈퇴 현상으로 정의된다.

② 특징: 번아웃은 지속적인 스트레스로 인한 성취감 저하, 스포츠 평가절하, 신체적 정서적 고갈의 특징이 있다.

성취감 저하	스포츠 평가저하	신체적 정서적 고갈
▸ 수행의 변동 심함	▸ 진도에 대한 회의와 불신	▸ 피곤
▸ 연속적인 수행 하강	▸ 시합 출전 의욕 상실	▸ 무기력
▸ 수행 통제 상실	▸ 운동이 즐거움 감소	▸ 과도한 피로로 운동 외 다른 일 못함
▸ 실력 발휘의 어려움	▸ 훈련과 시합에 대한 무관심	▸ 운동을 쉬고 싶음
▸ 뒤처짐	▸ 연습이 싫증남	▸ 감정 다운됨

(2) 운동중독

① 정의: 운동의존성이라고도 하며 신체 활동에 지나치게 집착해서 여러 생리적 심리적 증상을 유발하는 통제 불가능한 정도로 과도한 운동행동이다.

② 특징: 과도한 운동량이 있을 뿐만 아니라 통제 불가능한 행동을 보이는 특성이 있다. 운동중독은 건강이 도움을 줄 수 있기 때문에 긍정적 중독과 운동을 못했을 때 발생하는 부정적 심리 감정(짜증, 초조, 긴장, 불편함 등)이 발생하는 부정적 중독의 특성을 가질 수 있다.

※ 최근 운동중독이 지나치게 부정적인 측면을 강조한다고 비판에 따라 운동의존성이란 용어를 사용함

2) 불안

(1) 불안과 각성의 개념

① 신체의 활성화와 각성이 있는 상태에서 체험하는 걱정이나 초조함 등의 부정적 정서 상태이다.

② 불안은 상황에 따라 변하는 상태불안, 성격적으로 타고난 특성불안으로 구분되는데 상태불안은 인지적 상태불안과 신체적 상태불안으로 구분한다.

인지적 상태불안	상황에 따라 변하는 걱정 등과 같은 부정적 생각 예)시합 직전 시합 결과 걱정
신체적 상태불안	상황에 따른 변하는 지각된 생리작 반응 정도 예)농구 자유투 시 땀이 나고 맥박이 빨라짐

③ 각성은 깊은 수면과 같은 흥분 상태가 거의 없는 상태에서 부터 극도의 흥분의 상황까지의 연속선상에서 변화하는 생리적 또는(그리고) 심리적 활성화 정도이다.

(2) 불안 이론
   ① 추동(동인)이론
      ㉠ 각성과 수행의 관계를 직선적인 것으로 보고 각성 수준이 높아짐에 따라 수행도 증가한다는 이론이다.
      ㉡ 단순 과제나 학습이 잘된 과제에 대하여 설명하기에는 적합하나, 복잡한 기술이 요구되는 운동과제는 설명하지 못하는 한계점이 있다.

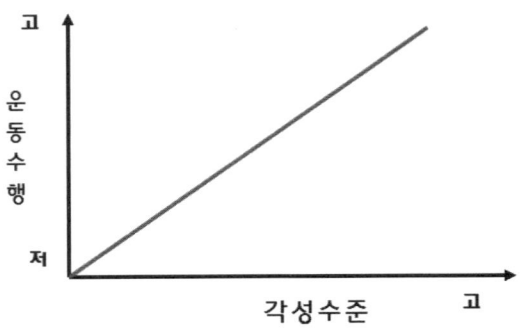

각성수준과 운동수행 관계(정청희 등, 1999)

   ② 역U가설
      ㉠ 각성 수준이 중간 정도의 적절한 수준일 때 운동수행력이 가장 높아진다고 보며 적정수준이론이라고도 한다.
      ㉡ 적정각성 수준에 영향을 미치는 요인은 개인의 특성 불안 수준, 과제 난이도, 과제 학습 단계 등이다.

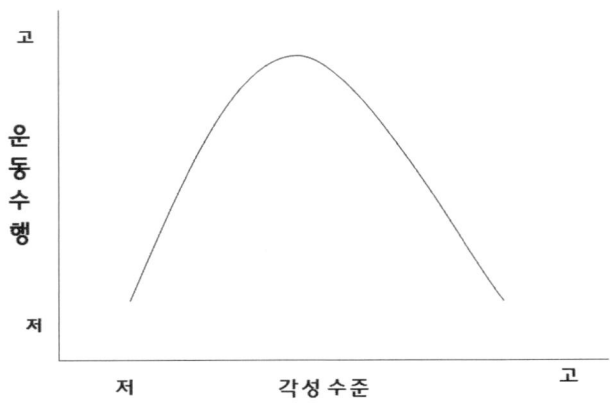

각성수준과 운동수행 관계(정청희 등, 1999)

✓ 스포츠 또는 운동기술별 적정 각성수준 (김병준, 2019)

적정 각성수준	스포츠 또는 운동기술
5(매우 흥분)	미식축구 태클, 200m 또는 400m 달리기, 투포환, 윗몸일으키기
4(심리적 분발)	단거리달리기, 멀리뛰기
3(중간 각성)	농구, 체조, 유도, 복싱
2(약간 각성)	테니스, 야구 투구, 펜싱
1(낮은 각성)	양궁, 골프 퍼팅, 자유투, 축구 킥

③ 최적수행지역이론
  ㉠ 각 개인마다 최적의 수행을 발휘할 수 있는 고유한 상태 불안 수준 범위가 있음을 설명해 주는 이론으로 적정기능력모형이라고도 한다.
  ㉡ 이 이론을 통해 경쟁 전에 자신의 상태 불안 수준이 최적 수행 범위 안에 있는지의 여부를 확인하여 수행을 예상할 수 있다.

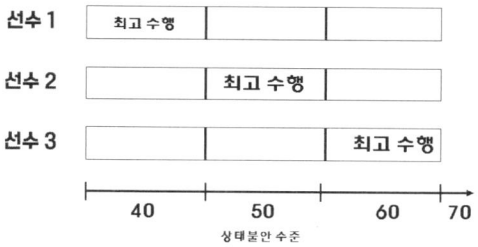

선수 별 상태불안 수준별 최고 수행 지역(정청희 등, 1999)

※ 역U가설과의 차이점
  최적의 상태 불안 수준이 한 점이 아니라 범위로 표시

④ 불안의 다차원적 이론
  ㉠ 인지불안 또는 신체불안과 같이 두 가지 차원에서 운동 수행력을 각각 설명하는 이론이다.
  ㉡ 인지불안수준이 높을수록 운동수행이 점차 감소하고 신체불안수준이 높아질수록 수행수행은 역U자 형태를 보인다.

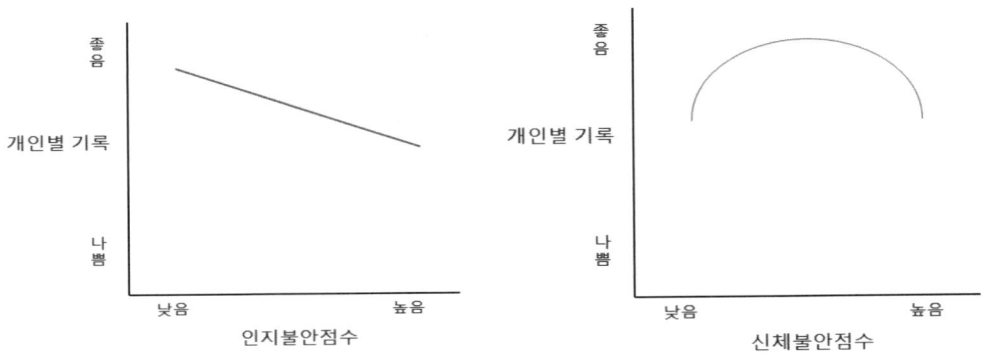

인지불안과 신체불안이 수행에 미치는 영향(김병준, 2019)

  © 인지불안과 신체불안이 서로 독립적인 특성이 있다.
 ⑤ 카타스트로피 이론
  ㉠ 인지불안과 신체적 각성의 역동적 관계에 따라 운동수행이 달라짐을 설명하는 이론으로 격변 이론이라고도 한다.
  ㉡ 인지불안 수준이 낮을 때는 신체적 각성과 운동 수행 간에 역U자 관계가 형성되나, 인지불안 수준이 높을 때는 신체적 각성이 적정수준을 초과하면 운동수행의 급격한 추락현상(격변)이 일어난다.
  ㉢ 운동수행의 급격한 추락 현상이 발생할 시 이전의 상태로 회복하는 데 많은 시간이 필요하다. 이전의 상태로 가기 위해서는 완전한 신체 이완을 통해서 점진적 적정 각성 수준을 만들어야 한다.

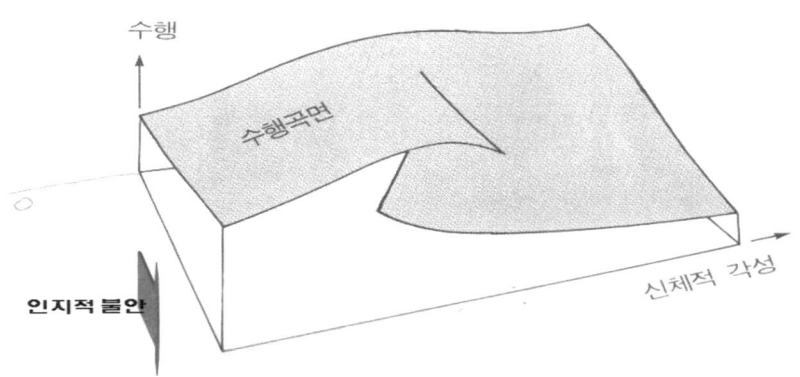

카타스트로피 이론에서의 불안과 운동수행 관계(정청희 등, 1999)

 ⑥ 전환이론
  ㉠ 자신의 각성수준에 대한 인지적 해석에 따라 정서 상태가 달라질 수 있다고 보는 이론이다.

ⓒ 수행자는 각성이 높은 상태를 기분 좋은 흥분 상태로 해석할 수 있지만 불쾌한 감정인 불안 상태로 해석 할 수도 있다. 마찬가지로 각성이 낮은 상태를 기분 좋은 이완 상태로 해석할 수 있지만 기분이 좋지 않은 상태인 지루한 상태로 해석할 수도 있다.
ⓒ 각성 수준에 따라 기분상태도 긍정적에서 부정적으로, 또는 그 반대의 방향으로 전환이 가능하다는 것이 이 이론의 특징이다.

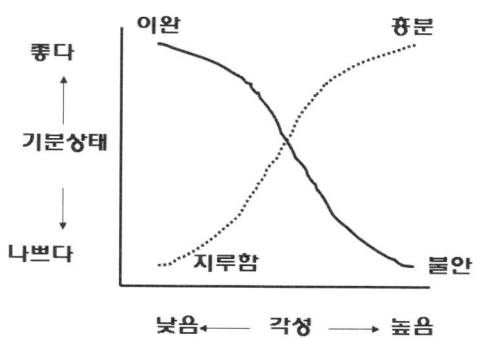

03 동기

1) 동기의 개념 및 관점

(1) 동기의 개념
① 노력의 방향과 강도를 말한다.
② 행동을 선택하여 지속적으로 계속하게 하는 요인이다.

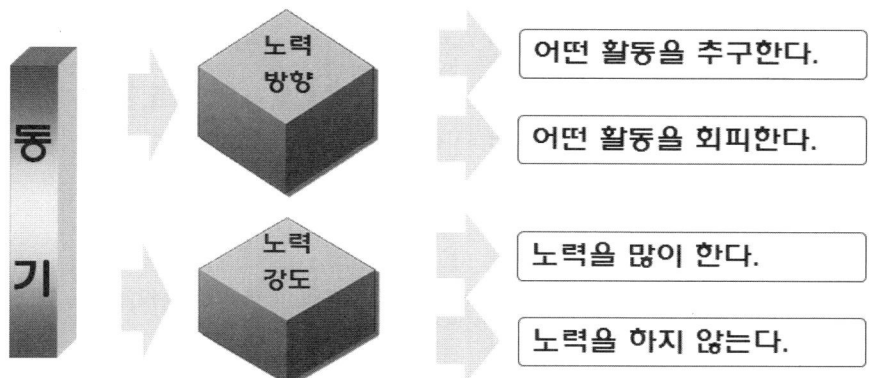

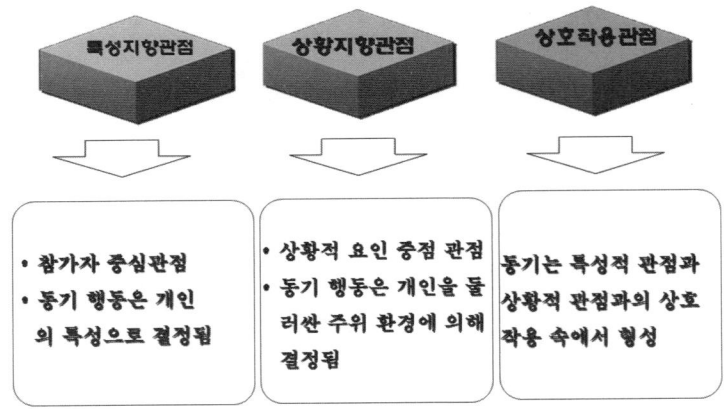

(2) 동기의 관점

동기의 관점은 특성지향관점, 상황지향관점, 상호작용관점이 있다.

2) 동기 이론

(1) 자기결정이론(self-determination theory)

① 어떤 유형의 동기가 인간의 동기를 끌어내는가를 설명해 주는 이론이다.
② 무동기, 외적동기, 내적동기를 통해 인간의 동기를 설명한다.
③ 외적동기의 행동의 규제는 자기결정 연속체(낮은 자기결정성에서 높은 자기결정성)로 표시할 수 있다(Deci & Ryan, 1985).

무동기	통제적 외적동기		자율적 외적동기		내적동기
	외적규제	내사규제	확인규제	통합규제	

자기결정 낮음 ← → 자기결정 높음 →

무동기		스포츠 참가에 의미를 느끼지 못하는 동기가 없는 상태	
내적동기		스포츠의 재미나 흥미를 위해 참여하는 동기 상태	
외적 동기	외적규제	보상을 얻기 위한 목적, 처벌을 피하려는 목적, 외적 요구를 충족시키기 위한 목적으로 행동	통제적 규제 스타일
	내사규제	창피함 또는 죄책감을 피하기 위한 목적, 자기 가치를 높이려는 목적으로 행동	
	확인규제	개인적으로 중요하다고 생각되는 혜택을 확인 또는 인식하기 때문에 하는 행동	자율적 규제 스타일
	통합규제	스포츠 참가에 대해 갈등이 없는 상태로 자신이 갖고 있는 가치와 자신에 대한 생각이 스포츠에 일치할 때 나타나는 행동	

④ 자기결정이론의 하위 요인의 하나인 인지평가이론은 내적동기에 영향을 주는 요인에 초점을 맞추어 행동 특성을 설명한다. 인간은 내적동기를 추구하며, 내적동기는 유능성과 자율성의 심리적 욕구에 의해 결정된다.

⑤ 유능성은 개인의 노력을 통해 주위 환경 또는 본인 자신을 바람직하게 변화될 수 있다는 자신감 정도라 할 수 있으며 자결성은 행동을 시작하고 행동을 조절하는 것(노력의 주체)이 자신이라는 감각을 말한다.

⑥ 인지평가이론에 따르면 외적사건을 개인이 어떻게 해석하느냐에 따라 내적 동기 수준이 결정되는데 외적사건은 통제적 측면과 정보적 측면에서 해석된다.

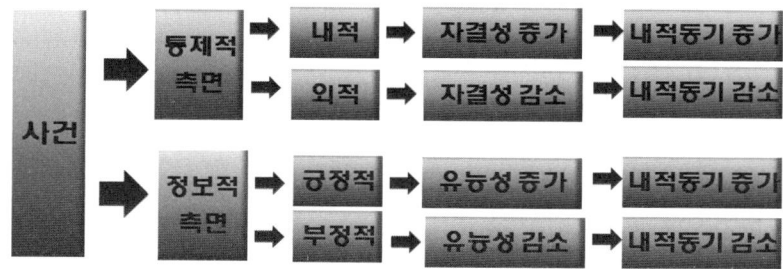

(2) 귀인이론

① 성공과 실패의 원인이 무엇인지를 추적하는 이론으로 사건의 원인을 어떤 것으로 생각하느냐에 따라 개인의 감정, 미래 수행기대, 동기 등이 달라진다고 본다.

② 웨이너(Weiner)는 수많은 사건의 원인을 안정성, 인과성 소재, 통제가능성이라는 3차원으로 분류하였다.

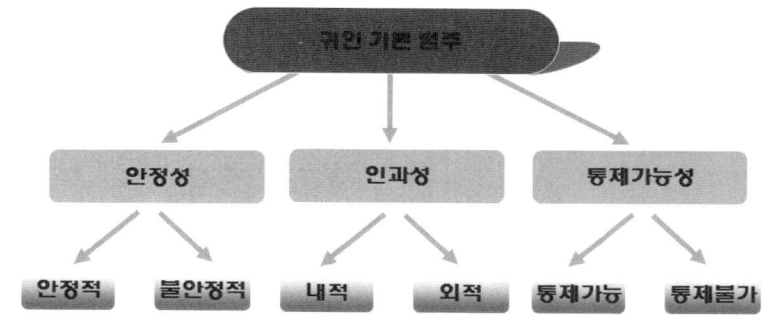

  ※ ㉠ 안정성: 비교적 안정적이며 영구적인지 아니면 불안정한 것인지로 구분
　㉡ 인과성: 내적 요인과 외적요인으로 구분
　㉢ 통제성: 통제할 수 있는지 아니면 통제 밖에 있는지로 구분

③ 3차원 분류법의 주요 귀인개념에는 개인 능력, 개인노력, 과제난이도, 운이 있는데 이는 다음과 같은 특징이 있다.

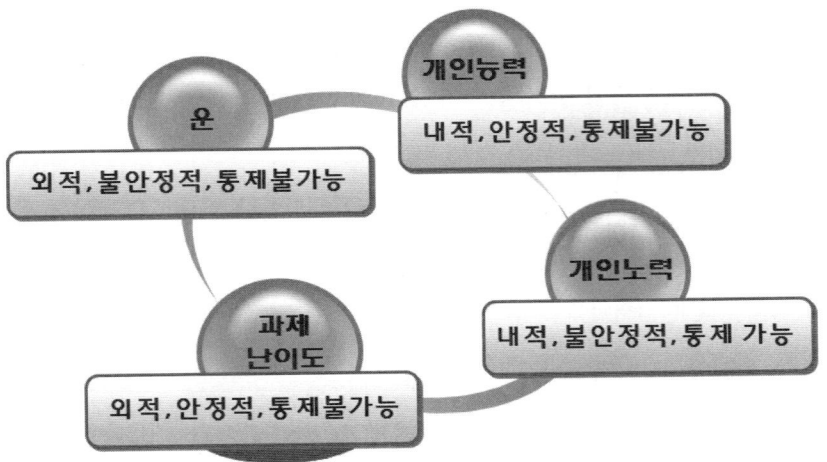

(3) 성취목표성향이론

① 성취목표에 따라 성취 수준이 달라진다는 것을 설명하는 이론이다.
② 일반적으로 두 가지 방식의 목표성향으로 구분하여 심리 및 행동 특성을 설명한다.

과제 성향	자신이 비교 준거가 되는 것이다. 노력을 많이 하고 기술이 향상되면 유능성을 느끼게 되고 성공했다고 생각한다.
자기 성향	타인이 비교 준거가 되는 것이다. 유능감이나 성공했다고 느끼기 위해서는 남보다 잘 해야 한다.

04 목표설정

1) 목표설정 개념과 유형

(1) 목표 개념: 내용과 강도의 속성을 갖는다.

속성 → 내용 (Content) = 달성하고자 하는 목적이나 결과
강도 (Intensity) = 목표를 달성하기 위해 투자하는 노력과 시간

예) 목표의 내용 : 자유투 성공률을 3% 향상
목표의 강도 : 목표를 달성 위해 3달간 매일 100번의 연습

(2) 목표 유형

주관적 목표	'재미있게 하겠다' 나 '최선을 다하겠다'와 같이 개인별로 상이하게 해석되는 목표
객관적 목표	'다음 시합에 0.5초 단축 한다'나 '3개월에 10cm 멀리 던진다'와 같이 구체적 수치나 객관적 기준을 설정한 목표

결과 목표	승리와 같은 경쟁의 결과에 초점을 둔 목표
수행 목표	과거 자신의 수행과 비교한 향상에 초점을 맞춘 목표 예) 농구 자유투 성공률을 80%에서 90% 높이기
과정 목표	효율적인 동작 수행을 위해 중요한 행동에 중점을 둔 목표 예) 농구 슛을 할 때 손목 스냅을 부드럽게 사용하기

2) 목표설정 효과

(1) 수행 향상을 가져오며 연습의 질을 높일 수 있다.
(2) 무엇을 달성할 것인지를 명확하게 해준다.
(3) 도전한다는 느낌을 주기 때문에 훈련의 지루함을 감소시킨다.
(4) 내적 동기를 높일 수 있다.
(5) 긍지, 만족감 및 자신감을 높인다.

3) 목표설정 원리

(1) 구체적인 목표 설정하기
(2) 어렵지만 실현 가능한 목표 설정하기
(3) 장기목표와 단기목표를 동시에 설정하기
(4) 수행목표를 설정하기
(5) 긍정적인 목표를 설정하기
(6) 목표를 기록하기
(7) 목표 달성을 위한 전략 개발하기
(8) 참가자의 성격을 고려하기
(9) 목표달성을 위한 지원책 마련하기
(10) 목표달성 여부를 평가하기

4) 목표설정 실제

준비단계	㉠ 선수의 잠재능력, 신념, 연습시간 등을 고려하여 세밀하게 목표 설정에 관한 사전 준비를 한다. ㉡ 어떻게 목표를 달성할 것인지에 대한 전략을 세운다.
교육단계	㉠ 지도자는 팀의 목표 및 선수들의 요청 사항을 확인한 후에 전체 팀을 대상으로 한 목표 설정에 관한 오리엔테이션 과정을 갖는다. ㉡ 대상자들이 자신의 목표에 대해 생각해 볼 수 있는 시간을 주면 좋다.
평가단계	㉠ 목표를 설정하고 실천에 옮기게 되면 목표 달성 여부를 주기적으로 평가해 준다. ㉡ 목표가 너무 쉽거나 너무 어려운 것으로 확인되면 도전감을 줄 수 있는 목표를 설정하는 수정 과정을 갖는다.

05 자신감

1) 자신감 개념과 유사 개념

(1) 자신감 개념

① 자신이 원하는 과제와 행동을 성공적으로 수행할 수 있다는 신념이다(Weinberg & Gould, 1997).
② 스포츠에서 성공하기 위해 자신의 갖고 있는 능력에 대한 확신의 정도이다(Vealey, 1986).

(2) 자신감의 유사 개념

① 자신감 개념을 포괄적으로 나타내기 위해 사용하는 것이 자기지각(self-perception)이다.
② 자기지각과 관련된 개념에는 자기존중감(self-esteem), 자기효능감(self-efficacy)m 자신감(self-confidence), 자아개념(self-concept) 등이 있다.

2) 자신감 관련 이론

(1) 밴두러(Bandura)의 자기효능감 이론

① 밴두러는 자기효능감이 행동을 예측하기 위한 매우 중요한 요인으로 간주하였는데 효능기대(efficacy expectation)라고도 한다.
② 자기효능감과 함께 결과기대(outcome expectation)라는 개념을 도입하였는데 이는 어떤 행동이 특정 결과를 가져올 수 있는 개인의 예상을 말한다.

③ 자기효능감과 결과기대의 높고 낮음의 조합에 따라 다양한 결과가 나타날 수 있다.
④ 자기효능감은 수행성취(성취경험), 간접경험(모델링), 언어적 설득, 정서적 생리적 상태(각성)와 같은 4가지의 원천 또는 정보에 의해서 길러진다.

✓ 자기효능감의 원천과 예시(김병준, 2019)

원천(정보)	설명	예
수행성취	㉠ 숙달경험이라고도 함 ㉡ 자기효능감에 가장 강력한 영향 ㉢ 연습 및 시합에서의 성공, 실패 경험	농구자유투를 연속적으로 성시키면 자기효능감 ↑
간접경험	㉠ 타인(모델)의 성공, 실패를 보고 판단함 ㉡ 유사한 모델을 관찰하는 것이 효과적임	최고 순간의 장면을 편집한 영상을 관찰
언어적 설득	㉠ 타인으로 부터의 격려와 기대 ㉡ 동기유발형이나 동작지시형의 자기암시는 자기효능감과 수행에 긍정적 영향	지도자나 동료 선수들의 격려, 자신에 대한 긍정적 셀프 톡
정서적, 생리적 상태	㉠ 생리적 상태, 특히 각성에 대한 해석이 자기효능감에 영향 ㉡ 정서 상태나 기분도 자기효능감에 영향	심장이 빨라지거나 다리가 떨리는 것을 부정적으로 해석하면 자기효능감 ↓

(2) 하터(Harter)의 유능성 동기이론

① 유능성 동기이론은 인간은 유능성 동기를 지니고 있는데 이 동기는 지배행동을 시도함에 따라 충족될 수 있다고 본다. 지배 행동의 시도를 하는데 있어서 성공하게 되면 유능성 동기는 강화가 되고 과제에 대해 더 많은 노력을 기울인다. 그러나 실패하게 된다면 개인은 실망하게 되고 유능성 동기가 약화되어 과제를 포기하는 상황이 발생한다.

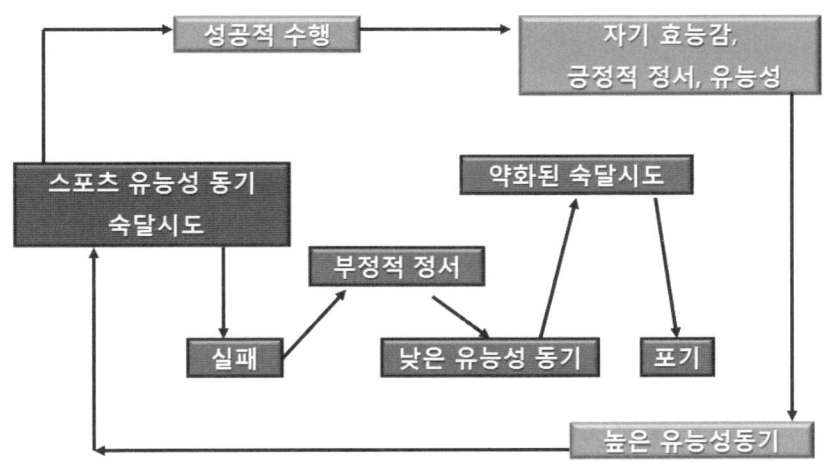

하터의 유능성 동기이론 모형도

② 동기지향성, 지각된 유능성, 통제감과 같이 유능성 동기의 요소가 있다.

동기지향성	특정 과제에 대한 심리적 태도
지각된 유능성	특정 과제에 대한 개인 능력의 자부심 정도
통제감	특정 성취영역에서 성공과 실패에 대하여 수행자가 인식하는 책임감 정도

(3) 스포츠자신감 모형

① 스포츠 상황에서 성취동기와 자신감이 어떠한 관계가 있는지를 설명하기 위해 스포츠 자신감 모형을 제안하였다.

② 객관적 스포츠 상황은 특성 스포츠 자신감과 경쟁 지향성과 같이 두 가지의 요소로 구분된다. 그리고 두 가지 요소가 관련지어서 상태 스포츠자신감이 나타나는데, 이는 행동적 반응, 즉 경기력 정도를 결정하게 된다.

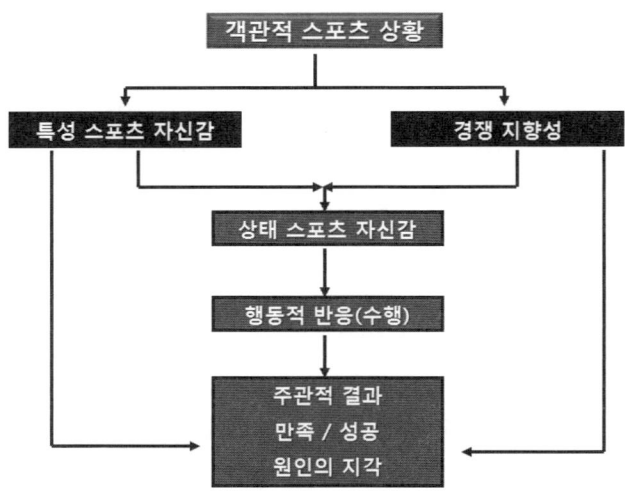

빌리의 스포츠자신감 이론 모형도

06 심상

1) 심상의 개념과 특징

(1) 심상의 개념

① 감각을 모두 동원해서 어떤 경험을 떠 올리거나 새로 만드는 것을 말한다.
② 기억에 있는 감각 경험을 회상하게 하여 외적 자극이 없이 내적으로 수행하는 과정이다.
③ 심상은 아래와 같이 두 가지의 심상으로 구분된다.

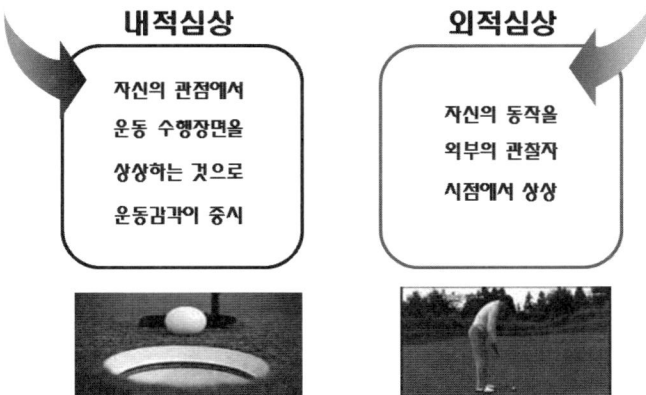

(2) 심상의 특징

① 회상과 창조: 과거에 있었던 이미지 회상뿐만 아니라 새로운 이미지를 창조한다
② 여러 감각의 동원: 모든 감각(시각, 청각, 후각, 촉각 등)을 동원한다.
③ 외부 자극과 심상: 외부에서 자극이 주어지지 않아도 상상 속에서 이루어지는 감각적인 체험이다.

2) 심상 이론

(1) 심리신경근 이론

① 심상 시 뇌와 근육 부위가 실제의 동작을 할 때와 유사한 자극이 발생한다.
② 심상 시 실제의 움직임을 하는 것과 같은 순서로 근육에 자극이 전달되어 근육의 운동 기억을 강화시킨다.

(2) 상징학습 이론

① 운동의 형태를 이해하는 데 요구되는 코딩 체계의 역할을 한다고 본다.
② 심상은 어떠한 움직임을 뇌에 부호로 형성하여 그 움직임을 잘 이해하게 만들거나 또는 자동화시키는 역할을 한다.

3) 심상의 선명도와 조절력

(1) 선명도

① 최대한 실제 장면과 유사하게 이미지를 떠올리는 것이다.
② 선명도는 훈련을 통해 향상시킬 수 있다.

연습방법	㉠ 모든 감각을 동원한다. ㉡ 자신의 생활에서 친숙한 것부터 심상한다. ㉢ 만족감, 자신감, 흥분 등의 감정을 떠올린다. ㉣ 단계적, 규칙적, 지속적으로 연습한다.

(2) 조절력

① 자신이 생각한 이미지를 원하는 대로 조절하는 능력이다.
② 심상에서 실패한 상황을 떠 올리는 것보다 긍정적이고 성공적인 상황을 만드는 조절력이 필요하다.

연습방법 예	㉠ 자신의 수행을 통제하는 것 ㉡ 상대 선수에 대해 수행을 통제하는 것 ㉢ 감정을 통제하는 것

4) 심상훈련 프로그램의 개발 과정

(1) 교육단계: 심상훈련에 관한 오리엔테이션을 하는 단계이다.
(2) 측정단계: 선수의 심상 능력을 측정하는 단계이다.
(3) 습득단계: 선명도 및 조절력 등 향상시키는 단계이다.
(4) 연습단계: 수행자의 요구에 따라 연습을 체계적으로 하는 단계이다.
(5) 수정단계: 심리훈련프로그램을 보완하고 평가하는 단계이다.

5) 심상훈련의 지침

(1) 적합한 장소를 마련한다.
(2) 편안하게 집중할 수 있게 한다.
(3) 훈련을 하는데 있어서 충분한 동기 및 확신을 갖는다.
(4) 선명하면서 자기 마음대로 조절할 수 있는 이미지를 만든다.
(5) 핸드폰 동영상 기능이나 캠코드를 활용한다.
(6) 실제 경기에서 소요되는 시간을 고려하여 같은 속도로 상상한다.
(7) 심상일지를 작성한다.

07 주의집중

1) 주의집중의 개념 및 특성

(1) 주의집중의 개념

① 주의는 인간의 감각에 의하여 발생된 자극에 관한 의식을 유지 및 통제하는 인지적 과정이다.

② 많은 대상이나 생각 중, 한 가지를 선택하여 마음속으로 간직하는 의식의 초점이나 집중이다.

(2) 주의의 특성
① 인간은 한 번에 한 가지의 과업이나 대상에만 전념할 수 있다는 제한성이 있다.
② 어떠한 특정 대상에 의식의 초점을 맞추고 다른 데에 있는 대상에 초점을 옮길 수 있는 선택성이 있다.
③ 인간의 주의는 각성 상태와 정보처리 역량에 따라 영향을 받는 특성이 있다.

2) 주의 이론

(1) 단일통로 이론
필터(여과기) 이론이라고 하며 인간의 정보처리체계의 용량은 고정되어 있다고 본다. 따라서 인간은 환경에서 들어오는 모든 자극을 동시에 처리 할 수 없다고 보는 이론이다.

(2) 제한역량 이론
① 제한역량을 넘지 않는 한 개나 두개 이상의 과제를 동시에 수행할 수 있다고 본다.
② 단일통로 이론에서 설명하는 한 번에 한 개씩의 정보를 처리한다는 것이 운동수행 상황에서 적절하지 않다는 관점이다.

3) 주의의 유형과 요소

(1) 주의 유형
① 나이데퍼(Nideffer)는 주의의 폭(범위)와 방향에 따라 광의-외적, 광의-내적, 협의-내적, 협의-외적과 같이 4가지 유형으로 구분하였다.
② 여기서 폭은 광의성 정도(광의/협의)를 나타내는 것으로 수행자가 일정 시간 내에서 주의해야하는 정보의 양을 말한다.
③ 방향은 방향성(내적/외적)을 나타낸 것은 수행자가 자신의 생각 및 감정에 주의를 할 것인지 또는 수행자 주변 상황에 주의할지에 관한 것을 말한다.

광의-외적	상황을 신속히 평가하는 상황 예)순간적으로 패스할 곳을 찾는 축구의 링커
광의-내적	분석하고 계획하는 상황 예)작전 계획을 수립하는 코치
협의-내적	수행에 대한 정신적으로 연습하는 상황 또는 정서를 조절하는 상황 예)시합 전에 마음속으로 기술을 연습하는 선수
협의-외적	어떤 특정 목표물에 중중한 상황 예)과녁을 조준하는 양궁선수

(2) 엣젤(Etzel)의 주의집중 요소
① 용량: 스포츠 경기 상황에서 정보를 처리하는데 필요한 정신적 에너지양 정도
② 지속시간: 장시간 주의 집중을 할 수 있는 능력 정도
③ 융통성: 수행자의 주의의 초점 및 범위에 관한 조절 및 전환 능력 정도
④ 선택성: 정보에 관한 분석적 처리 능력 정도
※ ①, ②: 에너지의 소비   ③, ④: 경기를 읽는 시야

08 루틴

1) 루틴의 개념과 목적

(1) 루틴의 개념
① 수행자들이 최고 수행을 위한 수행자 자신의 고유한 동작이나 절차이다.
② 선수들이 습관적으로 수행하는 일련의 생각과 동작의 과정이다.

(2) 루틴의 목적
① 선수들이 부적절한 내외적 방해로 인하여 정신이 산만할 시 운동과 상관없는 것을 차단시키기 위해 한다.
② 다음 수행에 대한 심상 등과 같은 상기를 통해 실제 수행 시 친근감을 갖기 위해서이다.
③ 자신의 고유한 동작이나 절차를 통해 실제 경기에서 일관된 수행을 나타내기 위해서 실시한다.

2) 루틴의 종류

(1) 시합(전체) 루틴
① 시합 루틴은 경기 전날부터 경기가 종료할 때까지의 선수 자신이 계획한 것을 행동하는 일련의 절차 및 과정이다.
② 경기 전날의 컨디션 조절이나 수면시간, 기상시간, 경기장이동, 준비운동을 등을 일정 순서를 정하여 수행한다. 그리고 경기 중에서는 수행 루틴에 의한 생각과 수행을 하며, 경기 종료 시 자신의 수행에 대한 평가와 분석 등의 절차를 갖는다.

(2) 수행 루틴
① 실제 수행하기 직전에 습관화된 생각과 행동 절차를 말한다.
② 예를 들자면, 양궁 선수들이 활을 쏘기 전에, 농구 선수가 자유투 슛을 던지기 전에 선

수 자신들의 일련의 생각과 행동 절차를 갖는다.
③ 수행 루틴은 인지적 요인과 행동적 요인과 같이 2가지의 요인으로 구성된다.

인지적 요인	㉠ 수행 중에 인지가 요구되는 요인으로 구성된다. 예) 정신적 이완, 심상화, 인지재구성, 자신감 등 ㉡ 스포츠 경기 상황에서 순간적으로 대처를 잘하고 심리적 동요를 지배할 수 있는 일련의 생각 체계를 갖는 것이 중요하다.
행동적 요인	어떤 경기 상황에서도 행동체계의 일관성 유지하는 것이 중요하다. 예) 신체적 이완, 기술 수행에 필요한 행동 등

※ 수행 루틴의 예: 농구 자유투
 ㉠ 한 손으로 강하게 2번 드리블한다.
 ㉡ 호흡을 크게 한다.
 ㉢ 골대를 주시하며 나는 '잘할 수 있다'고 혼잣말을 한다.

Chapter 04 스포츠수행의 사회 심리적 요인

01 집단응집력

1) 집단응집력의 정의 및 특징

(1) 집단응집력의 정의

집단 성원을 집단에 머무르도록 작용하는 힘들의 총합이다.

(2) 응집력의 특징

① 응집력은 다차원적 개념이다. 팀을 구성하는 이유는 다양하다. 친목도모를 위한 팀을 구성할 수도 있고, 대회를 앞두고 승리를 위해 모여 연습을 함께 하려는 팀 구성도 존재하는 것과 같이 다양한 목적에 의해 팀을 구성하는 다차원적 특성이 있다.
② 수단적 특성이 있다. 다양한 팀은 목표를 가지고 있는데 응집력은 이러한 목표를 달성하기 위한 수단으로 역할을 한다.
③ 역동적 특성이 있다. 팀의 응집력은 시간의 흐름에 따라 수시로 변화하는 특성이 있다는 것이다.
④ 감정적 측면이 있다. 다양한 집단에서는 과업을 수행하는 과정에서 서로 상호작용이 일어나는데 이러한 결과로 응집력이 생긴다. 서로 격려하고 고생하는 과정 속에서 끈끈한 우정과 동료애가 생긴다.

2) 집단응집력 관련 이론

(1) 캐론(Carron)의 응집력 개념 모형

① 응집력은 개인, 리더십, 상황(환경), 팀 요인에 의해 결정된다.
② 응집력의 측면은 과제와 사회 측면으로 구분된다. 과제 측면은 집단의 정해진 과제 또는 목표 달성을 위해 집단에서 다양한 활동을 하는 것을 말하며, 사회 측면은 집단의 과제나 목표 달성보다는 사회적으로 서로 유대 관계를 형성하는 것에 목적을 둔다.

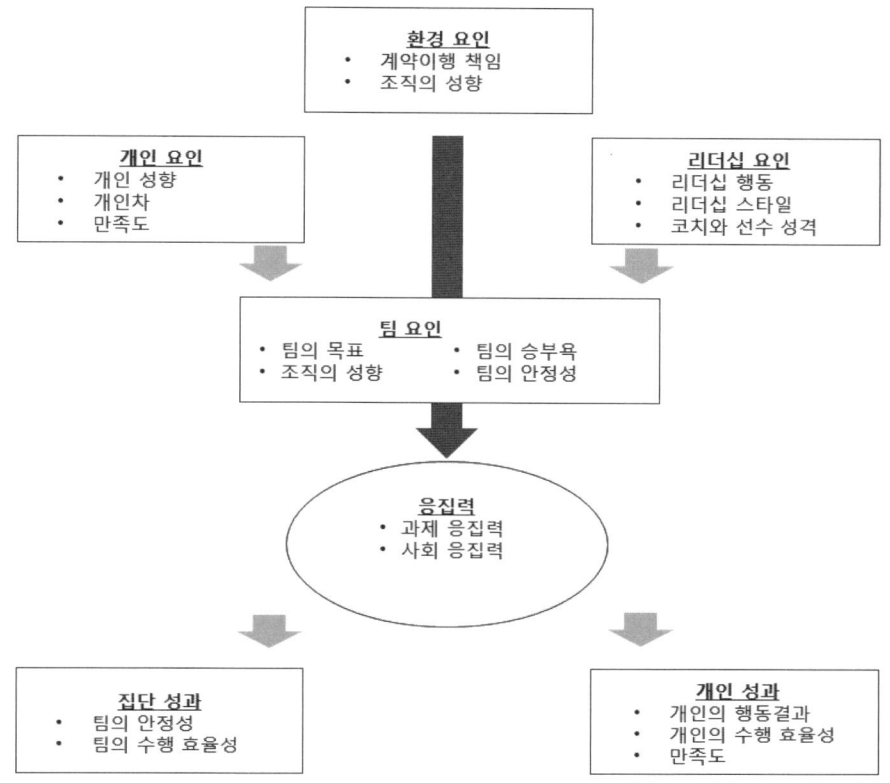

캐런의 응집성 개념 모형(김성옥, 2000)

(2) 스타이너(Steiner) 이론

① 스타이너는 집단에 속한 각 개인이 갖고 있는 능력과 집단이 어떠한 성과를 낼 수 있는지에 관한 이론을 제시하였다.
② 집단의 실제 생산성은 잠재적 생산성에서 과제 손실을 고려하여 알 수 있다.
(집단의 실제 생산성= 잠재적 생산성 -과제 손실)

잠재적 생산성		팀 구성원이 최고의 실력 발휘를 했을 때 성취 할 수 있는 최고 결과를 달성하는 필요한 지식이나 능력 등과 같은 필요한 자원의 양에 의해 결정
과제 손실	조정손실	팀 구성원 간의 호흡이 맞지 않거나 옳지 않은 경기 전략으로 인해 팀의 잠재적 생산성에 부정적 영향을 미치는 것
	동기손실	팀 구성원이 각자의 최대 노력을 하지 않을 때 발생하는 손실

(3) 링겔만 효과

① 개인이 혼자서 일을 할 때 보다 집단에 속해서 일을 할 때 더 게을러지는 현상이나 공헌도가 낮아지는 현상을 말한다.

② 이러한 링겔만 효과에 의해 집단의 실제 능력이 감소하게 되는데 이는 각 개인의 동기가 감소하는 사회적 태만이 발생과 밀접한 관련이 있다.
③ 사회적 태만이 발생하는 이유는 할당전략, 최소화전략, 무임승차 전략, 반무임승차 전략의 측면에서 설명할 수 있다.
④ 사회적 태만을 극복하는 방안은 개인의 노력을 확인하기, 사회적 태만 허용 상황을 규정하기, 선수와 대화하기, 개인의 공헌을 강조하기가 있다

할당 전략	개인이 혼자가 되는 상황에서 잘하기 위해 여럿이 모이면 힘을 절약
최소화 전략	집단 상황에서는 개인의 책임이 감소하기 때문에 개인은 태만해 짐
무임승차 전략	타인의 노력에 편승하여 공짜로 혜택을 받기 위해 자신의 노력을 줄임
반무임 승차 전략	열심히 하지 않는 사람이 무임승차를 하는 것은 원하지 않기 때문에 자신도 노력하지 않음

3) 응집력과 운동수행 관계

(1) 스포츠 종목 특성에 따른 집단 응집력의 필요 수준

스포츠 종목에 따라 상호협력-상호반응 집단, 상호반응 집단의 집단분류와, 상호의존성, 집단 응집력의 필요 정도가 구분된다.

종목	양궁, 볼링, 육상 필드 종목, 사격, 스키, 레슬링	미식축구, 야구, 피겨스케이트, 조정, 육상 트랙경기, 줄다리기	농구, 아이스(필드)하키, 축구, 핸드볼, 배구, 럭비
집단 분류	상호협력 집단	상호협력 - 상호반응 집단	상호반응 집단
상호 의존성	저	중	고
집단 응집력 필요 정도	낮음	중간	높음

(2) 응집력과 심리적 요인

① 개인 만족도인의 만족도에 영향을 미친다.
② 응집력이 높은 팀에 대한 동조와 외부 압력이나 명령에 복종하는 행동이 나올 가능성이 높다.
③ 팀의 안정성 수준은 응집력과 밀접한 관련이 있는데 안정성이 높을수록 응집력이 강하다.
④ 응집력과 역할 수용 및 명료성은 관련성이 높다.

(3) 응집성을 향상시키는 방안

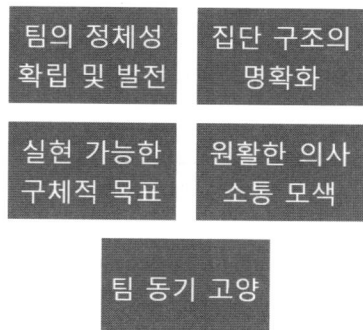

✓ 건강 운동 상황에서의 집단 응집력 향상을 위한 주요 요인 및 사례

요인	사례
독특성	팀 이름 짓기, 팀 티셔츠 만들기, 팀 포스터나 슬로건 만들기
개인 위치	체력 수준을 고려한 수영장 사용 배분, 위치 선택권 부여
집단 규범	자기소개, 파트너 역할, 팀목표 설정
개인 헌신	2~3인이 당일 목표 설정, 신입 회원 안내 및 도움주기
상호작용	서로 소개하고 파트너와 같이 운동하기

4) 팀 빌딩

(1) 팀 빌딩의 정의와 모형

① 팀 빌딩의 정의

㉠ 팀에 주어진 과제목표와 사회목표를 완수하기 위해 팀을 개선시키는 활동이다.

㉡ 팀의 수행 효율성을 증진하고 환경 조건 등과 같은 구성원의 요구 사항을 개선하는 데 사용하는 다양한 전략이다.

② 팀 빌딩 모형

㉠ 캐런(Carron)의 모형

- 스포츠심리학 상담사, 교사 및 지도자의 역할에 대해 제시하며 4단계의 과정으로 구성된다.

소개단계
- 스포츠심리상담자가 팀 빌딩의 효과와 필요성을 강조하면서 내용을 설명하는 단계이다.

개념단계
- 집단 역학의 주요 개념을 이해하고 응집력을 높이기 위한 다양한 요인들을 같이 논의한다.
- 이 단계에서 팀 빌딩의 개념모형과 전략에 대해 설명한다.

연습단계
- 지도와 선수 또는 운동참여자는 브레인스토밍을 활용하여 팀의 상황을 고려하여 최적의 팀 빌딩 전략을 개발하려고 한다.

중재단계
- 개발된 팀 빌딩 전략을 선수나 운동참여자에게 적용한다.
- 개발된 팀 빌딩 전략들이 현장에 잘 적용되는지 주단위로 확인한다.

- 개념단계에 소개되는 팀 빌딩의 개념모형을 다음 그림과 같이 집단환경, 집단구조, 집단과정 측면에서 집단응집력을 설명한다.

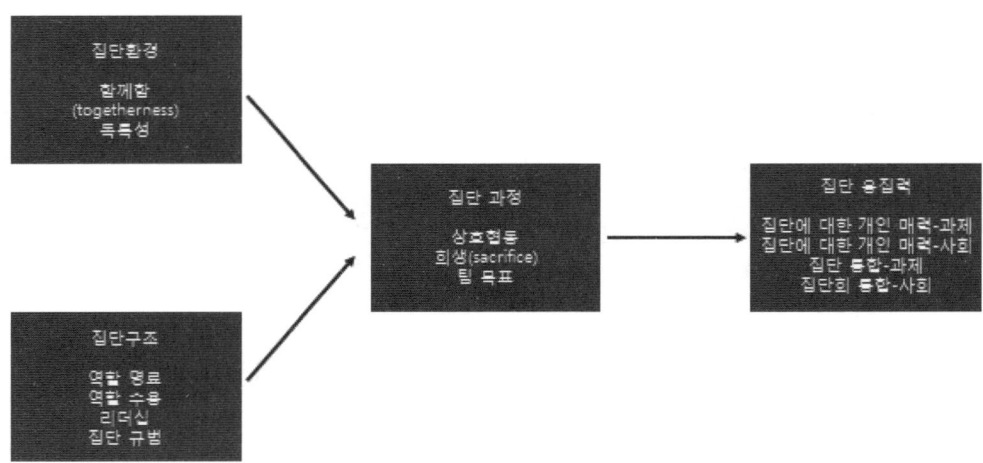

팀 빌딩의 개념모형(김병준, 2019 재인용)

- 집단환경, 집단구조, 집단과정의 측면에서 팀 빌딩의 구제적 예시는 아래 표와 같다.

범주	요인	전략
집단환경	독특성	팀 유니폼 입기, 팀의 역사 또는 방향성 등의 공유
	근접성(함께함)	팀 선수들을 가깝게 락커를 사용하게 하기
집단 구조	역할의 명료성/수용성	주단위의 구성원의 역할과 책임에 대한 회의
	집단 규범 순응	- 팀의 규칙 준수에 대한 공통적인 인식과 헌신 요구 예) 팀 주장에게 행동에 대한 규범을 정하게 하고 규범에 대한 위반을 논의하는 시간 갖기
	집단 리더십	팀의 리더(주장과 부주장)들 간 또는 지도자와 대책회의 예) 선출된 선수 협의회를 구성하여 팀의 문제점들을 코치와 상의하기
집단 과정	개인적 희생	신입생이나 팀 적응이 필요한 선수에게 도움을 줌
	목표/목적	주단위로 선수단 전체의 팀 과정, 수행력, 결과 목표에 대한 회의 개최
	상호협동	선수 간의 기술 및 전술적 조언 장려

ⓒ 가치중심 모형
- 개인 및 팀 가치 인식과 상호 간의 높이는 방법을 설명한다.
- 지도자와 선수가 팀 빌딩 중재에 대한 원리 및 이론을 학습한 후에 상호간의 토론을 통해 다음 시즌에서의 팀의 신념을 확인하는 과정을 갖는다. 토론 시 조를 구성하여 조별로 팀의 신념의 순위를 정할 수 있다.

02 리더십

1) 리더십의 정의
① 설정된 목표를 달성하기 위해 개인이나 집단에 영향력을 행사하는 과정을 말한다.
② 효과적 목표 달성을 위해 구성원에게 목표 수행을 자발적으로 헌신하도록 수 있도록 하는 리더 행동이다.

2) 리더십 이해를 위한 접근

(1) 특성적 접근
① 위인이론(great man theory)라고도 불리며, 개인이 지닌 속성을 강조하는 접근이다.
② 특성적 접근에 의하면 훌륭한 리더는 이를 위한 타고난 인성을 갖고 있다고 보기 때문에 어떤 상황에서도 훌륭한 리더십을 발휘하는 리더가 될 수 있다.

(2) 행동적 접근
① 리더의 성격특성 보다 리더의 행동적 특성을 설명하는 접근이다.
② 훌륭한 리더는 집단을 효율적으로 이끌 수 있는 보편적 행동 특성을 가지고 있다고 보며 학습이 가능하다고 본다.

(3) 상황적 접근
① 개인적 특성이나 행동적 특성 보다 상황적인 특성이 더 중요하다고 보는 접근이다.
② 리더의 리더가 될 수 있는 배경을 살펴보면 리더가 될 수 있는 상황에 의해 결정된다는 것을 알 수 있다.

(4) 상호작용 접근
① 리더들의 성격특성, 행동특성, 또는 상황적 특성만으로 리더십을 이해하는데 한계가 있다는 측면에서 설명하는 접근법이다.
② 리더의 개인적 특성과 상황 요인 간의 상호작용을 다루는 접근이다.

3) 리더십 모형
① 상황부합 모형
㉠ 리더십의 상호작용을 다룬 모형이며 리더십 효율성은 리더의 인적 특성 및 집단의 상황적 조건에 달려있다고 본다.
㉡ 지도자의의 인적 특성은 선수들을 동기화 시키는 방법을 의미하는 것으로 관계지향리더와 과제지향리더가 있다.
㉢ 과제지향리더는 과제 수행 및 목표 달성에 초점(조직 관리나 규칙 정립 및 실행 등)을 두며, 관계지향리더는 서로간의 인간관계에 초점(의리, 배려, 개방적 의사소통 등)을 둔다.
㉣ 지도자가 처한 상황은 리더와 구성원의 관계, 구성원의 관계, 과제구조, 지도자의 직위권력과 같이 3가지로 결정될 뿐만 아니라 통제력에 따라 저통제, 고통제, 중간 상황으로 구분된다.
㉤ 저통제 상황은 리더에게 불리한 상황이며 고통제 상황은 리더에게 유리한 상황이라고 할 수 있다. 따라서 상황이 매우 유리하거나 매우 불리할 때는 과제지향리더가 효과적이며, 유리하지도 불리하지는 않은 중간 정도의 상황에서는 관계지향리더가 효과적이다.

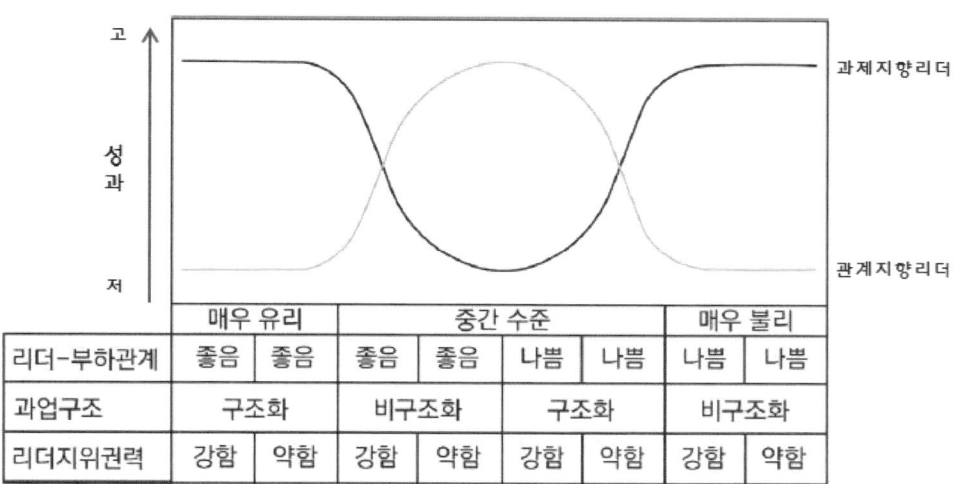

상황부합에 따른 과제지향 리더와 관계지향 리더의 영향력(김병준,2019 재인용)

② 채라두라이(Chelladurai) 등의 다차원 스포츠리더십 모형
  ㉠ 특정 상황에서의 지도자에게 요구되는 규정된 행동, 지도자의 실제로 수행하는 행동, 선수들이 좋아하는 행동의 일치 정도는 리더의 효율성에 영향을 미친다고 본다.
  ㉡ 규정된 행동, 실제행동, 선호된 행동이 일치할 때 최고의 리더십 효율성이 나타난다.

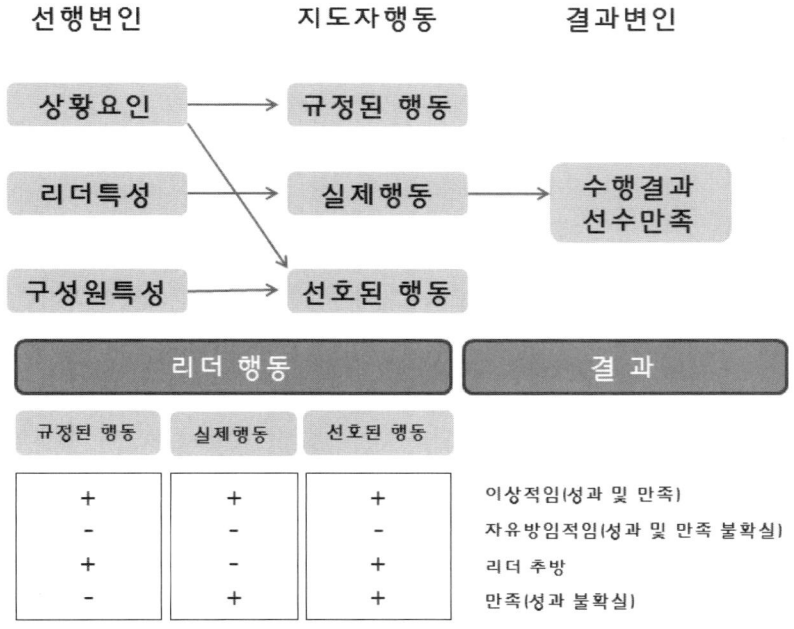

다차원 스포츠리더십모형(정청희 등, 2009 재인용)

03 강화와 처벌

1) 강화의 정의와 방법

(1) 강화의 정의

강화는 어떤 행동이 나타난 후에 자극이나 조건을 부여함으로써 미래에 특정 반응이 나타날 확률을 높여주는 것을 말한다.

(2) 긍정적 강화 방법

① 효과적인 강화물 선택하기: 선수들이 바라는 효과적인 강화물을 확인해야 하는데 스포츠 현장에서는 사회형 강화물을 가장 많이 이용된다.
② 바람직한 행동을 찾아 강화하기: 결과에 집착하지 않고 수행 과정에 관심을 갖고 강화하는 것이 좋다.
③ 숙련성 수준에 따른 강화 빈도의 차별화: 초보자에게는 강화 빈도를 높이고 숙련자나 학습 후기에 있는 학습자에게는 강화빈도를 줄이는 것이 좋다.
④ 효과적인 강화 시점 모색: 모든 조건이 동일하다는 가정 하에 바람직한 반응 직후에 강화를 제시하는 것이 좋다.

✓ 강화물 유형 이해하기

사회형	· 얼굴표정: 고개 끄덕이기, 미소짓기, 윙크하기 · 신체접촉: 어깨 및 등 두들겨주기, 악수, 안아주기 · 개인칭찬: 잘 했다고 칭찬하기 · 기술칭찬: 수행한 기술에 대해 구체적으로 칭찬하기
활동형	자유연습시간, 지도자 역할 해보기, 시범보이기, 선수 간 역할 바꿔서 연습하기
물질형	상장, 트로피, 장려금, 유니폼 제작, 주장완장
특별 행사형	스포츠 영화 감상, 프로팀 연습 또는 시합 훈련 참관, 선배 선수 초대 행사

2) 처벌의 정의와 지침

(1) 처벌의 정의

어떠한 행동이 나타날 수 있는 확률을 감소시키는 자극이다.

(2) 처벌의 지침(Weinberg & Gould, 2015)
  ① 동일한 규칙 위반에 대해서는 누구에게나 동일한 처벌을 하는 일관성을 지킨다.
  ② 사람이 아닌 행동을 처벌한다. 즉 미워서 처벌하는 것이 아니라 그 행동이 수정되어야 한다는 것을 강조한다.
  ③ 규칙위반과 같은 처벌 규정을 만들 때 선수의 의견을 반영한다.
  ④ 엎드려 뻗기나 운동장 돌기 등과 같은 신체활동을 처벌로 사용하지 않는다.
  ⑤ 사적인 감정으로 처벌하지 않는다.
  ⑥ 연습 하는 중에 실수한 것에 대해서는 처벌하지 않는다.
  ⑦ 전체 선수나 학생들 앞에서 개개인 선수에게 처벌하여 창피를 주지 않는다.
  ⑧ 처벌을 자주 하는 것은 좋지 않지만 꼭 해야 하는 상황에서는 단호하게 한다.
  ⑨ 개인적 실수나 잘못을 전체로 돌려서 처벌하지 않는다.
  ⑩ 나이를 고려해 처벌한다.
  ⑪ 처벌이 필요한 선수나 학생에게 그 이류를 명확하게 알려준다.

✓ 강화와 처벌 구분의 예시

농구 수비에 성공한 선수에게 "잘했어"라고 말하며 어깨를 두들려주기	정적강화
팀이 열심히 연습하는 모습에 연습 후에 개인훈련을 면제하기	부적강화
연습을 열심히 하지 않고 실수가 많아 운동장을 뛰게하기	정적처벌
경기 중 규칙을 위반한 선수에 대해 경기에 나가지 못하기 하기	부적처벌

3) 코칭행동의 평가와 활용

(1) 코칭행동의 평가

지도자의 활동을 관찰하여 기록하는 도구로 코치행동평가체계(Coaching Behavior Assessment System)는 반응행동과 자발행동으로 분류된다(Smith 등, 1977).

✓ 코칭행동평가체계의 코칭행동 분류(Smith 등, 1977; 김병준, 2019 재인용)

분류	정의
반응행동: 선수들의 수행이나 실수에 대해서 지도자가 보이는 반응	
수행목표 달성에 대한 반응	
강화	잘한 경기와 노력에 대한 언어적 또는 비언어적으로 나타내는 긍정적인 반응
무강화	잘한 수행에 대한 반응 없음
실수에 대한 반응	
실수 격려	실수에 대한 선수에 주는 격려
실수에 대한 기술 지도	실수를 수정하는 방법에게 제시하거나 시범보임
처벌	실수에 대한 언어적 또는 비어언적으로 표현하는 부정적인 반응
처벌적인 기술 지도	실수에 대해 처벌적인 방식으로 가해지는 기술적 지시사항
실수 무시	실수에 대한 반응 없음
나쁜 행동에 대한 반응	
통제를 유지	팀 구성원 사이의 질서 회복이나 유지하려는 반작용
자발행동: 선수들의 잘한 수행이나 실수와 무관하게 하는 지도자의 자발적 행동	
경기와 관련 있는 행동	
일반적인 기술지도	수행 실수에 따른 것이 아니라 해당 경기의 기술 및 전략에 대한 자발적 지식
일반적인 격려	수행 실수에 따른 것이 아닌 미래지향적인 자발적 격려
조직과 관리	포지션과 해야 할 일 과 책임 등을 부여함으로 해서 경기에서의 행동 범위를 설정하는 것
경기와 무관한 행동	
일반적인 의사소통	경기와 무관하게 선수와 상호작용

(2) 코칭행동평가체계의 활용

코칭행동평가체계를 이해하여 코칭활동수준, 강화일관성, 실수에 대한 반응 지표를 산출할 수 있다.

① 코칭활동정도는 전체행동에서 무강화와 실수 무시의 값을 합한 값에 전체시간을 나눈 값을 뺀 지표

전체행동 – (무강화+실수 무시) / 전체 관찰시간

② 강화일관성은 긍정적 강화를 긍정적 강화와 무강화를 합한 값을 나눈 지표

긍정적 강화 / 긍정적 강화 +무강화

③ 실수에 대한 반응 = 실수 격려, 실수에 대한 기술지도, 실수 무시, 처벌적 기술지도 등이 실수에 대한 전체반응에서 차지하는 비율

04 사회적 촉진

1) 사회적 촉진의 정의와 이론

(1) 사회적 촉진의 정의

① 타인의 존재가 과제수행이나 행동에 미치는 효과 정도를 말한다.
② 같은 팀의 구성원이나 관중 등과 같은 존재가 선수의 수행의 긍정적 또는 부정적인 영향을 미치는 힘이다.

(2) 사회적 촉진 이론

① 자욘스(Zajonc)의 단순존재가설
수행자는 관중과 같은 타인이 존재할 때 그들은 각성을 유발하며 이 각성이 우세 반응을 일으킨다는 것이다.

② 코트렐(Cottrell)의 평가우려가설
수행자는 자신의 수행을 관찰하고 평가하는 사람이 전문성이 있다는 것을 알아야 한다고 보는 것으로 전문성을 높이 평가 또는 낮게 평가하느냐에 따라 욕구가 상승하거나 저하 될 수 있다.

③ 자아이론
  ㉠ 타인이 존재할 때 그들로부터 인정받고자 하는 욕구가 증대되어 동기가 촉진된다고 본다.
  ㉡ 수행자는 타인의 존재와 함께 자아의식이 증진되면 수행자의 원하는 수행수준과 실제 수행수준 간의 차이로 인해 갈등을 겪는다. 이러한 불일치는 수행자의 노력을 기울이도록 하기도 하지만 능력 이상의 높은 수준이 요구된다. 또한 지나칠 정도의 노력을 기울이게 되어 긍정적인 수행의 결과를 보이지 않는다.
④ 주의 분산/갈등이론
  관중과 같은 타인의 존재는 주의를 분산시킴으로 주어진 과제에 집중을 방해하여 수행을 감소시키는 측면과 수행자의 욕구 수준을 증가시켜 더 노력을 많이 하도록 하는 측면이 있다고 본다.

2) 스포츠에서의 사회적 촉진(관중 효과를 중재하는 요인)

관중이 선수들의 수행에 얼마나 영향을 미치느냐는 선수, 팀, 관중의 특성과 같은 중재하는 요인에 따라 다르다.

(1) 선수의 특성
선수의 기술 수준이나 선수의 동기 정도에 따라 운동수행의 결과는 다르게 나타난다.

(2) 팀의 특성
팀의 크기, 종목의 구조, 응집력 정도에 따라 영향력이 다르게 나타날 수 있다.

(3) 관중의 특성
관중이 다른 홈경기 여부, 관중의 기대, 관중의 크기에 따라 다른 결과를 보일 수 있다.

05 사회성 발달

1) 공격성의 정의와 이론

(1) 공격성의 정의
고통 또는 상처를 주기 위해 수행한 행위이다.

✓ 공격행위의 종류

적대적 공격	해를 입힐 의도 있음, 해를 입히는 게 목적, 분노 있음 예) 축구의 보복태클, 야구의 빈볼행위 등
수단적 공격 (도구적 공격)	해를 입힐 의도 있음, 승리하는 게 목적, 분노 없음 예) 의도적 파울행위
순행적 공격 (주장적 행위)	해를 입힐 의도 없음, 합법적인 행위, 비상한 노력과 에너지가 소비

(2) 공격성 이론

① 좌절-공격이론
   ㉠ 좌절의 결과로 공격행동이 일어난다는 가정 하에 적대적 공격행동을 설명하는 이론이다.
   ㉡ 목표 추구 행동을 하는데 있어서 방해가 생겼을 때 경험하게 되는 좌절이 공격행동으로 나타난다.
   ㉢ 이때 공격행동이 성공하면 청정효과를 보이나 실패하면 더 큰 좌절을 경험하게 되어 공격을 하고자 하는 욕구가 증가하게 된다.

② 사회학습이론
   ㉠ 인간이 처한 환경 속에서 관찰과 강화의 과정을 거쳐 공격행동이 학습된다고 보는 이론이다.
   ㉡ 타인의 공격행동을 관찰하게 되면 모방이 일어나며, 특히 공격행동에 대한 제재가 발생하지 않으면 공격행동이 강화가 된다고 본다.

③ 단서촉발이론
   ㉠ 공격행동은 인간의 내적 욕구와 학습 결과로 발생한다고 보는 이론이다.
   ㉡ 목표를 성취하려는 행동이 방해를 받았을 때 내적 욕구가 억압이 되며 좌절과 분노를 경험한다. 그러나 여기서 좌절과 분노는 바로 공격행동을 일으키지는 않고 단지 공격행동을 위한 준비를 하게 한다.
   ㉢ 좌절과 분노가 공격행동을 발생시키는 유무는 상황적 단서에 의해 결정된다. 즉 상황적 단서가 공격행동을 연상시키면 좌절과 분노는 공격행동으로 나타나고, 다른 행동을 연상시키면 그 행동으로 나타난다.

2) 도덕성 발달 이론과 지도 전략

(1) 도덕성발달이론

① 정신분석이론
   인간의 도덕성 발달 과정을 자아와의 동일화 과정을 통하여 인간의 초자아 속에 규범과 가치가 내변화되는 것으로 보는 관점이다.

② 사회학습이론
인간은 사회적 규범을 내면화함에 따라 도덕성이 발달된다고 보는 관점이다. 내면화 과정은 부모와의 동일화 과정을 통해서 일어나는 것이 아니라 모델링이나 강화에 의해 일어난다고 본다.

③ 인지발달이론
인간은 주위 환경과의 상호작용의 과정을 통하여 각 개인의 도덕적 철학을 세우는 능동적인 존재로 보는 관점이다.

(2) 도덕성 발달을 위한 지도 전략
① 스포츠맨십이 무엇인지를 선수들에게 설명해 준다.
② 규칙을 준수하고 모범이 되는 행동을 했을 경우 언어적 비언어적인 방법으로 칭찬과 격려를 한다.
③ 공격적인 행동을 했을 경우 진심어린 충고를 준다.
④ 다양한 모범 사례에 대한 시청각 교육을 실시한다.
⑤ 도덕적 행동에 대한 갈등 상황에서 지도자와 선수의 충분한 의사소통을 통해 좋은 방향으로 유도한다.
⑥ 공격적 행동이나 부도덕한 행동을 자제하는 것을 관찰했을 때 칭찬해 준다.

Chapter 05 운동심리학

01 운동의 심리적 효과

1) 운동의 심리적 효과
(1) 운동은 연령과 성별에 상관없이 정신건강에 도움을 준다.
(2) 운동은 불안이나 부정적 스트레스를 감소시키는 효과시키는 효과가 있다.
(3) 운동을 꾸준히 하면 자긍심과 자신감이 증가한다.
(4) 유산소운동이나 무산소운동은 우울증 감소에 효과적일 수 있다.

2) 운동의 심리적 효과 가설
(1) 주의분리가설
운동을 참여하면 스트레스나 우울한 상황에 대하여 일시적으로 주의를 분산시켜서 기분전환이 일어난다는 가설로 타임아웃 가설이라고도 한다.
(2) 인지행동가설
운동참여를 통해 얻게 되는 긍정적 사고와 감정이 부정적인 심리적 상태를 감소시킬 수 있다는 것이다.
(3) 사회적 상호작용 가설
주위 사람(친구나 이웃 등)과 함께 운동을 하는 동안 발생하는 상호작용이 정신건강에 유익하게 작용한다는 것을 설명하는 가설이다.
(4) 엔돌핀 가설
극심한 운동이나 스트레스 상황에서 베타-엔돌핀과 같은 호르몬이 분비되어 진통효과와 행복감을 느끼도록 효과를 준다는 가설이다.

(5) 모아노민 가설
운동을 하게 되면 세로토닌 등과 같은 뇌의 신경전달물질의 분비와 수용이 촉진되는 결과를 초래하게 되는데 이는 우울증을 개선시키는 효과를 가져 온다.

(6) 체내 열 발생 가설
운동을 하면 열이 발생하게 되는데 이는 대뇌의 온도를 상승시킨다. 또한 중추 및 말초신경계를 자극하여 신경전달물질의 대사 작용에 영향을 준다. 따라서 근육의 이완에 도움을 주고 긍정적인 정서를 유발한다.

02 운동실천 이론과 중재전략

1) 운동실천이론

① 건강신념모형
  ㉠ 인간의 건강문제를 설명하고 질병예방을 위한 행동을 하지 않는 이유를 알아보기 위해 제안된 모형이다.
  ㉡ 각 개인은 자신의 건강이 나빠질 수 있다고 인식하고 있으며 이러한 부정적 인식을 회피하려는 동기가 있다고 본다.

    ✓ 운동 실천에 영향을 주는 신념

질병 발생 가능성 인식	운동을 하지 않으면 다양한 건강문제 발생할 수 있다는 인식
혜택인식	운동실천에 의해 건강상 혜택이 따른다는 인식
방해요인 인식	운동실천에 따른 혜택과 비용의 차이 인식

② 피시바인(Fishbein)과 아젠(Ajzen)의 합리적 행동이론
  ㉠ 개인의 의사결정을 하는데 있어서 행동을 예측하기 위한 이론으로 예측을 하는데 있어서 의도는 하나의 중요한 변인으로 간주한다.
  ㉡ 의도는 행동에 대한 태도와 주관적 규범에 의해 형성된다고 본다.

태도	특정 행동의 실천 결과에 대한 신념과 결과에 대한 평가에 영향 받음
주관적 규범	타인의 기대에 대한 인식과 기대에 부응하려는 동기에 영향 받음

③ 계획행동이론
  ㉠ 합리적 행동이론을 보완하기 위해, 즉 '의도' 이외의 행동의 실천에 영향을 주는 요인을 추가할 필요가 있기 때문에 계획행동이론이 소개되었다.

ⓒ 합리적 행동이론의 주요 개념과 더불어 행동통제 인식이라는 개념이 추가되었는데 행동통제 인식은 자기효능감과 개념적으로 유사한 것으로 어떠한 행동에 대하여 얼마나 통제감을 느끼는가를 말한다.

ⓒ 따라서 계획행동이론에서는 태도와 주관적 규범, 그리고 행동통제 인식에 의해 운동을 하겠다는 의도가 형성되는데 운동실천을 향상시키기 위해서는 행동통제 인식을 높이는 전략을 사용한다.

④ 프로차스카(Prochasks)의 변화단계이론
  ㉠ 금연행동을 연구하는 과정에서 개발된 것으로 금연이나 운동 참여와 같은 행동의 변화는 마음먹은 순간에 되는 것이 아니라 여러 단계를 걸쳐 변화된다고 본다.
  ㉡ 단계는 무관심, 관심, 준비, 실천, 유지와 같이 5가지로 나누는 것이 일반적이다.

✓ 변화단계 정의

단계	정의
무관심 (계획 전)	현재 운동하지 않으며 6개월 이내에도 운동 시작의 의도가 없음
관심(계획)	현재 운동하지 않지만 6개월 이내에는 운동 시작의 의도가 있음
준비	규칙적인 운동을 하고 있지 않지만 30일 이내에 가이드라인(예: 주당 3회 이상과 1회 20분 이상 기준)에 충족하는 수준으로 운동을 시작하려함
실천	가이드라인에 충족하는 운동을 하고 있지만 기간이 6개월 미만인 상태
유지	가이드라인을 충족하는 운동을 6개월 이상함

⑤ 사회생태학이론
  ㉠ 인간의 행동에 영향을 주는 요소가 개인 차원의 요소뿐만이 아니라 물리적 환경, 지역사회, 정부 등의 다양한 요인도 고려해야 한다고 보는 이론이다.
  ㉡ 개인의 노력과 지역사회의 노력을 모두 고려하여 운동실천을 설명한다.

2) 운동실천 중재전략

(1) 변화단계별 운동실천 중재전략

무관심, 관심, 준비, 실천, 유지 단계와 같은 5단계의 운동실천 중재전략을 아래 표와 같이 세운다.

✓ 변화단계별 중재전략

단계	중재전략
무관심 (계획 전)	혜택보다는 손실을 더 크게 생각하는 단계로 운동에 따른 혜택 정보를 제공하는 것이 필요하다. 예) 영상, 상담, 책자 등을 통한 운동혜택 정보 제공
관심 (계획)	운동 혜택을 100% 확신하지 못하는 단계로 좀 더 구체적인 운동혜택에 대해 생각하게 하고 해결책을 찾는다. 예) 과거 운동의 즐거움을 생각하고 시도하게 함, 운동에 도움을 줄 수 있는 조언자 찾기 등
준비	운동을 할 준비가 되어있지만 잘 못할 것이라는 생각을 갖게 되어 자기효능감이 낮은 상태인 단계. 따라서 자기효능감을 높일 수 있는 전략 개발과 운동을 규칙적으로 할 수 있는 실질적 도움을 받음 예) 운동목표설정, 운동계획세우기, 운동 동반자 찾기. 하루 일과 조절 등
실천	운동 동기가 높고 운동에 투자도 많이 하는 단계이지만 가장 불안정한 단계로 하위단계로 후퇴하는 것을 방지해야 하는 단계 예) 스스로 격려하기, 연간계획수립, 주변지지 얻기, 목표설정, 운동계약 등
유지	이전의 단계로 내려가지 않도록 그리고 운동을 못하게 되는 상황을 미리 생각하여 이를 방지하는 전략을 세움 예) 자신감과 행복감 높이기, 운동 멘토역할하기, 운동시간 확보하기 등

(2) 방해요인 극복 전략

① 운동실천의 방해요인을 어떻게 해결하는가에 따라 운동실천 정도가 달라질 수 있다.
② 방해요인에는 실제 방해요인과 인식된 방해요인 2가지로 구분될 수 있다.

실제 방해요인	접근성, 환경 및 생태적 요인, 신체적 제약 등
인식된 방해요인	㉠시간부족이 대표적인 인식된 방해요인 ㉡바쁜 일상생활 속에서 운동하는 것을 우선순위로 두는 전략이 필요

(3) 자기효능감 향상 전략

① 운동을 지속적으로 실천하기 위해서 자기효능감을 향상시킬 수 있는 전략을 개발할 필요가 있다.
② 수행성취: 성취경험이나 과거 수행경험으로 표현되기도 하는데 자기효능감을 향상시키는 데 가장 중요한 요소로 간주된다. 성공체험을 높이기 위해 낮은 난이도 과제를 수행하다가 점점 난이도를 높이는 전략이 필요하다.
③ 간접경험(모델링): 다양한 방법으로 시범을 보이는 것이 중요하다. 기술시범과 아울러 문제해결 시범을 효과적으로 제시할 필요가 있다.
④ 언어적 설득: 운동 참여자에게 긍정적 격려와 지시는 자기효능감을 향상시키게 한다. 칭찬을 할 때는 즉시 해 주며 구체적인 칭찬 이유를 제시하면 좋다.

⑤ 정서적 생리적 상태(각성): 운동을 처음 시작하는 사람들은 운동 중에 발생할 수 있는 호흡수나 심박수, 땀 등의 신체반응을 부정적으로 인식할 수 있다. 이러한 부정적 인식은 운동의 재미를 떨어뜨려 운동실천을 지속하는데 방해가 될 있다. 따라서 이러한 부정적 인식을 긍정적 인식으로 해석하도록 유도하는 것이 필요하다.

(4) 행동수정 전략

① 의사결정 단서: 행동 실천 여부의 결정을 시작하게 하는 단서이다. 그리고 관련된 행동을 결정하는 단서를 행동단서라 한다.
② 출석상황 제시: 출석상황과 운동수행 정도를 많은 사람들이 볼 수 있는 공공장소에 게시하여 참여자의 동기를 유발하는 전략을 사용한다. 예)그래프나 차트를 활용하여 운동수행 변화 게시
③ 보상제공: 출석에 대하여 보상을 제공하면 출석률을 높아지는 효과를 볼 수 있다. 예) 물질적 보상 등
④ 피드백 제공: 운동기능 향상과 동기부여, 행동 강화의 측면에서 피드백을 제공한다.

(5) 인지전략

① 목표설정: 자신의 건강 수준을 고려하여 구체적이며, 측정가능하며, 현실적이고 약간 어려운 목표, 시기별 목표(장기목표, 단기목표 등) 등을 세우는 것이 좋다.
② 의사결정 균형표: 자신과 주변사람을 구분하여 운동을 통해 얻게 되는 혜택과 손실을 최대한 정확하게 적어 비교 분석한다.
③ 운동일지: 운동향상도 등을 확인하기 위해 규칙적으로 운동일지를 작성한다.
④ 운동계약: 지도자나 운동처방사 등은 운동참여자의 의견을 반영하여 운동계획약서를 작성하고 이를 실천하도록 유도한다.
⑤ 내적집중과 외적집중: 근육, 신체부위, 호흡 등과 같이 자신의 신체 내부에 주의집중하는 내적집중보다 외부 환경이나 과제에 집중하는 것을 외적집중을 하는 것이 운동피로감이나 통증을 덜어 주는 효과가 높을 수 있다.

Chapter 06 스포츠심리상담

01 스포츠심리상담의 개념

1) 스포츠심리상담의 정의
상담을 통해 선수뿐만 아니라 비선수들의 최고 수행을 위한 주변 환경과 그들의 특성을 파악하고 심리기술 훈련 등을 활용해서 적절하게 중재를 해주는 행위를 말한다.

2) 스포츠심리상담의 목표
스포츠심리상담은 잠재능력을 발휘하지 못하는 선수, 집중력이나 자신감이 부족한 선수, 부상으로 재활 중인 선수 등 스포츠 경기에 참여하고 있거나 앞으로 참여 할 모든 사람이 대상이 될 수 있는데 이들의 심리기술 훈련 등에 대한 상담을 통하여 심리적으로 안정시키고 운동 수행력을 높이는데 목적이 있다.

02 스포츠심리상담의 적용

1) 스포츠심리상담 적용을 위한 이해
(1) 상담의 주요목표: 인간적 성장과 수행향상이다.
(2) 라포 형성: 상담자와 내담자 사이의 공감적 관계를 형성한다.
(3) 신뢰 형성을 위한 방안 모색: 적절한 반응(고개 끄덕임 등), 관심어린 질문 등
(4) 관심 보여주기: 개방적 자세, 내담자를 향하여 앉기, 편안한 몸짓과 표정 등
(5) 상담사로써의 역량과 태도 갖기: 풍부한 대인관계 기술, 스포츠 및 사회에 대한 전문적 지식, 선수들의 심정 이해능력(비언어적 메시지에도 주의를 기울임)

2) 스포츠심리상담의 절차

(1) 접수 및 신청 → (2) 스포츠상담의 안내 및 교육 → (3) 개인 및 팀 접촉 → (4) 평가 및 해석 → (5) 심리기술훈련 → (6) 현장적용 → (7) 확인 및 평가

3) 스포츠심리상담 윤리

(1) 특수 상황이 아니라면 사적인 관계를 갖지 않는다.
(2) 상담의 목적과 목표, 상대에서 서로 지켜야 할 규칙 등, 상담관계에 영향을 미칠 수 있는 많은 제한점들을 내담자에게 상담 전 공지한다.
(3) 상담 내용에 대해 비밀보장을 해야 하며 약속을 지킨다. 다만 비밀유지 상황이 아닌 경우는 내담자에게 비밀유지를 할 수 없음을 알린다.

> **법적으로 상담자가 보고해야 하는 경우**
> - 내담자가 타인에 대해서 위험한 행동이 있을 때
> - 미성년 내담자가 아동학대, 강간, 근친상간 등의 범죄의 희생자일 때
> - 내담자가 병원에 입원해야 할 때
> - 정보가 법적인 문제가 있을 때 등

참고문헌

김병준(2019). 스포츠심리학의 정석, 레인보우북스.
정청희, 김병준(1999). 스포츠심리학의 이해, 도서출판 금광.
김선진(2009). 운동학습과 제어(개정판), 대한미디어.
김선진(2013). 운동발달의 이해(제2개정판), 서울대학교출판문화원.
김선진, 권성호, 한동욱, 이용현, 우민정, 고재욱, 문민권(2015). 스포츠심리학, 울산광시교육청.
김성옥(2000). 스포츠 행동의 심리학적 기초, 도서출판 태근.
김용운, 김선일, 조용철, 한동욱(2018). 고등학교 스포츠개론, 충청북도교육청.
김용호, 김용운, 김정효, 한태룡, 김택천(2015). 스포츠지도사만점도전완전정리, 레인보우북스.
정청희 외 20인(2009). 스포츠심리학, 레인보우북스.

Bandura, A. (1997). Self-efficacy: The exercise of control. New York: Freedom.

Chelladurai, P. (1990). Leadership in sports: A review. International Journal of sport Psychology, 21, 328-354.

Deci, E. L., & Ryan, R. N. (1985). The general causality orientation scale: Self-determination in personality. Journal of Research in Perseonality, 19(2), 109-134.

Fishbein, M., & Ajzen, I. (1975). Belief, attitudes, intension and behavior: An introduction to theory and research. Reading, MA: Addison Wesley.

Nideffer, R. (1976). The inner athlete: Mind plus muscle for winning. New York: Crowell.

Prochaska, J. O., & DiClemente, C. C. (1983). Stage and processes of self change of smoking: Toward and integrative model. Journal of Consulting and Clinical Psychology, 51, 390-395.

Smith, R. E., Smoll, F. L., & Hunt, E. (1977). A system for the behavioral assessment of athletic coaches. Research Quarterly. American Alliance for Health, Physical Education and Recreation, 48(2), 401-407.

Vealey, R. (1986). Conceptualization of sport-confidence and competitive orietation: Preliminary investigation and instrument development. Journal of Sport Psychology, 8(3), 221-246.

Weinberg, R. S., & Gould, D. (2015). Foundation of sport and exercise psychology (6th ed.). Champaign, IL: Human Kinetics.

기초문제

01 광의의 스포츠 심리학에 포함하는 연구 영역이 아닌 것은?

① 운동제어   ② 운동학습   ③ 건강운동심리학   ④ 운동처방

<정답> ④

광의의 스포츠심리학은 운동학습, 운동제어, 운동발달, (협의의)스포츠심리학, (건강)운동심리학으로 구성

02 스포츠심리학 역사와 관련하여 아래의 빈칸에 들어갈 내용은?

> 북미 스포츠심리학자의 아버지인 (   )는(은) 코칭심리학, 운동경기 심리학을 출판하였고 미국 프로야구팀의 스포츠심리 전문가로 활약하였다.

① 그리피스(Griffith)   ② 트리플릿(Triplett)   ③ 젠타일(Gentile)   ④ 스미츠(Smiths)

<정답> ①

그리피스는 1921년~1938년 활동(그리피스 시대)한 스포츠심리학자로 스포츠심리학 관련 서적을 출판하고 현장에 스포츠심리학을 적용

03 운동제어 이론에 대한 설명으로 거리가 먼 것은?

① 개방회로이론은 운동프로그램에 의해 수행자의 동작이 생성됨
② 폐쇄회로이론은 빠른 동작의 생성에 대해 설명하지 못하는 한계점 있음
③ 도식이론은 피드백 정보를 통해 동작을 수정하는 회상도식이 있음
④ 다이내믹 시스템 이론은 자기조직의 원리와 비선형적 원리에 의한 동작 발생 설명

<정답> ③

도식이론에서 수행하고자 하는 운동과 유사한 과거의 운동결과를 바탕으로 운동을 계획하는 회상도식과 피드백 정보를 통해 동작을 수정하는 기억구조는 재인도식

04 다음에 설명하는 현상은?

> 트레드밀에서 걷기운동을 하려고 하다가 친구가 트레드밀 속도를 증가시켜 자신의 의도와는 상관없이 갑자기 뛰기 동작을 함

① 맥락간섭   ② 상변이   ③ 자기조직   ④ 조직화

<정답> ②

상변이는 안정성의 변화로 폼(협응구조)의 형태가 변화는 현상

기 초 문 제

05 반응실행단계의 특징은?

① 스트룹 효과와 같이 정보가 병렬적으로 처리
② 환경 특성을 고려해서 어떠한 반응을 할 것인지는 결정
③ 정보처리 시 병목현상이 발생하여 심리적불응기 발생
④ 정보의 내용을 분석하고 의미를 부여하는 단계

<정답> ③

반응실행단계에서는 처음 제시된 자극에 대해 반응하고 있을 때 두 번째 자극을 자시하게 되면 두 번째 자극에 반응하는 반응시간이 늦어지는 심리적불응기 현상이 발생

06 운동기술에 대한 내용으로 옳은 것은?

① 특정한 목적을 갖지 않는다.
② 수의적 운동과 불수의적 운동을 모두 포함한다.
③ 신체 및 사지 움직임이 있어야 한다.
④ 운동기술은 인간이 선천적으로 갖고 태어나는 특성이 있다.

<정답> ③

운동기술은 특징: 특정한 목적을 있음, 수의적 운동, 신체 및 사지의 움직임, 일반적으로 후천적으로 습득되는 특성
※ 능력(ability): 인간이 선천적으로 갖고 태어나는 특성

07 개방운동기술로 옳은 것은?

① 클레이 사격하기
② 양궁 활쏘기
③ 농구 자유투
④ 골프 드라이브 티샷하기

<정답> ①

개방운동기술은 환경이 변하여 예측이 어려운 상황에서의 운동기술

기초문제

08 다음에서 설명하는 운동학습단계는?

> 과제 수행 전략 선택하고 잘못한 수행에 대해 적절한 해결책을 찾을 수 있는 단계

① 인지단계　　② 자유도 고정단계　　③ 연합 단계　　④ 자동화 단계

<정답> ②

젠타일(Gentile)의 두 번째 단계를 설명하는 연합단계

09 번스타인(Bernstein)의 운동학습 단계로 옳은 것은?

① 자유도의 개념을 토대로 운동학습 단계를 설명
② 인지단계, 연합단계, 자동화단계로 운동학습 단계를 구분
③ 개방운동기술과 폐쇄운동기술에 따른 연습방법의 다양화 필요성
④ 학습의 중간 단계에 신체 안밖에서 발생하는 힘을 효과적으로 활용한다고 간주

<정답> ①

번스타인의 운동학습 단계: 자유도 고정 단계, 자유도 풀림 단계, 반작용 활용 단계

10 아래의 빈칸에 들어갈 내용은?

> (　　)은 목표와 실제 수행 간의 차이에 대한 정보

① 피드백　　② 운동기술　　③ 맥락간섭　　④ 심리기술

<정답> ①

피드백은 목표와 실제 수행 간의 차이에 대한 정보로써 감각피드백과 보강피드백으로 구분

11 다음 결과 지식에 해당하는 것은?

① 팔꿈치를 끝까지 펴면 좋을 것 같아　　② 아주 잘했어
③ 손목 스냅을 아주 부드러워요　　④ 슛이 너무 우측으로 갔어

<정답> ④

결과지식: 동작 결과에 대한 정보, 수행지식: 동작의 유형 또는 폼에 대한 질적 정보(운동학적 피드백)

기 초 문 제

12 다음에서 설명하는 피드백은?

> 학습자가 필요시 제공되는 피드백
> 학습자의 인지적 노력에 초점을 둔 피드백

① 점감피드백　　　　　　　　② 수용범위 결과지식
③ 요약결과지식　　　　　　　④ 자기통제피드백

<정답> ④

자기통제피드백: 교사나 지도자가 일방적으로 제시하는 것이 아닌 학습자가 원할 때 피드백을 제공

13 수용범위 결과지식에 대한 내용으로 옳은 것은?
① 수행자가 과제를 하고자 하는 동기 기능이 있음
② 학습 후반으로 갈수록 피드백 빈도 증가됨
③ 학습자 요구할 시 피드백 제공
④ 수용범위 안에 들어 온 수행에 대한 정보 제공

<정답> ①

수용범위 결과지식: 수용범위(사전에 정한 목표 수행범위)에 벗어났을 때 제공하는 결과지식으로 수행결과 정보 제공과 동기 유발, 강화기능 등이 있음

14 다음에서 설명하는 연습방법은?

1주차			2주차			3주차		
월	수	금	월	수	금	월	수	금
드리블	드리블	드리블	패스	패스	패스	슛	슛	슛

① 계열연습　　② 구획연습　　③ 무선연습　　④ 분습법

<정답> ②

구획연습: 하나의 운동기술의 연습을 종료 후 다른 하나의 운동기술 연습

기초문제

15 다음 설명에 대한 용어는?

> 연습 시 기술 동작 간 또는 시행 횟수 간에 간섭이 발생하는 정도
> 간섭 크기에 따라 구획연습, 계열연습, 무선연습으로 구분

① 복잡성 ② 맥락조건가변성 ③ 자유도 ④ 맥락간섭

<정답> ④

맥락간섭은 기술 간이나 시행 횟수 간의 간섭 정도, 구획연습이 맥락간섭 ↓, 무선연습은 맥락간섭 ↑.

16 전습법과 분습법을 실시 시 기준이 되는 특성은?

① 맥락간섭 ② 휴식시간 ③ 연습시간 ④ 복잡성

<정답> ④

전습법: 여러 운동 기술들을 동시에 전체적으로 학습하는 방법.
분습법: 하위 단위로 나누어 연습하는 방법, 전습법 또는 분습법을 실시 기준은 조직화와 복잡성

17 연습법에 대한 내용으로 옳은 것은?

① 맥락간섭 크기는 무선연습보다 구획연습이 큼
② 연습시간과 휴식시간의 차이에 따라 전습법과 분습법으로 구분
③ 운동기술 간의 조직화가 낮고 과제가 복잡할 때 분산연습이 유리함
④ 가이던스 기법을 통해 위험한 동작을 하는데 있어서 두려움을 차단할 수 있음

<정답> ④

무선연습이 구획연습 보다 맥락간섭 크기가 큼. 연습시간과 휴식시간의 차이에 따라 집중연습과 분산연습으로 구분, 운동기술 간의 조직화가 낮고 과제가 복잡할 때 분습법이 유리

18 파지점수에 대해 옳게 설명한 것은?

> ㉠ 절대적 파지점수: 선행 연습시행을 고려하지 않고 파지기간 후 첫 수행의 점수를 산출
> ㉡ 차이점수: 연습시행의 마지막 시행에서 얻은 점수와 파지 기간이 지난 후 얻은 파지 시행의 최초 시행 점수 차이
> ㉢ 저장점수: 파지검사에서 연습 시행의 마지막 시행에서 얻은 점수에 도달하기까지 걸린 시행수
> ㉣ 백분율 점수: 연습시행 동안 나타난 수행 점수의 변화량에 대한 차이점수의 백분율

① ㉠ ② ㉠㉡ ③ ㉠㉡㉢ ④ ㉠㉡㉢㉣

기 초 문 제

<정답> ④
파지점수는 절대적 파지점수와 상대적 파지점수(차이점수, 저장점수, 백분율 점수)로 구분

19 전이에 대한 설명으로 옳지 않은 것은?
① 과제의 유사성이나 선행 과제의 연습량 등은 전이에 영향을 미침
② 동일요소이론은 전이 발생에 원인을 설명해 줌
③ 시간적 관계에 따라 정적전이, 영전이, 부적전이로 분류
④ 양측성 전이는 한 개인의 신체부위 간의 전이를 설명함

<정답> ③
시간적 관계에 따라 순행적 전이와 역행적 전이로 분류, 효과에 따른 분류로 정적전이, 영전이, 부적전이로 분류

20 다음 내용을 연구하는 분야는?

> 연령에 따른 인간 움직임의 변화 특성을 규명함
> 인간의 기능적인 역량이 지속적으로 향상 또는 감소하는 계열적 변화 특성 탐색

① 운동학습　　② 운동제어　　③ 운동발달　　④ 건강운동심리학

<정답> ③
운동발달은 연령에 따른 움직임의 발달적 변화를 규명하는데 관심

21 운동발달 주요 관심 내용으로 옳은 것은?
① 출생 후 걷기까지의 과정은 머리-꼬리 원리에 의해 설명됨
② 계통발생적 행동은 환경적 요인에 의해 학습된 운동행동
③ 연속성은 질적인 변화를 통해 설명되는 운동발달 특성
④ 인간의 운동행동은 결정기가 존재하지 않음

<정답> ①
목 조절-눕기-앉기-서기-걷기의 과정으로 발달은 머리-꼬리 원리에 의한 발달 특성, 계통발생적 행동은 예측 가능하며 기초적인 움직임 과정에서 나타날 수 있는 운동행동, 연속성은 양적인 변화를 통해 설명되는 운동발달 특성, 인간의 운동행동은 결정기 존재

기초문제

22 다음에서 설명하는 운동발달 단계는?

> 질적, 양적 측면에서 가장 급격하게 발달하는 시기

① 기본움직임 단계 　　② 스포츠기술 단계
③ 성장과 세련 단계 　　④ 최고수행 단계

<정답> ③

기본움직임 단계: 지각 운동능력 발달 및 신체인식과 균형유지 발달,
스포츠기술 단계: 각각의 움직임 동작을 서로 연관지어 일관된 동작을 형성할 수 있는 단계,
최고수행 단계: 근력, 심폐기능, 정보처리 능력 등이 최고조로 발휘될 수 있는 시기

23 뉴웰(Newell)의 운동발달 모델에 대한 설명으로 옳지 않은 것은?

① 운동발달은 유기체, 환경, 과제 제한요소의 상호작용 의해 발생
② 과제 제한요소는 기억이나 주의 형태 등을 포함
③ 온도, 중력 등과 같은 요인은 물리 환경적 측면
④ 개인제한요소는 신장, 몸무게 등과 같은 신체적 특성을 포함

<정답> ②

개인제한요소 중 기능적 측면: 기억이나 주의 형태 등과 같은 인지적 특성

24 다음에서 설명하는 성격 구조는?

> 환경에 적응하거나 우리를 둘러싼 외부세계에 반응하는 양식

① 심리적 핵　　② 전형적 반응　　③ 역할행동　　④ 사회환경

<정답> ②

전형적 반응: 심리적 핵을 나타내는 지표가 되기도 하는데 인간이 가식적 행위를 하지 않는다면 그 사람의 전형적 반응이 심리적 핵 반영

25 다음 불안과 운동수행간의 관계를 설명하는 이론은?

> 각성과 수행의 관계를 직선적으로 보고 각성이 높아짐에 따라 수행력 향상

① 추동이론　　② 적정수준이론　　③ 격변이론　　④ 전환이론

기 초 문 제

<정답> ①

추동(동인)이론: 각성과 수행의 관계를 직선으로 봄. 단순한 과제를 설명하는데 적합하나 복잡한 과제를 설명하는데 어려움 있음

26 아래의 빈칸에 들어갈 내용은?

> (　　)은 각 개인마다 최적의 수행을 발휘할 수 있는 고유한 상태 불안 수준 범위가 존재함

① 적정수준이론　　　　　　　　② 다차원적 이론
③ 최적수행지역이론　　　　　　④ 격변이론

<정답> ③

최적수행지역이론: 각 개인의 최고 수행을 발휘할 수 있는 최적의 상태불안 영역이 있음

27 불안 해소 기법과 관련 없는 것은?
① 자생훈련　　② 심상　　③ 인지재구성　　④ 점감 피드백

<정답> ④

점감 피드백은 연습 시행에 따라 피드백 빈도가 점차적으로 감소하는 피드백

28 다음 동기와 관련된 내용에서 옳지 않은 것은?
① 동기는 노력의 방향과 강도로 정의
② 행동을 선택하여 지속적으로 계속하게 하는 요인
③ 특성지향 관점은 개인의 요구, 흥미, 목표 등에 따라 동기 행동이 달라짐
④ 상황지향 관점은 개인의 특성과 개인을 둘러싼 주위 환경과의 상호작용 중시

<정답> ④

상황지향 관점: 개인을 둘러싼 주위환경 고려,
상호작용 관점: 개인의 특성과 주위환경의 상호작용 고려

기초문제

29 다음에서 설명하는 자기결정이론의 외적 동기 유형은?

> 스포츠를 하는 것에 대해 갈등이 없으며 행동이 자신의 정체성과 일치한 상태

① 외적규제　　② 내사규제　　③ 확인규제　　④ 통합규제

<정답> ④

통합규제: 수행을 하는 것이 자신의 정체성과 일치하며 갈등 상황이 없음

30 인지평가이론에 대한 내용으로 옳지 않은 것은?

① 내적 동기는 유능성과 자율성의 심리적 욕구에 결정된다고 봄
② 유능성은 개인의 노력에 의해 변화시킬 수 있는 자신감 정도를 말함
③ 외적사건을 타인이 어떻게 해석하느냐에 따라 내적 수준이 결정됨
④ 외적사건은 통제적 측면과 정보적 측면에서 해석함

<정답> ③

인지평가이론은 외적사건을 타인이 아닌 개인 스스로가 어떻게 해석하느냐에 따라 내적 수준이 결정됨

31 다음의 웨이너(Weiner)의 귀인 기본 범주와 개념을 바르게 연결한 것은?

> ㉠ 외적, 불안정적, 통제 불가
> ㉡ 외적, 안정적, 통제 불가
> ㉢ 내적, 불안정적, 통제 가능

① ㉠ 운　　　　　㉡ 과제난이도　　㉢ 개인노력
② ㉠ 운　　　　　㉡ 개인노력　　　㉢ 과제난이도
③ ㉠ 개인노력　　㉡ 운　　　　　　㉢ 과제난이도
④ ㉠ 개인노력　　㉡ 과제난이도　　㉢ 운

<정답> ①

귀인 개념 운: 외적, 불안정적, 통제 불가,
과제난이도: 외적, 안정적, 통제 불가,
개인노력: 내적, 불안정적, 통제 가능.
개인능력: 내적, 안정적, 통제 불가

기초문제

32 목표에 대한 설명으로 옳지 않은 것은?

① 목표는 내용과 강도의 속성을 갖음
② 수행목표는 승리와 같이 결과에 초점을 둠
③ 효율적으로 동작 수행을 위해 중요한 행동을 중점을 둔 목표를 과정목표라 함
④ 목표설정을 통해 연습의 질을 높일 수 있음

<정답> ②

승리와 같이 결과에 초점을 둔 목표는 결과목표라고 함. 수행목표는 과거 자신의 수행과 비교한 향상에 초점을 맞춘 목표

33 객관적 목표로 적절한 것은?

① 즐겁게 한다.
② 전국체전에서 우승을 한다.
③ 던지기 시 허리 회전을 이용해 던진다.
④ 던지기 기록을 1년 안에 50cm 향상시킨다.

<정답> ④

객관적 목표: 객관적 기준과 구체적 수치를 설정한 목표

34 다음에서 설명하는 밴두러(Bandura)의 자기효능감의 원천은?

> 지도자나 다른 선수들로 부터의 격려와 기대
> 자신에 대한 긍정적으로 셀프 톡하기

① 수행성취
② 간접경험
③ 언어적 설득
④ 정서적, 생리적 상태

<정답> ③

언어적 설득: 타인으로 부터의 격려와 기대를 말하며 동기유발형이나 동작지시형의 자기 암시를 하는 것은 자기 효능감을 높이며 수행에 긍정적 영향 줌

기 초 문 제

35 자신감에 대한 설명 중 옳지 않은 것은?

① 자기효능감 이론에서는 간접경험이 자기효능감을 높일 수 있다고 봄
② 밴두러(Bandura)는 자기효능감이 행동 예측에 중요한 요소로써 효능기대라고도 하였음
③ 스포츠 자신감모형에서는 성취동기와 자신감이 어떠한 관련성을 갖는지 설명
④ 유능성 동기이론에서는 특정 과제에 대한 심리적 태도인 통제감을 중요한 요소 제시

<정답> ④

동기지향성: 특정 과제에 대한 심리적 태도, 통제감: 특정한 성취영역에서 성공 및 실패에 대한 수행자가 인식하는 책임감

36 아래 빈칸에 들어 갈 내용은?

| ( )은 감각을 모두 동원해서 어떤 경험을 떠 올리거나 새로 만드는 것 |

① 호흡조절   ② 심상   ③ 자생훈련   ④ 인지재구성

<정답> ②

심상은 기억에 있는 감각 경험을 회상하게 하여 외적 자극이 없어 내적으로 수행하는 과정

37 다음 나이데퍼(Nideffer)의 주의 유형은?

| 시합을 앞둔 선수가 마음 속으로 기술을 연습하는 상황 |

① 광의-외적   ② 광의-내적   ③ 협의-내적   ④ 협의-외적

<정답> ③

협의-내적: 정신적으로 연습하는 상황 또는 정서를 조절하는 상황

38 강화를 위한 강화물 유형의 얘로 옳은 것은?

① 활동형: 구체적 기술 칭찬   ② 사회형: 고개 끄덕이기
③ 물질형: 지도자 역할하기   ④ 특별 행사형: 자유연습시간

기초문제

<정답> ②

활동형: 자유연습시간, 지도자 역할 해보기, 시범 보이기 등, 물질형: 장려금, 상장 등, 특별 행사형: 선배 선수 초대 행사, 스포츠 영화 감상 등

39 다음의 내용을 의미하는 용어는?

> 최고 수행을 위해서 자신만의 고유한 행동이나 절차

① 루틴　　　② 자기효능감　　　③ 목표설정　　　④ 인지재구성

<정답> ①

루틴은 선수들이 습관적으로 수행하는 일련의 생각과 동작의 과정

40 응집력에 대한 내용으로 옳지 않은 것은?

① 캐론(Carron)은 개인, 리더십, 환경, 팀 요인에 의해 응집력이 결정된다고 봄
② 링겔만(Ringelman)은 개인이 집단에 속할 때 게을러지는 현상이 있다고 봄
③ 동기손실은 팀 구성원이 각자의 최대 노력을 하지 않을 발생하는 손실임
④ 최소화 전략은 개인 혼자일 때 잘하기 위해 집단으로 모일 때 힘을 절약한다고 설명함

<정답> ④

할당 전략: 개인 혼자일 때 잘하기 위해 집단일 때 힘을 절약, 최소화 전략: 집단 상황에서 개인의 책임이 감소하기 때문에 개인은 태만해 짐

41 강화와 처벌에 관한 내용으로 옳지 않은 것은?

① 규칙 위반과 같은 처벌 규정을 만들 때 선수의 의견 반영
② 사적인 감정으로 처벌하지 않기
③ 팀이 열심히 하는 모습을 보고 훈련 후 개인훈련을 면제 시켜주는 것은 부적처벌
④ 연습을 열심히 하지 않고 실수가 많이 발생하여 운동장을 돌게 하는 것은 정적 처벌

<정답> ③

팀이 열심히 하는 모습을 보고 훈련 후 개인훈련을 면제 시켜주는 것은 부적 강화

기 초 문 제

42 다음 내용을 설명하는 것은?

> 지도자에게 요구되는 규정된 행동, 실제행동, 선수들이 선호하는 행동의 일치할 때 리더 효율성이 높아짐

① 상황부합 모형 ② 팀빌딩 모형
③ 가치중심 모형 ④ 다차원 스포츠리더십모형

<정답> ④

채라두라이의 다차원이론은 규정된 행동, 실제행동, 선호된 행동이 일치 정도에 따른 리더의 효율성을 설명

43 다음 내용과 관련된 내용은?

> 선수는 관중이 존재할 때 그들은 각성을 유발하며 이 각성이 우세 반응을 일으킴

① 단순존재가설   ② 평가우려가설   ③ 자아이론   ④ 갈등이론

<정답> ①

평가우려가설: 자신의 수행을 관찰하는 타인의 전문성 정도를 어떻게 평가 하냐에 따라 욕구 수준이 달라짐.
자아이론: 타인이 존재할 때 그들로 부터 인정받고자 하는 증대되어 동기가 촉진.
갈등이론: 타인의 존재는 주의를 분산시켜 주어진 과제에 집중을 방해하여 수행을 감소하는 측면과 수행자의 욕구를 증가시켜서 더 노력을 하게 하는 측면이 있음

44 공격성과 도덕성 발달 이론에 대한 설명으로 옳지 않은 것은?

① 좌절-공격이론: 좌절의 결과로 공격행동이 일어난다고 가정
② 단서촉발이론: 인간의 내적 욕구와 학습 결과로 공격행동이 발생
③ 사회학습이론: 인간은 사회적 규범을 내면화를 통해 도덕성 발달
④ 인지발달이론: 인간은 타인에 의한 도덕적 기준을 정하는 수동적 존재로 봄

<정답> ④

인지발달이론: 인간은 그들이 처한 환경과의 상호작용을 통해서 각 개인의 도덕적 철학을 세우는 능동적 존재로 보는 관점

기 초 문 제

45 다음 내용과 관련 있는 운동의 심리적 효과 가설을?

> 운동을 통해 얻게 되는 긍정적 사고와 감정이 부정적인 심리적 상태를 감소시킴

① 인지행동가설　　② 주의분리가설　　③ 사회적 상호작용가설　　④ 엔돌핀가설

<정답> ①

주의분리가설: 운동참여가 스트레스나 우울한 상황에 대하여 일시적으로 주의를 분산시켜 기분전환 발생, 사회적 상호작용가설: 주위 사람들과의 운동을 통해 발생하는 상호작용이 정신건강에 도움을 줌,
엔돌핀가설: 극심한 운동이나 스트레스 상황에서 베타-엔돌핀과 같은 호르몬 분비되어 진통효과와 행복감 갖게 됨

46 다음 설명하는 운동실천관점으로 옳은 것은?

> ㉠ 인간이 질병예방을 위한 행동을 잘하지 않는 이유를 알아봄
> ㉡ 규칙적인 운동참여는 순간적으로 되는 것이 아니라 여러 단계를 걸쳐 이루어짐

	㉠	㉡
①	건강신념모형	변화단계이론
②	자결성이론	계획행동이론
③	합리적 행동이론	변화단계이론
④	자기효능감이론	계획행동이론

<정답> ①

건강신념모형: 인간의 건강문제를 설명하고 예방접종과 같은 질병예방을 위한 행동을 하지 않는 이유 설명,
변화단계이론: 무관심, 관심, 준비, 실천, 유지의 단계로 구분하여 운동참여 변화를 설명

47 다음 빈 칸에 알맞은 내용은?

> (　　) 단계는 규칙적인 운동하고 있지 않지만 30일 이내에 가이드라인에 충족하는 수준의 운동을 시작

① 관심　　② 준비　　③ 실천　　④ 유지

<정답> ②

관심: 현재 운동을 하지 않지만 6개월 이내 운동할 의지가 있음,
실천: 가이드라인에 충족하여 규칙적인 운동을 하고 있지만 이 기간이 6개월 미만,
유지: 가이드라인을 충족하면 6개월 이상 운동을 함

기 초 문 제

48 변화단계이론의 단계별 특징과 중재 전략으로 바르게 묶인 것은?

> ㉠ 무관심: 혜택보다 손실을 더 크게 생각하기 때문에 운동 혜택 정보 제공
> ㉡ 준비: 운동을 잘못할 것이라는 자기효능감이 낮은 상태로 운동계획 및 목표 세우기
> ㉢ 실천: 하위단계로 후퇴가 일어나지 않는 가장 안정성이 높은 단계로 주변지지를 얻기
> ㉣ 유지: 운동을 꾸준히 하고 있지만 운동을 못하게 되는 상황에 대비하기 위한 전략 세움

① ㉠, ㉡, ㉢   ② ㉠, ㉡, ㉣   ③ ㉠, ㉢, ㉣   ④ ㉡, ㉢, ㉣

 <정답> ②

실천 단계: 운동 참여 동기가 높기 운동에 투자도 많이 하는 단계이나 가장 불안정한 단계로 하위 단계로 후퇴하는 것을 방지해야 하는 단계

PART 04

한국
체육사

김정효

Chapter 01 체육사의 의미
Chapter 02 선사시대 및 삼국시대
Chapter 03 고려 및 조선시대
Chapter 04 근·현대

기초문제

Chapter 01 체육사의 의미

01 체육사란 무엇인가

1) 체육사의 정의 및 의의

　(1) 체육사의 정의
　　① 시대에 따라 다양한 모습으로 나타나는 신체 움직임과 놀이, 체육 및 스포츠 현상을 발굴, 탐구하는 것
　　② 신체운동 문화와 관련된 과거의 현상을 밝혀내고, 그것의 시대적 의미와 역사적 가치를 해석하는 것

　(2) 체육사의 의의
　　① 체육과 관련된 공동체의 과거 모습과 생활상을 이해하게 해준다.
　　② 과거의 사실은 현재와 미래에 영향을 미치는 까닭에 과거를 제대로 파악하는 일은 현재에 대한 근거를 파악하고 문화적 현상으로서의 스포츠와 체육을 총체적으로 바라보는 데 도움을 준다.
　　③ 체육의 역사에 대한 공부는 인간의 움직임이 시대별로 각기 다른 특징을 지닌다는 점을 통해 인간의 움직임이 얼마나 다양하고 풍부한지를 확인함으로써 체육의 미래를 통찰할 수 있는 힘을 길러준다.

2) 체육사와 다른 학문과의 연대

　(1) 체육사 연구의 특징
　　① 체육 현상은 해당 사회의 정치, 경제, 교육, 기술 등과 맞물려 있어 체육사 연구는 사회 전반에 대한 깊은 이해를 필요로 한다.
　　② 이런 이유로 체육철학, 사회학, 교육학 등은 체육사의 지식과 서로 소통하면서 보다 풍부한 역사적 해석을 도모한다.

(2) 타 학문과 연대의 이유
  ① 특정 시대의 체육에 대한 인식은 사료(史料)를 바탕으로 사실에 입각하여 정확히 기술되어야 한다.
  ② 이 같은 체육사의 특성은 철학, 사회학, 교육학 등의 인문학과 불가분의 관계를 맺게 한다.

02 체육사 연구의 대상과 영역

- 체육사의 연구 대상 및 영역은 인간의 움직임과 관련된 전 영역이지만, 일반적으로 체육사 연구의 대상은 아래의 7개 영역으로 나누어진다.
- 다음 분류는 상호중복되기도 하고, 문화적 요구와 학문적 연구 경향에 따라 재분류될 수 있다.

1) 연구방법론
- 체육사 연구의 현황 분석, 경향, 연구 방법 등을 다룬다.

2) 스포츠와 문화사
  ① 각 시대의 스포츠 현상의 기원과 전파, 유포, 정착의 과정을 통해 파생된 시대상과 스포츠와 관련된 여러 문화 현상, 신체운동과 관련된 용구(用具)의 역사를 다룬다.
  ② 세부 영역으로는 학교 체육, 생활 스포츠, 여성 스포츠, 스포츠와 젠더, 스포츠와 인종, 음악, 미술, 무용, 문학 등에 나타난 스포츠 현상을 다룬다.

3) 전통 스포츠 또는 스포츠 유사 행위에 대한 연구
- 시대별로 성행한 전통의 놀이, 오락, 가무(歌舞), 군사 훈련, 무예 등을 다룬다.

4) 스포츠 사상
- 특정 시대 및 특정 인물의 체육 혹은 건강에 대한 사상과 종교와 관련된 스포츠 등을 다룬다.

5) 스포츠와 정치
- 스포츠와 정치의 관계, 스포츠와 관련된 정책, 제도 등을 연구한다.

6) 스포츠 종목
▶ 현재 이루어지는 스포츠의 기원과 변천, 발달 과정을 다룬다. 그리고 그리고 소멸된 스포츠를 찾아내고 그 원인을 탐구한다.

7) 스포츠 단체 및 인물
▶ 스포츠의 발전에 기여한 단체나 인물의 활동 등을 다룬다.

03 체육사 연구방법

1) 실증주의(實證主義) 연구

(1) 실증주의 연구의 의미
① 실증주의적 역사 연구는 "사료"와 "유물"에 기초한 객관적인 연구 방법에 기초하여 의심할 수 없는 객관적인 역사적 사실을 밝힌다.
② 실증주의 연구는 체육사를 비롯한 모든 역사 연구의 기초적인 방법론으로, 실증적인 규명이 이루어질 수 없는 신화, 구전 등은 연구 대상에서 제외된다.

(2) 실증주의 연구의 특징
① 자연과학적 진리는 측정할 수 있는 객관적 지표들로 파악해야 한다는 실증주의에 영향을 받아 랑케가 제창한 역사 연구 방법론이다. 독일의 역사학자인 랑케는 "실증주의적 역사연구는 '사료'와 '유물'에 기초한 객관적인 연구방법에 기초하여 의심할 수 없는 역사적 사실을 밝힌다. 사회과학의 발전과 함께 체육사 방법론의 문제가 제기되면서 채택한 경험과학적 방법이다.
② 근대 역사학의 아버지인 랑케는 '있는 그대로의 역사'를 주창하여, 과거의 사실을 현재의 입장에 따라 평가하지 않고, 사료에 대한 고증을 통해 과거의 역사적 사실을 있는 그대로 기술하는 것이 역사가의 몫이라고 주장했다.

2) 해석학적 연구(질적 연구)

(1) 해석학적 연구의 의미
① 실증주의의 한계에 대한 대안으로 인간의 체험 및 내면세계를 해석하고 체육 현장에서 일어나는 현상을 생생하게 전달하는 새로운 방법론이다.
② 문서에 나타나지 않은 과거의 역사, 평범한 체육인들을 중심으로 체육사적 사실을 복원하는 데 집중한다. 따라서 평가와 해석이 중요한 연구방법론이 된다.

(2) 해석학적 연구의 특징

① 해석학적 연구는 인간 경험의 내재적 가치를 중시하는 까닭에 객관적인 사실보다 그것이 갖는 의미에 더 많은 가치를 둔다. 그리고 그 의미는 연구자의 해석에 따라 달라진다.

② 해석적 연구는 일기, 전기, 생애사, 구술사, 문화기술지 등을 통해 특정 시대의 스포츠가 당대, 혹은 현대에 어떤 의미를 지니고 있는지를 밝힌다.

3) 유물론(唯物論)적 연구

(1) 유물론적 연구의 의미

① 마르크스가 제시한 역사 발전 5단계(원시공산제 사회 → 고대노예제 사회 → 중세농노제 사회 → 근대자본주의 사회 → 공산주의 사회)의 도식에 따라 역사를 연구하는 방법이다.

② 역사가 발전하는 원동력은 관념이 아니라 물질적인 것이라고 본다.

(2) 유물론 연구의 특징

① 상부구조(지배층)와 하부구조(피지배층) 간의 갈등에 초점을 맞추며, 주로 경제적/물질적 측면에 중심을 둔다.

② 왕조 교체 등 위로부터의 역사보다 민중의 생활 등 아래로부터의 역사에 중점을 둔다.

Chapter 02 선사시대 및 삼국시대

01 선사 및 부족국가시대의 체육

1) 선사시대의 생활과 신체문화

(1) 선사시대의 생활과 문화 – 씨족 중심의 혈연사회, 원시 신앙

① 구석기 시대의 인간은 주로 타제석기로 사냥을 하거나 채집 생활을 함

② 신석기 시대에는 빗살무늬토기를 사용하였고, 석창을 이용하여 사냥을 함

(2) 선사시대의 신체문화

① 생존 수단으로서의 신체활동 - 생존을 위한 궁술 및 사냥

② 수렵은 식량 획득의 수단이면서 스포츠이기도 함

③ 성인식과 주술의 신체문화

㉠ 수렵과 채취에서 농경 사회로 접어들면서 성인식이 시작됨

㉡ 남자의 성인식은 사회화의 중요한 과정으로 체력과 사냥 기술의 습득을 의미

㉢ 태양숭배에 기초한 샤머니즘과 연결된 '춤'이 나타남

2) 부족국가 시대의 생활과 신체문화

(1) 부족국가시대의 생활과 문화

① 고조선 건국 – 환인의 손자 단군왕검의 건국

㉠ 기원전 6~7세기 청동기 사용에 따른 문화의 발달로 대동강 유역에 나타난 여러 부족국가를 정복하면서 등장

㉡ 기원전 3~4세기 철기문화의 도래로 쇠로 만든 도구가 출현하여 본격적 농경생활 시작

② 고구려, 옥저, 동예 등의 건국과 병농일치 시대의 출현

(2) 부족국가시대의 신체문화

① 교육적 신체활동 - 농경생활의 도래와 함께 생산기술과 전투기술이 분화되면서 궁술과 기마술이 발달함

㉠ 한국형 동과(銅戈) - 무기에 쓰인 청동기시대의 유물. 찍고, 베고, 거는 운동형태가 가능한 것으로 한국 무술의 출발.

㉡ 궁술 - 한반도 전역에 걸쳐 발달함. 단궁, 맥궁 등 성능 좋은 활로 활쏘기의 수준이 매우 높았음

㉢ 기마술 - 기마의 풍습은 청동기시대부터 시작됨. 위만 집권기의 고조선시대 (위만조선시대)에 기병이 등장하여 한나라에 맞서 싸움

② 제천행사와 민속놀이

㉠ 파종기나 추수기에 하늘에 제사를 지내던 행사로 대표적으로 고구려의 동맹, 부여의 영고, 동예의 무천, 신라의 가배가 있음

㉡ 제천행사의 대표적 민속놀이는 저포(윷놀이)인데, 그 외에도 기마, 수박, 격검, 씨름 등을 즐겼음

02 삼국 및 통일신라시대의 체육

1) 삼국시대의 사회와 교육

(1) 삼국시대의 사회

① 유교와 불교는 전통적인 무속신앙과 낭가사상의 기반이 됨
② 유교의 도입 - 교육사상의 바탕이 되었으며 한자와 함께 전파됨
③ 불교의 도입 - 중국을 거쳐, 고구려, 백제, 신라 순으로 전파됨. 대승불교라는 특징이 있으며 토착 신앙과 연계된 호국신앙 및 민간신앙으로 발전하였음.

(2) 삼국시대의 교육

① 고구려의 태학과 경당

㉠ 태학 - 최초의 관학이며 고등교육기관, 국가관리 양성을 목적으로 설립됨
㉡ 경당 - 사립 초등교육기관. 서민을 대상으로 함

② 백제의 박사제도 - 백제에는 각종 전문가들에게 박사의 칭호를 줌. 유교 교육을 담당하는 교육기관으로 추측됨. 그 중 『역경』·『시경』·『서경』·『예기』·『춘추』 등 다섯 경서에 능통한 사람을 오경박사라고 함. 학교기관에 대한 기록은 없으나 학문의 수준이 높았음

③ 신라의 화랑도와 국학

㉠ 화랑도 - 6~10세기에 신라에 있던 청소년 수련단체. 유사시를 대비해 전쟁 관련 교육도 실시하였음
  ▶ 화랑도 - 화주 또는 국선이라는 통제관 아래 귀족 출신 화랑과 그 아래 낭도(평민의 자제)로 구성
㉡ 국학 - 연구와 관리 양성을 목적으로 귀족 자제를 대상으로 9년간 교육 실시

2) 삼국시대의 무예
▶ 삼국이 서로 대립하여 국방 체육으로서의 무술이 특히 발달함

(1) 국가별 특성
① 고구려
  ㉠ 대표적인 무예로 궁술, 기마술, 각저, 수박을 비롯하여 창술, 검술, 석전 등이 있으며, 기마술과 궁술은 체육활동으로서의 성격이 강함
  ㉡ 경당의 주된 교육 내용 : 경서 암송과 활쏘기
② 신라
  ㉠ 화랑도의 활동 중 궁술, 마술, 기마, 검술, 창술, 사냥, 검무, 편력(야외활동) 등은 오늘날의 체육적 성격을 지님
  ㉡ 신체 단련을 단순한 군사 훈련의 수단이 아니라 인격 함양의 과정으로 인식하였고, 궁도(사射)와 기마술어(御)를 예(禮), 낙(樂)과 함께 교육의 중요한 영역으로 취급함

(2) 여러 가지 체육 활동
① 기마술 : 마숙(馬叔 -말을 조련하면서 다양한 놀이를 즐김), 기사(騎射 - 말위에서 활을 쏘는 것) 등
② 궁술 : 고구려의 경당에서의 정식교육활동으로 인정되었으며, 백제와 신라에서도 매우 중요시 함. 고구려 건국의 주인공 주몽의 전설(활을 잘 쏘는 사람을 주몽이라 칭함)이 있을 정도로 당시 매우 중요한 활동이었음
③ 입산수행 : 산에 들어가서 신체적 고행을 통해 신체와 정신을 강화시키는 수련법으로 화랑도에서 실시함
④ 편력 : 야외 교육활동으로서 유명한 산과 강을 수일 동안 순회하면서 실시한 신체적, 정서적 수양

(3) 화랑도 체육
① 화랑도는 한국의 전통 사상과 '세속오계'를 바탕으로 보국충성할 수 있는 문무겸비의 인재를 양성하고, 우수한 인재를 국가의 관료로 등용하던 신라 특유의 교육 제도임

> **세속오계**
>
> ▶ 사군이충(事君以忠) : 충성으로 임금을 섬긴다.
> ▶ 사친이효(事親以孝) : 효로써 부모를 섬긴다.
> ▶ 교우이신(交友以信) : 신의로 벗을 사귄다.
> ▶ 임전무퇴(臨戰無退) : 전쟁에 임하여 후퇴하지 않는다.
> ▶ 살생유택(殺生有擇) : 생명체를 함부로 죽이지 않는다.

② 이들의 교육적 목적은 크게 군사적 측면과 교육적 측면으로 나타남
   ㉠ 군사적 측면 : 화랑제도는 용감한 병사와 실천적 인간을 육성하는데 기여, 유사시 전사로서 활동할 수 있는 청소년 육성 기관임
   ㉡ 교육적 측면 : 화랑도는 심신의 단련을 통한 도덕적 인간의 육성을 추구함. 세속오계를 통해 심신의 조화로운 발달을 추구하였음

3) 삼국시대의 민속 스포츠와 오락

(1) 수렵(狩獵)
   ① 사냥을 위한 활동으로 대다수 고대 사회에서 나타나는 생존 활동이자 스포츠
   ② 수렵은 성격에 따라 다음과 같이 분류됨
      ㉠ 정치 군사적 시위의 성격을 지닌 왕의 선무행사 중의 수렵
      ㉡ 기사 훈련의 성격을 지닌 군사적 수렵
      ㉢ 스포츠로서의 수렵
   ③ 고구려의 고분벽화에는 수렵의 모습이 잘 드러나 있으며, 전국 규모의 수렵 대회도 개최되었음(대표적 유물: 무용총의 수렵도)

(2) 방응(放鷹)
   ① 사나운 매를 길러 꿩이나 기타 조류를 잡는 매사냥을 말함
   ② 고려 시대로 이어져 '응방'이란 관청을 설치할 정도로 확산되었는데, 백제의 응방은 일본으로 전해지기도 했음

(3) 축국(蹴鞠)
   ① 가죽 주머니에 겨를 넣거나 공기를 불어넣어 만든 공을 발로 차고 노는 게임
   ② 귀족들이 즐겼던 것으로 보이며, 인원수에 제한을 두지 않았던 유희

(4) 석전(石戰)
   ① '돌싸움'으로 놀이 성격의 석전과 전투 훈련으로서의 석전이 있었던 것으로 추정됨
   ② 에스파냐의 토마토던지기의 원형이 되기도 한 놀이로 럭비의 시초 모습과 흡사함

(5) 각저(角抵)
① 씨름의 원시적 형태로서 두 사람이 서로 맞잡고 힘과 기를 겨루는 경기
② 서양에서는 레슬링이 있었으며, 동양 여러 나라에서도 유사한 신체 활동이 있었음

(6) 투호(投壺)
① 화살 같은 막대기를 항아리 안에 던져 넣는 게임으로 여성들도 많이 참여함
② 여가 시간에 행해지던 단순한 놀이이기도 하나 인격 수양이나 예절 교육과도 연관된 놀이임

(7) 그 밖의 유희와 스포츠
① 저포 : 백제 때부터 성행했던 윷놀이와 비슷한 놀이
② 위기 : 오늘날 바둑과 같이 흑백의 돌로 집 싸움을 하던 게임
③ 악삭과 쌍육: 악삭은 편을 갈라 주사위를 던져 먼저 궁에 말을 들어가게 하는 놀이였으며, 쌍육은 주로 양반층의 오락으로 평민들이 하지 못하게 통제했다는 기록이 있음

4) 삼국시대의 체육사상
① 삼국시대의 교육은 '문무의 균형', '심신의 조화', '지덕체의 병행'을 추구하였음
② 고구려의 경당 교육과 신라 화랑도의 체육은 효(孝)와 신(信) 등의 국민적 윤리를 강조하는 도의체육(道義體育)으로, 심신의 조화라는 가치관을 바탕으로 덕을 함양하는 데 목적을 두었음
③ 화랑도의 체육은 광명정대사상(光明正大思想)을 기초로 신체적 단련을 통해 심신의 발달을 꾀하였음. 당시 화랑도의 교육 이상은 현대 전인교육의 이상과 일치함

(1) 화랑도의 체육사상
① 신체미의 숭배사상
   ㉠ 신체의 미와 신체적 탁월성을 중시함
   ㉡ 아름다운 사람을 신성시했던 당시의 사회적 풍토에 따라, 신체 자체에 높은 가치를 부여했고 신체의 미를 중시함
   ㉢ 풍류도(風流徒), 국선도(國仙徒), 원화도(源花徒)라고도 불림
② 심신일체론적 체육관
   ㉠ 화랑 체육은 심신일체적 신체관에 따라 신체활동을 통한 수련을 덕(德)의 함양 수단으로 생각함
③ 군사주의 체육사상
   ㉠ 화랑도 조직은 전사 단체로서의 특성을 지님
   ㉡ 화랑세기에 따르면 뛰어난 장군과 용감한 병사가 화랑으로부터 나왔다고 기록됨

④ 불국토 사상
- ㉠ 입산 수행과 편력 활동은 천신과 산신의 숭배라는 종교의식과 연관되었고, 오락적 성격의 스포츠 활동과 음악, 무용, 노래도 포함되었음
- ㉡ 편력은 국토를 신성하게 생각하며 목숨을 걸고서라도 지켜내야 한다는 불국토(佛國土) 사상과도 연계됨

(2) 화랑도 체육의 역사적 의미
① 심신일체론적 사상을 바탕 전인교육적 체육
② 체계적인 체육활동이 존재했음
③ 역동적인 국민성 함양을 추구하고 문화적으로 계승되어 우리 민족의 정신적 양식이 되었음
④ 독일의 반더포겔과 유사한 신체활동

반더포겔: 1901년 독일에서 산과들을 돌아다니며 심신 수련을 목적으로 조직된 청년운동

Chapter 03 고려 및 조선시대

01 고려시대의 체육

1) 고려시대의 사회와 교육

(1) 고려시대의 사회
  ① 통일신라의 약화로 후백제 시대가 열리고, 이후 왕건이 고려(916~1392)를 건국하여 통일국가를 이룸
  ② 유교(치국(治國)의 도)와 불교(수신(修身)의 도)를 동시에 수용
  ③ 상류층인 호족, 중류층인 양인, 평민이었던 하류층, 천민과 노예 계급 등으로 구분된 신분사회

(2) 고려시대의 교육
  ▶ 유교적 정치이념에 입각한 문치주의교육과 사학의 발달
  ① 관학
    ㉠ 국자감 - 문무관 8품 이상의 귀족 자제를 위한 교육기관, 7재라는 교육과정 존재
    ㉡ 향교 - 지방에 세운 중등교육기관. 기술(실업)교육도 병행함
    ㉢ 학당 - 국자감에 입학하지 못한 학도들을 모아 유교 중심의 교육을 실시함
  ② 사학
    ㉠ 12도 - 최충이 지은 학당
    ㉡ 서당 - 민간 사설 교육기관으로 초보적인 교육을 실시함
  ③ 과거제도
    ㉠ 문관의 등용 시험인 제술업(문장 및 문예)과 명경업(유교경전)이 있었고, 기술관을 위한 잡업이 있었음
    ㉡ 무과는 공양왕 때 설치했으나 실효를 거두지 못함

2) 고려시대의 무예

(1) 국학과 향학의 무예 체육
① 고려 시대 국학의 7재 중 무학을 공부하는 강예재가 있었음
② 향학에서 궁사와 음악을 즐겼음
③ 무인의 선발에서 수박희의 능력은 인재 선발의 기준이 되기도 했음

(2) 무신정권과 무예의 발달
① 문신들도 무예 수련을 게을리하지 않아 무예가 발달, 무인집권기에는 더욱 발달함
② 무신 정권은 문을 숭상하고 무를 천시하던 숭문천무(崇文踐武)사상 때문에 발생했었는데, 오병수박희 행사를 통해 무신반란이 일어남
③ 무신들의 사병이 조직화되어 무술을 연마하였고 그 가운데 무예가 발달함

(3) 무예체육
① 수박
  ㉠ 맨손 격투기로 치기, 주먹지르기 등의 기술이 있음
  ㉡ 고려시대 무인들에게 적극 권장되었으며, 명종 때에는 수박을 겨루게 하여 승자에게 벼슬을 주었음
  ㉢ 무인 집권 시대에는 인재 선발의 중요한 기준이 됨
② 궁술
  ㉠ 궁술에 의해 인재를 뽑던 신라의 전통이 고려 시대에 전승되어 널리 권장됨
  ㉡ 활쏘기의 능력은 관직의 녹봉과 임용에까지 영향을 미쳤던 자질로, 문무를 겸비한 인재 양성과도 관련됨
  ㉢ 국방력의 강화라는 차원과 연계되어 있었음. 활터를 설치하고 일반인들에게도 공개한 점으로 보아 군사적 목적 외 운동 경기의 성격도 지니고 있었음
③ 마술
  ㉠ 마상재(馬上才)는 말을 타고 여러 가지 자세나 기예를 보여주는 것으로 승마 능력은 지배계급의 중요한 덕목 중 하나였음

3) 고려시대의 민속 스포츠와 오락

(1) 귀족 사회의 민속 스포츠와 오락
① 격구
  ㉠ 페르시아의 폴로에서 유래한 마상 스포츠로 삼국시대부터 조선시대까지 행해짐
  ㉡ 격구 경기장인 구정(毬庭)은 종합문화공간의 성격을 지닌 곳이었음
  ㉢ 고려시대 격구의 성격
    • 군사훈련 – 말타기와 말에서 무기를 다루는 동작을 익히는 차원

- 귀족들의 오락 및 여가 활동 – 부유한 귀족의 사치성 활동
      ㉣ 격구의 폐단
        - 말이나 장비를 구할 수 있는 제한된 여건, 사치성 등으로 인하여 특수 계층만 격구에 참여하게 되었고, 구정을 만들기 위해서 백성을 괴롭히는 등 그 폐단이 심했음
    ② 방응
      ㉠ 사나운 매를 길러 꿩이나 기타 조류를 사냥하는 수렵 활동이자 무예 훈련의 성격도 지닌 스포츠로, 신라 시대부터 시작되었으나 특히 고려 시대에 매우 성행함
      ㉡ 사냥과 연계되어 궁술과 같은 무예의 훈련, 체력 및 용맹성을 기르기 위한 수단이기도 하였으나, 주로 왕이나 귀족들의 유희이자 스포츠였음
      ㉢ 사치성으로 인한 폐해가 심각하여 사냥용 매를 키우는 기관인 응방도감의 설치와 혁파가 반복됨
    ③ 투호
      ▶ 고려 시대에도 왕실과 귀족 사회에서 널리 성행했던 유희

  (2) 서민 사회의 민속 스포츠와 오락
    ① 씨름 : 각저, 각력, 상박, 각지, 각희 등으로 불렸음
    ② 추천(鞦韆) : 그네뛰기로, 주로 단오에 행해졌으며 여성의 유희로 인기가 있었음
    ③ 석전
      ㉠ 무(武)로서의 석전의 성격 : 군사훈련으로서의 성격
      ㉡ 관중 스포츠로의 석전 : 왕이나 양반들에게 구경거리를 제공하는 관중 스포츠로서의 성격
      ㉢ 국속(國俗)으로서의 석전의 성격: 즉 단오나 명절에 행하던 민속 놀이의 성격
    ④ 연날리기 : 삼국시대부터 있었던 연날리기는 군사적 목적이나 놀이의 성격을 띠고 고려 시대로 전승됨

02 조선시대의 체육

1) 조선시대의 사회와 교육

  (1) 조선시대의 사회
    ① 권문세족으로 인한 폐해가 심화되면서 이성계가 위화도회군을 통해 조선(1392~1910)을 건국함
    ② 사대부를 중심으로 한 유교적 관료국가, 신분적 계급사회로서 왕족, 양반, 중인, 양인, 천민의 신분으로 구분됨

③ 유학(성리학) 중심의 학문체계, 교육은 과거를 통한 입신출세의 수단으로 작용함
    ㉠ 퇴계, 율곡 등 학식이 뛰어난 학자에 의해 학문이 발달함
    ㉡ 숭문주의의 한계가 있었으나, 후기에 실학을 통해 새로운 학문을 접하게 됨

(2) 조선시대의 교육

▶ 고려시대와 마찬가지로 과거제도를 중심으로 국가에서 운영하는 관학(官學)과 개인이 운영하는 사학(私學)으로 분류할 수 있음

① 관학 – 성균관, 4학, 향교 및 기술교육기관
    ㉠ 성균관 – 고려시대의 국자감과 같은 기능, 생원과 진사를 대상으로 입학자격이 주어짐
    ㉡ 사학(四學) – 성균관의 부속학교의 성격으로 중등학교 수준의 교육기관
    ㉢ 향교 – 전국적으로 설치된 중등수준의 교육기관, 양반이나 향리 자제들이 입학함
    ㉣ 잡학교육과 무학 – 역학, 율학, 의학, 천문학 등의 잡학교육, 훈련원에서 무예교육을 실시함

② 사학 – 서원, 서당
    ㉠ 서원 – 조선조에 등장한 고등교육기관. 선현에게 제사 드리고 학문을 연마할 목적으로 만들어졌으나, 과거를 준비하는 교육기관으로 기능함
    ㉡ 서당 – 천자문과 사서오경의 강독 등을 가르치는 교육기관

(3) 과거제도 – 문과(문관), 무과(무관), 잡과(기술관)

① 문관채용시험
    ㉠ 문(文)을 숭상하는 경향으로 보통 이 문관채용시험을 과거로 지칭하는 경우가 많음
    ㉡ 대개 서얼 출신이 아닌 순수한 양반만이 합격할 수 있었음
    ㉢ 지방에서 치르는 초시인 소과에 합격하여 생원이나 진사가 되면 성균관에 진학하여 대과를 보았음

② 무관채용시험
    ㉠ 문관채용시험보다는 신분의 제약이 완화되어 일반 서민도 무예에 재능이 있으면 응시 가능
    ㉡ 초시(190명), 복시(28명), 전시(28명)의 3단계 시험을 치르며, 합격자는 선달이라고 불렀다.

③ 잡과채용시험
    ㉠ 유학과 무학을 제외한 의학, 역학, 음양풍수학, 악학 등을 통칭
    ㉡ 직업적인 기술관의 등용 시험으로 일정한 신분계급에 의해 세습됨으로써 중인이라는 신분층이 형성됨

2) 조선시대의 무예와 체육

(1) 무예체육

① 훈련원과 사정(射亭)의 교육
  ㉠ 훈련원 : 조선왕조의 무인양성관련 공식적 교육기관, 무예연습과 병서강습
  ㉡ 사정(射亭) : 전국 각지에 산재한 활터에 세운 정자로 무사들이 평상시에 무과 준비를 하고 훈련을 하는 교육기관 역할
② 무예교육 : 학교 등 조직적이고 체계적인 무사양성 기관은 거의 없었음.
③ 무예서적
  ㉠ 고병서해제 : 병서에 대한 연구 서적
  ㉡ 무예제보 : 곤봉, 등패, 장창, 당파, 낭선, 쌍수도에 관한 책으로 우리나라에서 가장 오래된 무예서
  ㉢ 무예도보통지 : 무예제보 6기와 무예신보 18기를 근간으로 한, 중, 일 삼국의 145종을 참고하여 1790년에 완성된 종합무예서
  ㉣ 임원경제지 : 조선 후기 실학자 서유구(徐有榘)가 저술한 박물학서로 그 중 일부인 유예지(遊藝志)에 과학적인 활쏘기 방법이 상세히 소개되어 있음

(2) 체육으로서의 무예와 건강법
① 궁술
  ㉠ 육예(예(禮), 악(樂), 사(射), 어(御), 서(書), 수(數))의 하나로 학사(學射) 사상과 관계 깊음
  ㉡ 학사 사상은 활쏘기를 통한 인간 형성을 지향하는 유교적 교육의 한 방식이었음. 활 쏘는 활동보다 예를 갖추고 덕을 수양하는 과정에 중점을 둠
  ㉢ 세종, 성종 때 성균관 대사례가 있었으며 육일각에서도 궁술교육 실시, 향교에서도 과외활동으로 실시
  ㉣ 예를 갖추어서 하는 활쏘기에는 대사, 빈사, 연사 향사가 있음
② 격구
  ㉠ 나무로 만든 공을 장시라는 채로 쳐서 구문에 공을 넣는 경기
  ㉡ 귀족 스포츠이자 국방력 강화를 위한 활동으로, 무예도보통지에도 서술되어 있음
③ 수박희
  ㉠ 무인을 중심으로 실시된 맨손 격투로, 강한 타격을 기본 수법으로 하여 상대방을 공격하고 방어함
  ㉡ 조선말에는 일반 서민들에게도 널리 보급되어 민속경기로 사랑받음
④ 조선시대 건강법
  ㉠ 건강체조 형식의 운동방식으로서 도인체조가 시행되었음
  ㉡ 도인(導引)의 의미 - 도교의 수행법 중의 하나로 안마체조라고도 불리는 건강법. 〈고려사, 동의보감〉에 전해지며 치료보다는 예방을 위한 보건체조의 기능을 지닌 움직임 체계
  ㉢ 이황의 활인심방 : 퇴계는 양생(동양적인 건강의 개념)에 깊은 관심이 있었는데, 명나라의 활인심을 토대로 재구성한 대표적 의료서적인 활인심방을 남김

3) 조선시대의 민속 스포츠 오락

   (1) 귀족 사회의 유희와 민속 스포츠

   ① 궁도 - 이전까지 무술로 발달했지만, 조선시대부터 스포츠로 발전하여 편사로서 주로 시행됨
      ㉠ 편사 - 5인 이상이 편을 이루어 실시하는 궁술대회로 각 선수가 쏘아 맞힌 화살의 총 수로 승부를 겨루었으며, 편을 이루는 방식은 다양했음
   ② 봉희 : 조선 시대에 성행했던 오늘날의 골프와 유사한 경기
   ③ 방응 : 매사냥으로 고려시대와 유사하게 진행됨
   ④ 투호 : 퇴계 이황의 체육관이 반영됨
      ㉠ 덕(德)으로서의 스포츠 : 투호의 본질적 가치를 덕성의 함양에 두었음
      ㉡ 경(敬)으로서의 스포츠 : 투호를 할 때 오만하지 않고 승부에 승복하며, 정신을 하나로 통합하여 잡념을 없애고 마음을 표적에 모아 몸과 마음이 하나 됨을 추구함

   (2) 민중 사회의 유희와 민속 스포츠

   ① 장치기 : 오늘날의 필드하키와 유사한 유형의 경기로 장정들의 집단 경기
   ② 석전
      ㉠ 고려를 거쳐 조선시대에 계승된 돌싸움
      ㉡ 풍속놀이, 군사훈련, 관중스포츠, 운동경기 등의 형식으로 행해졌다.
   ③ 씨름 : 가장 일반적인 민속 스포츠로 발달
   ④ 그네뛰기(추천) - 단오절에 많이 행해졌으며, 오늘날까지도 행해지고 있다.

4) 조선시대의 체육 사상

   (1) 숭문천무(문을 숭상하고 무를 천하게 여김)와 문무겸전(문과 무를 함께 갖춤)의 대립

   ① 숭문천무 사상
      ㉠ 과거제도와 관련 교육기관으로 문과는 성균관, 사학, 향교, 서재 등이 있었으나 무과를 위한 교육 기관으로는 훈련원, 사정 정도만 존재하여 무인 교육을 소홀히 했음을 알 수 있음
      ㉡ 육예(六藝)속에 승마와 궁술이 포함되어 있긴 하였으나, 숭문천문 사상이 만연하였기 때문에 무예나 신체문화가 활성화되지 못해 민족의 기질과 역동성이 약화되었음
   ② 문무겸전 사상
      ㉠ 정조는 대표적인 문무겸전을 중시한 왕으로 문과 무를 양립시키는 것이 국가 부강의 원동력이 된다고 생각했음
      ㉡ 정조는 규장각과 장용영을 설립하고 그 기관의 신하를 통해 〈무예도보통지〉를 편찬케 하여 무예를 장려함

(2) 학사(學射)사상 : 심신수련으로서의 활쏘기
    ① 공자 : 활쏘기를 인간형성에 목적을 둔 수련행위로 간주, 활쏘기가 인재선발의 근거가 된다고 주장함
    ② 세종은 성균관에서 국왕과 신하가 회동하여 활쏘기시합인 〈대사례〉를 실시하였고, 성종은 사례가 교육적 성격을 띠고 시행되게 하였음
    ③ 이런 전통으로 조선시대 무과를 비롯한 여러 시험 제도에서 활쏘기가 인재선발의 절대적 기준이 되었음

Chapter 04 근·현대

01 개화기(1867~1910)의 체육

1) 개화기의 사회와 교육

(1) 개화기의 사회

① 일본의 제국주의적 팽창정책으로 1876년 외국에 문호를 개방하게 된 이후 동학혁명, 갑오개혁, 을미사변 등이 발생한 근대 한국사의 격변기
② 서구문물을 받아들이면서 체육과 스포츠 문화도 큰 영향을 받게 됨

(2) 개화기의 정치

▶ 반봉건 근대화와 반제국주의 민족운동은 크게 3가지 방향으로 전개되었음

① 위정척사파(衛正斥邪派) – 양반 유생들에 의해 전개된 운동으로 근대화를 양반문화의 재편을 통해 이루고자 했음.
② 보국안민사상(輔國安民思想) – 농민들에 의해 일어난 반제국주의 운동. 농민운동은 1894년 동학농민혁명, 1898-1899년 영학당운동, 1894-1904의 활빈당운동으로 어어짐
③ 개화사상 – 유럽의 근대문화를 적극적으로 수용하여 근대화하려는 운동. 개화 운동의 목적은 문명개화와 부국강병이었음

(3) 개화기의 교육

▶ 문호 개방 후, 해외 시찰단 파견, 근대학교 설립 등을 통해 이루어짐. 당시 근대 학교의 설립 주체는 정부, 민간인, 선교사로 구분됨

① 관립 교육기관 – 주로 통역관을 양성하기 위한 목적으로 설립되었으며 동문학, 통변학교, 육영공원이 있음
② 민간교육기관

㉠ 일본 제국주의에 대한 위기의식으로 설립되었으며 원산학사, 흥화학교, 낙영의숙, 중교의숙 등이 있음

㉡ 을사늑약을 계기로 보성학교, 대성학교, 오산학교 등이 설립되었고, 그 수가 3000개에 이르렀음

③ 선교단체 교육기관 – 외국 선교단체에 의해 기독교 확장 수단으로 설립됨

㉠ 연세대학교 전신인 광혜원, 배재학당, 여성 고등교육기관인 이화학당, 경신학교 등

(4) 교육개혁단행

▶ 갑오개혁을 통한 교육혁신 – 신분계급을 타파한 인재 등용, 과거제 폐지 등
▶ 고종의 〈교육입국조서〉 하달(1895) – 유교 교육이 아닌 덕, 체, 지를 강조하는 실용적 교육 실시

2) 개화기의 체육 : 발전의 3단계

① 제 1기 / 근대체육의 태동기(1876~1884) : 무예학교와 원산학사의 정규 교육과정에 무예 체육이 포함됨
② 제 2기 / 근대체육의 수용기(1885~1904) : 기독교계 사립학교와 관립학교의 정규 교육과정에 체조 과목이 편성되고, 과외활동으로서 서구 스포츠가 도입되어 운동회 및 체육 구락부의 활동이 활성화됨
③ 제 3기 / 근대체육의 정립기(1905~1910) : 기독교계 사립학교를 비롯하여 일반 학교에 학교체조, 병식체조, 유희 등이 필수 교과로 지정됨. 일본은 학교 체육을 병식체조 중심으로 전환하려 노력했으나, 다른 한편으로는 연합 운동회와 같은 활동의 활성화를 통하여 애국심을 고취하려는 민족주의적 노력이 이어짐

(1) 근대 체육의 태동

① 최초의 근대 학교인 원산학사는 설립 초기 문예반(50명)과 무사 양성을 위한 무예반(200명)을 두었음
② 무예반에서는 병서와 사격 과목 등을 교육함

(2) 근대 체육의 수용

① 1880년대부터 개신교 선교사가 미션스쿨(배재학당(1885), 이화학당(1886), 경신학당(1886)등)을 설립, 1903년에는 황성 YMCA가 조직됨으로써 서구 스포츠가 본격적으로 유입되기 시작함
② 미션 스쿨에 서구 스포츠가 도입된 것은 1890년경이었는데, 과외활동을 통해 야구, 축구, 정구(테니스), 농구와 같은 서구 스포츠가 실시됨
③ 관·공립학교에서도 근대적인 교육과 체육이 실시되기 시작하였는데, 이후 체육은 (체조라는 명칭으로) 소학교 및 고등과에 정식 교과목이 됨
④ 관립 외국어학교는 체조가 정식 과목으로 채택되지는 않았으나 병식체조와 기계체조를 통해 신체 단련 활동을 하였으며, 각종 서구 스포츠가 소개되었음. 우리나라 최초의 운동회인 화류회(花柳會)도 외국어학교에 의해 실시되었음

(3) 근대 체육의 정립

① 을사늑약 체결 이후, 통감부는 식민지 교육정책을 입안(1906)함
   ㉠ 보통학교의 수업 연한은 6년이었으며, '체조'가 정식 교과목으로 명시됨
② 사범학교령 공포(1906년)
   ㉠ 소학교 교사를 양성하기 위해 관립 한성사범학교를 설립, 체조가 포함된 수신, 교육학, 국어, 한문 등을 정식 교육과정으로 채택함
③ 한일합병 이후 생겨난 사립학교는 민족정신의 고취와 체력단련을 위해 체육을 실시함
   ㉠ 당시 학교 체육은 민족주의적, 국방체육의 측면에서 발달됨. 대성학교에서는 체조가 군대식으로 실시되었으며, 운동회는 애국계몽운동의 성격을 띠었음

3) 개화기의 스포츠

(1) 운동회의 확산

① 근대화 과정에서 다양한 스포츠가 나타났지만 체계적이지 못했으며, 과외 활동의 일환으로 '운동회'가 확산됨
② 최초의 운동회는 1896년 5월 5일 영어학교에서 개최한 '화류회'로, 처음에는 주로 육상을 했지만, 점차 축구, 씨름 등의 종목으로 확대됨
③ 개화기 운동회의 성격
   ㉠ 주민들이 참여하는 향촌 축제의 성격으로 공동체 의식 강화 역할
   ㉡ 스포츠 사회화 운동의 일환으로 사회체육의 발달 촉진 역할
   ㉢ 민족주의 운동의 성격을 지니고 있으며 애국심 고취 역할

(2) 근대 스포츠의 도입과 보급

① 체조 : 한성사범학교 설치령을 통해 교과목으로 정식 채택(도수체조, 병식체조, 기계체조 등)
② 육상 : 영어학교 대운동회인 화류회를 통해 소개되었고, 달리기, 뜀뛰기, 공던지기 등을 실시함
③ 수영 : 무관학교칙령을 통해 기록에 등장했으며, 다양한 수영강습회가 있었음
④ 구기
   ㉠ 축구 : 구기 종목 중 가장 먼저 도입되었고, 삼선평에서 열린 황성기독교청년회 대 오성학교팀 사이의 경기가 최초의 축구경기로 기록됨
   ㉡ 야구 : YMCA 선교사에 의해 도입, 미국 질레트가 황성기독교청년회 회원들에게 가르침
   ㉢ 정구(테니스) : 미국 공사 푸트가 최초로 소개하였으며, 당시 척구라고 했음
   ㉣ 농구 : 1907년 질레트에 의해 도입되었으며, 1909년 황성기독교청년회와 동경유학생팀 시합이 최초임
⑤ 투기

　　　　㉠ 검도 : 경무청에서 교습과목으로 채택하면서 도입됨
　　　　㉡ 유도 : 1906년 일본인 우치다 효에이에 의해 전해진 후, 무관학교에서 도입함

　　(3) 체육단체의 결성
　　　① 대한체육구락부 : 1906년 3월 11일 현양운, 신봉우, 한상우 등 30여명이 발기하여 결성된 우리나라 최초의 근대적인 체육단체
　　　② 황성기독교청년회운동부 : 1906년 4월11일 황성기독교청년회운동부 결성. 개화기에 가장 활발한 활동을 한 단체
　　　③ 대한국민체육회 : 1907년 10월 병식체조의 개척자인 노백린이 발기한 올바른 국민교육을 지향한 단체
　　　④ 대동체육구락부 : 1908년 권서연, 조상호, 이기환 등이 결성한 사회체육단체. 사회진화론적 자강론에 입각하여 체육계몽운동을 실시함

　　(4) 개화기 체육의 역사적 의미
　　　① 체육의 개념 및 가치에 대한 근대적 각성
　　　　㉠ 서양과는 달리 신체문화가 발달하지 못한 조선에서 근대스포츠가 도입되면서 개화기는 한국 체육사의 전환기가 되었음
　　　　㉡ 근대체육에 대한 개념이 형성되었으며, 체육에 대한 가치관의 변화가 나타남
　　　② 교육 체계 내에서 위상 정립
　　　　㉠ 교육조서에서 체육을 교육의 영역으로 인정하고 체조를 교과목으로 채택하면서 교육체계 내에서 체육의 위상이 높아짐
　　　③ 근대적인 체육 및 스포츠 문화의 창출
　　　　㉠ 학교를 통해 도입된 체육이 사회 전반으로 퍼지면서 사회체육의 발달로 이어졌으며 이에 따라 각종 사회스포츠단체가 설립되었음

4) 개화기의 체육사상

　　(1) 유교주의와 교육
　　　① 신체에 대한 편향된 사고는 조선조 500년 동안 우리 민족의 역동적 기질을 약화시키는 결과를 낳았음
　　　② 이로 인한 왜곡된 신체관은 개화기 체육 스포츠 확산에 부정적으로 작용했음

　　(2) 사회진화론적 민족주의
　　　① 사회진화론 : 적자생존의 진화론이 국가나 사회에 적용된 경우를 말함. 강대국이 약소국을 침략하는 것이 당연시되었던 구한말 서구에서 유행했던 사조
　　　② 사회진화론적 민족주의 : 신체적으로 강건한 청소년의 육성은 민족의 생존을 위해 매우 중요하다는 생각으로 사회진화론과 민족주의 운동이 결부된 사상을 말함

③ 국권 상실의 위기를 맞자 근대적 교육의 중요성과 강건한 청년의 육성에 있어서 체육이 필수적이라는 인식을 갖게 되었고, 사회진화론적 민주주의는 이러한 인식을 뒷받침함

5) 체육사상가

(1) 이기

① 사회진화론을 수용한 실학주의 교육자로서 "대한 자강회"를 조직하여 민중계몽에 헌신하면서 지육, 덕육, 체육의 균형적인 교육을 강조하였음

(2) 문일평

① 조선일보사 편집 고문으로 체육을 국가의 운명을 결정하는 중요한 영역으로 인식함
② 태극학보에 "체육론"을 실었고, 신체의 중요성은 정신에 선행한다고 했으며, 육체의 단련은 정신의 그릇에 대한 단련이라고 평가하였음

(3) 이기동

① 휘문의숙의 체육교사를 역임한 교육자로, 〈신체조교수서〉출판하고 체조연구회를 조직함

(4) 이종만

① 개화기 체육의 중요성을 강조한 대표적인 인물
② "체육의 국가에 대한 효력"을
  ㉠ 국민의 완전한 정신은 반드시 건강한 신체의 작용으로부터 나오는 것이므로 체육을 통해 용맹스런 국민을 육성할 수 있다.
  ㉡ 체육은 국민의 단결력을 형성시켜주며 체육을 통해 국민의 내부적인 단합을 이끌어 낼 수 있다.
  ㉢ 체육은 20세기 국제 경쟁 시대에 국가자강, 즉 강력한 국가 건설의 기초라는 점을 강조함

(5) 조원희

① 휘문의숙 체육교사직과 학감을 지낸 인물로, 학교 체조에 지대한 관심을 갖고 이론적, 실천적인 개선을 위하여 노력하였음
② 종래 병식체조의 문제점을 지적하고 일반학도들에게 근대식 학교체조를 보급하고자 하였음

(6) 노백린

① 신민회를 조직하여 구국운동을 전개하고 만주에 독립운동 전초 기지를 건설하기 위한 계획을 세우고, 고향인 송화에 민립학교 광무학당을 설립하는 등 구국교육운동을 전개

하였음
② 구한말 정부의 육군 참위로서 영재 양성에 남다른 관심을 쏟았으며, 체육을 지·덕 두 가지 교육과 함께 국민교육에 필수적인 영역이라고 주장하였음
③ "대한국민체육회"의 설립 과정에 발기인으로 참가, 병식체조 일변도의 학교 체육의 문제점을 바로 잡기 위하여 1907년 우리나라 최초의 '체조강습회'를 개최하였음

(7) 이종태
① 1905년 관립 외국어학교 교장을 지낸 인물
② 지교(知敎), 덕교(德敎), 체교(體敎)를 교육의 필수적인 세 영역으로 파악, 체육 시간을 피하는 폐습이 많음을 개탄하였음

02 일제 강점기의 체육

1) 일제 강점기의 사회와 교육

(1) 일제강점기의 사회
① 1905년 을사늑약으로 인해 조선은 식민지로 전락하였고, 1910년 강제병합 이후 식민통치가 본격적으로 시행됨
② 이후 35년은 일제의 억압 속에서 독립을 쟁취하기 위해 투쟁을 벌이는 비극의 역사였음

(2) 일제강점기의 교육
① 1차 조선교육령(1911~1922) 시행기의 교육 : 조선의 우민화 교육에 착수
　㉠ 당시의 교육목적
　　▶ 일본어 보급을 통한 전통문화 말살, 일본 문화와 생활양식에 동화
　　▶ 식민지 교육을 통해 천황의 충량한 신민 육성, 우리 민족을 우민화
② 2차 조선교육령(1922~1938) 시행기의 교육 : 3·1운동 이후 한국인들의 불만을 무마시키기 위함
　㉠ 각급 학교의 편제와 수업 연한을 일본과 유사하게 조정
　㉡ 대학교육의 기회 제공

(3) 3·4차 조선교육령(1938~1945) 시행기의 교육 : 한국민족 말살 정책기 또는 황국신민화 정책기
① 3대 교육강령(국체명칭, 내선일체, 인고단련)을 발표하고, 황국신민화와 일제 침략전쟁의 수행에 도움이 되는 방향으로 교육을 유도함

2) 일제강점기의 체육

(1) 조선 교육령 공포기의 체육(1910~1914)
① 1911년 조선교육령 공포를 통해 근대적 체육의 개념이 설정된 듯 했으나, 체육의 자주성을 박탈하고 우민화 교육을 지향하였음
② 국권회복의지를 말살하기 위해 병식체조가 서전(스웨덴) 체조로 변경되고 각종 놀이가 도입됨
③ 총독부는 체조교원을 일본 군인으로 충당하여 민족주의적 체육활동 규제함

(2) 학교체조교수요목의 제정과 개정기의 체육 (1914~1927)
① 각 학교의 체조교육을 통일시키기 위한 조치
㉠ 이전의 유희, 병식체조, 보통체조로 구분되어 실시된 것을 체조, 교련, 유희로 다시 구분하고, 군사훈련의 성격을 지닌 병식체조를 교련으로 이관 분리하여 민족주의적 체육을 말살
㉡ 유희는 경쟁적 유희, 발표적 동작을 주로 한 유희 등으로 구분함
㉢ 과외활동 시간이나 일상생활 속에서 실시할 종목으로는 야구, 수영, 테니스 등과 같은 종목
㉣ 학교교육체계에서 체육을 필수화시키고, 체조교육의 교수 방법, 목적 개념 등을 구체적으로 제시
㉤ 조선총독부에 의해 소학교, 보통학교 체조교수서가 개발됨. 교수요목의 개정에 따라 소학교, 보통학교, 신편체조교수서가 편찬됨

(3) 학교체육교수요목 개편기의 체육(1927~1941)
① 학교시설 부족으로 육상경기 중심의 스포츠 밖에 실시할 수 없었으나 그 내용이 체조 중심에서 유희, 스포츠 중심으로 변화되어감
② 다양한 종목의 대교경기가 활성화되었으며, 지나친 경쟁 속에 스포츠맨십을 파괴하는 분쟁도 일어남

(4) 체육 통제기의 체육(1941~1945)
① 전시체제에 맞게 '체조과'는 '체련과'로 변경되어 체육이 점차 교련화됨
② 전쟁 수행을 위해 각종 체육 경기를 완전 통제, 전투 체력의 강화를 위한 중량 운반, 수류탄투척, 행군 등과 같은 체육활동이 실시됨

3) 일제 강점기의 스포츠

(1) 근대 스포츠의 도입
: 서구의 근대 스포츠는 개화기에 기독교 선교사들에 의해 소개되었고, YMCA나 일본인을 통해 일제 강점기에도 각종 스포츠(권투, 탁구, 배구 등)가 이어서 소개됨

(2) 민족주의적 체육활동
    ① 한국 체육의 발달과 YMCA
        ㉠ YMCA는 1903년 '황성기독교청년회'라는 이름으로 창설되었고, 초대 체육부장은 영국 성공회의 신부 터너였고, 총무는 질레트였음
        ㉡ YMCA가 한국 체육에 미친 영향
            일본의 탄압으로 스포츠(운동경기)가 위축된 상황에서 YMCA는 한국 스포츠의 맥을 이어주었고
            • 야구, 농구, 백구 등과 같은 서구 스포츠 도입했으며, 많은 스포츠 지도자를 배출했다.
            • YMCA의 조직망을 통해 스포츠를 전국으로 확산하는 데 기여함
    ② YMCA 체육활동과 민족주의 운동
        ㉠ 구한 말 대한체육구락부 등 각종 스포츠 단체가 결성됨. 이들은 강한 민족주의 정서를 바탕으로 스포츠 활성화를 위한 사회운동을 했으며 이를 주도한 3그룹은 다음과 같음
            ▶ 노백린 등 독립운동단체 이끌던 민족운동가 그룹
            ▶ 구한말 군대의 장교 출신들로 일선학교 교사로 부임한 체육교사 그룹
            ▶ 기독교 계통의 인물과 신지식인 그룹
        ㉡ 스포츠는 민족운동과 연결되어 있었으며, 기독교(YMCA)에 대한 매개체 역할을 했음
        ㉢ 질레트, 반하트 같은 선교사들이 전개한 스포츠 사업의 궁극적 목적은 복음의 전파에 있던 반면, 그들의 스포츠 사업에 대하는 우리나라 회원은 민족의 독립을 염두에 두고 있었음
        ㉣ 일제 강점기 YMCA 스포츠 교육 운동의 사상적 바탕은 복음주의와 연계된 '강건한 기독교주의'와 '민족주의 사상'이었음
    ③ 체육단체의 결성과 청년회 활동
        ㉠ 조선체육회 : 조선체육회는 민족주의 사상을 토대로 일본인이 조직했던 조선체육협회에 대응할 수 있는 단체의 필요성을 인식해서 창립되었으나 1938년 일본의 조선체육협회에 통합되었다.
        ㉡ 관서체육회 : 1925년 2월 27일 평양기독교청년회관에서 결성, 전국적인 체육단체의 성격을 지녔으며, 민족주의적 체육단체, 청년회의 체육활동이 있었음
    ④ 민족 전통경기의 부활과 보전 운동 : 국궁, 씨름과 같은 스포츠 활동을 부활시켜 이를 통해 민족적 자존심을 지키고 전통적 스포츠 정신을 보전하려고 했음
    ⑤ 운동경기를 통한 저항
        ㉠ 우리 민족의 우월성을 위한 수단으로 조선일보 주최의 경평축구대회 개최함
        ㉡ 136년 베를린 올림픽 손기정, 남승룡 선수는 각각 금메달과 동메달을 차지하며 민족적 긍지를 한껏 드높임
        ㉢ 일제하 스포츠 활동은 다분히 민족주의 운동의 성격을 지니고 있었으며, 운동장은 우리 울분을 해소하는 장이기도 했음

4) 체육 스포츠의 탄압

   (1) 체육의 교련화와 연합운동회의 탄압

   ① 1930년 전후 학교 체육은 일제의 군사 팽창에 필요한 인력 양상의 수단으로 변화됨. 총독부는 일본 전통 무도 정신 체득, 그리고 체육을 통해 군사적 능력 강화하려는 정책을 노골적으로 드러냄
   ② 순수한 학교체육 활동을 탄압함. 연합운동회는 학교체육과 사회체육을 민족주의 정서로 연계한다고 판단되어 금지됨

   (2) 체육단체의 해산과 통합

   ① 조선체육회의 창립과 해산 - 1936년 조선체육협회로 통합
   ② 무도계의 일본인 단체 흡수 통합 - 종로경찰서를 통해 무도계를 통제하고자 했음
   ③ 조선학생체육총연맹의 흡수 통합 - 조선 내 전문학교, 대학스포츠 단체를 일원화할 목적으로 결성된 조선학생체육총연맹을 조선체육협회로 통합

   (3) 일장기 말소 의거와 일제의 탄압

   ① 1936년 베를린 올림픽의 마라톤을 위한 예선전
   ▶ 손기정은 남승룡과 함께 베를린 올림픽 국내 후보로 일본 대회에 참가하여 2시간 26분 14초로 우승함
   ▶ 손기정은 남승룡과 함께 베를린 올림픽에 참가하기까지 일본인들로부터 많은 차별을 받으면서도 1936년 5월 21일 도쿄 메이지 신궁경기장에서 열린 선발전에서 남승룡을 위해 페이스를 조절하며 2위로 들어왔고, 남승룡은 1위로 들어옴
   ② 일장기 말소 의거
   ▶ 손기정 선수가 베를린 올림픽 시상대에서 월계관을 쓴 모습이 일본 아사히신문을 통해 일본으로 보도
   ▶ 기자 이길용이 동아일보 전속화가 이상범에게 부탁하여 일장기를 지워버린 채 기사를 게재한 후, 이길용은 혹독한 고문을 받고, 동아일보는 무기정간처분을 받음

5) 일제 강점기의 체육 사상

   (1) 민족주의 체육사상

   ① 민족주의 체육 활동의 특징
   ㉠ 전국적으로 조직된 청년회가 중심이 되어 일제의 탄압(조선 체육회 해산 등)에 대한 저항 문화운동의 일부로 체육활동을 장려함
   ㉡ 일제가 학교체육을 군사 훈련화 하려는 움직임에 대응하여 YMCA 등과 같은 단체를 중심으로 순수 체육을 지향하려는 움직임을 보임
   ㉢ 민족의 전통경기를 부활하고 보급하려는 시도를 함

② 민족주의적 체육 활동의 결실 : 일제시대 민족주의적 체육·스포츠 운동은 한민족의 정체성을 지키고 민족의식의 회복에 큰 영향을 미쳤으며, 한국 체육과 스포츠의 발달에 많은 영향을 미침
  ㉠ 근대 스포츠의 보급과 확산 : YMCA와 같은 청년단체
  ㉡ 민속 스포츠의 계승 발달 : 활쏘기, 씨름 부활
  ㉢ 민중 스포츠의 발달 : 일제강점기까지만 해도 스포츠 활동은 계층별로 이루어졌으나 1930년대부터 민족주의 체육활동을 통해 보건체육 민중화 운동으로 확산됨
  ㉣ 한국 체육의 민족주의적 경향 강화 : 한국 체육은 일제 이후 강한 민족주의적 경향을 띠고 발달하여 체육이 일제의 탄압에 저항하는 수단으로 이용됨

(2) YMCA의 복음주의 운동과 '강건한 기독교주의(muscular christianity)'
  ① YMCA는 '강건한 기독교주의' 운동을 통해 미국의 대학과 중등학교, 사회 스포츠 운동을 주도하며 많은 체육 지도자를 양성하였음
  ② 복음주의, 강건한 기독교주의 사상을 바탕으로 시작되었던 미국 YMCA의 스포츠 교육운동이 선교사들을 통해 한국에 그대로 이식됨
  ③ 일제 강점기 YMCA활동에 참가했던 지식인들은 기독교 운동을 통해 봉건적 질서를 개혁, 외세를 물리쳐 상실한 국권을 회복하려고 노력하였으며 국권회복과 한국스포츠의 발달, YMCA의 복음 사업이 연계되었음

03 광복 이후의 체육과 스포츠 문화

1) 광복 이후의 사회와 교육

  (1) 광복 이후의 사회
    ① 1945년 일본으로부터의 해방 이후, 미군정을 통해 남북한 단독정부를 수립하였으나 1950년 동족상잔의 비극을 맞게 됨
    ② 1960년 4.19의거, 1961년 5.16군사정변을 거쳐 제3공화국이 수립되었고, 1990년 문민정부 출범 이후 민주화가 급속히 진척되어 오늘날에 이르게 됨

  (2) 광복 이후의 교육
    ① 미 군정기와 교수요목 시대의 교육
      ㉠ 교육 기회의 균등을 위한 제도적 기초로 한국어 교과서가 편찬 보급됨
      ㉡ 6-3-3-4학제를 실시하고, 의무교육제도를 시행함
    ② 대한민국의 정부 수립 이후의 교육
      ㉠ 1949년 교육법 통과 – 홍익인간의 교육이념

⑥ 1960년대 - 대학입학예비고사 실시, 사립학교법 정비, 교육과정 개정 등
⑦ 1970년대 - 국민교육헌장, 반공 및 안보교육, 새마을 교육의 심화

2) 광복 이후의 학교체육

(1) 미 군정기와 교수요목 시대의 체육
① 과목명 '체육·보건', 초중학교 주당 5시간, 고급 중학교 주당 3~5시간
② 체육교원의 충원과 양성체계 - 각 대학에 체육학과 설치

(2) 교육과정 시대의 체육
① 5·16군사혁명 이후 박정희 정권이 들어서면서 국민(초등)학교부터 대학에 이르기까지 체육을 필수로 지정함과 동시에 구호로만 외치던 건강과 체력을 실제로 기를 수 있는 법안이 시행됨
② 체육 교육과정의 특징
  ㉠ 1차 교육과정(1954~65) - 신체활동을 통한 신체 부위의 발달, 굳세고 아름다운 정신과 건전한 사회적 성격 육성, 위생 생활의 습관화, 민주적 사회활동에 최선을 발휘하는 능력 개발을 목표로 실시
  ㉡ 2차 교육과정(1963~73) - 과목명을 체육으로 통일, 경험 중심적 교육과정으로 생활 경험을 중시하는 교육을 지향하되 여가활동을 중시하는 개념이 내포됨
  ㉢ 3차 교육과정(1973~81) - 국민교육헌장 이념 실현을 추구하도록 유도하였고, 놀이 형태를 벗어나 순환운동과 질서 운동 등 운동이라는 용어를 사용함
  ㉣ 4차 교육과정(1981~87) - 인간중심 교육과정의 중시, 통합교육과정 교과서가 개발됨
  ㉤ 5차 교육과정(1987~92) 교육과정 적합성 제고라는 사조를 통해 통합교육과정을 개발하고 운영의 자율성을 중시하였음
  ㉥ 6차 교육과정(1992~1997) 교육과정의 분권화 실시를 통한 통합교육과정의 지향, 탐구중심, 자유, 자주성 등을 중시함
  ㉦ 7차 교육과정(1997~) - 체육의 목적 제시, 체육과의 성격을 국민공통교육과정(초등1~고등1)과 심화과정(고등2~3)로 편성

(3) 학교 체육 제도
① 학교 체육의 기반조성
  ㉠ 박정희 정권 이래 체육을 필수로 하는 규정이 시행됨
  ㉡ 청소년 건강을 위해 여러 제도(학교보건법, 학교신체검사법, 체력장 제도, 학교체육시설 설비 기준령 등)를 도입함
② 입시제도의 개선과 체력검사
  ㉠ 1970년 등급별 상대평가를 통해 고입, 대입 시 점수에 반영함
  ㉡ 1980년 입시부터 절대평가로 개선함

(4) 체육의 학문적 발전

① 1953년 한국체육학회의 창립
② 1990년 이후 분과학회(한국체육철학회, 한국체육사학회, 한국스포츠사회학회, 한국스포츠심리학회, 한국스포츠교육학회, 한국운동생리학회 등)의 활동 시작

3) 광복 이후의 스포츠

(1) 체육 및 스포츠 진흥 운동의 전개양상

① 세계 각국의 스포츠 분야의 2가지 발달 유형
  ㉠ 정치, 경제적으로 안정된 사회를 기반으로 대중 스포츠가 발달하고, 대중 스포츠를 토대로 엘리트 스포츠나 프로스포츠가 발달하는 경우
  ㉡ 정치사회적 이데올로기를 바탕으로 특정한 단체나 정권이 스포츠 운동을 주도함으로써 엘리트 스포츠를 중심으로 스포츠 문화가 확산된 이후에 대중 사회에 스포츠가 확산되는 경우
② 20세기 후반 한국 스포츠 운동의 발달 유형
  ㉠ 강한 국가주의적 경향을 띤 스포츠 내셔널리즘 정책 실시, 엘리트체육에 집중해서 체육의 발달을 유도
  ㉡ 이러한 까닭으로 한국에서는 엘리트 스포츠 문화가 발달한 이후에 대중 스포츠가 확산됨

(2) 학교 스포츠의 발달 – 학교를 중심으로 스포츠가 발달됨

① 박정희 정권 이후 학교 체육 정책의 기조는 일반 청소년들의 체력 강화를 위한 체육정책과 우수선수를 위한 '엘리트 스포츠' 정책 2가지로 나뉘는데, 이를 위해 도입한 제도는 아래와 같음
  ㉠ 교기 육성제도
    ▶ 의의 : 각 지역에 적합한 스포츠 종목 선택, 학교와 지역사회 후원으로 학교 스포츠 진흥운동에 지대한 역할을 함
    ▶ 문제점 : 과열 경쟁으로 선수들의 학습권을 앗아가는 등 파행적인 운영으로 많은 문제점 야기
  ㉡ 소년체전
    ▶ 전국체전이 너무 커져서 규모를 축소시키고자 소년체전을 독립적으로 실시함
    ▶ 목적 : 스포츠를 통해 강인하고, 건전한 청소년 육성과 동시에 우수선수 조기 발굴 육성
    ▶ 슬로건 : '몸도 튼튼, 마음도 튼튼, 나라도 튼튼'
  ㉢ 체육의 날 제정
  ㉣ 우수 선수의 발굴과 육성을 통한 국위선양 태릉선수촌 완공, 메달리스트 종신연금계획 확정, 우수선수 병역 면제

(3) 사회 스포츠 발달
　① 미군정기의 스포츠
　　㉠ 조선체육회의 부활 : 1945년 9월 5일 '조선체육동지회'가 결성. 민족체육의 위상을 회복하려는 원동력으로 작용
　　㉡ 경기단체의 설립
　　　▶ 1945년 조선체육회 재건과 함께 각종 경기단체가 설립됨
　　　▶ 1947년 전국육상선수권대회와 손기정 세계제패기념 조선일보 마라톤 대회 창설
　　㉢ 전국체전
　　　▶ 1947년 10월 27일 경성운동장에서 종합경기대회가 열렸다.
　　　▶ 이는 1937년 10월 일제의 탄압으로 중단되었던 제18회 전조선종합경기대회의 부활을 의미함
　　㉣ 국제 활동
　　　▶ 1947년 6월 20일 스톡홀름에서 개최된 IOC 총회에서 대한올림픽 위원회(KOC)가 IOC에 가입함
　　　▶ 1948년 8월에 개최된 런던올림픽 공식적인 초청을 받아 참가하면서 한국 스포츠의 국제적인 활동이 본격화되었음
　② 이승만 정권기의 스포츠
　　㉠ 제 1공화국(1948~1960) : 뚜렷한 스포츠 진흥정책은 없었으나, 스포츠 문화의 발흥기라고 할 수 있음
　　㉡ 스포츠의 발달
　　　▶ 1948년 제14회 런던 하계올림픽에 처음으로 우리 국호를 사용하여 출전함
　　　▶ 전쟁으로 인한 불안정한 정치, 사회적 상황에도 불구하고 대한체육회를 중심으로 스포츠 진흥운동을 지속적으로 진행함
　③ 박정희 정권의 스포츠
　　㉠ 제 2·3·4공화국의 성립(1960~1979)
　　㉡ 쿠데타에 성공한 박정희는 1961년 5월 16일의 군사정변을 "5·16혁명"으로 규정하고 군사혁명정부를 구성하여 정치를 시작함
　　㉢ 박정희는 스포츠에 지대한 관심을 기울였고, 스포츠의 혁신적인 변화를 이끌어냈음
　　㉣ 1961년 '체력은 국력'이란 슬로건을 채택, 국민체육진흥법 공포(1961. 9. 27)등
　　㉤ 스포츠 진흥 정책 2가지 목적
　　　▶ 우수선수 육성을 통해 국위를 선양
　　　▶ 스포츠의 대중화를 통해 국민의 건전한 정신과 강인한 체력을 길러 국가발전에 기여
　④ 전두환·노태우 정권의 스포츠
　　㉠ 제 5·6공화국의 성립(1980~1993)
　　㉡ 노태우는 전두환 정부의 정무장관과 체육부장관을 역임했던 인물

ⓒ 체육·스포츠 정책을 추진해가는 데 중심적인 역할을 수행했으며, 대통령이 된 이후에도 서울올림픽을 개최를 비롯하여 스포츠 정책에 지속적인 관심을 기울임
ⓔ 스포츠의 발달
- 아시안 게임과 올림픽 유치
- 엘리트 중심에서 '대중 스포츠'로 전환
- 1982년 체육부 신설, 우수선수의 조기 발굴, 체육과학연구원 기능 강화
- 프로야구(1982), 프로축구(1983), 프로씨름(1983) 시대가 열림
- "호돌이 계획", "국민생활체육진흥 3개년 종합계획"

(4) 각종 스포츠 발달

① 육상 및 체조
  ㉠ 육상
    - 광복 이후 한국 육상의 역사를 쓴 것은 마라톤 선수들이었음
    - 1947년 4월 17일 제 51회 보스턴마라톤대회에 참가한 서윤복이 2시간 25분 39초로 대회신기록을 수립하며 우승을 차지
    - 제54회 보스턴마라톤에서는 함기용, 송길윤, 최윤칠 선수가 1, 2, 3위를 차지하는 놀라운 모습을 보여줌
    - 그 이후 한국 마라톤은 침체되었으나 황영조가 올림픽 금메달을 차지하고 이봉주라는 스타가 출현
    - 1980년대 후반부터 마라톤은 국민의 피트니스 스포츠로서 각광을 받으며 대중화됨
  ㉡ 체조
    - 1945년 체조협회가 창립되었고, 1949년 전국체육대회 정식종목으로 채택됨
    - 1984년 LA 올림픽 남자단체종합8위에 이어, 지속적으로 좋은 성적을 내고 있음

② 전통 스포츠
  ㉠ 태권도 : 현재의 태권도는 우리나라에서 조직화된 스포츠 중에서 유일하게 세계화 된 종목
  ㉡ 씨름 : 우리 고유의 민속스포츠로서 1972년 전국장사씨름대회, 1982년 천하장사씨름대회 이후 비약적으로 발전했으나, 2000년대 이후 침체의 길로 들어섬.
  ㉢ 택견 : 1983년 중요무형문화재 제76호로 지정

③ 대중 팀 스포츠
  ㉠ 1980년대 후반을 기점으로 엘리트스포츠의 단계에서 벗어나 대중 스포츠로 전환되기 시작함
  ㉡ 2013년에 주 1회, 회당 30분 이상 스포츠를 참여하는 사람의 비율이 45.50%를 기록함

4) 한국스포츠 문화의 발달 배경과 특성

   (1) 스포츠 문화의 정치 · 사회적 배경 : 20세기 후반 한국 스포츠 운동이 성공을 거두게 된 배경
      ① 1960년대와 1970년대에 펼쳐진 박정희 정권의 스포츠 진흥 정책의 결과 : 건민정책, '체력은 국력'이라는 슬로건을 채택하고 전 국민에게 '국민체조'를 보급
      ② 경제적 성장으로 인한 사회적 변화 : 여가 증대로 국민의 스포츠 레저에 대한 관심 급증, 스포츠 대중화시대
      ③ 정치권력의 영향 : 스포츠를 정치에 대한 무관심 수단으로 삼거나, 올림픽 유치, 프로 스포츠 구단 도입을 통해 정치권력의 입지 넓히기 위한 수단으로 이용

   (2) 한국 스포츠 문화의 발달 특성
      : 20세기 후반 한국 체육 · 스포츠 운동의 전개 양상의 특징은 다음과 같음
         ㉠ 스포츠 문화의 급속한 발달
         ㉡ 엘리트 스포츠의 발전을 토대로 한 대중 스포츠의 발달
         ㉢ 건강과 미용을 위한 피트니스 활동의 폭발적 증가

기 초 문 제

01 삼국시대와 관련하여 아래의 빈칸에 들어갈 내용은?

> 궁술은 백성이나 임금이 갖추어야할 중요한 자질의 하나로 취급되었다. 예컨대 고구려의 경당에서는 궁술을 가르쳤으며, 신라에서는 ( )을/를 통해 인재를 등용하였다

① 위기   ② 궁전법   ③ 응방   ④ 입산수행

<정답> ②

① = 바둑, ② = 궁술을 통한 인재등용, ③ = 방응(매사냥)을 관리하는 관서, ④ = 화랑도 교육의 방법

02 화랑도 교육방식중 일종의 야외활동에 해당하였으며 독일의 반더포겔 운동과 유사한 활동의 명칭은?

> 명산대첩을 두루 돌아다니며, 야외활동중 시와 음악과 관련된 활동을 비롯하여 각종 신체적 활동도 포함되어 있었다. 화랑도들은 유명한 산과 큰 강을 수 일간 순회하면서 신체적, 정서적 수양을 시도하였다.

① 입산수행   ② 불국토   ③ 편력   ④ 저포

<정답> ③

① = 산속에 들어가 신체적 고행을 통해서 신체와 정신의 강화를 목적으로 한 활동
② = 국토를 신성하고 존엄하게 생각하며 목숨을 걸고서라도 지켜내야 한다는 사상
③ = 야외활동으로 명산대천을 두루 돌아다니면서 각종 신체적 활동을 수행
④ = 윷놀이 유형

03 다음 중 신라 화랑도 체육사상과 관련된 설명으로 일치하지 않는 것은?

① 신체미의 숭배사상으로 신체미는 물론 신체적 탁월성을 매우 중시하였다.
② 심신이원론적 체육관을 토대로 화랑도인들은 신체단련보다는 정신수양만을 강조하였다.
③ 군사주의 체육사상으로 화랑도는 전사단체로서의 특성도 지니고 있었다.
④ 불국토사상과도 연계되어 있었다.

<정답> ②

② = 화랑도는 심신일체론적 체육관을 바탕으로 한다.

기 초 문 제

04 다음 중 고려시대 체육의 역사적 사실과 다르게 기술된 것은?

① 유교를 치국의 도로 삼은 고려시대에 무과는 일찍 설치되지 않았으며 실효를 거두지 못했다.
② 고려시대 국학의 7재 중 무학을 공부하는 강예재가 있었다.
③ 무신의 선발에서 수박희의 능력은 인재선발의 기준이 되기도 하였다.
④ 귀족사회에서 방응, 즉 매사냥이 성행하였으며, 매의 사육을 담당하는 '사정'이라는 부서를 두었다.

<정답> ④

④ = 방응을 담당하는 부서는 '응방'이다.

05 다음 중 고려시대 석전의 성격으로 옳지 않은 것은?

① 국속으로서의 석전으로 단오나 명절에 행하던 민속놀이의 성격을 지니고 있었다.
② 왕이나 양반들에게 구경거리를 제공하는 관중스포츠로서의 성격을 지녔다.
③ 귀족들의 오락 및 여가활동으로서의 성격을 지니고 있었다.
④ 무로서의 석전으로 군사훈련의 성격을 지녔다.

<정답> ③

③ = 석전은 서민 사회의 민속스포츠로서 귀족들의 오락적 성격을 지닌 것은 아니다.

06 다음 중 고려시대 성행한 격구에 대한 설명으로 옳지 않은 것은?

① 격구는 페르시아의 폴로(Polo)에서 기원을 둔 것으로 알려져 있다.
② 군사훈련, 즉 연무 수단으로서 성행하였다.
③ 서민들의 오락 및 여가활동으로 여성의 참여는 없었다.
④ 대중화 양상을 보이면서 점차 사치스러운 모습으로 변하고 폐단도 심했다.

<정답> ③

③ = 격구는 귀족들의 오락 및 여가활동으로 여성도 참여한 것으로 나타난다.

기 초 문 제

07 고려시대의 서민 사회에서 행해지던 민속스포츠로 옳은 것은?

> 주로 단오절에 많이 행하여졌으며 남자, 여자, 혹은 남녀 혼성으로 하기도 하였으나 여성의 유희로 인기가 있었다. 이는 서민들의 민속적 유희였던 동시에 공식적인 연회에서의 여흥을 위한 수단이기도 했다.

① 씨름　　　　　　　　　　② 연날리기
③ 석전　　　　　　　　　　④ 추천

 <정답> ④

④ = 추천, 그네뛰기에 대한 설명

08 다음 중 조선시대의 무예를 소개한 서적과 관련이 많지 않은 것은?

① 활인심방　　　　　　　　② 무예신보
③ 임원경제지　　　　　　　④ 무예도보통지

 <정답> ①

① = 이황의 활인심방은 의술과 도술과 관련된 서적으로 무예와 관련없음
② = 무예서
③ = 서유구의 과학적인 활쏘기 방법이 소개되어 있는 서적
④ = 무예제보와 무예신보를 근간으로 발전시킨 무예서

09 서양의 아스캄(Roger Ascham)은 '톡소필러스'라는 양궁의 기술에 관한 저술을 남겼다. 이와 유사하게 조선시대 무예서적 중 과학적인 활쏘기 방법을 상세히 소개한 학자가 올바르게 연결된 것은?

① 서유구-임원경제지　　　② 정조-무예도보통지
③ 서유구-고병서해제　　　④ 이황-무예제보

 <정답> ①

① = 서유구의 〈임원경제지〉에는 과학적인 활쏘기 방법이 상세히 소개되어 있다.
② = 무예제보와 무예신보를 근간으로 발전시킨 무예서
③ = 병서에 관한 연구서적
④ = 무예서

기 초 문 제

10 조선시대 무관 채용을 위한 과거제도에 대한 설명으로 옳은 것은?

① 무과는 선시, 복시, 전시의 3단계의 시험이 있었다.
② 합격자를 선달이라고 불렀다.
③ 무과 응시자는 무예시험만 부과할 뿐 경서나 병서시험은 치르지 않았다.
④ 복시는 230명, 전시는 28명으로 뽑는 인원수가 달랐다.

<정답> ②

① = 무과는 초시, 복시, 전시의 3단계의 시험이 있었다.
② = 합격자를 선달이라고 불렀다.
③ = 궁술, 기창, 격구, 조총 등의 무예와 경서, 병서 등의 시험을 부과하였다.
④ = 초시(230명), 복시(28명), 전시(28명)으로 복시와 전시는 뽑는 인원수가 같았다.

11 조선시대 무인양성과 관련된 공식적인 교육기관이었던 훈련원을 대신하여 실시되었던 장소는?

① 사정   ② 도인   ③ 서원   ④ 향교

<정답> ①

① = 전국적인 무사 양성기능을 대신한 곳은 각 지역의 사정이었다.
② = 도인은 정신통일, 목돌리기, 마찰, 침삼키기, 다리의 굴신동작으로 이루어진 보건체조의 기능을 한 인위적 운동을 말한다.
③ = 서원은 선현존승을 목적으로 선현을 제사하고 학통을 따라 학문을 연마하는 교육기관이다.
④ = 향교는 중등학교 수준의 교육기관으로 주로 양반이나 향리 자제들이 입학했던 곳이다.

12 보기의 설명과 관련된 조선시대 성균관에서 행해진 의례는?

성균관의 육일각에서 거행되었으며, 성종 치세 때부터 사례는 하나의 의식으로 완성되어 강한 교육적 성격을 띠고 정착되었다. (　　)에는 우수한 궁술 실력자가 나라의 제사에 참례할 인물로 뽑혔다.

① 대사례   ② 빈사례   ③ 연사례   ④ 향사례

<정답> ①

① = 종묘에 제사를 주관할 자와 참관할 자를 결정하기 위한 궁술경기
② = 제후들이 천자에게 입조하였을 때 예의절차로 실시된 것
③ = 천자와 신하들이 연회의 오락으로 실시된 것
④ = 주연에 앞서 노소가 차례를 정하고 실시하던 일종의 친선경기

기 초 문 제

13 조선시대 일중의 건강체조로 이황이 실시하였으며 치료보다는 예방을 위한 보건체조의 성격을 지닌 것은?

① 수박희　　　　　　　　　　② 도인체조
③ 격구　　　　　　　　　　　④ 궁도

<정답> ②

① = 고려시대로부터 계승되어진 일종의 격투기 성격을 띠고 발달된 운동경기
② = 도인은 정신통일, 목 돌리기, 마찰, 침 삼키기, 다리의 굴신동작으로 이루어진 보건체조의 기능을 한 인위적 운동
③ = 조선시대 격구는 승마하여 채를 가지고 승부를 가리는 경기
④ = 조선시대 궁술은 전쟁기술로서가 아닌 유희로서 스포츠로서의 성격을 지님

14 조선시대 궁술은 무예로서도 중요했지만 스포츠로서의 성격도 지녔다. 팀을 구성하여 편을 이루어 승부를 겨루던 패턴으로 실시되던 조선시대 궁술은?

① 편사　　　　　　　　　　　② 투호
③ 봉희　　　　　　　　　　　④ 방응

<정답> ①

① = 조선시대 스포츠로서의 성격을 지닌 궁술
② = 교육적 가치를 인정받고 인격수양을 위한 유희
③ = 조선시대에 성행하던 오늘날의 골프와 유사한 유희
④ = 매사냥

15 조선시대 귀족 사회에서 행해지던 유희와 민속스포츠에 해당되지 않는 것은?

① 궁도　　　　　　　　　　　② 봉희
③ 방응　　　　　　　　　　　④ 석전

<정답> ④

① = 귀족사회의 유희 및 스포츠
② = 오늘날 골프와 유사한 귀족사회의 유희 및 스포츠
③ = 매사냥과 관련된 귀족사회의 유희 및 스포츠
④ = 민중사회의 유희 및 스포츠

기초문제

16 조선시대 귀족사회의 유희 및 민속스포츠였던 투호와 관련된 설명으로 옳지 않은 것은?

① 투호는 교육적 가치를 높이 인정받았다.
② 투호를 통해 인격수양을 했던 것으로 보인다.
③ 투호는 각종 행사에서 손님들을 즐겁게 해 주기 위하여 실시된 사교적 목적의 스포츠였다.
④ 투호는 마음을 다스리는데 효과적이며 나라를 다스리는 치국에는 도움이 되지 않는다.

<정답> ④

① = 옳음, ② = 옳음, ③ = 퇴계이황의 덕으로서의 스포츠에 대한 인식
④ = 사마광은 그의 저서를 통해 투호가 마음을 다스리는데 그치는 것이 아니라 나라를 다스리는 치국에도 중요하다고 역설하였다.

17 조선시대에는 숭문천무 사상으로 인해 신체문화가 활성화되지 못함으로써 민족의 기질과 역동성이 약화되는 결과를 낳았다. 예외적으로 문무겸비를 강조한 왕도 있었는데 다음 중 왕의 이름과 관련활동이 서로 바르게 연결된 것은?

① 정조-무예도보통지를 편찬케 함
② 고종-교육입국조서를 하달
③ 공양왕-무과를 설치함
④ 의종-오병수박희

<정답> ①

① = 정조대왕은 무예도보통지를 편찬케 함으로써 무예를 진정으로 거듭나게 하는 계기를 만들었다.
② = 고종의 교육입국조서는 조선시대가 아니라 개화기이다.
③ = 고려 말 공양왕 때 무과를 설치했으나 실효를 거두지는 못하였다.
④ = 고려시대이며 무신반란의 직접적인 계기가 된 행사가 오병수박희였다.

18 고종은 1895년 '교육입국조서'를 하달하였다. 교육조서 공포의 역사적 의미와 관련하여 적절하지 않은 것은?

① 지배계급에만 한정되었던 교육기회가 전 국민으로 확대되었다.
② 덕양, 체양, 지양 즉 3양에 힘쓰며 근대적 전인교육으로의 변화를 의미하였다.
③ 체육을 교육의 중요한 영역 중 하나로 인정하는 계기가 되었다.
④ 전통적 유교 중심의 교육을 지향하여 유교중심 교육의 맥을 이어주는 역할을 하였다.

기초문제

> **<정답> ④**
>
> ④ = 종래 유교중심의 교육을 지양하고 전통적 유교 중심의 교육에서 근대적 전인교육으로 전환됨

19 개화기 체육은 3단계를 거쳐 발달되면서 체육의 교과내용도 점차 다양해졌고, 교과목으로서의 위치도 확고해졌다. 단계와 설명이 적절하지 못한 것은?
① 태동기 - 무예학교와 원산학사의 정규교육과정에 무예체육이 포함
② 태동기 - 운동회 및 체육구락부의 활동이 활성화
③ 수용기 - 기독교계 사립학교와 관립학교의 정규 교육과정에 체조과목이 편성되고 과외활동으로 서구스포츠가 도입
④ 정립기 - 기독교계 사립학교를 비롯하여 일반 학교체계에 학교체조, 병식체조, 유희 등이 필수교과로 지정

> **<정답> ②**
>
> ② = 수용기에 대한 설명

20 개화기 체육 발달의 단계와 관련된 설명으로 옳은 것은?
① 최초의 근대 학교인 육영공원에서는 문사양성을 위한 문예반(200명)과 무사양성을 위한 무예반(50명)이 있었다.
② 태동기 무예반보다 문예반 학생 수가 많았으며 이는 전통적인 유교사상이 남아있는 것을 보여준다.
③ 수용기 미션스쿨을 중심으로 근대교육이 출발하였고, YMCA를 통해 서구스포츠가 본격적으로 유입되었다.
④ 수용기 체육이 정규교과목으로 포함되면서 야구, 축구, 정구 등 서구스포츠가 필수과목으로 포함되었다.

> **<정답> ③**
>
> ① = 최초의 근대 학교는 원산학사
> ② = 태동기 원산학사에서는 문예반(50명)보다 무예반(200명)의 수가 많았다.
> ③ = 옳음
> ④ = 체육은 아직 정규교과목 속에는 포함되지 않았으며 과외활동을 통해 서구스포츠가 도입되었다.

기초문제

21 개화기 미션스쿨이 한국교육에 미친 영향 중 옳지 않은 것은?

① 서구식 교육과 신학문의 도입
② 진정한 의미의 자유교육 실현
③ 여성교육 기회의 제한으로 성차별 의식 고양
④ 체육과 스포츠·예술 교육을 통한 전인교육의 실천

<정답> ③

③ = 미션스쿨은 여성교육을 통한 남녀 평등의식을 고양시킴

22 개화기 운동회가 점차 확산되었다. 최초의 운동회와 초창기 운동회에서 실시된 종목이 바르게 연결된 것은?

① 화류회 - 육상
② 한성사범학교 - 체조
③ 무관학교 - 수영
④ 황성기독교청년회 - 농구

<정답> ①

① = 최초의 운동회는 1896년 5월 5일 영어학교에서 개최한 '화류회'였으며 육상이 실시되었다.

23 개화기 학교 운동회의 성격과 기능으로 적절하지 못한 설명은?

① 주민들의 향촌 축제 성격을 지니고 있었으며 공동체 의식을 강화하는 역할을 했다.
② 민족주의 운동의 성격을 갖고 애국심을 고취하는 역할을 했다.
③ 국민의 스포츠 사회화에 영향을 미쳐 사회체육의 발달을 촉진하는 역할을 했다.
④ 사회진화론적 민족주의를 인식하여 애국 계몽운동적 역할을 했다.

<정답> ③

③ = 운동회와 무관한 설명

기 초 문 제

24 보기의 설명과 관련된 개화기에 행해진 근대 스포츠의 명칭은?

> 초기 연식정구로 소개되었으며 당시에는 척구라고 하였다. 연식정구는 1919년 조선철도국을 통해 현재와 같은 형태로 도입되었다.

① 테니스 ② 빙상
③ 승마 ④ 조정

<정답> ①

① = 테니스는 연식적구로 소개되었으며 당시에는 척구라고 하였다.

25 개화기의 단체들은 사회체육의 발달을 촉진하는 역할을 하였다. 다음 중 우리나라 최초의 근대적인 체육단체는?
① 대한체육 구락부
② 황성기독교 청년회 운동부
③ 대한민국 체육회
④ 대동체육 구락부

<정답> ①

① = 최초의 근대적인 체육단체
② = YMCA는 개화기 근대 스포츠의 발달 및 스포츠의 보급에 지대한 영향을 미침
③ = 노백린이 설립하였으며 체육계몽운동을 통한 강력한 국가건설을 목적으로 한 단체
④ = 권성연 외 진화론적 자강론에 입각하여 체육발달을 통한 강력한 국가 수립을 목적으로 한 단체

26 개화기 단체와 설립자 또는 활동이 서로 무관하게 연결된 것은?
① 대한체육 구락부 - 현양운 외 30명
② 황성기독교 청년회 운동부 - 복음전파, 근대스포츠의 보급
③ 대한민국 체육회 - 회장 터너와 총무 질레트
④ 대동체육 구락부 - 사회진화론적 자강론에 입각한 강력한 국가건설

<정답> ③

③ = 노백린이 설립, 회장 터너와 총무 질레트는 황성기독교 청년회 운동부 관련 내용

기초문제

27 체육을 국가의 운명을 결정하는 중요한 교육영역으로 인식하여 1908년 5월 태극학보 제2호에 "체육론"을 실었으며 다음과 같은 제언을 남긴 인물은?

> (1) 체육학교를 특설하고 체육교사를 양성할 사
> (2) 과목에 체조, 승마 등을 치(置)할 사
> (3) 평단보필이 차(此)에 대하여 특히 주의할 사
> (4) 학교, 가정에서 특히 주의할 사
> (5) 체육에 관한 학술을 정구(精究)키 위하여 품행단정하고 신체 강장한 청년을 해외에 파견할 사

① 문일평 ② 이기 ③ 이종만 ④ 이기동

<정답> ①
① = 태극학보에 "체육론"을 실음
② = 한성사범학교의 교관, 장지연·윤효정 등과 '대한자강회' 조직
③ = "체육이 국가에 대한 효력"이라는 논설
④ = 〈신체조교수서〉출판, 체조연구회 조직

28 일제강점기의 체육은 1914년을 중심으로 크게 1기~4기로 분류할 수 있다. 아래 보기의 설명에 해당되는 일제강점기의 체육 단계는?

> 체육은 유희 및 스포츠 중심으로 이루어졌으며 학교 대항 각종 운동경기 대회가 성행하였고 오늘날의 '연고전'과 같은 대교경기가 활성화 되었다.

① 조선교육령 공포 시기(1910~1914)
② 학교 체조교수요목의 제정과 개정 시기(1914~1927)
③ 학교체육 교수요목 개편기 시기(1927~1941)
④ 체육 통제 시기(1941~1945)

<정답> ③
③ = 체조교수요목 개편기의 체육은 유희 및 스포츠 중심 체육, 학교대항 각종 운동경기 성행

기초문제

29 한국 YMCA는 1903년 '황성기독교 청년회'라는 이름으로 창설되었다. YMCA가 미친 영향으로 옳지 않은 것은?
① 일본의 탄압으로 한국스포츠가 위축된 상황에서 한국스포츠의 맥을 이어주었다.
② 스포츠 지도자 배출에는 많은 도움을 주지 못하였다.
③ YMCA의 조직망을 통해 스포츠를 전국으로 확산시키는 데 기여하였다.
④ 강한 민족주의적 정서를 바탕으로 이루어졌다.

<정답> ②
② = YMCA는 한국에 많은 스포츠 지도자를 배출했다.

30 다음 중 현 대한체육회의 전신으로 '전조선 경기대회'라는 종합대회를 개최하는 등 약 20년 동안 일제 하 조선의 체육계를 이끌다 1938년 일제에 의해 해산된 단체는?
① 조선체육회 ② 조선체육협회
③ 관서체육회 ④ 협성회

<정답> ①
① 대한체육회의 전신으로 1938년 일제에 의해 조선체육협회로 통합됨
② 일본인이 조직했던 단체
③ 전국적인 체육단체, 민족적인 체육단체
④ 협성회는 YMCA의 전신

31 일제강점기 조선체육회의 첫 사업으로 개최되었으며 오늘날 전국체전 통산 횟수의 기점이 되기도 한 대회의 명칭은?
① 전조선 야구대회 ② 전조선 경기대회
③ 전조선 정구대회 ④ 전조선 육상경기대회

<정답> ①
① 전국체전 통산 횟수의 기점이 되었다.

기 초 문 제

32 일제강점기 일본에게 주권이 빼앗긴 상태에서 전통 스포츠의 보존운동이 일어났다. 이와 관련된 우리 민족 고유의 민속스포츠는 무엇인가?

① 투호   ② 씨름   ③ 쌍육   ④ 저포

 <정답> ②

② 씨름과 궁술과 같은 민족 전통경기의 부활을 통해 우리의 전통적 스포츠 정신을 보전하려 하였다.

33 광복이후 20세기 후반 한국 체육 및 스포츠 진흥운동의 전개양상으로 옳지 않은 것은?

① 체육진흥운동이 본격화 된 것은 1960년대부터였다.
② 대중스포츠가 먼저 발달되고, 대중스포츠를 토대로 엘리트스포츠와 프로페셔널스포츠가 발달되었다.
③ 박정희 정권의 등장과 함께 국민체육진흥운동이 전개되었다.
④ 국가주의적 색채를 띤 스포츠 내셔널리즘 정책으로 스포츠 문화의 진흥을 꾀하려 했다.

<정답> ②

② 한국은 엘리트 스포츠 중심의 스포츠 문화가 확산된 이후 대중 스포츠도 발달된 경우이다.

34 광복 이후 박정희 정권이 등장한 이후 학교체육의 기반조성과 관련된 내용으로 옳지 않은 것은?

① 학교보건법
② 학교체육시설설비기준령
③ 체력장제도 실시
④ 한국체육학회 창립

<정답> ④

① 청소년들의 체력강화를 위해 도입된 제도
② 모든 학교에 학생들의 체육 및 스포츠 활동을 위한 시설과 운동장 확보 기준을 정한 것
③ 전국 중고등학생을 대상으로 체력장 제도 실시
④ 체육의 전문적인 학술연구 단체로 체육의 학문적 발전과 관련

기 초 문 제

35 한국은 1970년대부터 본격적인 학교 체육 진흥운동이 펼쳐졌다. 다음의 밑줄 친 정책에 해당되는 대표적인 내용은?

> 학교정책의 기조는 크게 두 가지 방향이었다. 하나는 일반 청소년들의 체력 강화를 위한 "체육정책"이었고, 다른 하나는 우수선수를 육성하기 위한 "엘리트 스포츠 정책"이었다.

① 교기육성제도, 소년체전
② 조선체육회의 부활
③ 경기단체의 설립
④ 한국체육학회 창립

<정답> ①

② 엘리트 스포츠 정책으로 도입된 대표적인 것은 교기육성제도와 전국소년체육대회의 신설이었다.

36 박정희 정권기에 우수선수 육성을 통한 국위선양을 위해 장려했던 내용으로 옳지 않은 것은?

① 태능선수촌 완공
② 메달리스트 종신연금계획 확정
③ 우수선수 병역면제 도입
④ 직장체육의 활성화

<정답> ④

② 1970년대부터 직장체육이 활성화되었으며 이는 우수선수 육성과는 무관함

37 20세기 후반 한국 스포츠 문화 발달과 관련한 설명으로 옳지 않은 것은?

① 한국스포츠 운동의 성공은 경제적 성장으로 인한 사회적 변화의 산물이었다.
② 한국스포츠 운동의 성공은 탈정치화의 수단과 같은 정치권력의 영향 탓이 컸다.
③ 한국스포츠는 엘리트 스포츠의 발전을 토대로 대중스포츠가 발달되었다.
④ 한국사회의 스포츠 문화는 급진적이기 보다는 완만하고 점진적으로 발달되는 양상을 보였다.

<정답> ④

④ 한국사회의 스포츠 문화는 1960년대 초부터 1980년대 말까지 약 30년 동안에 급진적으로 발달되는 양상이었다.

기 초 문 제

38 보기의 설명에 해당하는 박정희 시대의 체육·스포츠 진흥운동의 바탕이 된 사상은?

> 부강한 국가를 건설하기 위해서는 우선적으로 건전한 국민성을 길러야 한다는 신념체계였다. 박정희는 "건전하고 진취적이며 역동적인 국민성을 함양하기 위해서는 범국민적인 체육·스포츠 진흥운동이 필수적이다"는 신념체계를 기반으로 한다.

① 건민사상   ② 상무정신
③ 운동경기 애호주의   ④ 엘리트주의

<정답> ①

① 건전하고 강인한 국민성을 함양하기 위한 신념
② 무예나 스포츠 등 신체적 활동과 관련
③ 박정희는 스포츠를 매우 좋아했던 개인적 성향을 지녔다.
④ 우수선수 육성을 통한 프로스포츠의 발전

39 다음은 우리나라 전통스포츠에 대한 설명이다. 알맞은 것으로 짝지은 것을 고르시오.

가. 태권도	a. 우리나라에서 조직화된 스포츠 중에서 유일하게 세계화된 종목이다.
나. 씨름	b. 유네스코 무형문화재로 지정되었다.
다. 택견	c. 우리고유의 민속스포츠로 1970~1980년대 비약적 발전을 이루었다.

① 가-a, 나-c, 다-b   ② 가-b, 나-c, 다-a
③ 가-c, 나-a, 다-b   ④ 가-a, 나-b, 다-c

<정답> ①

태권도는 우리나라 스포츠로 유일하게 세계화된 종목이고, 씨름은 우리고유의 민속스포츠로 한때 비약적 발전을 이루었으나 2000년대 이후로는 열기가 사그라들었다. 택견은 2011년에 유네스코 인류무형문화재로 지정되었다.

40 손기정 선수가 마라톤에서 우승한 올림픽 대회는?

① 제 10회 올림픽, 미국 로스앤젤레스   ② 제 11회 올림픽, 독일 베를린
③ 제 14회 올림픽, 영국 런던   ④ 제 15회 올림픽, 핀란드 헬싱키

<정답> ②

② 손기정 선수의 우승으로 우리 민족 선수로서는 처음으로 올림픽대회 메달리스트가 되었던 대회

PART 05

운동생리학

정진욱

Chapter 01 신체와 운동 능력의 이해
Chapter 02 인체의 에너지원
Chapter 03 운동 후 회복
Chapter 04 근육계와 운동
Chapter 05 신경계와 운동
Chapter 06 호흡계
Chapter 07 순환계와 운동
Chapter 08 내분비계와 운동
Chapter 09 일·파워·에너지 소비량 측정
Chapter 10 운동과 환경
Chapter 11 건강, 체력 및 트레이닝
Chapter 12 트레이닝의 기초
Chapter 13 트레이닝의 실제

기초문제

Chapter 01 신체와 운동 능력의 이해

01 신체의 구조

① 신체의 단위는 세포(cell), 조직(tissue), 기관(organ), 계(system)로 이루어져 있다.

1) 세포
① 세포는 세포막, 세포질, 핵으로 구성된다. 세포막은 세포의 내부와 외부를 분리시키는 선택적 투과막이며, 세포질은 세포막 내부에서 핵을 제외한 부분을 가리키고, 핵은 핵막, 핵소체, 염색질로 나누어진다.
② 세포는 상피세포, 근세포, 신경세포, 결합조직세포 등이 있다.

2) 조직
① 조직을 구성하고 있는 세포의 유형에 따라 상피조직, 근육조직, 신경조직, 결합조직 등으로 구분
② 조직이 구성하는 기관에 따라 피부조직, 위벽조직, 연골조직, 혈관조직 등으로 구분

3) 기관
① 여러 개의 조직이 한데 합해져서 기관이 되며 그 기관은 특유의 기능을 발휘한다.
② 기관이 특정한 기능을 발휘하기 위해 여러 개의 조직이 동원되어 사용되고 있다.
   (예) 위조직의 경우 음식물을 담고 장으로 보내기 위해 결합조직이 필요하고, 위의 운동에 필요한 근조직, 혈관조직, 신경조직 등이 필요하다.

4) 계
① 계는 또 다른 계와 연결이 되어 서로 연관된 하나의 단위로서 기능을 발휘한다.
② 중추 신경계, 순환계, 호흡계, 근육골격계, 소화계, 비뇨기계, 내분비계, 생식계 등으로 구분

02 인체의 기능

1) 세포의 기능
① 세포의 기능은 크게 세포 자체의 생존과 증식을 위한 활동과 우리 몸 전체를 위한 활동이 있다.
② 우리 몸 전체를 위한 세포의 활동은 곧 각 개인의 생존을 가능하게 하는 것이다.

2) 환경과 인체의 기능
① 인체가 나타내는 반응의 대부분은 적응 반응으로, 이것은 인체의 생존과 건강을 유지하는 데 목적이 있다.
② 적응이란 인체가 환경과 복잡한 상호관계를 하고 있는 것을 의미한다. 그러므로 적응을 잘 할 수 있다는 것은 건전한 생존을 의미하고 부적응은 인체에 있어 병의 유발을 의미한다.

3) 항상성과 항정상태
① 항상성이란 인체 내의 안정상태의 유지를 의미한다. 인체의 세포가 건전하려면 세포 주위의 항상성이 유지되어야 한다. 세포의 주위란 세포의 화학성분, 삼투압, 수소이온농도, 온도 등을 의미한다. 세포는 이중 어떤 요인이라도 정상에서 벗어날 경우 기능을 제대로 발휘할 수 없게 되기 때문에, 생체의 생존과 건강은 바로 이 항상성을 유지하는 데 달려있다.
② 항정상태란 일정 수준 이상으로는 신체가 변하지 않는 것을 의미한다. 항정상태에는 심박수가 최대치로 올라갔을 때 더 이상 증가하지 않는 것 등을 포함한다.

03 인체의 구성

1) 인체의 화학적 구성
우리 몸 전체는 무기물 70%와 유기물 30%로 구성되어 있다.

무기물(70.3%)	수분(65.9), 광물성(4.4)
유기물(29.7%)	탄소(18.4), 산소(6.0), 수소(2.7), 질소(2.6)

2) 인체의 골격 및 근육

① 골격 : 206개의 뼈와 250개의 관절이 있다. 뼈는 관절을 축으로 근육의 수축에 의해 동작이 이루어진다.

② 골격근
  ㉠ 근육의 구성은 수분(75%), 단백질(20%), 무기염(5%)으로 구성되어 있다.
  ㉡ 근육은 수분을 제외하고는 단백질, 탄수화물, 지방, 크레아틴, 젖산, 색소, 효소, 무기염 등으로 되어 있는데, 이 중 중요한 탄수화물인 글리코겐의 함량은 근육 중량의 0.5~1%가 된다.

04 세포 생리

1) 물질 이동

(1) 물리적 이동

수동적 이동이라고도 하며, 확산작용과 삼투현상은 물질의 물리적 이동 방법이다.
① 확산 : 물질의 분자나 이온이 계속적으로 빠르게, 또는 아무렇게나 움직여 퍼지는 것
② 삼투현상 : 반투과성 막을 통한 물의 확산이다. 반투과성 막은 물만을 통과시키고 다른 물질의 분자는 통과시키지 않는다. 물은 농도가 낮은 곳에서 농도가 높은 곳으로 이동한다.

(2) 생리적 이동

능동적 이동이라고도 하며, 화학적인 반응에 의해 세포 내에서 생겨난 에너지 공급을 받아 소디움이나 칼륨과 같은 물질의 이동이 가능하다.

(3) 식작용과 흡수작용

식작용에 의해서 고형물질을 세포 안으로 끌어들이며 흡수작용으로 액체로 된 물질을 세포 안으로 끌어 들인다.

2) 세포의 대사작용

① 이화작용 : 세포의 기능을 발휘하기 위한 에너지를 세포에 공급하는 과정
② 동화작용 : 세포가 호르몬, 효소, 단백질 등의 여러 가지 복잡한 물질을 합성하는 과정

(1) 이화 작용

글루코스의 이화작용은 두 개의 연속적인 과정인 해당작용과 구연산 사이클 혹은 크렙스 사이클로 되어 있다.

① 해당작용 : 글루코스가 초성포도산으로 변화되면서 글루코스 분자 내에 저장되어 있던 에너지 일부를 방출한다. 이러한 해당작용은 세포질 내에서 일어나는데 이때 산소가 사용되지 않기 때문에 비호기성 또는 무산소성 이화작용이라고도 한다.
② 크렙스 사이클 : 글루코스 이화작용의 두 번째 과정으로서 이 과정이 이루어지는 화학반응에 산소가 사용되기 때문에 호기성 또는 유산소성 이화작용이라고도 한다. 해당작용에서는 생겨난 초성포도당이 젖산으로 변하지만, 크렙스사이클에서 초성포도당은 이산화탄소와 물로 변한다. 글루코스의 이화작용으로 생기는 ATP는 모두 38분자이다.

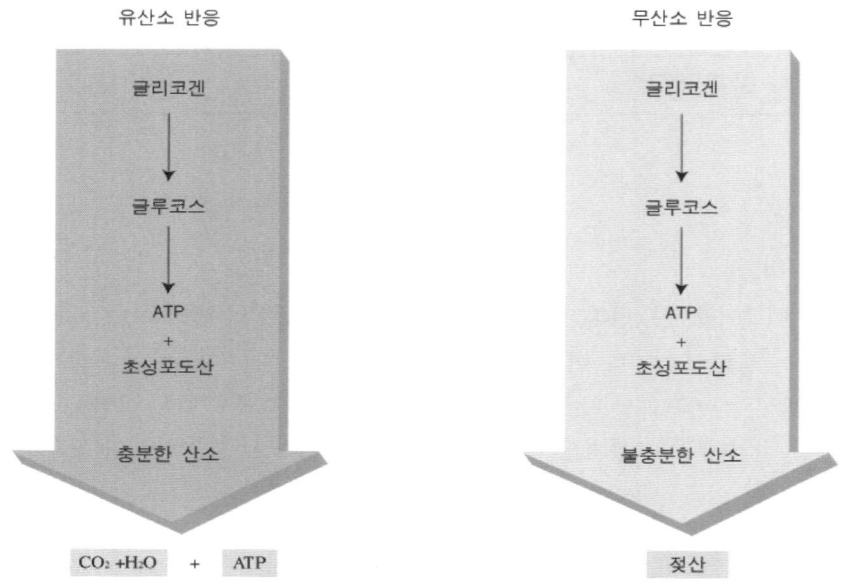

유산소와 무산소 이화작용

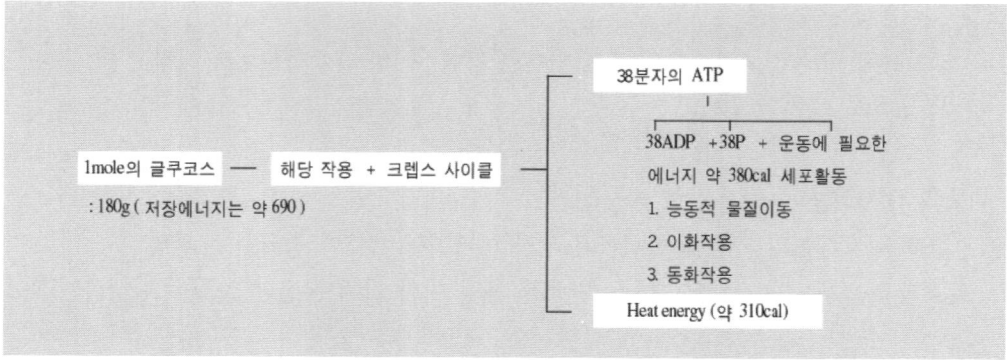

글루코스의 이화작용

(2) 동화작용

대사 작용의 한 과정으로 체내에 들어온 음식물을 소화·흡수시켜 세포로 보낸 후 이화작용에 의해서 만들어진 에너지를 사용하여 단백질은 성장과 보상에 쓰일 수 있도록 재정비되고, 지방은 에너지원으로서 사용될 수 있도록 체내에 저장된다. 탄수화물은 에너지 저장물질인 글리코겐으로 근육과 간에 저장되고, 운동시 직접 쓸 수 있는 에너지원으로서의 ATP를 합성한다.

(3) 이화작용과 동화작용의 평형

① 이화작용과 동화작용은 서로 평형을 유지해야만 한다.
② 두 가지 서로 상반되는 작용을 하는 이화작용과 동화작용을 대사작용이라고 하며, 이 대사 작용은 체내에서의 모든 물질의 변화와 에너지의 변화를 포괄적으로 의미한다.
③ 동화작용이 이화작용을 능가하면 원형질이 증가하는데 이를 성장이라 하고, 반대로 이화작용이 동화작용을 앞지르면 노쇠 혹은 퇴화현상이 일어난다.

05 운동과 영양

1) 영양

① 섭취, 소화, 흡수, 운반, 에너지 생성을 위한 저장과 이용 및 원형질로의 화합, 즉 성장과 보상 등의 모든 일련의 생리적 작용을 영양이라고 할 수 있다.
② 영양소는 화학 물질로 단백질, 지방, 탄수화물, 비타민 그리고 미네랄 등이 있다.
③ 영양소의 기능은 신체가 활동할 수 있는 힘을 제공하고, 체온 유지를 위한 열 생산과 인체의 성장을 도모하며 소모된 조직을 보충하고 생리 작용을 조절한다.

2) 영양소와 작용

(1) 탄수화물

① 간이나 근육에 저장되어 있으면서 근수축에 필요한 에너지를 공급한다.
② 형태 : 간글리코겐, 근글리코겐, 체액 글루코스(혈당)
③ 운동의 주된 에너지원이며, 고강도 운동 중에는 특히 그러하다.
④ 탄수화물은 지방과 단백질의 신진대사를 조절한다.
⑤ 신경계는 에너지를 전적으로 탄수화물에 의존한다.

(2) 지방
① 장시간 이루어지는 신체활동에 필요한 에너지를 공급하지만, 비만의 원인이 될 수 있다.
② 형태: 피하지방, 근육지방
③ 세포막과 신경섬유의 필수 구성성분이다.
④ 휴식 상태의 총에너지 중 70%를 제공하는 주요한 에너지원이다.
⑤ 중요 기관을 지지해주며 완충 작용으로 보호를 한다.
⑥ 체내의 모든 스테로이드 호르몬은 콜레스테롤로부터 생산된다.
⑦ 체내에서 지용성 비타민의 흡수와 운반을 담당한다.
⑧ 절연성 피하지방층에 의하여 체열을 보존한다.

(3) 단백질
① 체내에 에너지가 부족할 때는 에너지로 사용되고, 체내의 조직이나 기관을 구성한다.
② 세포의 주요 구성성분이다.
③ 헤모글로빈, 효소 및 많은 호르몬이 단백질로부터 생성된다.
④ 정상적인 혈액 삼투압이 혈장의 단백질에 의해 유지된다.
⑤ 질환 예방을 위한 항체가 단백질로부터 생성된다.
⑥ 에너지가 단백질로부터 생성될 수 있다.

(4) 비타민
① 에너지원은 아니지만 인체의 정상적인 성장, 발달에 필수적인 물질이다.
② 비타민은 화학 반응에서 주로 촉매 역할을 한다.
③ 비타민은 크게 지용성 비타민과 수용성 비타민으로 분류된다.
④ 지용성 비타민(A, D, E, K)은 지방과 결합되어 소화관으로부터 흡수된다. 이 비타민은 체내에 저장되기 때문에 지나친 섭취에 의해 독성을 일으킬 수 있다.
⑤ B복합 비타민과 C는 수용성이다.

(5) 무기질
① 몸의 구성 성분이 되고 동시에 체내의 물질 대사를 조절한다.
② 미네랄은 이온 상태로 여러 유기성분과 혼합되어 있다. 체내에서 이온으로 분해될 수 있는 미네랄 화합물을 전해질이라고 한다.

(6) 물
① 칼로리가 없기 때문에 수분은 영양소로 생각되지 않는다. 그러나 생명을 유지하는데 필요한 수분은 산소 다음으로 중요하다.
② 수분은 전형적인 젊은 남자의 경우 체중의 60%를 차지한다. 우리 몸의 9~12%의 수분 손실은 치명적일 수 있다.

③ 적혈구는 주로 수분인 혈장을 통해 활동근에 산소를 운반한다.
④ 포도당, 지방산, 아미노산과 같은 영양물은 혈장에 의해 근육에 운반된다.
⑤ 이산화탄소와 그 밖의 대사 노폐물은 세포를 떠나고 나서 제거되기 위해 혈장으로 들어간다.
⑥ 운동 중 신진대사와 근활동을 조절하는 호르몬은 혈장에 의해 표적기관으로 운반된다.
⑦ 체액은 젖산이 생성될 때 적절한 pH를 유지할 수 있도록 하는 완충인자를 포함하고 있다.
⑧ 수분은 운동 중에 발생하는 체열 분산을 촉진한다.
⑨ 혈장량은 혈압과 심혈관 기능의 주요한 결정인자가 된다.

Chapter 02 인체의 에너지원

01 에너지와 에너지원

1) 에너지의 개념
① 음식물은 신체 활동을 수행하고 생명을 유지하기 위하여 우리의 몸을 구성하고 있는 수많은 세포에 화학적 에너지를 공급한다. 에너지는 탄수화물, 단백질, 지방의 형태로 음식물에 들어있다가 세포내에서 분해되면서 저장되어있던 에너지를 방출하게 된다.
② 대사과정을 통해 새로운 형태로 생성된 에너지는 웨이트트레이닝의 결과로 나타나는 근육의 증가, 운동 후에 일어나는 근육의 손상이나 부상을 회복시키는데도 이용된다.
③ 음식물 에너지는 아데노신 3인산(ATP)이라는 고에너지 인산 형태로 저장된다.

2) 에너지원
① 휴식 중 인체가 필요로 하는 에너지는 탄수화물과 지방의 분해로부터 거의 균등하게 충당된다. 단백질은 신체의 구성 재료이며 통상적으로 세포 활동에는 적은 양의 에너지를 제공한다.
② 운동 강도가 높아질수록 더 많은 양의 탄수화물이 사용되며 지방의 비중은 줄어든다. 짧은 시간 동안의 최대운동에서는 거의 대부분의 ATP가 탄수화물로부터 생성된다.

(1) 탄수화물
① 운동시 근육의 탄수화물 의존도는 탄수화물의 사용 가능성 여부 그리고 탄수화물 대사 능력과 관련이 높다. 섭취한 탄수화물은 단당류인 글루코스로 최종적으로 바뀌어지며 이것은 혈액을 통하여 신체의 모든 조직으로 운반된다.
② 휴식시 인체 내로 흡수된 탄수화물은 근육과 간으로 운반된 다음 글리코겐으로 바뀌어진다. 간에 저장된 글리코겐은 필요에 따라 글루코스로 다시 바뀌어지며 혈액을 통해 활동적인 조직으로 운반된 다음 그 곳에서 분해된다.

③ 간과 근육에 저장할 수 있는 글리코겐의 양은 한정되어 있으며 섭취하는 음식에 상당량의 탄수화물이 포함되어 있지 않을 경우에는 고갈될 수 있다. 그러므로 사용된 글리코겐 저장량을 보충하기 위해서는 탄수화물을 섭취해야만 한다.
④ 탄수화물의 사용은 운동의 강도와 관계가 있다. 운동의 강도가 높을수록 더 많은 양의 에너지가 탄수화물에서 공급된다.
　㉠ 탄수화물은 휴식 시에 신체가 필요로 하는 에너지의 약 35~40%를 공급한다.
　㉡ 가벼운 운동을 하는 경우에는 50% 이상 공급한다. 70~80% 이상의 강도로 운동을 하는 동안에는 탄수화물이 더 많은 에너지가 사용된다.
　㉢ 최대로 아주 격렬한 운동을 하면 대부분의 에너지가 탄수화물에서 공급된다.
⑤ 탄수화물은 강도가 높은 운동을 할 때 주에너지원이 되지만 운동 중에 탄수화물이 에너지원으로 사용되는 것은 근육 속에 이미 저장되어 있던 글리코겐이다.

(2) 지방

① 인체는 탄수화물을 저장하는 것보다 더 많은 양의 지방을 저장할 수 있다. 간과 근육에 저장되는 탄수화물은 2,000kcal 이하이지만, 지방 에너지 저장량은 70,000kcal를 초과한다.
② 지방은 트리글리세라이드(TG)에서 기본적인 구성 요소인 글리세롤과 유리지방산으로 바뀌며, 유리지방산이 ATP를 생성하는 데 사용된다.
③ 같은 무게의 탄수화물보다 지방에서 더 많은 양의 에너지가 제공된다. 그런데, 지방으로부터의 에너지 방출 속도는 강도 높은 근육 활동의 에너지 요구량을 충족시키기에 너무 느리다.
④ 지방은 중정도 강도의 운동을 하는 동안에 중요한 에너지원이다. 혈장의 유리 지방산과 근육에 저장된 중성 지방은 중간 강도로 오랜 시간 운동을 하는 동안 주된 지방 공급원이 된다.
⑤ 운동의 강도가 너무 높지 않는 한 유리지방산이 지속적으로 주 에너지원이 된다. 그러나, 운동의 강도가 일정한 수준에 이르면, 즉 최대산소소비량의 약 60-65%에 도달하면 지방세포로 부터의 유리지방산의 방출은 줄어든다. 동시에 근육은 주로 근 글리코겐 형태의 탄수화물을 주요 에너지원으로 점점 더 의존하게 된다.

(3) 단백질

① 단백질은 운동 중 에너지원으로서의 사용은 제한된다. 정상적인 운동을 하는 동안에는 탄수화물과 지방이 주요 에너지원으로 사용되고, 단백질은 1~2% 정도만 에너지원으로 사용된다. 아미노산이 새로운 포도당을 만드는 포도당 신생에 주요한 역할을 한다.
② 정상적인 글리코겐 저장량을 가진 사람이 장시간 운동을 할 때 에너지 요구량의 약 4% 정도를 단백질에서 얻는다. 예를 들어, 마라톤의 마지막 구간같이 글리코겐이 고갈된 상태에서는 단백질 기여도가 약 10% 정도까지 높아질 수 있다. 따라서 탄수화물 저장은 장거리 달리기 선수에게 단백질 절약 효과를 가져올 수 있다.

02 ATP(아데노신 3인산)

① 인체 세포가 직접적으로 사용하는 에너지원이다.
② 1차 연료 : 크레아틴 인산, 2차 연료: 탄수화물(무산소성 해당과정, 유산소과정), 지방(유산소 과정), 단백질(유산소과정)로부터 공급된다.
③ ATP는 인원질 시스템, 무산소성 해당 과정, 산화적 인산화(산소시스템) 과정을 통해 공급받을 수 있다.
④ ATP는 아데노신 1개와 인산기 3개로 구성되어 있고, 인산에는 높은 에너지 결합 형태인 2개의 연결 고리가 있다. 이 연결 고리가 안정 상태를 벗어나 그 중 하나의 결합이 분해되면 ATP가 ADP와 유리인산염(Pi)으로 변하며, 이때 7~12Kcal의 에너지가 방출된다.

$$ATP \rightarrow ADP + Pi + energy(7\sim12kcal)$$

⑤ ATPase 효소에 의해 결합체가 분해되면 에너지가 방출되어 근수축에 필요한 에너지원으로 사용된다.

03 ATP의 생성 체계

근세포는 한 가지 또는 세 가지의 대사 경로에 의해서 ATP를 생산한다. 즉 첫째, 크레아틴인산 또는 인원질에 의한 ATP의 생산, 둘째, 글리코겐 또는 글루코스 분해에 의한 ATP의 생산, 셋째, 산화에 의한 ATP의 생산이다.

✓ 세 가지 에너지 시스템의 에너지 공급 속도와 능력

시스템	공급 속도 (kcal/min)	최대 능력 (이용 가능한 총 kcal)
ATP-PC(인원질 시스템)	36	11.1
해당 과정(젖산 시스템)	16	15.0
유산소시스템	10	20,000

1) ATP-PC(인원질)시스템

(1) 공액 반응에 의한 ATP 생성

① ATP와 PC는 모두 근세포에 저장되어 있으며, 인산기를 가지고 있기 때문에 이 에너

지 시스템을 인원질 시스템이라 하며, ATP와 PC는 공액 반응에 의해 ATP를 재합성한다.

② ATP는 운동 중 에너지로 사용되고, 운동 후에는 PC를 재합성하는 데 이용된다.

③ PC를 분해하는 효소
  ⊙ 크레아틴키나아제(CK ; PC+ADP-creatine kinase → ATP+C))
  ⓒ 마이오키나아제(MK): 2개의 ADP를 이용해 1개의 ATP와 1개의 AMP를 형성하는 효소(ADP+ADP-myokinase reaction → ATP+AMP)

(2) 체내 인산염이 소량이기 때문에 단거리 달리기, 높이뛰기, 투포환 등의 단시간·고강도의 운동에 이용된다.

① 수 초간 반복적으로 수행되는 운동에서 에너지 생성에 중요한 역할을 하는 것은 ATP-PC계와 저장산소의 역할을 통해 가능하다.

② 운동 후 회복기에 섭취한 산소는 헤모글로빈에 의해 마이오글로빈에 전달되고, 미토콘드리아로 전달해 줌으로써 ATP를 생성하고, 이후 PC의 보충이 이루어진다.

③ 크레아틴 인산은 운동이 끝난 후 빠른 회복기 산소 소비 단계에서 재합성되므로 체내에 저장되어 있는 양 밖에 사용할 수 없다.

(3) 인원질시스템이 가장 빨리 에너지원으로 이용할 수 있는 이유

① 장시간의 복잡한 화학적 반응에 의존하지 않는다.
② 환기 작용에 의한 활동 근육까지의 산소 공급에 의존하지 않는다.
③ ATP와 PC가 모두 근육내 수축 기전에 직접 저장되어 있기 때문이다.

트레이닝 전	최대운동	최대운동 중 초기 중요한 에너지 공급원
	최대하 운동	최대하운동 초기 산소소요량과 섭취량이 균형이 맞지 않는 산소 결핍 부분에서 ATP-PC에 의한 에너지 공급이 이루어진다.
트레이닝 후	변화	• PC의 저장량이 증가한다. • 크레아틴키나아제나 마이오키나아제 등의 효소가 활성화된다. • 순발적 파워가 증가한다.
	최대운동	고갈된 인원질의 비율이 높아 회복기 산소소비량(EPOC)이 증가한다.
	최대하 운동	초기 산소결핍 부분에서 더 많은 에너지를 공급함으로써 초기 젖산량을 약간 감소시킬 수 있다.

2) 젖산 시스템(무산소성 해당 과정)

① 글루코스는 무산소성 해당 과정을 통해 부분적으로만 대사가 이루어지며 산소가 필요없이 근육 세포의 세포질 내에서 일어난다.

② 근세포에서 일어나는 무산소성 해당 과정에 사용되는 글루코스는 두 가지 경로에 따라 근세포에 이용된다.
   ㉠ 간글리코겐의 분해에 의해 전달된 글루코스는 해당 과정을 거쳐 2ATP를 생성한다.
   ㉡ 근글리코겐의 경우는 해당 과정을 거쳐 3ATP를 생성한다.
③ 글리코겐은 해당 과정을 거쳐 에너지를 공급한다. 해당 과정 후 산소의 공급이 이루어지지 않았을 때 초성 포도산이 젖산으로 축적된다.
④ 해당 과정에서 가장 중요한 효소는 포스포프락토키나제(PFK)이지만, 포스포리라제, 헥소키나제, 피루브산키나제, 그리고 젖산탈수소효소라는 무산소성 해당 과정의 다른 주요 조절 효소가 있다.
⑤ 무산소성 해당과정 중 젖산이 생성되며 결과적으로 수소 이온이 해리되어, 세포내액을 더욱 산성으로 만든다.
⑥ 무산소성 해당 과정과 유산소성 해당 과정의 차이는 유산소성 해당 과정에서는 젖산이 축적되지 않는 것이다. 유산소성 해당 과정에서 산소의 공급이 이루어질 경우 미토콘드리아에서 대부분 산화되어 이산화탄소와 물로 전환된다.

트레이닝 전	최대운동	최대운동 중 주 에너지 공급원
	최대하운동	최대하운동 초기 산소 소요량과 섭취량이 균형이 맞지 않는 산소결핍 부분에서 ATP-PC와 함께 에너지 공급이 이루어진다.
트레이닝 후	변화	• 글리코겐의 저장량이 증가한다. • 해당 효소가 활성화된다. • 젖산에 대한 완충능력이 증가한다. • 지속적 파워가 증가한다.
	최대운동	글리코겐 고갈과 젖산축적량의 증가는 인원질 고갈과 함께 운동후 회복기 산소소비량(EPOC)이 증가하는 원인이 된다.
	최대하운동	최대하운동 초기 산소결핍부분에서 젖산 대사비율이 감소한다. 이것은 트레이닝 후 미토콘드리아에 의한 에너지 공급 비율의 증가 때문이다(젖산축적 감소).

3) 유산소성 시스템

(1) 탄수화물, 지방, 단백질의 산화
   ① 유산소 시스템은 탄수화물, 지방, 단백질을 이용해 ATP를 공급한다.
   ② 탄수화물은 해당 과정을 거쳐 acetyl-CoA의 형태로 크렙스 사이클로 이동된다.
   ③ 지방은 베타 산화 과정을 거쳐 acetyl-CoA의 형태로 크렙스 사이클로 이동된다.
   ④ 단백질은 글루코스 신생 합성을 통해 글루코스의 형태로 에너지로 이용된다.

(2) 크렙스 사이클(TCA 사이클)
① 유산소성 해당 과정에서 형성된 초성 포도산은 미토콘드리아를 지나 TCA 회로에서 일련의 반응으로 분해된다.
② TCA 사이클에서 가장 큰 특징 : 이산화탄소가 이탈하고 수소 이온과 전자가 분리
③ 이러한 과정에서 2ATP를 생성
④ 크렙스 사이클의 주요 기능은 대사과정에 관여하는 여러 종류의 기질로부터 수소 이온을 제거하고 이 과정에서 발생한 에너지를 활용하는 것이다.
⑤ 지방은 지방산과 글리세롤로 분해되며 이중 지방산은 아세틸 CoA를 형성하기 위해 베타산화라고 칭하는 일련의 반응과정을 거쳐 크렙스 사이클로 들어가게 된다.
⑥ 단백질은 생체 에너지 경로를 통하여 인체의 다양한 곳으로 들어갈 수 있다. 따라서 첫번째 단계는 단백질을 아미노산으로 분해시키며 아미노산의 종류에 따라 다음 과정이 진행된다.
⑦ 크렙스 사이클은 탄수화물, 지방, 단백질을 산화하며 전자전달체계를 통과하면서 이산화탄소와 전자를 생산하여 유산소성 ATP를 생산하는 데 필요한 에너지를 공급한다. 크렙스 사이클 반응을 촉진하는 효소들은 미토콘드리아 내에 위치하고 있다.

(3) 전자전달계
① 수소 이온과 전자가 전자전달계에 들어와 산소와 결합해 물을 형성한다.
② 유산소성 ATP 생산을 산화적 인산화라고 하는데 이는 미토콘드리아에서 일어나며 이런 과정에 중요한 역할을 하는 경로를 전자전달체계, 호흡체계 또는 시토크롬체계라 한다.
③ 유산소적 ATP 생산은 NADH와 FADH와 같은 수소이온 전달체가 잠재적 에너지를 제공하기 때문에 ADP를 인산화하여 ATP를 생성한다.
④ 전자들이 전자전달체계를 통과하면서 고반응분자인 자유유리기를 형성하는데 이것은 근육에 해로우며 근피로의 원인이 되기도 한다.

✓ ※ 글리코겐의 유산소 시스템에 의한 ATP의 생성

유산소성 해당 작용	3ATP(근글리코겐) 2ATP(간글리코겐)
전자전달계로 가는 NADH의 전달을 통해 생성된다. (NADH 1개는 3(2.5)ATP를 생성한다.)	30(25)ATP
FADH2의 전달을 통하여 합성된다. (FADH2 1개는 2(1.5)ATP를 생성한다.)	4(3)ATP
크렙스 사이클 자체에서 생성된다.	2ATP

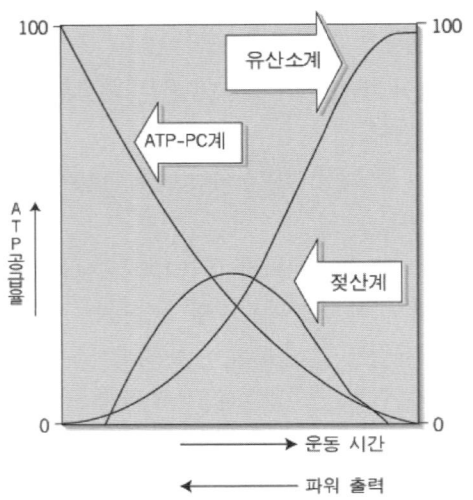

운동 시간과 파워 발현에 따른 ATP 생성 비율
운동 시간이 짧아질수록 파워 발현 능력은 커지며, 에너지(ATP) 요구도 빠르다.

✓ ATP 생성에 따른 3가지 에너지 시스템의 비교

구분	인원질 시스템	젖산 시스템	유산소성 시스템
음식/화학적 연료	크레아틴염	글리코겐	글리코겐, 지방, 단백질
산소 사용 여부	X	X	O
반응 속도	가장 빠름	빠름	느림
상대적 ATP 생성량	매우 적음	매우 적음	많음

(4) 지방의 에너지 대사

① 유리지방산 가운데 팔미트산의 경우, 1개의 팔미트산이 129개의 ATP를 생산한다.
② 글루코스나 지방 대사에서 방출되는 에너지의 약 40%만이 ATP를 생성하는 데 사용된다. 나머지 60%는 열로서 발산된다.
③ 트라이글리세라이드(TG, 중성지방)가 주요 에너지 공급원이다.
④ 트라이글리세라이드는 라이페이스라는 지방 분해 효소에 의해 글리세롤과 유리 지방산으로 분리된다.
⑤ 운동 중 라이페이스를 활성화시키는 호르몬에는 코티졸, 성장 호르몬, 카테콜라민(에피네프린, 노르에피네프린) 등이 있다.
⑥ 전형적인 지방산은 스테아릭산과 팔미틴산이 있다.
  ㉠ 스테아릭산 = 첫주기(16ATP)+2~7주기(6×17ATP)+8주기(29ATP)=147ATP
  ㉡ 팔미트산 = 첫주기(16ATP)+2~6주기(5×17ATP)+7주기(29ATP)=130ATP

⑦ 지방산은 베타 산화의 과정을 통해 활성화된다.
⑧ 1mole의 ATP를 재합성하는 데 글리코겐은 3.45ℓ의 산소가 필요하고 지방은 3.96L의 산소가 필요하므로, 탄수화물이 지방에 비하여 산소 소비 측면에서 보다 효율적인 에너지원이라는 것을 알 수 있다.

포도당 $C_6H_{12}O_6 + 6O_2 \rightarrow 6CO_2 + 6H_2O + 36ATP$

지방산 $CH_3(CH_2)16COOH + 26O_2 \rightarrow 18CO_2 + 18H_2O + 147ATP$

✓ 팔미트산의 산화로부터 생산되는 에너지의 양

생성 단계	1몰의 팔미트산으로부터 생성되는 ATP 양	
	직접적	산화적 인산화 과정
지방산 활성화		-2
베타 산화		35
크렙스 사이클	8	88
계	8	121
총합계	129	

(5) 단백질의 에너지 대사

① 단백질은 근 조성에 주로 이용되고 에너지로 이용되는 경우는 장기간 굶었을 때나 극도의 지구성 운동 중에 에너지원으로 이용된다.

② 단백질이나 글리세롤과 같은 아미노산 등은 글루코스 신생 합성 과정을 통해 글루코스로 전환될 수 있다.

③ 대표적으로 알라닌-글루코스 사이클에 의해 에너지를 합성한다.

트레이닝 전	최대운동	저장산소의 공급에 의한 유산소대사에 의해 ATP를 공급한다.
	최대하 운동	최대하운동의 항정상태에서 주에너지 공급 체계의 역할을 담당하고, 탄수화물, 지방, 단백질 순으로 이용한다.
트레이닝 후	변화	① 모세혈관 밀도가 증가한다. • 산소확산능력 향상　　　　• 유리지방산 공급능력 향상 ② 미토콘드리아의 산화능력이 개선된다. • 미토콘드리아의 수나 크기의 증가　• 산화효소(SDH, MDH)가 활성화 된다. • 마이오글로빈 수가 증가한다. ③ 무산소성 역치점이 증가한다.
	최대운동	저장산소 증가에 따른 무산소운동의 효과에 기여한다.

최대하 운동	① 포도당의 절약 • 모세혈관 밀도가 증가하면 근육의 혈류속도가 느려져 유리지방산의 섭취가 증가한다. • 미토콘드리아의 수나 크기가 증가하면 지방산 순환효소와 카르니틴 운반효소가 증가한다. • 유리지방산 유용성을 증가시키고, 혈장포도당을 절약한다. ② 젖산과 수소이온 형성의 감소 • 미토콘드리아의 수나 크기가 증가하면 유리지방산의 산화 증가와 해당 효소활동의 감소에 따라 피루빅염 형성이 감소되어 젖산이나 수소이온형성이 감소한다. • 미토콘드리아의 수나 크기가 증가하면 젖산과 수소이온 형성이 감소한다. • 혈중 pH유지능력을 향상시킨다. ③ 대사효율성의 증가는 트레이닝 후 EPOC의 감소를 가져온다.

04 에너지의 소비

1) 산소 소비 효율
산소 소비 효율은 탄수화물이 가장 높고, 이후 지방, 단백질 순이다.

2) 휴식 중
① 인체가 필요로 하는 에너지는 탄수화물과 지방의 분해로부터 거의 균등하게 충당된다.
② 장기간 트레이닝을 한 선수는 조직의 효율성이 높아 지방을 2/3, 탄수화물을 1/3 소비한다.
③ 단백질은 신체의 구성 재료이며 세포 활동에는 적은 양의 에너지를 제공한다.
④ 안정시에는 대부분 유산소 과정을 통해 ATP를 공급받는다.

3) 최대운동 중
① 최대강도로 2분~3분에 끝나는 운동으로 100m, 200m, 400m, 800m 달리기 종목이 있다.
② 운동 강도가 높아질수록 더 많은 양의 탄수화물이 사용되며 지방의 비중은 줄어든다.
③ 무산소성 역치점을 넘는 단시간 최대운동에서는 거의 대부분의 ATP가 탄수화물로부터 생성된다.
④ 단시간 최대운동을 할 때는 대부분 젖산 체계에 의해 ATP를 공급받는다.
⑤ 최대 강도의 운동 지속 시간이 길어지면 혈액 내 젖산의 양이 점점 증가하며 이것은 근육 내 글리코겐이 점차 없어져 가는 것을 의미한다.
⑥ 근육내에 있는 글리코겐이 다 없어지고, 또 혈액 내에 젖산의 양이 점점 많아지게 되면 우리 몸에는 피로가 오게 되어 운동 수행능력이 점점 감소되어 결국엔 운동을 할 수 없게 된다.

Chapter 02 _ 인체의 에너지원

4) 최대하운동 중
① 장시간의 최대하운동은 운동 지속시간이 보통 5분 이상이 되고, 강도는 최대가 아닌 것을 말한다. 5000m 이상 달리기나 각종 구기운동 등이 이에 해당된다.
② 탄수화물이 운동 중 먼저 이용되고, 탄수화물의 고갈 후 지방이 이용되며, 극도의 탈진 후에 단백질도 약간의 에너지를 공급한다.
③ 최대하 운동의 대부분은 산화적 인산화과정을 통해 ATP를 공급받는다.

※ 마라톤 선수는 42.195km를 약 2시간 이상 달리지만 마라톤이 거의 끝날 무렵의 혈중 젖산 농도는 안정시의 그것에 비해 2~3배 정도 밖에 되지 않는다. 피로 물질인 젖산이 과도하게 축적되지 않음에도 불구하고 마라톤 선수가 골인 지점에서 극심하게 탈진하는 이유
① 저장된 간글리코겐의 고갈에 따라 혈중 글루코스 수준이 낮아지기 때문이다.
② 저장된 근글리코겐의 고갈에 따라 국부적인 근피로를 초래하기 때문이다.
③ 수분과 전해질이 손실되어 체온이 상승되기 때문이다.
④ 심리적 지루함도 한 원인이다.

5) 유산소 반응과정과 무산소 반응과정의 비교
① 유산소 반응과정에서 나오는 에너지는 주로 장거리 종목에 쓰이고 단거리 종목에서는 무산소 반응과정에 의존한다.
② 2, 3분 사이에 최대로 하는 운동인 경우 필요한 에너지의 50%는 무산소 반응과정에서 나오고 나머지 50%는 유산소 반응과정에서 나온다.
③ 2분과 3분 사이에 전력으로 행해야 하는 운동에는 3가지 방법을 모두 동원할 수 있게끔 기능이 발달되어야 하므로 가장 어려운 운동이라고 할 수 있다.

✓ 트레이닝 전

안정시	① 음식/화학적 연료 : 지방2/3, 탄수화물1/3 ② 에너지 시스템 : 유산소 시스템 ③ 젖산의 축적 : 젖산이 일정량 축적
최대 운동	① 음식/화학적 연료 : 대부분 탄수화물이고 약간의 지방 이용 ② 에너지 시스템 : 인원질 시스템, 젖산 시스템 ③ 젖산의 축적 : 안정시보다 20배 정도 젖산 축적이 증가하고 운동이 끝난 후 서서히 감소
최대하 운동	① 음식/화학적 연료 : •탄수화물과 지방 •극도로 탈진된 상태에서는 단백질 ② 에너지 시스템 : 초기에 인원질과 젖산 시스템을, 이후 산소 시스템을 이용 ③ 젖산의 축적 : 안정시의 2~3배

✓ 트레이닝 후

안정시	① 음식 연료 : 탄수화물, 지방 ② 에너지 생성 체계 : 유산소 대사 • 모세혈관 밀도, 미토콘드리아수의 증가에 따라 유리지방산의 활용도 증가 • 산소소비량 감소
최대 운동	① 음식 연료 : 탄수화물 대사 관련 호르몬(카테콜라민, 글루카곤)양의 증가로 최대 운동시 더 많은 에너지 공급 ② 에너지 생성 체계 : 젖산 체계 • 젖산에 대한 완충능력 증가 • EPOC 증가 : PC의 저장량이나 글리코겐 저장량 그리고 분해하는 효소의 활성화 등으로 운동 후 초과산소소비량이 증가하고, 이것은 순발성 운동 능력 향상의 증거가 된다.
최대하 운동	① 음식 연료 : 탄수화물, 지방, 단백질 • 대사 관련 호르몬(카테콜라민, 글루카곤, 코티졸, 성장호르몬)이 동일 일률에서 약간 감소(효율성 증가) • 인슐린의 경우 감소되는 양이 줄어든다. ② 에너지 생성 체계 : 유산소 시스템 • 산소 : 미토콘드리아의 수나 모세혈관 발달에 따라 초기산소부족 부분에서 ATP-PC계나 젖산체계에 의한 의존도를 줄임으로써 PC의 고갈이 줄어들고, 젖산대사의 활용도가 줄어든다. • 산화능력 향상에 따라 지방의 산화비율이 증가한다. • 포도당 절약 효과 • 무산소성 역치가 증가 • EPOC 감소 : 효율성의 증가(미토콘드리아 수의 증가, 젖산축적량 감소, 낮은 심박수, 낮은 호흡수 등) • 최대산소섭취량이 거의 변화없거나 약간 감소 : 심박출량이 변화없거나 약간 감소하기 때문, 이것은 1회 박출량이 증가되어 있어도 심박수가 감소되었기 때문 • 젖산축적 감소 : 심박출량이 일정할 때 간으로 흐르는 혈류의 증가는 코리 사이클을 통한 젖산 제거를 증가시키고, 근육의 낮은 혈류 하에서 산소추출 증가와 유리지방산 섭취 증가 그리고 미토콘드리아의 산화능력 증가에 따라 젖산 생성이 감소

05 에너지 연속체

에너지 연속체 : 신체의 활동 특성에 따라 작용하는 에너지 시스템의 공헌도를 나열한 것

1) 에너지 연속체와 에너지 시스템
① 인원질 시스템은 단시간의 고강도 운동에 의해 작용하고, 높은 강도의 운동에서 최초의 에너지원으로 산소의 공급없이 최대한 빠른 시간에 작용하는 특성을 갖고 있고, 젖산 시스템은 산소의 공급 없이 인원질 시스템 다음으로 단시간 고강도의 운동에 이용된다.
② 젖산 시스템은 단시간의 매우 높은 운동 강도나 장시간의 낮은 강도의 운동에서는 에너지가 공급되지 않는다.
③ 젖산 시스템은 젖산 축적으로 근피로를 초래하기 때문에 운동 지속 시간이 어느 정도 제한된다.
④ 유산소 시스템은 대부분의 운동에서 가장 많은 에너지를 얻는 시스템으로 최대산소섭취량에 많은 영향을 받는다.

2) 에너지 연속체와 신체 운동의 적용
일반적인 운동 종목의 경우, 즉 배구, 농구, 축구 등은 대부분의 경우 유산소 시스템을 이용하고, 점프, 스파이크, 슛 등에서는 인원질 시스템이나 젖산 시스템을 이용하게 된다.

시간	에너지 시스템	종목
30초 이내	· 인원질 시스템	100m 달리기, 투포환
30초 ~ 1분 30초	· 인원질 시스템 · 젖산 시스템	200m, 400m
1분 30초 ~ 3분	· 인원질 시스템 · 젖산 시스템 · 약간의 산소 시스템	800m, 1500m
3분 이상의 대부분의 운동	· 산소 시스템	마라톤

3) 에너지연속체와 무산소성 역치
① 운동 강도가 높아질수록 활동근은 점점 더 많은 산소를 소비한다. 그러나 일정한 운동 강도 이상에서는 유산소성 대사과정 외에 무산소성 대사과정을 통해서도 에너지가 공급되어야 한다. 그리하여 무산소성 대사의 결과로 부산물인 젖산이 축적되기 시작한다.

② 산소 섭취량이 최대 운동에 가까운 어떤 수준 이상으로 증가하게 되면 운동 수행에 필요한 ATP가 무산소성 에너지 대사 과정에 의해서 공급되는데, 무산소성 역치는 이와 같이 유산소성 에너지 생산과 무산소성 에너지 생산 사이의 분기점이 되는 운동 강도를 말한다. 이 때 이산화탄소의 생산이 증가됨으로써, 이의 배출을 위해 환기량이 과도하게 증가하게 된다.

③ 무산소성 역치를 초과하여 운동하게 되면 무산소성 해당과정의 결과로 근육 및 혈액 내에 젖산이 과잉 축적되고 그 결과 운동근 기능의 저하로 더 이상 운동 수행을 지속할 수 없게 된다.

④ 무산소성 역치가 높은 선수는 낮은 선수에 비해 보다 높은 운동 강도에서도 유산소성 대사 과정을 이용하여 에너지를 만들어낼 수 있으므로 피로를 느끼지 않고 지속적으로 운동을 수행할 수 있다.

⑤ 무산소성 역치는 지구성 운동선수의 운동수행능력의 평가, 훈련 기준의 설정, 훈련 효과의 평가, 일반인이나 순환기, 호흡기 질환자의 운동 능력 평가, 감별 진단을 위한 생리적인 감시 지표로도 활용된다.

⑥ 에너지 연속체에서의 무산소성 역치 수준은 일반적으로 최대 운동 강도의 50~66% 정도이다. 그런데 장거리 선수의 무산소성 역치는 최대 능력의 80% 수준까지 증가한다.

Chapter 03 운동 후 회복

01 회복기 중의 산소 소비 이론

1) 산소 부채 이론

산소부채란 운동 시작 후 항정 상태에 이르기 전 산소 부족 현상을 나타내는 말로, 이때 생긴 젖산을 산화하기 위하여 운동 후 회복기에 산소 소비량이 증가한다는 것이 산소 부채 이론이다.

(1) 비젖산 산소 부채

① 회복기 초기 2~3분까지의 급격한 산소 소비량의 감소 시기로 젖산의 제거와 직접적 관련이 없는 시기이며, 주로 ATP와 PC의 보충에 산소가 소비된다.
② 비젖산 산소 부채가 큰 선수는 순발적 파워에 유리하다.

(2) 젖산 산소 부채

① 회복기 후기의 느린 감소 시기로 젖산의 제거에 대부분의 산소가 소비된다.
② 젖산 산소 부채가 큰 선수는 지속적 파워에 유리하다.

(3) 최대 산소 부채량

비젖산 산소 부채와 젖산 산소 부채를 합한 값으로, 최대 산소 부채량이 큰 선수가 순발성 운동에 유리하다.

2) 운동 후 초과 산소 소비량(EPOC) 이론

① EPOC는 운동 후 회복기 중에 산소 소비량이 증가하는 원인으로서, 운동 중 사용한 에너지 보충과 젖산의 제거, 체온의 증가, 환기 작용을 위한 산소 소비, 글리코겐의 재합성, 카테콜라민 효과, 심장 작용을 위한 산소 소비 등 몇 가지 요인을 구체적으로 제시하는 이론이다.

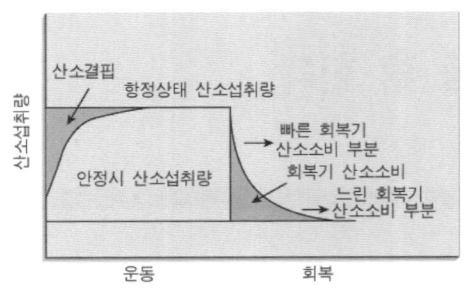 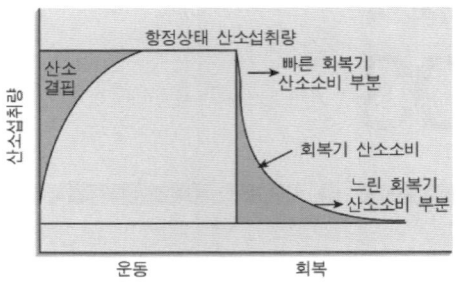

가벼운 운동 후 산소 결핍과 산소 회복 / 힘든 운동 후 산소 결핍과 산소 회복

② 빠른 회복기 산소 소비 단계에서의 산소 소비 증가의 원인
ATP-PC의 보충, 마이오글로빈의 보충, 혈액의 산소 보충, 증가된 환기량에 대한 에너지 소비, 체온 상승, 에피네프린과 노르에피네프린의 상승 등에 산소가 이용된다.

③ 느린 회복기 산소 소비 단계에서의 산소 소비 증가의 원인
젖산의 제거, 체온의 증가, 환기 작용을 위한 산소 소비, 글리코겐의 재합성, 카테콜라민 효과, 심장 작용을 위한 산소 소비 등에 산소가 이용된다.

④ 운동 후 초과 산소 소비량이 큰 선수가 순발성 운동에 유리하다.

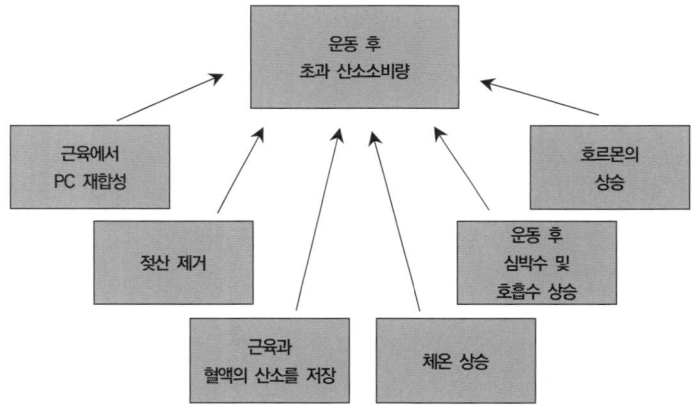

운동 후 초과 산소 소비 요인

⑤ 트레이닝 후 EPOC의 변화

최대운동 후	최대운동 후 EPOC 증가의 원인은 ATP-PC의 고갈 비율 증가, 젖산축적량의 증가(글리코겐 저장량, 해당효소 활성화)에 기인한다.
최대하운동 후	• 지구성 트레이닝 된 사람은 최대하 운동부하에서의 에너지 요구에 보다 빠르게 적응할 수 있다. 따라서 그들은 산소부족이 보다 적으며, 운동중단 후 회복률이 보다 빠르다. 그래서 회복기 산소소비량(EPOC)도 더 적다. • 인체 효율성 증가 : 미토콘드리아의 산화능력, 젖산축적량 감소, 호흡효율, 순환효율 증가

02 저장 에너지원의 보충

1) 인원질의 보충

① 근육 내 저장되어 있는 ATP와 PC의 대부분은 운동 중에 고갈되며, 회복기 몇 분 후에 거의 보충된다.
② 인원질 보충에 필요한 ATP는 주로 빠른 회복기 중에 소비하는 산소를 통한 유산소성 에너지 체계에 의해 공급된다.
③ 운동 중의 인원질 고갈 비율이 높을수록 회복기 중 그 보충에 요구되는 산소 소비량이 많아진다.
④ ATP-PC의 양(능력)과 이용률(파워)은 단거리 달리기와 같은 활동에서 파워를 생성하고 유지하는 선수의 능력과 직접적으로 관계가 있다.
⑤ 회복기 산소 소비량이 크다는 것은 회복기에 많은 양의 인원질을 보충할 수 있다는 의미이며 결국 운동 중에 보다 많은 양의 인원질을 고갈시킬 수 있다는 점에서 빠른 회복기 중 산소 소비량이 큰 선수가 작은 선수에 비해 순발성 운동에 유리하다.

2) 근글리코겐의 보충

(1) 근글리코겐의 고갈을 초래한 운동 형태

① 지구성 운동의 경우 순발성 운동에 비하여 고갈되는 글리코겐의 양이 2배 이상이다.
② 지구성 운동 후에는 젖산, 초성 포도산 등 전구체가 적어지지만, 순발성 운동 후에는 정상 상태 이상이 남아 있게 된다. 전구체의 경우 글리코겐으로 재합성되므로 순발성 운동 후 고탄수화물을 섭취할 필요가 없다.
③ 지근보다는 속근에서 글리코겐의 회복이 더 빨리 일어난다.

> ※ 글리코겐의 초과 회복
> ① 근글리코겐의 초과 회복 : 매우 높은 강도로 운동하여 근글리코겐을 고갈시킨 후 고탄수화물을 섭취하여 운동 전보다 더 높은 수준의 근글리코겐을 비축함으로써 운동의 효과에 따른 트레이닝을 적용할 수 있다.
> ② 간글리코겐의 초과 회복 : 간글리코겐은 운동을 함에 따라 현저하게 감소되며, 탄수화물을 며칠 동안 섭취하지 않으면 간글리코겐이 더 많이 감소한다. 그러나 탄수화물을 다시 섭취할 경우 초과 회복 현상이 나타난다.

(2) 탄수화물 섭취량

① 지구성 운동 후 회복

㉠ 지구성 운동 후 1~2시간 내에는 많은 양의 근글리코겐이 재합성되지 않는다.
㉡ 고탄수화물을 2일에 걸쳐 섭취해야만 완전히 재합성할 수 있고, 섭취하지 않을 경우 5일이 지나도 근글리코겐이 많이 보충되지 않는다.

② 순발성 운동 후 회복
㉠ 운동 후 음식물을 섭취하지 않아도 30분~2시간 내에 많은 양의 근글리코겐이 보충된다.
㉡ 근글리코겐을 완전히 재합성하기 위하여 보통 이상의 고탄수화물을 섭취할 필요는 없다.

3) 저장 산소(산화 마이오글로빈)의 보충

(1) 산화 마이오글로빈
① 안정시 결합 : 산소는 주로 혈액에서 발견되는 헤모글로빈과 비슷한 복잡한 단백질 합성물인 마이오글로빈과 화학적으로 결합되어 근육에 저장되어 있다.
② 운동 중 확산 : 운동 중 마이오글로빈은 산소를 혈액에서 소비하는 근세포 내의 미토콘드리아로 확산하는 기능을 한다.

(2) 산화 마이오글로빈의 역할
① 산화 마이오글로빈은 저장 인산염과 무산소적 해당 과정에서 얻을 수 있는 에너지보다 많은 양으로 순발성 운동, 즉 무산소성 운동에서 중요한 역할을 담당한다.
② 마이오글로빈은 빠른 회복기 산소 소비 단계에서 빠르게 보충되어 계속적인 고강도의 운동 수행을 가능케 한다.

03 근육과 혈액의 젖산 제거

1) 젖산의 제거 속도
① 일반적으로 축적된 젖산의 1/2이 제거되는 데에 약 25분의 안정성 회복이 필요하다.
② 순발성 운동의 경우 축적된 젖산의 대부분이 제거되기까지는 1시간 이상이 필요하다.
③ 지구성 운동의 경우는 젖산 축적량이 많지 않기 때문에 더 짧은 시간에 이루어진다.

2) 안정성 회복과 운동성 회복
① 안정성 회복(아무것도 하지 않는 상태에서의 회복)보다 운동성 회복(조깅 등 최대산소섭취량의 60% 이하 운동을 통한 회복)의 경우가 젖산의 제거 속도가 빠르다.
② 운동수행능력이 높을수록(높은 미토콘드리아 밀도, 혈액관류, 그리고 효소능력을 가짐), 회복기 운동강도가 높아야 젖산의 제거 속도가 최적이 된다.

3) 젖산역치를 발생시키는 잠재적 요인
   ① 근육의 낮은 산소량
   ② 해당작용의 활성화
   ③ 속근섬유의 동원
   ④ 젖산제거비율의 감소

4) 젖산의 제거 양식
   ① 산화되어 이산화탄소와 물로 전환
   ② 글리코겐으로 전환
   ③ 단백질로 전환
   ④ 땀이나 소변으로 배출

> ※ 코리 사이클
> ① 운동 중 골격근으로부터 생성된 젖산의 일정량은 혈액을 통하여 간으로 전달된다. 간으로 들어간 젖산은 포도당 신생합성을 통하여 포도당으로 전환된다.
> ② 이 새로운 포도당은 혈액으로 방출되고 운동 중 에너지 원천으로 사용되기 위해 다시 골격근으로 전달된다.

04 운동과 피로

1) 근섬유 형태에 따른 피로의 차
   ① 지근 섬유와 속근 섬유의 생화학적, 생리적 차이 때문에 근육 내의 속근 섬유가 많을수록 피로가 커진다.

2) 국부 근피로의 원인

   (1) 중추신경계의 피로
   ① 수축성 피로에 의한 국부적 혼란에 대한 정보는 뇌에 전달되며, 뇌는 운동계에 수축억제 신호를 전달한다.
   ② 결과적으로 근육에서의 작업률은 감소하게 된다.

(2) 근신경 연접부에서의 피로
① 근신경 연접에서 근섬유들로의 신경 자극 공급의 실패는 대부분 신경 말단에서의 화학적 전달자인 아세틸콜린의 방출 감소가 주된 원인이 된다.
② 근신경연접의 피로는 지근 섬유보다 속근 섬유에서 더 나타난다.

(3) 수축기전에서의 피로
① 에너지원의 부족
  ㉠ ATP와 PC 저장의 부족
  ㉡ 근글리코겐 저장의 부족
② 부산물의 축적 및 산소 결핍
  ㉠ 젖산의 축적
  ㉡ 산소의 결핍과 부적절한 혈류

3) 효율적인 피로 회복 방법
① 에너지원의 보충
  ㉠ 인원질의 보충 : 회복기 10분 이내에 대부분 보충된다.
  ㉡ 글리코겐의 보충 : 순발성 운동의 경우 필요 이상의 고탄수화물을 섭취할 필요가 없고, 지구성 운동 후에는 고탄수화물을 섭취해야 한다.
② 부산물의 제거
  운동성 회복(동적 휴식)을 통해 적절한 산소를 공급받음으로써 젖산을 효율적으로 제거할 수 있다.
③ 수분과 염분의 공급
  체온 조절을 위해 사용되었던 수분과 전해질을 운동 후 보충해 주어야 피로를 회복할 수 있다.
④ 기타 요법
  수면, 마사지, 사우나, 비타민의 섭취, 심리적 이완 기법 등으로 피로를 회복할 수 있다.

Chapter 04 근육계와 운동

01 골격근의 구조

골격근은 여러 종류의 조직으로 구성되어 있다. 이것들은 근육 세포 자체, 신경 조직, 그리고 다양한 형태의 결합 조직을 포함한다. 각각의 근육은 서로 분리되어 있으며 근막이라 불리는 결합 조직에 둘러싸여 있다. 골격근은 3층의 결체 조직으로 구성되어 있다.

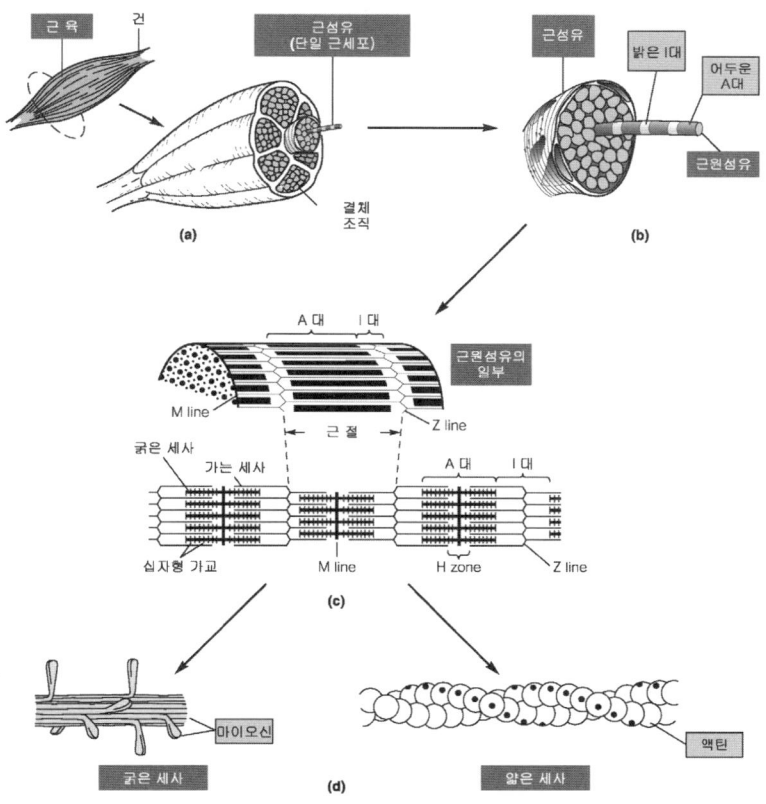

골격근의 조직 수준. (a) 근육의 횡단 확대. (b) 근섬유내 근원섬유 확대. (c) 근원섬유의 세포골격 요소. (d) 굵은 세사와 얇은 세사의 단백질 요소들.

1) 근육의 구조
   ① 근육은 근섬유로 구성되어 있고, 근섬유는 근원섬유로, 근원 섬유는 근세사, 근세사에는 액틴과 마이오신 필라멘트가 있다.
   ② 근원섬유를 제외한 액체로 되어 있는 부분은 근형질로 T세관과 근형질세망으로 구성되어 있다.
   ③ 하나의 근섬유는 1000~2000개의 근원 섬유로 구성되어 있으며, 밝은 부분과 어두운 부분으로 구분되어 있다. 어두운 부분과 밝은 부분이 서로 병렬하여 근섬유가 전체적으로 횡문으로 나타나 횡문근이라고도 한다.

2) 근형질(세포질)
   ① 근형질은 T세관과 근형질세망으로 구성되어 있다. 근형질세망의 소포에 칼슘이 저장되어 있다.
   ② 근형질은 신경 자극 전달 경로와 물질의 이동 경로의 역할을 한다.
   ③ 에너지원인 ATP-PC, 근글리코겐, 중성지방 등이 저장되어 있다.
   ④ 마이오글로빈은 세포막을 통과한 산소와 결합해 미토콘드리아로 전달해 주는 역할을 한다.
   ⑤ 미토콘드리아는 산소와 영양분을 이용해 ATP를 생성한다.
   ⑥ 화학적 완충 물질인 인산염과 단백질이 세포 내 소량 저장되어 있다.

3) 근육

   (1) 근육의 종류
      ① 골격근
         골격(뼈)에 붙어 있는 근육을 골격근이라고 하는데, 골격근이 수축하면 골격에 힘이 전달되어 신체 활동이 이루어진다. 골격근은 의지에 따라 움직일 수 있기 때문에 수의근이라고도 한다.
      ② 심장근
         심장벽을 구성하는 근육으로 오직 심장 내에서만 발견할 수 있다. 심장근은 내장근처럼 불수의근이면서 골격근과 같이 가로무늬근 구조를 지니고 있다.
      ③ 내장근
         위와 장의 외벽을 구성하는 근육으로 수축과 이완을 통해 음식물을 이동시키는 역할을 담당한다. 민무늬근이면서 대표적인 불수의근이다.

   (2) 근육의 특수성
      ① 흥분성
         중추 신경으로부터의 자극에 대해서 반응을 일으키는 성질

② 수축성
    근육 운동의 기본적인 기능으로, 근 조직이 짧아지거나 두꺼워지는 성질
③ 신장성
    하나의 근육이 짧아지면 다른 하나의 근육은 신장을 해서 그 운동을 억제하며 길항하도록 하는 성질
④ 탄력성
    운동을 일으키기 위해 수축을 한 근육이 원래의 길이로 돌아가는 성질

(3) 근육의 기능
① 움직임 발생
② 자세 유지
③ 관절의 안정
④ 열의 생산

4) 뼈

(1) 뼈의 기능
① 몸의 외양을 구성하고 지탱한다.
② 내장 기관을 보호한다.
③ 근육의 운동에 대하여 지렛대 역할을 하여 신체 활동을 할 수 있도록 한다.
④ 뼈의 안쪽에 자리잡고 있는 골수에서는 혈액을 만들어 내는 조혈 작용을 한다.
⑤ 인과 칼슘을 저장하고 인체가 필요로 할 때 이를 공급한다.

5) 관절

(1) 관절의 종류
① 경첩형 관절
    무릎이나 팔꿈치 관절로, 앞·위로는 움직이나 옆으로는 움직이지 않는다.
② 평면형 관절
    수근 관절과 족근 관절이 이에 해당된다.
③ 공과 구멍 관절
    어깨와 골반 관절과 같이 관절의 가동 범위가 가장 넓다.
④ 안장 관절
    발목과 관절이 이에 해당한다.

구분	접착 조직	운동의 정도	인체 내에서의 예
두개형	섬유 조직	전혀 움직이지 못함.	악관절을 제외한 두부의 모든 관절
척추형	연골 조직	약간의 운동이 가능함.	척추 관절, 치골 결합, 흉골체 관절
사지형	활 막	자유로운 운동이 가능함.	팔, 다리의 모든 관절

6) 단백질 세사

(1) 액 틴

① 굵기가 가는 구상 단백질로 구성되어 있고, 염주띠가 비틀어져 있는 모습을 하고 있다.
② 트로포마이오신과 트로포닌이라는 단백질을 가지고 있다.
③ 트로포닌
얇은 세사 내 트로포마이오신의 끝 부위에 위치하고 액토마이오신의 Ca^{++} 농도 변화에 감수성을 가지게 하는 물질로, 마이오신과의 결합을 조절하는 기능을 한다. 유리된 칼슘이 부족할 때는 마이오신 십자형교를 억제하여 액틴과 마이오신이 결합되지 않게 한다.
④ 트로포마이오신
액틴 두 개의 나선 구조 사이에 존재하는 긴 단백질 중합체로 2개의 섬유가 액틴의 나선 구조 중간부인 양측의 골짜기에 연결되어 있으며, 트로포닌과 함께 마이오신과의 결합을 조절하는 기능을 한다.

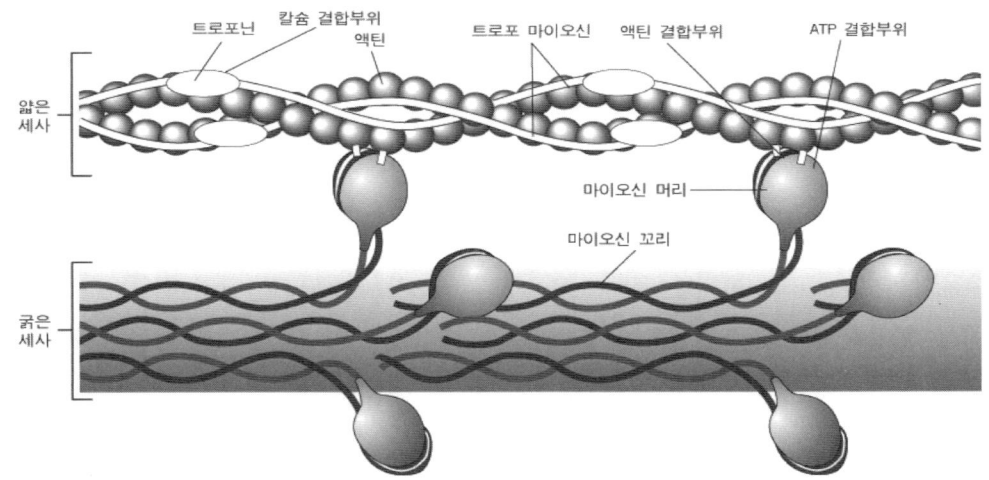

트로포닌, 트로포마이오신, 마이오신 십자형가교와 칼슘간의 가상적인 상관 관계(칼슘 이온이 트로포닌에 결합할 때 트로포마이오신은 액틴의 활동 부위에서 떨어지고 십자형가교와 결합이 일어난다.)

(2) 마이오신

① 긴 꼬리와 한 쪽에 두 개의 머리를 갖고 있으며, 6개의 액틴이 정방향으로 둘러싼 가장자리에 있고, 세 개의 마이오신이 1개의 액틴을 둘러싸고 있다.
② 마이오신 근원세사의 양끝에 작은 단백질 돌기가 있어 액틴 세사를 향해 뻗쳐 있는데 이것을 십자형교라고 한다.

7) 근세사활주설

액틴과 마이오신의 활주에 의해 길이의 변화 없이 근수축이 일어나는 것이 근세사 활주설이다.

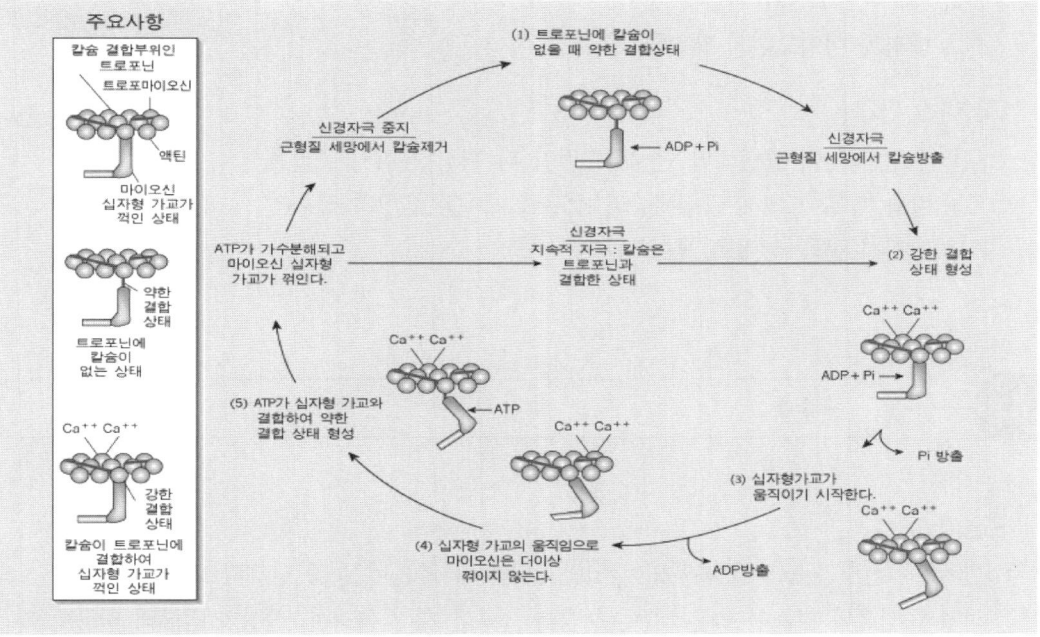

근수축 단계

(1) 안정

① 충전되지 않은 ATP 십자형교가 신전되어있다.
② 액틴과 마이오신은 결합되지 않는다.
③ 칼슘은 근형질세망에 많은 양이 저장되어 있다.

(2) 자극·결합 단계

① 신경 자극이 발생하면 근신경연접에서 아세틸콜린이 분비
② 근형질세망의 소포에서 칼슘 방출
③ 트로포닌에 칼슘 부착, 트로포마이오신 위치를 변화시킨다.
④ 액틴과 마이오신이 결합하여 액토마이오신 형성

(3) 수축 단계
  ① ATP가 ATPase에 의해 분해되면서 에너지 발생
  ② 에너지에 의한 십자형교의 회전
  ③ 근육의 단축 : 액틴이 마이오신 쪽으로 미끄러져 들어간다.
  ④ 힘(장력)의 생성

(4) 재충전 단계
  ① ATP 재합성(재충전)
  ② 액토마이오신이 액틴과 마이오신으로 분해
  ③ 액틴과 마이오신의 재순환

(5) 이완 단계
  ① 신경 자극이 중단되면 아세틸콜린이 더 이상 분비되지 않음
  ② 칼슘 펌프에 의해 근질세망의 소포로 재이동(ATP의 작용)
  ③ 안정시 근육 상태로 재순환된다.

02 근수축

1) 운동 단위
  ① 한 운동 신경과 그것이 분포되어 있는 근섬유를 통틀어 운동 단위라 한다.
  ② 신경과 섬유의 비율이 높은 것은 큰 힘을 요구할 때 사용되며, 신경과 섬유의 비율이 적은 것은 정교하고 정확한 동작에 요구되는 근육이다.

2) 근력 발현 요소

  (1) 다중 운동 단위에 의한 가중
    ① 주어진 시간에 수축하는 운동 단위 수를 한꺼번에 조절해 근력을 발생시키는 것을 다중 운동 단위에 의한 가중이라 한다. 운동 형태에 따라 동원되는 운동 단위 수가 달라지는데, 큰 힘이 필요할 때 많은 운동 단위를 자극한다.
    ② 트레이닝 후 동원되는 운동 단위 수가 증가한다.

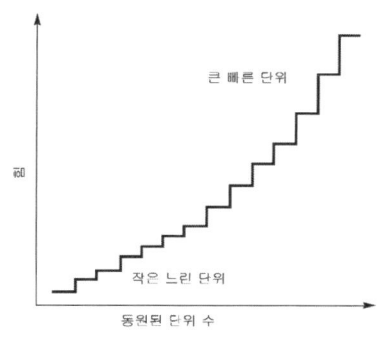

동원에 의한 힘의 조절. 작은 운동단위는 더 센 힘에서 더 큰 단위가 참여함에 따라 우선 동원된다.

(2) 파장에 의한 가중

① 계속적인 자극에 의해 장력이 발생하는 것으로 수축 빈도가 한 번일 때 단축이라 하고, 여러 번일 경우 파장 가중, 그리고 계속적인 자극이 주어지면 강축이라 한다.
② 트레이닝 후 신경 자극 충격 빈도가 증가한다.

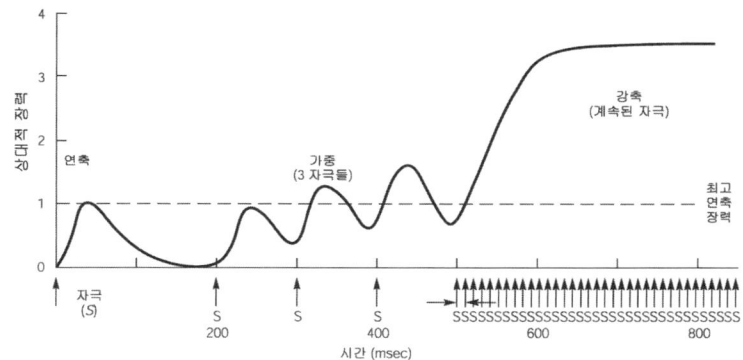

각각의 주어진 힘에게 반복된 자극들은(S) 연축 장력보다 더 큰 총합 장력을 발생시킬 수 있다. 계속되는 자극은 연축 장력보다 3—5배 더 큰 강축을 일으킬 수 있다.

※ 힘의 생성

근육은 붙어 있는 뼈를 움직이기 위한 충분한 힘을 발휘할 수 있어야 한다. 이러한 근력의 발달은 다음과 같은 요인에 의해서 좌우된다.

① 활성화된 운동 단위의 수
② 활성화된 운동 단위에 가해지는 충격 빈도
③ 활성화된 운동 단위의 형태
④ 활성화될 때 근육의 최초 길이
⑤ 근육의 크기(근비대의 정도)
⑥ 관절의 각도
⑦ 근육의 운동 속도

3) 근수축의 종류

근육의 길이 변화와 부하에 따른 근육 장력의 변화에 따른 수축의 유형

① 단축성 수축
  수축하는 동안 근이 짧아진다(벤치프레스에서 바벨을 들어올릴 때 대흉근의 작용).
② 신장성 수축
  장력이 발생하는 동안 근의 길이가 길어진다(팔굽혀 펴기에서 팔을 굽힐 때 상완삼두근의 작용)
③ 등속성 수축
  근이 짧아질 때 근에서 발생하는 장력이 운동의 전 범위에 걸쳐서 모든 관절각에 최대이다.
④ 등척성 수축
  근의 외부 길이의 변화 없이 장력이 발생하는 수축

구분	등장성 수축	등척성 수축	등속성 수축
근육의 길이	변한다.	거의 변하지 않는다.	변한다.
장력	변하지 않는다.	변한다.	변한다.

4) 골격근 수축의 기본 원리

(1) 자극에 의해서만 수축

① 골격근은 신경의 자극에 의해서만 수축한다.
② 골격근과 신경은 하나의 생리적 단위로서 항상 같이 기능을 발휘하는 것으로 생각해야 한다.

(2) 수축의 형태

① 장력 수축 : 평상시 우리가 의식적인 근수축은 하지 않더라도 전체 근육의 일부는 장시간 혹은 일순간 근육 내 장력이 주어진다. 즉 신경의 긴장은 항상 근육에 긴장을 주며 근수축의 종류는 등척성 수축, 등장성 수축, 등속성 수축으로 나타난다.
② 연축 : 한 번의 자극에 대해서 한 번 빠르게 수축하는 것을 연축이라 한다. 연축은 그 시간으로 볼 때 세 가지 부분으로 나눌 수 있다.

잠복기	처음 자극을 받은 다음 실제 근수축이 시작하기 전까지의 시간
수축기	수축이 시작되어 최대에 이를 때까지의 시간
회복기	최대수축이 차차 풀려서 원상으로 되돌아 오는 시간

③ 경직 수축
  연축보다 오래 지속되는 수축으로, 계속해서 빠른 속도로 자극이 전달될 때 나타난다.

즉 첫 번째 자극에서 수축할 때보다는 두 번째, 세 번째 혹은 네 번째 주는 자극에서 근수축의 강도가 보다 크게 된다.

④ 섬유성 수축
근섬유가 따로 따로 수축되어 불규칙하게 운동이 이루어지는 것이다. 주로 심장 질환에서 볼 수 있다.

(3) 힘의 등급에 따라 수축
① 골격근의 수축력은 수축전 근섬유의 길이, 근육의 대사작용, 수축에 동원되는 근섬유 수 등에 직접적인 관계가 있다.

(4) 근육은 당기기만 하고 밀지는 않는다.
근육이 수축하면 관절을 기점으로 해서 뼈를 잡아당김으로써 동작이 가능하게 된다.

(5) 뼈와 관절은 지렛대의 역할을 한다.
관절은 축으로, 근육은 힘으로, 뼈는 지렛대 또는 저항으로 작용한다.

(6) 근육은 그것이 움직이는 뼈보다는 신체 중앙쪽에 있다.

(7) 골격근은 하나씩 수축하는 것이 아니라 집단으로 수축한다.
① 주동근
동작을 일으키는 주 역할을 하는 근육(벤치프레스 : 대흉근, 팔굽혀 펴기 : 상완삼두근, 암컬 동작에서 덤벨 올릴 때: 상완이두근)
② 길항근
주동근이 수축하여 동작을 일으킬 때 이완되는 근육(암컬 동작에서 덤벨 올릴 때: 상완삼두근)
③ 협력근
주동근이 수축할 때 동시에 수축하여 주동근이 하는 일을 돕거나, 움직이는 부분을 안정시켜 좀더 효과적으로 동작을 일으키게 하는 데 협력하는 근육

5) 자극의 특성

(1) 자극의 강도
① 근육이 수축될 때의 최소 자극을 역치자극이라고 한다.
② 역치자극 이상으로 자극의 강도가 높아지면 근육의 수축력도 비례하여 높아진다.
③ 자극의 강도는 어느 정도 이상이 되면 수축하는 강도에 아무런 변화가 없는데 이때의 자극을 최대자극이라고 한다.
④ 역치자극으로부터 최대자극 간의 자극강도를 최대하자극이라고 하고, 최소자극 이하를 최소하자극이라고 한다.

⑤ 역치자극 이상인 경우, 자극이 강하면 근섬유가 강하게 수축하고 자극이 약하면 약하게 수축하는 것이 아니라 똑같은 강도로 수축한다. 그러나 역치자극 이하이면 전혀 수축하지 않는다. 이러한 개개의 근섬유의 특성을 실무율(all or none law)이라고 한다.
⑥ 자극이 커짐에 따라 근수축이 강해지는 것은 운동단위의 수를 더 많이 동원하는 것이지, 근섬유 하나 하나의 수축력에 변화가 있는 것은 아니다. 즉, 실무율에 변함이 없고 다만 자극 전달을 하는 운동신경이 더 많아지고 이에 따른 섬유의 수가 더 많아지는 것이다.

(2) 자극의 지속시간
① 근수축에 필요한 자극 이하의 자극은 아무리 오랜 시간 동안 지속하여 전달되더라도 근육이 수축하지 않는다.
② 근육수축을 일으키기 위해서는 최소한의 자극을 계속 주어야 한다.

(3) 자극 강도의 변화 속도
① 자극 강도를 아주 천천히 점차적으로 높이면 근육은 그 자극에 적응한다.
② 자극의 효율성이란 자극의 강도, 자극의 지속시간, 자극강도의 변화속도와 관계가 있다.

6) 근수축 운동에 영향을 주는 요인

(1) 적정 부하
① 근수축으로 인한 운동량은 부하가 가장 컸던 때의 부하량을 적정부하라고 한다.
② 근수축으로 인한 운동량은 부하가 너무 가벼울 때나 무거울 때보다 적당한 부하에서 크다고 할 수 있다.
③ 부하가 클수록 근수축 속도는 느리고 부하가 클수록 근육 내의 장력은 크다.

(2) 운동 전 근육의 길이
① 가벼운 중량보다 약간 무거운 중 정도 중량을 가지고 하는 근수축의 운동시 근육의 운동량이 훨씬 크다. 그 이유는 근육이 운동 전에 미리 이완되어 있기 때문이다.
② 미리 중량을 주어 장력이 생기게 한 근육은 미리 이완되어 있으므로 탄력성분이 늘어나 있기 때문에 부하에 대한 운동이나 장력에 쓰여질 수 있는 에너지가 더 많이 방출될 수 있다.(신전수축주기, SSC)

(3) 적정속도
① 너무 느리지도 않고 너무 빠르지도 않은 것이 가장 효율적인 속도이며 이를 적정속도라고 한다.
② 너무 느리거나 빠르면 에너지의 소비가 많다.

(4) 적정온도
① 근육의 온도가 낮으면 수축할 때 잠복기, 수축기, 이완기가 모두 길어진다.
② 근육온도가 낮을 때 제일 시간이 많이 걸리는 시점은 근수축 중 이완기이다.
③ 온도가 상승하면 대사작용이 활발해지고 근형질의 점액성이 감소되어 근수축이 활발해진다.

(5) 피로
① 근수축 운동을 장시간 계속하면 피로가 생긴다. 피로가 생기면 근육의 수축과 이완은 늦어지는데 수축보다는 이완이 더 늦어진다. 이완이 늦어지면 다음 자극을 받아 수축 시에는 원상으로 근육이 회복되지 못한 상태에서 수축이 된다. 이러한 상태를 경축이라고 한다.
② 근육 피로는 대사 작용으로 인한 노폐물과 에너지를 공급하는 물질의 부족 때문이다.

03 근섬유

① 해부학적 구분 : 적색, 백색 등
② 근의 기능 : 수축의 속도와 피로의 강도
③ 생화학적 성장 : 유산소 능력의 대소
④ 조직, 화학적 성장 : 섬유의 효소 윤곽

1) 형태 및 특성

구분	지근	속근
동일 용어	적근, ST, Type I	백근, FT, Type II
특성	• 모세혈관 밀도 및 마이오글로빈 함유량이 높다. • 지구성 운동 특성을 갖는다. • 에너지의 효율이나 피로에 대한 저항이 강하다. • 미토콘드리아의 수나 크기가 발달해 있다. • 산화 효소가 발달해 있다. • 미토콘드리아의 산화 능력이 높다.	• 모세혈관 밀도 및 마이오글로빈 함유량이 낮다. • 순발성 운동 특성을 갖는다. • 힘의 발생이나 수축 이완 시간이 빠르다. • ATP-PC, 근글리코겐의 저장량이 높다 • 해당 효소가 발달해 있다. • 해당 능력이 높다.

※ 속근 섬유가 지근 섬유에 비해 수축 속도가 빠른 이유
① 신경 세포의 세포체가 크다.
② 신경 세포의 신경 섬유의 직경이 크다.
③ 신경 세포의 축삭이 더 발달해 있다.
④ 신경 세포가 지배하는 근섬유 수가 지근보다 많다.
⑤ 근섬유의 근형질세망이 지근에 비해 발달해 있다.
⑥ ATPase가 지근에 비해 빠른 기전을 가지고 있다.

2) 지근과 속근 섬유들의 구조, 기능적인 특징

특징		근섬유 형태	
		지근	속근
신경적인 면	운동 신경 섬유의 크기	작다	크다
	운동 신경 전도 속도	낮다	빠르다
	운동 신경 동원 역치(흥분 역치)	낮다	높다
구조적인 면	신경지배비	크다	작다
	근섬유의 지름	작다	크다
	근형질세망의 발달	낮다	높다
	수축성 단백질량(액틴, 마이오신)	적다	많다
	미토콘드리아의 밀도	높다	낮다
	모세혈관의 밀도(모세혈관그물 발달)	높다	낮다
	마이오글로빈 함유량	높다	낮다
에너지 기질	크레아틴 인산의 저장량	낮다	높다
	글리코겐의 저장량	낮다	높다
	중성 지방 저장량	많다	적다
	근육세포질세망(Ca++저장)	적다	많다
효소적인 면	해당 효소	낮다	높다
	산화 효소	높다	낮다
	ATPase 활성도	낮다	높다
기능적인 면	수축 속도	늦다	빠르다
	이완 시간	늦다	빠르다
	힘의 발생	낮다	높다
	에너지 효율	높다	낮다
	피로에 대한 저항(내성)	높다	낮다
	탄성도	약하다	강하다

3) 운동 강도에 따라 동원되는 근섬유

저강도의 운동에서는 ST섬유, 중간 정도의 강도에서 ST와 FTa 섬유, 고강도 운동에서는 ST, FTa, FTb 섬유 모두 이용된다.

4) 트레이닝에 따른 속근(FT)과 지근(ST)의 상대적 변화
   ① 트레이닝에 따른 골격근의 유산소성 능력은 두 섬유 모두에서 공통적으로 증가한다. 따라서 ST 섬유는 FT섬유에 비하여 트레이닝 전 뿐 아니라 후에도 더 큰 유산소성 능력을 가진다.
   ② 인체 골격근의 해당 능력은 특징적인 변화가 나타나는 FT섬유에서 더 크다.
   ③ 운동 형태에 따른 선택적인 비대가 나타난다. 지구성 운동 후 지근 섬유가, 순발성 운동 후 속근 섬유가 더 비대해진다.
   ④ 트레이닝으로 속근과 지근 섬유 간의 상호 전환이 일어나지 않는다. 유산소성 훈련이 속근 b형 섬유가 속근 a형 섬유로 점진적으로 변화는 시키지만 지근 섬유들과 속근 섬유들 사이의 전체적인 비에 있어서는 거의 변화가 없다.

04 골격근의 트레이닝 효과

1) 근비대 : 근섬유들의 횡단 면적의 증가 현상
   ① 근섬유당 근원 섬유의 수와 크기의 증가
   ② 마이오신 세사를 중심으로 한 수축 단백질 양의 증가
   ③ 섬유당 모세혈관 밀도의 증가
   ④ 결체 조직, 힘줄 그리고 인대 조직의 양과 근력의 증가

2) 모세혈관 밀도의 증가
   ① 골격근의 비대는 섬유당 모세혈관망수의 증가와 모세혈관의 밀도를 증가시킴
   ② 모세혈관망 수의 증가를 통해 총혈액량의 증가와 헤모글로빈수의 증가와 산소 확산능력의 향상
   ③ 근육에서의 산소와 다른 영양분의 공급이 향상되고 부산물의 제거도 향상

3) 근섬유의 미토콘드리아 산화 능력 향상
   ① 미토콘드리아의 수나 크기가 지근, 속근 모두 증가
   ② 미토콘드리아에 작용하는 산화 효소가 발달

③ 미토콘드리아의 산화 능력이 향상

4) 근섬유의 에너지 저장 능력 및 해당 능력 향상
① ATP-PC, 근글리코겐, 중성 지방의 저장 능력이 향상
② 해당 효소(PFK)가 발달

5) 결체 조직에서의 변화
① 뼈에서의 변화
㉠ 뼈는 낮은 강도의 트레이닝으로는 길이나 둘레, 밀도에 변화가 없고, 높은 강도의 트레이닝 후에는 길이나 둘레는 성장이 억제되고 밀도가 증가
㉡ 적당한 강도의 운동으로 뼈의 성장 및 밀도를 증가시켜야 한다. 또한 뼈에 있는 효소 활동과 근력 발생이 증가한다.
② 인대와 힘줄에서의 변화 : 인대와 힘줄에서 발생되는 근력의 증가를 가져오고 부상 방지
③ 관절과 연골에 대한 변화 : 관절에서 연골이 굵어짐

6) 효율성의 향상
① 사람에 있어 훈련의 효과로 효율성이 높아지는 이유
㉠ 운동시 적정률을 적용하게 된다.
㉡ 근신경의 조화가 잘 이루어진다.
㉢ 불필요한 지방조직을 없앨 수 있다.
㉣ 산소의 이용률을 높이기 때문이다.

✓ 지구성 트레이닝을 통한 골격근의 생화학적 변화

유산소성 변화	마이오글로빈 농도 증가	
	글리코겐의 산화능력 증가	• 미토콘드리아의 수와 크기 증가 • 크렙스 사이클과 전자전달계의 대사작용이 증가 • 근육 내 글리코겐 저장이 증가
	지방 산화 증가	• 근육 내 중성지방 저장이 증가 • 연료로서 지방의 활용능력이 증가 • 지방산의 운송과 산화에 작용하는 효소의 활동이 증가
지근과 속근의 상대적 변화	• 두 가지 섬유 형태 모두 유산소성 능력이 증가 • 선택적인 근비대 : 지근 섬유-지구성 트레이닝, 속근 섬유-순발성 트레이닝 • 섬유 형태의 전환은 일어나지 않는다.	

Chapter 05 신경계와 운동

01 신경계의 이해

① 신경계는 신체 내외부의 환경을 인식하고 반응하는 신체의 수단이다.
  ㉠ 수용기는 접촉, 통증, 온도, 화학적 자극을 감지하여 환경 변화에 관한 정보를 중추신경계에 전달한다.
  ㉡ 중추신경계는 상황에 따라 수의적인 움직임을 조절하거나 내분비계로부터 일정한 호르몬의 분비율을 변화시킨다.

1) 신경계의 구조

중추 신경계	뇌	대뇌, 간뇌, 소뇌, 뇌간(중뇌, 교, 연수)	
	척수	뇌간의 가장 아래 부분인 연수는 척수와 연결되어 있다.	
말초 신경계	감각계	혈관과 림프관, 내부 기관, 특수 감각기(미각, 촉각, 후각, 청각, 시각), 피부, 근육과 건(고유 수용기)	
	운동계	자율 신경계	교감신경계, 부교감 신경계
		체성 신경계	추체로, 추체외로

2) 신경계의 조직

(1) 신경 세포

① 세포체, 수상 돌기, 축삭이라 불리는 긴 신경 섬유로 구성되어 있다.
② 수상 돌기는 세포체로 자극을 전달하는 역할을 한다.
③ 축삭은 세포체로부터 신경 자극을 다른 부위로 전달하는 역할을 한다.
④ 축삭은 미엘린 수초로 감겨져 있고 그 사이를 랑비에르 결절이라 한다.

⑤ 수초는 절연체이므로 랑비에르 결절에서 도약 전도를 통해 자극이 전달된다.
⑥ 신경 세포의 종류
　㉠ 감각신경 : 자극을 전달하는 것으로, 외부로부터 오는 자극을 감수하고 전달하는 신경
　㉡ 운동신경 : 중추신경으로부터 자극을 작용기(근육 등)에 전달하는 신경
　㉢ 연합신경 : 신경원간의 자극을 전달하는 신경
⑦ 신경세포의 기능
　㉠ 뉴런은 신경세포로서 신경 조직을 구성하는 기본 단위이다.
　㉡ 뉴런에는 2개의 중요한 기능이 있다.
　　• 뉴런은 신경 정보를 발생시키는 장소이다.
　　• 뉴런은 신경 정보의 전도가 이루어지는 장소이다.

(2) 신경연접부의 특성
① 신경연접부에서의 자극전달은 일방 통행이다.
② 신경연접부는 화학물질 전달을 지연시키기도 한다.
③ 신경연접부는 비교적 높은 역치를 가진다.
④ 신경연접부는 피로에 있어서 매우 중요하다.
⑤ 신경연접부는 약물에 대단히 약하다.

(3) 반사궁
① 단순반사궁
중추신경으로 보내는 감각기와 지각신경 그리고 중추신경으로부터의 자극을 보내는 운동신경과 작용기의 4가지 길을 합해서 단순반사궁이라고 한다.
② 단순반사궁과 복합반사궁
가장 간단한 반사궁은 한 개의 구심성 뉴런과 한 개의 원심성 뉴런으로 구성되어 있지만 대개의 경우 중추 안에서 이들 사이에 한 개 또는 몇 개의 중간 뉴런이 들어가 있어 복잡한 중추 구조를 가진다.

※ **체성 반사와 자율성 반사**
① 체성 반사란 피부나 근 자체의 수용기가 자극받은 결과 골격근의 불수의 운동이 일어나는 것을 말한다.
② 자율성 반사란 내장에 있는 수용기에서 일어나는 내장 반사를 말하며, 예를 들면 혈액 속의 이산화탄소 변화가 자극이 되는 호흡 운동, 혈관벽 근의 장력 변화가 자극이 되는 혈관 운동, 기타 배뇨와 땀의 분비 등은 자율 신경 조절의 기반이 되는 것이다.

3) 신경계의 기능

(1) 신경계의 전체 조직은 세 가지 기본적인 기능을 수행 : 흥분기능, 전달기능, 통합기능
   ㉠ 흥분기능 : 자극에 대하여 흥분을 일으키는 것
   ㉡ 전달기능 : 흥분을 중추로 전달하거나, 중추에서 일어난 흥분을 말초로 다시 전달하는 전도 기능
   ㉢ 통합기능 : 중추신경계가 수많은 자극을 받아들여 통합함으로써 가장 적절한 반응이 일어날 수 있게 하는 것

(2) 신경계의 주요 기능
   ㉠ 신경계의 지각기능 : 감각기관을 통해 외부의 상태를 안다.
   ㉡ 신경계의 운동기능 : 자극에 대한 반응으로 근수축에 필요한 자극을 주고, 또 해야 할 운동량에 따라 적당한 운동 단위를 동원해서 필요한 동작을 할 수 있게 한다.
   ㉢ 신경계의 자율적 기능 : 체내 상황을 감지하고 외부환경에 따라 적절히 자극을 조절한다. 즉, 항상성을 유지한다.
   ㉣ 신경계의 연상(연합) 기능 : 경험에서 얻은 자극의 감수, 보존, 회상과 사고의 과정에서 연상을 할 수 있게 한다.

02 신경 세포의 특성

1) 신경 세포의 전기적 특성

(1) 역치와 실무율
   ① 역치 : 탈분극시키기에 충분한 자극(15~20mV정도의 자극)
   ② 실무율 : 탈분극이 일어나면 활동 전위가 발생한다.
   ③ 실무율에 따른 자극의 전도 : 역치 자극 이상의 자극이 세포체에 유입되면 막에 탈분극이 일어나고 활동 전위가 발생한다. 활동 전위는 절연체인 미엘린 수초를 통과하지 못하므로 랑비에르 결절에서 도약 전도를 통해 축삭 말단까지 전달된다.

(2) 신경 세포의 기능
   ① 극화(분극) : 세포막을 중심으로 +, -극이 서로 대치하고 있는 상태(-70mV)
   ② 탈분극 : 세포막 전위가 안정막 전위 수보다 감소된 상태(-55~30mv)
   ③ 과분극 : 전위가 안정시보다 더 커진 상태(-극이 더 많은 상태)(-70mV이상)
   ④ 재분극 : 탈분극된 후 다시 안정시 전위 수준으로 돌아온 상태(-70mV)

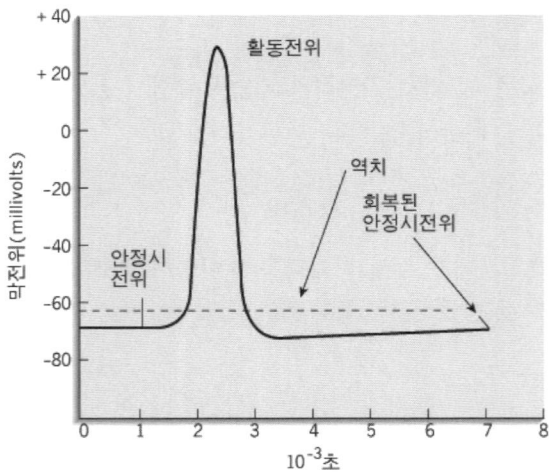

활동 전압은 신경 세포의 나트륨 전도율을 증가시킴으로써 발생되며 나트륨
이온이 신경 세포에 들어가면 양전하가 증가되어 활동 전압이 일어난다.

2) 신경 세포의 화학적 특성

신경 연접 또는 시냅스는 시냅스 전막과 시냅스 후막, 시냅스 공간이 있어 자극의 전달 및 정보의 통합이 이루어진다.

(1) 흥분성 연접후 막전압(EPSP)

① 시냅스 전막 : 흥분성 자극이 축삭 말단에 도달한다.
② 시냅스 공간 : 축삭 말단의 소포에 저장되어 있던 화학 전달 물질인 아세틸콜린이 시냅스 공간으로 방출된다.
③ 시냅스 후막 : 가지돌기를 통해 받아들여진 정보는 세포체를 통해 막에 탈분극을 일으키고 계속적인 신경 자극을 전달한다.

> ※ **공간적 가중과 시간적 가중**
> ① 공간적 가중: 여러 개의 소두부가 동시에 화학 물질을 방출하면, EPSP가 서로 합쳐져서 어느 크기 이상이 되면 비로소 시냅스 후 뉴런에서 활동전압이 생긴다.
> ② 시간적 가중 : 하나의 시냅스 소두부에서 매우 짧은 시간 간격으로 흥분을 되풀이 할 때, 처음 화학 물질 방출에 의하여 생긴 EPSP가 아직 사라지기 전에 다음 번 화학 물질의 방출에 의한 EPSP가 겹쳐져서 어느 크기 이상이 되면 시냅스 후 뉴런의 흥분을 일으킨다. 이것을 시간적 가중이라 한다.

(2) 억제성 연접후 막전압(IPSP)

① 시냅스 전막 : 억제성 자극이 축삭 말단에 도달한다.

② 시냅스 공간 : 축삭 말단의 소포에 저장되어 있던 화학 전달 물질인 감마아미노뷰티릭 산이 시냅스 공간으로 방출된다.
③ 시냅스 후막 : 가지돌기를 통해 받아들여진 정보는 세포체를 통해 막에 과분극을 일으키고 신경 자극이 중단된다.

(3) 근신경 연접부의 반응
① 흥분성 자극이 축삭 말단에 도달하면 소포에 저장되어 있던 아세틸콜린이 방출된다.
② 근섬유의 근섬유막에 있는 아세틸콜린 수용체에서 탈분극이 일어난다.
③ 신경 자극은 근형질의 T세관을 거쳐 근형질세망의 소포에 도달한다.
④ 소포에 저장되어 있던 칼슘이 방출된다.
⑤ 칼슘에 감수성을 갖는 트로포닌이 트로포마이오신의 위치를 변화시켜 액토마이오신 복합체가 형성된다.
⑥ 십자형교 끝에 뭉쳐져 있는 ATP가 ATPase에 의해 분해되면서 발생한 에너지를 통해 수축이 일어난다.

03 중추 신경계

1) 대뇌
① 대뇌는 4개의 외배엽으로 구성되어있다.
㉠ 전두엽 : 일반 지능 및 운동 조절
㉡ 측두엽 : 청각 입력과 해석
㉢ 두정엽 : 일반 감각 입력과 해석
㉣ 후두엽 : 시각 입력과 해석
② 대뇌의 기능에는 감각 기능(시각, 청각, 온각, 촉각 등), 운동 기능(의식적 운동 지배), 연합 기능(기억, 사고, 판단, 정서)의 세 가지가 있다.

2) 간뇌

(1) 시상
① 감각 조절 중추
② 냄새를 제외한 모든 감각 입력은 시상으로 들어와 피질의 적절한 부위로 다시 이동
③ 시상은 어떤 감각이 뇌에 도달하는가를 인식함으로써 운동 조절에 매우 중요

(2) 시상 하부
    ① 신체 내부 환경에 영향을 미치는 거의 모든 과정을 조절함으로써 항상성 유지를 담당
    ② 자율 신경계(혈압, 심박수, 수축성, 호흡, 소화 등의 조절)
    ③ 체온, 체액 균형, 감정, 갈증, 음식 섭취, 수면 주기 등

    ※ 시상하부의 열조절
    ① 근육운동은 많은 양의 열생성을 유발하며 신체의 에너지 효율은 약 20~30%이기 때문에 나머지 70~80%는 운동 중 열로 방출된다.
    ② 시상하부 전엽은 주로 체온이 증가할 때 체온을 낮춰주며, 시상하부 후엽은 체온이 감소할 때 체온을 올려주는 작용을 한다.
    ③ 심부온도의 증가는 시상하부 전엽을 자극하여 열손실을 증가시키기 위하여 신체에 일련의 생리적 변화가 일어난다. 즉, 땀이 나기 시작하고 피부에 흐르는 혈액량을 증가시킨다.
    ④ 신체가 추위에 노출되면 시상하부 후엽은 신체의 열생성을 증가하기 위하여 몸을 떨며 피부에 혈관을 수축한다.

    ※ 열순응의 결과로 일어나는 생리학적 주요 반응 형태
    ① 혈장량의 증가   ② 발한 시점의 조기화
    ③ 발한률 증가   ④ 땀에 의한 염분 손실의 감소
    ⑤ 피부의 혈류량 감소   ⑥ 세포에서 열상해 단백질 증가

    ※ 추위에 대한 신체 적응
    ① 피부의 떨림이 없이 열생성이 증가
    ② 손과 발의 체온 유지를 위한 말초순환계의 증가
    ③ 추위에서 수면능력이 향상

(3) 주요 기능
    ① 교감 신경과 부교감 신경을 흥분 또는 억제시켜 줌으로써 자율 운동의 조절 내지 협동을 도와 준다.
    ② 대뇌 피질과 하위 중추를 중계함으로써 정신적인 감정을 행동으로 나타낼 수 있도록 유도한다.
    ③ 각성 상태의 유지 또는 주의력의 집중, 식욕과 음식 먹는 양을 조절한다.

④ 생식 기능을 조절해 주고, 정상 체온을 유지해 준다.

3) 소뇌

① 소뇌에는 효과기로부터의 구심성 흥분과 대뇌피질로부터의 원심성 흥분을 실제 진행 상황에 대하여 비교·분석하게 된다. 이 결과는 다시 운동 중추와 전운동 영역에 보내지게 되는 중계자의 역할을 담당하게 된다.
② 소뇌는 신체 평형과 자세의 조정, 운동의 조절에 이바지하는 기관이다.

> **※ 운동 조절 기능**
> ① 제동 효과 : 운동 중 진자 운동 시(야구에서의 투구, 축구의 킥 등) 소뇌가 제동 효과를 발휘하여 운동을 조절한다. 빠른 운동의 경우 운동 중추에서 제동을 가하기에는 시간이 부족하다. 소뇌는 빠른 기전을 갖고 있기 때문에 운동 중에도 그 결과를 정확히 추적하여 이를 토대로 다음 상황에 대한 위치와 속도, 방향 등을 예측해 준다.
> ② 스피드 지각 효과 : 소뇌는 운동 중 물체에 접근하거나 물체가 자신에게 접근해 오는 속도를 알 수 있도록 해준다. 따라서 자신에게 다가오는 물체를 피할 수 있고, 또한 운동 상황에서 빠르게 날아오는 물체를 타격할 수 있다.

4) 뇌간

① 중뇌, 교, 연수로 구성되어 있다.
② 호흡과 심혈관계를 조절하는 주요 자율 조절 중추를 포함하고 있다.
③ 근긴장의 유지 및 골격근의 기능 조정을 한다.
④ 의식 상태의 판단(각성과 수면)

✓ 중추신경계의 기능

구분	기 능
대뇌	• 지적인 기능, 운동기능, 감각기능, 내장기능
시상	• 감각기능으로서 수용기에서 자극이 시상까지 전달되어 오면 통증, 온도, 촉감 등을 느낀다. • 감각자극을 연관시킴으로써 즐거운 것과 불쾌한 것을 느낄 수 있다. • 주의 혹은 환기를 할 수 있다. • 여러 가지 복잡한 반사운동을 일으킨다.

구분	기 능
시상 하부	• 고도의 자율신경 중추•대뇌피질과 하부 자율신경과의 연결 • 내분비선의 분비를 지배 •의식적인 주의와 환기에 중요한 역할 • 입맛을 조절하여 음식의 섭취량을 정한다. • 여러 가지 생식기능 지배 •체온 유지에 중요한 역할
소뇌의 기능	• 소뇌는 대뇌피질과 함께 근 집단의 운동을 잘 협응시킴으로써 기술 동작을 가능하게 한다. • 소뇌는 골격근을 조절하여 몸의 평형을 이루게 한다. • 운동시 동작을 원만하고 효과적으로 유지할 수 있게 한다.
중뇌	뇌와 척추를 연결하고 눈 동작의 반사중추로서 기능을 발휘한다.
교	• 호흡을 지배한다. • 얼굴과 머리의 감각기능과 이의 반사중추 역할 • 평형감각과 청각의 기능
연수	• 심장 혈관운동과 호흡의 중추로서 생존의 중추 역할을 한다. • 구토, 기침, 딸꾹질, 재채기, 삼키는 것 등의 반사중추이다 • 뇌와 척추간의 연결관이 연수를 지나기 때문에 감각과 운동에도 많은 역할을 한다. • 추체로를 통해 지각신경과 운동신경이 엇갈려 올라가고 내려온다.

5) 척추

(1) 감각기능

① 말초신경과 뇌는 척추를 통해 연결이 되며 상행신경관은 말초신경으로부터의 자극을 뇌로 전달한다.

② 중요한 4개의 하행신경관

㉠ 척추 시상측관(통증, 온도)

㉡ 척수 시상관(촉감)

㉢ 척수 후관(촉감과 의식적인 근육 운동 감각의 구별)

㉣ 척수 소뇌관(무의식적인 근육 운동 감각)

(2) 운동기능

말초신경에서 척수를 통해 뇌에 전달되면 뇌는 적절한 자극을 다시 척수를 통해 하행

(3) 반사기능

감각기능과 운동기능을 제외한 모든 반사운동을 한다.

04 말초 신경계

1) 감각계

(1) 인체의 감각기관

① 위치에 따른 분류

내감수용기	근육, 근, 관절 등에 있어서 인체 부위의 위치를 알려준다.
외감수용기	피부감각 기관 등으로 우리 몸 밖의 상태를 알려준다.
내장수용기	내장에 있는 감각기관으로서 체내의 상태를 알려준다.
원감수용기	눈, 귀, 코로서 인체와 떨어진 곳에 있는 상태를 알려준다.

② 기능에 따른 분류

오감	시각, 청각, 후각, 미각, 촉각
피부감각기관	접촉, 압력, 따뜻한 것 차가운 것, 통증
심층감각기관	내감적, 자각, 심층통증, 내장감각 등은 인체 내외에서 일어나는 생태를 앎으로써 적응력을 기를 수 있게 된다.

> ※ **감각부는 5가지 수용체의 1차적인 형태로부터 정보를 받아들인다.**
> ① 기계적 수용체 : 압력, 접촉, 또는 늘어남과 같은 기계적 힘에 반응
> ② 온도 수용체 : 온도의 변화에 반응
> ③ 통각 수용체 : 통증 자극에 반응
> ④ 광각 수용체 : 시각적으로 전자기적 광선에 반응
> ⑤ 화학 수용체 : 음식, 냄새, 또는 혈액 물질의 응집의 변화 등과 같은 화학적 자극에 반응

(2) 척추 내 지각신경로

① 척추시상관은 자극을 시상까지 전달하며 척추 소뇌관은 자극을 소뇌까지 전달한다.
② 신경세포가 방향을 바꿔가는 것을 교차라고 하는데, 교차로 말미암아 뇌신경 중 왼쪽은 인체의 오른쪽을 지배하고 뇌신경의 오른쪽 부분은 인체의 왼쪽을 지배한다.

(3) 뇌 속의 지각신경로

① 시상은 대뇌피질과 중요한 연관을 갖고 있어서, 시상 대부분의 기능은 이 직접적인 연접로에 의하여 이루어진다.

② 시상은 시상하부 대뇌피질의 시각, 청각 부위 등과 연접이 되어 운동계와도 연관이 되며 시상은 기쁘거나 불쾌한 감정을 구별해 내며, 고통을 아는 감각기능과도 연관되어 있다. 또한 원시적인 인체반응을 지배하는 중추이기도 하다.

(4) 고유수용기
운동 감각과 관련된 중요한 3가지 감각기관은 근방추, 골지건, 관절 수용기가 있다.
① 근방추
  ㉠ 근방추의 기능
    • 근육의 신전에 관한 정보를 전달한다.
    • 근이 신전되어 감각신경이 자극을 받으면 감각신경을 통해 중추신경계로 전달되며 중추신경계는 추외근 섬유의 알파 운동 신경을 자극해 근을 수축시킨다.

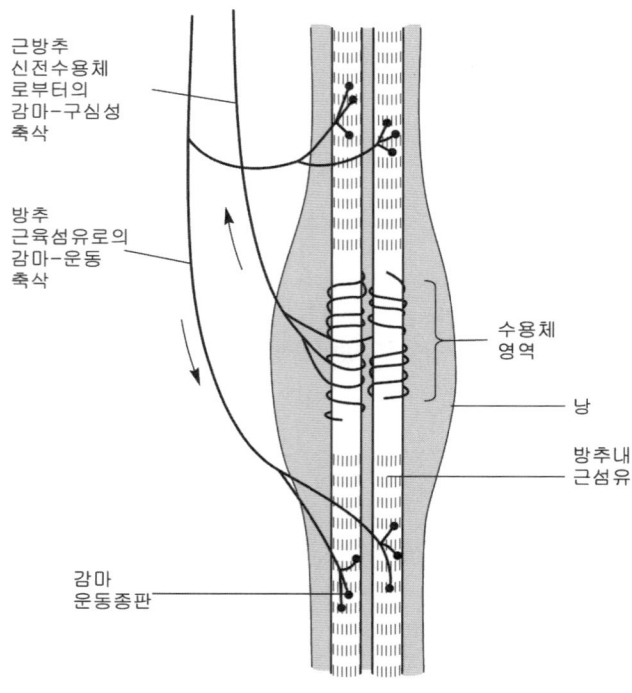

근방추는 보통의 방추외 골격근 섬유와 평행하게 위치한다. 근육의 급격한 신전은 또한 방추의 감각 수용체 부위를 신장시키며, 활동전위가 감마 구심성 뉴런을 통해 척수로 보내진다.

② 골지건
골지건 기관은 길이(근방추의 역할)보다는 장력에 반응하는 수용체이다.
  ㉠ 골지건의 기능
    • 근의 수축에 관한 정보를 전달한다.
    • 운동 중추는 알파 운동 신경에 억제성 자극을 가하거나 길항근을 흥분시킴으로써 지나친 수축에 의한 부상을 예방할 수 있다.
    • 골지건 기관은 주동근 운동단위의 세포체에서 억제성시냅스후 전위를 일으킨다.

③ 관절 수용기 : 관절 수용기에는 힘줄, 인대, 근육, 관절막 등이 있다. 관절 수용기는 관절의 각도, 관절의 가속도, 그리고 압력에 의해서 변형된 정도에 관한 정보를 중추신경계로 보낸다.

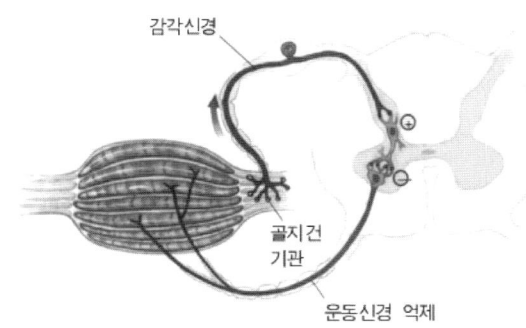

골지건 기관은 근육과 직렬로 위치하고 있으며 "장력 모니터"로서의
역할을 하며 근육의 보호 장치 역할을 한다.

2) 운동계

(1) 자율신경계

① 중추 자율신경 작용
  ㉠ 척추에는 자율신경계가 있어서 혈관운동 혹은 방광운동 등의 기능조절을 담당한다.
  ㉡ 연수에는 혈압에 관한 조절기능 중추가 있고 시상하부에도 자율신경 중추가 있다.
  ㉢ 심리적 영향을 받아 구토나 입맛이 변하고 현기증이 나는 것은 대뇌피질에도 자율신경 중추가 있다는 증거이다
  ㉣ 연수와 시상하부에는 혈압, 심장의 박동, 체온, 소화분비, 혈당, 체수분량 등을 조절하는 자율신경 중추가 있다.
② 교감신경계 : 교감신경계는 방위 반응계로서 위험에 처한 신체를 준비한다.
  ㉠ 심박수와 심장 수축력을 증가시킨다.
  ㉡ 관상동맥과 심장근의 증가된 요구로 관상동맥의 확장과 심장근에 대한 혈액 공급을 증가시킨다.
  ㉢ 혈관 확장으로 더 많은 혈액이 활동하는 골격근에 들어오게 한다.
  ㉣ 대부분의 다른 조직에서의 혈관 수축은 혈액 흐름을 활동적인 근육으로 전환시켜 준다.
  ㉤ 혈압을 증가시켜 근육에의 관류를 더욱 활성화시키고, 정맥 환류량을 개선시킨다.
  ㉥ 정신 활동의 증가는 감각 자극을 더욱 잘 인식하며 수행 능력 향상에 더욱 집중하게 한다.
  ㉦ 글루코스는 간으로부터 방출되어 에너지 원료로서 혈액 내로 들어가게 한다.

◎ 직접적으로 필요하지 않은 기능은 천천히 일어나게 하여 운동에 활용될 에너지원을 보존한다.
③ 부교감 신경 : 소화, 배뇨, 분비선과 에너지의 보존 같은 과정을 수행하는 중요한 역할을 한다.
  ㉠ 심박수의 감소
  ㉡ 관상동맥의 수축
  ㉢ 기관지 수축
④ 자율신경계의 기능

작용기관	부교감신경	교감신경
심장	심박수 감소, 수축력 감소	심박수와 수축력 증가
피부혈관	없음	혈관 수축
근육 및 내장 혈관	없음	내장 혈관 수축, 근육 혈관 확장
기관지	수축	이완
소화관	운동 증가	수축
항문괄약근	이완	
방광	수축	이완
눈	• 눈동자 수축 • 수정체를 두껍게 해서 가까운 것을 보게 한다.	• 눈동자 이완 • 수정체를 평평히 해서 멀리 있는 것을 보게 한다.
머리털	없음	머리털이 서게 한다.
땀샘	없음	땀이 나게 한다.
침샘, 위액 등	분비 증가	분비 감소
췌장	분비 증가	분비 감소
간	없음	당원 분해작용으로 혈당량을 증가
아드레날린	없음	분비 증가
관상동맥	수축	이완
폐	기관세지 수축	외관세지 이완

(2) 체성 신경계

① 추체로
  ㉠ 전신에 있는 골격근의 수의 운동을 지배하는 전도로이다(손가락, 발가락을 움직이는 근육, 얼굴 근육 등을 지배).
  ㉡ 추체로의 가장 큰 특징은 연수 앞부분에서 교차가 이루어져 있기 때문에 교차성이 추체로의 가장 큰 특징이다. 따라서 좌측 대뇌반구는 우반신을, 우측 대뇌반구는 좌반신의 운동을 지배하게 된다.

② 추체외로
- ㉠ 연수의 추체를 통과하지 않는 모든 신경로를 의미하며, 대부분의 운동은 추체로의 지배를 받지만 추체외로성 조절을 받아 부드럽고 조화로운 운동이 가능하다.
- ㉡ 추체외로는 근긴장을 감소시키는 탄력성을 가지므로 한 동작에서 다음 동작으로의 이행을 부드럽게 한다. 또 운동시 수축과 이완이 동시에 되어야 하는 동시 발동성과도 관계가 있다.
- ㉢ 추체외로는 일반적 운동 패턴 변화(신체 자세의 유지)를 일으킨다.
- ㉣ 대뇌피질 : 추체외로에서 가장 중요한 대뇌피질은 제6부위이다. 이 부위에서 커다란 동작과 협응 동작을 지배한다.
- ㉤ 대뇌핵 : 대뇌핵은 추체외로가 통과하는 길을 만들어 준다. 여러 가지 연관 내지는 상호 연관을 지어줌으로써 충분한 수의 신경을 조정하여 커다란 동작과 협응 동작을 가능하게 한다.
- ㉥ 소뇌
  - 기술 동작을 조정하고 수의적인 동작이나 부분적으로 걷는 것과 같은 불수의적인 동작을 조정
  - 여러 내감 수용기에서 지각정보를 받아서 우리 몸의 정확한 공중위치를 알게 하고 근육이나 건에 작용하는 장력의 양을 감지
  - 근육의 장력을 유지하고 자세를 유지하는 것과 걷거나 수영할 때 협응 동작을 가능하게 하며 각 동작의 범위와 파워를 조정

05 척수반사와 동작의 자동화

1) 척수반사
① 자극을 활동으로 변화시키는 반사중추가 척수에 있으면 척수반사라 한다.
② 척수반사의 기전은 감각 수용기를 통해 위험을 인식하고 그 자극이 구심성 통로를 통해 들어오면 생각이나 감정의 과정을 거치지 않고 원심성 통로를 통해 근육에 굴곡 또는 신전의 명령을 내림으로써 위험에서 벗어나는 것이다.

2) 동작의 자동화
① 수의 운동 형태가 계속적인 연습을 통하여 반사 운동처럼 빠르게 이루어지는 것
② 운동을 반복하여 연습하면 운동이 자동적으로 이루어진다. 이것은 연습에 의해 근육과 관절의 기능이 향상되고 신경계가 발달되기 때문

06 신경계에 대한 트레이닝 효과

1) 조정력의 향상
① 운동 기능을 반복 연습하면 신경 소통성이 발달해 조정력이 향상
② 신체의 여러 기관을 정확하고 원활하게 조화를 이루어 효율적으로 운동할 수 있는 협응력이 발달

2) 동작의 자동화
수의 운동 형태의 운동 기능을 계속적으로 반복 연습하면 신경이 점차 반사 동작처럼 변하여 반응 시간이 단축되고 운동 기능이 자동화

Chapter 06 호흡계

01 호흡계의 이해

1) 폐조직의 역할
공기와 신체 사이의 가스 교환을 원활하게 이루어지도록 만들어 운동 중에 발생하는 산-염기의 균형을 조절

2) 호흡 기관의 구성

(1) 코
① 코는 공기의 통로 역할

(2) 인두
① 인두는 기도나 소화관의 현관 역할
② 발성에도 중요한 역할을 해서 인두를 의식적으로 좁히거나 넓히면 소리가 난다.

(3) 후두
① 후두는 음식을 먹거나 물을 마실 때 후두엽이 공기 통로를 덮어서 음식물이 기관으로 들어가지 못하도록 한다.
② 후두는 발성에도 중요한 역할을 하여 음질에 영향을 준다.

(4) 기관
① 기관지의 기능은 기관의 기능과 같이 폐 내로 공기가 들어갈 수 있도록 통로가 되는 것이다. 기관지는 기관세지로 나뉘어진 다음 맨 끝에는 폐포로 끝난다. 폐포는 모세혈관으로 둘러싸여 있어서 여기서 기체 교환이 이루어진다.

(5) 폐
① 폐는 좌우 양쪽에 두 개가 있는데, 왼쪽 폐는 아래와, 위 두개의 엽으로 되어 있고, 오른쪽 폐는 아래, 위, 중간의 세 개의 엽으로 되어 있다.
② 폐는 혈액과 공기 간의 기체를 교환할 수 있게 매우 넓은 장소를 제공하고 있다. 폐 내에서 폐포와 모세혈관 사이에 환기가 이루어지는데 폐 안에 있는 모세혈관망의 전체 넓이는 테니스 코트 절반에 해당하는 넓이다.
③ 폐포의 환기는 다음 세 가지 요소에 의존한다.
㉠ 1회 호흡량   ㉡ 호흡 수   ㉢ 사강의 크기

3) 외호흡과 내호흡
① 호흡 : 인간의 에너지 대사에 필요한 산소를 공급하고, 산화 과정에서 생긴 이산화탄소를 배출하는 과정
② 외호흡 : 숨을 쉼으로써 공기가 허파를 출입하는 유동적 움직임인 폐환기, 폐포 공기와 혈액 사이의 가스 교환, 혈액에 의한 산소 및 이산화탄소의 운반을 포함
③ 내호흡 : 외호흡을 통해 공급받은 산소를 혈액과 조직 사이의 가스 교환과 조직 세포의 산소 이용과 이산화탄소의 배출을 포함

02 폐의 구조와 기능

1) 분당환기량
1분 동안 흡기와 호기되는 공기의 양을 뜻한다.

$$V_E = TV \times f$$
분당환기량 (L/min) 1회 호흡량(L) 호흡수(회)

2) 폐용적과 폐용량

	1회 호흡량	TV	1회 호흡시 들이마시거나 내쉰 공기량
용적	흡기 예비 용적	IRV	TV에서 최대한 더 들여 마실 수 있는 양
	호기 예비 용적	ERV	TV에서 최대한 배출시킬 수 있는 양
	잔기 용적	RV	가능한 한 모두 배출한 상태에서 폐에 남아 있는 양

용량	흡기 용량	IC	IC=TV+IRV, 정상 호흡에서 최대한 흡입할 수 있는 양
	기능적 잔기 용량	FRC	FRC=ERV+RV, 정상 호흡에서 TV를 배출하고 남아 있는 양
	폐활량	VC	VC=IRV+TV+ERV, 최대한 공기를 들여 마신 후 최대한 배출시킬 수 있는 공기의 양
	총폐용량	TLC	TLC=VC+RV

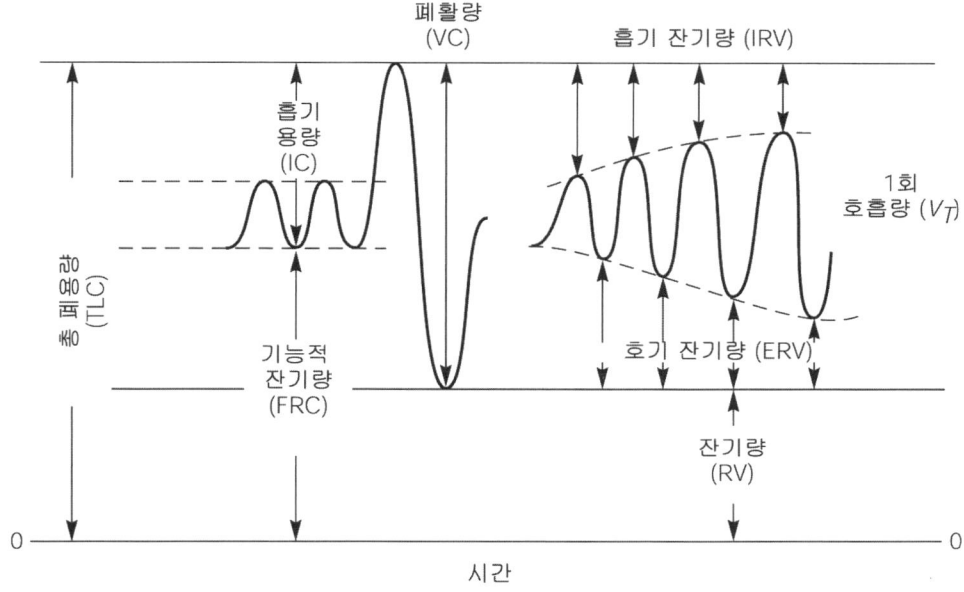

폐용적과 용량. 1회 호흡량과 환기빈도 모두는 안정시에서 운동까지 변할 수 있다.

3) 폐포환기와 해부학적 사강
 ① 폐포환기 : 폐포에 도달하는 공기가 가스 교환에 참여해 폐모세혈관 혈액에 산소를 공급하고, 생성된 이산화탄소를 제거해 주는 역할
 ② 해부학적 사강 : 호흡 경로에 남아 있으면서 가스 교환에 참여하지 않는 공기를 지니고 있는 공간
 ③ 안정시 들여마시는 공기 0.5L의 70%는 0.35L정도만이 폐포 환기에 참여하고 나머지 30%는 사강에 남아있다.
 ④ 폐포환기는 호흡의 깊이(1회 호흡량), 호흡수, 사강의 크기에 영향을 받는다.

4) 호흡 작용
 ① 숨을 들이마시려면 폐내압을 대기압보다 낮게 해야 하고, 숨을 내쉬려면 폐내압을 대기압보다 높게 해야 한다.
 ② 대기압을 폐내압보다 높게 하려면 두 가지 방법이 있다.

㉠ 폐내압을 대기압보다 낮게 하는 방법 : 정상적인 호흡 과정
㉡ 대기압을 폐내압보다 높게 하는 방법 : 임상에서 시행하는 방법

(1) 흡기 작용
① 안정 상태의 흡기 작용 중 흉곽의 용적은 증가된다.
② 횡격막은 아래 방향으로, 외늑간근의 수축에 의해 외상방으로 증가한다.
③ 외늑간근은 흡기 중에 수축하며 늑골간의 사이를 벌리면서 늑골을 위쪽으로 끌어올려 흉강의 크기를 증가시킨다.
④ 폐는 팽창되면서 폐내압이 감소하고 결국 공기가 폐 속에 흡입하게 된다.

(2) 호기 작용
① 안정 상태의 호기 중에 횡격막과 외늑간근은 이완되며 흉강은 원래의 크기로 돌아간다.
② 즉, 안정시의 호기 작용은 수동적으로 이루어지며, 호기 근육은 관여하지 않는다.
③ 흡기로 인해 신전되었던 흉벽과 폐의 탄성 조직에 의해 원래의 상태로 위축됨으로써 흉강의 내압이 증가하고 이로 인해 공기가 폐 속에서 대기로 나가게 된다.
④ 운동 시에는 호기 작용이 능동적으로 이루어진다. 즉, 호기 작용은 복부근의 수축에 의해 하위 늑골들을 압박하고, 복압이 상승하여 횡격막을 흉강 쪽으로 밀어올리게 된다.

(3) 흡기근과 호기근
① 흡기근
㉠ 숨을 들이마실 경우 흉곽은 횡경막의 수축으로 상하로 커지고, 외늑간근의 수축으로 전후 좌우로 커지게 된다.
② 호기근
㉠ 폐와 흉곽에는 탄성 조직이 많이 포함되어 있어 흡기로 이들이 팽창되면 다시 원위치로 되돌아가려는 탄성 반동에 의해 수동적으로 호기가 일어난다.
㉡ 운동 중에는 능동적으로 흡기와 호기를 하는데, 이 때 호기근은 복근(복직근, 내복사근, 외복사근 등)이 수축하게 된다.

✓ 안정시와 운동시 주요 호흡근의 작용

호흡단계	휴식시 호흡근	운동시 호흡근	작용
흡기 과정	• 횡격막 • 외늑간근	• 횡경막 • 외늑간근 • 사각근 • 흉쇄유돌근	• 평평해짐 • 늑골의 외측 상방 이동 • 제 1, 2 늑골의 거상 • 흉곽의 외측 이동
호기 과정	없음	• 내늑간근 • 복근	• 늑간 내측 하방 이동 • 늑골 하방이동과 횡격막 상방 이동

03 가스교환과 운반

1) 산소와 이산화탄소의 분압

   (1) 가스 분압

   ① 혼합 공기의 총압력은 각 가스 분압을 합한 것과 같다.
   ② 공기 : 질소(79.04%), 산소(20.93%), 이산화탄소(0.03%)
   ③ 해면 높이에서 표준 대기압 : 760mmHg, 표준 기압

   (2) 폐포 내에서의 가스 교환

   ① 폐는 일정한 가스 분압을 유지 : 산소 분압 104mmHg, 이산화탄소 분압 40mmHg
   ② 폐모세혈관은 조직에서 가스 교환이 이루어진 후 들어온 혈액 : 안정시 산소 분압은 40mmHg, 이산화탄소 분압은 45mmHg
   ③ 산소와 이산화탄소는 분압차에 의한 확산에 의해 가스 교환이 이루어진다.

   (3) 조직에서의 가스 교환

   ① 모세혈관은 폐를 통과해 온 혈액 : 산소 분압이 104mmHg, 이산화탄소 분압이 40mmHg
   ② 근세포의 안정시 분압 : 산소 분압 40mmHg, 이산화탄소 분압 45mmHg
   ③ 산소와 이산화탄소는 분압차에 의한 확산에 의해 가스 교환이 이루어진다.

2) 산소와 이산화탄소의 운반

   (1) 산소의 운반

   ① 용해된 산소
   ② 산화 헤모글로빈

   (2) 이산화탄소의 운반

   ① 용해된 상태
   ② 중탄산염이온
   ③ 카바미노화합물

3) 헤모글로빈의 포화량과 산소해리 곡선

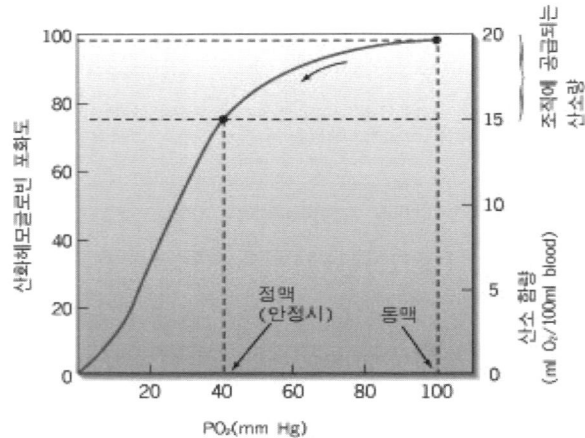

혈액내 산소분압과 산소를 지닌 헤모글로빈의 상대적 포화도간의 상관 관계

① 40mmHg의 산소 분압 값 위쪽에 상대적으로 가파른 곡선 부분은 점차적으로 올라가면 항정 상태에 이르게 된다.

② 보어 효과(Bohr effect) : 운동 중 산소해리 곡선이 아래로, 그리고 우측으로 이동하는 현상. 활동하는 근육 지지대를 지나가는 혈액의 헤모글로빈에서 산소를 추출하는 것을 돕는다.

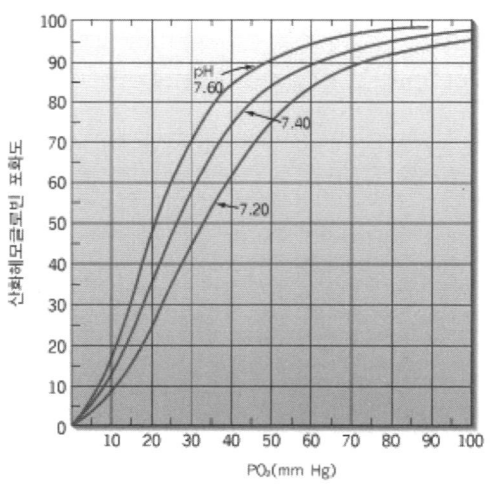

혈중 pH 변화가 산소-헤모글로빈
해리 곡선 모양에 미치는 효과
pH의 감소는 곡선을 오른쪽으로 이동시키며(Bohr 효과), 반면에 pH의 증가는 곡선을 왼쪽으로 이동시킨다.

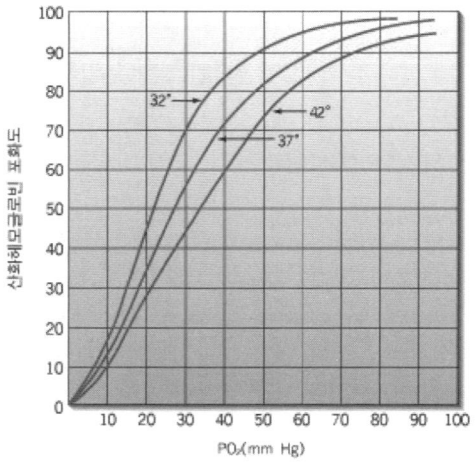

혈액 온도 변화가 산소-헤모글로빈
해리 곡선 모양에 미치는 효과
온도의 증가는 곡선을 오른쪽으로 이동시키며, 반면에 온도 감소는 곡선을 왼쪽으로 이동시킨다.

(1) 산소 분압
   ① 산소의 해리곡선에 가장 큰 영향을 미치는 것 : 혈액 내 산소의 분압
   ② 휴식시는 체온이 37도, pH가 7.4, 동맥혈 내 산소분압 100mmHg, 정맥혈 내 산소분압은 40mmHg이다.
   ③ 산소의 분압이 높으면 높을수록 헤모글로빈은 산소와 더 많이 결합하고, 반대로 산소의 분압이 낮을수록 산소와 해리되는 비율이 커진다.
   ④ 운동시 산소해리 곡선이 우측으로 이동하여(pH의 감소, 체온의 증가) 근육에 추가적인 확산을 촉진
   ⑤ 동정맥 산소차 : 동맥의 산소분압에 따른 헤모글로빈의 포화량에서 정맥의 헤모글로빈의 포화량을 뺀 값
   ⑥ 단련자와 비단련자의 동정맥 산소차의 차이는 운동의 효과를 증명하는 것으로 단련자는 비단련자에 비하여 더 많은 산소를 동맥에서 추출하게 된다.

(2) 이산화탄소의 함량
   ① 혈액의 산소함량은 산소분압과 정비례하는 데 반해, 이산화탄소 분압과는 반비례
   ② 헤모글로빈은 이산화탄소가 있으면 산소해리가 더 쉽게 일어난다. 이산화탄소가 많을수록 헤모글로빈의 산소결합능력은 저하된다. 정맥혈이 동맥혈에 비해 산소의 함량이 적은 것도 이 때문이다.
   ③ 운동을 하게 되면 대사 작용으로 인해 이산화탄소가 휴식시보다 많이 생성되어 혈액 내로 확산되기 때문에 이산화탄소는 산소와 자리바꿈을 하게 되어 산소가 헤모글로빈에서 더 많이 해리된다.
   ④ 운동을 하면 혈액 pH가 떨어져서 산성화된다. pH가 떨어질수록, 즉 혈액이 산성화될수록 혈액이 운반할 수 있는 산소의 양은 적어진다. 이와 같이 pH가 낮아지는 이유는 운동으로 인해 혈액 안에 이산화탄소가 많아지고 또 젖산이 늘어나기 때문이다.

(3) 체온
   ① 체온이 상승하면 산소의 해리를 용이하게 한다. 운동으로 인해 체온이 오르면 더 많은 양의 산소가 조직으로 갈 수 있게 된다.
   ② 체온은 이산화탄소분압, 산소분압, pH 등과 함께 운동시 산소의 해리를 돕는다.

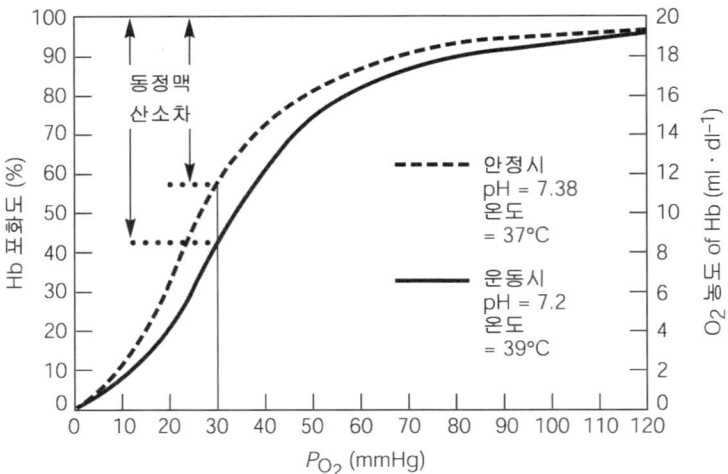

운동 중 발생하는 혈중 pH의 감소와 체온 상승은 산화헤모글로빈 곡선을 아래로 그리고 우측으로 이동시킨다. 이러한 Bohr 효과는 수축하는 근육이 헤모글로빈으로부터 산소를 추출하는 것을 촉진한다.

※ 헤모글로빈이 산소와 결합할 때 영향을 미치는 요인
① 혈액 내 PO_2
② 혈액의 pH농도(혈액의 산성도)
③ 혈액의 온도
④ 혈액의 PCO_2
⑤ 혈액량

---

4) 가스 교환

(1) Fick의 법칙

① 산소와 이산화탄소 분자의 확산 속도는 경계면의 면적, 두 영역 사이의 분압차에 비례하며, 확산 거리에 반비례한다.

(2) 가스 교환의 트레이닝 효과

① 확산 능력 향상
  ㉠ 폐 : 폐포 수의 증가, 폐모세혈관망 수의 증가
  ㉡ 조직 : 모세혈관망 수의 증가, 마이오글로빈 수의 증가

② 운반 능력 향상
  ㉠ 총혈액량과 헤모글로빈 수가 증가되어 산소나 영양분의 운반 능력이 향상
  ㉡ 폐정맥으로 환류되는 혈액량의 증가

04 호흡 조절의 화학성 조절

1) 이산화탄소
   ① 호흡수와 1회 호흡량에 작용하는 요인 중 제일 중요한 것은 이산화탄소이다.
   ② 들여마시는 공기 중 이산화탄소 분압의 증가는 호흡수를 증가한다.

2) 산소의 결핍
   ① 산소가 부족할 때도 호흡중추에 영향을 미친다.
   ② 산소가 부족하면 호흡중추의 활동을 약화시키지만 화학물질 수용기를 통해 중추를 자극하게 된다.

3) 수소이온
   ① 수소이온이 많아지면 화학성 물질수용기를 통하거나 호흡중추를 직접 자극함으로써 호흡에 영향을 미친다.
   ② 체내의 산소, 이산화탄소 및 수소이온의 농도 등은 말초수용기에 의하여 감지되어 호흡이 조절된다.

05 운동과 폐기능

1) 운동중 환기량

   (1) 운동 전 변화
   ① 운동이 시작되기 바로 직전에는 분당 환기량이 약간 증가
   ② 운동 전 환기량의 증가는 대뇌피질의 수의적 자극에 의해 발생. 운동을 예상하여 대뇌피질로부터의 자극이 뇌간의 연수에 있는 호흡 중추를 흥분

   (2) 운동 중 변화
   ① 운동 시작 후 처음 몇 초안에 빠르게 증가(활동근의 운동 결과로 일어나는 관절에서의 자극 때문)
   ② 환기량의 빠른 증가는 곧 없어지고 느린 증가가 나타남
      ㉠ 최대하운동시에는 증가하지 않는다(항정 상태).

ⓒ 최대강도 수준의 운동 중에는 환기량의 느린 증가는 나타나지 않으며, 운동이 끝날 때까지 분당환기량은 증가한다.

> ※ 동적인 운동에서 발생하는 환기량의 상승 요인
> ① 빠른 신경 요소: 활동근과 관절의 움직임에 의해 발생하는 장력, 운동피질과 대뇌변연계의 흥분, 폐와 주변 혈관에서의 박출량 감지
> ② 느린 체액 요소: 혈액의 화학적 구성 변화(칼슘 증가, 산소 감소, 이산화탄소 증가, 젖산 증가)

③ 회복기의 변화
  ㉠ 운동이 끝나자마자 환기량은 갑자기 감소한다. 이것은 상위 뇌영역에서의 중추 명령이 감소한 결과이다.
  ㉡ 환기량의 갑작스런 감소 후 안정시 값에 이를 때까지 점진적이고 느린 감소가 이어진다.

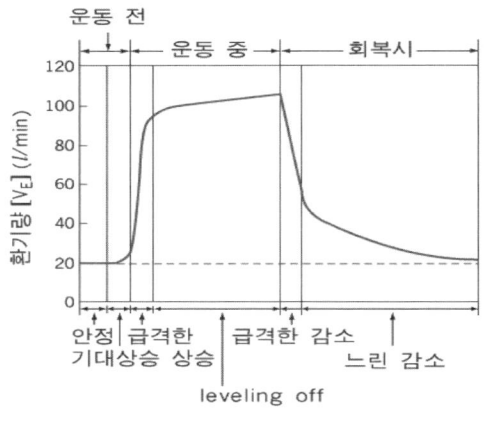

최대하 운동시 환기량 변화

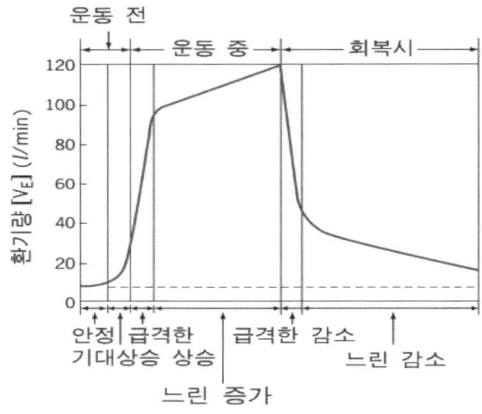

최대 운동시 환기량 변화

단계		변화	조절기전
안정시		거의 없음	중추와 말초 화학수용기
운동전		어느 정도 증가	중추명령(약간 증가)
운동중	직후	급속한 증가	• 중추명령 • 근/관절수용기의 활성으로 연수에 대한 신경자극
	중간	안정 혹은 느린 증가	• 이산화탄소분압의 증가 • pH의 감소
	후기	유지(최대하 운동) 혹은 계속적 증가(최대운동)	• 위와 동일 • 혈액칼륨, 카테콜라민, 체온, 중추의 부가적 자극

단계		변화	조절기전
회복기	직후	급속한 감소	중추명령
	후기	느린 감소	이산화탄소와 pH가 정상화됨에 따른 중추와 말초화학 수용기 자극

2) 환기량과 무산소성 역치

① 트레이닝을 통해 무산소성 역치가 증가하는 원인은 근육의 혈류량 증가, 근세포 수준에서 산화 능력 향상, 적근 섬유 분포의 증가에 의해서이다.

② 기능적 향상을 도모하기 위해서는 최대하 운동을 통해서 최대심박출량에 의한 심폐 기능 향상 훈련을 실시해야 한다.

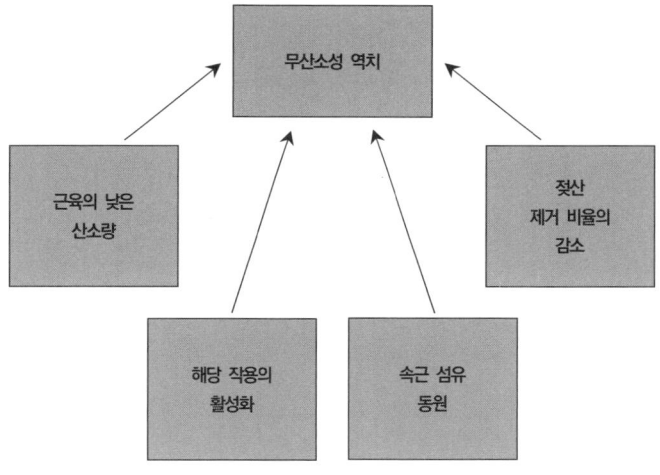

무산소성 역치를 발생시키는 잠재적 요인

3) 사점과 세컨드 윈드

(1) 사점

격렬한 운동이나 지속적인 운동을 할 때 운동 초기에 심한 호흡 곤란, 빠르고 얕은 호흡, 가슴에 통증, 두통이나 현기증, 근육에 통증을 느끼게 되는 시점

① 원인

㉠ 운동에 의해 내장 혈관이 수축하여 혈액의 공급이 제한되기 때문이다.

㉡ 축적된 젖산 때문에 혈액이 산성화되어 호흡이 곤란해지기 때문이다.

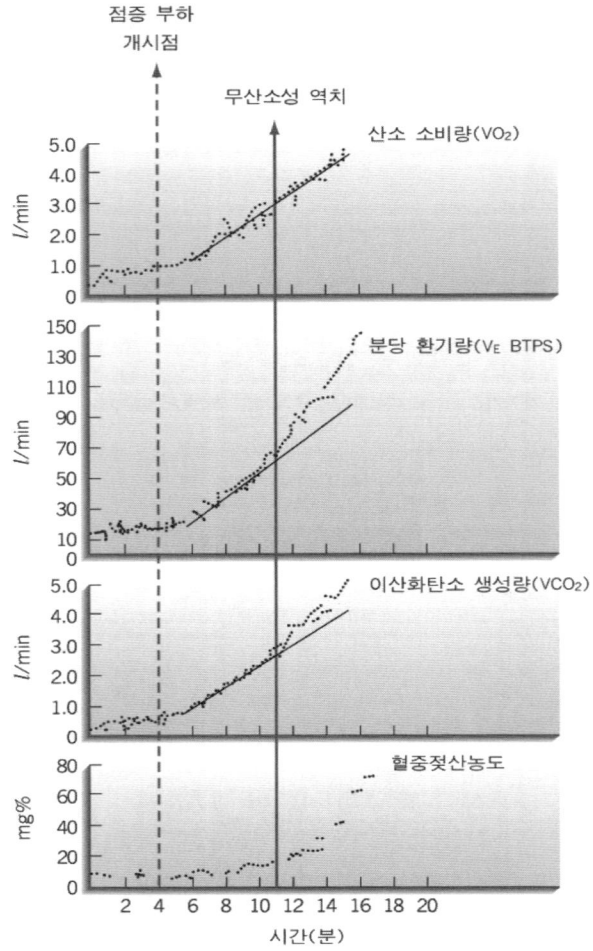

환기량과 무산소성 역치와의 관계
(환기량과 이산화탄소 생성량은 무산소성 역치 수준에서 급격히 증가한다.
이때(수직선) 혈중 젖산 축적도 동시에 일어난다.)

(2) 세컨드윈드

사점 때의 고통을 참고 지나면 땀이 나면서 혈액 속의 젖산이 제거되고 심장의 심박출량의 증가로 인한 혈액량이 증가하여 호흡이 부드럽게 됨으로써 편안하게 운동을 할 수 있는 시점. 운동 초기 호흡과 순환의 부적응이 운동을 함에 따라 적응됨으로 나타나는 현상

① 원인
　　㉠ 운동 초기에 느린 환기 적응에 의한 호흡 곤란으로부터 회복
　　㉡ 활동중인 근육에서 운동 초기에 혈류 변화의 지연에 의해 축적된 젖산 제거
　　㉢ 국소근 특히 호흡근(횡격막)의 피로회복
　　㉣ 심리적인 원인

06 운동 중 산염기 평형

1) 산-염기 평형의 호흡성 조절
   ① 강한 운동을 하면 젖산과 H^+이 생성되고 축적된다. 이 같은 상태는 에너지 대사를 저해하고 근육의 수축력을 떨어뜨린다.
   ② 체내 산염기 평형과 관련된 3가지 메커니즘은 다음과 같다.
      ㉠ 화학적 완충 작용
      ㉡ 호흡성환기
      ㉢ 신장 기능

2) 운동 중 산염기 조절의 중요성
   ① 고강도의 운동에 의한 젖산의 생성은 이온화 하여 수소이온을 방출한다.
   ② 근육의 수소이온 농도의 증가는 두 가지 방식으로 운동수행에 악영향을 주게 된다.
      ㉠ 수소이온 농도의 증가는 유산소성이나 무산소성 ATP 생산에 관여하는 중요 효소를 억제함으로써 근육 세포의 ATP생산 능력을 감소시킨다.
      ㉡ 수소이온은 트로포닌과 칼슘이온의 결합을 방해하여 근수축을 방해한다.

3) 산염기 완충체제

   (1) 세포내 완충제
      ① 운동 중 pH 변화를 막기 위한 1차 방어선은 세포 자체 내에 있다.
      ② 완충제 : 중탄산염, 인산염, 단백질

   (2) 세포외 완충제
      ① 혈액은 3개의 기본적인 완충시스템을 가지고 있다(완충제 : 중탄산염, 헤모글로빈, 단백질).
      ② 혈액 단백질은 적은 양이므로 심한 운동 중 완충제로서의 유용성은 제한된다.
      ③ 헤모글로빈은 이산화탄소가 혈액으로 들어감으로써 생기는 pH 변화를 최소화 하는 것을 돕는다.
      ④ 중탄산염 완충시스템은 인체 내에서 가장 중요한 완충시스템이다.

4) 호흡계가 산염기 평형에 미치는 영향
   ① 호흡계는 이산화탄소를 배출함으로써 혈액의 탄산과 pH를 조절하는 데 매우 중요하다.

② 혈액 내 이산화탄소의 분압이 높아지면 pH가 낮아지고, 혈액 내 이산화탄소의 분압이 감소하면 pH가 증가한다.

5) 안정시 신장을 통한 산염기 평형 조절
① 신장이 수소이온의 농도를 조절하는 주된 방법은 중탄산염의 농도를 증가시키거나 감소시키는 것이다.
② 체액의 수소이온 농도가 증가하면(pH가 감소하면) 신장은 중탄산염의 배출 속도를 감소시키는 반응을 한다.
③ 혈액 내의 중탄산염 농도가 증가하면 수소이온의 증가를 완충시킨다.
④ 반대로 체액의 pH가 증가하면 신장은 중탄산염의 배출속도를 증가시킨다.
⑤ 혈액 내 수소이온의 증가에 신장이 효과적으로 반응하기 위해서는 상당한 시간이 소요되므로 운동 중 산도의 조절에서 주요한 역할을 하기에는 신장의 반응은 너무 느리다.

6) 운동 중 산염기 평형 조절
① 점진적 운동부하검사의 마지막 단계나 단기간 최대하운동 중에는 근육과 혈액의 pH는 감소하는데 이것은 근육에서 생성되는 젖산이 증가하기 때문이다.
② 운동 중에 생성되는 젖산의 양은 다음과 같은 요인에 따라 좌우된다.
㉠ 운동 강도
㉡ 사용된 근육의 양
㉢ 운동기간
③ 1차 방어선
㉠ 세포완충체제[인산염(10~20%), 단백질(60%), 중탄산염(20~30%)]
㉡ 혈액완충체제(중탄산염, 헤모글로빈, 단백질)
④ 2차 방어선
㉠ 운동 중의 젖산 완충에 보조적인 역할을 하는 호흡의 전반적인 과정을 대사적 산성증에 대한 호흡보상이라 한다.

07 운동을 통한 폐기능의 변화

(1) 폐용량
① 폐활량은 약간 증가한다. 동시에 잔기량은 약간 감소한다(총 폐용량의 변화가 없음).
② 1회 호흡량은 안정시에는 변화가 없지만 최대운동시에는 증가한다.

(2) 호흡 수
① 안정시와 최대하운동 중의 호흡 수는 감소한다.
② 호흡수의 감소는 트레이닝에 의해서 호흡 효율이 증가된 것을 반영한다.
③ 최대운동시에는 트레이닝 후에 호흡수가 증가한다.

(3) 폐환기량
① 폐환기량은 안정시에 비하여 변화가 없거나 약간 감소한다.
② 최대운동시 1회 호흡량과 호흡수의 증가에 따라 최대환기량은 증가한다.

(4) 폐확산
① 안정시나 최대하운동시에 변화는 없다.
② 최대운동시 폐확산 능력이 증가한다.

(5) 동정맥 산소차
① 트레이닝 후 안정시, 최대운동시 모두 동정맥산소차는 증가한다.
② 동정맥 산소차의 향상은 조직에서 보다 더 많은 산소를 추출하여 쓰고, 혈액을 보다 더 효율적으로 배분하는 것을 반영한다.

(6) 환기효율 상승
환기효율이 높다는 것은 안정시에 보통 사람보다 적은 호흡수로도 더 많은 산소를 소비하고 공급할 수 있다는 것이다(호흡수 감소에 의해서 호흡근 활동에 사용하는 산소량을 줄일 수 있기 때문에).

※ **운동이 호흡에 미치는 효과**
① 호흡량의 확대 : 운동을 하게 되면 폐가 발달하여 폐의 용적이 늘어나기 때문에 폐활량이 커지고 호흡을 빨리 할 수 있는 능력이 발달된다.
② 호흡 기관의 기능 강화 : 사점과 세컨드 윈드의 과정을 반복하면 호흡 기관의 기능을 강화시킨다.
③ 산소 섭취 능력의 증대 : 운동을 꾸준히 하게 되면 근육은 혈액 속의 산소를 소비하는 능력이 발달하게 되고, 이는 근육과 폐에서 산소의 압력 차이가 커지게 되므로 산소를 더 많이 받아들일 수 있게 된다.
④ 산소가 부족할 때 견딜 수 있는 능력의 증대 : 운동을 많이 하게 되면 근육에 산소를 공급하는 능력이 증대될 뿐만 아니라 산소가 부족할 때 근육에 생기는 젖산에 견디는 능력도 커지게 된다. 따라서 산소가 부족한 상태에서도 오랫동안 격렬한 운동을 계속할 수 있다.

08. 호흡 교환율과 호흡상

> 호흡교환율(R) = 이산화탄소 생성량 / 산소 섭취량

(1) 탄수화물과 지방, 그리고 단백질의 호흡 교환율은 각각 1.00, 0.70, 0.82

(2) 탄수화물의 경우 산소 1L당 에너지 생성량이 가장 많고, 지방은 열량은 많으나 산소 1L당 열량이 적다. 또한 단백질은 미량만이 에너지 대사에 참여

(3) 호흡상은 세포 내에서의 실제적인 가스 교환을 나타내며, 호흡 교환율은 허파 수준에서 측정된 가스 교환을 의미

※ **안정 상태의 호흡상과 호흡 교환율은 동일하나 다음과 같은 요인에 의해 호흡 교환율과 호흡상의 차이가 나타난다.**

① 수의적 혹은 정신적 스트레스에 의한 과환기는 이산화탄소 배출량을 증가시켜 호흡 교환율이 1을 넘게 된다.

② 최대하 수준의 유산소 운동을 시작한 후 1분 정도까지에는 산소 소비량보다 이산화탄소 배출량이 많은 과환기가 나타나 호흡 교환율이 1을 초과하기도 하며 3분 정도 지나면 호흡 교환율이 정상 상태로 돌아온다.

③ 단시간의 격렬한 운동 중에 축적된 젖산에 대한 완충 작용의 결과로 다량의 이산화탄소가 생성되고 보통 호흡 교환율이 1을 넘게 된다.

④ 운동 후 회복기에는 이산화탄소 생산이 감소되어 호흡 교환율이 낮아진다.

Chapter 07 순환계와 운동

01 심장의 구조와 기능

1) 순환기전
① 폐순환 : 우심실 → 폐동맥 → 폐(가스 교환) → 폐정맥 → 좌심방
② 체순환 : 좌심실 → 대동맥 → 조직(가스 교환) → 대정맥 → 우심방

> **※ 순환계의 기능**
> ① 운송기능 : 산소와 영양분
> ② 제거기능 : 이산화탄소나 노폐물
> ③ 운반기능 : 호르몬을 목표 수용체까지 운반
> ④ 유지기능 : 체온 유지, pH 유지
> ⑤ 방어기능 : 기관의 감염을 방지

2) 심장

(1) 심장근의 구조
① 심장근은 개개의 근섬유가 상호 연결되어 있다. 이와 같은 상호 연결로 인해 하나의 섬유처럼 수축과 이완을 한다. 골격근의 경우 개개의 근섬유 및 운동 단위가 실무율을 따르지만 심장근의 경우 전체가 같이 실무율을 따르며 부분수축하지 않는다.
※ 실무율의 법칙 : 수축을 위한 자극이 신경계로부터 근육 섬유에 전해질 때 근육섬유는 완전히 수축한다. 자극이 사라지면 완전히 이완된다.

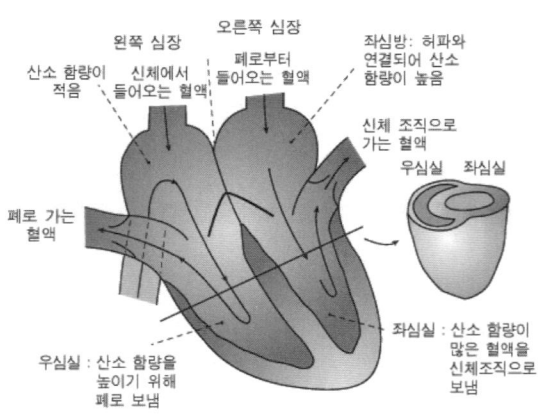

심장의 구조

(2) 심장의 내인성 조절
① 심장의 자극 전도 시스템
㉠ 동방결절 : 매분 60~80번 정도의 자극을 발생. 심장의 pace maker. 심방의 수축.

(3) 심장 활동의 외인성 조절

외인성 조절은 자율신경계에 의해 조절된다.
① 교감신경계
㉠ 교감신경계에 의해 내인성 조절보다 많은 심박수를 나타낸다. 주로 운동에 적응할 때 교감신경계의 지배를 받는다.
㉡ 신경 전달 물질 : 카테콜라민(에피네프린, 노르에피네프린)
㉢ 동방결절의 방전율이 증가해 심박수가 증가한다.
② 부교감신경계
㉠ 부교감신경계에 의해 내인성 조절보다 적은 심박수를 나타낸다. 주로 트레이닝 후 적어진 심박수는 부교감신경에 의한 심박수의 제어이다.
㉡ 신경 전달 물질 : 아세틸콜린
㉢ 동방결절의 방전율이 감소해 심박수가 감소다.

✓ 지구력 훈련에 의한 심장의 변화

심장의 변화	기전
• 안정시와 최대하 운동 심박수 감소(서맥)	부교감신경 영향 증가 교감신경 영향 감소 아주 낮은 고유 심박수
• 1회 박출량 증가	심박수 감소(안정시와 최대하 운동) 혈액량 증가 심장 크기와 용적 증가 심장 수축성 증가 심실 충만 압력 증가 심실 순응성 증가
• 심전도 변화: 방실 차단, 방황성 심방 박동 조절기, 방실결절성, 박동조절기 리듬, ST분절 상승, PVCs, T파 역위	부교감 신경 영향 증가
• 세번째와 네 번째 심음 우세 증가	더욱 빠른 심실 충만 ECG상의 더 긴 P-R 간격 운동선수의 얇아진 흉벽
• 칼슘 방출과 운반 증가	수축력 증가

3) 혈관

   (1) 혈관의 종류

   ① 동맥 : 심장으로부터 혈액을 운반한다. 폐동맥을 제외한 모든 동맥은 산소의 함량이 많은 동맥혈액을 운반한다. 동맥은 심장에서 조직에까지 가는 동안 대동맥과 소동맥으로 나눈다.

   ② 정맥 : 심장으로 들어오는 혈관을 정맥이라고 한다. 폐정맥을 제외한 모든 정맥은 산소의 함량이 적은 정맥 혈액을 운반한다. 정맥은 대정맥과 소정맥으로 나눈다.

   ③ 모세혈관 : 소동맥과 소정맥을 이어주는 혈관이다.

   (2) 혈관의 기능

   ① 동맥의 기능
   심장으로부터 혈액은 대동맥을 통해 소동맥으로 운반되고 다음 소동맥을 통해 모세혈관에까지 운반된다. 소동맥이 작다는 점이 말초저항의 역할을 해서 정상적인 혈압을 유지하는 데 중요하다.

   ② 정맥의 기능
   혈액을 모으고 또 저장하는 혈관 역할을 한다. 모세혈관에서 심장으로 혈액을 운반하며 또 어느 정도의 혈액을 저장하기도 하는데, 이 저장기능은 정상적인 순환을 유지하는 데 중요한 역할을 한다.

③ 모세혈관의 기능
필요한 물질을 세포에 운반하고 또 세포로부터 체외로 나가는 물질을 빼내는 기능을 한다.

4) 혈 액

(1) 혈액의 물리적 특성
① 혈액은 물보다 몇 배의 점성을 가지고 있으며, 이러한 점액성은 혈액의 순환을 어렵게 만든다.
② 점액성에 영향을 주는 요인 중의 하나는 혈액 내의 적혈구 농도이다. 그러므로 빈혈시에 혈액의 점액성은 더욱 낮다. 반대로 헤마토크리트의 증가는 혈액의 점액성이 증가된 결과이다.

(2) 혈액의 주요 기능
① 운반 기능
② 체온 조절
③ 산-염기 평형 유지

(3) 혈액량과 구성 요소
① 혈장(55%) : 물(90%), 혈장단백질(7%), 기타(3%)-세포 영양소(전해질, 효소, 호르몬, 항체, 그리고 부산물)
② 고형성분(45%) : 적혈구(99%), 백혈구-혈소판(1%)

(4) 혈액점성
① 운동을 잘하기 위해서는 정상이거나 이보다 더 많은 적혈구 세포가 있으면서 혈액 점도가 낮은 상태가 바람직하다. 이와 같은 성분의 혈액이 산소 운반을 촉진시킨다.
② 지구력 선수들이 트레이닝을 통해 이와 같은 혈액 성분을 만든다.

※ 운동과 혈액 농축
① 운동은 혈압을 증가시켜 수분을 혈관으로부터 간질내로 밀어낸다. 그로 인해 활동근에 대사적 부산물이 쌓임에 따라 삼투압이 증가하여 근육 내로 액체를 끌어들이게 된다.
② 운동으로 땀을 흘리면 혈장량(혈액량)은 감소한다. 혈장량이 감소하면 혈액의 점도가 높아진다. 따라서 혈액이 흐르는 속도가 느려지고 조직으로 가는 영양분과 산소의 공급, 조직에서 생겨난 노폐물의 제거속도가 떨어져 운동 수행력의 감소를 초래한다.

(5) 혈압

① 혈액은 좌심실에서 박출되어 대동맥, 소동맥, 모세혈관, 소정맥, 대정맥의 순으로 이동하며 우심방으로 이동한다.

② 심실 수축시 혈액이 대동맥으로 뿜어질 때 혈압은 최대로 나타나고(수축기 혈압), 심실이 이완되면 압력은 최저로 된다(이완기 혈압).

(6) 평균 동맥 혈압

① 1회의 심장 주기 중에 수축기 혈압과 이완기 혈압의 평균을 평균 동맥 혈압이라고 하며, 이는 체순환을 통한 혈류 속도를 정해주는 역할을 한다.

② 평균동맥혈압 = 확장기혈압(최저혈압)+[⅓(수축기혈압-확장기혈압)]

③ 휴식시 성인의 평균 수축기 혈압과 이완기 혈압이 120mmHg와 80mmHg이므로, 평균동맥혈압은 약 93mmHg 정도가 된다.

(7) 혈류 저항

① 혈관의 마찰에 의한 혈류 저항은 혈액의 점액성, 혈관의 길이, 혈관의 직경에 의해 결정된다.

② 체내의 혈류 저항을 결정하는 주요 인자는 혈관의 굵기이다.

③ 혈류 속도는 혈관의 총단면적과 반비례한다. 혈류 저항은 혈관 반경의 4제곱에 반비례

④ 동맥혈압의 가장 큰 감소는 세동맥에서 일어난다. 평균동맥혈압이 세동맥에서 약 70~80% 감소한다.

02 순 환

1) 순환계의 기능

① 순환계의 첫째 기능은 인체 각 조직에 필요한 혈액을 공급하는 데 있다.

② 대사작용이 활발한 조직세포는 그렇지 못한 조직세포보다 혈액공급이 많아야 한다.

2) 심박출량

(1) 심박출량의 변화

① 운동 중 심박출량은 운동 강도에 따라 비례하여 증가

② 심박출량은 심장 수축에 의해 1분간 펌프되는 혈액량으로 정의
심박출량(L/min) = 심박수(beats/min) × 1회 박출량(ml/beat)

③ 운동 중 심박출량이 증가하는 것은 운동강도에 따라 산소요구량이 증가하고 이를 충족시키기 위해 산소 운반을 증가시켜야 하기 때문
④ 심박출량은 운동강도에 비례하여 증가하며, 일반인에 비해 운동 선수의 경우가 운동 중 심박출량이 크다.
⑤ 일반인의 심박출량은 심박수가 보통 70beats/min, 1회 박출량이 70mL이므로 4900mL가 된다. 운동 중에는 보통 20~25L/min 정도 되고 운동 선수의 경우는 40L/min가 된다.
⑥ 심박출량이 높을수록 최대 유산소 능력도 높으며 최대 유산소 능력이 높을수록 심박출량도 높다고 할 수 있다(최대산소섭취량=최대 심박출량 × 최대 동정맥 산소차).

(2) 1회 박출량의 변화
① 1회 박출량 = 확장 말기량 - 수축 말기량으로, 확장 말기량이 크거나 수축 말기량이 작을 경우 1회 박출량이 커진다. 그리고 수축 말기량은 심실 수축력과 심장이 혈액을 뿜어내는 압력에 의해 좌우된다.
 ㉠ 1회 박출량은 누운 자세보다 직립 자세로 운동할 때 상승한다.
 ㉡ 안정시 1회 박출량은 직립 자세보다 누워있을 때 더 높다.
② 운동 강도에 따라 1회 박출량은 최대 산소 섭취 능력의 40% 정도에 해당하는 운동, 즉 최대하운동 부하에서 최대에 이르고 더 증가하지는 않는다. 따라서 지구성 운동의 경우가 심장에 무리를 주지 않고 가장 많은 산소를 공급받는 운동이 되는 것이다.
③ 여자 선수 혹은 일반인의 경우 남자 선수보다 항상 1회 박출량이 적다. 그것은 선천적으로 여자의 심장 용적이 남자보다 작기 때문이다.

※ 1회 박출량을 결정하는 3가지 변인
① 심실에 채워지는 혈액량
② 심실 수축력
③ 대동맥 및 폐동맥의 평균 압력

④ 심장 박동의 강도(1회 박출량)를 조절하는 요인
 ㉠ 기계적 요인 : 스탈링의 심장 법칙
 ㉡ 신경적 요인 : 교감신경계
 ㉢ 화학적 요인 : 카테콜라민

※ 스탈링 법칙
① 1회박출량은 심장으로의 혈액 유입량(정맥 환류량)에 의해 결정되며, 정맥환류량이 증가하면 심층만도(이완기 용량)가 증대하고, 심근이 커져 그 길이에 비례하여 심실수축력이 증대하는 법칙을 말한다.
② 확장 말기량이 증가한다는 것은 확장기가 심장으로 피를 받는 단계이므로 많은 피를 심장에 모은다는 의미이다. 심장에 피가 많기 때문에 수축시 더 많은 혈액을 내뿜을 수 있는 것이다. 이것은 심장근의 수축력에 의해 좌우되는데 안정시 심장근은 적정 근육 길이보다 짧아져 있는 상태에서 혈액이 심장에 많이 들어올 경우 심장은 확장되고 심장근은 적정 근육 길이를 확보해 높은 수축력을 갖게 되어 1회 박출량이 증가하는 것이다.

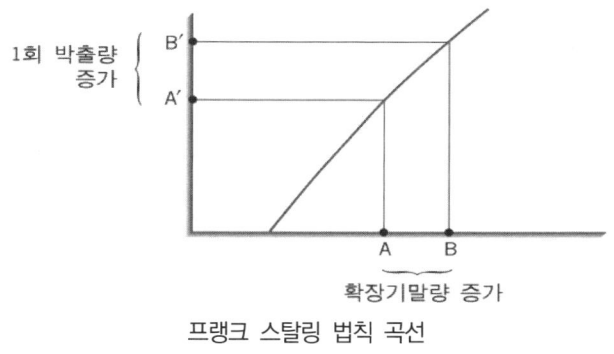

프랭크 스탈링 법칙 곡선

(3) 심박수
① 운동강도의 증가에 따라 심박수는 비례해 증가. 따라서 운동강도가 증가하면 산소섭취량이 비례적으로 증가하고, 산소섭취량의 증가에 비례하여 심박수가 증가
② 운동강도에 따른 심박수의 증가는 교감신경 충격의 증가에 의해 이루어지며, 트레이닝 후 이전에 비해 동일한 운동강도에서 심박수가 감소하는 것은 교감신경 충격의 감소에 의해 이루어진다(최대하운동시 운동성 서맥).
㉠ 심박수는 달리기와 같은 지구성 운동보다 웨이트 리프팅과 같은 근력 운동을 할 때 더 낮다.
㉡ 동일한 파워 출력에서 심박수는 하지운동보다는 상지 운동 중에 더 높다.

3) 동맥의 변화

(1) 혈 압
① 심장의 수축에 의한 수축기의 혈관 압력이 최고 혈압이 되고, 심장의 이완에 의한 확장기 때 동맥의 혈관 압력이 최저 혈압이 된다.

② 모세혈관의 경우는 압력의 차가 적은데 그 이유는 동맥의 탄성력 때문이다. 이로 인해 모세혈관에서 기체 확산과 기타 영양소의 확산이 가능해진다.

③ 운동 중에는 혈압이 증가한다. 그것은 심장 박동수의 증가에 따른 혈류 속도의 증가에서 그 원인을 찾을 수 있다.

> ※ **운동 중 혈압 상승의 원인**
> ① 1회 박출량 및 심박수의 증가 ② 혈액량 증가
> ③ 혈액의 점도 증가 ④ 말초 저항의 증가

(2) 혈압차

① 혈압차는 순환계 내에서 부위에 따라 각기 다른 혈압의 차를 말한다.

② 동맥의 평균 혈압이 100mmHg이고 정맥 내에서 평균 혈압이 10mmHg라고 할 때 두 부위의 혈압차는 90mmHg로, 혈압차는 동맥에서 정맥으로 가면 갈수록 점점 작아진다.

(3) 동맥혈압의 결정 요인

① 혈관 내 혈액의 양 : 동맥혈관 내에 혈액의 양이 많아지면 많아질수록 동맥혈압은 증가하고, 동맥혈관 내에 혈액의 양이 적어지면 동맥혈압은 저하한다.

② 심박출량 : 심박출량이 많아지면 동맥혈압이 높아지고 심박출량이 적어지면 동맥혈압이 낮아진다.

③ 말초저항 : 혈액과 혈관벽 사이의 마찰로 생기는 저항이 혈류에 오기 때문에 생기는 요인이다. 마찰이 일어나는 것은 혈액의 점액성과 소동맥 혈관과 모세혈관의 직경이 작다는 점에서 기인한다. 말초저항은 대동맥에서 소동맥으로 흐르는 혈액의 양을 조절함으로써 동맥혈압이 생기게 된다.

4) 세동맥의 변화

(1) 소동맥관을 조절하는 3가지 요인

① 동맥혈압의 변화

② 동맥 내 산소 함유량의 변화

③ 동맥 내 이산화탄소 함유량의 변화

(2) 혈류의 재분배

① 운동을 하게 되면 교감신경에 의해 활동근 쪽 혈관은 확장되고 비활동근쪽 혈관은 수축하게 된다.

② 기전 : 근섬유의 대사율이 운동 중 증가한다. 그 결과 대사부산물이 축적되기 시작하고 조직의 산성화가 증가되며, 이산화탄소 배설량이 증가되면 근섬유의 온도가 높아진다. 이러한 국소적 변화는 혈관 확장을 일으키며 혈류량을 증가시킨다.

(3) 운동 중 세동맥 수준에서 국부 혈류량의 조절 : 교감신경, 자율조절
   ① 골격근의 높은 신진대사비율은 산소분압 감소, 이산화탄소분압, 산화질소, 칼륨, 아데노신의 농도를 증가시키고 pH지수를 감소시키는 국부적인 변화를 일으킨다(세동맥 팽창).
   ② 동맥혈관 가장 안쪽에서 내피성 유도 이완요인인 혈관내막으로 불리는 혈관확장 물질이 발생한다. 일산화질소는 부분적 화학변화(노르에피네프린의 증가), 물리적인 자극, 운동시 변화 등에 따라 방출된다.

5) 모세혈관의 변화

(1) 근혈류량
   ① 모세혈관에 흐르는 근혈류량은 심박출량과 혈류의 재분배에 의해 조절된다.
   ② 운동강도에 비례해서 심박출량은 증가하고, 운동 중 활동근쪽 혈관은 확장되고 비활동근쪽 혈관은 수축이 되는 혈류의 재분배가 일어난다.
      ㉠ 최대하 운동 중 피부 혈류량은 증가하지만, 근혈류량이 최대가 되는 최대운동 중에는 안정시 수준으로 감소한다.
      ㉡ 심박출량의 비율처럼 상대적 피부 혈류량은 운동 중에 거의 변화가 없다.

(2) 운동 중 산소 해리 능력 증가 요인
   ① 혈액 안의 산소 분압
   ② 혈액의 온도
   ③ 혈액의 pH(산성화, H^+ 농도, 또는 Bohr 효과)
   ④ 혈액의 이산화탄소 양

(3) 운동 중 에너지 공급 능력 증가
   ① 혈중 글루코스 : 운동 중 코티졸, 글루카곤, 에피네프린, 노르에피네프린에 의해 글루코스 수준을 높여준다. 또한 혈액에서 조직으로의 확산이 근수축에 의해 촉진된다.
   ② 유리지방산 : 운동 중 코티졸, 성장호르몬, 에피네프린, 노르에피네프린에 의해 유리지방산의 양을 높여준다.
   ③ 글루코스 신생 합성 : 운동 중 코티졸, 글루카곤, 에피네프린, 노르에피네프린에 의해 글루코스 신생 합성 과정이 촉진된다.

6) 정맥혈 회귀

운동 중 심박출량이 증가한다는 것은 운동 중 정맥혈 회귀도 그만큼 증가해야 한다는 것을 의미한다. 운동 중 정맥혈 회귀를 촉진시키는 요인으로는 근육에 의한 펌프 작용, 정맥 혈관 압축에 의한 펌프 작용, 호흡에 의한 펌프 작용을 들 수 있다.

① 근육에 의한 펌프작용 : 근육이 수축하면 근육에 있는 정맥 혈관이 압박을 받아 혈액이 심장 쪽으로 밀려서 흐르게 된다. 이때 역류하지 않고 흐르는 이유는 정맥 혈관에 있는 수많은 판막에 의해 이루어진다.

② 호흡에 의한 펌프 작용 : 심장으로 가는 흉곽 및 복부의 정맥 혈관은 숨을 들이마시면 혈액이 밀려 나갔다가 숨을 내쉬면 다시 차게 되어 펌프 작용을 하게 된다. 그 원인은 숨을 들여 마실 때 흉곽 내의 압력이 감소되어(대기압보다 낮아진다) 흉곽 내의 정맥혈이 오른 쪽 심장으로 빨려들어 가기 때문이다. 운동 중 호흡이 증가하므로 운동의 강도가 높을수록 호흡에 의한 펌프 작용이 효과적이다.

③ 정맥 혈관 압축에 의한 펌프 작용 : 정맥 혈관 수축은 온몸의 정맥 계통의 용적을 줄이도록 작용하므로 혈액을 심장으로 밀어 넣는 역할을 하게 된다.

7) 순환계에 작용하는 역학적 요인

(1) 심장의 박출량을 결정하는 요인

① 심장의 운동으로 조직에 공급되는 혈액의 양은 혈압의 변화도와 말초저항의 복합적인 작용에 달렸다.

② 동맥혈압이 높을수록 말초저항이 낮을수록 심박출량은 많아진다.
심박출량 = 동맥혈압/말초저항

③ 심박출량의 관계식을 보면 말초저항이 커지면 심박출량이 줄어드는 것으로 되어 있는데, 말초저항이 커지면 오히려 혈류의 감소를 막게 된다.

　㉠ 말초저항이 커지면 동맥 내 혈류를 방해하거나 감소시킴으로써 동맥혈관 내의 혈액의 양이 증가되어 동맥혈압을 높인다.

　㉡ 소동맥 혈압이 높아지면 심박출량이 많아지게 되므로 심박출량을 결정하는 데는 말초저항이 큼에 따라 혈량이 적어지는 것이 아니라 말초저항이 커질 때 동맥혈압이 어떻게 변하느냐에 따라 심박출량이 결정된다.

(2) 혈 압

대동맥과 소동맥, 조직 모세혈관, 소정맥, 정맥의 체계적인 혈관가지에 따른 압력의 차이는 다음과 같다.

① 혈액은 압력이 높은 곳에서 낮은 곳으로 흐른다.
② 동맥과 소동맥의 압력은 파동치지만 모세혈관에서는 일정하다.
③ 수축기압은 가장 높은 압력으로 얻어지고, 이완기 압력은 가장 낮은 압력을 말한다.

(3) 혈류의 저항

① 저항요인 : 혈액의 점성, 혈관의 길이, 혈관의 직경
② 혈류저항 원인의 관계
    ㉠ 저항 = (길이 × 점도)/반지름^4
    ㉡ 포이즐(Poiseuille) 방정식에 의해 설명된다.
    ㉢ 혈류에 가장 큰 혈관저항이 일어나는 곳은 세동맥이다.

(4) 운동시 저항과 압력의 변화

① 운동시 혈압은 직선적으로 증가하므로 심박출량이 증가되며 저항은 활동근의 혈관 수축이 덜하기 때문에 감소된다.

(5) 운동에 따른 혈압의 변화

① 지구성 훈련은 안정시와 최대하 운동 중 수축기, 이완기 혈압과 평균 동맥압을 감소시킨다.
② 이완기 혈압과 평균 동맥압은 최대운동에서도 감소한다.
③ 최대 수축기 혈압에서는 훈련 효과가 없다.

03 트레이닝을 통한 순환계의 변화

1) 안정시의 변화

(1) 심장 크기의 변화

① 심실 크기의 증가
지구성 트레이닝에 의해 심실강 크기의 증가를 가져온다. 지구성 운동 선수의 경우 많은 양의 산소를 필요로 하므로 심실에 많은 피가 차게 되고 따라서 1회 박출량이 현저히 증가한다.

② 심근 두께의 증가
순발성 트레이닝의 경우 심장 박동수가 갑자기 증가하기 때문에 심실벽이 두꺼워진다. 지구력 선수만큼 심실강의 크기가 증가하지 않지만 심실벽이 두꺼워짐으로써 심장으로의 혈액 복귀를 도와주고 관상동맥에 의한 질병의 예방 효과도 거둘 수 있다.

(2) 1회 박출량의 증가

① 안정시 1회 박출량의 증가를 보이는 것은 지구력 선수인 경우 두드러지게 나타난다.
② 장기간의 지구성 운동으로 인하여 1회 박출량은 크게 증가한다.

③ 1회 박출량의 증가의 원인
   ㉠ 심실에 채워지는 혈액량의 증가
      • 확장말기 혈액량 증가 : 심실용적, 정맥 환류량 증가, 혈장량 증가
      • 수축말기 혈액량 감소 : 수축력 증가, 총말초저항 감소(주원인)
   ㉡ 심실 수축력 강화

(3) 심박수의 감소
   ① 심박수의 감소는 트레이닝의 종류나 심장의 크기와 관계 없이 운동 선수의 경우 일반적으로 나타나고, 지구성 운동 선수에게 더 크게 나타난다(운동성 서맥).
   ② 심박수는 트레이닝을 통해 안정시 심박수가 감소한다. 안정시 심박수 감소의 요인은 부교감신경의 제어에 의해 이루어지고, 운동 중 심박수 감소는 교감신경 충격 감소에 의해 이루어진다.
   ③ 낮은 심박수를 갖는다는 것은 분당 필요한 산소나 에너지가 일정하다고 할 때 운동 선수는 적은 심박수를 가지고도 일반인과 똑같은 효과를 내므로 에너지 효율이 훨씬 뛰어나다는 것을 의미한다.

심박수 감소의 원인	심박수의 활용
① 안정시 심박수 감소 부교감신경의 제어: 1회 박출량 증가 또는 심실강 크기의 증가 ② 운동 중 심박수 감소 교감신경 충격 감소: 심내부기전(1회 박출량 증가)과 심외부기전(미토콘드리아의 산화 능력 개선)에 의해 심박수가 감소한다.	① 주어진 운동 강도의 판단 기준 ② 훈련 효과의 판단 기준 ③ 앞의 2개 항목을 기초로 하여 점진적인 과부하의 원리를 적용하는 가장 효율적인 훈련 프로그램을 작성하도록 하는 기준

(4) 혈압의 감소
   혈류의 속도가 빨라지는 운동(지구성 운동)을 지속적으로 실시할 경우 혈관에 쌓인 찌꺼기가 정화되어 혈압이 낮아진다.

(5) 조직에서의 변화
   ① 모세혈관밀도의 증가
      ㉠ 훈련에 의한 총 혈액량과 헤모글로빈양이 증가한다. 이러한 변화는 산소 운반계의 중요한 기능이며, 이들 변인 모두가 최대산소섭취량과 밀접한 관련을 맺고 있다.
      ㉡ 총 혈액량과 헤모글로빈 수의 증가는 산소확산능력을 향상시켜 산소나 영양분의 공급을 원활하게 하고 부산물의 제거가 효율적으로 이루어지도록 한다.
      ㉢ 근세포의 유리지방산 섭취를 증가시킨다.
   ② 미토콘드리아 수 증가
      ㉠ 마이오글로빈 수 증가, 미토콘드리아의 수나 크기 증가, 산화효소 발달은 미토콘드리아

의 산화 능력의 향상을 가져온다.
ⓒ 지방의 산화를 촉진한다.

✓ 지구성 트레이닝으로 인한 안정시 상태의 변화

심장의 비대가 일어난다.	좌심실 내강의 크기가 증가
심박수가 감소한다.	• 부교감신경의 자극이 증가 • 교감신경의 작용이 감소 • 동방결절의 내재성 박동률이 감소
1회 박출량이 증가한다.	• 심장의 비대 • 심장근의 수축력이 증가
분당 환기량이나 총폐활량은 변하지 않는다.	• 만약 폐활량이 변화한다면 약간의 증가 • 잔기 용적은 약간 감소
혈류량과 총 헤모글로빈이 증가한다.	
골격근의 모세혈관 밀도가 증가하고, 근비대가 일어난다.	

2) 최대하운동 중 변화

(1) 산소 소비량 감소

① 주어진 강도의 최대하운동을 수행할 때 일반인에 비해 선수는 산소 소비량이 감소(최대산소섭취량 감소)한다. 이것은 운동 중의 인체 효율성이 증대한다는 것을 의미한다.

② 미토콘드리아의 산화능력이 향상됨으로써 산소소비량이 감소한다.

㉠ 초기 글리코겐 사용량 감소
ⓒ 지방산 산화 증가
ⓒ 젖산 대사 연료로 이용하는 비율 증가

(2) 심박출량의 변화

① 최대하운동을 수행할 때 훈련된 피험자의 심박출량이 비훈련된 피험자와 동일하거나 약간 낮다. 이것은 인체 효율성이 증대되었기 때문이다.

② 트레이닝을 통해 미토콘드리아의 수나 크기가 증가하고 산화효소가 발달하면, 미토콘드리아 당 필요한 산소는 훈련 전과 비교했을 때 훈련 후에는 일정 최대하운동 강도에 대해서 더 적게 사용된다.

(3) 1회 박출량의 증가

① 최대하운동 중 1회 박출량은 증가한다.

② 1회 박출량의 증가는 트레이닝에 의해 촉진되는 심실강의 크기 증가와 밀접한 관계가 있다. 즉 심실에 혈액이 많이 들어오면 들어올수록 1회 박출량이 증가한다.

(4) 심박수 감소
　① 최대하운동 부하시에도 안정시와 마찬가지로 트레이닝 전에 비해서 심박수가 감소한다.
　② 최대하운동 중 이전에 비해 교감신경의 충격이 감소해 심박수가 감소한다.

(5) 근혈류량
　① 동일한 최대하운동 중에서 운동할 때 선수는 비선수에 비해 근혈류량이 낮다. 이것은 인체 효율성이 증대되었기 때문이다.
　② 선수의 경우 활동 근육은 적은 혈류량 하에서도 많은 산소를 추출할 수 있다. 이것은 동정맥산소차가 크다는 것으로 효율성이 높다는 것이다.

대사적 변화	총혈류 변화	국부혈류 변화
·조직의 산소소비량 감소 ·젖산 축적량 감소 ·근글리코겐 사용량 감소	·심박출량 감소 ·1회 박출량 증가 ·심박수 감소	·근혈류량 감소 ·동정맥 산소차 향상

(6) 젖산 생산량 감소, 무산소성 역치 증가
　① 지방산 산화 증가에 따른 초기 근글리코겐 이용 감소
　② 미토콘드리아 산화능력 개선
　③ 동정맥산소차 향상
　④ 미토콘드리아의 수와 크기 증가
　⑤ 대사연료로서 젖산 사용 증가가 주요 원인이다.

✓ 지구성 트레이닝 후 최대하운동 동안에 나타나는 변화

최대산소섭취량은 거의 변화가 없거나 약간 감소한다.	
근육의 글리코겐 사용이 감소한다.	• 지방산의 산화가 증가
젖산 축적이 감소한다.	• 지방산의 산화가 증가 • 운동후 초과산소소비량(EPOC)이 감소 • 대사적 연료로서 젖산의 사용이 증가 • 미토콘드리아의 수와 크기가 증가
수행속도/젖산 역치가 증가한다.	
심박출량은 거의 변화가 없거나 약간 감소한다.	
1회 박출량이 증가한다.	• 심장의 비대 • 심근의 수축력은 거의 변화가 없거나 약간 증가

심박수가 감소한다.	• 미주신경의 자극이 증가 • 교감신경의 자극이 감소 • 동방결절의 내재적 발화율이 감소
활동근 1kg당 공급되는 혈류량이 감소한다.	• 근육으로부터 산소의 적출이 증가

3) 최대운동 중 변화

(1) 최대산소섭취량의 증가
① 최대산소섭취량 = 최대심박출량 × 최대동정맥산소차
② 최대산소섭취량의 증가는 주로 2가지 요소에 의해서 일어난다.
  ㉠ 심박출량의 증가를 통해 활동하는 근육으로 총혈류량의 증가
  ㉡ 골격근에 의한 혈액에서의 산소 추출량의 증가

(2) 심박출량의 증가
① 훈련에 의해 최대 심박출량이 증가한다. 최대운동 중 심박출량의 증가는 최대산소섭취량의 증가를 가져오며 최대 심박출량은 지구성 운동 선수에게 더 높게 나타난다.
② 지구성 운동 선수에게 더 높게 나타난다. 그 이유는 최대 심박수가 훈련 후에 조금 감소하거나 변하지 않기 때문에 훈련 후의 심박출량의 증가는 주로 1회 박출량의 증가에 기인하기 때문이다.

(3) 1회 박출량의 증가
① 최대운동 중 최대 1회 박출량의 증가는 심장 비대와 심근섬유의 수축력 증가와 관계가 있다.
② 수축력의 증가와 결합된 심실용적의 증가로 박동시마다 최대로 혈액을 뿜어낼 수 있다.
③ 1회 박출량은 심박출량과 최대산소섭취량의 크기를 결정하는 결정자이다.

(4) 심박수의 변화
① 최대심박수는 변화가 없거나 약간 감소한다.
② 최대심박수는 훈련에 의한 변화가 적기 때문이다.
③ 심장 용적의 증가, 교감신경자극 감소, 내재박동기 활동 감소에 기인한다.

(5) 젖산 생성량의 증가
① 해당 능력이 증가하여(해당효소의 활동 증가) 탈진적인 운동 중에 보다 많은 젖산을 생성할 수 있다.
② 단시간 고강도의 운동을 보다 효율적으로 수행할 수 있다(근글리코겐의 저장량 증가).

(6) 근혈류량의 변화

최대운동 중 전체 활동근으로의 혈류가 많아지지만 kg당 근육으로 흐르는 혈류는 차이가 없다(활동근 전반에 혈류 재분배).

(7) 동정맥 산소차의 증가

① 모세혈관 밀도의 증가
② 미토콘드리아의 산화 능력의 향상

✓ 지구성 트레이닝을 실시한 후 최대운동 중에 나타나는 변화

최대산소섭취량이 증가한다.	• 총 혈류량 증가(심박출량) • 근육의 산소 적출 증가
심박출량이 증가한다.	• 1회 박출량이 증가
1회 박출량이 증가한다.	• 심장의 비대(심실의 용적) • 심근의 수축력은 변화가 없거나 약간 증가 • 혈류량이 증가
심박수는 변화가 없거나 약간 감소한다.	• 심실의 용적이 증가 • 교감신경의 자극이 감소 • 동방결절의 내재적 박동 감소
분당 환기량이 증가한다.	• 1회 호흡량 증가 • 호흡 빈도 증가
폐의 확산 능력	• 증가
젖산 축적이 증가한다.	• 해당능력의 향상에 따라 젖산 축적량이 증가
활동근 1kg당 공급되는 혈류량은 변화가 없다.	• 많은 근육에 혈류가 분포

✓ 무산소성 트레이닝의 생리학적 효과

무산소성 능력	• ATP의 저장량 증가, 효소활동 활성화 • PC의 저장량 증가, CPK 활성화 • 글리코겐 저장량 증가, 해당효소 활성화
골격근	• 속근섬유의 선택적 비대 • 근섬유간 상호전환은 일어나지 않는다.
심장	• 좌심실과 우심실 사이의 심실중격과 후벽면의 두께가 증가 • 좌심실의 크기가 증가하고, 좌심실의 확장말기 용적은 약간 변화하거나 거의 변화하지 않는다.

Chapter 08 내분비계와 운동

01 호르몬

1) 호르몬의 화학적 구분
① 스테로이드성 호르몬
  콜레스테롤로부터 만들어지기 때문에 콜레스테롤과 비슷한 화학적 구조를 가지고 있어 지용성이며 세포막을 쉽게 통과한다.
② 비스테로이드성 호르몬
  지용성이 아니므로 세포막을 쉽게 통과할 수 없다. 이것은 단백질 또는 펩타이드 호르몬과 아미노산 유도체 호르몬으로 분류된다.

2) 호르몬의 작용
① 스테로이드성 호르몬 : 지용성이기 때문에 세포막을 쉽게 통과해 호르몬의 수용기와 결합한다.
② 비스테로이드성 호르몬 : 세포막을 쉽게 통과하지 못하기 때문에 세포막 외부의 수용기와 작용한다. 이 작용은 세포 내에서의 2차적 메신저 형성을 가져오는 일련의 효소적 반응을 유발한다.

		분비 부위	호르몬 이름
스테로이드성 호르몬		부신피질	코티졸, 알도스테론
		난소	에스트로겐, 프로제스트로젠
		고환	테스토스테론
		태반	에스트로젠, 프로제스트로젠
비스테로이드성 호르몬	아미노산유도체 호르몬	갑상선	티론신, 트라이아이오드타이로닌
		부신수질	에피네프린, 노르에피네프린
	단백질 펩타이드호르몬	그 밖의 다른 모든 비스테로이드성 호르몬	

3) 호르몬 분비의 조절

(1) 음성 피드백
① 대부분의 호르몬 분비는 항상성을 유지하기 위하여 음성 피드백 형태를 취한다.
② 혈장 글루코스 수준과 인슐린의 경우를 보면, 혈당 농도가 높아지면 인슐린을 분비한다. 인슐린은 세포의 글루코스 사용을 증가시킴으로써 혈장 글루코스를 감소시키고, 농도가 정상이면 인슐린의 분비는 억제된다.

02 혈액 호르몬 농도

① 조직에 쓰이는 호르몬의 효과는 혈장 내 호르몬 농도와 그것과 결합할 활성화된 수용기의 수와 직접적 관계가 있다.
② 혈장에서 호르몬 농도의 조절 요인
  ㉠ 내분비샘으로부터의 호르몬 분비율
  ㉡ 호르몬의 분비율과 대사율
  ㉢ 혈장 내의 수송 단백질의 양
  ㉣ 혈장량의 변화

1) 호르몬 분비의 조절
① 내분비샘으로부터의 호르몬 분비율은 입력되는 정보의 양과 그 정보가 흥분성인지 또는 억제성인지의 여부에 의존한다.
② 정보입력은 화학적인 것이며, 이온(Ca^{++} 등), 혈장에서의 기질(포도당 등), 아세틸콜린, 노르에피네프린 또는 다른 호르몬과 같은 신경전달물질 등을 통해서이다.

2) 대사와 호르몬의 제거
① 혈장에서의 호르몬 농도는 대사작용과 분비율에 의해 영향을 받는다. 호르몬의 비활동성은 호르몬 대사작용의 주요 부위인 간이나 호르몬 수용기에서 발생한다. 신장은 다양한 호르몬을 분해하여 활성화 형태로 분비할 수 있다(운동 중 소변의 호르몬 농도를 가지고 분비율 지표로 이용).
② 운동 중 신장과 간으로의 혈류량이 감소하기 때문에 호르몬이 비활동 상태가 되며 제거율은 감소한다. 이에 따라 호르몬의 분비율이 높아져서 혈장 내 호르몬 농도를 상승시킨다.

3) 수송 단백질

① 스테로이드 호르몬과 티록신은 혈장단백질과 결합하여 수송된다.
② 단백질 능력과 수송단백질의 친화력의 증가는 유리호르몬의 양과 그것의 조직에 대한 영향을 감소시킨다.

4) 혈장량

① 혈장량의 변화는 호르몬의 분비율 또는 비활성률의 변화에 상관없이 호르몬 농도를 변화시킨다.
② 운동 중에는 심혈관계로부터 수분이 유출되기 때문에 혈장량은 감소한다. 이것은 혈장 내에서 호르몬 농도 증가의 원인이 되며 이는 혈장량의 변화에 의하여 수정되는 것이다.

03 내분비선과 분비되는 호르몬

1) 뇌하수체

(1) 뇌하수체 전엽

① 갑상선자극호르몬(TSH) : 갑상선으로부터 생성되고 분비되는 타이록신과 트라이아이오드타이로닌의 양을 조절
② 부신피질자극호르몬(ACTH) : 부신피질의 호르몬 분비 조절
③ 난포자극호르몬(FSH) : 난소의 난포 성장을 유도하고 난소로부터의 에스트로젠 분비를 촉진, 고환의 정자 성장을 촉진
④ 황체형성호르몬(LH) : 에스트로젠과 프로제스테론 분비 촉진, 난포가 파열되도록 만들어서 난자의 방출을 가져오며(배란), 고환의 테스타스테론 분비 촉진
⑤ 성장호르몬(GH)
  ㉠ 성장호르몬은 혈장포도당을 다음과 같이 비축한다.
    • 혈장포도당의 이용을 감소시키기 위해 인슐린 활성을 억제
    • 간에서의 새로운 포도당 합성 증가
    • 지방조직으로부터의 지방산 동원 증가
  ㉡ 성장호르몬은 운동 중 지방조직에서 지방산의 활용을 증가시켜 혈중 포도당 수준을 유지하도록 한다.
  ㉢ 특징
    • 완전하게 성장할 때까지 인체 모든 조직의 발달과 크기 증가를 촉진
    • 단백질 합성 속도 증가

- 지방 동원과 지방 에너지 사용 증가
- 탄수화물 사용 속도 감소
- 유산소 운동 중 상승(운동 강도에 비례)

⑥ 프로락틴 : 유방의 발달과 모유 분비를 자극

(2) 뇌하수체 후엽 – 항이뇨호르몬(ADH), 옥시토신(oxytocin)

① 항이뇨호르몬
  ㉠ 신장 집합관의 수분 투과성을 높임으로써 인체 수분 보유를 증가시킨다. 그 결과 소변으로 배출되는 물의 양이 감소한다. 따라서 많은 양의 땀과 활발한 신체 활동으로 나타날 수 있는 인체 수분 부족(탈수)의 위험을 감소시켜 준다.
  ㉡ 항이뇨호르몬의 분비를 증가시키기 위한 중요한 자극은 다음 두 가지 요인이다.
    - 물 보충 없이 과도한 수분 손실로 인한 높은 혈장 삼투압 농도
    - 혈액 손실이나 불충분한 수분 보충으로 인한 낮은 혈장량
  ㉢ 시상하부에는 간질액 내 수분 농도를 감지하는 삼투압 수용기가 있다. 혈장이 높은 입자 농도를 가지면 삼투압 수용기가 오그라들어 시상하부에 대한 신경반사는 항이뇨호르몬 분비를 자극한다.
  ㉣ 운동 중 혈장량은 감소하고, 삼투압을 증가한다. 운동강도가 최대산소섭취량의 60%를 초과할 때 항이뇨호르몬 분비가 급격히 증가하며 혈장량을 유지하기 위한 수분의 보존을 돕는다.

② 옥시토신
  ㉠ 자궁 근육의 수축을 자극해 모유 분비를 자극한다.
  ㉡ 평활근의 강한 자극제이고, 특히 분만 후 유즙 분비에 필요한 촉진제 역할을 한다.

2) 갑상선 –트라이아이오드타이로닌, 타이록신, 칼시토닌

(1) 트라이아이오도타이로닌(삼요드타이로닌)과 타이록신

① 뇌하수체 전엽의 갑상선자극호르몬에 의해 조정된다.
② 오랜 시간의 최대하운동의 경우 초기 타이록신은 급작스러운 증가를 가져온 후 비교적 일정한 수준을 유지하며, 트라이아이오드타이로닌 수준은 감소하는 경향이 있다.
③ 트라이아이오드타이로닌과 타이록신은 인체 거의 모든 조직의 대사 속도를 증가시키며 신체의 기초 대사량을 증가시킬 수 있다.
  ㉠ 단백질 합성을 증가
  ㉡ 대부분 세포의 미토콘드리아의 크기와 수 증가
  ㉢ 세포 내부로의 글루코스 이동을 촉진
  ㉣ 해당 과정과 글루코스 신생 합성을 촉진
  ㉤ 지방의 동원을 촉진시켜서 유리지방산이 산화 과정에 더 많이 사용될 수 있도록 해준다.

(2) 칼시토닌

① 혈장 칼슘 농도를 감소시킨다.
② 뼈에서 골파괴세포의 활동을 저하시킴으로써 뼈의 분해를 억제한다.
③ 신장에서는 요관으로부터의 칼슘 재흡수를 감소시킴으로써 소변을 통한 칼슘의 배설을 증가시킨다.
④ 칼시토닌은 어린이들에게 중요한데 그것은 이 시기에 그들의 뼈가 빠르게 성장하고 단단해지기 때문이다.

3) 부갑상선

① 호르몬 : 부갑상선호르몬
② 혈장 칼슘 농도의 주된 조절 인자이며 혈장 인산염 또한 조절한다. 혈장 칼슘의 감소에 의해 자극된다.
③ 부갑상선호르몬은 세 곳의 목표에 영향을 발휘한다.
　㉠ 뼈에서 골파괴세포의 활동을 촉진시킨다. 뼈의 분해를 증가시켜 칼슘과 인산염을 혈액으로 방출시킨다.
　㉡ 장에서 칼슘 흡수 과정에 요구되는 효소를 자극함으로써 칼슘의 흡수를 간접적으로 증가시킨다.
　㉢ 신장에서 칼슘의 재흡수는 증가시키지만 인산염의 재흡수는 감소시킴으로써 소변을 통한 인산염 배설을 촉진시킨다.

4) 부신선

(1) 부신수질호르몬

① 호르몬 : 카테콜라민(에피네프린, 노르에피네프린)
② 부신수질이 교감신경계에 의해 자극되면 부신수질에서 에피네프린(80%), 노르에피네프린(20%)이 분비된다.
③ 두 호르몬의 복합적인 작용은 다음과 같다.
　㉠ 심장의 박동수와 수축력 증가
　㉡ 신진대사의 증가
　㉢ 간과 근육의 글리코겐 분해
　㉣ 혈액 속으로의 글루코스와 유리지방산 방출 증가
　㉤ 골격근으로의 혈액 공급 증가
　㉥ 혈압의 증가
　㉦ 호흡량의 증가

(2) 부신피질호르몬

① 전해질 코티코이드(부신겉질호르몬)
  ㉠ 세포외액의 전해질, 특히 소디움(Na+)과 포타시움(K+)의 균형을 유지한다.
  ㉡ 알다스테론이 주요 전해질 코티코이드로, 신장의 소디움 재흡수를 증가시켜 인체가 더 많은 소디움을 보유하도록 만들고 탈수 현상을 방지한다.

② 글루코 코티코이드
  ㉠ 대표적 호르몬 : 코티졸
  ㉡ 탄수화물, 지방, 단백질 대사 조절
  ㉢ 아미노산을 형성하기 위해 단백질 합성을 억제함으로써 조직의 단백질 분해를 촉진하고 간에 의해 새로운 포도당을 생성(글루코스 신생 합성)
  ㉣ 지방조직의 유리지방산 동원 촉진
  ㉤ 포도당 합성을 유도하는 대사 경로에 관련된 간 효소 자극
  ㉥ 포도당이 조직으로 들어가는 것을 방해하여 조직이 더 많은 지방산을 대사연료로 이용하도록 유도한다.

③ 고나도 코티코이드(성호르몬)
  ㉠ 대부분이 앤드로젠이지만 에스트로젠과 프로제스테론이 소량 분비된다.
  ㉡ 생식 기관에서 만들어지는 것과 동일하지만 그 양이 매우 적다.

5) 췌장

(1) 인슐린

① 인슐린은 랑게르한스 섬의 β세포에서 분비된다. 인슐린은 소장에서 혈액으로 영양소가 흡수될 때 가장 중요한 호르몬이다.
② 인슐린은 포도당, 아미노산, 단백질, 지방, 당원과 같은 영양분자를 흡수하기 위해 조직을 자극한다.
③ 인슐린의 부족은 조직에서 포도당을 흡수하지 못하기 때문에 혈장 내 포도당 축적을 야기한다. 혈장 포도당 농도가 높으면 신장에서 재흡수 과정이 과부하되어 다량의 수분과 함께 포도당이 소변으로 빠져나가서 다량의 수분을 섭취하게 된다. 이 상태를 당뇨병이라고 부른다.
④ 인슐린의 분비는 다양한 요소에 의해 영향을 받는다. 혈장 포도당 농도, 혈장 아미노산 농도, 교감신경과 부교감신경 자극, 다양한 호르몬 등이다.
⑤ 혈장 포도당 농도가 증가하면 인슐린이 분비되어 조직의 포도당 흡수를 높게 하고 혈장의 포도당 농도를 낮추게 된다.
⑥ 특징
  ㉠ 세포 내부로의 글루코스 이동을 촉진

ⓛ 글리코겐 생성을 증가
ⓒ 글루코스 신생 합성을 감소
ⓔ 혈액 속의 글루코스 양을 감소
ⓜ 단백질과 지방 대사에 관련되어 있으며, 세포의 아미노산 흡수를 증가시키고 단백질과 지방 합성을 촉진한다.

(2) 글루카곤

① 글루카곤은 랑게르한스 섬의 α세포에서 분비되고 인슐린과 반대 효과
② 특징
　ⓐ 혈장 글루코스가 정상 수준 이하로 떨어질 때(저혈당) 글루카곤이 분비된다.
　ⓑ 인슐린과는 반대로 간의 글리코겐 분해 그리고 글루코스 신생 합성을 촉진시킨다. 따라서 혈장 글루코스 농도를 증가시킨다.
　ⓒ 운동 중 인슐린 수준은 감소하고 글루카곤은 점차 증가한다.

(3) 성장억제 호르몬

① 소마토스타틴은 랑게르한스 섬의 델타(δ)세포에서 분비
② 췌장의 소마토스타틴 분비는 소화 단계에서 증가되고, 소화기계의 활성화를 변경하여 영양소 분자가 순환과정으로 들어가는 속도를 조절한다. 이것은 인슐린 분비의 조절에 관련된다.

6) 성 선

(1) 고 환

① 테스토스테론은 단백질 합성을 자극하고 청소년기에 근육이나 지방의 비율을 높이도록 하는 특징적인 변화에 기여하기 때문에 아나볼릭과 안드로제닉 스테로이드의 두 가지 특징을 모두 가진다.
② 특징
　ⓐ 남자의 2차 성징과 정자 형성을 촉진
　ⓑ 골격계통의 정상적인 성장, 발달, 성숙에 필수적이다.
　ⓒ 골격근 성장의 촉진
　ⓓ 근육 부피를 증가할 목적으로 아나볼릭 스테로이드를 불법적으로 사용해왔다.

(2) 난 소

① 에스트로젠은 유방의 발육, 여성의 지방 축적, 다른 2차 성징을 자극한다.
② 특징
　ⓐ 에스트로젠은 여성의 2차 성징, 월경 주기, 난자 형성, 배란, 임신 동안에 나타나는 변화와 관련되어 있다.

ⓒ 프로제스테론은 월경 주기의 황체기, 임신을 위한 자궁의 변화, 젖분비를 위한 유방의 변화와 관련되어 있다.

7) 신장
① 에리트로포이에틴은 골수 세포를 자극함으로써 적혈구 생산을 조절한다.
② 레닌은 혈압 조절을 돕는다.

04 운동에 대한 내분비계의 반응

1) 대사와 에너지에 미치는 호르몬의 영향

(1) 운동 동안의 글루코스 대사 조절
① 혈장 글루코스 수준 : 4가지 호르몬이 혈장 글루코스 양을 증가시킨다.
  ㉠ 글루카곤 : 간글리코겐의 분해와 아미노산으로부터의 글루코스 형성을 촉진
  ㉡ 에피네프린 : 글리코겐 분해를 가속
  ㉢ 노르에피네프린 : 글리코겐 분해를 가속
  ㉣ 코티졸 : 단백질 분해를 증가시킴으로써 분리된 아미노산이 간에서 글루코스 신생 합성에 사용되도록 해준다.
  ㉤ 기타 : 성장 호르몬이 유리지방산의 동원을 증가시키고, 갑상선 호르몬은 글루코스 분해와 지방 대사를 증가시킨다.
② 근육의 글루코스 흡수
  ㉠ 인슐린에 의해 세포에게 운반되고 세포에 의해 흡수가 이루어진다. 즉 근섬유 내부로 글루코스 이동을 촉진시킨다.
  ㉡ 운동 중 인슐린의 양은 감소한다.

(2) 운동 중 지방 대사 조절
① 탄수화물 저장량이 감소하면 내분비계는 지방 산화를 가속시킬 수 있으며 근육의 에너지 요구량을 충족시켜 준다.
② 에피네프린과 노르에피네프린의 상승을 통해 증가한다.
③ 유리지방산은 지방세포와 근섬유 내부에 트라이글리세라이드 형태로 저장되어 있다. 트라이글리세라이드로부터 유리지방산이 분리되며 유리지방산은 근섬유로 운반된다.
④ 트라이글리세라이드는 라이페이스라는 효소에 의해 유리지방산과 글리세롤로 분해되며 4가지 호르몬에 의해 활성화된다.
  ㉠ 코티졸   ㉡ 에피네프린   ㉢ 노르에피네프린   ㉣ 성장 호르몬

(3) 호르몬과 기질의 상호작용

① 운동 전 포도당 섭취를 통해 혈장 포도당이 증가하면, 혈장 인슐린의 농도는 증가한다. 이 호르몬 변화는 유리지방산 동원을 감소시키고, 근육이 부가적인 근육당원을 이용하여야 한다.

② 운동 중에 혈장 글루카곤, 성장호르몬, 코티졸, 에피네프린과 노르에피네프린은 증가하고 인슐린은 감소한다.

③ 지방조직으로부터 유리지방산의 분비율은 최대산소섭취량의 25%에서 가장 높았고, 최대산소섭취량의 65%~85%에서 감소한다.

④ 혈중 젖산농도가 증가할 때 혈장 유리지방산 농도는 감소한다. 힘든 운동 중 지방조직으로의 혈류량이 감소하는데 이 결과 근육으로의 유리지방산 이동이 적게 되고, 혈장에서의 유리지방산 이동에 필요한 혈장 단백질인 알부민의 양이 부족하게 된다. 따라서 유리지방산은 지방세포로부터 방출되지 않고, 혈장 수준은 떨어지며, 근육은 연료로서 더 많은 탄수화물을 이용해야만 한다.

⑤ 지구성 트레이닝의 효과 중 하나는 지방조직으로부터 유리지방산 동원의 억제가 감소되고, 훈련된 사람이 더 많은 지방을 연료로 이용하게 된다. 따라서 제한된 탄수화물 저장량을 절약하고 운동수행을 향상시킬 수 있게 된다.

2) 운동 중의 신체 수분과 전해질 균형에 대한 호르몬의 영향

(1) 알다스테론과 레닌 - 앤지오텐신의 작용

① 레닌-앤지오텐신 작용 : 신장은 감소된 혈압이나 혈액 공급에 대해 레닌이라는 효소를 생성하고, 레닌은 앤지오텐신이라는 혈장 단백질을 활성화시켜 강력한 소동맥 수축에 의한 혈압의 상승이나 부신피질로부터 알다스테론의 분비를 촉진시킨다.

② 알다스테론 : 신장의 소디움 재흡수에 기여해 신체의 수분 함유량을 증가시키며 혈장량의 보충과 혈압을 정상 상태로 상승시킨다.

(2) 항이뇨호르몬(ADH)

① 운동하는 동안 혈장으로부터의 물의 이동은 혈액을 보다 농축시키고 땀 분비는 탈수를 초래한다.

② 삼투질이 증가하면 시상하부는 뇌하수체 후엽으로부터 항이뇨호르몬 분비를 자극한다.

③ 항이뇨호르몬은 신장에서의 수분 재흡수를 증가시켜 인체의 수분 배설을 감소시킨다.

(3) 운동 후의 호르몬 작용과 인체 수분 균형

알다스테론과 항이뇨호르몬은 운동 후 12~48시간 동안 지속되면서 소변의 양을 줄이고 추가적인 탈수로부터 인체를 보호한다.

Chapter 09 일·파워·에너지 소비량 측정

01 일과 파워

1) 일
① 일(Work) = 힘(Force) × 거리(Distance)
 (예) 5kg (1kg=2.21bs)의 무게를 수직방향으로 2m 올렸다면 일의 양은 다음과 같다.
  일(Work) = 5kp × 2m = 10kpm

2) 파워
① 파워란 단위 시간 내에 행해진 일의 양을 말한다. 파워 단위는 Watt이며 $6.12 \text{kpm} \cdot \text{min}^{-1}$로 정의된다.

$$\text{파워(Power)} = \text{작업량(Work)} \div \text{시간(time)}$$

② 일의 양이나 생산된 파워는 운동 강도를 나타낸다.

$$\text{파워} = 2{,}000\text{kpm} \div 60\text{s} = 33.33\text{kpm/sec}$$

02 일과 파워의 측정

1) 벤치스텝
① 70kg의 남자가 0.5m 의자 위를 분당 30회 걸음걸이의 비율로 10분 동안 오르내린다고 가정하면 10분 동안에 수행한 작업량은 다음과 같이 계산할 수 있다.
- 힘 = 70kp
- 거리 = $0.5\text{m} \cdot \text{step}^{-1} \times \cdot \text{min}^{-1} \times 30\text{회} \times 10\text{min} = 150\text{m}$

- 총운동량 = 70kp × 150m = 10,500kpm 또는 103KJ (1kpm=9.81J, 10,500kpm×9.81=103,000J=103KJ)
- 파워 = 10,500kpm/10min = 1,050kpm·min^{-1} 또는 171.6W
  (1,050kpm/6.12=171.6W)

2) 자전거 에르고미터

① 자전거 에르고미터 벨트는 저항에 변화를 주기 위해서 조절할 수 있으며 거리는 플라이휠의 회전수에 의해 거리를 추정하여 계산할 수 있다.

② 보통, 자전거 에르고미터에는 페달 1회전에 플라이휠이 6m 이동한다. 자전거 에르고미터에 사용되는 일과 에너지 산출을 위한 보기는 다음과 같다.

- 운동시간 = 10분
- 회전당 이동거리 = 6m
- 플라이휠 저항 = 1.5kp
- 페달속도 = 60회/분
- 만약 10분 동안 운동하였다면 총회전수는 10min × 60rev·min^{-1} = 600rev
- 전체일 = 1.5kp × (6m·rev^{-1} × 600rev) = 5400kpm 또는 52.97KJ
- 파워 = 5,400kpm/10min = 540kpm·min-1 또는 88.2W

3) 트레드밀

① 트레드밀 운동시 행해진 작업량을 계산하기 위해서는 피험자의 체중과 수직으로 이동한 거리를 알아야 하며 수직 이동거리는 경사도와 벨트의 이동거리를 곱한 값이다.

$$수직\ 이동거리 = 경사도(\%grade) \times 거리(D)$$

② 경사도는 백분율로 나타내며, 이동거리는 운동시간과 트레드밀의 속도를 곱한 값이다. 다음의 경우에서, 트레드밀 운동시 행해진 일의 양을 계산해 보면 다음과 같다.

- 피험자의 체중 = 70kg(force=70kp)
- 트레드밀 속도 = 200m·min^{-1}
- 트레드밀 각도 = 7.5%grade(7.5% / 100 = 0.075)
- 운동시간 = 10min
- 총 수직 이동거리 = 200m·min^{-1} × 0.075 × 10min = 150m
- 전체 작업량 = 70kp × 150m = 10,500kpm 또는 103KJ

03 에너지소비량의 측정

1) 직접열량측정법
① 열발생 측정을 통한 동물의 신진대사율 측정과정을 직접열량측정법이라 하는데 밀폐된 방인 열량측정장치에서 동물의 활동으로 인한 열을 측정하며, 열량계는 물이 흐르는 관으로 제작되어 있어 외부와 차단되고 단지 산소와 이산화탄소만 자유롭게 교환될 수 있도록 되어 있다.

2) 간접열량측정법
① 간접열량측정법은 소비된 산소와 신체에서 발생한 열의 양은 직접적인 관계가 존재하기 때문에 산소소비 측정으로 대사율을 평가할 수 있다. 소비한 산소의 양을 같은 값의 열로 전환하기 위해서는 탄수화물, 지방, 단백질 중에서 어느 영양소가 대사작용의 연료가 되는지를 알아야 한다.

04 에너지소비량 평가

① 1MET는 안정시 산소섭취량의 의미로 $3.5ml \cdot kg^{-1} \cdot min^{-1}$ 를 나타낸다. 그러므로 운동시 에너지 소비량은 안정시 산소섭취량인 MET에 대한 곱으로 표현할 수 있으며 이는 운동에너지의 필요량을 정량화한 것이다.
② 10MET의 에너지소비를 요구하는 신체활동은 $35ml \cdot kg^{-1} \cdot min^{-1}$ 의 산소가 필요하며 이는 안정시 대사작용의 10배에 해당한다. 10MET를 요구하는 운동에서 필요한 절대산소섭취량은 개인체중에 산소섭취량을 곱해줌으로써 구할 수 있다. 60Kg인 사람이 10MET의 운동을 한다면 필요한 분당 산소섭취량은 다음과 같다.

$$\text{분당산소섭취량} = 35ml \cdot kg^{-1} \cdot min^{-1} \times 60kg = 2100ml \cdot min^{-1}$$

05 운동효율성

1) 운동효율성의 계산법
① 순수효율성은 운동량을 소비된 에너지로 나눈 값으로 계산한다.

$$\text{순수효율성}(\%) = (\text{운동량}/\text{안정시를 제외한 에너지 소비량}) \times 100$$

② 자전거 에르고미터나 트레드밀 운동시 순수효율성을 계산하기 위해서는 작업량의 측정치와 안정시, 운동시 피험자의 에너지소비량 값을 알아야 한다. 그리고 분당 산소섭취량은 항정상태 동안에 평가해야 한다.

③ 자전거 에르고미터나 트레드밀 운동시 운동량은 일반적으로 kpm·min^{-1} 로 표시된다. 이런 형태의 운동을 하는 동안의 에너지 소비량은 먼저, 개방회로폐활량계를 사용하여 분당 산소 섭취량을 측정하고, 이 값을 kcal나 kJ로 전환한다.

　㉠ 자전거 플라이휠 저항 = 2kp, 페달속도 = 50rpm, 안정시 산소섭취량의 항정상태 = 0.25ℓ·min^{-1}, 운동시 산소섭취량의 항정상태 = 1.5ℓ·min^{-1}, 회전당 이동거리 = 6m일 경우

- 운동량 = [(2kp) × (50rpm × 6m/rev)] = 600kpm·min^{-1}
  또는 5.89KJ (혹은 1.41kcal)
- 산소섭취량은 1.5ℓ·min^{-1} - 0.25ℓ·min^{-1} = 1.25ℓ·min^{-1}
- 산소섭취량 1ℓ·min^{-1} 당 21KJ 혹은 5kcal의 일량
- 에너지소비량 = 산소섭취량 ℓ·min^{-1} × 21kJ·ℓ$^{-1}$ = 1.25×21
  = 26.25kJ·min^{-1} (혹은 6.25kcal)
- 따라서 순수 효율성 = (5.89kJ·min^{-1} / 26.25kJ·min^{-1}) × 100 = 22.4%
  혹은 (1.41kcal / 6.25kcal) × 100 = 22.6%

2) 운동효율성의 영향 요인

(1) 운동 강도와 운동효율성

① 자전거 에르고미터 운동시 운동 강도에 따른 순수 효율성은 운동 강도가 증가할수록 함께 감소하는 경향을 보인다.

② 운동 강도가 증가하면 총에너지소비량이 증가하여 효율성이 떨어지게 된다.

(2) 운동속도와 효율성

① 최대파워를 내기 위해서는 움직임의 최적 속도를 내야 효율성이 증가한다. 자전거나 팔 에르고미터에서 페달의 최적 속도는 40~60rpm으로 간주되며 이는 저강도에서 보통 강도 사이를 나타낸다.

② 운동의 최적속도에서 벗어나는 운동은 효율성이 감소한다.

③ 느린 속도에서 효율성이 감소하는 이유는 관성 때문이다. 이것은 동작이 느리거나 몸의 움직임이 반복적으로 멈추고 다시 시작할 때 일을 수행하는 에너지소비가 증가하기 때문이다. 또한 낮은 운동 강도의 빠른 운동 속도는 골격근의 마찰을 증가시키며 신체 내적 운동량을 증가시켜 효율성이 감소한다.

(3) 근섬유와 효율성
① 지근섬유의 비율이 높은 사람이 속근섬유의 비율이 높은 사람보다 운동효율성이 높게 나타나고 있다. 이것은 지근섬유가 속근섬유보다 더욱 효율적이며 이는 운동수행능력에 필요한 ATP가 지근보다 속근에 더욱 많이 필요하다는 것을 나타낸다.
② 지구성 운동수행능력은 운동의 효율성을 높임으로써 향상될 수 있다. 이는 높은 효율성을 갖는 운동선수는 낮은 효율성을 가진 선수와 비교할 때 에너지소비량당 더 많은 파워를 발휘할 수 있음을 의미한다. 즉 높은 운동효율성은 주어진 ATP를 사용하는 데 있어 파워를 향상시킴으로써 지구성 운동능력을 향상시킬 수 있다.

Chapter 10 운동과 환경

01 체온조절과 운동

1) 체온조절 기전
① 세포체계와 대사경로는 체온에 의해 영향받기 때문에 심부온도의 조절은 매우 중요하다.
② 인간의 정상체온은 약 37℃이며 34℃ 이하로 감소하면 신진대사가 원활하지 못해 심장의 부정맥을 유발, 45℃ 이상 증가하게 되면 효소의 단백질 구조를 파괴하여 결국 사망에 이를 수도 있다.
③ 인체의 체온조절센터는 시상하부에 위치해 있다. 시상하부 전엽은 주로 체온의 증가에 관여하며 시상하부 후엽은 체온의 감소에 관여한다.
④ 심부온도가 설정온도 이상으로 증가할 때 열손실량을 증가시키는 일련의 생리학적인 반응을 시상하부가 시작하게 된다. 먼저 시상하부는 땀 분비선을 자극해서 증발에 의한 열손실을 증가시키고 피부에 흐르는 혈액량을 증가시킨다.
⑤ 반대로 신체가 추위에 노출되면 시상하부 후엽은 신체의 열생성을 증가하기 위해 작용한다. 말초혈관을 수축시켜 열손실을 감소시키고 불수의적인 떨림이 시작되어 열생성을 증가시킨다.

2) 고온 환경과 운동
① 고온 환경에서의 지속적 운동은 심부온도를 높이고 많은 땀을 발생시켜 정상적인 체온과 체액 항상성 유지를 어렵게 한다.
② 더위에서의 운동은 근피로를 가속화시키고 운동수행능력을 감소시킨다.
③ 더위관련 근피로에 기여하는 주된 요인은 근육 대사의 변화이며, 심혈관기능, 체액 균형의 억제, 신경근 기능의 억제를 가져오는 중추신경계 기능 장애를 포함한다.
④ 몇 가지 전략은 운동선수가 더운 환경에서 운동수행 능력을 향상시키기 위해 사용될 수 있다. 예를 들어 운동 전 그리고 운동 중에 열에 순응하거나 수분을 섭취함으써 고온에서의

운동수행 능력을 최적화할 수 있다.
⑤ 고온환경의 훈련은 최대하 운동 중 심박수 감소, 심부 체온의 감소, 인지된 자극의 정신적 스트레스 감소로 고온에서의 운동수행을 향상시킨다.
⑥ 열순응은 혈장량 증가, 운동중 빠른 땀 배출, 높은 발한율, 땀의 전해질량 균형 유지와 피부 혈류량을 감소시키고 열충격 단백질 생성 증가를 가져온다.

3) 저온 환경과 운동
① 저온 환경에서의 운동은 열손실 능력을 증가시켜서 열상해의 기회를 크게 감소시킨다.
② 체지방이 많은 사람은 적은 사람보다 피하지방이 많아 추위에 대한 내성을 향상시킨다. 저온 환경에서 선수들이 스포츠 활동에 참여하는 것은 몇 가지 문제점이 있다. 예를 들어 추운 날씨에 손을 계속 노출시키면 신경전달률이 감소되어 손의 감각이 줄고, 혈관수축으로 인해 혈류가 감소하게 된다. 이는 손의 능력을 감소시킬뿐 아니라 던지거나 잡기 같은 기술에도 영향을 준다. 또한 신체의 노출은 동상에 민감해서 심각한 의료장애의 상태까지 이를 수 있다.
③ 추위의 순응 즉 추위에 대한 신체적응은 오한이 시작되는 평균 피부온도를 감소시킨다. 즉 피부의 떨림없이 열생성을 증가시킨다.
④ 또한 말초 순환계의 증가로 손과 발의 평균온도를 높게 유지가능하다. 마지막으로 추위에서의 수면능력이 향상되고 심부온도를 유지할 수 있다.

02 인체 운동에 대한 환경 영향

1) 고지 환경의 특성과 영향
① 고지대로 오를수록 공기의 무게는 감소하고 공기의 밀도가 낮아진다.
② 고지대의 환경은 산소분압이 낮아짐으로써 헤모글로빈의 산소포화도와 산소수송에 불리한 조건이 된다.
③ 고지대에서의 단시간 무산소성 운동수행과 장시간 유산소성 운동수행능력을 비교해보면 다음과 같다. 2분 정도의 최대운동은 주로 무산소성 에너지를 공급받기 때문에 낮은 산소분압은 경기력을 제한하는 요인이 되지 못한다. 오히려 공기밀도가 낮아 공기저항이 적어져 단거리경기 기록은 고지대에서 향상될 수 있다.
④ 2분 이상의 운동에 있어서 에너지 공급은 주로 유산소성 에너지에 의존하며 단시간의 운동과는 달리 고지대의 낮은 산소분압으로 인해 헤모글로빈의 산소포화도와 산소섭취량을 감소시킨다. 즉 고지대에서는 최대산소섭취량이 직선적으로 감소하여 최대 유산소성 파워가 저하된다.

⑤ 고지대 적응, 고지대에서 훈련하면 일부는 최대산소섭취량이 증가할 수 있다. 고지에서의 낮은 산소분압을 보상하기 위해 신체의 적혈구 생산이나 헤모글로빈의 증가하는 것이다. 이러한 현상은 개인차가 존재하며 고지의 높이나 고지에 오르기 전 훈련 상태의 차이가 나기 때문이다.

2) 수중 환경의 특성과 영향

① 수중에서는 공기 중과는 전혀 다른 물리적 생리적 환경에 접하게 되므로 수중에서 운동시 그러한 변화를 충분히 이해하여야 한다.
② 수면 밑으로 내려갈수록 압력은 점차 증가하며 잠수할 때 깊이에 따른 압력을 고려해야 한다.
③ 차가운 물에서 입수할 경우 부교감신경의 흥분도가 증가하며 심박출량의 감소, 혈중 젖산 농도의 현저한 증가현상이 나타난다.
④ 특히 매우 차가운 물속(15℃ 이하)에서 수영을 장시간 하면 신체의 온도조절기능을 무력화 시켜 궁극적으로 저체온증을 유발한다. 이러한 경우 운동 중 열생성은 열손실과 보조를 맞출 수 없게 된다.
⑤ 심한 저체온증 현상은 조절능력의 산실을 초래하여 동상의 위험을 증가시킬 수 있으므로 주의가 필요하다.

3) 대기 오염의 영향

① 대기오염은 화석연료의 연소로 인해 발생되는 다양한 미립자와 가스들에 의한 것으로 운동 수행에 영향을 준다.
② 가스는 산소를 운반하는 능력을 감소시키고 기도저항을 증가시키며 눈이 건조하거나 숨이 찰 때를 인지하는 능력을 감소시킨다. 특히 대기오염에서 주로 논의되는 요인으로는 미립자, 오존, 아황산가스, 일산화탄소 등이다.
③ 공기는 미세물질들로 이루어지며 이는 산업공장, 자동차에서 나오는 매연과 관련있다. 미세한 오염물질들은 심장질환을 갖고 있는 사람들의 혈압을 상승시키고 심장병 발병률과 사망률을 증가시키는 원인이 된다.
④ 오존은 자외선과 배기가스에 의해 생성되며 오존의 노출은 최대산소섭취량과 호흡기능을 감소시킨다.
⑤ 아황산가스는 에너지 생산을 위해 화석연료를 사용하는 제련소나 정유소에서, 그리고 전기용접시 발생된다. 아황산가스는 정상인의 폐기능에는 영향을 끼치지 않고 천식환자에게 영향을 준다.
⑥ 일산화탄소는 화석연료, 석탄, 석유, 가솔린, 담배연기의 연소로 인해 발생된다. 일산화탄소는 헤모글로빈과 결합하여 산소 수송능력을 떨어뜨린다. 따라서 대기오염에 의한 문제를 막기 위해서는 노출시간을 줄이고, 하루중 오염도가 가장 낮은 시간대에 운동계획을 세우는 것이 좋다.

Chapter 11 건강, 체력 및 트레이닝

01 건강의 의미와 관리

1) 세계보건기구(WHO)에서 건강 정의
(1) 1946년 세계보건기구(WHO)는 '건강이란 질병이 없거나 허약하지 않은 것만 말하는 것이 아니라 신체적·정신적·사회적으로 완전히 안녕한 상태에 놓여 있는 것'이라고 정의했다.

2) 웰니스(wellness)
(1) 웰니스(wellness) : 질병 상태와 대립되는 개념. 신체적·정신적 정서적·사회적으로 조화로운 발달을 이루어 최고의 능력을 발휘할 수 있는 최고 수준의 건강 상태를 의미
(2) 최상의 웰니스를 유지하기 위해서는 신체적 활동 뿐 만 아니라 매일 적당한 영양 섭취, 스트레스 관리, 질병예방, 정서적 안정 등에 능동적으로 대처하는 태도를 가져야 한다.
(3) 웰리스의 구성요소
  ① 정신적 요소 : 삶의 방향과 의미를 제공해주며, 성장하고 배우고 새로운 도전을 할 수 있도록 힘을 준다.
  ② 사회적 요소 : 다른 사람과 친밀감을 유지·발전시키는 능력이다.
  ③ 정서적 요소 : 스트레스를 조절하며 감정을 적절히 조절하고 표현할 수 있는 능력이다.
  ④ 지적 요소 : 개인과 가족, 직업적 발전을 위해 정보를 효과적으로 배우고 사용할 수 있는 능력이다.
  ⑤ 신체적 요소 : 일과 업무를 효과적으로 수행할 수 있는 능력이다.

02 건강의 요인과 관리

1) 건전한 생활 방식
(1) 개인의 건강은 1차적으로 타고난 유적전 특성과 개인의 신체적 정신적 사회적 건강에 영향을 미치는 생활 방식에 의하여 결정된다.
(2) 따라서, 개인의 타고난 유전적 결함을 개선하고 소질을 최대한으로 발전시켜, 신체적 정신적 능력을 향상시키는 것이 중요하다. 이를 위해서 규칙적인 운동, 균형있는 영양섭취, 적절한 휴식을 조화시키는 생활 습관을 유지하고 스트레스를 효과적으로 해소하도록 해야 한다.

2) 건강과 체력(신체적성) 및 트레이닝

(1) 체력(신체적성)의 의미와 구성요소
① 체력은 보통 신체적 활동의 기반이 되는 신체적 능력, 신체적성
② 인간의 생활을 영위해 가는 데 필요한 신체적 정신적 능력
③ 사람의 행동에 직접 관여하는 체력 요소와 생존에 관여하는 체력 요소로 구분된다. 전자를 행동 체력이라 하고, 후자를 방위체력이라고 한다.

✓ 〈행동체력과 방위체력〉

행동 체력	① 행동을 일으키는 능력	㉠ 근력	근육 수축에 의하여 낼 수 있는 힘
		㉡ 순발력	순간적으로 큰 힘을 발휘하는 능력
	② 행동을 지속하는 능력	㉢ 근지구력	근력을 반복적으로 발휘하는 능력
		㉣ 심폐지구력	전신운동을 오래 지속하는 능력
	③ 행동을 조정하는 능력	㉠ 평형성	동적, 정적 상태에서 균형 유지 능력
		㉡ 민첩성	빠른 방향 전환 및 반복 능력, 반응시간 스피드 등
		㉢ 유연성	관절의 가동 범위, 근육의 신장 능력
		㉣ 교치성	복잡한 운동 기능의 효율적 수행 능력, 협응력 등
방위 체력	① 물리·화학적 스트레스에 대한 저항력		기후, 기압, 오염물질 등
	② 생물적 스트레스에 대한 저항력		병원균, 바이러스, 기생충 등
	③ 생리적 스트레스에 대한 저항력		공복, 불면, 피로, 갈증 등
	④ 정신(심리)적 스트레스에 대한 저항력		불쾌감, 긴장, 고민 슬픔 등

03 건강관련체력과 운동관련체력

건강 체력 요소	근력		근육이 최대로 수축할 때 발생하는 힘
	근지구력		근력을 반복적으로 발휘하는 능력
	심폐지구력		운동에 필요한 산소와 에너지를 공급하는 심혈관계의 능력
	유연성		관절의 가동 범위, 근육의 신장 능력, 신체를 부드럽게 하여 근육 활동을 원활하게 할 분만 아니라, 안전사고를 예방하는 데 효과적이다.
	신체 구성	체지방율	체지방률이란 인체 체중에 대한 체지방량의 비율을 백분율로 나타낸 것으로, %fat으로 표시한 것이다.
		제지방율	총 체중에서 체지방율을 뺀 부분을 말하며, 이는 단지 인체의 지방이 아닌 부분, 즉 근육, 뼈, 피부 및 내장기관을 포함한 모든 신체조직을 일컫는 말이다.
운동 (기능) 체력 요소	평형성		동적, 정적 상태에서 신체 균형 및 안정을 유지하는 능력
	민첩성		빠른 방향 전환 및 반복 능력, 반응 시간 스피드 등
	협응력		운동 과제를 부드럽고 정확하게 수행하기 위하여 신체 여러 부분의 감각을 잘 사용할 수 있는 능력
	순발력		짧은 순간에 에너지를 힘으로 전환시키는 능력
	스피드		짧은 시간 내에 움직임을 수행할 수 있는 능력

1) 건강 관련 체력
   (1) 운동 부족으로 인한 성인병을 예방함으로써 건강 유지에 도움이 되는 체력 요소를 건강 관련 체력이라고 한다.
   (2) 근력과 근지구력, 심폐지구력, 유연성, 체지방량(신체조성)이 여기에 속한다.

2) 운동(기능) 관련 체력
   (1) 기능 관련 체력은 빠르고 폭발적인 동작, 복합한 기술 동작 등 스포츠에서 요구되는 기술을 효과적으로 발휘하는 데 필요한 체력 요소들로 이루어져 있다.
   (2) 여기에는 순발력, 민첩성, 평형성, 교치성 등이 있으며, 이 체력 요소들은 건강 체력 요소가 뒷받침되어야 높은 수준으로 향상될 수 있다.

Chapter 12 트레이닝의 기초

01 트레이닝을 위한 운동 처방과 체력 향상

1) 트레이닝을 통한 운동 처방의 개념
(1) 운동 처방은 체력 향상을 통한 건강 증진을 목적으로 개인의 체력 수준, 건강 상태, 연령 등을 고려하여 적절한 운동의 형태와 운동 방법을 구체적으로 제시하는 것을 말한다.
(2) 개인의 체력 요소는 고르게 발달되어야 건강하고 활기찬 생활을 하는 데 도움이 되기 때문에 운동 처방은 여러 가지 체력 요소들을 고르게 발달시킬 수 있도록 이루어 져야 한다.

2) 트레이닝을 위한 운동 처방의 요소

질적 요소	운동 형태(양식), 운동 강도
양적 요소	운동 시간, 운동 빈도, 운동 기간

(1) 운동 형태(양식)
① 트레이닝의 목적에 따라 운동의 형태는 선별되어야 한다.
　(예) 심폐지구력을 양성하기 위해서는 달리기, 자전거타기, 수영 등과 같은 유산소 운동을 하여야 하고, 근력이나 근지구력의 양성을 위해서는 웨이트 트레이닝이나 서키트 트레이닝 등의 중량 부하 운동을 실시하여야 하며, 신체의 균형미와 유연성을 증대시키기 위해서는 체조나 에어로빅 등을 하는 것이 효과적이다.
② 운동 양식을 결정하는 데 있어 종목의 특이성과 각 개인의 신체 자원면과 운동 성과면을 고려하고 시설 및 용구, 선수의 흥미 등을 고려해서 선택해야 한다.
③ 트레이닝 형식상의 분류
　㉠ 반복 트레이닝 : 운동 부하 사이에 완전휴식을 삽입하면서 반복하는 방법으로서 기술 훈련, 속도훈련, 저항 부하 훈련, 무산소 훈련 등이 있다.

ⓛ 인터벌 트레이닝 : 불완전 휴식 혹은 동적 휴식을 운동 강도 사이에 적절하게 삽입하면서 운동 수행을 반복하는 방법으로서, 운동 부하 시간 및 거리, 반복 횟수, 휴식 시간 및 거리, 세트 수 등의 변화를 통해서 심폐 기능 혹은 무산소성 지구력 등의 향상을 의도하는 방법이다.
ⓒ 지속주 트레이닝 : 일정한 운동 강도를 지속적으로 실시하는 방법으로서, 지구력 강화를 위해서 이용되며 유산소성 훈련, 순환훈련 등이 있다.

④ 트레이닝 내용상 분류
㉠ 기술 트레이닝 : 경기 현장에 활용되는 기술을 향상시키기 위한 것으로 여러 스포츠 종목에 따라 연습법이 다르다.
ⓛ 근력 트레이닝 : 웨이트 트레이닝, 파워랙 트레이닝, 사이벡스 트레이닝 등
ⓒ 지구력 트레이닝 : 인터벌 트레이닝, 크로스 컨트리, 서키트 트레이닝 등
㉣ 유연성 트레이닝 : 맨손체조, 스트레칭, 유연체조 등
㉤ 순발력 트레이닝 : 웨이트 트레이닝, 플라이오메트릭 트레이닝 등
㉥ 조정력 트레이닝 : 지그재그런, 셔틀런 등
㉦ 전면적 트레이닝 : 서키트 트레이닝

(2) 운동 강도
① 운동 강도란 어느 정도로 강한 운동을 할 것인가를 결정하는 중요한 척도가 되는 것이다.
② 운동 강도는 개인의 수준과 목표에 따라 다르게 처방되어야 하지만, 항상 운동 강도의 적정 범위를 고려하지 않으면 안 된다. 즉 운동 강도는 안전한계와 유효한계 범위 사이에서 채택되어야 한다.
㉠ 안전 한계란 그 이상의 강도에서는 위험을 수반할 수 있는 운동 강도 이다.
ⓒ 유효 한계란 그 이하의 강도에서는 효과를 기대하기 어려운 운동 강도 이다.

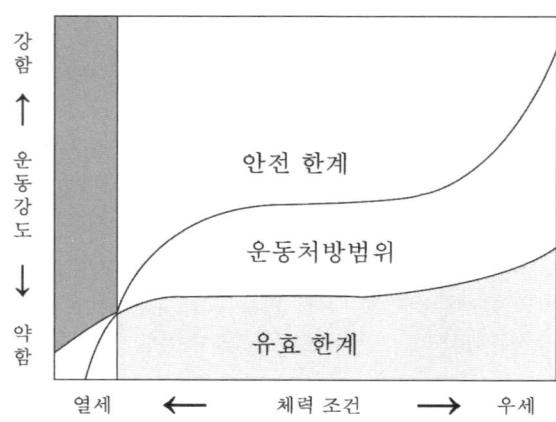

③ 운동 강도는 체력 조건이 좋을수록 운동 강도 처방의 범위는 넓어지고, 체력 조건이 떨어질수록 그 범위는 좁아지게 된다.

④ 운동 강도는 부하되는 부담으로 중량이나 스피드와 같은 부하량으로 결정함이 원칙이다. 대부분의 경우 운동 강도는 상대적 부하량으로 결정되는데, 보통 근력에서의 최대 반복 횟수(RM)와 스피드에서 %HRmax, 또는 %VO_2max, 최대 스피드의 몇 %로 강도를 표기한다.

운동양식		상대적 부하량의 척도	단위
근력	등척성 운동	최대 수축	kg
	등장성 운동	최대 반복 횟수	RM
	등속성 운동	운동 속도	°/sec
지구력	유산소 운동	% 최대 심박수, % 최대 산소 섭취량	%

㉠ 절대 운동 강도 : 개인의 최고 능력을 고려하지 않는 상태에서 운동 강도를 부여하는 것을 의미하는 것으로 일률적인 운동 강도를 적용하기 때문에 개인의 체력에 따라 상당한 차이가 있고 개인적으로 신체적 부담을 줄 수 있는 결점이 있다. 운동 단위로는 근력을, 빠르기를 초속(m/sec), 분속(m/min), 시속(km/min)으로 나타내며, 자전거 에르고미터에 의한 kpm/min로 나타낸다.

㉡ 상대 운동 강도 : 개인의 최고 능력에 대한 비율(%)로 나타내는 것이다. 상대 운동 강도는 자신의 최대 운동 강도에 대한 상대적 조절이 가능하기 때문에 신체에 주는 부담도 일률적으로 조절할 수 있는 장점이 있다.

  (예) 자신의 최대근력이 80kg이라면 운동 강도를 60%로 부하할 때 상대적 운동 강도는 48kg이고, 최대산소섭취량이 5L/min일때 3L/min가 되고, 400m의 최고기록이 52초라고 할 때의 80%의 운동 강도는 약 62초가 된다.

⑤ 심박수를 이용한 운동 강도
  ㉠ 운동 강도를 평가하는 데 심박수는 매우 유용한다.
  ㉡ 운동 중의 심박수 측정은 지구성 능력 및 운동의 강도를 간접적으로 평가할 수 있는 중요한 지표로서 이용되고 있다.
  ㉢ 심박수를 이용한 강도 설정 방법은 다양한 경기 종목 선수들의 트레이닝 시 폭넓게 적용될 수 있기 때문에 가장 많이 이용된다. 심박수는 심장이 1분간에 뛰는 횟수를 의미하고 특수한 측정 도구 없이도 요골 동맥과 경동맥을 촉진함으로써 측정할 수 있다.
  ㉣ 안정시와 운동을 하고 난 후(회복시)에는 비교적 쉽게 심박수를 측정할 수 있으나, 운동 중에는 심박수의 측정이 쉽지 않기 때문에 운동 직후의 10초간의 심박수를 측정하여 6를 곱하는 방법을 이용한다. 대표적인 방법은 카보넨 공식을 이용한 목표 심박수(%HRmax)계산이다.

카보넨 공식을 이용한 목표 심박수의 계산
▶ 목표심박수 = 최대예비심박수(최대심박수-안정시심박수) × 목표 강도(%) + 안정시심박수
▶ 최대심박수(HRmax) = 220-나이
(예) 18세 여학생의 안정시 심박수가 분당 70회이다. 50% 운동강도의 목표심박수를 구하시오.
　　최대심박수 (220-18) = 202(회/분)
　　최대예비심박수 (202-70) = 132(회/분)
　　목표심박수 (202-70) × 0.5 + 70 = 목표심박수 : 136(회/분)

⑥ 등척성 트레이닝에서는 상대적 운동 강도의 결정을 자신의 최대반복횟수(repetition maximum : RM)를 기준으로 % 최대근력을 적용하여 운동 효과를 가져 오는 결정 방식이 있다.

최대반복횟수(repetition maximum : RM)를 이용한 운동강도 설정
1RM 결정법 : W0+W1
- W0 : 약간 무겁다고 생각되는 임의의 중량(7~10회 반복 수축이 가능한 무게)
- W1 : W0×0.025×R
- R : 반복 횟수
(예) 중량 40kg을 최대 10회 반복하였다면 1RM은?
　　W1 = 40kg×0.025×10회 =10kg
　　1RM= 40kg+10kg =50kg

(3) 운동시간

① 운동 시간은 이미 결정된 운동 강도로 얼마 동안 운동을 지속할 것인가에 대한 운동의 양적 조건을 말한다.
② 운동 시간은 운동 수행 시간만으로 결정되는 것이 아니라 운동 형태나 운동 강도를 고려하여 결정된다. 즉, 운동 강도가 높으면 운동 시간은 짧게, 운동 강도가 낮으면 운동 시간을 길게 하는 반비례 관계로 트레이닝의 목적에 따라 운동 시간을 조절한다.
③ 운동 부하의 지속 시간은 부하되는 운동의 종류나 내용에 따라 다르지만, 일반적으로 초 또는 분의 시간 단위로 처방되는 경우와 횟수라는 카운트 단위로 처방되는 경우가 많다.
　㉠ 1세트(set) : 반복 횟수를 휴식하지 않고 반복하는 양
　㉡ 1세션(session) : 수 회의 세트(set)로 구성한 그 날의 총 운동량을 말한다.
　㉢ 세트나 운동 사이의 휴식은 짧고 강한 운동은 완전 휴식을 취하고 장시간 운동은 불완전휴식이 효과적이다.

(4) 운동 빈도

① 운동 빈도는 결정된 운동 강도와 운동 시간으로 구성된 한 번의 연습을 몇 번 트레이닝할 것인가에 대한 운동의 양적 요소를 말한다.
② 운동 부하는 어느 정도의 간격으로 실시해야 하는가로, 하루 또한 주간 단위로 처방된다.
③ 운동 빈도는 주로 주당 3일과 6일로 많이 처방하는데, 적정한 운동 빈도는 운동 처방의 목적과 개인의 수준에 따라 결정한다.

(5) 운동 기간

① 운동 기간이란 한번 결정된 운동 강도, 시간, 빈도 등이 트레이닝 요소에 따라 운동을 실시할 때 얼마 동안의 기간이 경과하면 원하는 효과가 나타날 것인가를 의미한다.

3) 트레이닝을 위한 운동처방의 원리

(1) 과부하의 원리

① 과부하란 훈련 효과를 얻기 위해서는 일정한 수준의 부하 이상으로 기관계나 조직이 자극을 받아야 한다는 것을 의미한다.
② 일반적으로 과부하를 구성하는 요소에는 운동의 강도, 시간, 빈도 등이 있다.

(2) 가역성의 원리 : 과부하가 이루어지지 않거나 운동이 중지되었을 때 운동 능력이 빠르게 감소된다는 것을 의미한다.

(3) 특수성(특이성)의 원리

① 훈련의 효과는 운동 중에 사용된 근육에만 영향을 미친다.
② 특이성이란 또는 훈련의 결과로 근육에서 일어나는 적응 형태에도 언급된다.
　㉠ 지구성 운동 형태에 근육이 동원될 경우 주로 유산소적 에너지의 생성능력을 증가시키는 모세혈관과 미토콘드리아 수에서 적응현상이 일어난다.
　㉡ 중량부하 훈련(저항훈련)에 근육이 동원될 경우 주로 수축단백질의 양이 증가하는 적응현상이 일어나며, 실제로 미토콘드리아와 모세혈관의 밀도는 감소하게 된다.
③ 특이성의 원리란 트레이닝의 효과가 과부하의 원리에 의해 가해진 신체의 일부 계통에 한정되어 나타나는 것을 말한다.
④ 특이성의 원리는 트레이닝을 통해 얻고자 하는 능력을 키우고자 할 때 경기력 향상에 직접적으로 도움을 줄 수 있는 동작이나 기술, 웨이트 트레이닝 등을 실시해야함을 뜻하는 매우 중요한 원리이다.
⑤ 특이성의 원리 적용
　㉠ 에너지 체계의 특이성 : 유산소 운동과 무산소 운동 등으로 나누어지며 발달시키고자 하는 내용에 따라 운동 양식이 달라진다.
　㉡ 형태의 특이성 : 운동 형태가 기술 수행 동안에 이용된 것과 동일할 때 얻어진다.

ⓒ 근군과 운동 수행 패턴의 특이성 : 근군과 운동 수행 패턴 간에는 상호 관계가 놓여 있어 유사성이 적다면 효과를 기대할 수 없다.

(4) 점증 부하의 원리
① 점증 부하의 원리는 트레이닝 처방 요건에 따라 운동의 질과 양을 점증적으로 늘려가는 것을 의미한다.
② 즉, 우리 신체 기관의 적응은 오랜 시간 동안 자극의 강도에 따라 다르게 변화하기 때문에 일정시간을 두고 적절한 강도의 부하를 점증적으로 올려가야 하는 것이다.
③ 이 원리는 신체 기관의 발달과 변화 또는 기능의 개선이 트레이닝에 의해서 서서히 이루어진다는 인체 생리학적 이론에 근거를 두고 있다. 일반적으로 점증 부하는 주간 단위의 주기성에 맞추어 계단식으로 증가시키는 것이 가장 바람직하다.
④ 점증 부하의 원리를 적용할 경우 먼저 운동시간의 증가시킨 다음 운동 강도를 증가시키는 방법이 이용된다.

(5) 개별성의 원리
① 개별성의 원리는 운동 선수의 개개인마다 운동 수행의 정도가 다르고 운동 능력, 잠재력, 성격 및 특성이 다르므로 트레이닝 목표를 개인의 특성에 입각하여 세워야 하는 것을 의미한다.
② 따라서 개개인이 가지고 있는 체력이나 운동 기능의 한계를 파악한 후, 트레이닝 계획을 세우고 이를 적용해야 한다.
③ 개별성의 원리 적용시 고려 사항
ⓐ 어린이와 청소년들은 연령에 적합한 운동 강도 설정
ⓑ 운동 수행 능력과 노력에 대한 개인의 가능성 고려
ⓒ 개인의 건강 상태 고려
ⓓ 부하된 운동량의 정도에 따른 선수의 회복 능력 고려
ⓔ 신체적 구성과 신경 조직의 특성 고려

(6) 다양성의 원리
① 트레이닝은 많은 시간을 필요로 하는 활동으로 운동량과 운동 강도를 계속 증가시키고 이를 반복함으로써 이루어진다.
② 따라서 달리기, 수영, 스키 등과 같이 지구력을 요하는 종목들은 자칫 훈련의 단조로운 반복으로 인하여 지루함을 느끼기 쉽다. 이러한 경우에는 트레이닝 방법에 다양한 변화를 줌으로써 슬럼프에 빠지지 않고 경기력을 향상시킬 수 있다.

(7) 적극 참여의 원리
① 트레이닝 목적을 알고 오랜 기간 주어진 트레이닝 요소들을 자발적이고 적극적으로 참여하는 태도는 트레이닝의 결과에 영향을 주게 된다.

② 성실하고 적극적인 참여는 주기적인 상담을 통하여 지도자와 선수 간의 협력을 가능하게 하여 훈련의 성과를 높일 수 있다.

(8) 전면성의 원리
① 여러 측면 신체 발달을 도모하는 것은 우리 신체를 보다 튼튼히 하고, 기술을 완숙하고 완벽하게 만드는 데 중요한 역할을 한다.
② 모든 트레이닝 계획의 기초를 이루는 부분은 전면적 발달로 구성되어 있으며, 하위 단계에서 만족할 만한 수준에 도달해야 상위 단계로 올라갈 수 있다.
③ 트레이닝의 주요 단계
㉠ 전면적인 발달(고른 체력 요소의 발달) → ㉡ 전문화된 트레이닝 → ㉢ 고도의 운동 수행

02 준비운동 및 정리운동

1) 준비운동

필요성	원인
근·인대 등 상해의 위험을 최소화한다.	①인체 각 관절부위를 있는 인대나 근육과 건 등은 온도에 따라 그 탄성이 변화한다. 이러한 근육이나 결체조직은 탄성이 최고가 되는 적정 온도가 있으며, 연구에 의하면 그 온도는 39℃라고 한다. ②온도가 낮으면 조직의 탄성이 저하되는데, 이러한 상태에서 바로 주 운동을 실시할 때 근이나 건의 단열과 같은 상해위험이 높아진다.
운동피로의 조기발현을 예방한다.	①운동초기에 인체는 필연적으로 소비에너지의 많은 부분을 무산소적인 ATP 생성체계에 의존하게 된다. 그 이유는 운동으로 인한 에너지 소비증대에 대응하여 인체순환 계통과 호흡계통이 적응하기에 시간이 걸리기 때문이다. ②심장의 활동수준, 근육으로의 혈류분배, 호흡근의 활동수준이 증가하여 산소수송체계가 정비되기 전에는 무산소적인 에너지 공급에 대한 의존율이 높게 되고, 그 결과 탄수화물의 무산소적 대사산물인 젖산이 조기에 축적될 수 있다. 이는 운동 수행 시 초기의 피로출현을 유발하여 수행력을 제한하는 요인이 될 수 있다. ③따라서, 적절한 준비운동은 운동초기에 그 운동을 보다 유산소적으로 행하도록 하는 효과를 갖고 있다.
신경계의 통합적인 조절 기능을 높여준다.	①준비운동은 인체의 조정능력을 높여준다고 보고되어 왔다. 이는 신경계의 통합적인 조절에 적응의 절차가 필요하다는 것을 가리킨다.
심장 손상의 위험을 감소시킨다.	①준비운동 없이 갑작스런 고강도 운동을 수행한다면, 심전도상의 이상소견이나 좌심실의 기능 이상을 나타내는 증후를 보이기 쉽다. 이는 갑작스런 운동으로 인한 심장근의 활동수준 증가에 비해 심근으로의 혈류 공급이 상대적으로 부족하기 때문에 초래되는 현상이다. ②준비운동은 운동 초기에 나타나는 이러한 심장손상의 위험을 낮추어준다.

2) 정리운동

필요성	원인
젖산 등 피로물질의 제거	①동적인 휴식을 할 때가 정적 휴식시보다 피로물질인 젖산의 제거율이 높다고 보고되고 있다. ②그것은 활동근으로의 혈류량을 어느 정도 유지함으로써 젖산을 연료로 하는 유산소적 대사에 의해 완전한 산화 돕고, 호흡활동을 통해 인체산성화에 대한 호흡성 완충작용을 촉진시키기 때문이다.
뇌빈혈의 예방	①갑작스런 활동정지는 근펌프 작용 소실로 인해 정맥환류량이 감소하고, 결국은 심박출량이 급격히 감소되어 뇌빈혈을 초래할 수 있다. ②따라서, 정리운동은 근펌프작용을 지속시켜 하체의 정맥 저류현상 또는 급격한 심박출량 감소 현상을 예방하는데 있다.
근통증이나 근경직 예방	①운동 시 젖산 등의 대사물질과 함께 브라디키닌 등의 축적은 근통증이나 근경직의 원인이 되는 것으로 알려지고 있다. ②정적 휴식과 비교하여 동적휴식인 정리운동은 근혈류 속도가 급격히 감소되지 않고 서서히 감소하도록 하여 이들 물질의 신속한 제거에 도움을 준다.

03 체력 측정 및 평가

1) 체력측정 방법

(1) 건강 관련 체력 측정 방법(신체 자원면)

체력요소		측정방법
근력	악력	네 개의 손가락과 엄지손가락과의 협응 및 일반적 최대 근력을 측정하는 것으로, 악력계를 사용한다. 악력과의 관계에 주가 되는 근은 전완굴근군과 수근군이며, 전완의 근력을 측정하는 것이다.
	배근력	배근력에 사용하는 근력은 배부 및 상지, 하지와 요부의 근을 포함한 전신의 근육이다. 따라서 배근력은 온몸의 근력을 측정한다고 할 수 있다.
	완력	완력에는 완굴곡력과 완신전력의 두 가지가 있다. 하지와 요부의 근을 포함한 전신의 근육이다.
	각력	각력에는 각신전력과 각굴곡력이 있다. 일반적으로 각신전력이 많이 측정되고 있다.

체력요소		측정방법
근지구력	에르고메타	에르고메타는 근작업의 부하량을 측정하기 위해 만들어진 기구로, 근지구력 측정에 많이 사용되고 있다.
	턱걸이	턱걸이는 상지의 동적 근력을 측정·평가하는 방법이다. 사이클의 반복 횟수에 의해 평가된다.
	오래 매달리기	팔을 굽힌 자세로 바에 매달려 있는 시간에 의해 근지구력을 평가한다.
	팔굽혀 펴기	2초에 1회의 리듬으로 완전한 굴신이 안 될 때까지 실시하고, 2회 연속하여 리듬이 늦게 되었을 때는 곧 정지시킨다.
	윗몸 일으키기	복부근의 근지구력을 측정·평가하는 것으로, 시간을 정해 놓고 반복하는 경우와 시간 제한이 없는 경우가 있고, 또 무릎을 펴서 하는 경우와 직각으로 굽혀서 하는 경우가 있다.
심폐지구력	칼슨의 테스트	칼슨의 피로 시험이라고 불리는 테스트로, 운동 부하는 제자리 뛰기를 하여 운동 직후의 맥박수를 측정한 후 판정한다.
	하버드스텝테스트	50.8cm의 승강대에서 1분간 30회의 승강 운동을 하는 것으로, 맥박수의 변동을 이용해 측정하는 방법이다.
유연성	체전굴	몸통을 앞으로 굽혀서 손끝을 뻗쳐 양 손가락 최하단의 위치에 닿는 눈금을 읽는 측정 방법이다.
	제후굴	피험자가 엎드려 누운 후 보조자가 무릎으로 피험자의 무릎 뒤를 누른다. 피험자는 턱을 가능한 한 높이 올려 상체를 뒤쪽으로 젖히고 마루에서 턱까지의 높이를 측정한다.
	전후개각	양다리의 전후 방향의 가동성을 알아보는 것으로, 앞뒤로 벌릴 수 있는 길이를 가동범위로 나타내는 자료로 하여 신체의 몇%를 벌렸냐에 따른 지수를 구해 가동도를 말해준다.
신체구성 (체지방)	수중체중 측정법	물 속에서의 체중과 대시 중에서의 체중을 이용하여 신체 밀도를 구하고, 이 신체밀도를 이용하여 체지방률을 구하여 체지방량을 환산하는 방법이다.
	피하지방 측정법	신체 각 부위의 피하지방두께를 측정하여 신체의 밀도나 체지방의 비율을 쉽고 비교적 정확하게 평가할 수 있다.

(2) 운동 기능 관련 체력(운동 성과면)

체력요소		측정 방법
순발력	수직 뛰기	똑바로 선 자세에서 가능한 높이 뛰어올라 수직으로 높이 뛴 거리를 계측하여 그 기록으로 주로각부를 중심으로 파워를 평가하는 방법이다.
	제자리 멀리뛰기	도움닫기 없이 제자리에서 앞쪽으로 될 수 있는 한 멀리 폭넓게 뛰는 것으로, 주로 각부의 근육을 중심으로 전신의 순발력을 보려는 방법이다.
	버티컬 암폴 테스트	양 어깨와 팔의 힘으로 로프를 잡고 뛰어올라 잡은 양팔의 거리로서 순발력을 계측하는 종목으로, 평행봉 선수나 체조 선수들의 파워 테스트에 많이 사용된다.
평형성	막대 테스트	눈을 뜨고 막대 위에서 한쪽 발로 얼마나 오랫동안 한곳에 서 있을 수 있는가를 알아보는 방법이다.
	눈감고 한발로 서기	동적 평형 능력을 평가하는 측정 방법이나, 표준편차가 큰 것이 결점
	개구리 서기	양손을 땅에 짚고 쪼그린 자세에서 양 무릎을 팔꿈치에 얹고 서서히 양 다리를 들고 팔 힘으로 밸런스를 취할 수 있는 시간을 측정
민첩성	사이드 스텝 테스트	온몸을 좌우로 이동하는 동작을 규정된 시간 안에 얼마나 많이 할 수 있냐를 측정하는 것으로, 마루 위에 중앙에서 양쪽에 120cm 되는 평행선을 긋고 실시한다.
	전신 반응 시간	빛이나 다른 자극에 의해 점프대에 수직으로 떨어져 나가는 동작 시간을 측정해 평가한다.
	버피 테스트	체위를 재빠르게 변화시키는 동작으로서 전신근력의 협응 및 민첩성을 측정하는 종목이다. 선 자세에서 시작하여 팔을 짚고 엎드렸다가 일어나는 자세의 반복으로서 팔, 등부, 복부 및 다리 부분의 굴근이나 신근을 쓰게 되어 온몸의 기민성을 엿볼 수 있으며 오랜 시간을 계속하면 근지구력의 테스트로 활용된다.
	왕복 달리기	25m거리에서 왕복으로 달리기를 하여 몇 초에 뛸 수 있는 가를 측정

(3) 현행 체력 검사 종목

체력요소	검사종목	측정방법
근력 및 근지구력	팔굽혀펴기	30cm 높이의 봉을 짚고 2초에 1회 정도의 속도로 최대한 반복한다. 단, 여자는 팔굽혀 매달리기를 한다.
	윗몸 일으키기	양손은 머리 뒤에서 깍지를 낀 채로 무릎을 직각으로 굽히고 누워 1분 동안 윗몸일으키기를 한다.
유연성	앉아 윗몸 앞으로 굽히기	무릎을 펴고 양손이 나란히 앞으로 나가도록 허리를 굽힌다. 0.5cm 단위로 측정한다.
심폐지구력	오래달리기	스탠딩 스타트로 1,600m 오래달리기를 하며, 초 단위로 측정한다. 단, 여자는 1,200m 오래달리기를 한다.
스피드 순발력	50m 달리기	스탠딩 스타트로 50m를 전력으로 달리고 0.1초 단위로 측정한다.
순발력	제자리 멀리뛰기	발을 어깨 너비로 벌리고 제자리에서 멀리뛰기를 하며, 1cm 단위로 측정한다.

Chapter 13 트레이닝의 실제

01 근력 트레이닝

1) 근력 트레이닝의 개념
(1) 근력은 근육이 최대로 수축할 때 발휘되는 힘의 크기를 의미하며, 근지구력은 근력을 반복적으로 또는 지속적으로 발휘하는 능력을 의미한다.
(2) 웨이트 트레이닝이라고 하며 중량물을 들어 올리거나 밀거나 당기는 동적인 체력 훈련 방법이다.

2) 근력 트레이닝의 방법
(1) 운동 형태
  ① 등장성 트레이닝 방법
    ㉠ 개념 : 역기 등과 같이 무게가 있는 물체를 들어올리고 내리는 동작을 반복하여 근력을 향상시키는 운동이다. 주변에 시설이 없을 경우 자신의 체중을 이용한 운동을 선택하는 것도 좋다.
    ㉡ 장점 : 노력 수준의 결정이 용이하다. 관절 가동 전 범위의 근력 발달이 용이하다. 심리적 자극 효과가 높다.
  ② 등척성 트레이닝 방법
    ㉠ 개념 : 고정되어 있는 물체를 최대로 밀거나 당기고 난 후 정지한 상태에서 근력을 향상시키는 방법을 말한다.
    ㉡ 장점 : 시간과 장소에 구애받지 않는다. 부상 근육의 재활에 효과적이다. 어려운 동작 범위 지점 극복에 도움이 된다.

(2) 운동 강도 : 최대반복횟수(RM)로 최대 근력의 60~80%의 강도로 운동한다.

(3) 운동 시간 : 선택한 중량을 반복할 수 있는 한 최대로 반복하도록 하며, 2~3세트를 한다.

(4) 운동 빈도 : 일주일에 2~3일 정도로 격일제로 하는 것이 바람직하다.

3) 근력 트레이닝의 효과
(1) 최대 근력은 근섬유의 수와 근육의 횡단면적에 비례한다.
(2) 근력 발휘에 참여하지 못하던 근섬유가 발달되어 근력 발휘에 참여하게 되고, 근육을 구성하고 있는 근육세포(근섬유)의 굵기가 커져서 근육의 횡단면적이 증가됨으로써 최대근력이 증가하게 된다.

02 근지구력 트레이닝

1) 근지구력 트레이닝의 개념
(1) 근육이 오랫동안 운동을 지속할 수 있는 능력으로, 근력과 근 지구력이 트레이닝에 의해 결합되어 생겨난 것이다.
(2) 근력이나 근 지구력은 큰 힘을 발휘한다는 점에서 유사하다고 볼 수 있지만, 근 지구력이 근력보다 시간적 요소가 더 크게 작용한다. 따라서 근 지구력에서 효과를 얻기 위해서는 훈련의 질보다 훈련량을 높여야 한다.

2) 근지구력 트레이닝의 방법

(1) 운동형태
① 저항성 운동(덤벨, 바벨, 아령 등)으로, 주위에서 운동을 하기 위한 시설이나 기구가 없을 때는 자신의 체중을 이용한 운동을 선택하는 것도 좋다.

근수축 유형의 비교	
구분	내용
정적 근 지구력	관절 운동 없이 같은 장력을 발휘하는 능력을 말하며, 운동의 지속시간으로 평가된다.
동적 근 지구력	관절 운동이 이루어지면서 같은 장력을 발휘하는 능력을 말하며, 운동의 반복 횟수로 평가된다.
절대 근 지구력	최대 근력의 차이를 고려하지 않고, 일반 스포츠의 장면에서 일정 부하에 대하여 얼마나 오랫동안 지탱하는가를 말한다.
상대 근 지구력	개인의 최대 근력의 차이를 고려하여, 최대 근력의 몇 %부하에서 얼마나 오랫동안 지탱할 수 있는가를 말한다.

② 근 지구력 트레이닝의 진행 형태

최대근력의 퍼센트(%)	세트당 반복 횟수(회)	수행주기	휴식 시간(분)	세트 수	방법	적용종목
60~40%	20~30 최대 반복 횟수의 50~70%	약간 빠르게	30~40	3~5	서키트 트레이닝	근지구력강화
40~25%	최대 반복 횟수의 25~50%	약간 빠르게	적당하기	4~6	서키트 트레이닝	기타의 경우

(2) 운동 강도 : 1회 최대반복횟수(RM)로 최대 근력의 20~40%의 강도로 운동한다.

(3) 운동 시간 : 운동 시간 1초당 1회의 속도로 지칠 때까지 계속한다.

(4) 운동 빈도 : 일주일에 2~3일 정도로 격일제로 하는 것이 바람직하다.

3) 근지구력의 트레이닝 효과
   (1) 산소공급 능력의 개선으로 피로를 덜 느끼게 함으로써, 장시간의 작업에도 쉽게 피로를 느끼지 않게 된다.
   (2) 이러한 효과는 근육통이나 요통을 예방하고, 활기찬 생활을 할 수 있는 원동력으로 작용한다.

03 순발력 트레이닝

1) 순발력의 트레이닝의 개념
   (1) 제한된 시간에 많은 양의 일을 할 수 있는 능력을 뜻하는 것으로, 운동선수에게 매우 중요한 트레이닝 요소이다.
   (2) 순발력 트레이닝을 1차적으로는 근력의 강화가 이루어져야 하고, 2차적으로는 속도가 떨어지지 않도록 반복 횟수를 늘리고 운동 속도를 빨리하는 방법으로 실시해야 한다.

| 순발적 파워 | ① 일시적인 순발적 파워는 근력과 근수축 스피드를 기반으로 한다. 이와 같이 근육을 순발적으로 수축시키는 데 신경 충격의 집중성이 크게 작용한다.
② 순발적 파워를 발휘하는데 ATP나 크레아틴 인산과 같이 에너지원을 많이 비축하여 비젖산 산소 부채를 크게 하는 것이 중요하다. 그리고 근수축의 스피드를 빨리 할 수 있는 백근섬유의 혼재비율이 큰 편이 순발적 파워에 유리하다.
③ 근수축 스피드를 좌우하는 것은 근섬유 형태의 차이뿐만 아니라 신경 지배에 의한 충격도 많이 작용한다. 그래서 스포츠 활동 중 신경 지배에 의한 긴장 상태가 유지되고 있을 경 |

	우 그렇지 못한 경우에 비해 폭발적인 힘을 낼 수 있다. 따라서 순발력 파워를 발휘함에 있어 중요한 것은 신경 충격의 집중을 통하여 심리적인 한계를 벗어나야 한다는 것이다.
지속적 파워	① 어느 정도의 시간에 걸쳐 지속적으로 파워를 발휘할 때에는 근력과 근수축의 스피드를 기반으로 하는데, 특히 근육을 지속적으로 수축시키는 데는 최대 산소부채량이 크게 관여하고 있다. ② 지속성 파워를 발휘하는 데에는 근글리코겐과 같은 에너지원을 많이 비축하여 회복기 산소소비량을 크게 하는 것이 무엇보다도 우선되어야 한다.

2) 순발성 트레이닝의 방법

(1) 운동 형태

① 웨이트 트레이닝으로 역기와 같은 기구를 이용한 트레이닝 방법

② 체중을 이용한 덤블링 및 유연성 운동

③ 처음에는 역기 등의 기구를 이용하고, 그 다음에는 덤블링이나 유연성 운동을 행하는 것이 바람직하다. 이러한 트레이닝 방법은 도약, 투척이 포함된 스포츠 경기 종목, 알파인 스크, 각종 팀 경기, 권투, 레슬링 등과 같이 복합적인 운동 능력 또는 힘을 필요로 하는 스포츠 종목에 효과적으로 이용된다.

④ 플라이오 메트릭스 : 근육의 강력한 단축성 수축에 이어서 나타나는 순간적인 신장성 부하와 근육의 스트레칭을 포함하고 있다. 순간적인 스트레칭은 근육에 있는 감각기를 자극하고, 근육이 짧아질 때 더 강력한 수축을 발생시키는 근육 자체의 탄성력을 자극한다. 대표적인 형태는 벤치에서 지면으로 뛰어내렸다 지면에서 벤치로 올라갔다 하는 것이다.

(2) 운동 강도 : 등장성 트레이닝의 경우, 무게는 최대 반복 횟수를 6회 정도로 하여 들어 올리는 속도를 증가시키고 12회까지 점진적으로 늘려 나간다. 12회에 도달하면 다시 최대 반복 횟수 6회의 무게로 조절한다.

(3) 운동 빈도 : 일주일에 2~3일 정도로 격일제로 하는 것이 바람직하다.

04 전신지구력 트레이닝

1) 전신지구력 트레이닝의 개념

(1) 전신지구력이란 호흡·순환 기능과 모든 운동 기관에 관한 지구력을 말한다.

(2) 전신 지구력 트레이닝의 목적은 이러한 차이를 작게 하기 위하여 최대 유산소 능력을 향상시키는 것이다.

(3) 전신 지구력 트레이닝의 원리
① 주된 에너지 동원 시스템의 능력을 향상시킬 수 있는 트레이닝 방법을 선택해야 한다. 무산소 시스템은 산소를 이용하지 않고 에너지를 생산하는 방법으로, ATP-PC 시스템과 젖산시스템으로 구분된다. 유산소 시스템은 산소를 이용하여 에너지를 생산하는 방법이다.
② 전신지구력 향상 트레이닝의 운동 형태는 반드시 경기 종목에서 사용되는 주 에너지 시스템과 운동 양식(형태)이 비슷해야 한다. 장거리 수영 선수가 장거리 달리기로 전신 지구력을 향상시켰다면, 수영으로 향상시킨 경우보다 경기력에 미치는 효과가 훨씬 적기 때문이다.

2) 전신지구력의 방법

(1) 운동 형태

① 심폐지구력 향상을 위해서는 유산소 운동을 불리는 달리기, 수영, 자전거 타기 등 전신운동을 선택하는 것이 효과적이다.

전신 지구력 운동 형태	
지속 운동	① 운동은 1회로 도중에 휴식을 취하지 않고 계속하는 방법이다. 예를 들면, 10km달리기, 크로스컨트리 또는 50km 달리기 등 장거리를 주파하는 방법이다. ② 지속 운동의 장점은 전신지구력 향상과 피로에 대한 적응 능력 향상, 페이스 조절 능력의 향상
반복 운동	① 운동과 운동 사이에 충분한 휴식을 취하면서 반복하는 운동 방법이다. 예를 들면, 300m달리기, 500m달리기, 2000m달리기 등을 규정된 스피드로 달리고 난 다음 충분한 휴식을 취하고, 또 달리고 하는 방법이다. ② 반복 운동은 달리는 거리나 시간에 따라 무산소적 또는 유산소적 능력을 집중적으로 향상시키는 데 좋다.
인터벌 운동	① 운동과 운동 사이에 불충분한 휴식을 넣어 교대하는 운동 방법이다. 예를 들면 200m달리기, 조깅 등을 교대하는 방법이다. ② 인터벌 운동은 무산소적 과정과 유산소적 과정을 교대함으로써 심장을 일정한 수준에서 항진시켜 활동하게 하는 반면, 다른 기관은 간헐적으로 부담을 경감시키게 되어, 심장을 강력하게 활동시키도록 하는 것이 좋다. ③ 강도 결정 방법은 심박수에 의한 방법, 반복에 의한 방법, 스피드에 의한 방법이 있으며, 트레이닝의 내용에 따라 달리 선택하지만 대개 혼합하여 활용한다. 그러나 심박수에 의한 방법이 운동 강도나 종료 점을 알려주는 지침을 주기 때문에 많이 활용된다.

② 인터벌 운동

트레이닝 원리	인터벌 트레이닝은 운동을 하면서 적절한 휴식 시간을 곁들여서 하는 체력 프로그램으로, 호흡·순환기의 계속적 활동에 의한 심박출량의 증가, 유산소적 면하와 무산소적 부하의 교대에 따른 무산소성 역치점의 증가와 근력의 증강을 도모할 수 있는 트레이닝이다.
운동강도	• 부하기 : 최대 스피드의 70~90%　　• 면하기 : 최대 스피드의 30%
운동시간	부하와 면하의 반복을 10회 이상 실시
운동빈도	격일제로 실시

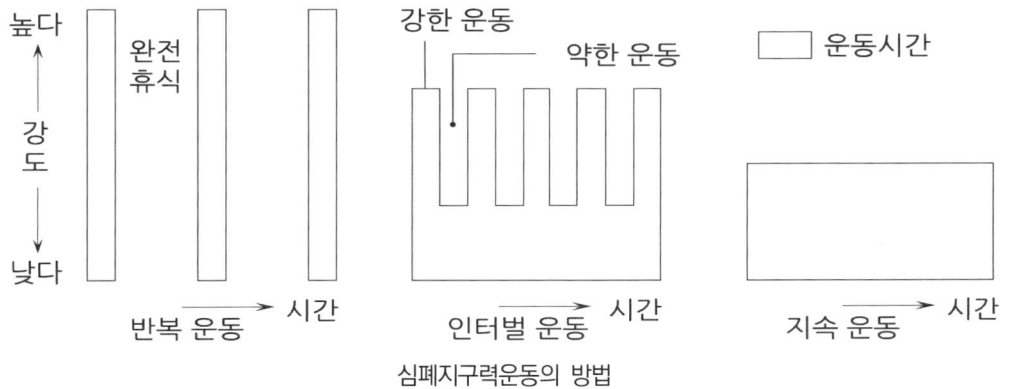

심폐지구력운동의 방법

(2) 운동 강도 : 심박수(150~160회)가 되도록 운동 강도를 결정한다. 강도가 너무 낮으면 효과가 낮고, 너무 높아도 운동을 오래 지속할 수가 없기 때문에 효과가 낮다.

(3) 운동 시간 : 20~30분 이상 계속해야 효과가 있다.

(4) 운동 빈도 : 일주일에 3~5일 정도가 바람직하다.

05 유연성 트레이닝

1) 유연성 트레이닝의 개념
　(1) 관절을 정상적인 가동 범위까지 움직여서 관절 주위의 근육, 건, 인재를 늘려주는 운동이다.
　(2) 관절의 가동범위를 의미하는 것으로, 유연성을 향상시키면 기술의 활용 범위를 넓혀 줄 뿐만 아니라, 동작도 빠르게 할 수 있다.

2) 유연성 트레이닝의 방법

(1) 운동 형태

① 동적 스트레칭 : 반동을 이용하여 역동적으로 관절의 범위를 크게 하는 운동으로 부상의 위험이 있고, 효과도 높지 않다.
② 정적 스트레칭 : 근육을 천천히 늘려주고 적당히 늘린 상태에서 그 자세를 10~30초간 유지하는 방법으로 부상의 위험도 적고 효과도 높다.
③ 능동적 스트레칭 : 늘려주는 근육의 반대쪽 근육을 수축시키면서 스트레칭을 하는 방법으로 안전하다.
④ 수동적 스트레칭 : 보조자의 도움을 받아 스트레칭을 하는 방법으로 무리하면 다칠 수 있다. 일반적으로 능동적이고 정적인 스트레칭을 자주 이용한다.

특성	동적 스트레칭	정적 스트레칭	근신경 촉진법
상해의 위험	높음	낮음	중간
고통의 정도	중간	낮음	높음
스트레칭에 대한 저항	높음	낮음	중간
실용성(시간과 보조자)	좋음	우수	약함
효율성(에너지 소비)	약함	우수	좋음
가동 범위 증가의 효과	좋음	좋음	좋음

(2) 운동 강도

① 편안한 느낌을 갖는 단계, 약간의 긴장을 느끼는 단계, 통증을 느끼는 단계를 거치는데 '약간의 긴장을 느끼는 단계'에서 정지 자세를 유지하는 정적인 스트레칭이 안전하다.

	[스트레칭 운동의 단계]		
	제1단계	제2단계	제3단계
스트레칭의 단계	편안한 단계	약간의 긴장을 느끼는 단계	통증을 느끼는 단계
운동 지침	스트레칭 운동의 범위		금지 범위

(3) 운동 시간 : 편안한 단계에서부터 약간의 긴장을 느끼는 단계까지 가동 범위를 증가시켜 10~30초간 유지하며, 이러한 방법으로 2~3회 반복.

(4) 운동 빈도 : 매일 하는 것이 바람직하다.

3) 유연성 트레이닝의 효과

(1) 근육의 신진 대사를 활발하게 하여 갑작스런 수축이나 이완 운동을 부상의 위험 없이 부드럽게 수행할 수 있게 하며, 운동 후의 피로 회복에도 효과가 있다.

(2) 스트레칭의 효과
① 근육의 긴장을 풀어 주어 심리적으로 편안감을 제공한다.
② 협응력을 향상시키며 동작 표현을 자유롭게 해 준다.
③ 신체의 가동 범위를 증가시킨다.
④ 근육의 저항력을 증가시켜 스포츠 상해를 예방할 수 있다.
⑤ 신경 반사 작용을 통해 격렬한 운동을 원활히 수행할 수 있도록 한다.
⑥ 신체의 감각 기능을 향상시킨다.⑦ 혈액 순환을 촉진시킨다.
⑦ 심리적 안정을 가져다 준다.

06 서키트 트레이닝(종합체력트레이닝)

1) 서키트 트레이닝의 개념

(1) 근력과 근지구력을 향상시키기 위한 훈련 방법으로 개발한 것으로 운동능력의 기본이 되는 근육계와 호흡순환계의 기능을 강화하는 데 주목적이 있다.

(2) 서키트 트레이닝은 여러 종목의 운동 기구나 방법을 한 세트로 배열하여 순서에 따라 하나씩 운동해 나가는 방법이다. 1세트의 운동이 끝나면 다시 처음의 위치로 돌아와서 2세트와 3세트를 실시한다.

(3) 서키트 트레이닝은 체력 요소 대부분을 강화할 수 있는 것으로 학생의 기초 체력을 향상하는 데 상당히 효과적인 프로그램이라 할 수 있다. 그러나 근력이나 심폐지구력 등 체력 요소의 한계에 도전하는 장거리 선수나 역도 선수의 경기력 향상에는 크게 도움이 되지 않는다.

2) 운동 형태

(1) 서키트 트레이닝을 선정한다.
(2) 점진적 과부하의 원리에 따라 운동 부하를 설정한다.
(3) 다양한 체력요소를 강화할 수 있도록 운동 종목 수를 6~12종류를 설정한다.
(4) 근력과 근지구력의 경우 모든 부위를 강화할 수 있도록 한다.

3) 서키트 트레이닝의 운동 방법

   (1) 운동 강도 : 최대 운동 능력의 30~40%

   (2) 운동 시간
       ① 1세트 운동 시간 : 10~20분
       ② 순환 횟수 : 2~3회, 전체 소요 시간 : 20~25분
       ③ 운동 사이의 휴식 : 15~90초
       ④ 서키트 사이의 휴식 : 2~3분

   (3) 운동 빈도 : 주 2~3회 이상

   (4) 운동 기간 : 6주 이상

기 초 문 제

01 지속적인 신체활동에 따른 효과로 옳지 **않은** 것은?
① 조기 사망과 심장병의 위험 감소
② 당뇨병과 고혈압 예방
③ 다양한 질병과 피로감 유발
④ 혈압이 높은 사람에게 낮은 혈압 수준을 유도

<정답> ③

신체활동의 효과는 조기 사망과 심장병의 위험 감소, 당뇨병과 고혈압 예방, 체중 유지 및 건강한 뼈, 근육 그리고 관절형성, 혈압이 높은 사람에게 낮은 혈압 수준을 유도하여 심리적 안정감을 향상시켜 준다.

02 다음 중 '체력'에 대한 설명으로 옳은 것은?
① 육체적 활동을 할 수 있는 몸의 힘, 또는 질병이나 추위 따위에 대한 몸의 저항 능력
② 사람이 몸을 단련하거나 건강을 위하여 몸을 움직이는 일
③ 어떤 목적을 이루려고 힘쓰는 일, 또는 그런 활동
④ 일정한 규칙과 방법에 따라 신체의 기량이나 기술을 겨루는 일, 또는 그런 활동

<정답> ①

'체력'이라는 개념은 활동이라기 보다는 개인의 능력이라고 볼 수 있다. ②, ③, ④ 는 운동에 대한 설명이다.

03 다음 내용의 ( )안에 들어갈 용어는?

> 탄수화물이나 지방과 같은 저장연료가 분해되면서 얻어지는 에너지는 생리적 일에 직접적으로 이용되지 않는다. 대신 ( )라고 하는 고에너지 분자를 합성하는데 이용된다. 이 고분자 에너지인 ( )가 분해되면서 방출되는 에너지만이 인체의 세포가 자신의 특정한 생리적 일을 수행하는 데 이용될 수 있다.

① Pi ② ADP ③ ATP ④ ATPase

<정답> ③

탄수화물 $+ 6O_2 \rightarrow 6CO_2 + 6H_2O + 38 ATP$
지방산 $23O_2 \rightarrow 16CO_2 + 16H_2O + 130 ATP$
$ATP - (ATPase) \rightarrow ADP + Pi + 에너지$

기 초 문 제

04 다음은 무엇에 대한 설명인가?

> 운동 강도가 증가함에 따라 지방보다는 탄수화물에서 공급되는 에너지가 많은 운동 강도 지점이 있는데 이 지점을 (   )지점이라 한다.

① 연료교차　　② 무산소성 역치　　③ 젖산역치　　④ 혈중젖산축적(OBLA)

<정답> ①

②, ③ 점증부하 운동 시 혈중 젖산농도가 비 직선적으로 증가하는 지점을 젖산역치, 무산소성 역치라 한다. ④ 혈중 젖산축적지점(OBLA)은 혈중 젖산의 증가지점을 의미하기보다는 혈중 젖산이 리터당 4밀리몰에 도달할 때의 산소섭취량 또는 운동 강도를 의미

05 심장에 대한 설명이 **아닌** 것은?

① 심장근은 자신 스스로 전기적 신호를 발생시키는 독특한 능력을 가지고 있다.
② 동방결절은 매분 60~80번 정도의 자극을 발생시키기 때문에 심장의 pace-maker라고 한다.
③ 심장의 외인성 조절은 자율신경계에 의해 조절된다.
④ 교감신경계의 신경 전달 물질은 아세틸콜린이다.

<정답> ④

부교감신경계의 신경 전달 물질이 아세틸콜린이며, 교감신경계의 신경 전달 물질은 카테콜라민(에피네프린, 노르에피네프린)이다.

06 다음 중 휴식과 운동 중 인체의 에너지 사용에 대한 내용으로 옳은 것은?

① 휴식 중 인체가 필요로 하는 에너지는 탄수화물과 지방이 분해되어 충당되며, 탄수화물이 지방보다 에너지를 더 보충한다.
② 최대운동 중 운동 강도가 높아질수록 더 많은 양의 지방이 사용되며 탄수화물의 비중은 줄어든다.
③ 단시간 최대운동을 할 때는 대부분 유산소 시스템에 의해 ATP를 공급 받는다.
④ 최대하운동 중 탄수화물이 운동 중 먼저 이용되고, 탄수화물의 고갈 후 지방이 이용되며, 극도의 탈진 후에 단백질도 약간의 에너지를 공급한다.

<정답> ④

휴식 중 인체가 필요로 하는 에너지는 탄수화물과 지방의 분해로부터 거의 균등하게 충당되며, 최대운동 중 운동 강도가 높아질수록 더 많은 양의 탄수화물이 사용되며 지방의 비중은 줄어든다. 또한 단시간 최대운동을 할 때는 대부분 젖산 체계에 의해 ATP를 공급받는다.

기 초 문 제

07 다음 중 무산소성 해당과정에 대한 설명이 **잘못된** 것은?

① 산소를 필요로 하지 않는 과정이다.
② 근피로를 유발하는 젖산을 제거하는 과정이다.
③ 탄수화물(글루코스 또는 글리코겐)만을 이용하며, 지방을 이용하지 않는다.
④ 무산소 과정은 전적으로 근세포의 원형질(근형질)에서만 일어나며, 사립체(mitochondria)에서는 일어나지 않는다.

<정답> ②

무산소성 해당과정(젖산 시스템)은 근피로를 유발하는 젖산의 축적을 초래하는 과정이다.

08 다음 보기의 설명 중 올바른 것은?

> A. 운동이 장시간 지속될수록 인체의 에너지 공급은 필연적으로 무산소적 과정에의 의존도가 높아진다.
> B. 운동강도가 높을수록 인체는 그 연료로서 지방보다는 탄수화물에 더 의존한다.
> C. 신체적으로 단련된 사람일수록 동일한 강도의 운동을 보다 유산소과정에 의존해서 수행할 수 있다.

① A, B   ② A, C   ③ B, C   ④ A, B, C

<정답> ③

A : 운동이 장시간 지속될수록 인체의 에너지 공급은 필연적으로 유산소적 과정에의 의존도가 높아진다.

09 젖산 시스템(무산소성 해당 과정)에서 작용하지 **않는** 효소는 무엇인가?

① 포스포프락토키나제
② 알다스테론
③ 포스포리라제
④ 젖산탈수소효소

<정답> ②

① 해당경로 전반에 걸쳐서 전구체들의 흐름을 조절한다. ② 신장의 소디움 재흡수에 기여해 신체의 수분 함유량을 증가시키며 혈장량의 보충과 혈압을 정상 상태로 상승시키는 호르몬. ③ 근육 글리코겐이 글루코스 1인산으로 분해되는 것을 촉매한다. ④ 초성포도산염에서 젖산염으로 전환되는 반응이 젖산탈수소효소에 의해서 촉매되며 양 방향으로 반응이 진행될 수 있다.

기초문제

10 유산소 트레이닝 후 인체의 변화측면에서 **잘못** 기술된 것은?

① 트레이닝 후 모세혈관 밀도가 증가한다.
② 무산소성 역치점이 증가한다.
③ 트레이닝 후 최대하 운동시 회복기 산소소비량(EPOC)의 증가를 가져온다.
④ 최대하운동시 젖산과 수소이온의 형성은 감소한다.

<정답> ③

트레이닝 후 최대하운동시 EPOC의 감소를 가져온다.

11 뉴런에 대한 설명이 **아닌** 것은?

① 수상 돌기는 세포체로 자극을 전달하는 역할을 한다.
② 축삭은 세포체로부터 신경 자극을 다른 부위로 전달하는 역할을 한다.
③ 축삭은 미엘린 수초로 감겨져 있고 그 사이를 랑비에르 결절이라 한다.
④ 신경연접부에서의 자극전달은 일방통행이며, 또한 약물에 대단히 강하다.

<정답> ④

신경연접부에서의 자극전달은 일방통행이며, 또한 약물에 대단히 약하다(신경연접부는 화학물질을 전달을 지연시키기도 하며, 비교적 높은 역치를 가지며, 피로에 있어서 매우 중요).

12 다음 중 활동 전압에 대한 설명으로 옳지 **않은** 것은?

① 안정시 막 전압은 70밀리 볼트를 유지하며 세포 내에 칼륨이, 세포밖에 나트륨이 있다.
② 분극된 신경섬유가 자극을 받으면 나트륨통로는 열리고 약간의 나트륨이온이 확산되어 세포막이 탈분극 된다.
③ 칼륨통로가 열릴 때 나트륨 이온이 세포 외부로 확산되고 세포막은 탈분극 된다.
④ 나트륨 이온은 신경원에 확산되어 세포를 탈분극 시킴으로써 양전하를 만든다.

<정답> ③

칼륨통로가 열릴 때 칼륨 이온은 세포 외부로 확산되고 세포막은 재분극된다.

기 초 문 제

13 인체가 내외적인 자극을 받아들여서 그에 따른 적절한 반응을 하게 되는 일반적인 경로를 올바르게 나열한 것은?

㉠ 중추신경   ㉡ 감각수용기   ㉢ 원심성 신경   ㉣ 구심성 신경   ㉤ 효과기

① ㉡-㉠-㉤-㉢-㉣
② ㉡-㉣-㉠-㉢-㉤
③ ㉠-㉤-㉢-㉣-㉡
④ ㉠-㉢-㉣-㉡-㉤

<정답> ②

감각수용기-구심성 신경-중추신경-원심성신경-효과기

14 말초 신경계의 운동기능을 조절하는 자율신경계에 대한 설명 중 바르지 **않은** 것은?

① 자율신경계는 신체의 내부환경을 일정하게 유지하는 역할을 한다.
② 해부학적으로나 기능학적으로 자율신경계는 교감신경계와 부교감신경계로 구분한다.
③ 노르에피네프린을 방출하는 교감신경은 기관을 억제하려는 경향이 있는 반면에 아세틸콜린을 방출하는 부교감신경은 같은 기관을 흥분시키는 경향이 있다.
④ 심장운동, 폐기능의 일부, 혈관의 조절작용, 내장의 조절과 기능, 눈동자가 깜박거리는 것, 땀샘, 침샘, 방광 등은 모두 자율신경의 지배를 받고 있다.

<정답> ③

노르에피네프린을 방출하는 교감신경은 기관을 흥분시키는 반면에 아세틸콜린을 방출하는 부교감신경은 같은 기관을 억제하려는 경향이 있다.

15 세포막에 전압에 대한 설명이 옳은 것은?

① 안정시 막전압은 -70mV로, +, - 극이 서로 대치하고 있는 상태를 말한다.
② 탈분극은 -70mV이상으로, 전위가 안정시보다 더 커진 상태를 말한다.
③ 과분극은 -70mV로, 탈분극 된 후 다시 안정시 전위 수준으로 돌아간 상태를 말한다.
④ 재분극은 -55~30mV 사이로, 세포막 전위가 안정막 전위 수보다 감소된 상태를 말한다.

<정답> ①

② 탈분극은 -55~30mV 사이로, 세포막 전위가 안정막 전위 수보다 감소된 상태를 말한다. ③ 과분극 -70mV이상으로, 전위가 안정시보다 더 커진 상태를 말한다. ④ 재분극은 -70mV로, 탈분극 된 후 다시 안정시 전위 수준으로 돌아간 상태를 말한다.

기초문제

16 신경계의 구조에 대한 설명이 **틀린** 것은?

① 신경계는 크게 중추신경계, 말초신경계로 구분된다.
② 말초신경계는 뇌와 척수로 구분된다.
③ 감각계는 5가지 감각과 피부, 근육과 건 등이 있다.
④ 운동계는 자율 신경계와 체성 신경계가 있다.

 <정답> ②

② 말초신경계는 감각계와 운동계로 구분 ④ 자율신경계는 교감신경계, 부교감 신경계 / 체성신경계는 추체로, 추체외로가 있다.

17 다음에서 설명하고 있는 근원섬유는?

> ○ 근원섬유는 2개의 수축 단백질로 구성되어 있는데 얇은 세사에 속하는 수축 단백질이다.
> ○ 자극이 발생하면 트로포마이오신의 위치가 바뀌게 되며, 이때 이 단백질은 마이오신과 결합하며 십자형 가교를 이룬다.

① 액틴 ② 칼슘 ③ 트로포닌 ④ 수소이온

<정답> ①

근원섬유는 2개의 수축 단백질로 구성되어 있다. 얇은 세사 부분인 액틴과, 굵은 세사 부분인 마이오신이 있다. 자극이 발생하면 칼슘이 트로포닌과 결합하여 트로포마이오신의 위치를 변화시키고 이때 액틴과 마이오신이 결합하며 장력을 발생시킨다.

18 다음 중 근섬유의 형태와 수행능력에 대한 설명으로 옳지 **않은** 것은?

① 지근섬유는 마라톤과 같은 지구력 운동선수들에게 필요한 근섬유이다.
② 훌륭한 파워 운동선수들(스프린터,풀백 등)은 속근섬유의 비율이 높다.
③ 근섬유 분포에서 명백한 성별이나 나이 차이는 없다.
④ 훌륭한 역도선수는 지속적인 훈련이 필요하므로 지근섬유가 유리하다.

<정답> ④

역도종목 또한 순발성 운동이기 때문에 지근 섬유보다는 높은 장력을 발생시킬 수 있는 속근이 유리하다.

기초문제

19 다음의 설명 중 **틀린** 것은?

① 파워는 힘 × 수축속도로 산출 할 수 있다.
② IIx(속근)형이 근섬유 형태 중에서 가장 높은 파워를 생성해낼 수 있다.
③ 근지구력은 속근형이 가장 두드러지게 높은 형태로 나타난다.
④ 근수축 형태 중 동적 수축형태는 근육의 길이가 감소하는 단축성 수축과 근육의 길이가 증가하는 신장성 수축이 있다.

<정답> ③

근지구력은 속근섬유 보다는 지근섬유가 더 높다.

20 골격근의 구조에 대한 설명으로 **틀린** 것은?

① 근섬유는 다발을 이루고 있는데 이 근섬유다발을 근섬유속이라고 한다.
② 근섬유를 함께 묶어서 근섬유속을 이루게 하는 결체조직을 근내막 이라고 한다.
③ 여러개의 근섬유속은 근주막에 의해 서로 연결되어 있다.
④ 근주막의 외측은 건과 근막이라는 결체조직으로 둘러 싸여 있다.

<정답> ④

근주막의 외측은 근외막과 근막으로 둘러 싸여 있다.

21 다음에서 설명하고 있는 근육수축의 종류는?

> 근육섬유의 길이는 변화 없이, 즉 관절각의 변화없이 장력(힘)이 발생하는 상태를 말한다.

① 등장성 수축   ② 등속성 수축
③ 등척성 수축   ④ 신장성 수축

<정답> ③

① 근육의 길이 변화 있다. ② 관절각이 동일한 속도로 운동하는 수축을 말한다. ④ 근육의 길이가 늘어난다.

기 초 문 제

22 근력훈련에 의해 근육계의 적응으로 나타나는 현상이 아닌 것은?
① 근육 단면적의 변화
② 모세혈관 밀도의 증가
③ 마이오글로빈 함량의 증가
④ 미토콘드리아 수와 크기 감소

<정답> ④
미토콘드리아 수와 크기 감소 하는 것이 아니라 증가 한다.

23 다음 중 호르몬의 분비 부위와 호르몬 이름이 바르게 연결된 것은?
① 부신피질 - 에스토로젠, 프로제스트로젠
② 난소 - 테스토스테론
③ 고환 - 타이록신, 트라이아이오드타이로닌
④ 부신수질 - 에피네프린, 노르에피네프린

<정답> ④
① 부신피질 - 코티졸, 알다스테론 ② 난소 - 에스토로젠, 프로제스트로젠 ③ 고환 - 테스타스테론

24 다음 보기 중 옳은 것을 **모두** 고른 것은?

> A. 세포막 수송기전의 변화
> B. 특정 단백질의 합성을 유발하는 미토콘드리아의 자극
> C. 2차 전령에 의한 세포 내 특정 단백질의 활동 촉진

① A, B
② B, C
③ A, C
④ A, B, C

<정답> ③
B: 특정 단백질의 합성을 유발하는 미토콘드리아의 자극이 아니라 특정 단백질의 합성을 유발하는 핵(nucleus DNA)의 자극이다.

기 초 문 제

25 운동 중 대부분의 호르몬은 증가를 한다. 다음 보기에서 운동 중 감소되는 호르몬은?
① 인슐린
② 글루카곤
③ 성장호르몬
④ 카테콜라민

 <정답> ①

인슐린은 조직에서의 포도당 섭취에 직접적인 관련이 있다. 하지만 운동 중 인슐린 농도는 감소한다. 만일 운동이 인슐린의 증가를 가져올 경우 혈장 포도당의 빠른 비율로 모든 조직으로 섭취되어 즉각적인 저혈당증을 유발할 것이다. 운동 중 낮은 인슐린 농도는 간으로부터의 포도당 동원과 지방조직으로부터 유리지방산의 동원을 선호하게 된다.

26 호르몬의 분비 부위와 호르몬 이름이 바르게 짝지은 것은?
① 부신피질 - 코티졸, 알다스테론
② 난소 - 에스트로겐, 프로게스테론
③ 갑상선 - 티록신, 트라이아이오드타이로닌
④ 부신수질 - 항이뇨호르몬, 옥시토신

 <정답> ④

뇌하수체 후엽 - 항이뇨호르몬, 옥시토신 / 뇌하수체 전엽 - 성장호르몬, 갑상선 자극호르몬, 부질피질 자극호르몬, 난포 자극호르몬

27 다음에서 설명하고 있는 호르몬은?

- 뇌하수체 전엽에서 분비된다.
- 출생부터 성장기에 걸쳐 많은 양이 분비되다가 성인이 되면 분비량이 감소되지만 일생동안 계속해서 분비된다.
- 신체 각 부위의 발달과 증식을 촉진한다.

① 갑상샘 자극 호르몬
② 부신피질 자극 호르몬
③ 항이뇨 호르몬
④ 성장호르몬

<정답> ④

① 갑상샘의 성장과 발달을 촉진 시킨다. ② 정신적, 신체적 스트레스나 혈중글루코스의 저하가 시상하부를 자극하여 시상하부의 신경분비세포가 부신피질호르몬방출인자 라는 호르몬을 분비하여 뇌하수체전엽의 샘세포를 자극함으로써 이루어 진다. ③ 수분의 재흡수를 촉진하여 소변량을 감소시킨다.

기 초 문 제

28 트레이닝에 따른 1회박출량과 심박수, 심박출량의 반응으로 옳지 **않은** 것은?

① 안정시 이완기말 혈액량이 증가함으로 인해 1회 박출량이 증가한다.
② 안정시 심박수 감소의 요인은 부교감신경의 제어에 의해 이루어지고, 운동 중 심박수 감소는 교감신경 충격 감소에 의해 이루어지며 운동성 서맥 현상이라 한다.
③ 최대하 운동 중 심박출량은 비훈련자 보다 동일하거나 약간 낮은데, 이것은 인체 효율성이 증대되었기 때문이다.
④ 최대 운동 중 젖산 생성량은 감소한다.

<정답> ④

트레이닝을 하고 나면 해당 능력이 증가하여 탈진적인 운동 중에 보다 많은 젖산을 생성할 수 있다. 따라서, 단시간 고강도의 운동을 보다 효율적으로 수행할 수 있다(근글리코겐의 저장량 증가).

29 트레이닝에 따른 혈류, 혈압, 혈액의 반응으로 옳지 **않은** 것은?

① 안정시 대동맥 및 폐동맥의 평균 압력이 감소한다.
② 안정시 총 혈액량은 감소한다.
③ 동일한 최대하운동 중에서 운동할 때, 훈련자는 비훈련자에 비해 근혈류량이 낮다.
④ 최대운동 중 1회박출량의 증가로 인해 심박출량은 증가한다.

<정답> ②

운동을 하게 되면 안정 시에 총 혈액량과 헤모글로빈양이 증가한다. 이러한 변화는 산소 운반계의 중요한 기능이다. 동일한 최대하운동 중에서 운동할 때, 훈련자는 비훈련자에 비해 근혈류량이 낮다. 이것은 인체 효율성이 증대되었기 때문이다.

30 다음은 운동 전, 중 및 회복기의 환기량의 변화이다. ㉠ ~ ㉣ 중에 **틀린** 것을 고르시오.

구 분	변 화	조절인자
운동전	가벼운 증가	대뇌피질
2. 운동 중 운동 초기 수초내 운동 지속기	㉠급격한 증가 항정상태 또는 점진적 증가	㉢근 및 관절수용체 화학적 인자
3. 회복기 회복 초기 회복지속기	㉡급격한 증가 휴식수준까지 느린 감소	운동의 중지 ㉣CO_2의 감소

① ㉠　　② ㉡　　③ ㉢　　④ ㉣

<정답> ②

급격한 감소이다.

기 초 문 제

31 다음 중 심박출량에 대한 설명으로 **틀린** 것은?

① 심박출량은 심장 수축에 의해 1분간 펌프되는 혈액량으로 정의된다.
② 최대산소섭취량은 최대 심박출량에서 최대 동정맥 산소차를 뺀 값이다.
③ 1회 박출량은 확장 말기량에서 수축 말기량을 뺀 값이다.
④ 운동강도에 따라 1회박출량은 최대하운동 부하에서 최대에 이르고 더 증가하지는 않는다.

<정답> ②

최대산소섭취량 = 최대 심박출량 × 최대 동정맥 산소차

32 호흡교환률(R)의 공식으로 바르게 제시된 것은?

① 호흡교환률(R) = 이산화탄소 생성량(VCO_2) ÷ 산소 섭취량(VO_2)
② 호흡교환률(R) = 산소 섭취량(VO_2) ÷ 이산화탄소 생성량(VCO_2)
③ 호흡교환률(R) = 산소 섭취량(VO_2) × 이산화탄소 생성량(VCO_2)
④ 호흡교환률(R) = 이산화탄소 생성량(VCO_2) - 산소 섭취량(VO_2)

<정답> ①

호흡교환률(R)은 이산화탄소 생성량을 산소 섭취량으로 나눈 것으로, 운동 중의 산소 섭취량과 이산화탄소 생성량을 측정함으로써 대사 작용에 참여한 혼합 영양분의 비율을 알 수 있다.

33 혈류의 저항요인이 **아닌** 것은?

① 혈액의 점성   ② 혈관의 길이   ③ 혈관의 직경   ④ 미토콘드리아 수 증가

<정답> ④

미토콘드리아 수 증가는 지구성 트레이닝을 통한 순환계의 변화이다.

34 정맥혈 회귀를 촉진시키는 요인이 **아닌** 것은?

① 근육에 의한 펌프 작용
② 호흡에 의한 펌프 작용
③ 정맥 혈관 압축에 의한 펌프 작용
④ 모세혈관 혈압에 의한 펌프 작용

<정답> ④

① 근육이 수축하면 근육에 있는 정맥 혈관이 압박을 받아 혈액이 심장 쪽으로 밀려서 흐르게 된다. 이때 역류하지 않고 흐르는 이유는 정맥 혈관에 있는 수많은 판막에 의해 이루어진다. ② 숨을 들여 마실 때 흉곽 내의 압력이 감소되어 흉곽 내의 정맥혈이 오른쪽 심장을 빨려 들어간다. ③ 정맥 혈관 수축은 온몸의 정맥 계통의 용적을 줄이도록 작용하므로 혈액을 심장으로 밀어 넣는 역할을 하게 된다.

기초문제

35 최대산소섭취량을 결정하는 요인으로 옳지 **않은** 것은?
① 심장의 기능
② 활동조직으로의 혈류순환 능력
③ 근육조직에서 산소를 이용하여 대사하는 능력
④ 운동 기능 능력

<정답> ④

운동 기능 능력은 최대산소 섭취량과 상관이 없는 요인이다.

36 더운 환경에서의 규칙적인 운동은 열 스트레스로 인한 항상성 장애를 최소화하도록 하는 일련의 생리학적 적응 결과를 가져온다. 이를 '열순응'이라 하는데, '열순응'의 결과로 옳은 것은?
① 혈장량 감소
② 운동 중 느린 땀 배출
③ 발한율의 증가
④ 피부 혈류량의 증가

<정답> ③

열순응은 혈장량 증가, 운동 중 빠른 땀 배출, 높은 발한율, 땀의 전해질량 균형유지, 피부 혈류량의 감소, 열충격 단백질생성 증가를 가져온다.

37 고지대에서 장기적인 적응의 조직적 변화의 결과로 옳지 **않은** 것은?
① 적혈구 수의 감소
② 마이오글로빈 농도의 증가
③ 조직 내 모세혈관밀도의 증가
④ 미토콘드리아밀도의 증가 및 세포 내 산화효소의 활성도 증가

<정답> ①

적혈구는 혈액 내에 존재 하며, 고지대에 적응 하게 되면 적혈구 수는 증가하게 된다.

기 초 문 제

38 다음 중 수중에서의 운동에 대한 설명으로 옳지 **않은** 것은?

① 스쿠버다이버가 물 위로 계속 오르면 압력이 저하되어 가슴막공간 내로 유입된 공기가 계속적으로 팽창하면서 파열된 허파를 움츠려 들게 만들어 '기흉'을 유발한다.
② 잠수하기 전에 과호흡은 다이빙에 효율적이다.
③ 잠수하는 깊이가 늘어날수록 가슴 안에 가해지는 압력이 커져서 허파조직에 광범위한 손상을 초래 할 수 있다.
④ 체내에 산소와 이산화탄소가 과다하게 축적되면 산소중독이 발생한다.

<정답> ②

잠수하기 전에 과호흡 하는 것은 수중에서 숨을 참는 시간을 증가시키지만, 수중에서 의식을 잃게 되는 위험성이 높아진다.

39 고지대에서 최대하 운동시 생리적 반응으로 **잘못된** 것은?

① 혈장량 감소
② 심박수 증가
③ 1회박출량 감소
④ 최대산소섭취량 증가

<정답> ④

최대산소섭취량은 대기압의 감소에 비례해 감소한다. 왜냐하면 고지대에서 최대심박출량과 동정맥산소차 모두 감소하기 때문이다.

40 추위에 대한 신체 적응에 대한 설명이 **아닌** 것은?

① 피부의 떨림이 없이 열생성이 증가
② 손과 발의 체온 유지를 위한 말초순환계의 증가
③ 추위에서 수면능력이 향상
④ 세포에서 열상해 단백질 증가

<정답> ④

세포에서 열상해 단백질 증가는 열순응의 결과로 일어나는 반응 중 하나

PART 06

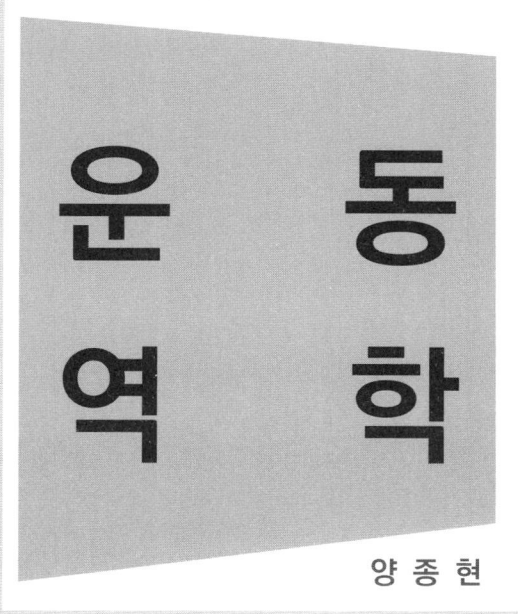

운동역학

양종현

Chapter 01 운동역학 개요
Chapter 02 운동역학의 이해
Chapter 03 인체 역학
Chapter 04 운동학의 스포츠 적용
Chapter 05 운동역학의 스포츠 적용
Chapter 06 일과 에너지
Chapter 07 다양한 운동기술의 분석

기초문제

Chapter 01 운동역학 개요

01 운동역학의 정의와 필요성

1) 운동역학의 역사와 정의

(1) 운동역학의 기틀을 마련한 학자

① 아리스토텔레스(BC 384-322) : 운동기능학의 창시자로 처음으로 **근육의 작용을 설명**하였음

② 아르키메데스(BC 287-212) : **유체역학의 원리를 발견하고 지레의 법칙에 대해 조사**하였음

③ 갈렌(131-201) : 검투사 외과의사로 **최초의 운동기능학 교재를 발간**하였음

④ 레오나르도 다빈치(1452-1519) : 역사상 제 1의 해부학자로 **인체의 구조와 기능을 조사**하였음

⑤ 갈릴레오 갈릴레이(1564-1642) : **관성의 법칙을 제안**하고 공간, 시간, 속도와 같은 움직임 역학의 전형적인 기틀을 세움

⑥ 보렐리(1608-1679) : 현재 운동역학(kinetics)의 실제적인 창시자로 **최초의 운동역학 교과서를 편찬**하였음

⑦ 뉴턴(1642-1727) : **관성의 법칙, 가속도의 법칙, 작용·반작용의 법칙을 집대성**함

⑧ 뮤이브리지(1830-1894) : 최초로 연속 사진을 촬영을 하여 사람과 동물의 동작을 면밀히 분석할 수 있는 기초를 마련함

(2) 키니지올로지(Kinesiology)

① 운동역학은 '키니지올로지(kinesiology)'라는 학문에서 비롯되어 발전하였음
  ㉠ kinesis(운동 또는 움직임) + -ology(학문)
  ㉡ 인체의 골격구조를 밝히고 근육의 활동에 따른 움직임을 규명
  ㉢ '운동기능학', '해부기능학'의 의미와 함께 '운동과학'이라는 광역의 의미도 지님

② 19세기말과 20세기 초부터 인체 움직임과 해부학적 기능에 관심
③ 1920년대 미국 체육 분야의 학부 정규과목으로 채택
④ 1960년대 관련 학회 구성 및 활동, AAHPERD(미국체육학회)의 분과 구성

(3) 생체역학(Biomechanics)
① **역학적 개념과 방법을 통해 인체를 포함한 생명체의 구조와 기능을 규명하는 분야**
  ㉠ bio-(살아있는) + mechanics(역학 : 힘의 작용과 효과를 다루는 분야)
  ㉡ 공학, 의학, 체육학 등 다양한 학문영역에서 공유
  ㉢ 1970년대 컴퓨터의 출현으로 인체 움직임의 정량적 분석이 용이해지면서 등장
② 1970년대 국제생체역학회가 결성, 키니지올로지 보다 생체역학 용어가 보편화됨

(4) 운동역학(Sport Biomechanics)
① **스포츠와 상황에서 움직임에 대한 원인과 현상을 연구하는 생체역학의 한 분야**
② 현재 체육지도자 및 교원 교육 등의 관련 법령에서 사용하는 명칭
③ 1980년대 운동역학을 다룬 전문학술지 발간
④ 1990년대 이후 첨단 장비의 등장으로 인한 연구 방법의 발달로 운동역학 연구가 첨단화되고 연구 주제가 보다 다양해짐

2) 운동역학의 필요성

(1) 인체 움직임은 역학적 법칙을 따름
① 인체 운동은 생리학, 심리학 등 다양한 측면의 요인이 관여하지만 기본적으로 역학적 법칙을 따름
② 운동역학에 대한 이해 없이는 인체 움직임에 대한 설명이 불가능함

(2) 운동역학은 인체 움직임 원리를 이해하고 설명하는데 필수적인 학문
① 수행자는 움직임의 역학적 원리를 이해함으로써 보다 효율적이고 효과적으로 운동을 수행할 수 있음
② 지도자는 움직임의 역학적 원리를 적용함으로써 효과적이고 안전하게 운동을 지도할 수 있음

(3) 특정 동작의 효과적 수행에 대한 역학적 근거(기준) 제시
① 효과적인 동작 수행의 역학적 근거와 수행 지침을 제공할 수 있음
② 수행력 향상, 기술 개발, 상해 예방 등을 위한 과학적 기초 자료를 제공함

02 운동역학의 목적과 내용

1) 운동역학의 목적

(1) 운동기술의 향상
① 운동 기술과 트레이닝 개선을 통해 운동 기술을 향상
② 운동 수행의 최적화와 경기력의 극대화 추구

(2) 상해 예방 및 재활
① 각종 상해의 원인을 분석하고 이를 예방할 수 있는 동작 방법 제시
② 각종 보호 장비 등 상해 예방 및 재활 기구 개발

(3) 운동 용기구의 개발
① 수행력 향상시키고 운동을 안전하게 할 수 있는 각종 용기구 개발
② 운동 수행을 정밀하게 측정할 수 있는 첨단 장비 개발

2) 운동역학의 내용

(1) 운동기술의 개발과 분석
① 최적화된 운동 수행의 기준 제시 및 새로운 운동 기술 개발
② 특정 선수의 분석을 통한 장단점 파악과 피드백 제공

(2) 운동기구의 평가 및 개발 분야
① 운동 수행력 향상과 상해 예방에 초점
② 전신 수영복, 클랩 스케이트, 신발, 첨단 자전거 개발 / 헬멧 및 보호 장비 개발 / 벨로드롬 경기장 등 경기환경 개선 등

(3) 분석 방법 및 자료처리 기술 개발
① 인체 운동의 정확한 측정과 분석을 위한 장비 개발
② (영상) 동작 분석법, 힘 측정 및 분석법, 근육활동(근전도)의 측정 및 분석법 등

Chapter 02 운동역학의 이해

01 해부학적 기초

1) 인체의 근골격계

(1) 인체운동과 근골격계
① 인체 운동은 신경계의 명령(제어)에 따른 근골격계의 움직임으로 이루어짐
② 골격계 : 뼈의 짜임새 및 연결에 관여하는 관절, 인대, 연골 등을 모두 포함
  ㉠ 체중을 지탱하는 지주 역할을 하며 뇌와 장기를 보호함
  ㉡ 인체의 형태와 자세를 만드는 기본 요소이며 근육과 협력하여 인체 운동을 생성함
③ 근육계 : 뼈와 연결되어 자세나 외형 유지, 인체 운동에 필요한 힘을 생성함

(2) 골격계
① 뼈 : 인체의 골격을 이루며 몸을 지탱하는 단단한 조직
  ㉠ 머리뼈, 몸통뼈, 팔뼈, 다리뼈 등 / 인체는 약 206개의 뼈로 구성
  ㉡ 충분한 자극이 없으면 강도가 약해지는 반면 규칙적인 운동 자극은 뼈를 튼튼하게 함
  ㉢ 근육의 수축이나 외부의 힘에 의해 실제로 움직이는 지렛대 역할
② 관절 : 둘 또는 그 이상의 뼈가 서로 연결된 부위
  ㉠ 인체 관절의 대부분은 운동이 가능한 윤활관절(가동관절)이며, 운동이 제한적인 부동관절(두개골의 봉합)과 반가동관절(척추의 추간판 관절)도 존재함
  ㉡ 관절을 축으로 회전운동 발생함
  ㉢ 가동 관절 종류 : 경첩관절(1축), 중쇠관절(1축), 타원관절(2축), 평면관절(2축), 안장관절(2축), 융기관절(2축), 절구관절(3축)
③ 인대 : 뼈와 뼈에 연결되어 관절을 지지하는 띠 모양의 조직

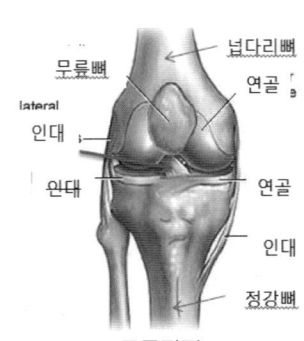
무릎관절

⊙ 관절을 견고하고 안정되게 지지(안정성 향상)
ⓒ 정상적인 운동 범위를 넘는 관절 운동을 방지 - 운동범위를 넘는 과도한 운동은 인대 손상 유발
(예) 무릎관절의 내/외측인대와 십자인대
④ 연골 : 뼈의 끝부분에 부착된 부드러운 조직
⊙ 단단한 뼈가 서로 부딪히는 것을 방지
ⓒ 뼈에 작용하는 충격 흡수, 부드러운 관절 운동 유도

(3) 근육계

① 골격근 : 일정 수준 이상의 신경자극에 의해 수축하면서 힘(근력)을 생성함
  ⊙ 골격근이 수축하면서 발휘하는 근력은 자세 유지에 기여함
  ⓒ 근력은 인체를 움직이는 데 중요한 역할을 함
② 건 : 골격근을 뼈에 부착시키는 결체조직으로 근육의 힘을 뼈에 전달하는 역할을 함

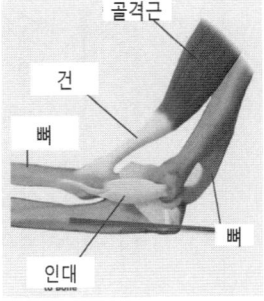

근육과 건, 인대

2) 해부학적 자세와 방향 용어

(1) 인체 운동의 표현과 해부학적 자세

① 3차원 공간에서 복잡하게 이루어지는 인체 운동을 정확하게 표현하고 공유하기 위해서는 공통적인 용어를 사용해야함
② 인체 각 부위의 위치나 인체 운동의 방향과 동작 등은 상대적이기 때문에 기준이 되는 자세가 필요함
③ 해부학적 자세
  ⊙ 정면을 바라보며 양 팔을 몸통 옆에 늘어뜨린 채 자연스럽게 선 자세로 양발은 11자로 나란히 하고 손바닥이 전면을 향하도록 함
  ⓒ 인체 부위의 위치, 분절 및 관절의 운동, 운동축과 운동면 등은 해부학적 자세를 기준으로 함

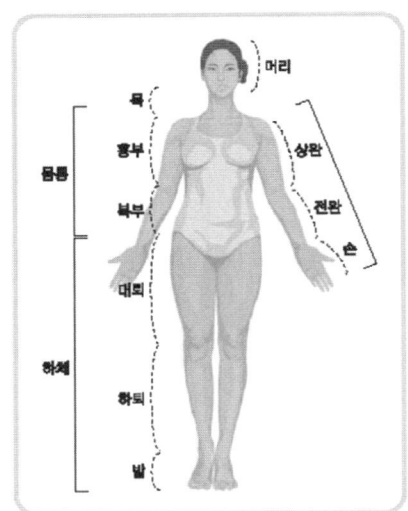

해부학적 자세와 인체분절

정철수, 신인식(2005). 운동역학총론. 서울: 도서출판 대한미디어.

(2) 인체 부위의 방향에 관련된 용어

앞 / 뒤	인체의 앞면에 보다 가까운 쪽 / 뒷면에 보다 가까운 쪽
위 / 아래	머리에 보다 가까운 쪽 / 발바닥에 보다 가까운 쪽
내측 / 외측	인체를 좌우로 2등분하는 중앙선에 보다 가까운 쪽 / 보다 먼 쪽
근위 / 원위	몸통 부위에 보다 가까운 쪽 / 몸통 부위에서 보다 먼 쪽
기점 / 착점	근육의 양끝은 뼈에 부착되어 있는데, 근육이 수축할 때 움직이지 않는 쪽의 끝 부위 / 끌려오는 쪽의 끝 부위
표층 / 심층	표면에 가까운 쪽 / 표면으로부터 먼 쪽

① 인체를 구성하는 각 분절과 관절의 위치는 상대적인 개념이며, 자세에 따라 상대적인 위치도 변함
② 인체 각 부위를 근위부에서부터 원위부로 나열하면 다음과 같음
 ㉠ 상체 : 몸통→상완→전완→손 혹은 몸통→어깨관절→팔꿈치관절→손목관절
  하체 : 몸통→대퇴→하퇴→발 혹은 몸통→엉덩관절→무릎관절→발목관절
 ㉡ 팔꿈치관절은 어깨관절에 대해 원위에 있지만 손목관절에 대해서는 근위에 있음

3) 인체의 축(axis)과 운동면(plane)

(1) 운동축(가상의 회전축)
① 좌우축 : 인체의 좌우를 통과하는 축, 전후면과 직교
② 전후축 : 인체의 전후를 통과하는 축, 좌우면과 직교
③ 장축(수직축) : 인체의 위아래를 통과하는 축, 횡단면과 직교

(2) 운동면(가상의 평면)
① 전후면 : 인체의 전후로 형성되어 인체를 좌우로 나누는 평면
② 좌우면 : 인체의 좌우로 형성되어 인체를 앞뒤로 나누는 평면
③ 횡단면(수평면) : 인체를 횡단하여 인체를 상하로 나누는 평면

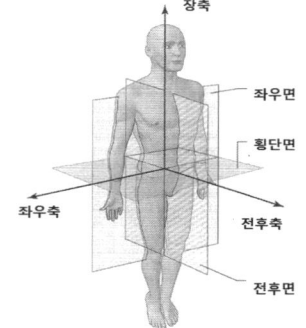

인체의 주요 운동면과 운동축
Watkins, J. (2007). An introduction to biomechanics of sport & exercise. New York, NY: Churchill Livingstone.

(3) 운동축과 운동면의 관계
① 인체 운동은 3차원 공간상에서 3개의 운동축에 대한 3개의 운동면상에서 이루어지며, 각 운동축은 대응되는 운동면을 직각으로 관통함
② 좌우축-전후면 운동 : 윗몸일으키기, 앞/뒤 공중돌기, 사이클의 다리동작 등
③ 전후축-좌우면 운동 : 손 짚고 옆돌기, 옆으로 팔 벌려 뛰기, 핸드볼 골키퍼의 팔동작 등

④ 장축-횡단면 운동 : 야구스윙의 몸통운동, 좌우로 머리 돌리기, 피겨스케이트의 스핀 등
※ 특정 동작의 운동면과 직교하는 운동축선 상에서 관찰할 때 해당 동작의 특성을 효과적으로 알 수 있음. 예를 들어 전후면에서 이루어지는 사이클의 페달링 동작의 특성은 좌우축 선상에서 효과적으로 관찰할 수 있음

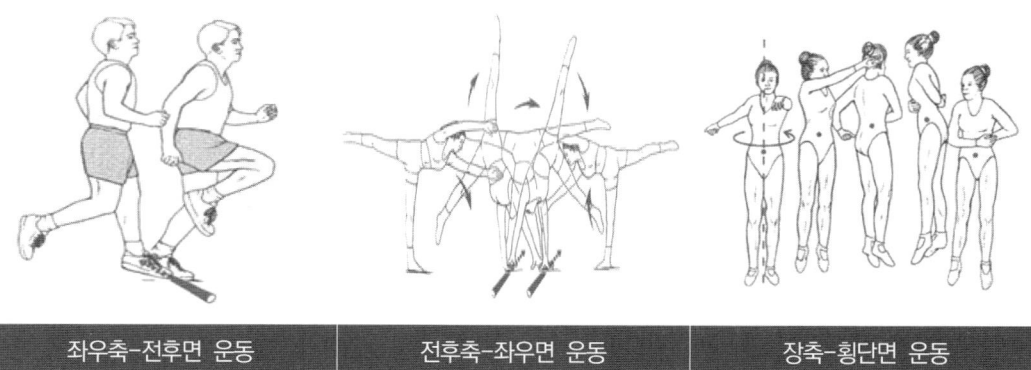

| 좌우축-전후면 운동 | 전후축-좌우면 운동 | 장축-횡단면 운동 |

Hamill, J., & Knutzen, K. M. (2007). Biomechanical basis of human movement(3rd ed.). Philadelphia, PA: Lippincott Williams & Wilkins.

4) 관절 운동

(1) 좌우축-전후면에서의 관절 운동

① 굴곡 : 해부학적 자세에서 두 관절의 각이 감소하는 동작
② 신전 : 굴곡이 된 상태에서 다시 해부학적 자세로 돌아가는(두 관절의 각이 증가하는) 동작
③ 과신전 : 해부학적 자세에서 두 관절의 각이 증가하는(과도하게 신전되는) 동작
④ 배측굴곡 : 발등 방향으로 발을 들어 올리는 동작
⑤ 저측굴곡(족저굴곡) : 발 바닥 방향으로 발을 내리는 동작

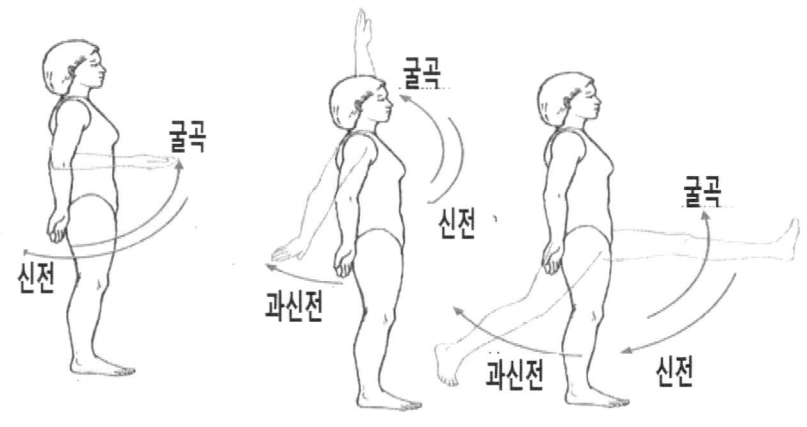

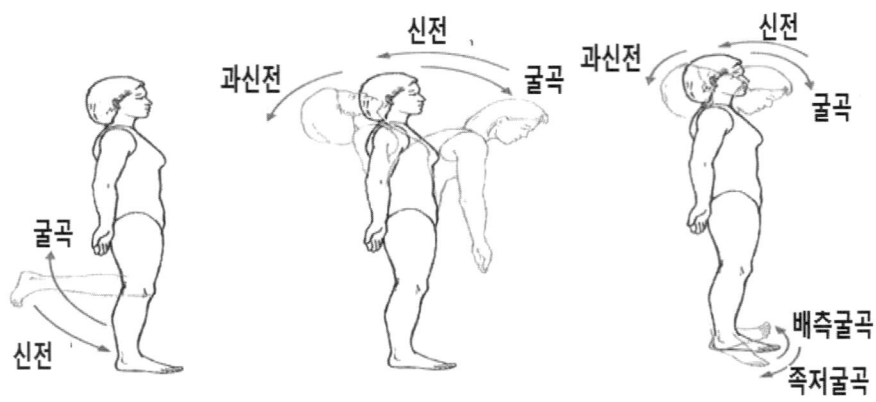

McGinnis, P. M. (2002). 스포츠 생체역학(최인애 등 역). 서울: 도서출판 대한미디어. (원서출판 1999).

(2) 전후축-좌우면에서의 관절 운동
① 내전 : 인체의 중심선으로부터 분절이 가까워지는 동작
② 외전 : 인체의 중심선으로부터 분절이 멀어지는 동작
③ 요골굴곡 : 해부학적 자세에서 손목을 요골 방향으로 굽히는 동작
④ 척골굴곡 : 해부학적 자세에서 손목을 척골 방향으로 굽히는 동작
⑤ 내번 : 발바닥 안쪽을 드는 동작
⑥ 외번 : 발바닥 바깥쪽을 드는 동작

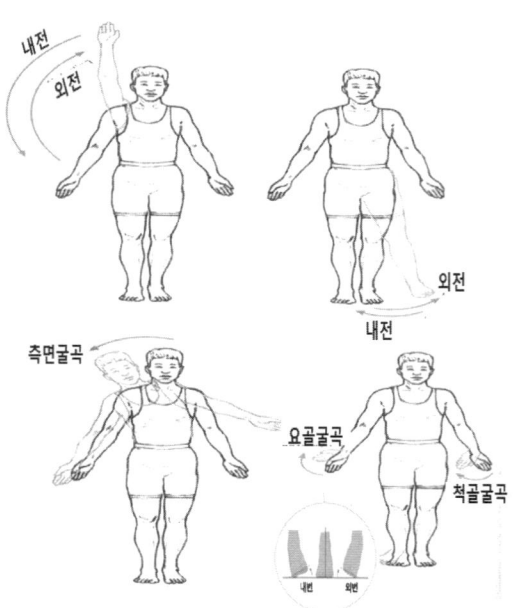

McGinnis, P. M. (2002). 스포츠 생체역학(최인애 등 역). 서울: 도서출판 대한미디어. (원서출판 1999).

(3) 장축-횡단면에서의 관절 운동

① 내회전(내선) : 분절의 장축을 중심으로 인체 중심선으로 향하는 회전 동작
② 외회전(외선) : 분절의 장축을 중심으로 인체 중심선으로부터 바깥으로 향한는 회전 동작
③ 수평내전 : 수평면에서 이루어지는 내전 동작
④ 수평외전 : 수평면에서 이루어지는 외전 동작
⑤ 회내 : 전완의 내회전으로 해부학적 자세에서 손등을 앞쪽으로 돌리는 동작
⑥ 회외 : 전완의 외회전으로 손바닥을 바깥쪽으로 돌려 해부학적 자세로 돌아가는 동작

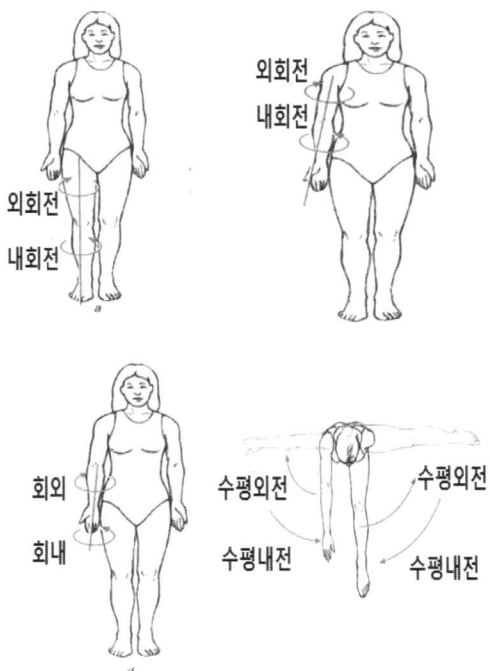

McGinnis, P. M. (2002). 스포츠 생체역학(최인애 등 역). 서울: 도서출판 대한미디어. (원서출판 1999).

02 운동의 정의와 종류

1) 운동의 정의와 원인

(1) 운동의 정의

① 일상적인 '운동'의 의미 : 일상적으로 '운동'은 생리학적인 측면에서 기초 대사량 이상의 신체 에너지를 소모하는 활동을 의미함

② 운동역학적 개념의 '운동' : 모든 인체 움직임은 역학적 측면에서 운동(motion)에 해당함

정의	공간상에 존재하는 물체가	시간의 경과에 따라	위치가 변화하는 것
측정(단위)	질량(kg)	시간(초)	거리/변위(m)
요소	운동의 대상	운동의 결과(외현적 모습)	

(예) 걷거나 달리는 움직임은 물론 제자리에서 팔을 들거나 자세를 바꾸는 것도 역학적 측면에서 운동에 해당함

(2) 운동의 원인

① 힘 : 운동을 일으키는 원인
   ㉠ 물체(대상)에 힘이 작용(원인)하면 운동 상태가 변함(결과)
   ㉡ 공중의 축구공(대상)은 중력(원인)에 의해 아래로 떨어짐(결과)
      지면이 밀어주는 힘(원인)에 의해 인체(대상)은 앞으로 나아감(결과)
   ㉢ 힘이 작용하지 않으면(모든 힘의 합이 0) 물체는 원래의 운동 상태를 그대로 유지하기 때문에 정지된 물체는 정지해 있고 움직이는 물체는 그 움직임을 유지함
② 인체나 물체의 운동은 뉴턴의 운동법칙으로 설명
   ㉠ 뉴턴의 운동법칙 : 물체의 특성, 힘 그리고 결과의 관계를 설명하는 물리법칙
   ㉡ 같은 물체라도 작용한 힘에 의해 결과가 달라지고, 같은 힘이 작용하더라도 물체의 특성에 따라 운동의 결과가 달라짐

2) 운동의 종류

(1) 선운동(병진운동)

① 물체(인체)가 일정한 시간 동안 같은 거리, 같은 방향으로 움직이는 운동
② 직선운동 : '사이클에서 몸통의 움직임'처럼 물체(인체)의 움직임이 직선을 이루는 운동
③ 곡선운동 : '벤치프레스에서 바벨의 움직임'이나 '야구 플라이 볼'처럼 물체(인체)의 움직임이 곡선을 이루는 운동

(2) 각운동(회전운동)

① 물체(인체)의 모든 부분이 회전축에 대하여 동일한 시간에 동일한 각도로 움직이는 운동
② 회전축은 인체 내외부에 존재함
   (예) 피겨스케이트의 스핀(내부의 장축), 철봉 대차돌기(외부의 철봉)
③ 대부분의 관절운동은 관절을 회전축으로 하는 회전운동
   (예) 암컬(팔꿈치관절), 레그 익스텐션(무릎관절)
④ 순수한 회전운동은 회전축이 움직이지 않음

(3) 복합운동
  ① 선운동과 각운동이 함께 일어나는 운동
    (예) 축구 스핀킥에서 공의 중심은 선운동을 하지만 공 자체는 각운동을 함
  ② 대부분의 인체 운동은 복합운동에 가깝고, 이 때문에 일반운동이라고 함
  ③ 회전축이 움직이는 회전운동은 선운동 요소를 가진 복합운동
    (예) 달리기에서 하지 분절의 움직임은 분절중심의 이동(선운동)과 분절 자체의 회전(각운동)이 결합된 형태

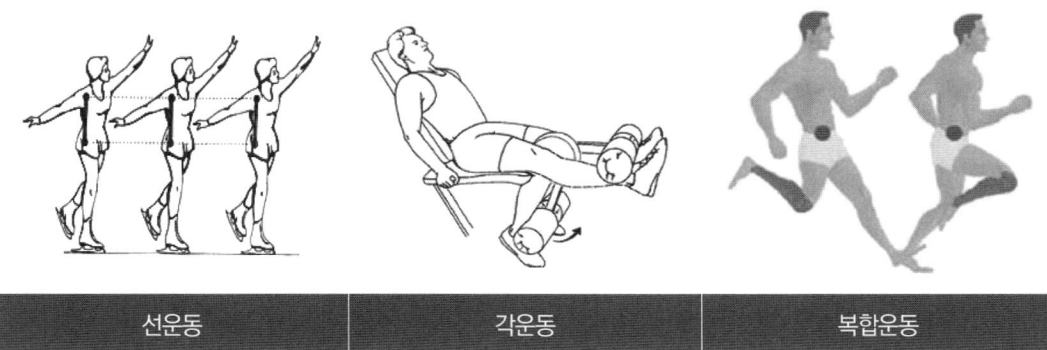

| 선운동 | 각운동 | 복합운동 |

Chapter 03 인체 역학

01 인체의 물리적 특성

1) 질량과 무게

(1) 질량
  ① 질량은 물체를 구성하는 물질의 양
  ② 물체의 고유한 양으로 장소와 상태에 관계없이 일정함
  ③ 단위 : kg, lb 등

(2) 중력과 무게
  ① 중력 : 지구와 지구상의 물체가 서로 끌어당기는 힘
    ㉠ 크기 : **질량 × 중력가속도** (여기서 중력가속도(g)는 통상 $9.8m/s^2$로 간주함)
    ㉡ 중력은 지구와 물체가 서로 당기는 힘이지만, 지구의 질량이 지구상의 물체의 질량의 차이로 인해 지구상의 물체가 지구중심으로 일방적으로 끌려감
  ② 무게 : 물체에 작용하는 **중력의 크기**
    ㉠ 질량의 크기에 비례하지만 장소에 따라 달라짐
      (장소가 변하면 중력가속도의 크기가 변함)
    ㉡ 단위 : Newton(N) 혹은 kg중
      (예) 일반적으로 체중이나 물체의 무게를 70kg이라고 하지만, kg은 질량의 단위이며 무게는 70kg의 질량에 작용하는 중력의 크기 이므로 **70kg중** 혹은 **686N**이라고 해야함

2) 인체의 무게중심

(1) 무게중심
  ① 물체의 전체 무게가 모여 있다고 가정하는 가상의 점

② 물체 각 부분의 무게로 인한 회전력은 무게중심점에 대하여 균형을 이룸. 즉 무게중심(회전축)에 대한 회전력의 합이 0이 됨

(예) 무게중심에 대해 물체는 균형을 유지하기 때문에 무게 중심을 정확히 받치면 어떠한 쪽으로도 넘어지지 않으며, 물체를 자유롭게 움직이도록 매달면 무게중심은 회전축의 수직선상에 위치하게 됨

(2) 인체의 무게중심(=신체중심)

① 인체 각 분절마다 무게중심 존재하며 이러한 분절들의 무게가 균형을 이루는 점이 전신의 무게중심

② 자세에 따라 분절의 상대적 위치가 변하기 때문에(질량의 재분배) 무게중심도 수시로 변하며, 신체 외부에 존재하는 경우도 있음

(예) 해부학적 자세에서 신체중심은 배꼽 부근에 있지만, 손을 들게 되면 무게중심의 위치가 올라감. 높이뛰기의 공중동작에서 활처럼 휘는 자세를 취할 때 신체중심은 신체 외부에 존재하기도 함

③ 대체로 남성에 비해 여성의 무게중심이 낮고, 동양인의 무게중심이 서양인 보다 낮음. 또한 유아의 무게중심은 성인에 비해 높음

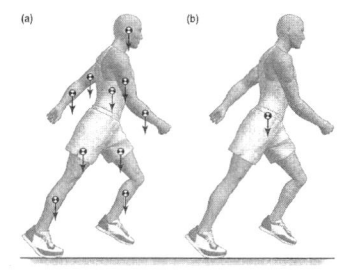

분절의 무게중심과 신체중심
Watkins, J. (2007). An introduction to biomechanics of sport & exercise. New York, NY: Churchill Livingstone.

(3) 인체운동과 신체중심

① 신체중심은 전신의 운동을 대표함

(예) 달리는 동안 팔다리가 다양하게 움직이지만 신체중심의 운동이 전신의 운동을 대표함

② 각 분절에 작용하는 중력의 영향을 모두 합하면 전신의 무게가 신체중심에 작용한 효과와 동일함

(예) 인체 각 분절마다 중력이 작용하지만, 최종적으로는 전신 체중(중력)이 신체중심에 작용한 것으로 단순화할 수 있음

③ 공중 동작에서 회전축은 신체중심을 지남

(예) 다이빙, 피겨 스케이팅 등에서 공중으로 도약한 후에는 회전축이 신체중심을 지나게 되며, 중력도 신체중심(회전축)에 작용함

④ 신체중심의 위치는 인체 평형과 안정성에 영향을 미침

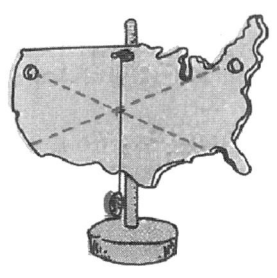

무게중심 찾기
Hewitt, P. G. (1994). 수학 없는 물리(엄정인 등 역). 서울: 에드텍. (원서출판 1993).

02 인체 평형과 안정성

1) 인체 평형

(1) 평형상태
① 평형상태 : 어느 한쪽으로 기울어지지 않는 상태, 또는 운동 상태가 변하지 않는 상태
 (예) 물체의 무게중심 아래를 받치면 어느 한쪽으로 기울어지지 않는 평형 상태가 되며, 움직이지 않고 가만히 서 있을 때도 평형상태
② 물체나 인체에 작용하는 모든 힘의 합이 0이고 모든 회전력의 합도 0일 때 평형상태가 됨
 (예) 평균대 위에서 움직이거나 회전하지 않는 평형상태를 유지하는 것은 인체에 작용하는 모든 힘이 합이 0이고 모든 회전력이 합이 0이기 때문임

(2) 안정성과 운동성
① 안정성 : 외부의 동요(힘 혹은 회전력)에 대항하여 원래의 상태(위치, 자세)나 평형상태로 돌아가려는 물체나 인체의 능력
② 운동성 : 안정성에 반대되는 개념
 (예) 바닥에 몸을 밀착시킨 레슬링 방어 자세는 외부의 힘에 잘 저항할 수 있는 안정성 높은 동작이고(운동성은 낮음), 육상 크라우칭 스타트 자세는 손쉽게 출발할 수 있는 운동성 높은 동작임(안정성은 낮음)

(3) 인체 운동과 안정성
① 인체의 안정성(혹은 안정된 자세)은 운동 수행 전반에 많은 영향을 미침
 (예) 테니스나 복싱에서 안정된 스탠스는 정확하고 강력한 동작을 가능케 함
② 동작의 수행 목적에 따라 안정성을 의도적으로 조절함
 (예) 레슬링, 유도, 씨름 등의 방어동작에서는 안정성을 높이는 것이 유리하지만 출발 동작이나 신속한 방향 전환이 필요할 때는 의도적으로 안정성을 낮추기도 함

2) 안정성을 결정하는 요인

(1) 안정의 원리
① 안정성이 높을수록 물체나 인체를 넘어뜨리기 어려움
② 외부의 힘(중력, 마찰력 등)에 의한 회전력은 안정성을 깨뜨리는 원인
 (예) 중력 등의 힘이 지지면 밖에서 작용하면 회전력이 발생하는데, 이러한 회전력에 의해 넘어지게 됨. 평균대 걷기에서 신체중심의 수직선이 평균대를 벗어나면 중력에 의한 회전력이 발생하여 균형이 깨지게 됨

③ 반면, 무게중심의 수직선이 지지면 내에 있으면 안정상태가 유지됨

(2) 기저면
    ① 기저면 : 인체나 물체가 지면과 접촉하는 각 점들로 연결된 면
    ② 외부의 힘(중력 등)이 기저면 내에 작용하면 회전력이 발생하지 않지만 기저면 밖에서 작용하면 회전운동을 일으켜 안정성이 깨짐
    ③ 기저면이 넓을수록 물체의 안정성이 높아짐
        (예) 한발로 선 자세에 비해 두발로 서면 기저면이 증가하여 안정성이 높아지고, 여기에 지팡이 등으로 지지하면 안정성은 더욱 증가함
    ④ 기저면의 형태가 운동 방향으로 길수록 안정성이 높아짐

(3) 무게중심의 높이
    ① 무게중심의 높이가 낮을수록 안정성이 높음
    ② 같은 각도로 물체를 넘어뜨릴 때, 무게중심이 높을수록 무게중심이 기저면 밖으로 쉽게 벗어나기 때문에 안정성은 낮아짐
        (예) 두 발을 같은 너비로 벌려 서 있을 때, 자세를 낮춘 자세는 선 자세에 비해 무게중심의 높이가 낮아 안정성이 높음

(4) 무게중심선의 위치
    ① 무게중심선(무게중심의 수직선)이 기저면의 중앙에 가까울수록 안정성이 높으며, 무게중심선이 기저면의 모서리에 가까울수록 안정성이 낮아짐
    ② 무게중심이 중앙에 가까울수록 기저면을 벗어나는데 큰 힘이 필요하며 안정성도 높아짐
        (예) 두 발을 선 자세에서 중심을 발 앞쪽 끝에 두거나 단거리 크라우칭 스타트에서 신체중심을 앞으로 이동시키면 안정성이 낮아짐

(5) 안정성에 영향을 미치는 그 밖의 요인
    ① 다른 조건이 동일할 때, 질량이 클수록 안정성이 증가함
    ② 지면과의 마찰력이 클수록 안정성이 증가함

(6) 안정성을 높이는 동작 전략
    ① 신체중심을 낮게 함 – (예) 자세를 낮게 유지함
    ② 기저면을 넓게 함 – (예) 외부의 힘이 가해지는 방향으로 스탠스를 넓게 함
    ③ 신체중심을 기저면의 중앙에 가깝게 둠 – (예) 신체중심을 기저면의 한쪽에 치우치지 않도록 하거나 기저면 내에서 외력 작용방향의 반대쪽으로 신체중심을 이동시킴

03 인체의 구조적 특성

1) 인체의 분절 모형

   (1) 인체 분절 모형의 가정

   ① 복잡한 인체를 여러 개의 분절이 관절로 연결된 기계적 모형으로 가정하면 인체 운동을 보다 쉽게 이해할 수 있음
   ② 분절 모형에서 분절의 무게, 무게중심의 위치, 길이는 변하지 않는 것으로 가정함
   ③ 분절 모형에서 분절은 관절 중앙에서 점으로 연결된 것으로 가정함

   (2) 분절모형의 실제 - 14개의 분절 모형

   ① 분절 : 머리, 몸통, 대퇴(2), 하퇴(2), 발(2), 상완(2), 전완(2), 손(2)
   ② 관절 : 목관절, 엉덩관절(2), 무릎관절(2), 발목관절(2), 어깨관절(2), 팔꿈치관절(2), 손목관절(2)
   ③ 14개의 분절 모형은 하나의 예이며, 몸통을 윗몸통과 아래몸통 분절로 구분하는 것과 같이 다른 방식으로도 모형을 정의할 수 있음

2) 인체 지레

   (1) 인체의 기계 작용

   ① 뼈, 관절, 근육 등의 근골격계는 지레, 바퀴와 축, 도르래와 같은 기계장치의 원리에 따라 인체 운동을 일으킴
   ② 특히 관절을 축으로 한 분절의 회전운동은 지레의 작용으로 이해할 수 있음

   (2) 지레의 기계적 원리

   ① 지레 : 축을 중심으로 단단한 지렛대가 회전하도록 한 기계 장치
   ② 지레의 역할 : 힘을 한 곳에서 다른 곳으로 전달함
      (예) 시소를 타고 있는 철수의 체중은 반대쪽에 앉은 영희를 들어 올림
   ③ 지레를 사용해도 역학적 일(힘×이동거리)은 변하지 않음
      ㉠ 지레를 이용해 작은 힘을 들인다면 많이 움직여야 하고, 많은 힘을 들이면 짧은 거리를 움직임
      ㉡ 힘의 이득-거리의 손해 그리고 힘의 손해-거리의 이득
      (예) 어린이(30kg중, 힘의 이득)가 반대쪽의 어른(60kg중, 힘의 손해)과 시소를 타고 있다면 어린이는 보다 긴 거리(거리의 손해)를 움직이고 어른은 보다 짧은 거리(거리의 이득)를 움직임

(3) 인체 지레의 구성과 종류

① 인체 지레의 구성

지레의 구성 요소	인체 지레
받침점(축)	관절
가해진 힘과 힘점	근력과 근육의 부착점
작용되는 힘과 작용점 (저항힘과 저항점)	외부힘(바벨의 무게), 분절의 무게 등
지렛대	뼈

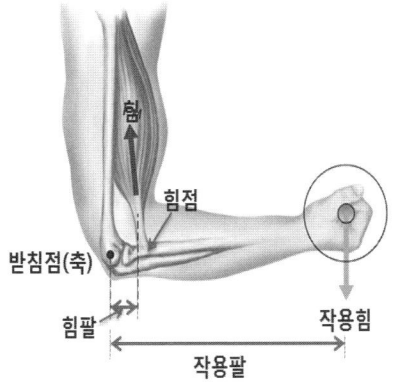

Baechle, T. R., & Baechle, T. R. (Ed.). (2008). Essentials of strength training and conditioning(3rd ed.). Champaign, IL: Human Kinetics.

※ 힘팔 : 받침점에서 힘점까지의 거리
　작용팔 : 받침점에서 작용점까지의 거리

② 지레의 법칙 : 지레는 토크(회전력)의 원리를 따라 작동함
　㉠ 힘과 해당 힘에서 받침점까지의 거리를 곱하면 회전력이 결정됨. 그림에서 '힘×힘팔' 혹은 '작용힘×작용팔'이 회전력임
　㉡ 지레에 가해진 힘과 작용된 힘의 관계는 힘팔과 작용팔의 상대적인 길이에 의해 결정됨

$$\text{가한 힘} \times \text{힘팔의 길이} = \text{작용된 힘} \times \text{작용팔의 길이}$$

$$\therefore \frac{\text{작용된 힘(출력)}}{\text{가한 힘(입력)}} = \frac{\text{힘팔의 길이}}{\text{작용팔의 길이}}$$

　㉢ (위 관계에서) 가한 힘에 대한 작용된 힘의 비율을 역학적 이득이라 한다. 역학적 이득이 1보다 작으면 가한 힘보다 작용된 힘이 작음을 의미함

③ 인체 지레의 종류와 특징

내용＼종류	1종 지레	2종 지레	3종 지레
축/힘점/작용점의 위치	힘점-축-작용점	축-작용점-힘점	축-힘점-작용점
힘팔과 작용팔의 길이	힘팔 〉,=,〈 작용팔	힘팔 〉 작용팔	힘팔 〈 작용팔
특징	• 힘과 저항의 방향이 반대 • 힘팔이 작용팔 보다 클 경우 힘의 이득 • 작용팔이 힘팔보다 클 경우 거리의 이득	• 힘의 이득 • 거리의 손해 • 힘과 저항의 방향이 같음	• 힘의 손해 • 거리의 이득 • 힘과 저항의 방향이 같음
역학적 이득	다양함	항상 1보다 큼	항상 1보다 작음
기본 구조	(F 힘점 ↓, 받침점, R 저항 ↓)	(F 힘점 ↑, 받침점, R 저항 ↓)	(F 힘점 ↑, 받침점, R 저항 ↓)
인체지레의 예	회전축(O), 근력(F), 무게(W) / 회전축(O), 근력(F), 무게(W)	근력(F), 회전축(O), 무게(W) / F, R, A	근력(F), 회전축(O), 무게(W) / F, R, A

체육과학연구원(2003). 스포츠 생체역학. 서울: 국민체육진흥공단 체육과학연구원.
예종이(1999). 생체역학. 서울: 도서출판 태근.

(4) 인체 운동과 인체 지레
　① 외부 저항에 대응하는 데 매우 큰 힘이 필요한 곳에는 힘의 이득을 얻는 2종 지레의 원리로 작동함
　　(예) 체중을 극복하며 빈번히 움직여야 하는(족저굴곡) 발목관절
　② 관절 운동의 대부분은 거리의 이득을 보는 3종 지레의 구조로 작동함
　　㉠ 3종 지레는 힘의 손실을 보지만 근육의 수축범위(짧게 움직임)에 비해 작용점(주로 팔다리의 끝에 해당)의 운동범위(거리)와 속도를 크게 증가시킴
　　(예) 낚싯대를 짧게 당겨도 낚싯대의 끝은 아주 먼 거리를 빠른 속도로 이동함
　　㉡ 작용점의 빠른 속도는 궁극적으로 파워를 높임으로써 수행력을 증가시킴
　　㉢ 3종 지레의 구조는 팔다리를 큰 운동범위로 자유롭게 움직이는데 유리함
　③ 배드민턴 스매싱, 배구 스파이크, 야구 피칭, 축구 킥 등은 3종 지레의 구조로 수행되며, 도구나 인체 말단 부위의 속도를 빠르게 할 수 있음

Chapter 04 운동학의 스포츠 적용

01 선운동의 운동학적 분석

> 선(병진)운동 : 물체(인체)의 모든 부분이 일정 시간 동안 같은 거리, 같은 방향으로 움직이는 것
> 운동학(운동현상학, kinematics) : 운동 현상(이동, 빠르기 등) 자체를 기술하는 분야
> (힘을 고려하지 않음)

1) 거리와 변위

(1) 운동의 관찰과 기준계
 ① 기준계 : 물체의 운동을 바라보는 기준 틀, 운동을 어디에서 관찰하는가?
 ② 같은 운동이라도 기준계에 따라 운동의 상태가 달라짐
  예 1) 영희가 100m 달리기를 할 때, 출발선(기준점)에서 보면 멀어지는 운동이지만 결승점(기준점)에서는 다가오는 운동이 됨
  예 2) 영희와 철수가 움직이는 버스를 타고 있을 때, 밖에서 보면(기준계) 영희가 이동하고 있지만 철수의 관점(기준계)에서 영희는 움직이지 않음

(2) 거리와 변위의 개념
 ① 위치 : 특정 순간(시점)에 특정한 기준점에 대한 물체가 있는 곳
 ② 거리 : 물체가 처음 위치에서 다른 위치로 이동하였을 때 움직인 궤적의 총 길이
 ③ 변위 : 위치의 변화량, 처음 위치에서 다른 위치로의 직선 길이
 ④ 거리와 변위의 단위 : m(미터)
 ⑤ 거리와 변위의 차이 : 거리는 방향성은 없고 크기만 존재하는 반면, **변위는 방향성과 크기를 모두 지님**

(예) 20m 왕복달리기를 해 원래 위치로 돌아온 경우, 방향성이 없는 거리는 이동 거리를 모두 합친 40m가 됨

(예) 방향성을 지닌 변위는 처음 이동한 변위(+20m)와 원래 위치로 돌아온 변위(-20m)가 합쳐져 0m가 됨

2) 속력과 속도

(1) 속력과 속도의 개념

① 흔히 말하는 '빠르다', '느리다'의 개념
② 속력 : 이동 거리를 소요된 시간으로 나눈 값, 방향성이 없고 단순히 빠르기를 의미
③ 속도 : 위치의 변화량(변위)을 소요시간으로 나눈 값, 크기(빠르기)와 방향 모두 포함
④ 단위 : m/s, 단 속도는 (+)와 (-) 구분

$$속력 = \frac{이동거리}{소요시간} \quad 속도\, v(m/s) = \frac{위치의 변화량}{소요시간} = \frac{나중위치 - 처음위치}{나중시간 - 처음시간}$$

달린 거리(m)	기록(sec)	속도(m/s)	계산 예
100	9.83	10.17	$\frac{100}{9.83}$
	9.93	10.07	
	11.12	8.99	

⑤ 속력과 속도의 차이 : 일상생활에서 속력과 속도는 구분 없이 사용하지만 역학적 측면에서 속력과 속도는 다름

(예) 20초에 20m 왕복달리기를 한 경우, 속력은 초속 2m/s(40m/20초)가 되지만 속도는 초속 0m/s[0m/20초 또는 2+(-2)m/s]가 됨

(2) 평균 속력/속도와 순간 속력/속도

① 평균 속력/속도 : 전체 구간의 평균적인 속력/속도
② 순간 속력/속도 : 특정 순간(아주 짧은 시간 간격)의 속력/속도
   (예) 100m를 10초에 달린 경우, 평균적인 속력/속도는 10m/s가 됨

(3) 속도(속력)의 비교

① 일정 거리를 짧은 시간에 도달할수록 속도가 빠름 : 육상 트랙, 수영 등
② 일정 시간에 먼 거리를 이동할수록 속도가 빠름

(4) 인체운동과 속도(속력)

① 많은 스포츠에서 속도(속력)는 경기력을 좌우하는 중요한 요인
② (평균) 속도 자체를 겨루는 경기 : 평균 속도가 중요
   (예) 100m 달리기, 수영, 스피드 스케이팅 등

③ (특정 시점의 순간) 속도가 운동 수행에 결정적인 영향을 미치는 경우
    ㉠ 높이뛰기, 멀리뛰기에서 이지(지면에서 떨어지는) 순간의 신체중심의 속도가 높이와 거리를 결정
    ㉡ 던지기에서 릴리즈 속도가 투사 높이와 거리를 결정
    ㉢ 골프, 테니스, 야구 배팅, 배구 스파이크, 축구 슈팅 등에서 충격하는 순간의 도구나 인체(분절)의 속도는 충격 후 공의 속도에 큰 영향을 미침
    ㉣ 복싱, 태권도, 럭비 태클 등에서 충격(충돌) 순간의 인체(분절)의 속도는 상대에게 작용하는 충격에 큰 영향을 미침

(5) 순환적 이동 운동의 속도

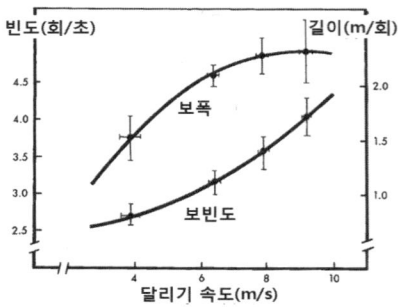

Luhtanen, P., & Komi, P. V. (1978). Mechanical factors influencing running speed. Biomechanics IV. Baltimore: University Park Press.

① 걷기, 달리기, 수영, 조정 등은 같은 동작이 반복되면서 이동하는 운동
② 이러한 순환적 이동 운동의 속도는 보폭과 보빈도의 곱으로 결정됨

$$속도 = 보폭 \times 보빈도 = \frac{이동거리(m)}{걸음수(회)} \times \frac{걸음수(회)}{시간(\sec)}$$

③ 보폭 : 한번 걸음에 이동한 거리
④ 보빈도 : 1초 동안의 걸음 수
⑤ 달리기 속도가 증가할 때, 저속에서의 속도 증가는 보폭의 증가에 의해 주로 이루어지는 반면 고속에서의 속도 증가는 보빈도의 증가에 의해 이루어짐

3) 가속도

(1) 가속도의 개념
① 가속도는 속도의 크기 변화나 방향 변화 혹은 크기와 방향의 변화를 나타냄
② 정의 : 시간에 대한 속도의 변화율, 단위 시간에 대한 속도의 변화량

$$가속도\ a(m/s^2) = \frac{속도의\ 변화량}{소요\ 시간} = \frac{나중속도 - 처음속도}{나중시간 - 처음시간}$$

(예) 0.6m/s 퍼팅한 골프공이 2초 뒤에 정지(0m/s²)했다면 가속도는?
→ $\frac{속도변화량}{시간변화량} = \frac{0 - 0.6}{2} = -0.3 m/s^2$,
→ 지면의 마찰력이 진행 반대방향으로 작용해서 공이 정지함

③ 가속도의 단위 : m/s^2
④ 평균 가속도와 순간 가속도의 개념은 속도와 동일하게 적용

(2) 등속운동과 등가속도 운동

① 등속운동 : 속도가 일정하게 유지되는 운동
  ㉠ 힘의 합력이 0이고 가속도가 0임
  ㉡ 공중에 던져진 물체(인체)는 수평방향으로 등속운동을 함(공기저항 무시)
② 등가속운동 : 가속도가 일정하게 유지되는 운동
  ㉠ 속도가 시간경과에 따라 일정하게 증가 혹은 감소(증가나 감소비율이 일정)
  ㉡ 일정한 크기의 힘이 작용할 때 등가속운동이 됨
  ㉢ 공중에 던져진 물체(인체)는 수직방향으로 등가속운동을 한다(공기저항 무시)

(3) 가속도의 해석

① 가속도는 물체에 작용하는 힘의 크기와 방향과 관계됨. 단 여기서 '힘'은 그 물체에 작용한 모든 힘들의 합을 의미함
  ㉠ 가속도가 (+)면 힘이 (+)방향으로 작용함을 의미, 그 역도 성립
  (예) 예를 들어 100m달리기의 출발초기에는 진행 방향으로 힘이 작용하여 속도가 증가하여 가속도가 (+)인 반면, 결승선을 지난 후에는 반대 방향으로 힘이 작용하기 때문에 속도가 감소하고 가속도는 (-)가 됨
  ㉡ 가속도가 크다는 것은 큰 힘이 작용함을 의미, 그 역도 성립
  (예) 100m 결승선을 지나 급작스럽게 정지하는 것은 단위시간당 속도의 감소가 크다는 것을 의미하며, 이를 위해 진행 반대 방향으로 큰 힘이 작용해야 함
② 가속도는 속도의 크기뿐만 아니라 속도의 방향(운동 방향)이 변해도 발생함
  (예) 곡선주로를 같은 크기의 빠르기로 돌고 있다면, 운동 방향이 변하기 때문에 가속도가 존재하며, 운동장 중심으로 향하는 힘이 작용하고 있음을 의미함

4) 포물선 운동(단, 공기저항을 무시한 경우를 가정하고 설명함)

(1) 투사체의 특성

① 투사체 : 공중으로 던져진(투사) 물체(인체 포함)로 오직 중력만 작용한다.
  (예) 공중에 던져진 공, 멀리뛰기나 높이뛰기, 각종 점프동작에서 도약 후의 인체
② 궤적 : 투사체의 비행 경로

(2) 투사체의 포물선 운동

① 투사체는 좌우대칭의 포물선 운동을 함
② 투사체 운동은 수평과 수직운동으로 구분되며, 두 운동이 합쳐져 궤적이 결정됨
③ 수평운동 : 초기 수평 투사속도가 일정하게 유지되는 등속운동
  ㉠ 물체에 작용하는 수평 방향의 힘이 없으며, 수평방향으로 가속도는 0
  ㉡ 등속운동으로 시간당 수평으로 이동한 거리가 일정함

④ 수직운동 : 초기 수직 투사속도가 일정한 비율로 증가/감소하는 등가속도 운동
　㉠ 아래 방향으로 작용하는 중력의 영향을 받음
　㉡ 속도가 중력가속도에 비례하여 일정하게 증가하거나 감소함
　㉢ 정점에서 수직방향의 속도는 0m/s임

(3) 투사체 운동에 영향을 미치는 요인
① 투사속도 : 비거리와 정점의 높이에 영향을 미침
　㉠ 비거리 : 수평속도와 수직속도가 모두 영향을 미침
　㉡ 상승 높이 : 수직속도가 클수록 증가함
② 투사각도 : 수평선에 대한 각도로 수평속도와 수직속도를 결정함
　㉠ 투사높이와 착지높이가 같을 경우 : 45°로 던질 때 비거리가 최대
　㉡ 투사높이가 착지높이보다 높을 경우 : 45°보다 낮게 던져야 비거리가 최대
　㉢ 투사높이가 착지높이보다 낮을 경우 : 45°보다 높게 던져야 비거리가 최대
③ 투사높이 : 지면에서 높은 곳에서 던질수록 비거리가 증가함

(4) 스포츠에서의 투사체 운동
① 운동수행의 목적에 따라 투사 전략도 달라짐
　(예) 상승 높이와 체공 시간이 중요한 높이뛰기나 다이빙에서는 투사각도를 크게 하여 수직속도를 크게 하는 반면, 멀리뛰기에서는 수평과 수직속도를 적절히 하여 비거리를 증가시킴
② 스포츠 상황에서는 대체로 투사높이가 착지높이보다 높기 때문에 45°보다 작은 각도로 투사함
③ 투사체의 운동은 투사속도, 투사각도, 투사높이에 의해 투사 순간에 결정됨
④ 인체가 투사된 경우, 다양한 동작을 취하더라도 무게중심의 궤적을 변화시킬 수 없음
⑤ 지금까지의 설명은 공기저항을 무시한 경우로, 실제 투사체 운동에는 공기저항의 영향이 있으며, 투사체의 속도가 빠를수록 영향도 커짐

5) 속도와 가속도의 관계
※ 임의의 기준점(원점)에 대해 오른쪽을 (+), 왼쪽을 (-)로, 그리고 위쪽을 (+), 아래쪽을 (-)로 설정하여 설명함

(1) (+)와 (-)의 의미
① (+) 위치는 물체가 기준점의 오른쪽에 있음을, (-) 위치는 기준점의 왼쪽에 있음을 의미함
② 속도가 (+)이면 물체는 오른쪽으로 이동하고, 속도가 (-)면 왼쪽으로 이동하고 있는 것을 의미함

③ 가속도의 (+)와 (-)는 힘의 작용방향을 의미함

(2) 속도와 가속도의 이해

① 속도는 운동방향을 나타내고, 가속도는 힘의 작용방향을 나타내기 때문에 속도와 가속도의 방향(+/-)은 서로 다를 수 있음

(예) 오른쪽으로 날아오는 공을 왼쪽에 있는 철수가 캐치하는 경우, 공의 속도는 (+)지만, 철수가 공에 가하는 힘은 왼쪽 방향이므로 가속도는 (-)임

② 특정 순간의 속도는 이전의 가속도에 따른 누적된 결과로 이해할 수 있으며, 따라서 특정 순간에 가속도가 큰 것이 속도가 크다는 의미는 아님. 가속도가 크다는 것은 단지 그 시점에서 속도의 변화가 크다는 것을 의미함

(예) 100m 달리기의 출발 초기에는 진행방향으로 큰 힘이 작용하여 가속도가 매우 크지만(속도가 크게 증가하지만) 속도의 크기 자체는 크지 않음. 반면 질주구간에서는 매우 빠른 속도를 계속 유지하지만 가속도(속도의 변화)는 크지 않음

02 각운동의 운동학적 분석

각(회전)운동 : 물체(인체)의 모든 부분이 회전축에 대하여 동일한 시간에 동일한 각도로 움직이는 것

운동학(운동현상학, kinematics) : 운동 현상(이동, 빠르기 등) 자체를 기술하는 분야 (힘을 고려하지 않음)

※ 각운동의 운동학적 개념은 선운동의 운동학적 개념(거리와 변위, 속도와 속력, 가속도)의 개념과 매우 유사함. 단지 각(회전)운동에서는 각도의 차원에서 이해해야 함

1) 각거리와 각변위

(1) 각의 표현과 방향

① (각)도(°) : 1회전을 360개로 나눈 각도, 일상적으로 자주 사용하는 각의 단위

② 라디안(rad) : 반지름과 같은 크기의 원호(원의 둘레)가 형성하는 중심각

(예) 1 rad은 약 57.3°, 일상생활에서는 라디안을 사용하지 않지만 운동역학에서 수학적 계산에는 라디안을 사용함

③ 회전(rev) : $1 rev = 360° = 2\pi \, rad$

④ 방향성 : 각도를 비롯해 회전운동에서는 일반적으로 시계반대방향을 (+), 시계방향을 (-)로 정의함

※ 원래 '각도'는 각을 표현하는 단위의 하나지만, 이 책에서는 별도의 언급이 언급한 도, 라디안, 회전수 등의 각을 통칭하는 의미하는 단어로 사용함

(2) 각거리와 각변위의 개념

① 각위치 : 특정 시점에 물체가 특정 축에 대하여 만드는 각도
② 각거리 : 처음 각위치에서 나중 각위치까지 물체가 이동한 각도의 총합
③ 각변위[θ(세타)] : 회전하는 물체의 각위치 변화량, 처음 각위치와 나중 각위치가 이루는 각도
④ 각거리와 각변위의 차이 : 각거리는 방향성은 없고 크기만 존재하는 반면 각변위는 방향성과 크기를 모두 지님
  (예) 암컬 동작에서 팔꿈치를 편 자세에서 팔꿈치를 120° 굽히며 부하를 들어 올렸다가 초기 자세로 돌아간 경우, 방향성이 없는 각거리는 240°(120°+120°)인 반면 각변위는 0°[120°+(-120°)]

2) 각속력과 각속도

(1) 각속력과 각속도의 개념

① '얼마나 빠르게 회전하는가?'의 개념
② 각속력 : 각거리를 소요된 시간으로 나눈 값, 방향성이 없고 단순히 빠르기를 의미
③ 각속도[ω(오메가)] : 각 위치의 변화량(각변위)을 소요시간으로 나눈 값, 크기와 방향 모두 포함
④ 단위 : °/s, rad/s, rpm(분당 회전수), 단 각속도는 (+)와 (-) 구분

$$\text{각속력} = \frac{\text{각거리}}{\text{소요시간}} \quad \text{각속도 } \omega = \frac{\text{각위치 변화량}}{\text{소요시간}} = \frac{\text{나중각위치} - \text{처음각위치}}{\text{나중시간} - \text{처음시간}}$$

(예) 볼링 투구에서 팔이 0.7초 동안 시계방향으로 210° 회전하였다면, (평균)각속도는?
→ $\frac{\text{각위치 변화량}}{\text{시간변화량}} = \frac{-210}{0.7} = -300°/s$

(2) 인체운동과 각속도(각속력)

① 분절 운동은 주로 관절을 축으로 한 회전운동으로 이루어지는데, 분절의 각속도는 분절이나 도구의 선속도에 큰 영향을 미침
  (예) 야구 배팅에서 몸통의 각속도가 클수록 배트의 회전속도가 증가하고 결국 배트 끝의 선속도도 증가함
② 공중회전에 이은 착지동작에서 인체의 각속도는 착지의 안정성에 영향을 미침
  (예) 체조의 공중돌기 후에 전신의 각속도가 지나치게 크면 착지 안정성이 감소하며, 안정된 착지를 위해 선수들은 착지 전에 웅크린 몸을 펴며 각속도를 감소시킴

3) 각가속도

(1) 각가속도의 개념

① 각가속도는 각속도 크기 변화와 방향 변화를 나타냄

② 각가속도[α(알파)] : 각속도의 변화량을 소요시간으로 나눈 값. 단위 시간에 대한 각속도의 변화량

$$\text{각가속도 } \alpha = \frac{\text{각속도의 변화량}}{\text{소요시간}} = \frac{\text{나중 각속도} - \text{처음 각속도}}{\text{나중시간} - \text{처음시간}}$$

③ 단위 : $°/s^2$, $radian/s^2$

(2) 각가속도의 이해

① 각가속도는 각속도의 크기 변화, 즉 보다 점점 더 빨리 회전하거나 점점 더 천천히 회전하는 것과 관련됨. 각가속도가 0이면 회전속도가 변하지 않음을 의미함

(예) 투수의 피칭동작에서 초기에는 몸통이 빠르게 회전하다가 팔의 회전운동이 증가하는 때[(+) 각가속도]부터 몸통의 각속도는 감소힘[(-) 각가속도].

② 선가속도에서처럼 각속도의 방향(회전 방향)이 변해도 각가속도가 발생함

4) 선속도와 각속도와의 관계

(1) 변위와 각변위의 관계

① 회전하는 물체의 이동 거리는 회전반경과 각거리(각도)의 곱으로 결정됨

$$\text{이동거리} = \text{회전반경} * \text{각도(라디안)}$$
$$d = r \cdot \theta$$

② 각속도가 동일한 경우, 회전반경이 클수록 회전하는 물체의 이동거리가 증가함

(예) 턴테이블에서 회전하는 레코드판의 중앙에 가까운 지점과 멀리 떨어진 지점을 상상해 보면, 레코드판의 각속도는 동일하지만 중앙에서 멀리 떨어진 지점이 보다 많이 이동함

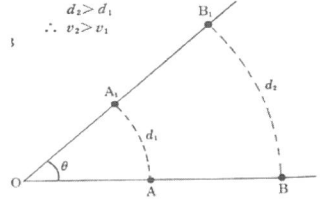

[그림 10-3] 선속도와 각속도의 관계

예종이(1999). 생체역학.
서울: 도서출판 태근.

(2) 선속도와 각속도의 관계

① 회전하는 물체의 선속도는 각속도와 회전반경의 곱으로 결정됨. 변위와 각변위 수식에서 좌우변을 시간으로 나누면 속도에 관한 아래 관계가 성립함

$$\text{선속도} = \text{회전반경} * \text{각속도(라디안/s)}$$
$$v = r \cdot \omega$$

② 각속도가 동일하다면, 회전축으로부터 가까운 지점의 선속도 보다 먼 지점의 선속도가 더 큼. 즉 회전반경이 클수록 선속도가 큼(비례 관계)
　(예) 골프 스윙에서 클럽의 회전속도(각속도)가 동일하다면, 길이가 긴 클럽의 선속도과 짧은 클럽의 선속도보다 크며, 공을 보다 멀리 보낼 수 있음

(3) 인체운동과 선속도-각속도 관계
① 배구 스파이크, 골프 스윙, 야구 배팅, 배드민턴 스매시 등의 충격 상황에서 도구(인체도 포함)의 선속도는 중요한 역학적 변인임
② 선속도(v)를 증가시키기 위해서는 각속도(ω)와 회전반경(r)을 증가시켜야 함
　㉠ 각속도 증가 : 충격 이전의 회전운동에서는 관절을 굽혀 질량을 회전축에 가깝게 하여 (관성모멘트 감소) 각속도를 증가시킴
　㉡ 회전반경의 증가 : 충격 직전에 관절을 신전시켜 회전반경을 늘림
　예) 배드민턴 스매시 동작에서 팔을 회전시킬 때는 어깨와 팔꿈치, 손목관절을 굽혀 각속도를 최대한 증가시키고 임팩트 직전에 모든 관절을 펴 라켓의 회전반경을 최대로 늘림. 만약 회전운동 초기부터 회전반경을 늘리면(관성모멘트가 증가하여) 각속도를 증가시키기 어렵게 됨

Chapter 05 운동역학의 스포츠 적용

01 선운동의 운동역학적 분석

> 선(병진)운동 : 물체(인체)의 모든 부분이 일정 시간 동안 같은 거리, 같은 방향으로 움직이는 것
>
> 운동역학(kinetic) : 운동을 유발하는 원인인 힘을 연구하는 분야

1) 힘의 정의와 단위

(1) 힘의 정의와 효과

① 정의 : 어떤 물체를 특정 방향으로 밀거나 당길 때 작용하는 물리량

② 물체의 운동 상태(빠르기와 방향)를 변화시키거나 변화시키려는 경향을 지님

(예) 바닥에 놓인 역기의 무게(중력)보다 큰 힘으로 들어 올리면 정지된 역기가 위로 움직임. 반면 무게보다 작은 힘이 작용하면 역기가 움직이지 않는데, 이 경우도 역기에 작용한 힘은 역기의 운동 상태를 변화시키려고 하였음

③ 물체의 변형을 일으키기도 함

(예) 송판에 작용한 힘은 송판을 깨트리고, 골프공, 테니스 공 등에 작용한 힘은 공을 골프공을 순간적으로 압축시키며 변형을 일으킴

(2) 힘의 단위

① 단위 : N(뉴턴) 또는 $kg \cdot m/s^2$

② 1N은 1kg의 질량을 가진 물체를 $1m/s^2$의 가속도로 가속시키는 데 필요한 힘

2) 힘의 벡터적 특성

(1) 벡터와 스칼라

① 스칼라 : 크기만 존재(거리, 속력 등)
② 벡터 : 크기와 방향 존재(변위, 속도, 가속도, 힘 등), 화살표로 표현

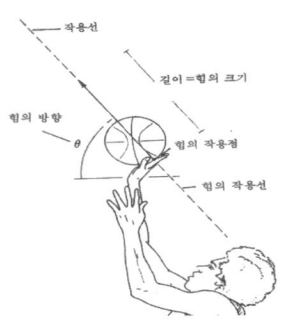

(2) 힘의 구성요소와 효과

① 힘은 크기와 방향을 지닌 벡터 물리량이다.
② 크기(화살표의 길이), 방향(특정 축에 대해 이루는 각도) 작용점(화살표의 시작점), 작용선(화살표의 연장선)

힘의 구성요소

예종이(1999). 생체역학. 서울: 도서출판 태근.

③ 크기나 방향이 다른 힘은 물체에 미치는 영향도 달라짐
   (예) 축구공을 강하게 차야 멀리 날아가고(크기의 차이), 물체를 밀거나 당김에 따라 운동 방향이 달라짐(방향의 차이)
④ 크기와 방향이 같은 힘이라도 작용점이나 작용선이 다르면 물체에 미치는 영향도 달라짐
   ㉠ 부가적으로 회전운동을 일으킴
   ㉡ 하지만 크기와 방향이 같은 힘에 의한 선운동적 효과는 동일하게 유지됨
   (예) 당구공의 정중앙(무게중심이 있는 곳)을 치면 공은 단순히 직진하지만, 위아래를 치면(작용점과 작용선의 차이) 직진하면서 순회전 혹은 역회전함. 단 위아래를 치더라도 선운동을 일으키는 힘의 효과는 동일하게 유지된다. 여기에 대한 설명은 '각운동의 운동역학적 분석'에서 보다 자세히 설명됨.

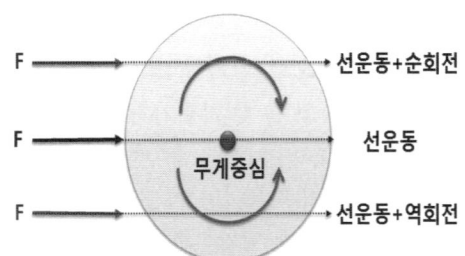

당구공을 치는 지점에 따른 운동 형태

(3) 힘의 합성과 분해

※ 아래의 설명은 힘뿐만 아니라 속도, 가속도 등의 벡터 물리량에 동일하게 적용됨
① 한 물체에 작용한 여러 개의 힘은 동일한 효과를 갖는 하나의 힘으로 합성할 수 있음.
   ㉠ 각각의 힘마다 물체의 운동에 영향을 미치지만 이러한 힘들의 최종적인 영향은 합성된 힘의 효과와 동일함
   ㉡ 힘의 합성은 평행사변형법을 따름

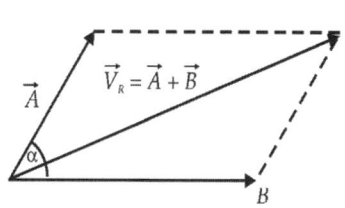

평행사변형법에 의한 힘의 합성

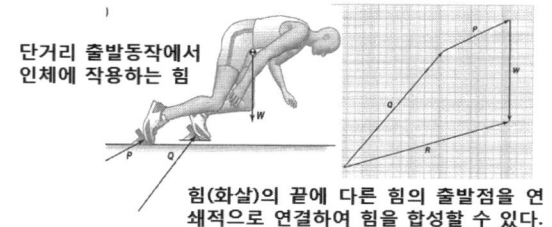

Watkins, J. (2007). An introduction to biomechanics of sport & exercise. New York, NY: Churchill Livingstone.

② 힘의 합성과 반대로 하나의 힘은 여러 개의 힘 성분으로 분해할 수 있음
  ㉠ 힘을 분해하는 데는 직교좌표계를 이용함
  ㉡ 분해된 힘이 수평과 수직성분일 필요는 없으며, 서로 직각을 이루면 됨

정철수, 신인식(2005). 운동역학총론. 서울: 도서출판 대한미디어.

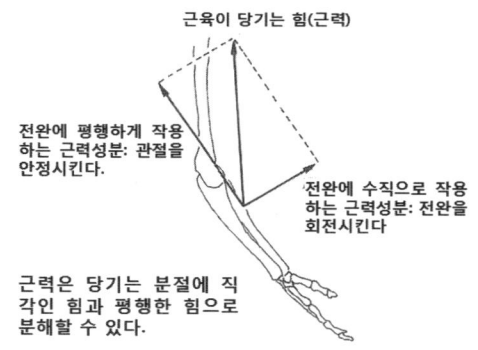

예종이(1999). 생체역학. 서울: 도서출판 태근.

3) 힘의 분류

(1) 힘의 접촉 여부에 따른 분류

① 접촉력 : 접촉하는 두 물체 사이에 발생하는 힘
② 면력 : 접촉하지 않는 물체 사이에 작용하는 힘. 중력은 대표적인 면력

(2) 힘의 근원에 따른 분류

① 내력 : 물체(인체 포함)의 내부에서 발생하는 힘. 물체의 운동에 영향을 미치지 못함
   (예) 전신을 물체로 간주할 때 근력, 관절사이의 마찰력과 같은 내부의 모든 힘
② 외력 : 물체의 외부에서 작용하는 힘. 외력만이 물체의 운동 변화를 유발할 수 있음
   (예) 중력, 물체가 접촉하는 지점에서 작용하는 힘, 공기저항, 부력

③ 내력과 외력은 물체의 설정에 따라 달라지며, 동일한 힘이라도 물체의 설정에 따라 내력이 될 수도 있고 외력이 될 수도 있음(근력이 항상 내력이라는 생각 ×).
  (예) 스쿼트 동작에서 인체 전체의 운동에 관심을 둔다면 무릎관절을 신전시키는 대퇴사두근의 근력은 내력이 됨. 하지만 하퇴(종아리)의 운동에 관심이 있다면(하퇴가 물체) 대퇴사두근의 근력은 외부에서 작용하는 외력이 됨
④ 내력은 물체의 운동 변화를 일으킬 수 없지만 외력을 유도하여 물체의 운동에 영향을 미칠 수 있기 때문에 인체 운동에서 중요한 요소임
  (예) 점프 동작은 지면에서 인체를 밀어주는 힘(지면반력)에 의해 이루어지는데, 이러한 지면반력은 실제 인체가 힘을 발휘하여 지면을 미는 힘 때문에 발생하는 반작용력(작용-반작용의 법칙). 결국 강한 근력으로 지면을 밀면 높이 점프할 수 있음

(3) 힘의 효과에 따른 분류

① 추진력 : 원하는 방향으로 운동을 유발하는 힘(도움이 되는 힘)
② 저항력 : 운동을 방해하며 저항하는 힘
  (예) 위로 점프하는 동작에서, 지면에서 위 방향으로 인체를 밀어주는 힘은 추진력이고 아래 방향으로 작용하는 중력은 저항력임
③ 같은 성격의 힘이라도 운동 특성에 따라 추진력이나 저항력으로 작용할 수 있음

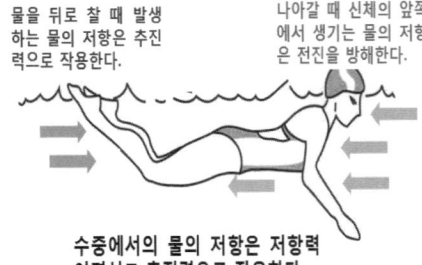

예 1) 점프나 던지기에서 중력은 저항력으로 작용하지만 스키에서는 중력이 추진력의 역할을 함
예 2) 수영에서 진행 방향의 앞쪽에서 뒤쪽으로 발생하는 물의 저항은 저항력으로 작용하지만, 스트로크로 물을 뒤로 밀 때 진행방향으로 발생하는 물의 저항은 추진력으로 작용함

(4) 힘의 방향에 따른 분류

① 향심력 : 물체의 무게중심을 지나는 힘, 선운동만을 유발
② 이심력(편심력) : 물체의 무게중심을 지나지 않는 힘, 선운동과 각운동을 함께 유발
  (예) 앞의 예에서 당구공의 중앙에 작용한 힘은 향심력이고 공은 회전하지 않고 선운동만 함. 반면 위아래에 작용한 힘은 이심력이고 당구공은 회전하면서 직선운동을 함

4) 힘의 종류

(1) 근력

① 근육은 신경자극에 의해 수축하면서 근력을 생성하는 데, 근력은 인체 운동을 일으키는 중요한 요인임

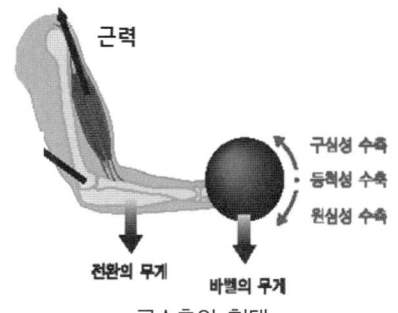

근수축의 형태

정철수, 신인식(2005). 운동역학총론. 서울: 도서출판 대한미디어.

② 근육이 수축하면 근육의 중심부로 끌어당기는 힘이 작용하지만, 외부의 힘에 의해 근육의 길이 변화는 다양하게 나타남
③ 근력과 수축속도의 관계
   ㉠ 근육이 빠르게 단축성 수축을 할수록 근력은 감소함
     (예) 벤치프레스에서 중량을 빠르게 들어 올릴수록 근력이 감소하기 때문에 많은 힘이 드는 것처럼 느껴짐
   ㉡ 반면 신장성 수축에서는 수축속도가 증가(빠르게 늘어남)하더라도 근력은 감소하지 않음. 결국 단축성 수축에 비해 신장성 수축을 할 때 보다 큰 힘을 낼 수 있음
     (예) 턱걸이를 할 때 주동근이 단축성 수축을 할 때(신체를 들어 올릴 때) 많은 힘이 드는 것처럼 느껴지는 반면 신장성 수축을 할 때(신체를 내릴 때)는 보다 수월하게 느껴짐

근수축의 형태		설명	근력과 외부힘 비교	예시 : 암컬 동작에서 상완이두근
				예시 : 팔씨름, 줄다리기
등척성 수축		길이가 유지됨	근력 = 외부 힘	중량을 들고 유지할 때
				서로 팽팽히 맞설 때
등장성 수축	단축성수축 (구심성)	근육이 짧아짐	근력 〉 외부 힘	중량을 위로 들어 올릴 때
				상대를 끌어당길 때
	신장성수축 (원심성)	근육이 길어짐	근력 〈 외부 힘	중량을 아래로 내릴 때
				상대에게 끌려갈 때
등속성 수축		근육이 일정한 속도로 수축하는 경우		

④ 근육의 신장-단축 기전 : 근육이 신장성 수축을 한 후에 단축성 수축을 하면 보다 큰 힘을 낼 수 있음
   ㉠ 백스윙 후 포워드 스윙, 반동수직점프, 야구의 와인드업, 축구 킥 등 대부분의 인체 운동에서 반동 동작을 하는데, 주동근은 길이가 늘어났다가 짧아지면서 힘을 냄
   ㉡ 신장성 수축을 한 후 단축성 수축을 하면 단축성 수축만 할 때에 비해 근력이 크게 증가함(탄성에너지 활용 등 다양한 원인)
⑤ 관절운동에 관련한 근육의 구분 1 : 굴곡근과 신전근
   ㉠ 굴곡근(굴근) : 관절을 굴곡시키는 근육, 굴곡할 때 단축성 수축을 하는 근육

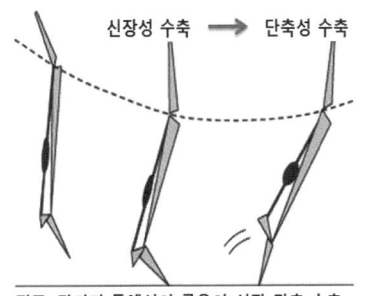

점프, 달리기 등에서의 근육의 신장-단축 수축

Komi, P. V. (Ed.). (1992). Strength and power in sport. London: Blackwell Scientific Publications.

(예) 상완이두근은 팔꿈치관절의 굴곡근, 햄스트링은 엉덩관절의 신전근이면서 무릎관절 굴곡근
  ⓒ 신전근(신근) : 관절을 신전시키는 근육, 신전할 때 단축성 수축을 하는 근육
    (예) 상완삼두근은 팔꿈치관절의 신전근, 대퇴사두근은 무릎관절의 신전근이면서 엉덩관절의 굴곡근
⑥ 관절운동에 관련한 근육의 구분 2 : 주동근과 길항근
  ㉠ 주동근 : 특정 움직임에 필요한 힘의 대부분을 발휘하며 직접 관여하는 근육(군)
    (예) 수평면상에서 팔꿈치를 굴곡할 때는 상완이두근이 주동근이 되지만 신전할 때는 상완삼두근이 주동근이 됨
    (예) 암컬 동작은 중력에 대항하는 운동으로, 덤벨을 내릴 때도 상완이두근이 중력에 저항하며 힘을 발휘하는 주동근으로 작용함. 일반적으로 중력 부하를 이용한 저항성 운동에서 저항을 들어 올리거나 내리는 동작에서 주동근은 동일함

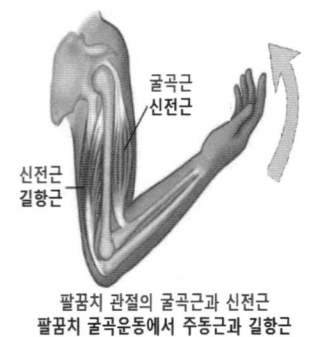
팔꿈치 관절의 굴곡근과 신전근
팔꿈치 굴곡운동에서 주동근과 길항근

  ㉡ 길항근 : 특정 관절에서 주동근과 반대되는 작용을 하는 근육(군)
    (예) 특정 관절의 신전근이 주동근일 때는 해당 관절의 굴곡근이 길항근이며, 역으로 굴곡근이 주동근이면 신전근은 길항근이 됨
  ㉢ 주동근과 길항근은 상호작용하면서 인체 운동을 조절함
    (예) 상완이두근(주동근)이 강한 수축으로 팔꿈치를 굴곡할 때, 반대쪽 상완삼두근(길항근)도 능동적 혹은 수동적 힘을 발휘하며 움직임을 제어하고 과신전을 방지함
    (예) 관절을 고정할 때는 주동근과 길항근이 모두 수축하여 힘의 균형을 이룸
  ㉣ 협력근 : 특정 움직임을 간접적으로 돕는 근육(군)으로 의도하지 않는 동작의 억제, 동작의 안정화, 동작의 정밀한 조절 등을 도움

(2) 중력
① 지구상의 모든 물체에 작용하는 지구 중심 방향으로 끌어당기는 힘
② 중력의 크기는 물체의 질량의 크기와 중력가속도(약 $9.8m/s^2$)의 곱으로 결정된다.
   (예) 우리가 흔히 말하는 무게가 그 물체에 작용하는 중력의 크기임. 보통 몸무게를 70kg이라고 하지만, 무게는 70kg의 질량에 작용하는 중력이라는 힘이기 때문에 70kg중 혹은 686N(70kg×$9.8m/s^2$)이라고 하는 것이 옳음
③ 인체 운동이나 스포츠 활동은 항상 중력의 영향을 받음
   (예) 공중에 던져진 공은 중력 때문에 반드시 아래 방향으로 떨어짐

(3) 마찰력
① 물체가 다른 물체와 접촉하면서 운동할 때 표면과 평행하게 작용하는 힘
② 마찰력은 항상 움직이는 방향의 반대방향으로 작용함

③ 크기는 마찰계수와 표면에 직각으로 작용하는 힘(수직항력 혹은 법선력)의 곱으로 결정됨
  ㉠ 마찰계수는 접촉면의 형태나 성분에 따라 결정되는데, 표면이 거칠수록 마찰계수는 증가함
    (예) 육상의 스파이크화와 조깅화의 차이, 얼음과 체육관 바닥의 차이
  ㉡ 수직항력이 클수록 마찰력은 증가함
    (예) 체중이 무거울수록 마찰력은 증가하며, 지면을 강하게 누를수록 마찰력이 증가함
  ㉢ 접촉하는 면적은 마찰력에 영향을 미치지 않음

McGinnis, P. M. (2002). 스포츠 생체역학(최인애 등 역). 서울: 도서출판 대한미디어. (원서출판 1999).

④ 물체가 움직이기 시작한 후의 운동 마찰력은 외부의 힘에 의해 움직이기 직전의 최대정지마찰력보다 항상 작음
⑤ 바퀴나 공이 굴러갈 때도 마찰력이 생기는데, 일반적으로 이러한 구름 마찰력은 미끄러질 때 발생하는 미끄럼 마찰력에 비해 작음
⑥ 마찰력은 운동에 도움이 되기도 하고 방해가 되기도 함
  ㉠ 스키에서 설면의 마찰력은 속도를 감소시키는 요인임
  ㉡ 걷기나 달리기, 자전거 등에서 지면의 마찰력이 없으면 나아갈 수 없음
    (예) 골프화의 징, 스파이크화, 야구선수가 사용하는 송진가루, 핸드볼에서 사용하는 왁스 등은 마찰력을 증가시킴
  ㉢ 탁구의 이질레버는 마찰력을 다양하게 변화시키기 위한 것이며, 컬링에서 바닥을 닦음으로써 공의 이동 거리를 적절하게 조절함

(4) 부력

① 부력 : 물속에 잠긴 물체에 중력의 반대인 위 방향으로 작용하는 힘
  ㉠ 물체에 가해지는 부력은 물속에 잠긴 그 물체의 부피에 해당하는 물의 무게와 같음 - 아르키메데스의 원리
  ㉡ 부력이 물체의 무게보다 크면 뜨고 작으면 가라앉음
    (예) 물속에서 무거운 돌을 들면 부력 때문에 가볍게 느껴짐. 하지만 물 밖으로 들어내면 부력이 사라지기 때문에 원래 무게가 그대로 느껴짐
② 비중 : 동일한 부피에 해당하는 물의 무게에 대한 물체의 무게
  ㉠ 물(4°)의 비중은 1 → 물체의 비중이 1보다 크면 물에 가라앉고 1보다 작으면 뜸
    (예) 공기의 비중이 매우 작기 때문에 공기를 많이 들이마시면 물에서 뜨고 내뱉으면 물속에 가라앉음
  ㉡ 인체 조직 마다 비중이 다르며, 지방과 근육의 비율에 따라 사람마다 차이가 있음
    (예) 여성<남성<1 - 대부분의 사람은 물에 뜨고 남성보다 여성이 물에 잘 뜸
         지방<1<근육<뼈 - 지방이 많은 사람이 근육질인 사람에 비해 물에 잘 뜸

③ 수중 운동에서는 부력이 작용하기 때문에 실제 몸 무게보다 가볍게 느껴짐
  (예) 무릎에 통증이 있을 때 수중 운동을 하는 것은 무릎에 가해지는 부하가 감소하여 통증을 줄여들기 때문임
④ 물속에서의 균형은 부력의 중심과 무게 중심이 일치하느냐에 의해 결정됨
  ㉠ 부력 중심: 부력의 중심, 물속에 잠긴 부분에 대한 물의 무게중심 → 같은 물체라도 물속에 잠긴 모양에 따라 달라짐
  ㉡ 부력 중심과 무게 중심이 일치하지 않으면 물속에서 회전하며 흔들림
    (예) 물의 밀도가 전체에 걸쳐 일정한 반면 인체의 밀도는 부분에 따라 다르기 때문에 물속에 누워있으면 부력중심과 무게중심이 일치하지 않아 몸이 회전함

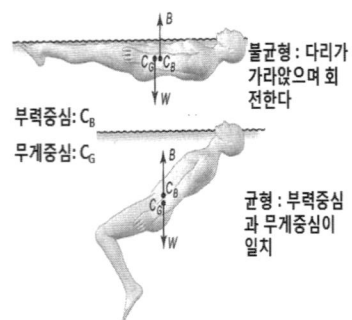

Watkins, J. (2007). An introduction to biomechanics of sport & exercise. New York, NY: Churchill Livingstone.

(5) 항력
① 유체(공기나 물) 속을 움직이는 물체의 운동 방향에 반대 방향으로 작용하는 저항력
  (예) 물속을 걸으면 저항을 느끼지만 항력은 유체와 물체의 상대적인 운동에서만 발생하기 때문에 고인 물에서 움직이지 않는다면 항력이 작용하지 않음
② 항력은 유체의 성질, 물체의 크기나 모양, 운동속도 등에 의해 결정됨
③ 표면항력(점성 항력 또는 마찰저항) : 물체와 유체의 경계층에서 생기는 마찰로 인한 저항
  ㉠ 유체의 점성이 클수록(끈적끈적함), 접촉하는 면적이 클수록, 운동 속도가 클수록 표면항력이 증가함
  ㉡ 수영선수가 체모를 제거하나 매끄러운 소재의 첨단수영복을 착용하는 이유는 표면항력이 줄이기 위함
  ㉢ 물체와 유체의 상대속도가 빠를수록 증가함(속도의 제곱에 비례)
④ 조파항력(파동항력) : 물과 공기의 경계에서 운동할 때 물 표면의 파도 때문에 생기는 저항, 물체와 유체의 상대속도가 빠를수록 증가함(속도의 세 제곱에 비례)
  (예) 수영선수들이 긴 거리를 잠영하는 것은 조파항력을 줄이기 위함

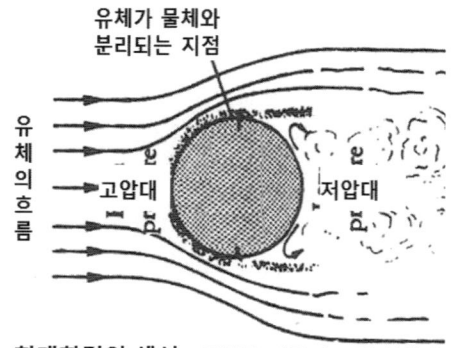

형태항력의 생성 : 물체를 따라 흐르던 유체가 물체와 분리 → 물체의 뒷부분을 유체가 채우지 못하고 저압대가 형성 → 앞부분의 고압대에서 뒷부분의 저압대로 항력이 발생

Kreighbaum, E., & Barthels, K. M. (1996). Biomechanics : a qualitative approach for studying human movement(4th ed.). Boston : Allyn and Bacon.

⑤ 형태항력 : 물체의 앞뒤면의 압력 차이로 인한 저항
　㉠ 직각으로 닿는 단면적이 클수록 증가함
　　(예) 스키 선수가 몸을 최대한 웅크려 단면적을 줄이면 항력이 감소함
　㉡ 유선형에 가까울수록 형태항력이 감소함
　　(예) 사이클 선수가 유선형 헬멧을 착용하면 항력이 감소함
　㉢ 물체와 유체의 상대속도가 빠를수록 증가함(속도의 제곱에 비례)
　　(예) 빠르게 운동할수록 유체가 일찍 물체와 분리되어 물체의 뒷부분을 채우지 못하며 형태항력은 크게 증가함
　　(예) 골프공의 딤플이나 테니스공의 보풀은 공기와 공의 분리를 최대한 억제하여 항력을 감소시킴
⑥ 스키, 루지, 사이클, 단거리 달리기 등과 같은 빠른 속도의 운동에서는 항력의 영향이 매우 크기 때문에 이를 감소시키는 것이 중요함
⑦ 항력은 대부분 저항으로 작용하지만 추진에 도움이 되는 힘으로 쓰이기도 함
　(예) 수영이나 조정에서 뒤 방향으로 물을 밀어내면 전방으로 항력이 발생하기 때문에 앞으로 나갈 수 있음

(6) 양력

① 유체(공기나 물)속의 물체에 운동방향의 수직방향으로 작용하는 힘
② 물체의 모양으로 인해 위아래를 지나는 공기의 흐름이 차이 → 속도가 빠를수록 압력이 낮아짐 → 압력이 큰 곳에서 작은 곳으로 양력이 작용

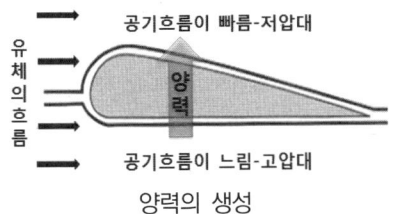

양력의 생성

③ 양력은 물체의 체공시간을 늘리기 때문에 창던지기, 원반던지기, 스키점프 등에서 양력을 효과적으로 이용해야 함
　(예) 날아가는 방향에 대해 창을 비스듬히 세워 던지면 양력을 효과적으로 얻을 수 있다.
④ 수영의 스트로크나 입영의 손동작에서 양력을 효과적으로 얻어야 추진력을 보다 증가시킬 수 있음

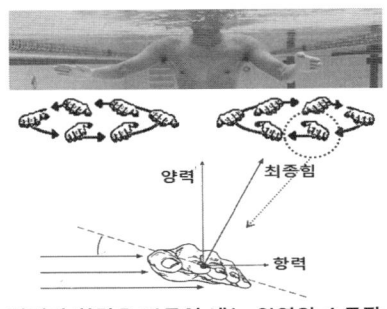

양력과 항력을 만들어 내는 입영의 손동작
Carr, G. (1997). Mechanics of sports. Champaign, IL: Human Kinetics.

　(예) 스트로크에서 곡선을 그리며 손을 잡아 당기면 항력과 양력을 동시에 얻을 수 있어 추진에 도움이 됨
　(예) 수중에서 양 손바닥을 아래로 향한 채로 양 손을 8자 형태로 수평으로 휘저으면 수직방향으로 양력이 발생해 우리 몸을 뜨게 함

⑤ 마그누스 효과 : 물체가 회전하면서 유체 속을 진행할 때 압력이 높은 곳에 낮은 곳으로 양력이 작용하여 경로가 휘어지는 현상
  (예) 축구공의 오른쪽을 차 스핀킥을 하면, 축구공의 경로가 왼쪽으로 휨
  (예) 야구의 커브볼, 골프의 페이드/드로우샷 등과 같이 공에 적절한 회전을 주면 의도적으로 공의 이동경로를 휘게 할 수 있음

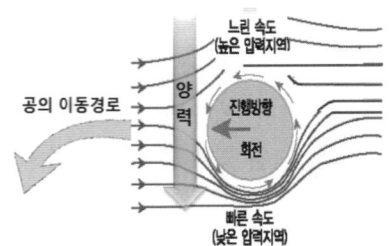

마그누스 효과로 인한 회전하는 공의 경로 변화
정철수, 신인식(2005). 운동역학총론. 서울: 도서출판 대한미디어.

5) 뉴턴의 선운동 법칙

(1) 제1 운동법칙 : 관성의 법칙
  ① 정의 : 외력이 작용하지 않는 한 물체나 인체는 원래의 운동 상태를 그대로 유지하려 함
    ㉠ 외력이 작용하지 않는다는 것은 물체에 힘이 작용하지 않거나 작용하는 모든 힘들의 합이 0임을 의미함
    ㉡ 원래의 운동 상태를 유지한다는 것은 정지된 물체는 계속 정지해 있고, 운동하고 있는 물체는 원래의 속도(같은 빠르기와 운동방향)로 계속 운동함을 의미함
      (예) 버스가 급출발하면 승객들이 뒤로 넘어지려 하고(정지관성), 급정거하면 앞으로 몸이 쏠림
  ② 관성은 외부의 힘에 저항하며 원래의 운동 상태를 유지하려는 특성
    ㉠ 선운동에서 관성의 크기 : 질량
    ㉡ 각운동에서 관성의 크기 : 관성모멘트(질량과 질량의 분포로 결정)
    ㉢ 물체의 관성이 클수록 물체를 움직이는데 큰 힘이 필요
      (예) 질량(결국 체중)이 큰 사람일수록 속도를 증가시키는 데 큰 힘이 필요하고, 정지하는데도 큰 힘이 필요함. 체중이 작을수록 속도를 변화시키기 수월함

(2) 제2 운동법칙 : 가속도의 법칙
  ① 정의 : 물체에 힘을 가하면 힘이 작용한 방향으로 가속도가 발생하며, 가속도는 물체에 가해진 힘에 비례함

$$\text{힘} = \text{질량} \times \text{가속도} \qquad F = m \cdot a$$

  ② 물체에 힘이 작용하면 운동 상태가 변화하며, 운동 상태의 변화는 물체의 빠르기(속력)과 운동 방향(속도의 방향)을 포함함
  ③ 가속도는 힘에 비례하고, 질량에 반비례함

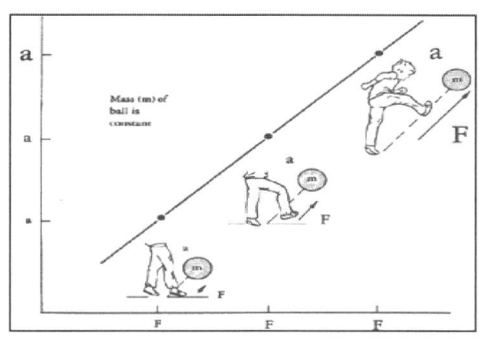 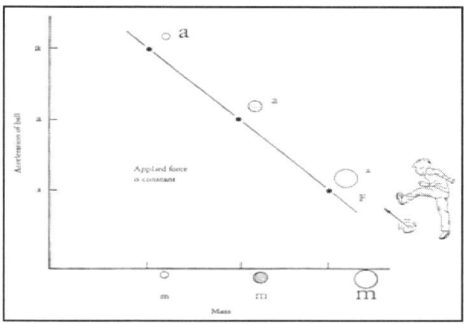

질량이 동일한 경우, 힘이 증가할수록 가속도는 증가한다(힘과 가속도는 비례)

힘이 동일한 경우, 질량이 클수록 가속도는 감소한다(가속도와 질량은 반비례)

Kreighbaum, E., & Barthels, K. M. (1996). Biomechanics : a qualitative approach for studying human movement(4th ed.). Boston : Allyn and Bacon.

(3) 제3 운동법칙 : 작용-반작용의 법칙

① 정의 : A가 B에 힘을 가하면(작용력), B도 A에게 크기가 같고 방향이 반대인 힘(반작용력)을 작용함
   (예) 야구 배트로 공을 치면 손에도 힘이 전해지는데, 이것이 반작용력임
② 힘은 작용과 반작용의 형태로 항상 짝으로 존재함
③ 작용과 반작용력은 서로 다른 물체에 (외력으로) 작용하기 때문에 서로 상쇄되지 않음
   (예) 지면을 힘껏 밀면(작용력 / 인체의 내력), 지면으로부터 크기가 같고 방향이 반대인 힘이 인체에 작용한다(반작용력 / 인체의 외력). 작용력은 지면에 작용하는 외력인 반면 반작용력은 인체에 작용하는 외력
④ 작용과 반작용력의 크기는 같지만 그 효과는 다를 수 있다(질량의 차이 때문).
   (예) 지구와 지구상의 물체도 서로 끌어당기는 힘(중력)이 존재하는데, 힘의 크기는 동일하고 방향이 반대임. 하지만 지구의 질량이 상상할 수 없을 만큼 크기 때문에 힘의 영향이 없다고 할 수 있는 반면 인체나 물체는 힘의 영향으로 지구 쪽으로 끌려감

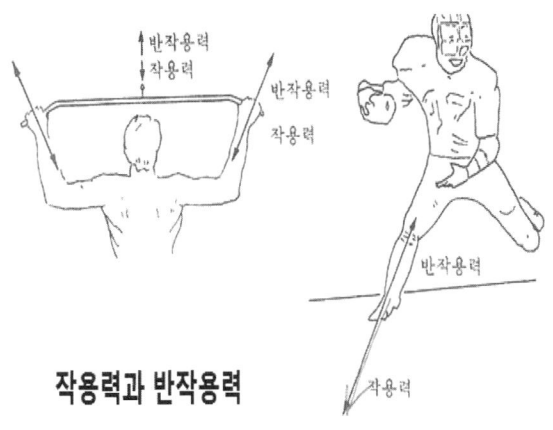

작용력과 반작용력

예종이(1999). 생체역학. 서울: 도서출판 태근.

> **뉴턴 운동법칙의 적용**
>
> ① 달리기
> - 관성 : 가속을 하는 경우 추진력에 의해 계속 앞으로 가려고 함
> - 가속도의 법칙 : 지면을 강하게 밀수록 반작용력(외력)이 커져 가속이 커짐
> - 작용-반작용 : 지면을 후방으로 밀면 그 반작용에 의해 앞으로 추진함
>
> ② 축구 슈팅
> - 관성 : 공을 차고 나서도 다리는 계속 진행 방향으로 나아가려고 함
> - 가속도 : 강하게 공을 차면 공이 멀리 그리고 강하게 날아감
> - 작용-반작용 : 발이 공과 부딪히는 순간에 작용과 반작용이 이루어짐
>
> ③ 배구 스파이크
> - 관성 : 스파이크를 하기 위해 달려온 속도 때문에 앞쪽으로 이동함
> - 가속도 : 강하게 스파이크하면 공은 보다 빠르고 강하게 날아감
> - 작용-반작용 : 지면을 강하게 발구름 할수록 그 반작용에 의하여 높이 점프함

6) 선운동량과 충격량

(1) 운동량

① 물체가 가지고 있는 운동의 양으로서 질량과 선속도의 곱으로 결정됨

$$(선)운동량 = 질량 \times 속도$$

㉠ 단위 : kg·m/s
㉡ 질량이 클수록, 속도가 클수록 물체의 운동량은 증가함

② 물체의 운동량은 충돌이나 충격 상황에 큰 영향을 미침. 한 물체가 다른 물체와 충돌할 때 그 물체의 운동량은 파괴력과 관련됨

(예) 빠르게 날아가는 화살이나 총알의 파괴력이 크고, 질량이 작은 사람이라도 빠른 속도로 질주하면 질량이 큰 사람을 쓰러뜨릴 수 있음. 또한 무거운 배트를 가지고 속도를 크게 할수록 공을 멀리 보낼 수 있음

(2) 충격량

① 충격량은 일정 시간동안 어떤 물체에 작용한 힘의 총합

$$(선)충격량 = 힘 \times 시간$$

㉠ 단위 : Ns(운동량의 단위인 kg·m/s 과 동일)
㉡ 큰 힘을 오랜 동안 물체에 작용할수록 충격량은 증가함

② 충격을 가하는 동안의 평균적인 힘을 충격력이라 함

(예) 축구공에 300N의 힘을 0.05초 동안 작용했다면, 충격량은?
→ 힘 × 시간 = 300N × 0.05sec = 15Ns,
이때 충격력은 300N

③ 시간의 경과에 따라 물체에 작용한 힘을 나타낸 그래프의 아래 면적은 충격량을 나타냄

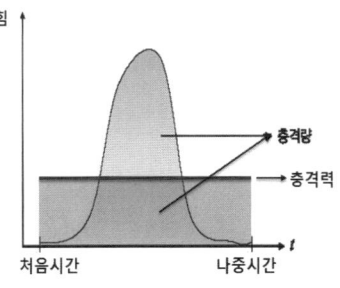

(3) 충격량과 운동량의 관계

① 물체에 작용한 충격량은 그 물체의 운동량의 변화량과 같음. 일반적으로 물체의 질량은 변하지 않기 때문에 충격량은 결국 속도를 변화시킴

> 충격량 = 운동량의 변화량
> 힘 × 시간 = 질량 × 속도의 변화량 = 질량 × (나중속도 − 처음속도)

(예) 정지된 0.5kg의 축구공에 15Ns의 충격량이 가해졌다면 축구공의 속도는?
→ 15Ns = 0.5kg × (나중속도 − 0m/s) ∴ 속도 = 30m/s

② 역으로 운동량의 변화량은 그 물체에 작용한 충격량과 같음

(예) 오른쪽으로 10m/s로 날아오는 0.2kg의 야구공을 캐치하여 정지시켰다면, 인체가 공에 가한 충격량은?
→ 0.2kg × (0m/s − 10m/s) ∴ 충격량 = −2Ns, 왼쪽으로 충격량이 작용함

③ 추진 방향의 충격량은 운동량을 증가시키고, 반대 방향의 충격량은 운동량을 감소시킴

(예) 걷기나 달리기에서 지면을 딛는 동안 지면으로부터 받는 힘의 방향에 따라 반대 방향의 충격량(제동)과 진행 방향의 충격량(추진)이 존재하며 속도도 감소하였다가 증가하는 형태를 반복함. 제동 충격량보다 추진 충격량이 클 때 속도가 증가함

(4) 충격량-운동량 관계의 스포츠 적용

① 충격량을 증가시키기 위해서는 큰 힘을 오랫동안 작용시켜야 함.

(예) 창던지기에서 몸을 뒤로 젖혔다가 앞으로 끌어당기며 던짐으로써 긴 시간 동안, 긴 거리에 걸쳐 힘을 작용시킴. 이러한 동작은 창에 작용하는 충격량을 증가시키고 결국 릴리즈 순간 창의 속도를 극대화시켜 비거리를 증가시킴

(예) 높이뛰기에서 신체를 뒤로 기울인 채로 발구름하여 서서히 몸을 일으키면서 지면을 강하게 밀면 힘의 작용 시간이 증가하여 지면으로부터 보다 큰 충격량을 얻을 수 있음

② 운동의 특성에 따라 충격시간과 충격력을 조절하는 동작 전략이 필요함

㉠ 복싱과 같은 타격 경기에서는 충격시간을 짧게 하여 충격력을 크게 하면 순간적으로 상대에게 큰 충격을 줄 수 있음

㉡ 상해를 예방하기 위해서는 충격시간을 증가시켜 충격력을 감소시켜야 함

(예) 점프 후 착지 동작에서 어떠한 움직임을 취하더라도 지면이 인체에 가한 충격량은 같은데, 하지 관절들을 굴곡하면서 부드럽게 착지하면 충격시간이 증가하고 충격력은 감소함

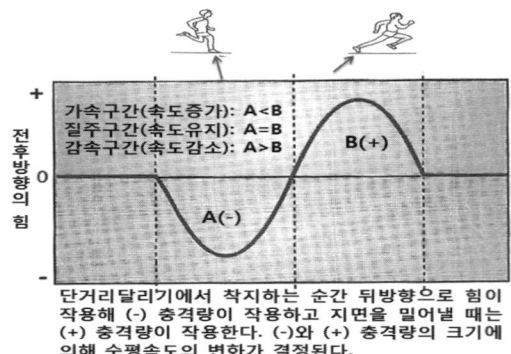

Hamill, J., & Knutzen, K. M. (2007). Biomechanical basis of human movement(3rd ed.). Philadelphia, PA: Lippincott Williams & Wilkins.

- (예) 날아오는 공을 몸 쪽으로 끌어당기듯 받는 동작, 각종 스포츠에서 사용하는 매트나 쿠션 바닥, 부드러운 밑창의 신발 등은 충격력을 감소시키기 위한 동작이나 도구임
- (예) 유도의 낙법은 충격을 흡수하는 면적을 크게 하는데, 단위 면적에 작용하는 충격력, 즉 압력이 감소하므로 통증과 상해를 예방할 수 있음

7) 선운동량의 보존

(1) 선운동량 보존의 법칙

① 정의 : 외부로부터 힘이 작용하지 않을 때, 특정 체계(system)의 총 운동량은 그대로 유지됨
② 여기서 '체계'는 관심의 대상이 되는 물체 혹은 물체들을 의미함. 한 개의 당구공 또 충돌하는 두 개의 당구공 전체가 체계가 될 수 있음
③ 체계에 외력이 작용하면 운동량 보존의 법칙이 성립되지 않음
   (예) (공기저항을 무시할 때) 투사체 운동에서 외력이 작용하지 않는 수평방향으로는 운동량 보존의 법칙에 의해 속도가 그대로 유지됨

(2) 충돌상황에서의 선운동량 보존

① 충돌상황에서, 외력이 작용하지 않으면 충돌 전 두 물체(아래에서 A와 B)의 운동량 총합은 충돌 후 운동량 총합과 같음

$$충돌전\ 운동량 = 충돌후\ 운동량$$
$$m_A v_{충돌전} + M_B V_{충돌전} = m_A v_{충돌후} + M_B V_{충돌후}$$

② 또한 충돌 전후 [A의 운동량 변화량 = B의 운동량 변화량]의 관계도 성립한다.
   (예) 컬링 경기에서 스톤 A가 미끄러져 정지된 스톤 B에 부딪치면, 스톤 A는 속도가 줄어들고(혹은 정지) 스톤 B는 움직이게 됨. 작용-반작용 법칙에 의해 스톤 A와 B는 크기가 같고 방향이 반대인 힘을 주고받게 되며, 충돌에 따른 두 스톤의 운동량 변화는 같음. 스톤 A에서 감소한 운동량만큼 스톤 B의 운동량이 증가하기 때문에 충돌전의 운동량은 충돌후에도 변하지 않음

8) 충돌

(1) 충돌의 이해
① 라켓으로 공 타격, 선수끼리의 충돌, 공의 바운드 등 충돌은 흔한 스포츠 장면임
② 두 물체가 충돌할 때, 각각의 물체는 일시적으로 압축되며 변형되지만 탄성에 의해 원래의 형태로 복원하려는 성질이 있음
③ 일반적으로 충돌할 때 운동에너지의 일부가 열이나 소리 등의 다른 에너지 형태로 변형되지만, 전체 에너지는 항상 그대로 보존됨

(2) 충돌의 종류
① 완전 탄성충돌 : 운동에너지의 손실이 없음. 충돌전 상대속도=충돌후 상대속도
  (예) 실제로는 존재하지 않음 / 반발계수=1
② 불완전 탄성충돌 : 운동에너지가 손실됨. 충돌전 상대속도>충돌후 상대속도
  (예) 바운드된 공, 골프 임팩트 등 대부분이 여기에 해당 / 0<반발계수<1
③ 완전 비탄성충돌 : 충돌 후 두 물체는 분리되지 않음. 충돌후 상대속도=0
  (예) 바닥에 떨어진 진흙, 과녁에 꽂힌 화살 / 반발계수=0

(3) 반발계수(충돌계수)
① 충돌 상황에서의 탄성의 정도를 나타내는 계수
  (예) 0(완전 비탄성충돌) ≤ 반발계수 ≤ 1(완전 탄성충돌)
② 반발계수는 충돌전 상대속도에 대한 충돌후 상대속도의 비율의 절대값으로 결정된다.

$$반발계수(e) = \left| \frac{충돌후\,상대속도}{충돌전\,상대속도} \right| = \left| \frac{v_{A의\,충돌후} - v_{B의\,충돌후}}{v_{A의\,충돌전} - v_{B의\,충돌전}} \right|$$

③ 지면에 대한 공의 반발계수는 일정한 높이에서 떨어뜨린 공의 리바운드 높이를 이용해 다음과 같이 손쉽게 구할 수 있음

$$지면에 대한 반발계수 = \sqrt{\frac{올라간\,높이}{떨어진\,높이}}$$

  (예) 2m 높이에서 떨어뜨린 축구공이 98cm 리바운드 되었다면, 축구공의 반발계수는?

  → 지면에 대한 반발계수 $= \sqrt{\frac{0.98}{2}}$ ∴ 축구공의 반발계수는 0.7이다.

④ 충격속도, 온도, 재질 등 다양한 요인이 반발계수에 영향을 미침
  ㉠ 일반적으로 충격속도가 증가하면 열에너지로 변형되는 비율이 증가하기 때문에 반발계수가 낮아짐
  ㉡ 공의 온도가 낮으면 반발계수가 감소함. 예를 들어 경기 전 스쿼시볼을 타격하여 볼의 온도를 높임
  ㉢ 표면의 재질이나 특성에 따라 반발계수는 달라짐. 예를 들어 테니스 경기의 하트코트와 잔디코트에서의 반발계수는 달라짐

(4) 도구와 공의 충돌
① 도구를 이용해 공을 충돌/타격할 때 공의 충돌 후 속도는 아래의 상황에서 증가함
㉠ 도구의 질량이 무거울수록
㉡ 공의 질량이 작을수록(실제로는 불변)
㉢ 도구의 충돌전 속도가 클수록
㉣ 공의 충돌전 속도가 클수록
㉤ 두 물체사이의 반발계수가 클수록
② 실제 공의 질량이나 반발계수는 일정하기 때문에, 도구의 질량과 충돌 전 속도를 크게 해야 함
㉠ 도구의 질량을 증가시키면 속도가 감소할 수 있음에 주의해야 함
㉡ 질량과 속도를 같은 비율로 증가시킬 경우, 속도를 증가시키는 것이 공의 비거리를 늘리는 데 보다 효과적

(5) 공의 사각(비스듬한 각도의) 충돌
① 공이 지면에 비스듬한 각도로 충돌할 때는 공의 회전에 따라 바운드되는 결과가 달라짐
② 바운드되는 높이(다시 말해 수직속도)는 반발계수에 의해 결정되며, 공의 회전과 관계없이 동일함
③ 수평속도는 지면과의 마찰력에 의해 결정됨. 마찰력이 진행방향으로 작용하면 공은 더욱 빨라지고 반대방향으로 작용하면 수평속도가 감소함

회전 형태	수직속도와 바운드높이	마찰력 방향	충돌후 수평속도	반사각 (수직축과의 각도)	이동거리
무회전	세 조건이 동일하다	반대방향	충돌전보다 작다		
순회전(톱스핀)		진행방향	충돌전보다 크다 무회전보다 크다	무회전보다 크다 낮게 튀는듯함	무회전보다 크다
역회전(백스핀)		반대방향	충돌전보다 작다 무회전보다 작다	무회전보다 작다 높게 튀는듯함	무회전보다 작다

④ 위 표의 비교는 일반적 설명이며, 실제 공의 수평속도에 따라 마찰력의 영향은 달라질 수 있다.
(예) 공의 수평속도가 아주 큰 경우에는 순회전하더라도 지면에 닿은 순간 공 아래쪽이 진행방향으로 움직여 마찰력이 반대방향으로 작용할 수 있음. 또한 수평속도가 느리고 역회전이 아주 큰 경우에는 진행반대방향으로 공이 이동할 수도 있음

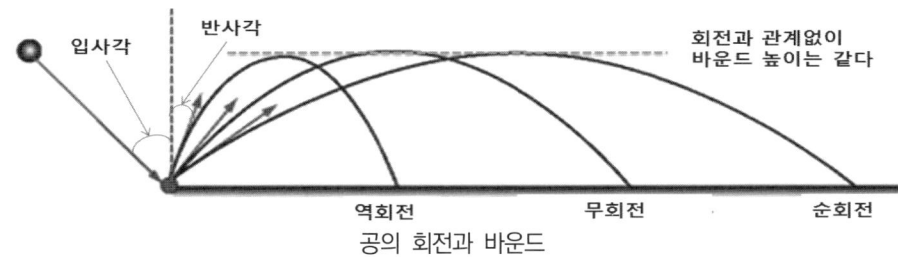
공의 회전과 바운드

02 각운동의 운동역학적 분석

각(회전)운동 : 물체(인체)의 모든 부분이 회전축에 대하여 동일한 시간에 동일한 각도로 움직이는
운동역학(kinetics) : 운동을 유발하는 원인인 힘을 연구하는 분야

1) 토크(힘의 모멘트)

(1) 토크의 정의

① 토크는 물체에 회전을 일으키는 힘의 효과. 회전력 또는 힘의 모멘트라고도 함.
② 힘의 작용선이 회전축을 지나지 않을 때(이심력), 회전운동이 발생함. 이때 선운동을 일으키는 힘 자체의 효과는 그대로 유지됨
  ㉠ 회전축에 작용하는 힘 : 선운동 유발
  ㉡ 회전축에 벗어나 작용하는 힘 : 선운동과 각운동(회전운동) 유발
③ 회전축은 운동 상황에 따라 달라지며, 인체 내부는 물론 외부에 있을 수도 있음
  ㉠ 인체가 다른 물체에 접촉하여 분리되지 않을 때는 접촉지점이 회전축
    (예) 철봉 대차돌기의 철봉, 지면을 딛고 있을 때의 양발
  ㉡ 공중 동작과 같이 접촉하는 물체가 없을 때는 신체중심이 회전축

(2) 토크의 크기와 회전 방향

① 토크의 크기는 힘의 크기와 모멘트암의 곱으로 결정된다.

$$토크(T) = 모멘트암(\perp d) \times 힘(F)$$

  ㉠ 모멘트암(힘팔) : 힘의 작용선에서 회전축까지의 수직거리(최단거리)
  ㉡ 단위 : Nm (앞으로 배울 일(work)의 단위와 같음)
② 회전축에 대한 힘 작용선의 위치에 따라 회전 방향이 결정됨

㉠ 시계방향으로 회전
㉡ 시계반대방향으로 회전

(3) 인체 운동과 토크
① 인체 운동의 많은 부분이 관절을 축으로 한 분절의 회전운동으로 이루어짐
② 근력에 의한 추진 토크와 외부 저항에 의한 저항 토크의 관계에 의해 움직임이 결정됨
㉠ 추진토크(내부 토크) = 근력 × 관절에 대한 근력의 모멘트암
㉡ 저항토크(외부 토크) = 저항부하 × 관절에 대한 저항부하의 모멘트암
㉢ 저항부하에는 외부의 저항과 함께 분절 자체의 무게도 포함됨

추진토크 > 저항토크	근육이 단축성 수축을 하며 분절을 끌어당김
추진토크 = 저항토크	근육이 등척성 수축을 하고 분절은 움직이지 않음
추진토크 < 저항토크	근육이 신장성 수축을 하고 분절은 저항방향으로 끌려감

동작	회전축(관절)	근력(추진력)	저항부하
암컬	팔꿈치관절	상완근의 근력	전완과 덤벨의 무게
윗몸일으키기	허리의 척추 엉덩관절	복근력 엉덩관절 굴곡근력	상체의 무게
물건 들기	허리의 척추	배근력	상체와 물건의 무게

(4) 스포츠에서 토크의 적용
① 전신의 관점에서도 외부의 힘에 의한 토크는 인체 운동에 큰 영향을 미침
㉠ 외부 토크가 기저면(회전축)을 벗어나면 회전운동을 일으켜 안정성을 감소시킴
㉡ 지면이나 외부 물체에서 작용하는 토크를 이용하여 전신의 회전운동을 유발함
② 공중 동작에서는 외력으로 중력이 작용하는데, 중력은 회전축인 신체중심에 작용하기 때문에 토크를 생성하지 않음. 따라서 공중에서 인체의 각운동량은 그대로 유지됨

2) 관성모멘트

(1) 관성모멘트의 정의
① 외부의 토크가 회전 운동을 변화시키려 할 때 저항하는 물체의 회전 관성
② 작용하는 토크가 동일할 경우, 관성모멘트가 클수록 회전운동을 변화시키기 어려움

(2) 관성모멘트의 크기
① 물체의 질량과 회전축에 대한 질량의 분포에 의해 결정됨

$$관성모멘트(I) = 질량 \times 회전축까지의 거리^2 = m \cdot d^2$$

※ 회전축까지의 거리를 '회선반경'이라 한다.
② 질량 자체가 클수록, 또한 질량이 회전축으로부터 멀리 분포할수록 관성모멘트가 큼

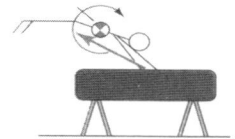

스프링보드의 반력에 의한 시계반대방향의 토크로 뒤 공중돌기를 할 수 있다.

뜀틀의 반력에 의한 시계방향의 토크로 앞공중돌기를 할 수 있다.

Robertson, G. E., et al. (2004). Research methods in biomechanics. Champaign, IL: Human Kinetics.

(3) 인체의 관성모멘트
  ① 자세가 변하면 회전축에 대한 분절의 상대적인 위치도 변하기 때문에 전신의 관성모멘트는 변함
    (예) 다이빙 선수가 공중에서 몸을 웅크리면(좌우축에 대한) 관성모멘트가 감소하고 쭉 펴면 관성모멘트가 증가함
  ② 회전축의 방향에 따라 관성모멘트는 차이가 있음
    (예) 같은 자세라도 인체의 장축에 대한 관성모멘트가 좌우축이나 전후축에 대한 관성모멘트 보다 작음. 이 때문에 장축을 중심으로 한 스핀동작에 비해 좌우축을 중심으로 한 핸드스프링이 상대적으로 어려움
  ③ 회전축의 위치에 따라 관성 모멘트도 달라짐
    (예) 철봉 대차돌기를 한다면 철봉이 회전축이 되는데, 이때 관성모멘트가 신체중심을 회전축으로 할 때보다 큼

(4) 스포츠에서 관성모멘트의 적용
  ① 자세 변화를 통해 관성모멘트를 조절하면 특정 동작이나 스포츠의 특성에 따라 회전운동을 효과적으로 수행할 수 있다음
    (예) 피겨스케이팅의 스핀동작에서 팔을 몸통에 가깝게 붙이면 관성모멘트가 감소하여 회전속도가 증가함
    (예) 다이빙 경기에서 입수 전에 몸을 펴면 관성모멘트가 증가하여 회전속도가 감소하고 입수동작을 조절하기가 쉬움

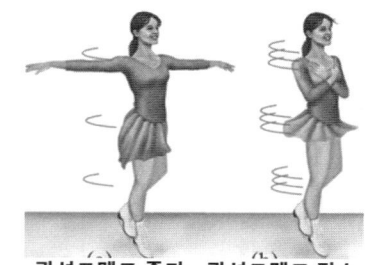

관성모멘트 증가 각속도 감소 　 관성모멘트 감소 각속도 증가

    (예) 배드민턴 스매싱, 배구 스파이크, 야구 피칭 등에서 전완과 상완을 어깨관절에 가깝게 모으면 관성모멘트가 감소하여 상지나 도구의 전방 회전속도를 증가시키는데 유리함
  ② 스포츠 도구에도 관성모멘트의 원리가 적용해 운동 수행을 도움
    (예) 테니스 라켓의 프레임을 크게 해 관성모멘트를 증가시키면 임팩트가 라켓의 중심축을 벗어났을 때 발생하는 흔들림을 줄일 수 있음

3) 뉴턴의 각운동 법칙

※ 선운동에 대한 뉴턴의 운동법칙은 회전운동에도 적용됨. 단, 선운동의 역학적 요소(물리량)에 대응하는 회전운동의 역학적 요소를 적용시켜야 함

(예) 선운동에서 운동 상태를 변화시키는 힘에 해당하는 회전운동의 역학적 요소는 토크임. 또한 '질량-관성모멘트', '선속도-각속도', '선가속도-각가속도' 등도 서로 대응하는 역학적 요소임

(1) 제1 운동법칙 : 각관성의 법칙

① 정의 : 외부의 토크가 작용하지 않는 한 물체는 원래의 회전 운동 상태를 그대로 유지하려 함(관성모멘트가 일정하게 유지되는 것은 전제로 함)

② 회전 운동 상태를 유지한다는 것은 정지된 물체는 계속 정지해 있고, 회전하고 있는 물체는 원래의 회전 속도로 계속 운동함을 의미함

　(예) 자전거를 거꾸로 뒤집어 놓은 상태에서 페달을 돌려 바퀴를 빠르게 회전시키다가 더 이상 페달을 돌리지 않아도 바퀴는 회전운동을 계속 유지함

③ 인체 운동과 같이 자세에 따라 관성모멘트가 변할 때는 단순히 각속도가 일정한 것이 아니라 각운동량(관성모멘트와 각속도의 곱)이 일정한 것으로 이해해야 함

④ 결국 뉴턴의 제1 법칙은 '각운동량 보존의 법칙'과 연관됨

(2) 제2 운동법칙 : 각가속도의 법칙

① 정의 : 물체에 토크를 가하면 작용한 토크에 비례하고 관성모멘트에 반비례하는 각가속도가 토크의 방향으로 발생함

$$토크 = 관성모멘트 \times 각가속도$$

② 각가속도는 각속도의 변화(율)를 의미하며, 토크가 물체가 회전하는 방향으로 가해지면 각속도는 증가하고, 반대방향으로 작용하면 각속도는 감소함

③ 각가속도는 토크에 비례하고 관성모멘트에 반비례함

　(예) 자전거의 페달을 힘차게 돌릴수록 바퀴의 각속도는 빠르게 증가 - 토크와 비례

　(예) 같은 크기의 토크가 작용할 경우, 직경이 작은 바퀴일수록 각속도가 빠르게 증가 - 관성모멘트와 반비례

(3) 제3 운동법칙 : 각반작용의 법칙

① 정의 : 물체 A와 B의 회전축이 동일할 때, A가 토크(각작용)를 가하면, B도 A에게 크기가 같고 방향이 반대인 토크를 작용함(각반작용).

　(예) 공중에서 뛰어올라 시계방향으로 팔을 휘둘러 공을 던지면(작용) 팔을 제외한 나머지 신체는 반시계방향으로 회전함(반작용)

예종이(1999). 생체역학. 서울: 도서출판 태근.

(예) 멀리뛰기의 착지 전에 상체를 시계방향으로 회전시키면(작용) 하체는 반시계방향으로 회전하는데(반작용), 이러한 동작은 착지 거리를 증가시킴

② 작용과 반작용토크의 크기는 같지만 관성모멘트 차이로 인해 그 효과는 다를 수 있음

(예) 배구 스파이크 동작에서 백스윙할 때 무릎을 굽히며 상체를 뒤로 젖힌 후 스파이크 때 다리를 전방으로 펴면, 하체를 반시계방향으로 회전시킨 작용토크에 대한 시계방향의 반작용토크가 상체에 작용하기 때문에 상체의 회전 운동이 보다 강력해 짐. 이 때 다리의 관성모멘트가 팔보다 크기 때문에 다리의 회전속도가 다소 작더라도 팔의 스윙 속도는 크게 증가함

Hall, S. J. (2003). Basic biomechanics(4th ed.). New York, NY : McGraw-Hill.

4) 각운동량과 회전충격량

※ 선운동에서 운동량과 충격량의 원리는 회전운동에서 유사하게 적용됨. 단, 선운동의 역학적 요소(물리량)에 대응하는 회전운동의 역학적 요소를 적용시켜야 함(힘-토크, 질량-관성모멘트, 선속도-각속도 등)

(1) 각운동량

① 물체가 가지고 있는 회전 운동의 양으로서 관성모멘트와 각속도의 곱으로 결정됨

$$각운동량 = 관성모멘트 \times 각속도$$

㉠ 선운동의 [선운동량=질량×속도]에 대응되는 회전운동의 운동량
㉡ 관성모멘트가 큰 물체가 빠르게 회전할수록 각운동량은 증가함
㉢ 단위 : $kg \cdot m^2/s$

② 동일한 물체에서 선운동량을 결정하는 요인 중 질량이 고정된 값인 반면, 관성모멘트는 자세에 따라 변함

(2) 회전충격량(혹은 각충격량)

① 회전충격량은 일정 시간동안 어떤 물체에 작용한 토크의 총합

$$회전충격량 = 토크 \times 시간$$

② 시간의 경과에 따라 물체에 작용한 토크를 나타낸 그래프의 아래 면적은 회전충격량을 나타냄

(3) 회전충격량과 각운동량의 관계와 스포츠 적용

① 물체에 작용한 회전충격량은 그 물체의 각운동량의 변화량과 같음

> 회전충격량 = 각운동량의 변화량
> 토크×시간 = (관성모멘트×각속도)의 변화량 = 나중각운동량 − 처음각운동량

② 작용한 충격량이 같더라도 관성모멘트를 감소시키면 각속도가 크게 증가함

　(예) 같은 크기의 근력으로 분절을 당기더라도 주위 분절을 회전축(관절) 주위에 모으면 분절의 각속도를 보다 증가시킬 수 있음. 단거리 달리기의 다리 동작, 축구의 킥, 배드민턴 스매싱, 배구 스파이크, 야구 피칭 등

③ 공중에서 회전 운동을 수행하기 위해서는 발구름할 때 지면반력을 통한 회전충격량을 충분히 얻어야 함

　(예) 뒤공중돌기의 발구름에서 지면반력이 무게중심을 지나는 (a) 동작은 회전충격량이 작용하지 않아 공중에서 회전할 수 없는 반면(각운동량이 0), (b) 동작은 회전충격량이 작용하여 각운동량이 증가하기 때문에 뒤공중돌기를 수행할 수 있음

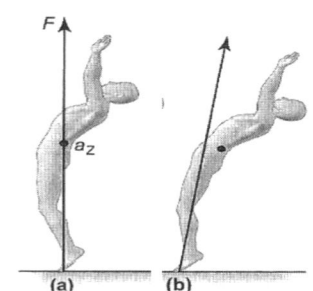

Watkins, J. (2007). An introduction to biomechanics of sport & exercise. New York, NY: Churchill Livingstone.

5) 각운동량 보존 및 전이

(1) 각운동량 보존의 법칙

① 정의 : 비평형의 외부 토크가 작용하지 않은 한(모든 외부 토크의 합이 0일 때) 한 물체나 여러 물체로 이루어진 체계의 각운동량은 보존됨

② 물체나 인체의 투사체 운동에서 각운동량은 그대로 유지됨(공기저항을 무시할 때).

　㉠ 유일하게 작용하는 중력은 회전축인 무게중심을 지나기 때문에 토크를 생성하지 않음
　㉡ 멀리뛰기, 높이뛰기, 다이빙, 체조 공중돌기 등에서 도약 직후의 각운동량은 공중 구간 동안 그대로 유지됨

③ 각운동량이 보존되는 상황에서 관성모멘트와 각속도를 곱한 전체 값이 일정함

　㉠ 각운동량이 보존될 때, 관성모멘트를 변화시켜 각속도를 변화시킬 수 있음
　㉡ 관성모멘트와 각속도는 반비례함

　　(예) 공중에서 자세를 바꿔 관성모멘트를 변화시키면 각속도도 변한다. 하지만 관성모멘트와 각속도의 곱 전체는 일정함
　　(예) 피겨스케이팅 스핀동작에서 팔다리를 몸통에 가깝게 두면 관성모멘트

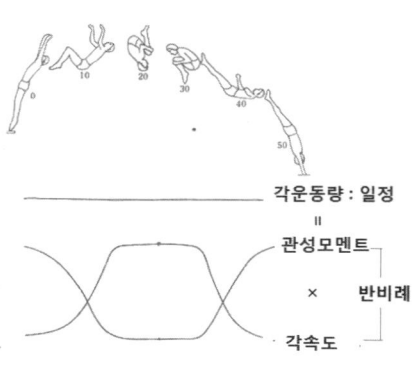

다이빙 공중동작에서 자세에 따라 각속도와 관성모멘트는 변하지만 각운동량은 일정하게 유지된다.

예종이(1999). 생체역학. 서울: 도서출판 태근.

가 감소하고 회전속도는 증가함

(2) 각운동량의 전이

① 특정한 회전축에 대한 인체의 전체 각운동량은 같은 회전축에 대한 인체 분절 각각의 각운동량을 모두 합한 것과 같음

(예) 각운동량$_{전신}$=각운동량$_{몸통}$+각운동량$_{상완}$+ …… +각운동량$_{대퇴}$+각운동량$_{하퇴}$

② 인체 전체의 각운동량이 일정할 때, 신체 일부의 각운동량 변화는 다른 부위(들)의 각운동량을 변화시키고 결국 신체 각 분절의 각운동량의 총합이 보존됨

※ 각운동량 보존 법칙의 또 다른 의미로 이해할 수 있음

③ 결국 전체 각운동량이 일정할 때, 각운동량은 신체의 어떤 부분에서 다른 부분, 혹은 전체로 전이될 수 있음

(예) 체조 착지에서 시계방향으로 넘어지려 할 때, 팔을 시계방향으로 회전시켜 시계방향의 각운동량을 만들면 나머지 신체 부위(전신)의 시계방향 각운동량을 감소시켜 균형 회복을 도움

발구름 반력이 신체중심 뒤에 작용하여 시계방향의 각운동량이 생성된다.

공중에서 팔다리를 전방으로 회전시키며 시계방향의 각운동량을 생성하면 전신의 시계방향 각운동량이 상쇄되어 몸 전체가 앞으로 기울어지는 것을 방지한다

도약시 팔을 시계방향으로 회전시켜 각운동량을 생성한 후 공중에서 팔의 회전을 멈추면 도약시 생성된 각운동량이 전신으로 전이되어 회전운동을 돕는다

Watkins, J. (2007). An introduction to biomechanics of sport & exercise. New York, NY: Churchill Livingstone.

④ 각운동량이 보존되지 않을 때도, 각운동량 전이는 발생함

(예) 여러 개의 분절이 함께 회전운동을 하다가 근위 분절의 회전이 감소하면 근위 분절의 각운동량이 원위분절로 전이됨. 축구 킥 동작에서 엉덩관절을 축으로 하지 전체가 회전운동을 하다가 대퇴(근위)의 회전속도가 감소하면 대퇴의 각운동량이 하퇴(원위)로 전이되어 하퇴가 보다 빠르게 회전함

이단평행봉에서 크게 흔들다가 하단의 봉에 닿아 상체 운동이 제지되면 상체의 각운동량 일부가 하지로 전이되어 하지의 각속도가 크게 증가한다.

예종이(1999). 생체역학. 서울: 도서출판 태근.

6) 구심력과 원심력

   (1) 구심력과 원심력의 정의

   ① 구심력 : 물체가 원운동(혹은 곡선운동)을 할 때 원의 중심방향으로 작용하는 힘
      ㉠ 물체는 직선운동을 하려는 특성을 있기 때문에 원의 중심으로 작용하는 힘이 작용해야 원운동(혹은 곡선운동)을 함
      ㉡ 구심력은 질량과 선속도의 제곱에 비례하고 반지름에 반비례함
         (예) 선수의 체중이 무거울수록, 빠르게 달릴수록, 트랙의 반경이 짧을수록(급경사) 곡선 주로를 달리는 데 필요한 구심력은 증가함
   ② 원심력 : 원운동을 하는 물체가 궤도를 이탈하려는 가상적인 힘
      ㉠ 물체는 직선으로 움직이려는 특성 때문에 원궤도를 이탈하려 함
         (예) 자동차가 커브를 돌때 안전벨트를 착용하지 않으면 밖으로 쏠리는 느낌을 받는데, 원의 중심으로 승객을 잡아당기는 구심력이 작용하지 않기 때문
      ㉡ 구심력에 작용할 때 발생하는 힘으로 구심력이 사라지면 원심력도 사라짐
         (예) 해머던지기에서 해머를 돌리다가 줄을 놓으면 구심력은 사라지고 해머는 직선방향(원의 접선방향)으로 날아감

   (2) 구심력의 스포츠 적용

   ① 육상 트랙, 쇼트트랙 경기장, 스키 등의 곡선 주로를 달리기 위해서는 신체에 충분한 구심력이 작용해야 함
      ㉠ 몸을 경기장 중심으로 기울이고 비스듬히 바닥을 밀면 지면반력 중 일부가 원의 중심을 향하는 구심력으로 작용함. 몸을 기울이는 각도가 클수록 구심력은 증가함
      ㉡ 이 때 지면과의 최대정지마찰력이 구심력보다 커야 미끄러지지 않음
      ㉢ 구심력이 충분치 않을 때는 속도를 줄이거나 주행 궤도를 완만하게 해야 함
   ② 사이클 벨로드롬 트랙의 경사면은 마찰력의 제약 없이 보다 손쉽게 구심력을 얻도록 도움

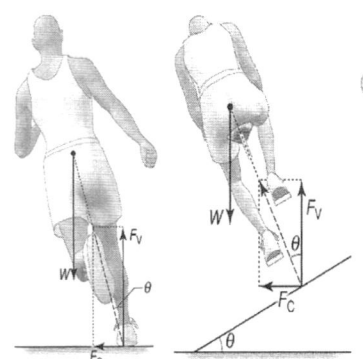

Fc가 구심력으로 작용
마찰력이 구심력보다 커야 한다.

Fc가 구심력으로 작용
경사면에서는 마찰력의 제약이 작다

Watkins, J. (2007). An introduction to biomechanics of sport & exercise. New York, NY: Churchill Livingstone.

Chapter 06 일과 에너지

01 일과 일률

1) 일(work)

(1) 일의 정의

① 물체에 힘을 작용해 물체가 움직였을 때, 작용한 힘이 물체에 일을 했다고 말함
② 일의 크기는 물체의 변위와 그 방향으로 작용한 힘을 곱한 값 또는 작용한 힘과 힘 방향으로 물체의 변위를 곱한 값으로 정의함

$$일 = 힘 \times 변위 \qquad W = F \cdot d$$

㉠ 일의 크기를 구할 때, 반드시 같은 방향의 힘과 변위를 곱해야 함
㉡ 단위 : J(Joule, 주울) 또는 Nm / 1J=1Nm

③ 역학적 일은 일상적으로 사용하는 일의 개념과 다소 차이가 있음

(예) 힘을 작용해도 힘의 방향으로 물체가 움직이지 않으면 일을 하지 않는 것임. 철봉에 매달려 있는 경우, 역기를 들고 있는 경우, 벽을 밀고 있는 경우 등은 일상적으로는 일을 한 것이지만 역학적 일은 수행되지 않음

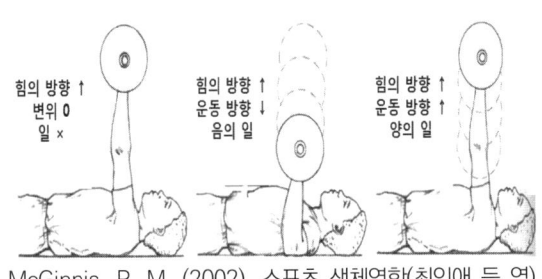

McGinnis, P. M. (2002). 스포츠 생체역학(최인애 등 역). 서울: 도서출판 대한미디어. (원서출판 1999).

(2) 양(+)의 일과 음(+)의 일

① 양의 일 : 힘과 변위가 같은 방향
② 음의 일 : 힘과 변위가 반대 방향
(예) 벤치프레스(그림 참조)

(3) 일의 형태와 근육의 활동

① 인체 운동에서 주도적인 힘을 내는 주동근의 수축형태는 일의 형태와 관련이 있음

	양(+)의 일	음(-)의 일
설 명	힘과 변위가 같은 방향	힘과 변위가 반대 방향
벤치프레스 (주동근)	중량을 들어 올리는 동작 (대흉근과 상완삼두근)	중량을 내리는 동작 (대흉근과 상완삼두근)
주동근의 수축	단축성 수축	신장성 수축
근력 vs 저항력	근력 > 저항력	근력 < 저항력

(예) 스쿼트, 벤치프레스 등과 같이 중력에 대항하는 저항 운동에서 중량을 들어 올릴 때와 내릴 때 모두 하나의 근육이 주동근으로 작용함. 예를 들어 암컬 동작에서 중량을 올릴 때는 상완이두근(주동근)이 단축성 수축을 하면서 양의 일을 하고 내릴 때에도 상완이두근이 주동근으로 신장성 수축을 하면서 음의 일을 함.

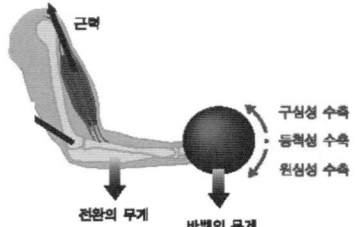

정철수, 신인식(2005). 운동역학총론.
서울: 도서출판 대한미디어.

② 양의 일과 음의 일을 번갈아 수행하여 변위가 0이 되면 결국 일의 크기도 0이 됨

(예) 10kg중(약 100N)의 덤벨을 30cm 들어 올렸다가[100×0.3=30J] 원래의 위치로 내렸다면[100×(-0.3)=-30J], 최종적인 일의 크기는 0J. 덤벨의 변위가 결국 0cm이기 때문

2) 일률(power)

(1) 일률의 정의

① 단위시간당 한 일의 양을 일률 또는 파워(power)라 하며, 역학적 일의 강도를 나타내는 지표로 사용됨

(예) 5층 계단을 올라 갈 때(일) 천천히 또는 빠르게 오르냐(시간)의 차이

② 일률은 힘과 속도의 곱(토크와 각속도의 곱)이기도 함

$$일률 = \frac{한\ 일}{시간} = 힘 \times 속도 \qquad P = F \cdot v$$

(2) 인체 운동과 파워

① 파워는 흔히 순발력의 개념으로 이해할 수 있음
② 단거리 달리기, 수직점프, 역도 등과 같이 폭발적인 힘을 요구하는 운동에서 파워는 경기력을 좌우하는 중요한 요인임

③ 운동을 유발하는 근육의 파워는 근력과 수축 속도의 곱으로 결정되는데, 최대속도의 ⅓ 로 수축하면서 최대 근력의 ⅓을 낼 때 근육의 파워는 최대가 됨

02 에너지

1) 에너지의 정의와 종류

    (1) 에너지의 정의와 크기
        ① 에너지 : 일을 할 수 있는 능력. 물체가 지닌 에너지의 양은 그 물체가 다른 물체에 할 수 있는 일의 양을 나타냄
        ② 열, 소리, 전기 에너지 등 여러 형태의 에너지가 있지만 여기서는 물체(인체)의 운동은 역학적 에너지(운동에너지와 위치에너지)와 많은 관련이 있음

    (2) 운동에너지와 위치에너지(여기에서는 선운동에 대해서만 다룸)
        ① 운동에너지 : 운동하고 있는 물체가 가진 에너지
            ㉠ 운동하는 물체는 다른 물체에 일을 할 수 있음
                (예) 빠르게 굴러가는 볼링공은 에너지를 지니며 핀을 타격해 이동시키는 일을 할 수 있음
            ㉡ 크기는 물체의 질량과 속도의 제곱을 곱한 값의 반이다(½×질량×속도2).
                (예) 2배의 속도로 질주하면 운동에너지는 4배로 증가함
        ② 위치에너지 : 물체의 위치에 따라 잠재적으로 갖는 에너지
            ㉠ 위치에너지는 운동에너지로 전환되어 일을 수행할 수 있음
            ㉡ 중력에 의한 위치에너지와 탄성에 의한 위치에너지가 있음
        ③ 중력에 의한 위치에너지 : 높은 곳에 있는 물체가 높이에 따라 갖는 에너지
            ㉠ 높은 곳의 물체는 중력에 의해 떨어져 다른 물체에 일을 할 수 있음
            ㉡ 중력으로 인해 물체가 가지는 에너지
                (예) 높은 곳에 위치한 높이뛰기 선수는 떨어지면서 매트에 일을 할 수 있는 에너지를 지님
            ㉢ 크기는 물체의 무게와 높이의 곱으로 결정됨(질량×중력가속도×높이).
                (예) 물체가 높은 곳에 있을수록 위치에너지가 증가하고 보다 많은 일을 할 수 있음
        ④ 탄성력에 의한 위치에너지 : 탄성을 지닌 물체가 변형되었을 때 지니는 에너지
            ㉠ 스프링, 고무줄 등은 길이가 변했을 때 원래 모양으로 돌아가려는 힘을 지니며 이로 인해 에너지를 지님
                (예) 활을 잡아당기면, 늘어난 활줄에 탄성에너지가 저장되어 화살에 일을 할 수 있으며, 휘어진 장대의 탄성에너지는 인체를 위로 들어올림

ⓒ 탄성에너지 또는 변형 에너지라고 함
ⓓ 근육도 원래의 길이보다 늘어날 때 탄성에너지를 저장하는데, 이러한 탄성에너지는 근육이 단축성 수축을 할 때 쓰일 수 있음

> **탄성에너지의 활용 : 근육의 신장-단축 기전**
> 수직점프, 던지기, 차기 등 대부분의 인체 운동에서 우리는 무의식적으로 원하는 방향으로 운동하기 전에 반대 방향으로 움직임(위로 점프하기 전에 아래로 웅크리는 동작 등). 이러한 반동 동작에서 주동근의 길이가 늘어나 탄성에너지를 저장하게 되는데, 원하는 방향으로 운동하기 위해 주동근이 단축성 수축을 할 때 저장된 탄성에너지가 사용되기 때문에 보다 큰 힘을 낼 수 있음. 근육의 길이가 늘어났다가 짧아지는 신장-단축의 수축 형태는 운동 수행력을 높이는 매우 중요한 원리임

2) 역학적 에너지 보존의 법칙

   (1) 역학적 에너지의 보존

   ① 역학적 에너지=운동에너지+중력에 의한 위치에너지+탄성에 의한 위치에너지
   ② 역학적 에너지 보존 법칙 : 마찰, 공기저항 등으로 인한 에너지 손실이 없고 중력을 제외한 다른 힘이 작용하지 않을 때 역학적 에너지는 일정하게 보존됨

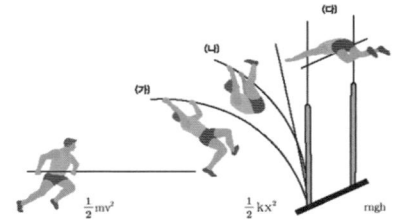

운동에너지 ➡ 탄성에너지 ➡ 위치에너지
장대높이뛰기에서 에너지의 변환

정철수, 신인식(2005). 운동역학총론. 서울: 도서출판 대한미디어.

   ③ 역학적 에너지가 보존될 때 에너지는 서로 다른 형태로 교환됨
      (예) 던져진 공이 위로 올라갈수록 운동에너지가 감소하고 위치에너지는 증가하는 반면, 떨어질 때는 그 반대가됨. 정점(운동에너지=0)에서의 위치에너지는 공이 지면에 닿은 순간(위치에너지=0)의 운동에너지와 같음

   (2) 인체 운동과 역학적 에너지의 보존

   ① 역학적 에너지의 보존과 변환은 인체 운동에서 중요한 요인임
      (예) 공중 구간에서는 역학적 에너지가 보존되는데, 이러한 원리에 따라 수직점프에서 지면을 떠나는 순간의 수직속도가 상승 높이를 결정함
      [이지 순간의 운동에너지 = 정점까지 위치에너지의 변화량]
      (예) 장대높이뛰기는 운동에너지가 탄성에너지로 변환되었다가 (중력에 의한) 위치에너지로 변환되는 운동임. 따라서 도움닫기의 속도를 빠르게 하고 탄성에너지의 손실이 없도록 하는 기술이 중요함
      도움닫기(운동에너지) ➡ 장대의 휘어짐(탄성에너지) ➡ 높이의 상승(위치에너지)
   ② 실제 공기저항, 마찰 등으로 역학적 에너지가 보존되지는 않지만, 위의 원리는 인체운동에 큰 영향을 미침

Chapter 06 _ 일과 에너지

3) 인체 에너지 효율

(1) 인체 에너지 효율
  ① 효율은 인체가 소모한 에너지에 대한 역학적으로 한 일의 비율
    ㉠ 섭취 영양소가 대사과정을 거쳐 생체에너지로 변환 → 생체에너지의 일부를 사용해 근육이 수축활동 → 역학적 일을 수행
    ㉡ 생체에너지는 체온 유지, 신체 기관의 활동 등 생명 유지와 활동에 사용
  ② 대체적으로 근육 활동에 소비된 생체에너지의 25-30%가 역학적 에너지로 전환되고 나머지는 열에너지 등으로 소비

(2) 근골격계의 기계 작용과 에너지 효율
  ① 기계의 효율(성)은 기계에 공급된 일량(이론적으로 수행한 일)에 대한 실제 출력된 일량(실제 수행한 일)의 비율을 의미함
    (예) 지레에 100J(주울)의 일을 공급했을 때, 기계장치의 마찰로 인해 40J(주울)이 열로 손실되고 출력된 일이 60J(주울)이라면 도르래의 효율은 60%가 됨

    $$\frac{출력된\ 일}{공급된\ 일} = \frac{60(J)}{100(J)} \times 100 = 60\%$$

  ② 지레, 도르래를 비롯한 모든 기계 장치(인체 기계도 포함)는 마찰이나 열에너지 등의 다양한 요인으로 손실되는 에너지가 항상 발생하기 때문에 기계적 효율이 절대 100%가 되지 못함. 따라서 원하는 일을 수행하기 위해서는 이론적으로 공급해야 하는 일보다 많은 일을 수행해야 함

4) 일과 에너지의 관계

(1) 일-에너지 원리
  ① 힘이 작용해 물체에 한 일은 그 물체의 운동에너지를 변화시킴

    > 힘이 물체에 작용해 한 일 = 물체의 운동에너지 변화량

    (예) 지면의 마찰력이 퍼팅된 골프공에 한 일은 골프공의 운동에너지를 감소시킴
  ② 수직방향의 운동에서 작용한 힘이 물체에 한 일은 역학적 에너지(운동에너지+위치에너지)의 변화량과 같음
    (예) 수직점프 동작에서 지면반력이 인체에 한 일은 역학적 에너지 변화량과 같음. 신체중심의 수직속도가 증가(운동에너지 변화)하고 중심의 높이도 상승함(위치에너지 변화)

(2) 일-에너지 원리와 인체 운동
  ① 물체에 한 일은 작용한 힘과 움직인 거리의 곱으로 결정되며, 큰 힘을 긴 거리에 걸쳐 작용할수록 물체나 인체의 운동에너지가 증가함

- (예) 던지는 동안 큰 힘을 긴 거리에 걸쳐 창에 작용하면 창의 운동에너지가 크게 증가하여 멀리 날아감
- (예) 자세를 낮춰 웅크려 앉았다가 일어서면서 포환을 던지면 힘을 보다 긴 거리에 걸쳐 작용시키기 때문에 포환의 운동에너지를 보다 증가시킬 수 있음

② 날아오는 공을 잡거나 착지하는 동작은 음(-)의 일을 수행해 물체의 에너지를 흡수(운동에너지 감소)하는 것이다. 이 때 긴 거리에 걸쳐 에너지를 흡수할수록 충격력이 작아짐
- (예) 빠르게 날아오는 공을 받는 동작은 공에 음의 일을 해서 운동에너지를 흡수(감소)하는 것임. 매트, 글러브 등은 운동에너지를 긴 거리에 걸쳐 안전하게 흡수하는 역할을 함
- (예) 점프 후 착지동작에서 하지의 근육들은 신장성 수축을 하면서 인체의 운동에너지를 흡수함

Chapter 07 다양한 운동기술의 분석

01 동작분석

1) 영상분석의 개요

(1) 정성적 분석과 정량적 분석

① 운동기술은 첨단 장비를 이용한 분석뿐만 아니라 시각적 관찰을 통해서도 가능함

	정성적(질적) 분석	정량적(양적) 분석
방법	시각적 관찰	계측 장비를 이용한 측정
특성	지식과 경험을 통한 주관적 평가 현장에서 많이 사용	수량적 정보를 이용한 객관적 평가 과학적 연구에 많이 사용
장점	즉시적 피드백 가능	객관성, 정확한 정보 제공
단점	객관성과 정확성이 부족 분석자의 능력과 주관성에 많이 좌우	측정과 분석에 많은 비용과 시간 필요 즉시적 피드백의 한계

② 동작 영상을 반복하거나 느린 속도로 재생해 관찰하면 정성적 분석도 객관성을 높이고 보다 많은 정보를 얻을 수 있음

③ 최근 분석 장비의 발달로 보다 짧은 시간에 정량적 분석이 가능해 졌으며, 정성적 분석과 정량적 방법을 함께 이용하는 것이 효과적

(2) 영상분석의 이해

① 운동수행을 기록한 영상에서 분석 대상의 시간 정보와 위치 정보 추출 → 시간과 위치 정보를 이용해 변위, 속도, 가속도 등의 운동 정보 분석

② 일정한 속도로 촬영된 영상(예를 들어 초당 60번 촬

적외선카메라를 이용한
역도의 영상분석 장면

영)에서 정지화면 간의 시간 간격을 알 수 있고 카메라의 위치와 영상의 크기를 고정하면 영상 내의 배율 패턴을 알 수 있어 위치 정보를 추출할 수 있음

③ 분절의 질량, 관성모멘트 자료와 함께 외부의 힘 정보를 영상분석에 활용하면 인체 내부에서 작용하는 힘을 추정할 수 있음

2) 2차원 영상분석의 활용

(1) 2차원 영상분석의 이해
① 1개의 영상 기록을 통해 2차원의 평면상의 운동을 분석함
② 운동 평면상의 실제 좌표와 영상 좌표 사이의 일정한 배율 관계를 이용함
③ 카메라를 실제 운동면에 직각이 되도록 해야 함

(2) 2차원 영상분석을 통한 운동기술의 분석
① 단일 평면상에서 이루어지는 운동의 분석에 사용함
② 철봉의 대차돌기, 직선 걷기, 100m 달리기 등의 동작 분석에 활용할 수 있음

3) 3차원 영상분석의 활용

(1) 3차원 영상분석의 이해
① 2개 이상의 영상 기록을 통해 입체적인 3차원 공간상의 운동을 분석함
② 특정한 점에 대한 실제 공간상의 위치와 최소 두 방향에서 촬영된 2차원의 영상 정보들 간의 기하학적 관계를 이용해 3차원 공간 정보를 추출함

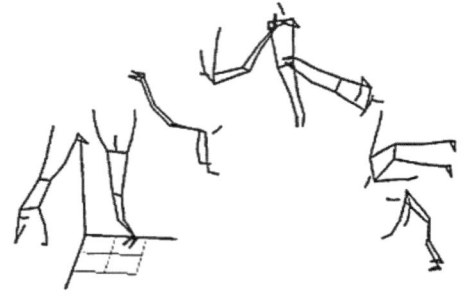

체조 뜀틀 경기의 3차원 영상 분석

(2) 3차원 영상분석을 통한 운동기술의 분석
① 2차원 분석에 비해 오차가 작음
② 야구 피칭, 골프 스윙과 같이 공간상에서 입체적으로 이루어지는 운동의 분석에 활용

02 힘 분석

1) 힘 측정 원리

   (1) 인체 운동과 힘 분석

   ① 인체 내, 외부의 힘을 분석하는 것은 인체 운동의 이해나 부상 요인의 규명에 필수적임
   ② 인체 내부의 힘을 직접 측정하는 것은 상당한 위험과 어려움이 따르며, 일반적으로 영상분석을 통해 간접적으로 추정하여 분석함
   ③ 외부와 접촉하여 주고받는 힘(접촉력)은 다양한 장비로 직접 측정할 수 있음

   (2) 힘 측정의 원리

   ① 물체에 힘이 작용하면 힘의 크기에 비례해 물체의 변형 발생 → 저항 변화 등 물체의 전기적 특성 변화 → 센서로 전기적 변화를 검출하여 힘의 크기 측정
   ② 힘을 측정하는 장치를 힘 변환기(force transducer)라 함
      (예) 전자저울은 힘 변환기인 로드셀을 이용하여 무게를 측정

2) 다양한 힘 측정 방법

   (1) 지면반력기

   ① 인체가 지면에 작용한 힘에 대한 반작용력인 지면반력을 측정함
   ② 여러 개의 힘 변환기를 이용해 지면과의 접촉면에서 작용하는 모든 힘들이 합쳐진 하나의 합력을 측정함

   (2) 압력분포 측정기

   ① 접촉면의 각 부분에 작용하는 압력(단위면적에 작용하는 힘)을 측정함
   ② 접촉면 전체를 단위 면적으로 분할하여 측정 센서를 장착해 개별 힘을 측정함
      (예) 선 자세, 걷기, 달리기 등에서 발바닥의 압력분포를 측정해 발의 구조적, 기능적 이상 여부를 평가하거나 신발을 디자인하는 등에 활용

   (3) 등속성 동력계(isokinetic dynamometer)

   ① 관절의 회전 운동시 특정 각도에서 발생하는 토크를 측정하여 근력을 평가함
   ② 등척성 혹은 등속성 조건에서 측정할 수 있음

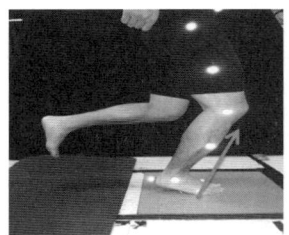
지면반력기를 이용한 측정

발바닥 압력분포의 측정:
적색부분의 압력이 높다

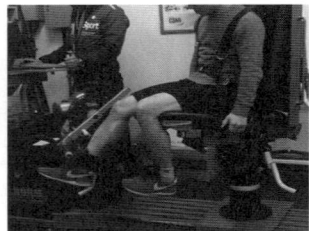
등속성 동력계를 이용한 측정

3) 지면반력 측정의 활용

(1) 지면반력의 이해

① 지면반력은 중력과 더불어 인체 운동을 변화시키는 중요한 외력임
② 수직방향의 지면반력은 중력과 함께 수직 방향의 운동을 결정함
　(예) 지면반력이 중력보다 크면 위 방향으로 인체가 가속되고, 작으면 아래 방향으로 가속됨
③ 전후, 좌우 방향의 지면반력은 지면과의 마찰력을 의미하고 해당 방향의 운동을 결정함

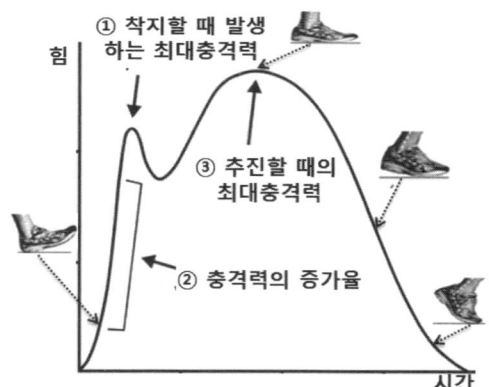

달리기의 수직방향 지면반력: ①과 ②가 클수록 착지과정에서 부상의 위험이 증가한다. 또한 그래프의 아래 면적을 통해 전체 충격량을 알 수 있다.

Lieberman, D. E. et al., (2010). Foot strike patterns and collision forces in habitually barefoot versus shod runners. Nature, 463, 531-535.

(2) 지면반력을 통한 인체 운동의 분석
　① 지면반력(전후, 좌우, 수직 방향)을 통해 걷기, 달리기, 점프 동작 등에서 인체에 작용하는 충격력, 충격량 등을 알 수 있음
　　(예) 달리기의 착지 초기에 지면반력은 급격히 증가하여 피크(최대 충격력)에 이르는데, 이 과정은 부상의 위험성과 연관됨
　　(예) 수직점프에서 지면반력을 이용해 충격량을 산출하면 이지하는 순간의 수직속도와 점프 높이를 알 수 있음
　② 지면반력이 작용하는 지점인 압력중심점을 통해 체중의 이동과 안정성 등을 분석할 수 있음
　　(예) 양궁, 사격을 비롯해 제자리 서기 등의 동작에서 압력중심점 궤적을 분석하여 신체 안정성을 평가함

03 근전도 분석

1) 근전도의 원리

(1) 근전도의 이해
　① 근전도 : 근육의 수축활동에서 발생하는 전기적 신호를 그래프로 나타낸 것
　　㉠ 인체 운동을 일으키는 근원적인 힘은 근육의 수축활동에 의해 생성 → 근수축 과정에서 전기적 신호 발생 → 근전도를 통해 운동 중 개별 근육의 활동 정보를 파악
　　㉡ 활동전위 : 근육의 수축활동에서 발생하는 전기적 신호

(2) 근육의 수축과 근전도의 관계
　① 근육 수축활동 증가 → 근력 증가 & 활동전위 증가 → 근전도 신호 증가
　　(예) 근전도 신호가 증가하면 근육이 강하게 수축하고 있고 근력도 증가한다고 추정할 수 있음
　② 하지만 근전도는 전극에 의해 측정되는 상대적인 전기 신호로서 측정 조건에 따라 측정값이 달라짐
　　(예) 피부 표면에 전극을 부착할 경우, 피부 아래의 표층 근육의 근전도 신호는 강한 반면 깊숙한 곳의 근전도 신호는 약하게 측정된다. 따라서 표층 근육의 근전도 신호가 크다고 해서 심층 근육보다 강하게 수축한다고 해석할 수 없음

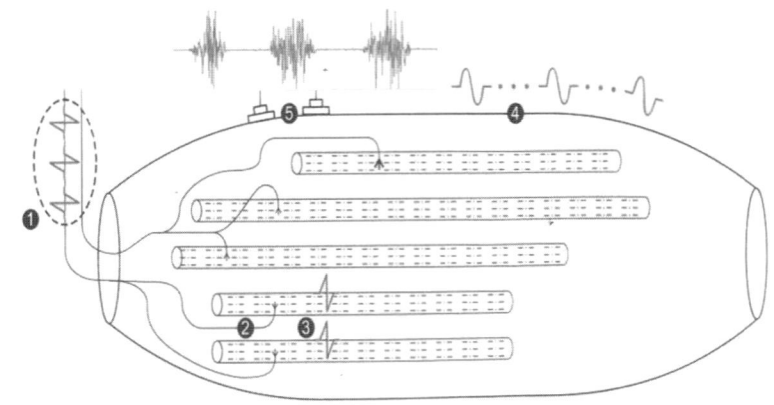

근육의 수축과 근전도 신호의 생성 :
❶ 운동신경 활동전위가 근육의 흥분 유도 ❷ 근섬유 활동전위 생성
❸ 근섬유 내 활동전위의 전파 ❹ 운동단위의 활동전위 ❺ 근전도의 측정

Robertson, G. E., et al. (2004). Research methods in biomechanics.
Champaign, IL: Human Kinetics.

2) 근전도의 측정

 (1) 근전도 측정의 종류

  ① 표면전극법 : 피부 표면에 전극을 부착하여 측정
   ㉠ 측정이 간편하고 다양한 운동 상황에 사용할 수 있음
   ㉡ 깊은 곳의 근육 활동을 알기 어려움
  ② 침전근 및 극세선전극법 : 바늘이나 가는 전선을 근육에 직접 삽입하여 측정
   ㉠ 심층 근육이나 운동단위 수준에서 사용함
   ㉡ 안전성이 낮고 활발한 동작에 사용하기 어려움

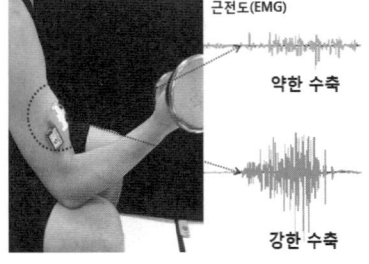

근육의 수축활동과 근전도의 관계

 (2) 근전도 측정시 주의점

  ① 알코올 소독, 제모 등을 통해 피부와 전극사이의 저항을 최대한 줄임
  ② 전극이 피부에 단단히 부착되도록 함
  ③ 측정하려는 근육의 불룩한 부위의 중간 지점에 전극을 정확히 부착함

3) 근전도의 분석과 활용

 (1) 근육의 활동 여부

  ① '동작의 특정 시점에서 근육이 활동하고 있는가 혹은 그렇지 않은가?'

② 특정 동작에서 각 근육의 동원 순서에 대한 정보
(예) 걷는 동작에서 착지할 때는 내/외측광근이 활동하고 다리를 앞으로 스윙할 때는 대퇴이두근이 활동함

(2) 근육 활동의 정도
① '특정 시점에서 특정 근육이 얼마만큼 활동하고 있는가?'
② 근육 활동이 증가하면 근전도 신호가 커짐
(예) 인클라인 벤치프레스에서는 대흉근의 위쪽 부위가 많이 활동하는 반면 디클라인 벤치프레스에서는 대흉근의 아래쪽 부위가 주로 활동함

(3) 근육의 피로 정도
① '근육의 얼마나 피로한 상태인가?'
② 근육이 피로해져 근력이 감소하고 근활동을 지속할 수 없을 때 근전도 신호의 주파수의 분포가 저역 주파수 대역으로 편중됨

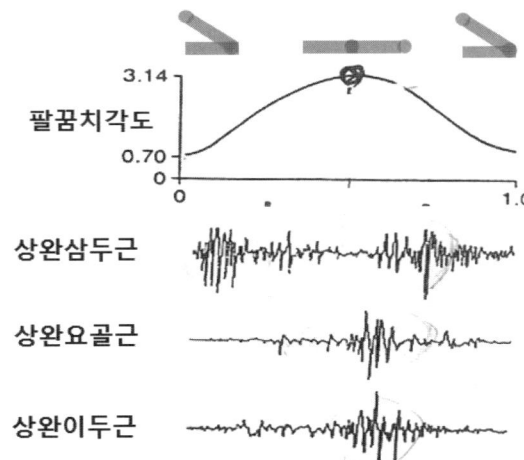

팔꿈치 신전-굴곡시 근육 활동 : 팔꿈치관절을 신전한 후 굴곡할 때의 상완근의 활동 : 신전할 때 상완삼두근이 활동하다가 완전히 펴지기 전에 굴곡근인 상완이두근과 상완요골근이 작용함을 알 수 있다.

Enoka, R. M. (1994). Neuromechanical basis of kinesiology(2nd ed.). Champaign, IL: Human Kinetics.

참고문헌

예종이(1999). **생체역학**. 서울: 도서출판 태근.

정철수, 신인식(2005). **운동역학총론**. 서울: 도서출판 대한미디어.

Baechle, T. R., & Baechle, T. R. (Ed.). 2008. *Essentials of strength training and conditioning(3rd ed.)*. Champaign, IL.: Human Kinetics.

Carr, G. (1997). *Mechanics of sports*. Champaign, IL: Human Kinetics.

Enoka, R. M. (1994). *Neuromechanical basis of kinesiology(2nd ed.)*. Champaign, IL: Human Kinetics.

Hall, S. J. (2003). *Basic biomechanics(4th ed.)*. New York, NY : McGraw-Hill.

Hamill, J., & Knutzen, K. M. (2007). *Biomechanical basis of human movement(3rd ed.)*. Philadelphia, PA: Lippincott Williams & Wilkins.

Komi, P. V. (Ed.). (1992). *Strength and power in sport*. London: Blackwell Scientific Publications.

Kreighbaum, E., & Barthels, K. M. (1996). *Biomechanics : a qualitative approach for studying human movement(4th ed.)*. Boston : Allyn and Bacon.

Lieberman, D. E. et al., (2010). Foot strike patterns and collision forces in habitually barefoot versus shod runners. *Nature, 463*, 531-535.

Luhtanen, P., & Komi, P. V. (1978). *Mechanical factors influencing running speed*. Biomechanics Ⅳ. Baltimore: University Park Press.

McGinnis, P. M. (2002). **스포츠 생체역학**(최인애 등 역). 서울: 도서출판 대한미디어. (원서출판 1999).

Robertson, G. E., et al. (2004). *Research methods in biomechanics*. Champaign, IL: Human Kinetics.

Watkins, J. (2007). *An introduction to biomechanics of sport & exercise*. New York, NY: Churchill Livingstone.

기 초 문 제

01 다음 중 생체역학에 대한 설명으로 옳지 **않은** 것은?

① 역학적 영역은 정역학과 동역학의 측면으로 나누어진다.
② 정역학은 인체가 정지해 있는 상태에서의 분석이다.
③ 동역학은 운동학과 운동역학으로 세분화된다.
④ 운동학은 움직임의 원인이 되는 힘에 대해 연구하는 분야이다.

<정답> ④

생체역학은 정역학과 동역으로 구분되며 동역학은 운동학과 운동역학으로 나뉜다. 운동역학은 운동의 원인이 되는 힘을, 운동학은 운동의 결과에 대해 연구하는 분야다.

02 운동역학의 역사에 대한 설명으로 올바른 것은?

① 아리스토텔레스는 최초의 운동 기능학 교재를 발간하였다.
② 보렐리는 인체의 구조와 기능을 조사하였다.
③ 뉴턴은 관성의 법칙, 가속도의 법칙, 작용반작용의 법칙을 집대성 하였다.
④ 뮤이브리지는 운동역학의 실제적인 창시자다.

<정답> ①

아리스토 텔레스는 운동기능학의 창시자이며 최초 운동기능학 교재는 갈렌이 발간하였다. 보렐리는 현재 운동역학의 실제적인 창시자이며 최초의 운동역학 교과서를 편찬 하였다. 뮤이브리지는 최초로 연속 사진 촬영 기법을 도입하였다.

03 다음에 해당하는 생체역학의 연구 영역으로 올바른 것은?

> 분석 대상: 운동의 원인이 되는 힘에 관한 분석에 초점을 둔다
> (근력, 지면반력, 토크, 관성모멘트, 마찰력 등)

① 운동역학(kinetics) ② 운동분석학
③ 운동학(kinematics) ④ 정역학(statics)

<정답> ①

③ 힘과는 관계없이 동작의 기하학적인 면에 초점을 둠(위치변화, 속도, 가속도, 변위 등) ④ 정지해 있거나 가속도가 없거나 또는 등속도 운동을 수행하는 물체를 분석의 대상으로 삼고 있다.

기초문제

04 다음 중 운동학(kinematics)의 분석대상이 **아닌** 것은?
① 속도　　　② 가속도　　　③ 힘　　　④ 변위

<정답> ③

운동역학적 분석대상: 운동의 원인이 되는 힘에 관한 분석에 초점을 둔다(근력, 지면반력, 토크, 관성모멘트, 마찰력 등)

05 다음 중 설명으로 옳지 **않은** 것은?
① 전후축은 인체의 전후를 통과하는 축으로 좌우면과 직교한다.
② 좌우축은 인체의 좌우를 통과하는 축으로 전후면과 직교한다.
③ 좌우면은 인체의 전후로 형성되어 인체를 좌우로 나누는 평면이다.
④ 수평면은 인체를 횡단하여 인체를 상하로 나누는 평면이다.

<정답> ③

좌우면은 인체의 좌우로 형성되어 인체를 전후로 나누는 평면이다.

06 다음 중 전후면에서의 관절 운동이 **아닌** 것은?
① 걷기　　　　　　　　② 앞구르기
③ 몸통회전　　　　　　④ 대차돌기

<정답> ③

몸통회전 - 수평면에서의 관절운동

07 다음 중 좌우면에서의 관절운동은?
① 걷기　　　　　　　　② 원반던지기
③ 피겨스케이팅 회전　　④ 손짚고 옆돌기

<정답> ④

걷기- 전후면 / 원반 던지기, 피겨스케이팅 회전- 수평면

기 초 문 제

08 다음 중 배측 굴곡에 대한 설명으로 올바른 것은?
① 발의 종축을 축으로 하여 발바닥을 내측으로 드는 동작
② 발등이 경골에 가까워지는 동작
③ 발바닥 쪽 굴곡
④ 손바닥이 보이는 동작

<정답> ②
① 내번 ③ 족저굴곡 ④ 회외

09 다음 중 선운동의 대한 설명으로 옳지 **않은** 것은?
① 거리는 물체가 한 위치에서 다른 위치로 이동하였을 때 그 물체가 지나간 궤적의 길이 이다.
② 속력은 이동거리/시간 으로 나타낸다.
③ 속도는 백터량으로 크기와 방향이 있다.
④ 속력은 백터량으로 크기와 방향이 있다.

<정답> ④
속력은 스칼라량으로 크기만 있을 뿐 방향은 없다.

10 다음 중 각운동에 대한 설명으로 옳지 **않은** 것은?
① 각거리는 그 물체가 이동한 궤적의 처음과 마지막 위치 간에 이루는 각의 크기이다.
② 각변위는 그 물체가 이동한 궤적의 처음과 마지막 위치 간에 이루는 각 중에서 작은 각의 크기와 같다.
③ 각변위는 백터량으로서 크기와 방향을 가진다.
④ 각속도는 스칼라량으로 크기만 있다.

<정답> ④
각속도는 벡터량으로 크기와 방향이 있다.

기초문제

11 다음에 해당하는 운동의 형태는?

선운동과 각운동이 혼합된 형태의 운동

① 병진 운동　　② 복합운동　　③ 회선　　④ 회전운동

<정답> ②

① 병진운동(선운동)은 어떤 물체의 각 부위가 똑같은 궤적을 그리는 운동 ③ 분절의 운동 궤적이 원뿔을 형성하는 관절운동 ④ 특정한 회전축을 중심으로 같은 각도만큼 회전하는 운동

12 다음 중 인체의 무게 중심에 대한 설명으로 옳지 **않은** 것은?

① 인체의 무게중심이 낮을수록 안정성이 높다
② 인체의 무게중심은 언제나 일정하게 위치한다.
③ 인체 무게중심이 기저면의 중앙에 위치할수록 안정성이 높다.
④ 인체의 무게중심이 높으면 안정성이 낮아진다.

<정답> ②

인체의 무게중심은 자세와 운동 상황 등에 따라 변하게 된다.

13 다음 중 질량과 무게에 대한 설명으로 옳지 **않은** 것은?

① 질량은 항상 일정하게 유지된다.
② 질량이 클수록 관성은 작아진다.
③ 질량이란 물체의 고유한 양을 가리킨다.
④ 질량(m) × 중력가속도(g)=무게(W)로 표현된다.

<정답> ②

질량이 클수록 관성은 커진다.

기 초 문 제

14 다음 중 인체의 평형과 안정성에 대한 설명으로 옳지 **않은** 것은?
① 자세 안정성이 클수록 평형을 유지 하기 쉽다.
② 안정에는 정적 상태의 안정과 동적 상태의 안정으로 분류하고 있다.
③ 평형이란 물체의 작용하는 모든 힘의 합력이 1이 되는 경우를 말한다.
④ 균형유지에 방해를 주는 요소로 중력, 마찰력, 공기저항 등이 있다.

<정답> ③
평형이란 물체의 작용하는 모든 힘의 합력이 0이 되는 경우를 말한다.

15 다음 중 정적 안정에 대한 설명으로 옳지 **않은** 것은?
① 기저면이 넓을수록 안정성이 높다.
② 무게 중심선이 기저면 중앙에 위치할수록 안정성이 크다.
③ 무게 중심이 낮을수록 정적 안정성이 크다.
④ 안정성은 무게중심선이 기저면 중앙에서 멀어질수록 커진다.

<정답> ④
안정성은 무게중심선이 기저면 중심에 가까울수록 커진다.

16 다음 중 기저면과 안정성에 대한 설명으로 옳지 **않은** 것은?
① 기저면이 넓을수록 안정성이 커진다.
② 양발을 넓게 벌리면 벌릴수록 기저면이 넓어져 평형상태가 유지된다.
③ 기저면의 크기 이외에 기저면의 모양도 정적안정성의 요인이 된다.
④ 기저면은 좁고 무게중심이 높으면 안정성이 커진다.

<정답> ④
기저면이 넓고 무게중심이 낮아야 안정성이 커진다.

기 초 문 제

17 다음 중 중심선의 위치와 안정성에 대한 설명으로 옳지 **않은** 것은?
① 인체 중심선이 기저면 안에 있을 때 신체 균형을 유지할 수 있다.
② 중앙선이 기저면의 가장자리에 가까울수록 신체 균형이 깨지기 쉽다.
③ 인체 중심선이 기저면의 가장자리에 위치하고 질량이 가벼울수록 안정성이 높아진다.
④ 중심선이 기저면의 중앙에 위치하고 질량이 무거울수록 안정성이 높아진다.

<정답> ③

인체 중심선이 기저면의 중앙에 위치하고 질량이 무거울수록 안정성이 높아 진다.

18 다음 중 인체 지레에 대한 설명으로 옳지 **않은** 것은?
① 신체의 경우 뼈가 지렛대의 역할을 수행한다.
② 신체 관절은 축이 된다
③ 근육의 착점 위치가 힘점이 된다.
④ 지레에 힘이 가해지면 지레는 힘의 반대방향으로 회전하게 된다.

<정답> ④

지레에 힘이 가해지면 지레는 힘의 작용방향으로 회전하게 되고 저항이 가해지면 힘의 작용 방향과 반대 방향으로 회전하게 된다.

19 다음에 해당하는 인체 지레의 유형은?

㉠ 배드민턴 하이 클리어　　　　㉡ 상완이두근 컬

① 1종 지레　　　　　　　　　　② 2종 지레
③ 3종지레　　　　　　　　　　　④ 4종 지레

<정답> ③

배드민턴 하이 클리어, 상완 이두근 컬은 힘점이 축과 저항점 사이에 위치하는 3종지레형태의 운동이며 대부분의 인체 분절운동은 3종지레에 속하기 때문에 큰 힘을 소모하는 대신에 운동속도와 운동범위에서 이득을 보게 된다.

기 초 문 제

20 다음 중 거리와 변위에 대한 설명으로 옳지 **않은** 것은?

① 거리는 물체가 한 위치에서 다른 위치로 이동하였을 때 그 물체가 지나간 궤적의 길이이다.
② 변위는 그 물체의 이동 시점과 종점 사이의 거리이다.
③ 거리는 벡터량이다.
④ 변위는 벡터량이다.

<정답> ③

거리는 스칼라량이다.

21 다음 중 속력과 속도에 대한 설명으로 올바른 것은?

① 속력은 스칼라량으로 크기와 방향이 존재한다.
② 속도는 벡터량으로 크기만 존재한다.
③ 속력은 이동거리/시간으로 나타낸다.
④ 속도는 이동거리/시간으로 나타낸다.

<정답> ③

① 속력은 스칼라량으로 크기만 있을 뿐 방향은 없다. ② 속도는 벡터량으로 크기와 방향이 존재한다. ④ 속도는 이동변위/ 시간 으로 나타낸다.

22 다음 중 가속도에 대한 설명으로 옳지 **않은** 것은?

① 가속도는 단위 시간당 속도의 변화율을 말한다.
② 속력이 증가하는 물체는 정적 가속도를 지닌다.
③ 속력이 감소하는 물체는 부적 가속도를 지닌다.
④ 속력이 감소하는 경우 가속도로 표현하지 않는다.

<정답> ④

속도가 증가할 때는 가속도를 양(+)으로 표시한다.(정적 가속도) 속도가 감소할 때는 가속도를 음(-)으로 표시한다.(부적 가속도)

기 초 문 제

23 다음 중 포물선 운동에 대한 설명으로 옳지 **않은** 것은?
① 투사점과 착지점의 높이가 같을 때 비행 거리가 가장 긴 각도는 이론적으로 45°이다.
② 투사속도가 크면 클수록 투사거리는 증가한다.
③ 투사속도가 일정할 경우 투사점의 높이가 높을수록 최적투사각도는 커진다.
④ 투사거리는 투사속도, 각도, 높이의 세 가지 요인에 의하여 결정되며 이 중 투사속도가 투사거리에 가장 큰 영향을 미치는 요인이다.

<정답> ③
투사속도가 일정할 경우에 투사점의 높이가 높을수록 최적 투사각도는 작아진다.

24 다음 중 각거리와 각변위에 대한 설명으로 옳지 **않은** 것은?
① 각거리는 그 물체가 이동한 궤적의 처음과 마지막 위치 간에 이루는 각의 크기이다.
② 각변위는 그 물체가 이동한 궤적의 처음과 마지막 위치 간에 이루는 각 중에서 작은 각의 크기와 같다.
③ 각거리는 크기와 방향을 가지는 벡터량이다.
④ 각변위는 크기와 방향을 가지는 벡터량이다.

<정답> ③
각거리는 크기만 가지는 스칼라량이다.

25 다음에 해당하는 용어로 올바른 것은?

| ㉠ 각변위의 변화율   ㉡ 단위시간에 회전한 각변위 |

① 각속도   ② 가속도   ③ 각가속도   ④ 평균속도

<정답> ①
② 단위 시간당 속도의 변화율 ③ 각속도의 변화율 ④ 순간 속도를 무시한 채 특정 거리 혹은 변위를 이동하는 데 소요되는 시간으로 나눈 속도

기 초 문 제

26 다음 중 각가속도에 대한 설명으로 올바른 것은?
① 단위 시간당 속도의 변화율
② 각속도의 변화율
③ 각변위의 변화율
④ 순간적인 특정 시간이나 지점에서 측정된 속도

<정답> ②
① 가속도 ③ 각속도 ④ 순간속도

27 다음 중 힘에 대한 설명으로 옳지 **않은** 것은?
① 힘의 단위는 N(뉴턴)으로 표시한다.
② 힘은 벡터량이다.
③ 물체나 인체의 중심을 지나는 힘을 향심력이라고 한다.
④ 물체나 인체의 중심을 지나는 힘을 이심력이라고 한다.

<정답> ④
이심력(편심력): 무게 중심을 지나지 않는 힘

28 다음 중 외력이 **아닌** 것은?
① 중력
② 지면반력
③ 근력
④ 압력

<정답> ③
내력 : 근육의 수축에 의하여 생성된 근력이나 관절과 관절 사이에 작용하는 반작용력 그리고 관절 내부에 작용하는 마찰력 등 / 외력 : 중력, 공기 저항, 지면 반력, 부력, 압력, 원심력과 구심력

기초문제

29 다음에 해당하는 힘의 종류로 올바른 것은?

운동을 유발케 하는 힘

① 내력　　　　　　　　　　② 추진력
③ 저항력　　　　　　　　　④ 외력

<정답> ②

내력 : 근육의 수축에 의하여 생성된 근력이나 관절과 관절 사이에 작용하는 반작용력 그리고 관절 내부에 작용하는 마찰력 등 / 외력 : 중력, 공기 저항, 지면 반력, 부력, 압력, 원심력과 구심력 / 저항력 : 운동을 방해하는 힘.

30 다음 중 뉴턴의 운동법칙에 대한 설명으로 옳지 **않은** 것은?

① 관성의 법칙은 물체가 외부의 힘이 가해지지 않으면 현재의 운동이나 정지 상태를 계속 유지하려는 성질이다.
② 가속도의 법칙은 물체의 가속도는 작용하는 힘과 질량에 비례한다.
③ 작용반작용법칙은 모든 힘의 작용에는 항상 크기가 같고 방향이 반대인 반작용이 있다.
④ 도약시 발구름을 힘차구르는 것은 작용 반작용 법칙으로 설명할 수 있다.

<정답> ②

가속도의 법칙은 물체의 가속도는 작용하는 힘에 비례하고 질량에 반비례한다.

31 다음 중 선운동량에 대한 설명으로 옳지 **않은** 것은?

① 선운동량 공식은 질량 × 속도 이다.
② 운동량을 증가시키기 위해서는 질량과 속도를 증가시켜야 한다.
③ 운동량은 발생한 운동의 양을 의미한다.
④ 동일한 속도의 가벼운 선수가 무거운 선수보다 큰 운동량을 가진다.

<정답> ④

운동량은 질량×속도 이므로, 동일한 속도에서 가벼운 선수보다 무거운 선수가 운동량이 더 크다.

기 초 문 제

32 다음과 같이 설명 할 수 있는 운동법칙은?

> 체계에 작용하는 외력이 없다면 체계의 전체 선운동량은 항상 일정하게 보존된다.

① 각관성의 법칙
② 선운동량 보존의 법칙
③ 가속도의 법칙
④ 작용 반작용의 법칙

<정답> ②

① 순수한 외적 토크가 작용하지 않는 한 회전체는 동일 축을 중심으로 일정한 각운동량을 가지고 회전상태를 계속 유지한다. ③ 물체의 가속도는 그 물체에 가해진 힘에 비례하며 그 힘이 작용한 방향에서 발생한다. ④ 모든 힘의 작용에는 항상 크기가 같고 방향이 반대인 힘의 반작용이 있다.

33 다음 중 충격량에 대한 설명으로 옳지 **않은** 것은?

① 충격량은 운동량의 변화량이다.
② 충격량은 힘과 힘이 작용하는 시간의 곱으로 나타낸다.
③ 야구의 배팅의 경우 배트의 운동량이 크면 충격량이 증가한다.
④ 충격력을 감소시키려면 충격량이 일정할 때 가해지는 시간을 짧게 해야 한다.

<정답> ④

충격량이 일정할 때 가해지는 시간을 길게하면 충격력은 감소한다.

34 다음 중 충돌에 대한 설명으로 옳지 **않은** 것은?

① 불완전 탄성 충돌의 탄성계수는 0보다 크고 1보다 작다
② 완전 비탄성 충돌의 탄성계수는 0이다.
③ 도구의 질량이 가벼울수록 충돌 후 공의 속도가 크다.
④ 공의 충돌 전 속도가 클수록 충돌 후 공의 속도가 크다.

<정답> ③

도구의 질량이 무거울수록 충돌 후 공 속도의 변화가 크다.

기초문제

35 다음 중 토크에 대한 설명으로 옳지 **않은** 것은?
① 편심력이 물체에 가해지면 그 물체는 축을 중심으로 회전하는 경향이 나타나는 것이다.
② 힘이 더 크고 중심으로부터의 거리가 멀수록 토크와 회전이 크게 일어난다.
③ 토크는 물체 중심에 힘이 가해지면 나타나게 된다.
④ 힘의 모멘트팔이 길면 토크가 증가하게 된다.

<정답> ③

토크는 물체의 중심을 통과하지 않는 편심력이 가해지면서 나타난다.

36 다음 중 관성모멘트에 관한 설명으로 올바른 것은?
① 관성모멘트는 질량 × 회전반경으로 나타낸다.
② 관성모멘트가 클수록 회전하기 쉽다.
③ 관성모멘트는 정지 시에는 '회전 저항', 회전 중에는 '회전 지속'의 특성이다
④ 물체의 질량이 클수록 회전에 대한 저항이 작다.

<정답> ③

관성모멘트는 질량 × 회전반경의 제곱으로 나타낸다. 관성모멘트가 작을수록 회전하기 쉽다. 물체의 질량이 클수록 회전에 대한 저항이 크다.

37 다음에서 설명하는 뉴턴의 운동 법칙은?

> 순수한 외적 토크가 작용하지 않는 한 회전체는 동일 축을 중심으로 일정한 각운동량을 가지고 회전상태를 계속 유지한다.

① 각관성의 법칙　　　　　　　　② 각가속도의 법칙
③ 각반작용의 법칙　　　　　　　④ 토크의 법칙

<정답> ①

② 강체에 비평형의 토크가 가해지면 가해진 토크에 비례하고 관성 모멘트에 반비례하는 각가속도가 토크의 방향과 동일한 방향으로 발생한다. ③ 한 물체가 다른 물체에 발휘하는 모든 토크는 이들 물체들이 동일한 축 주위를 회전한다면 후자의 물체에 의하여 전자의 물체에 발휘되는 크기가 같고 방향이 반대인 토크가 존재한다.

기초문제

38 다음에서 설명하는 뉴턴의 운동 법칙은?

> 강체에 비평형의 토크가 가해지면 가해진 토크에 비례하고 관성 모멘트에 반비례하는 각가속도가 토크의 방향과 동일한 방향으로 발생한다.

① 각관성의 법칙 ② 각가속도의 법칙
③ 가속도의 법칙 ④ 작용 반작용의 법칙

<정답> ②

① 순수한 외적 토크가 작용하지 않는 한 회전체는 동일 축을 중심으로 일정한 각운동량을 가지고 회전상태를 계속 유지한다. ③ 물체의 가속도는 힘의 크기에 비례하고 질량에 반비례한다. ④ 모든 힘의 작용에는 항상 크기가 같고 방향이 반대인 힘의 반작용이 있다.

39 다음 중 각운동량의 보존에 대한 설명으로 옳지 **않은** 것은?

① 회전체에 순수한 토크가 가해지지 않는 한 그 회전체는 크기와 방향이 반대인 각운동량을 지닌다.
② 각운동량이 일정한 경우 관성모멘트와 각속도는 서로 반비례하게 된다.
③ 각운동량 전이는 인체 일부의 각운동량이 감소하게 되면 감소된 각운동량만큼이 나머지 부분에 증가 한다.
④ 각운동량의 전이가 일어날 때에 회전체에 어떤 순수한 외적토크가 가해지지 않는 한 전체 각운동량은 일정하게 보존된다.

<정답> ①

회전체에 순수한 토크가 가해지지 않는 한 그 회전체는 크기와 방향이 일정한 각운동량을 지닌다.

40 다음에 대한 설명으로 적절한 것은?

> 구심력이 존재할 때에 그 반작용으로서 작용하며 구심력이 소멸되면 소멸되기 때문에 가상적인 힘이라고 할 수 있다.

① 토크 ② 관성모멘트 ③ 원심력 ④ 가속도

<정답> ③

구심력과 원심력은 그 크기에 있어서는 동일하지만 힘의 작용 방향이 서로 반대이며 구심력은 곡선 경로를 따라 움직이는 물체에 실제로 존재하는 힘인 반면에 원심력은 구심력이 존재할 때에 그 반작용으로서 작용하며 구심력이 소멸되면 원심력도 소멸되기 때문에 가상적인 힘이라고 할 수 있다.

기 초 문 제

41 다음 중 일에 대한 설명으로 옳지 **않은** 것은?

① 일이란 어떤 물체에 힘이 가해졌을 때 그 물체가 힘의 작용 방향으로 변위가 일어나게 되는 것이다.
② 일의 단위는 줄(joule:J)로 표현한다.
③ 힘이 물체의 변위 방향과 같은 방향으로 작용했다면 그 힘은 물체에 대하여 양(+)의 일을 했다고 말한다.
④ 등척성 수축은 일의 양이 1이다.

<정답> ④

등척성 수축은 일의 양이 0이다.

42 다음 중 파워에 대한 설명으로 옳지 **않은** 것은?

① 파워는 일을 수행하는 빠르기의 정도이다.
② 파워의 단위는 뉴턴(N)으로 표기 한다
③ 파워의 공식은 일/시간 이다.
④ 파워는 단위 시간당 행한 일의 양을 뜻하며 일률이라고 부르기도 한다.

<정답> ②

파워의 단위는 joule/sec, N·m/sec, ft·lb/sec, 와트(W:watt)등으로 표기 한다.

43 다음에 해당하는 역학적 에너지로 올바른 것은?

> ㉠ 물체가 운동을 함으로써 지니게 되는 에너지
> ㉡ 그 물체의 질량과 운동속도의 제곱에 비례한다.

① 운동에너지 ② 위치에너지 ③ 탄성에너지 ④ 속도에너지

<정답> ①

위치에너지는 물체의 위치에 따라 잠재적으로 갖는 에너지 이며, 탄성 에너지는 탄성을 지닌 물체가 변형되었을 때 지니는 에너지를 의미한다.

기 초 문 제

44 다음 중 역학적 에너지의 보존에 대한 설명으로 옳지 **않은** 것은?

① 위치에너지와 운동에너지를 합하여 역학적 에너지라고 한다.
② 중력의 영향을 받으며 운동하는 물체는 다른 외력이 작용하지 않는 한 에너지의 총합은 일정하다.
③ 에너지의 총합은 일정하며 다만 에너지의 형태만 바뀌게 되는 것이다.
④ 위치에너지는 물체의 무게중심 높이가 변화함에 따라 위치 에너지의 크기도 변하게 되며 그 변화량은 운동에너지의 변화량에 반비례한다.

<정답> ④

위치에너지는 물체의 무게중심 높이가 변화함에 따라 위치 에너지의 크기도 변하게 되며 그변화량은 운동에너지의 변화량과 같다.

45 다음 중 운동에너지에 대한 설명으로 옳지 **않은** 것은?

① 움직이는 모든 인체나 물체는 운동량과 운동에너지를 가진다.
② 운동에너지의 크기는 속도의 비례하여 증가된다.
③ 운동에너지의 크기는 질량의 비례하여 증가된다.
④ 운동에너지와 위치에너지를 합하여 역학적 에너지라 한다.

<정답> ②

운동에너지의 크기는 속도의 제곱에 비례하여 증가된다.

46 다음 중 트램폴린 공중 동작 연기에서 역학적 에너지의 변화에 대한 설명으로 옳지 **않은** 것은?

① 공중으로 투사된 후 역학적 에너지는 보존된다.
② 역학적 에너지는 위치에너지와 운동에너지를 갖는다.
③ 위치에너지가 증가할수록 이에 비례하여 운동에너지가 증가한다.
④ 운동 에너지가 증가할수록 위치 에너지는 감소한다.

<정답> ③

위치에너지가 증가할수록 운동에너지가 감소하며, 역학적 에너지는 보존된다.

기초문제

47 다음의 내용에서 설명하는 것으로 올바른 것은?

> 카메라 등의 영상 장비를 통해 운동 수행을 기록하고 기록된 영상으로부터 인체나 물체의 운동에 대한 정보를 추출하는 일련의 과정

① 영상분석 ② 정성적 분석
③ 정량적 분석 ④ 운동역학적 분석

<정답> ①

영상분석은 카메라 등의 영상 장비를 통해 운동 수행을 기록하고 기록된 영상으로부터 인체나 물체의 운동에 대한 정보를 추출하는 일련의 과정이다. 보다 구체적으로 영상으로부터 분석 대상점의 시간 정보와 위치 정보를 획득하고, 시간과 위치 정보를 이용하여 변위, 속도, 가속도 등의 변인을 추출하는 방법으로 '동작분석'을 대변하는 의미로 혼용되기도 한다.

48 다음에 해당하는 영상 분석의 명칭으로 올바른 것은?

> 2대 이상의 카메라를 사용하여 인체운동을 공간적으로 분석하는 것

① 2차원 영상 분석 ② 정성적 분석
③ 3차원 영상 분석 ④ 평면 분석

<정답> ③

3차원 영상 분석은 공간상의 운동을 평면적으로 분석함에 따라 발생하는 오차를 해결함과 동시에 복잡한 인체 운동에 대한 분석을 가능하게 해준다.

49 다음 중 인체에 작용하는 대표적인 외력인 지면반력을 직접 측정하는 기구는?

① 악력기 ② 지면반력기
③ 영상분석 ④ 근전도

<정답> ②

인체의 내부에서 발생된 힘과 중력에 의한 지면반력은 인체 운동에 영향을 미치는 주요한 요인이다. 이는 지면반력기를 이용하여 직접 측정할 수 있다.

기 초 문 제

50 다음 중 근전도를 통해 얻을 수 있는 정보로 옳지 **않은** 것은?
① 근육의 크기
② 근육의 활동여부
③ 근활동의 정도
④ 근육의 피로도

 <정답> ①

근육의 활동여부는 특정 동작에서 각 근육의 동원 순서나 근육의 활동 정도를 정성적으로 분석할 수 있다. 일반적으로 선형적으로 비례하지는 않으나 진폭이 클수록 근육의 힘이 큰 것으로 나타난다. 따라서 근전도 신호를 통해서 발현된 근력의 정도를 어느 정도 예측할 수 있다. 근전도 신호의주파수에 대한 분석으로 근육의 피로를 분석할 수 있다.

PART 07

스포츠 윤리학

김정효

Chapter 01 스포츠와 윤리
Chapter 02 경쟁과 페어플레이
Chapter 03 스포츠와 불평등
Chapter 04 스포츠에서 환경과 동물윤리
Chapter 05 스포츠와 폭력
Chapter 06 경기력 향상과 공정성
Chapter 07 스포츠와 인권
Chapter 08 스포츠 조직과 윤리

기초문제

Chapter 01 스포츠와 윤리

01 스포츠의 윤리적 기초

1) 윤리, 도덕, 선(善)의 개념

(1) 윤리(倫理, ethics)와 도덕(道德, moral)

	윤리	도덕
주의점	일상생활에서 동일하게 사용되나, 의미의 차이가 있다	
어원	ethos(습관, 기질, 성격)	mores(예절, 품성)
의미	- 함께 살아가는 인간관계(倫)의 이치(理) - 도덕적 현상의 바탕이 되는 원리	- 사람으로서 마땅히 지킬 도리 - 행위의 기준 제시, 옳은 일의 자발적 실천
사용의 예	사회규범(예: 스포츠윤리, 환경윤리, 의료윤리)	개인의 심성 또는 덕행(예: 공중도덕)
공통점	- 외부의 명령이 아닌 스스로 판단하고 실천하는 자율성, - 자신의 이익보다 타인에 대한 관심과 요구	

(2) 선(善, goodness)

① 의미 - 일반적으로 '좋은 것'을 뜻하며, 도덕적 실천의 기본이 되는 가치로 도덕적 행위를 가능하게 하는 근거

② 선의 활용

철학자	선의 예	설명
아리스토텔레스	행복	Eudaimonia, 삶의 궁극적 목적(목적론적 윤리학)
에피쿠로스	정신적 쾌락	마음의 고요하고 평온한 상태(쾌락주의 윤리학)
칸트	선의지(善意志)	도덕적 의무를 따르고 실천(의무론적 윤리학)

2) 사실판단과 가치판단

사실판단	의미	사실의 세계에 대한 서술
	사례	(돈을 갚지 않는 친구에게) 갚을 시간이 지났다
가치판단	의미	옳고 그름에 대한 판단
	사례	(돈을 갚지 않는 친구에게) 갚지 않는 것은 잘못됐어

(1) 사실판단과 가치판단의 특징

	사실판단	가치판단
의미	실제 세계의 사건과 대상에 대한 경험적으로 검증할 수 있는 판단 (경험 판단)	옳음과 그름, 좋음과 나쁨, 바람직하거나 그렇지 못한 것 등 가치에 대한 판단(도덕 판단)
담고있는 내용	정보, 실제적인 내용	평가, 이상적인 내용
진술 내용	존재(is)에 대한 진술	당위(ought)에 대한 진술
특징	참과 거짓을 가릴 수 있다.	참 거짓이 분명하지 않은 경우도 있다.

(2) 사실판단과 가치판단의 예

사실판단	가치판단
• 철수가 볼펜을 훔쳤다. • 수아레스가 수비수의 귀를 깨물었다. • 우사인 볼트는 100m 달리기의 세계기록 보유자이다.	• 훔치는 것은 나쁜 행동이다. • 시합 중 상대 선수의 귀를 깨물면 안 된다. • 우사인 볼트는 좋은 선수이다.

3) 스포츠와 윤리의 관계

스포츠윤리는 승리의 욕구와 규칙의 준수라는 당위 사이의 일치를 추구한다.

① 스포츠 규칙과 윤리
- 경기 중 허용되는 신체활동의 범위를 정해놓은 약속의 체계를 룰(규칙)이라고 한다.
- 스포츠는 규칙에 의거해야 하며, 규칙의 준수는 윤리적 행위에 해당한다.

② 승패의 공정성
- 스포츠는 승패를 가르는 경쟁적인 신체활동이며, 승리와 패배라는 불평등한 결과를 낳는다.
- 공정한 판정이 이루어져야 참여자가 승패에 대해 수긍할 수 있으므로 공정성은 스포츠의 본질적인 조건이다.

③ 인간성의 표현으로서 도덕적 행위
- 스포츠에서 도덕적 행위는 선수의 기분이나 성격에 따라 마음대로 할 수 있는 것이 아니라 인간으로서 반드시 갖추어야 할 인간성의 표현이다.

02 스포츠윤리의 이해

1) 일반윤리와 스포츠윤리: 스포츠윤리의 독자성

(1) 일반윤리
① 기본 정신과 원리로서의 윤리 : 다양한 사회의 밑바탕에 흐르는 공통된 윤리 정신 혹은 도덕의 원리(보편성)를 추구한다.
② 이성적 통찰과 반성에 의해 모든 사람이 마땅히 따라야 할 도덕 원리를 추구한다.
③ 도덕적 행위가 갖추어야 할 조건과 기준을 제시한다.
④ 개인의 도덕적 판단과 행동을 반성하고 올바른 삶의 방향을 추구한다.
⑤ 인격의 함양과 올바른 공동체의 모습을 제시한다.
⑥ 현대 사회의 다양한 윤리 문제를 해결할 최선의 대안을 제시한다.

(2) 스포츠윤리
① 질서 및 제도로서의 윤리 : 특정 집단과 장소에서 통용되는 질서나 규범(특수성)에 기초한다.
② 스포츠 상황에서 윤리적 문제의 발생 원인을 밝히고 바람직한 윤리규범을 모색한다.
③ 스포츠 행위의 궁극적 목적과 교육적, 문화적 가치를 탐색한다.
④ 경쟁의 도덕적 조건과 가치 있는 승리의 의미를 밝힌다.
⑤ 스포츠의 도덕적 가치를 옹호하고 보편적 윤리로서의 정당성을 확보한다.
⑥ 스포츠 선수의 도덕적 자질과 인격의 함양을 추구한다.
⑦ 스포츠맨십, 페어플레이 등 스포츠윤리규범 확산과 바람직한 경기문화를 제시한다.
⑧ 스포츠에서의 비윤리적 행위의 근절과 공정성의 확보를 위한 실천 방안을 마련한다.

2) 스포츠윤리의 목적과 필요성

(1) 스포츠윤리의 목적

본질적 측면	기능적 측면
- 스포츠 활동의 공정성 확보 - 비윤리적 행위 배격 - 좋은 경기의 기준 제시	- 바람직한 스포츠 문화 확산 - 스포츠의 윤리적 덕목 장려 및 내면화 - 인간존중, 바람직한 삶의 모습 제시

(2) 스포츠윤리의 필요성

윤리가 필요한 상황		스포츠윤리의 역할
스포츠에 대한 가치관 혼란(스포츠의 확산, 매체의 다양성, 목적의 다변화)		스포츠의 본래적 의미 회복 및 유지
스포츠의 본질변화(스포츠에 대한 경제적, 사회적 개입)	⇨	인간중심적 스포츠 본질 회복
선수의 일탈가능성 존재		일탈방지 및 사회규범의 모형 제시
선수에 대한 권리침해		선수의 권리보호

3) 스포츠인의 윤리

① **스포츠 행위의 윤리적 측면**
- 스포츠 행위는 도덕적 참여로서, 스포츠에 종사하는 것은 인간의 자유와 인간성을 옹호하고 개발하는 일이다.
- 스포츠에 참가하는 사람들은 스포츠라는 의사소통 공동체와 행위 공동체의 일원이 되어 스포츠 고유의 규범을 내면화해야 한다.
- 스포츠인의 윤리는 선의지를 바탕으로 해야 한다. 이는 자신이 올바르다고 생각하는 것을 실제 행위의 원리로 삼는 것을 말한다.

② **스포츠의 도덕적 특수성**
- 스포츠에서 요구되는 도덕은 강제와 규제가 아닌 스포츠 참여자의 행복과 자유를 위한 실천의 체계이기 때문에 스포츠인은 도덕적 능력을 갖추어야 한다.
- 스포츠인의 도덕성은 규칙에 대한 존경에서 비롯되며, 도덕적 결정은 스스로의 판단에 따라 내려져야 한다.

③ **스포츠인과 규범**
- 스포츠인에게 요구되는 규범은 스포츠에 참여하는 모든 구성원의 자유를 최대한 보장하는 일이다.
- 스포츠인은 전문직업인으로서 고도의 책임의식과 사명감을 가져야 한다.

03 윤리이론

1) 결과론적 윤리와 공리주의

(1) 결과론적 윤리의 특징

의미	어떤 행동이 좋은 결과를 낳는다면 그 행동은 도덕적으로 옳다.(행위의 옳고 그름은 결과에 의존한다)
행위의 가치	행위의 가치는 상황에 따라 달라진다. 따라서 행위 자체에 본질적인 가치는 존재하지 않고, 좋은 결과를 위한 수단으로서의 가치를 가진다.
목적과 수단의 관계	- 목적(좋은 결과의 산출)에 도움이 되는 수단은 윤리적으로 정당하다. - (예) 거짓말은 무조건 나쁘지 않고, 때로 많은 사람에게 좋은 결과를 가져온다면 도덕적으로 비난할 수 없다.

(2) 고전적 공리주의

① 결과론적 윤리의 대표 이론은 공리주의인데, 이는 효율성을 중시하는 윤리 체계로서, 대표적인 사상가는 벤담과 그의 후계자인 밀이다.
② 공리주의는 영국의 경험주의를 바탕으로 산업 혁명을 거치면서 개인의 이익과 사회 전체의 이익을 조화시키는 문제에서 출발하였다.

(3) 벤담(J. Bentham)의 양적 공리주의(=쾌락적 공리주의)

인간관과 행동의 가치판단	- 인간은 쾌락을 극대화하고 고통을 극소화하려는 성향이 있다. - 어떤 행위의 옳고 그름은 그 결과인 쾌락과 고통의 양에 따라 결정된다. - 따라서 도덕적 행위는 쾌락을 극대화하여 행복을 가져오는 것이다.
공리의 원리 (principle of utility)	- 개인적 쾌락만을 추구하면 사회는 갈등과 혼란에 빠지게 되므로, 행위의 가치 기준은 최대한 많은 사람에게 쾌락을 가져오는 공리(公利)에 기반해야 한다. - 공리의 원리란 모든 행위에 대해 그것이 우리의 행복을 증진시키느냐 혹은 감소시키느냐에 따라 좋거나 혹은 나쁘다고 평가하는 원리이다.
'최대다수의 최대 행복의 원칙	- 쾌락은 양적으로 측정 가능하며, 쾌락을 계산하는 기준으로는 강도, 지속성, 확실성, 신속성, 생산성, 순수성, 범위 등이 있음. - 쾌락의 질적인 차이는 무시하고 오로지 양적인 차이만을 인정.

(4) 밀의 질적 공리주의

벤담과의 차이	- 삶의 궁극적인 목적이 쾌락이라는 벤담의 사고를 인정하면서도, 쾌락의 질적인 차이(질적 공리주의의 기원)가 있다고 주장
쾌락의 질적 차이	- 낮은 수준의 쾌락(먹고 마시는 것, 감각적 쾌감 등)과 높은 수준의 쾌락(과학적 지식, 지성, 교양, 고급문화 등)을 구분 - 높은 수준의 쾌락은 소량이어도 많은 양의 낮은 쾌락보다 우수한데, 합리적 인간은 쾌락의 수준을 분별할 수 있어 질 높은 쾌락을 선호함. - (예) 만족한 돼지보다 불만족한 인간이 더 낫고, 만족한 바보보다 불만족한 소크라테스가 더 낫다.
이타심의 강조	- 자신의 쾌락과 더불어 타인의 행복을 함께 추구하는 것을 높은 수준의 쾌락으로 보고 이타심(利他心)을 강조함. 이를 공공의 이익을 증진하는 도덕의 본질로 평가

(5) 규칙 공리주의

등장배경	- 고전적 공리주의(양적, 질적 공리주의)의 한계(쾌락의 양과 결과의 정확한 계산은 불가능)를 극복
규칙의 필요성	- 최대행복을 도출하는 규칙을 만들면, 그 규칙으로 개별행위의 옳고 그름을 판정할 수 있다. - A를 따르면 B보다 더 많은 행복을 누릴 수 있다면 A는 규칙이 된다.
평가	- 모든 행위의 결과를 계산해야 하는 고전적 공리주의보다 더 효율적

《 이익 평등 고려의 원칙 》

공리주의의 원리를 확장한 호주의 윤리학자 싱어(P. Singer)에 의해 주창된 원리로, 감각을 지닌 모든 생명체의 이익이 동등하게 고려되어야 한다는 원칙. 싱어는 쾌락을 극대화하고 고통을 극소화하려는 모든 개체의 성향은 기본적인 권리이므로, 인간뿐만 아니라 감각을 지닌 동물들도 도덕적 배려의 대상이 되어야 한다고 주장함. 동물윤리의 기본 사상이 됨.

(6) 공리주의의 장점과 단점

① 장점
- ㉠ 개인의 이익과 사회 전체의 이익을 조정하는 해법을 제시할 수 있다.
- ㉡ 선택 가능한 행동에 대한 모든 대안을 구체적으로 밝힐 수 있다.
- ㉢ 상황에 맞는 가장 적합하고 좋은 결과를 도출할 수 있다.
- ㉣ 자신의 쾌락과 다른 사람의 쾌락을 똑같이 계산하여 공평성의 원리를 충족한다.

② 단점
- ㉠ 쾌락의 양과 결과를 정확하게 계산할 수 없다.
- ㉡ 개인의 권리가 공리의 원리에 의해 침해될 수 있다.
- ㉢ 공리의 원리는 반드시 정의와 일치하지 않는다.(예: A의 사회는 인종차별이 존재하고 B의 사회는 그렇지 않은데, A의 사회가 만족도나 삶의 질이 높다면 A의 사회를 더 정의롭다고 할 수 있는가?)

2) 의무론적 윤리와 칸트의 도덕철학

(1) 의무론적 윤리의 특징

도덕법칙 강조	- 인간이 마땅히 지켜야 할 도덕 법칙(보편적 도덕)이 있고, 이에 따라 행위의 옳고 그름이 결정된다. - 도덕성의 기준은 시대와 상황에 따라 달라지는 것이 아니라 언제 어디서나 절대적인 의무이며, 의무는 반드시 따라야 한다.
행위의 법칙	- 행위의 결과보다 동기가 중요하다. - 목적이 수단을 정당화 할 수 없기 때문에 선의의 거짓말이라도 나쁘다.

(2) 칸트의 윤리 사상

의무론적 윤리의 대표적인 사상가는 칸트(I. Kant)인데, 그는 인간을 자연법칙의 지배를 받으면서 동시에 자유의지를 지니며 도덕률의 지배를 받는 존재로 규정한다.

실천이성	- 인간의 이성적 능력에 의해 도덕적 행동을 위한 규칙을 찾아낼 수 있으며, 이 이성적 능력이 실천이성이다.
자유의지	- 인간은 본능에 의존하지 않는 자유의지를 가지며, 이것이 자율적 행동을 가능하게 만든다. - 자율성이란 자신의 욕구나 타인의 명령에 의존하지 않고, 스스로의 의지에 의해 객관적인 도덕 법칙을 세우고 따르는 것

선의지와 의무	- 선의지는 어떤 행위를 오직 옳다는 이유에서 반드시 의무로 받아들이고 행하려는 의지인데, 이것만이 도덕적 행위의 유일한 근거이다(의무에 의한 행위만이 도덕적 행위이다). - 예 : 어떤 상인이 자신의 이익을 위해 정직한 가격으로 물건을 팔면 도덕적인 행위가 아니다. 상인의 의무이기 때문에 정직한 가격으로 팔았을 때만 도덕적 행위이다.

(3) 칸트의 도덕 법칙(정언명령)

① **정언명령의 뜻**
- 의무에 따른 행위는 도덕 법칙에 따르는 것인데, 도덕 법칙은 명령의 형식(~을 하라, 하지 마라 등)으로 주어진다.
- 도덕 법칙은 그 자체가 목적인 무조건적인 명령이 되어야 하며, 이런 형식을 정언 명령(定言命令)이라고 한다.

② **정언명령의 성격**
- 그 자체가 도덕 법칙이며, 이 법칙에 맞게 행위 해야 한다는 준칙의 필연성과 보편성을 포함한다.

③ **준칙의 성격과 의미**
- 준칙은 한 개인이 스스로 만든 행위의 규칙인데, 준칙이 보편타당할 때 비로소 도덕 법칙이 될 수 있다.

④ **정언 명령 제1정식** : 네 의지의 준칙이 항상 그리고 동시에 보편적 입법의 원리가 되도록 행위 하라.

⑤ **정언 명령 제2정식** : 너 자신의 인격에 있어서나 다른 모든 사람의 인격에 있어서나 인간을 결코 단순히 수단으로 대하지 말고 언제나 동시에 목적으로 대하도록 행위 하라.

(가언 명령(假言命令)과 정언 명령(定言命令))

가언 명령은 조건이 붙은 명령으로 "만일 네가 A를 원한다면, 너는 B를 행해야 한다."의 형식으로 주어진다. 예를 들어 "부모의 칭찬을 듣고 싶으면 열심히 공부하라."와 같이 칭찬이라는 조건에 의해 공부하라는 명령이 주어지는 것을 말한다. 이에 비해 정언 명령은 조건이 붙지 않은 절대적 명령으로 "너는 학생으로서 열심히 공부해야 한다."와 같이 명령 그 자체가 목적이 되는 것을 말한다. 따라서 도덕의 원리는 가언 명령으로 구성될 수 없으며, 무조건적으로 행해야 하는 정언 명령으로 주어진다.

(4) 의무론적 윤리의 장점과 단점

장점	단점
- 일상적 도덕의식과 부합 - 시대와 상황을 뛰어넘는 절대적 도덕법칙을 제시 - 보편성(인간의 존엄성, 정의, 의무 등)과 일관성 추구, 결과론적 윤리의 한계를 극복	- 규칙의 절대성 지나치게 강조, 규칙 숭배에 빠질 수 있다 - 두 가지 이상의 다른 도덕규칙이 상충할 때 우선순위를 정하기 어렵다.(진실을 말하면 무고한 사람이 죽게 될 경우) - 예외를 허용하지 않는 엄격함으로 실천 가능성이 떨어진다.

3) 덕 윤리와 배려 윤리

(1) 덕 윤리의 사상

① **덕 윤리의 출현배경**
- 근대 윤리학인 공리주의와 의무론의 한계를 극복하기 위해 나타난 새로운 윤리 사상이다.

② **특성**
- 아리스토텔레스의 사상에서 영향을 받았으며, 행위 중심의 윤리보다 행위자의 윤리를 더 중요시 한다.
- 인간은 계산된 공익보다 자신이 속한 공동체의 도덕적 전통과 관습에 따라 행동하는 존재이다.
- 인간의 도덕성은 의무나 공정성 등과 같은 행위의 문제가 아닌 내면과 덕성의 문제이다.

③ **개인의 내면적 특성과 성품으로서 '덕'의 개념**
- 덕은 반복적, 습관적 행위의 결과로 생기는 뛰어난 성품이며, 훈련된 행동이다.
- 덕은 자신이 속한 공동체의 도덕적 모범을 배우고 따르려는 노력을 통해 길러진다.
- 따라서 도덕의 본질은 덕의 함양과 도덕적 감정의 계발 및 실천력에 있다.

④ **매킨타이어(A. Macintyre)는 현대 사회의 도덕적 갈등이 덕의 상실에서 비롯하였다고 진단하면서, 덕 윤리의 부활을 주장했다**

(아리스토텔레스의 중용 사상)

고대 그리스의 철학자 아리스토텔레스는 중용의 덕을 가질 때 최고선인 행복에 도달할 수 있다고 주장하였다. 중용이란 지나침과 모자람이 없는 상태를 말한다. 비겁과 만용의 중용이 용기이고, 무감각과 방종의 중용이 절제이며, 오만과 비굴의 중용이 긍지이다.

(2) 덕 윤리의 장점과 단점

장점	단점
- 도덕을 개인이 갖는 통합된 성향이라고 생각하여 도덕성을 큰 틀에서 보게 만든다. - 습관적으로 길러진 좋은 성품을 통해 자발적인 도덕 행위를 실천하게 한다. - 공동체의 중요성을 일깨워 준다.	- 현대 사회에 적합하지 않은 부분이 많다. - 도덕 행위자에게 보편적으로 적용되는 원리를 제시하지 못한다. - 근대 윤리학과 덕 윤리는 양자택일의 문제가 아니라 상호 보완관계에 있다.

(3) 배려 윤리의 사상

① 출현 배경
- 바람직한 인간관계를 통해 근대윤리학의 한계를 극복하려는 노력.
- 기존의 남성 중심적 가치관에서 벗어나 희생과 헌신 등 여성주의 윤리를 통해 새로운 윤리의 기준을 제시

② 특징
- 여성주의 윤리의 핵심은 배려인데, 여성은 구체적 인간관계 속에서 공감과 동정심 등 자연스러운 감정을 통해 도덕적 문제를 해결하려 한다.
- 배려 윤리는 인간관계의 맥락과 구체적인 상황을 중시하고, 보살핌의 태도를 도덕의 근간이라고 주장한다.
- 배려 윤리는 추상적인 도덕 원리를 찾기에 앞서 배려를 필요로 하는 사람이 처한 상황과 구체적인 요구를 먼저 살펴야 한다고 주장한다.

③ 공감과 배려의 개념과 도덕적 삶
- 자식을 보살피는 것이 강제적 명령과 이성적 판단에 의하지 않듯이 도덕적 판단과 행동은 자식에 대한 어머니의 사랑처럼 자연스러운 정서적 반응이다.
- 배려 윤리에서 중요한 도덕적 요소는 공정성과 규칙이 아니라 책임감, 관계, 배려, 동정심, 조화 등이다.
- 도덕적 삶의 본질은 상대방에 공감하고 상대방에 의해 영향을 받는 것에 있다.

④ 대표적 학자
- 길리건(C. Gilligan)과 나딩스(N. Noddings)

(4) 배려 윤리의 장점과 단점

장점	단점
- 여성적 시각으로 도덕적 문제의 새로운 해결 방식을 보여 준다. - 도덕성의 이해를 보살핌과 배려, 공감 등 자연스러운 감정으로 확대하였다. - 도덕교육에 중요한 시사점을 준다.	- 도덕성의 범위를 특정한 감정적 요소에 국한시킬 위험이 있다. - 상황과 상대방에 따라 배려의 정도와 표현이 다를 수 있다(윤리적 상대주의에 빠질 위험). - 기존의 남성 중심적 윤리와 상호 보완적일 때 더 큰 의미를 가진다.

4) 동양의 윤리 사상

(1) 동양 윤리 사상의 특징

① 수양(修養)과 수행(修行)을 통해 도덕적으로 완성된 개인의 삶을 추구한다.
② 인간의 선한 본래적 심성을 중요시 한다.
③ 개인의 도덕적 자각과 실천을 통해 바람직한 공동체 사회의 구현을 추구한다.
④ 생명 존중을 바탕으로 자연과의 조화로운 삶을 중요시 한다.
⑤ 이론과 실천의 합일을 중요시 한다.
⑥ 오늘날의 정치와 사회윤리에 많은 도움이 되는 지혜와 가르침을 제공해 준다.
⑦ 상실된 인간의 가치를 회복하고, 개인의 도덕적인 삶의 방향과 사회의 기초적 윤리규범을 정립하는 지침을 마련해 준다.

(2) 유교의 윤리 사상

① **공자의 윤리 사상**

㉠ 인(仁)의 의미
▶ 인은 인간이 마땅히 지녀야 할 도덕적 이상으로 사랑의 정신(愛人)과 사회적으로 완성된 인격체(聖人)로서의 두 가지 의미를 동시에 지닌다.

㉡ 극기복례(克己復禮)와 군자
▶ 인(仁)에 이르는 방법. 사욕을 극복하여 인간 본연의 모습을 회복하는 것을 말한다. 이를 실천하는 사람을 군자(君子)라고 부른다.
▶ 극기복례는 내면적 도덕으로서의 인(仁)과 외면적 규범으로서의 예(禮)가 조화롭게 체득된 상태를 말한다.

㉢ 충(忠)과 서(恕)
▶ 생활 속에서 인을 실천하는 구체적인 방법. 충은 거짓과 가식 없이 온 정성을 다하는 것이고, 서는 다른 사람의 마음을 헤아리는 것이다.

㉣ 공자는 윤리적 사회의 본질은 구성원 각자의 본분에 맞는 덕의 일치를 뜻하는 정명(正名)에 있다고 보았다. 정명사상은 스포츠인의 '스포츠맨십'에 해당한다.

▶ 정명의 예 - 君君 臣臣 父父 子子 : 임금은 임금답고 신하는 신하다우며 어버이는 어버이답고 자식은 자식다워야 한다. 따라서 운동선수도 운동선수 다워야 한다.
ⓑ 공자는 도덕적으로 완성된 인격체를 '종심소욕불유구(從心所慾不踰矩: 마음이 원하는 바를 따라도 법도에 어긋남이 없다)'라고 하였다.

② 맹자의 윤리 사상
㉠ 공자의 가르침을 계승하여 유교를 더욱 발전시킨 사상가로, 인간의 본성이 선하다는 성선설(性善說)을 주장하였다.
㉡ 인간의 본성인 사단(四端)이 밖으로 드러난 덕(德)이 곧 인의예지(仁義禮智)이다.
㉢ 맹자는 끊임없는 수양을 통해 호연지기(浩然之氣)를 기를 것을 강조하였다.
㉣ 호연지기는 굳세고 올곧아 흔들리지 않는 바르고 큰마음을 말한다.
㉤ 호연지기는 의로운 일을 실천하여 내면에 쌓이도록 하는 집의(集義)를 통해 형성된다.
㉥ 호연지기를 갖춘 사람을 대장부(大丈夫)라 한다.
㉦ 맹자는 인(仁)과 더불어 사회적 정의인 의(義)를 강조하였다.

(맹자의 성선설(性善說)과 사단(四端))

맹자는 인간이면 누구나 사단을 지니고 있으므로 선천적으로 착한 존재라고 보았다.
- 측은지심(惻隱之心) : 남을 불쌍히 여기는 마음
- 수오지심(羞惡之心) : 불의를 보면 부끄러워하는 마음
- 겸양지심(謙讓之心) : 겸손하고 양보하는 마음
- 시비지심(是非之心) : 옳고 그름을 가리고자 하는 마음

---

③ 이황(李滉)의 윤리 사상
㉠ 이황의 이귀기천론(理貴氣淺論)
▶ 모든 존재는 근본원리인 '이(理)'와 그것이 밖으로 드러난 '기(氣)'로 구성되어 있다.
▶ 이가 기보다 우위에 있다(이귀기천론). 순수한 이(理)는 귀하고 선과 악인 뒤섞인 기(氣)는 비천하다는 의미.
㉡ 거경궁리(居敬窮理)의 강조
▶ 인격수양의 방법으로 마음을 경건히 하여 이치를 추구하는 상태를 말함. 특히 경(敬)을 도덕의 실천 덕목으로 중요시 하였다.
※ 활인심방(活人心方) : 이황이 도교의 양생사상을 바탕으로 신체적 건강을 위해 마음을 다스리는 방법을 적어 놓은 책

④ 이이(李珥)의 윤리 사상
㉠ 이이의 이통기국론(理通氣局論)
▶ 이이는 이황과 달리, '이'와 '기'는 불가분의 관계로 어느 한쪽에 치우치지 않는 상호보완성을 갖는다고 봄.
▶ '이'는 통하고 '기'는 국한된 것이라는 의미에서의 이통기국론을 주장함.

ⓒ 이이는 경(敬)과 더불어 성(誠)을 강조하였다.
- 성은 참되고 진실한 하늘의 질서로 사람이 본래 가지고 있는 마음을 말한다.
- 경으로 사욕을 제거하여 마음의 본체인 성에 이르는 것이 도덕의 본질이라고 보았다.

※ 격몽요결(擊蒙要訣) : 이이가 학문을 시작하는 어린 학생의 자기 수양과 갖추어야 할 덕목을 가르쳤던 책

(3) 불교의 윤리 사상

① 불교는 기원전 6세기 경 인도의 고타마 싯다르타의 가르침으로부터 시작한 종교로, 수행을 통한 깨달음을 강조한다.
② 불교의 '연기적(緣起的) 세계관'
- 모든 존재와 현상이 원인(因)과 조건(緣)에 의해 이루어진다는 의미이며, 이는 모든 존재가 서로 의존해 있어 차등을 둘 수 없다는 평등한 세계관을 나타낸다.
③ '자비심'은 사회의 모든 차별을 극복하고 중생을 구제하는 사랑의 표현이다.
④ '일체유심조(一切唯心造)'의 사상
- 오로지 마음이 모든 것을 지어낸다는 의미로 깨달음에 이르는 수행의 근거가 된다.
⑤ 해탈
- 수행을 통해 도달하는 궁극적인 경지인데, 해탈에 이르려면 '계학(戒學)', '정학(定學)', '혜학(慧學)'의 '삼학'이 필요하다.
- 계학은 몸과 마음의 잘못을 저지르지 않고 덕행을 실천하는 것을 말한다.
- 정학은 마음의 흔들림을 바로잡아 평안한 경지에 이르는 것을 말한다.
- 혜학은 평정한 마음으로 있는 그대로의 진실을 보는 것을 말한다.

(4) 도가·도교의 윤리사상

① **노자의 윤리 사상**
㉠ 도가는 노자에 의해 만들어진 것으로 만물의 생성과 존재의 원리인 도(道)에 따를 것을 강조한다.
㉡ 도(道)가 현실 속에서 구체적으로 드러난 것을 덕(德)이라고 한다.
㉢ 덕에는 유위(有爲)의 덕과 무위(無爲)의 덕이 있으며, 그 중 무위의 덕을 따르는 것을 무위자연(無爲自然)이라고 한다.
㉣ 무위자연은 인위적이지 않은 있는 그대로의 상태, 즉 억지로 하지 않고 자연의 순리에 따르는 삶을 말한다.
㉤ 노자는 이러한 삶을 상선약수(上善若水)라고 말한다.

② **장자의 윤리 사상**
㉠ 도가 사상은 장자에 의해 계승되어 더욱 발전하였다.
㉡ 장자는 마음의 깨달음과 정신적 자유를 강조하였다.
㉢ 세속적인 기준과 제약을 벗어난 정신적 자유의 경지를 소요(逍遙)라고 한다.

㉣ 모든 사물의 차별이 사라진 평등한 경지에서 만물을 바라보는 것을 제물(齊物)이라고 한다.
㉤ 장자는 소요와 제물의 경지에 이르는 수양법으로 좌망(坐忘)과 심재(心齋)를 제시하였다.
㉥ 좌망은 조용히 앉아 모든 것을 잊고 무아의 경지에 드는 것을 말하고, 심재는 잡념이 없는 깨끗한 마음의 상태를 말한다.

5) 가치충돌의 문제와 해결

가치충돌이란 두 가지 이상의 가치가 서로 부딪히거나 맞서는 경우를 말한다.
가치충돌에는 개인적 차원에서 일어나는 것과 사회적 차원에서 일어나는 두 가지 경우가 있다.

(1) 개인적 차원의 가치충돌(=윤리적 딜레마)
① 도덕원칙을 현실에 적용할 때 생기는 선택의 문제를 말하는데, 이는 도덕적인 것과 비도덕적인 것 사이에서, 혹은 올바른 선택들 사이에서 일어난다.
② 개인의 윤리적 딜레마의 예
▶ 도덕적, 비도덕적인 것 사이의 딜레마 : 도핑을 권유하는 지도자의 지시를 따라야 하는가? 혹은 부상당한 상대 선수의 부상부위를 공격할 것인가?
▶ 올바른 선택들 사이의 딜레마 : 활약이 비슷한 여러 선수들 사이에서 누구를 최우수선수를 선정해야 하는가?

(2) 해결 방법
① 각각의 선택 가능한 상황을 윤리적 관점에서 비교해 본다.
② 사회의 보편적 규범에 비추어 본다.
③ 타인의 관점에서 선택하고 평가해 본다.

(3) 사회적 차원의 가치충돌
① 주로 도덕적 관습과 문화의 차이에 의해 발생한다(예: 보신탕을 비난하는 외국인, 고개 숙여 인사하지 않는 외국인을 무례하게 보는 것).
② 싱가포르의 법원이 미국인에게 태형의 판결을 내렸을 때 미국인의 반응.(신체적 징벌이 야만적이라는 미국의 비판에 대해 싱가포르 정부는 윤리적 전통을 명분으로 내세웠다)
③ 프로야구에서 투수가 비고의적인 빈볼을 던졌을 때 한국의 투수가 모자를 벗거나 만져 미안함을 표하지만 미국의 프로야구에서는 그렇지 않은 경우

(4) 해결 방법
① 비록 문화적 차이에서 오는 가치의 충돌이더라도 기본적 가치와 보편적 가치를 평가의 우위에 두어야 한다.
② 인간의 생명과 정직, 신뢰 등의 규범은 육체적 쾌락과 금전적 욕구에 비해 보편적이다.

Chapter 02 경쟁과 페어플레이

01 스포츠 경기의 목적

1) 아곤(agon)과 아레테(arete)

(1) 아곤

① 고대 그리스의 올림픽 경기에서 이루어졌던 운동경기의 경쟁과 대결을 의미함.
② 카이요와(R. Caillois)는 아곤을 인간의 놀이 본능 중 한가지로 규정(표 참조)
③ 아곤은 공평한 조건의 규칙에 기초하여 자신의 우월성을 드러내는 경쟁 활동으로 외부의 간섭과 방해로부터 차단된 제한된 시간과 공간에서 이루어지며, 자신의 의지와 실력으로 경쟁자를 이기는 놀이이다.
④ 아곤은 이기고자 하는 욕구로 인해 자발적 연습과 훈련, 인내를 필요로 하며, 공정한 규칙에 의해 승패가 명확히 결정되기 때문에 결과에 이의를 제기할 수 없다.
⑤ 승리의 가치는 게임 자체에 국한되며, 패자에 비해 우월하다는 의미로 한정된다.
⑥ 아곤은 때로 능력과 수준의 차이가 있는 상대와 경쟁할 경우 핸디캡을 설정하기도 한다.

> (카이요와의 놀이의 분류)
>
> 아곤(agon : 경쟁 놀이) – 일정한 규칙 안에서 경쟁하여 승패를 결정하는 놀이.
> 　　　　　　　　　체스, 바둑, 스포츠 등
> 미미크리(mimicry : 역할 놀이) – 특정한 인물을 따라하거나 모방하는 놀이.
> 　　　　　　　　　소꿉놀이, 코스프레, 가면극, 연극과 영화 등
> 알레아(alea : 우연 놀이(라틴어로 '주사위 놀이' 의 의미)) – 자신의 의지가 아닌 운에 맡기는 놀이. 복권, 마작, 화투, 슬롯머신 등
> 일링크스(ilinx) : 몰입 놀이 – 일시적인 무아지경과 몰입의 상태를 즐기는 놀이. 서커스, 롤러코스터, 번지점프 등

(2) 아레테

① 아레테는 전쟁의 신 아레스(Ares)에서 나온 파생어로 싸움터에서의 용기를 뜻했는데, 이후 사람이나 사물이 가지고 있는 탁월성, 뛰어남 등의 뜻으로 변화되었다.
② 아레테는 사람이나 사물이 본래 가지고 있는 것을 좋은 상태에 이르게 하고, 그 기능이 잘 발휘되는 상태를 말한다(예 : 칼의 아레테는 잘 자르는 것이고, 눈의 아레테는 잘 보는 것이며, 제화공의 아레테는 구두를 잘 만드는 것).
③ 아레테는 사람과 사물의 기능과 밀접한 연관을 갖는다.
④ 아리스토텔레스는 신체의 아레테를 건강, 미, 강함, 크기, 운동 경기에서의 능력의 5가지로 보았는데, 스포츠는 일차적으로 신체의 아레테를 발휘하는 것이다.
⑤ 인간의 아레테는 도덕적 탁월성(덕)에 있다. 즉 인간의 기능을 가장 좋은 상태로 이르게 하는 것이 곧 덕(아레테)이다.
⑥ 따라서 스포츠인의 아레테는 전문적인 운동능력의 발휘와 함께 궁극적으로 도덕적 탁월성에 이르는 것이다.

2) 승리 추구와 탁월성의 성취

(1) 승리 추구

① 스포츠에 있어서 승리 추구는 자연스러운 경향성이며, 행위의 내적 동기이다.
② 승리 추구는 타인보다 우월하다는 것을 확인하고 싶은 사회적 욕구이며, 타인의 인정을 구하는 의지이기도 하다.
③ 승리 추구는 식욕, 수면욕 등의 욕구와 달리 정신적, 심리적 만족을 위한 능동적 기대이다.
④ 이러한 능동적 기대에는 결과에 도달하는 절차와 방법의 도덕성이 요구된다.
⑤ 스포츠인에게 승리 추구는 그 자체가 목적인 내재적 선(善)이다.
⑥ 따라서 승리 추구는 외재적 목적(돈, 명예, 지위)을 위한 수단이 될 수 없다.
　(예) 올림픽에서의 금메달은 그 자체로 목적이 되어야지 금전적 보상이나 그 밖의 현실적인 이익을 얻기 위한 수단이 되어서는 안 된다.

(2) 탁월성의 추구

① 승리 추구의 과정에서 나타나는 개인의 뛰어난 재능, 혹은 도달할 수 있는 최선의 상태를 지향하는 의지를 말한다.
② 탁월성은 완성된 형태가 아니라 최고를 지향하는 과정에서 얻어진 최선의 상태이다.
③ 탁월성은 더 나은 자신의 상태를 지향하는 도덕적 자기완성이다.
④ 탁월성은 시합의 결과로 판단할 수 없는 과정 전체에서 이루어지는 신체와 정신의 최고 목적이다.

02 스포츠맨십

1) 투쟁적 놀이로서의 스포츠

(1) 놀이로서의 스포츠
① 스포츠는 노동이나 생존 투쟁과 구별되는 놀이 활동으로, 본원적 욕구의 강제(식욕, 수면욕, 성욕)로부터 벗어난 잉여 에너지의 발산이다.
② 스포츠는 규칙 자체의 목적만 가질 뿐, 외부적 목적을 가지지 않는 '목적 자유성'을 전제로 한다.
③ 스포츠는 신체적, 정신적 가능성을 향유하는 까닭에 긴장, 흥분, 투쟁심이 생겨난다.
④ 노동으로부터의 해방감, 건강, 명예, 친목도모, 직업 등 스포츠의 외부적 목적은 참가자의 의도에 따라 다양할 수 있으나, 규칙을 따르는 놀이라는 스포츠의 본질은 변하지 않는다.

(2) 투쟁으로서의 스포츠
① 스포츠는 폭력적 적대성을 놀이로 즐기는 행위이지만, 이는 야만성의 복원이 아니라, 문화적 적응이며 폭력의 순화된 형태이다.
② 스포츠는 보다 높고, 보다 강하고, 보다 빠르다는 신체적 능력을 바탕으로 투쟁적 상호작용이 일어나는 특별한 종류의 놀이이다.
③ 질서화 된 폭력에 의해 스포츠는 관람과 향유의 대상이 된다.
④ 따라서 스포츠에서 일어나는 투쟁은 인간의 본성과 이성이 문화적으로 결합된 것이다.
⑤ 스포츠에의 참가와 훈련은 문화적 자기 순치이며, 규칙의 체계 속에는 인본주의적 요소가 들어 있다.

2) 놀이의 도덕 : 규칙의 준수와 게임 자체의 존중

(1) 도덕으로서의 놀이
① 놀이는 시작하기 전의 평등과 참가자에 대한 적절한 요청이 전제조건이다.
② 놀이로서의 경기에서 상대방을 제압하기 위해 전력을 다하는 일은 도덕적 본분이지만, 투쟁적인 상황으로 인해 도덕적 갈등이 야기된다.
③ 오랜 시간의 훈련, 승리에의 열망, 치열한 경쟁에 의한 감정의 격앙은 규칙을 지키지 않으려는 위험을 증가시키기 때문에 스포츠에서는 특별한 도덕적 능력이 요구된다.
④ 자신이 참가한 종목에서 실력에 의해 진정한 탁월성을 성취하려는 사람은 스스로의 행동과 판단에 책임을 져야 한다.
⑤ 합의된 규칙을 자발적으로 준수하는 사람은 도덕적 자질을 지닌 사람이다.

⑥ 진정한 경기자 혹은 스포츠인이기를 원한다면 규칙의 준수와 놀이로서의 경기가 그 자신에게 매우 중요한 것이 되어야 한다.

(2) 도덕으로서의 스포츠맨십
① 경쟁의 전 과정에 최선을 다하는 것은 스포츠에 대한 의무이다.
② 스포츠에서의 경쟁관계는 어떠한 경우에도 적대관계가 되어서는 안 되며, 적대적 관계 및 행위는 자신의 인격을 무너뜨리는 일이다.
③ 스포츠의 상대자는 동일한 규칙에 참여한 인격체로 존중해야 하기 때문에, 스포츠맨십은 그 자체로 이미 도덕의 범주이다.

3) 스포츠에서 도덕적 행동과 좋은 스포츠 경기

(1) 도덕적 행동
① 스포츠에서 도덕적 행동은 규칙의 준수에서 시작하는데, 규칙의 준수는 미리 주어진 강제가 아니라 스포츠를 가능하게 하는 행위의 조건이다.
② 스포츠에서 도덕적 행동은 승리의 쟁취를 위한 수단이 아니라 규칙에 대한 존경과 의무에서 비롯한다.
③ 스포츠에서 도덕적 행동은 정당한 승리를 위한 윤리적 요청이다.
④ 스포츠에서 도덕적 행동은 인간에 대한 예의와 배려를 통해 자신의 인격을 드러내는 행위이다.

(2) 좋은 스포츠 경기
① 좋은 스포츠 경기는 윤리적 논란이 없어야 한다.
② 좋은 스포츠 경기는 심판의 존재가 드러나지 않는다(심판의 공정성).
③ 좋은 스포츠 경기는 미적인 감동을 전해 준다.
④ 좋은 스포츠 경기는 상대에 대한 존경을 불러일으킨다.
⑤ 좋은 스포츠 경기는 승자와 패자 모두에게 완결의 쾌감을 준다.

03 페어플레이

1) 페어플레이의 의미

(1) 형식적 의미

① 페어플레이는 영국의 귀족계급이 즐겼던 사교로서의 스포츠 매너가 근대 이후 교육 수단으로서의 정신적 가치로 변모된 것이다.
② 페어플레이는 경기 중 선수가 지켜야 할 정정당당한 행위의 실천규범을 말한다.
③ 스포츠 행위(플레이)는 시작 전에 이미 페어(공정성)를 조건으로 한다.
④ 페어플레이는 규칙의 숙지를 의미할 뿐 아니라 준수에 대한 약속이기도 하다.
⑤ 따라서 페어플레이는 모든 선수에게 의무적으로 주어진다.

(2) 도덕규범으로서의 의미

① 페어플레이는 구체적인 행동의 요령과 유형을 정한 것이 아니라 행위의 준칙으로 작용한다.
② 페어플레이는 추상적인 규범이지만 도덕적 공감이기 때문에 그 적용은 매우 구체적이다.
③ 페어플레이는 상대에 대한 배려에서 출발한다.
④ 페어플레이는 경기규칙의 완벽한 준수가 아니라, 부득이한 실수의 인정과 비의도성을 드러내는 것이다.
⑤ 페어플레이는 자신의 능력에 대한 정직함이다.

2) 스포츠의 규칙과 파울

(1) 스포츠 규칙의 원리

① 공평성 : 스포츠 규칙은 공정의 원리와 평등의 원리에 의해 만들어진다. 모든 참여자의 이해관계가 동시에 고려된 동등한 조건에 의해 승리와 패배가 결정되어야 한다.
② 임의성 : 스포츠 규칙은 반드시 그러해야 하는 필연성을 가지지 못하는 우연적이고 임의적인 것이다. 축구의 선수 구성을 11명으로 정한 것이나 마라톤의 거리가 42.195km인 필연적인 이유는 없다. 이것을 임의성이라 한다. 그래서 스포츠의 규칙은 언제든 바뀔 수 있다.
③ 제도화 : 스포츠의 규칙은 누구나 마음대로 제정하거나 개정하지 못한다. 규칙은 반드시 별도의 전문화된 조직인 협회나 기구에 의해 이루어진다. 이것을 제도화라고 한다. 제도화는 공식적인 기구와 기관에 의한 규칙의 공인과 대표성을 말한다.

(2) 규칙의 종류
   ① 구성적 규칙 : 해당 스포츠가 성립하기 위한 조건을 명시한 규칙. 축구는 골키퍼를 제외한 선수는 경기 도중 손을 사용할 수 없으며, 패스를 받은 지점이 상대 수비수보다 앞에 있을 때 '오프사이드' 반칙이 선언된다. 이처럼 구성적 규칙은 어떤 스포츠를 다른 스포츠와 구별해 주는 근거가 되는 것으로 승리에 대한 정의를 포함하고 있다.
   ② 규제적 규칙 : 해당 스포츠가 경쟁을 통해 승패를 결정하는 과정에서 탁월성의 발휘에 방해가 되는 행위에 제약을 가하는 것을 말한다. 예를 들어 축구에서 상대편의 드리블을 방해하기 위해 잡거나 다리를 거는 행위는 제재를 받아야 하고, 불이익을 당한 팀이나 선수에게는 보상이 주어져야 한다. 규제적 규칙은 경기 도중 발생하는 반칙에 대한 불이익과 보상으로 이루어진다.
      ※ 구성적 규칙과 규제적 규칙의 구분 : 농구의 바이얼레이션은 구성적 규칙에 대한 위반이며, 파울은 규제적 규칙에 대한 위반이다.

(3) 스포츠의 반칙
   ① 의도적 구성 반칙 : 뚜렷한 의도를 가지고 구성적 규칙을 위반한 경우. 해당 스포츠의 본질을 위반하는 제반 행위. 체급을 속이거나 허용되지 않은 도구를 사용하는 것 등이 여기에 해당한다. 의도적 구성 반칙의 가장 대표적인 예는 도핑과 승부조작이다.
   ② 비의도적 구성 반칙 : 의도성을 가지고 있지 않으나 결과적으로 구성적 규칙을 위반한 경우. 비의도적 구성 반칙은 규칙에 대한 정확한 이해의 부족과 부주의에 의해 일어난다. 예를 들어 골프에서 흙이 묻은 볼을 닦은 후 플레이를 진행하면 벌타가 주어진다. 비의도적 구성 반칙은 규칙의 적용이 유동적이거나 새롭게 개정된 이후 자주 발생한다.
   ③ 의도적 규제 반칙 : 명백한 의도성을 가지고 규제적 규칙을 어긴 경우. 육상 100m 달리기에서의 옆 레인 침범, 야구에서의 빈볼, 농구의 전술적 반칙이 대표적이다. 특히 전술적인 의도적 파울은 의도성을 명백히 드러내는 까닭에 윤리적 논쟁이 되기도 한다. '축구의 오프사이드, 농구의 바이얼레이션'
   ④ 비의도적 규제 반칙 : 경기 중 승리를 추구하는 과정에서 자연스럽게 발생하는 일반적 반칙을 말한다. 비도의적 규제 반칙을 결정하는 요소는 '비의도성', '불가피성', 그리고 '행위의 결과'이다. 즉 의도성이 개입할 수 없는 순간적인 상황에서 그러한 행위를 자제하거나 피할 수 없었으며, 그로 인해 결과적으로 상대방의 이익과 탁월성의 발휘에 방해가 되었을 때 비의도적 규제 반칙이 적용된다.

3) 승부조작

(1) 승부조작의 의미
   ① 승부조작은 의도적으로 결과를 미리 정해 놓고 행하여지는 조작적 행동이다.
   ② 결과에 따른 이익(예 : 도박)을 전제로 하며, 경기 외적인 목적이 개입할 때 발생한다.

(2) 승부조작의 형태

   ① 심판에 의한 경기 과정의 인위적 조작
   ② 협회의 일방적인 규칙과 일정의 변경에 의한 특정 선수의 혜택
   ③ 선수의 담합에 의한 고의적 패배
   ④ 외부세력의 지시와 협박에 의한 의도적 플레이

(3) 승부조작의 윤리적 문제

   ① 결과의 불확정성이라는 스포츠의 본질을 훼손한다.
   ② 공정성의 원칙, 신의의 원칙에 어긋난다.
   ③ 승리의 의미를 약화시키거나 부정하게 되어, 스포츠 자체의 존립을 위태롭게 한다.

Chapter 03 스포츠와 불평등

01 성차별

1) 스포츠에서 성차별의 과거와 현재

　(1) 근대 스포츠와 여성 차별
　　① 근대 스포츠는 여성을 배제한 남성을 중심으로 형성되었다.
　　② 근대 스포츠는 공격성과 경쟁성을 과시하는 '남자다움'이라는 젠더에 의해 강한 '남자'의 형성을 이념으로 발전해 왔다.

　(2) 올림픽과 여성 참여
　　① 근대 올림픽의 창시자인 쿠베르탱은 여성의 스포츠 참여에 반대하였는데, 그는 여성의 스포츠 참여가 여성적 매력을 파괴하고 스포츠를 격하시킨다고 생각하였다.
　　② 여성의 올림픽 참가의 역사
　　　▶ 최초참가 - 1900년 제2회 프랑스 파리 대회(골프와 테니스 2개 종목)
　　　▶ 여성 참가의 공식적 허용 - 1904년 세인트루이스대회(양궁)
　　　▶ 1992년 바르셀로나 대회의 여성경기 - 24개 종목의 98경기
　　　▶ 2000년 시드니올림픽 - 전체 경기 중 45.6%가 여성경기, 참가비율은 38%
　　　▶ 2012년 런던올림픽 - 모든 참가국이 여성 선수를 출전시킨 첫 대회
　　③ 우리나라 여성 스포츠는 1976년부터 1996년까지 6차례의 올림픽 경기대회에서 16개의 금메달을 획득해 전체 금메달의 40%를 차지하였다. (남자 선수 23개)

　(3) 스포츠와 남녀평등
　　① 1972년 미국에서 교육 프로그램과 활동에서 성차별을 금지한 '타이틀 나인(Title IX)'이 제정되면서 스포츠 활동에서 남녀평등이 크게 진보하였다.
　　② 1979년 유엔총회에서 여성차별철폐를 촉구하는 여성차별철폐조약이 채택되었다.

③ 국제올림픽위원회(IOC)는 각국의 올림픽위원회와 세계종목별협회 등의 조직에서 여성 임원의 비율을 1995년까지 10%, 2005년까지 20%로 높이도록 권장했다.

(4) 우리나라 여성 스포츠의 문제점
① 지도자(코치, 감독 등)의 비율이 낮고, 의사결정과정에서 여성의 참여가 제한적이다.
② 대부분의 스포츠조직이 남성중심으로 조직, 운영되고 있다.
③ 여성에 대한 스포츠 관련 직업의 기회가 불평등하고 경제적 보상이 열악하다.
④ 언론에 보도되는 노출기회가 편파적이다.

2) 스포츠에서 성 평등을 이루기 위한 인식과 방안

(1) 보편적 권리로서의 스포츠 양성평등 의식 제고
① 스포츠의 참여는 남녀 모두에게 주어진 동등한 권리(보편적 권리)인데, 이는 인류가 추구하는 인권의 보장과 존중의 실현이다.
② 스포츠에서의 남녀평등은 한 사회의 도덕적 정의를 평가하는 척도로서, 스포츠 활동에 참가할 기회를 확대해야 한다.
③ 또한 경제적 보상과 여성 스포츠인의 지위를 향상시켜야 하는데, 예를 들어 협회의 의사결정권에서 여성이라는 이유로 불이익을 받아서는 안 된다.

(2) 여성스포츠에 대한 비하 및 성적 폭력 금지
① 운동 수행에서 드러나는 남녀 간 성취수준의 차이를 남성의 우월과 여성의 열등으로 해석해서는 안 된다.(생물학적 환원주의)
② 운동 수행에 있어서 여성의 신체를 섹슈얼리티(sexuality)와 연관시켜서는 안 된다.
③ 스포츠 현장과 조직에서 여성에 대한 성적 폭력(성희롱과 성폭행 등)을 근절할 수 있는 예방 교육을 강화해야 한다.

3) 성전환 선수의 문제

(1) 성전환 선수 문제의 의미
① 성별은 생물학적으로 결정되지만, 성 정체성의 혼란을 겪는 사람에게 성의 전환은 자유로운 개인의 선택권이다.
② 성전환이 남녀의 신체적 능력의 차이를 이용해 승리를 쟁취하는 수단이 아니라 개인의 의지에 의해 자발적으로 이루어진 것이라면 그 선택으로 인해 출전의 제한을 받는 것은 기본권의 침해로 받아들여진다.

(2) 성전환 선수 경기출전에 대한 현대적 관행
① 성전환 선수는 메달 획득을 위해 꾸준히 특정한 성의 호르몬을 투여하는 도핑과 구별된다.

② 국제올림픽위원회(IOC)는 2004년 성전환 수술 후 2년 이상의 호르몬 치료를 받은 선수에 대해 올림픽에 출전할 수 있는 자격을 부여하고 있는데, 이 경우 남성에서 여성으로 전환한 선수의 신체적인 이점은 없어진다고 인정하고 있기 때문이다.

02 인종차별

1) 스포츠에서 인종차별의 과거와 현재

   (1) 인종차별

   ① 인종주의(racism) : 특정 집단 혹은 인종이 다른 집단보다 우월하다는 믿음.
   ② 인종차별(racial discrimination) : 인종주의가 실제적인 행위로 드러난 것.
   ▶ 인종차별은 인간을 인종과 민족, 국적에 의해 구분, 배척 혐오하는 것을 말한다.
   ▶ 특정 인종과 국가가 다른 인종 혹은 국가보다 열등하거나 우월하다는 잘못된 믿음을 바탕으로 불평등을 정당화하게 만든다(예 : 70년대의 미국의 흑인차별, 남아프리카공화국의 아파르트헤이트).
   ▶ 인종 차별은 경제적 빈곤, 피부의 색깔, 역사적 이유 등 다양한 형태로 나타난다.
   ▶ 인종에 근거한 이유로 모욕과 불쾌감을 느끼게 하거나 비하하는 언동, 농담, 욕설 등도 인종차별에 포함된다.

   (2) 스포츠에서 인종차별이 일어나는 이유

   ① 스포츠는 신체의 강건함과 탁월성의 경쟁이기 때문에 신체적 우월감 혹은 열등감의 판단기준이 되어, 손쉽게 인종적 편견을 가지게 만든다.
   ② 오랜 민족 간의 갈등과 역사적 라이벌 의식, 그리고 종교적 반목이 스포츠에 투영되어 승리를 통한 대리만족을 느끼려는 왜곡된 집단의식이 인종차별을 부채질한다.
   ③ 스포츠의 국제화에 따라 인종과 국가 간의 교류와 이동이 활발해지면서 인종에 대한 편견과 차별이 더욱 노골적으로 드러나고 있다.

   (3) 올림픽에서의 인종차별

   ① 1936년 베를린대회 - 나치정권은 아리안족의 우수성을 공공연히 선전하고 유대인 선수의 대회 참가를 철저히 봉쇄하였다.
   ② 1964년 동경올림픽 - 남아프리카공화국이 자국 내 인종차별(아파르트헤이트)을 이유로 참가를 거부당했다.
   ③ 1968년 멕시코올림픽 - 미국의 흑인 육상선수 토미 스미스와 존 카를로스가 육상 200m 경기의 1, 3위에 입상한 후 시상대에서 검은 장갑을 끼고 손을 들어 미국 내의 인종정책에 반대하는 시위를 벌였다.

2) 다문화 시대의 스포츠

(1) 스포츠에서 다문화 시대의 시작
① 미디어의 발달과 신자유주의의 대두는 프로스포츠를 중심으로 다양한 인종의 교류를 가능하게 만들었다.
② 특히 미국의 MLB, NBA, 유럽의 프로축구클럽은 인종의 각축장이라고 해도 좋을 정도로 다른 문화에 비해 교류의 속도와 규모가 크다.
③ 또한 올림픽과 월드컵 등 국제대회에 참가하기 위해 국적을 선택하는 사례가 빈번하게 발생하여 스포츠의 국제화는 거스를 수 없는 대세로 자리 잡고 있다.
④ 이처럼 스포츠는 언어와 피부색을 뛰어넘어 인류를 하나로 묶는 최상의 문화적 매개체이다.

(2) 다문화 시대에 한국스포츠의 과제
① 우리나라의 경우에도 국제결혼을 통해 서로 다른 국적과 문화를 가진 다문화 가정의 스포츠선수들이 늘어가고 있다.
② 오래 동안 단일민족국가를 유지해 온 우리나라는 다문화 가정의 자녀를 '혼혈'이라 부르며 소외시켜 왔다.
③ 다문화 가정의 2세들이 성인이 되어 본격적인 다문화 사회가 도래하면 스포츠에서도 많은 변화가 예상되는데, 이들이 차별을 받지 않도록 사회제도와 인식의 전환이 필요하다.

3) 인종차별의 극복을 위한 인식의 전환과 방안

(1) 인종차별에 대한 국제적 시각
① 1948년 유엔이 제정한 '국제인권선언'
   ▶ '모든 사람은 인종, 피부색, 성, 언어, 종교, 정치적 또는 그 밖의 견해, 민족적, 사회적 출신, 재산, 출생, 기타의 지위 등에 따른 어떠한 종류의 구별 없이 모든 권리와 자유를 누릴 자격이 있다.'
② 국제적으로 인종 차별은 스포츠의 보편적 가치와 기회의 평등을 해치는 행위로 거부되고 있으며, 타 인종과 민족의 인권을 존중하는 성숙한 시민의식을 교육하고 있다.

(2) 스포츠 계에서의 인종차별에 대한 시각
① 스포츠는 인종과 민족의 우수성을 겨루는 경쟁이 아니라 인간의 신체적 잠재력과 탁월성을 발휘하는 인류의 보편적 문화이다.
② 스포츠의 승패는 그 자체로 정치적, 생물학적 의미를 가지지 않으며 다만 결과의 구분일 뿐이다.

③ 인종차별은 탁월한 신체적 능력을 가진 선수가 자신의 기량을 펼치는 것을 막아, 스포츠 전체의 발전과 이익을 저해하는 비윤리적 행동이다.
④ 스포츠의 발전은 인종차별 등 실력 외적 요소를 배제한 공정한 선발과 경쟁에 의해 이루어진다.
⑤ 스포츠의 정치적 독립을 강화해야 하고, 인종차별에 대한 국제 스포츠기구의 제재를 높여야 한다.

03 장애차별

1) 장애인의 스포츠 권리

(1) 장애인의 스포츠 권리 규정과 인식변화

① 1975년 12월 9일 국제연합총회에서 장애인의 권리를 보호하고 존중하는 '장애인 권리선언(The Declaration of the Rights of Disabled Persons)'이 회원국의 만장일치로 채택되었다.
② 우리나라에서는 1998년 '한국장애인인권헌장'이 선포되었으며, 제7장에서 문화, 예술, 체육 및 여가 활동에 참여할 권리를 규정하고 있다.
③ 움직임의 욕구는 모든 사람들이 지니는 권리로서, 장애를 이유로 스포츠 참여를 원하는 장애인을 제한, 배제, 분리, 거부하는 것은 기본권의 침해에 해당한다.
④ 장애인 스포츠의 궁극적 목적은 스포츠 참여에서 얻어지는 움직임의 경험, 즐거움이며 자기표현의 극대화를 통해 삶의 행복을 누리는 것이다.

(2) 패럴림픽과 장애인 스포츠

① 패럴림픽(Paralympic Games)은 신체적 장애를 가진 선수들이 참가하는 국제 스포츠 대회이다.
▶ 'paraplegic'(하반신 마비의)과 'Olympic'(올림픽)의 합성어였으나 다른 장애유형을 지닌 장애인이 경기에 참여하면서 현재는 그리스어인 'para'(옆의, 나란히)의 의미를 사용하여 올림픽과 나란히 개최된다는 평등의 의미로 사용되고 있다.
② 1948년 영국의 퇴역 군인들의 휠체어 경기로부터 시작해, 패럴림픽 대회의 선구자인 맨더빌(Mandeville)에 의해 1952년 국제대회가 개최되면서 오늘날 대규모 국제대회로 발전해 왔다.
③ 초창기의 패럴림픽은 참전병을 중심으로 이루어졌으나, 1960년 로마대회 이후 모든 장애인이 참가하는 대회로 바뀌었다.

④ 1988년 서울에서 개최된 하계 패럴림픽 대회 때부터 하계 올림픽이 끝난 후 동일한 올림픽 시설을 이용하는 전환점을 맞이하였다.
⑤ 현재 패럴림픽 운동을 관리하는 국제단체는 IPC((International Paralympic Committee)로, 176개의 국가 패럴림픽 위원회(NPC)와 4개의 특정 장애 국제 스포츠 협회로 구성되어 있다.

2) 스포츠에서의 장애인 차별

① 스포츠 종목의 차별 : 장애인의 스포츠욕구를 다양하게 수용하지 못하고 있다.
② 장애인을 위한 스포츠 지도자의 부재 : 전문적인 지도자의 부족으로 체계적인 활동이 불가능하다.
③ 이동 및 접근권의 차별 : 이용시설이 부족하고 이동이 불편하다.
④ 학교스포츠에서의 차별 : 학교체육과 스포츠에의 참여가 보장되지 않아 스포츠에 친숙할 기회를 제공받지 못한다.

3) 장애차별 없는 스포츠의 조건

① 기회제공 : 장애인이 스포츠에 참여할 수 있는 시설을 제공해야 한다.
② 재정지원 : 장애인에게 소요되는 재정적인 지원이 이루어져야 한다.
③ 계속적인 활동 : 스포츠 활동에 지속적으로 참여할 수 있는 여건을 만들어야 한다.
④ 선택의 기회 : 장애인이 원하는 스포츠 종목의 기회를 늘려야 한다.
⑤ 다양한 사람과의 만남 : 종목을 통해 다양한 사람과 만날 수 있는 기회를 제공해야 한다.

Chapter 04 스포츠에서 환경과 동물윤리

01 스포츠와 환경윤리

1) 스포츠에서 파생되는 환경윤리의 문제들

   (1) 스포츠의 환경 파괴

   ① 스키장, 골프장, 복합리조트 시설 : 동식물의 서식지 및 생물의 다양성 감소, 삼림훼손 및 수질오염, 자연 생태계의 파괴
   ② 자동차 경기장, 오토바이 경주장 : 직접적인 대기오염
   ③ 축구장, 야구장 등의 대규모 경기장 : 에너지 과소비, 경기 관람 후의 쓰레기 문제
   ④ 수영장, 아이스링크, 워터파크 : 수질 오염 및 에너지 과소비

   (2) 스포츠와 환경윤리의 쟁점

   ① 스포츠와 환경의 갈등은 스포츠 참여가 늘어날수록 첨예해지고 규모도 확대되는데 지역이나 국가적인 문제에서 전 지구적인 문제가 되고 있다.
   ② 스포츠의 환경윤리 문제는 행복추구권과 환경파괴라는 가치충돌에 의해 발생한다.
   ③ 현대스포츠는 자연환경을 이용하는 수요가 급증하여 생태계의 파괴를 가속화한다.
   ④ 경기장의 건설 및 유지, 대회 진행의 전 과정은 직, 간접적으로 환경에 영향을 미친다.
   ⑤ 에너지 과소비, 대기오염, 지구온난화 가스배출, 쓰레기, 생물의 다양성 파괴, 토양 침식 및 수질 오염 등 스포츠 시설 및 행사는 다양한 환경 파괴의 원인을 제공한다.
   ⑥ 대도시의 환경오염은 암벽등반, 파도타기 등 자연공간에서 이루어지는 스포츠 수요를 만들고, 이것이 다시 환경파괴로 이어지는 악순환을 만든다.
   ⑦ 스모그, 오존층 파괴로 인한 강한 자외선 등의 환경오염은 스포츠 선수의 운동 수행에도 악영향을 미친다.
   ⑧ 대규모 스포츠시설의 개발은 특정한 지역에서 발생된 환경문제가 다른 지역에까지 피해를 입힘으로써 지역 간의 갈등과 불신을 조장한다.

⑨ 골프, 요트 등 상류층 스포츠의 환경 파괴는 계층 간의 갈등을 유발한다.
⑩ 스포츠에 의한 환경오염은 한 세대에만 국한되지 않고 다음 세대에도 그 피해와 부담을 주게 된다.

2) 스포츠에 적용 가능한 환경윤리 이론

(1) 인간중심주의 윤리(도구적 자연관)

① 인간을 제외한 다른 존재는 인간의 목적을 위한 수단으로 간주하는데, 인간은 도덕적 능력과 지위를 가지기 때문에 자연에 비해 우월한 존재로 보고 있다.
② 인간과 자연을 분리하는 이분법적 세계관에 기초하고 있으며, 자연은 그 자체로 가치를 갖지 않으며 인간의 생존과 행복을 위한 도구(도구적 자연관)로 본다.
③ 대표적인 사상가는 베이컨(F. Bacon)과 데카르트(R. Descartes)이다.
   - 베이컨 : 자연을 이용해 인간의 생활을 윤택하게 하는 것이 과학의 목적이다.
   - 데카르트 : 인간은 자동적으로 움직이는 기계에 불과한 자연에 비해 우월한 지위를 가진다.
④ 이러한 인식은 자연을 연구하고 정복하는 과학 기술의 발달을 가져왔다.
⑤ 패스모어(J. Passmore)의 환경윤리
   - 자연은 인간이 사랑하고 아름답다고 느끼기 때문에 가치 있는 것이다.
   - 인간이 자연에 대해 느끼는 책임의 바탕에는 인간의 이익과 관심이 들어 있다.
   - 환경 문제를 해결하기 위해서는 그 동안 알고 있던 윤리를 잘 준수하는 것으로 충분하다.
   - 소비 중심 사회에서 인간의 물질적 탐욕을 버리고 자연에 대한 감수성을 회복해야 한다.
⑥ 베르크(A. Berque)의 환경윤리
   - '환경'은 윤리적으로 적합하지 않은 말이어서 '에쿠멘(ecoumen)'이라는 새로운 개념으로 대체되어야 한다.
   - '에쿠멘'은 다른 생명체의 환경과 구별되는 '인간적 거처'를 뜻한다.
   - 환경윤리가 필요한 이유도 깨끗하고 아름다운 인간적 거처로서의 지구를 원하기 때문이다.
   - 인간은 지구에 대한 책임을 가지며, 그것을 아름답게 보전해야 할 의무를 지닌다.

(2) 동물중심주의 윤리

① 인간중심주의 윤리에 대한 비판으로 동물의 도덕적 지위를 주장하며, 도덕의 범위를 인간에서 동물로 확대하였다.
② 싱어(P. Singer)는 공리주의에 입각하여 고통 그 자체는 나쁜 것이므로 인간이 가하는 동물의 고통 또한 윤리적으로 올바르지 않다고 주장한다.
   - 고통을 느낄 수 있는 능력(capacity for suffering)을 가진 존재는 모두 도덕적 고려의 대상이 되어야 한다.

③ 싱어는 '이익 동등 고려의 원리'를 통해 인간의 평등을 보장해 주는 공평성의 원칙은 인간이 아닌 동물과의 관계에도 적용되어야 할 보편타당한 도덕적 근거로 보았다.
④ 동물은 생명체로서 자신만의 고유한 삶을 살아갈 권리가 있기 때문에 인종차별과 성차별이 허용될 수 없다면 동물을 학대하고 차별하는 것도 허용되어서는 안 된다.
⑤ 레건(T. Regan)은 동물도 인간에 대한 유용성과 무관하게 내재적 가치를 가진 주체적 행위자인 까닭에 결코 수단으로 취급해서는 안 된다고 주장한다.
⑥ 주체로서 스스로의 삶을 살아갈 동물의 권리는 보호되어야 하며, 이는 인간의 의무에 해당한다.
⑦ 동물중심주의 윤리는 공장식 사육 방식의 중단과, 동물학대의 금지, 동물실험의 중지를 요구한다.

(3) 생명 중심주의 윤리
① 생명 중심주의는 생명에 대한 외경(畏敬)을 기초로 한다.
② 생명 외경 사상이란 신비롭고 경이로운 존재인 생명을 두려워하고 존경하는 마음을 말한다.
③ 이런 생각을 바탕으로 생명에 대한 윤리를 강조한 사람이 슈바이처(A. Schweitzer)이다.
④ 슈바이처는 모든 생명체는 살려는 의지를 가지며, 이 의지를 인정할 때 사랑과 책임이 생긴다고 보았다.
⑤ 슈바이처의 사상을 이어받은 테일러(P. Taylor)는 모든 생명체는 스스로 생존과 성장, 번식의 목적을 추구하는 '목적론적 삶의 중심'이라고 보고, 인간의 이해와 필요에 관계없이 고유한 가치를 가진다고 보았다.
⑥ 인간은 다른 생물과 상호 의존하는 체계의 일부이기 때문에 결코 우월하지 않으며, 이런 까닭에 모든 생명체를 자신의 고유한 선을 지닌 도덕적 주체로 대해야 한다.
⑦ 테일러는 환경문제의 해결을 위해 네 가지의 의무를 제시한다.
　㉠ 불침해의 의무: 다른 생명체에게 해를 입혀서는 안 된다.
　㉡ 불간섭의 의무 : 생명체나 생태계에 간섭해서는 안 된다.
　㉢ 신의의 의무 : 덫이나 낚시와 같이 동물을 속이는 행위를 해서는 안 된다.
　㉣ 보상적 정의의 의무 : 다른 생명체에 끼친 피해는 보상해야 한다.

(4) 생태 중심주의 윤리
① 생태 중심주의는 환경을 개체로 구분되지 않는 유기적 구조로 파악한다.
② '대지 윤리(land ethics)'을 주장한 레오폴드(A. Leopold)는 인간을 대지 공동체(land community)의 일원으로 규정하고, 인간도 그 일원으로서 대지 윤리를 지켜야 한다고 주장하였다.
③ 레오폴드는 대지에 대한 인간의 윤리적 기준을 생물공동체의 통합성과 안정성을 유지하는 것이라고 보았다.

④ 레오폴드는 생태학의 먹이사슬을 나타내는 '대지 피라미드' 개념을 도입하여 생물의 상호의존성과 유기적 구조를 강조하였다.

⑤ 네스(A. Naess)는 기존의 환경운동이 서구 문명과 사회 유지를 전제로 하는 피상적인 운동이었다고 비판하면서 심층적인 생태주의 철학을 제시하였다. 심층적 생태주의는 현재의 환경 문제를 해결하려면 세계관과 생활양식 자체가 근본적으로 바꾸어야 한다는 입장이다.

⑥ 네스는 기존의 세계관을 대체할 새로운 철학으로 '생태지혜(ecosophy)'를 제시하였다. 생태지혜란 삶의 수단은 소박하되 목적은 풍요로운 것으로 변화하려는 개인적인 노력과 실천을 말한다.

3) 지속가능한 스포츠발달의 윤리적 전제

(1) 지속가능한 발전

① '지속가능한 발전(Sustainable Development)'
- ▶ 스포츠와 환경의 문제에 대한 새로운 접근으로 환경의 존중과 개발의 의미를 동시에 포함한다.
- ▶ 개발은 하되, 한정된 자원의 범위 내에서 지속가능한 방법을 모색하는 것을 말한다.

② 자연환경의 보전에 노력하면서 현 세대의 스포츠 욕구와 미래 세대의 스포츠 참여기회를 동시에 충족시키는 스포츠 개발을 말한다.

(2) 스포츠와 환경의 공존

① 스포츠로 인한 환경오염의 발생은 불가피하기 때문에 피해를 최소화하는 노력이 필요하다.

② 이런 노력에는 인간중심주의와 자연중심주의 사이의 균형, 개발과 보전의 조화, 환경영향 평가의 강화 등이 있다.

③ 그린스포츠의 정착(그린스포츠(greensport) : 그린(green)과 스포츠(sport)의 결합으로 스포츠를 통한 친환경 운동)

(3) 행정적 방안

① 환경 지침의 마련 : 사전에 준비된 환경지침에 따라 친환경적인 시설과 대회 진행.

② 목표 설정 : 에너지감축, 수자원보호, 대기 및 토양오염 방지, 쓰레기 감량 및 자원화, 자연 및 문화 환경 보전 등의 목표치를 사전에 설정.

③ 환경성 평가 및 모니터링 : 대회준비, 운영, 사후관리 등의 전 과정에 환경평가 및 모니터링적용.

④ 파트너십 구축 : 정부, 기업, 시민 간의 협력과 선수와 관객에 대한 환경교육 및 홍보.

02 스포츠와 동물윤리

1) 스포츠에서의 종차별주의 문제

   (1) 종차별주의(speciesism)

   ① 종(種)이 다르다는 이유로 차별하는 것. 이는 1970년 영국의 심리학자인 라이더(R. Ryder)가 특정한 종(인류)이라는 이유로 다른 동물보다 자신의 이익을 우선시 하는 태도를 설명하기 위해 처음으로 사용하였다.
   ② 이를 계승한 싱어는 1975년 '동물의 해방'에서, 동물의 권리운동을 주창하였다.
   ▶ 고통을 느끼는 능력이 있는 동물은 인간과 마찬가지로 배려되어야 할 존재이며, 종차별은 인종차별이나 성차별과 마찬가지로 비윤리적이다.
   ③ 18세기 영국의 공리주의자 벤담의 종차별주의 비판
   ▶ 인간 이외의 존재를 다룰 때 기준이 되는 것은 이성의 유무가 아니라 고통을 느끼는가 그렇지 않은가에 있다.
   ▶ 이성적 능력이 기준이 된다면 갓난아이와 장애자를 포함한 많은 인간이 동물처럼 취급된다.

   (2) 스포츠의 종차별주의 극복

   ① 영국의 사회개혁자인 솔트(H. Salt)
   ▶ 1891년 스포츠로서의 수렵을 금지할 목적으로 '인도주의동맹'을 설립하였다.
   ▶ '동물의 권리'라는 책을 저술하여 동물권리의 개념을 확립하였다.
   ② 스페인의 투우
   ▶ 동물보호단체의 강력한 항의와 비판으로 2007년 국영방송에서 생중계 중지
   ▶ 2011년 스페인 전역에서 투우의 TV 중계가 중지되었다.
   ③ 투우나 로데오, 투견, 투계 등 인간의 놀이 대상이 되는 동물에 대한 학대행위는 종차별주의에 해당한다.

2) 경쟁, 유희, 연구의 도구로 전락된 동물의 권리

   (1) 동물스포츠(animal in sport)

   ① 동물이 참가하는 스포츠 경기를 말한다.
   ② 동물스포츠의 분류
   ▶ 동물과 선수의 일체가 되어 경쟁하는 형태 : 경마, 승마, 폴로, 로데오 등
   ▶ 동물과 선수의 대결 : 투우
   ▶ 동물간의 경쟁 : 소싸움, 투견, 투계 등

(2) 동물스포츠의 윤리적 쟁점

　① 폴란(M. Pollan)의 동물복지론
　　▶ 동물은 타고난 기질과 본성에 맞도록 최소한의 배려와 대우를 보장받아야 하며, 인간의 필요와 목적에 따라 사용하는 것은 비윤리적이다.
　② 동물은 인간의 쾌락과 유희의 대상이 되어서는 안 된다.
　③ 동물과 사람이 일체가 되어 이루어지는 스포츠의 특징
　　▶ 동물과의 교감을 전제로 하기 때문에 동물에 대한 애정을 확인할 수 있다.
　　▶ 각 나라의 문화와 전통을 반영하며, 동물과 사람의 공존으로 해석할 수 있다.
　　　예 : 경마는 말과 기수(騎手)가 일체가 되어 스피드를 가리고, 승마는 말과 기수의 호흡으로 탁월성을 겨루는 스포츠로 동물학대의 요소는 찾기 어렵다.
　④ 동물과 사람의 대결, 동물만의 경쟁
　　▶ 인간의 쾌락을 위해 동물을 수단화하기 때문에 윤리적으로 허용되기 어렵다.
　　▶ 우리나라의 소싸움 - 농경문화의 전통이어서 반드시 동물학대로 보기 어려우나, 소를 쾌락의 대상으로 삼고 있다는 점에서 윤리적으로 정당화되지 못한다.

(3) 스포츠에 있어서 동물실험과 윤리적 쟁점

　① 동물실험은 크게 기술과 전문성을 위한 교육적인 실험(해부학), 새로운 제품에 대한 독성 실험(의약품), 과학적 연구를 위한 실험(연구)의 세 가지로 나누어진다.
　② 스포츠에서의 실험은 주로 과학적 연구를 위한 경우가 많다.
　③ 인간의 건강을 위해 동물을 이용하는 것은 도덕적으로 크게 나쁘지 않다는 인간중심주의는 동물실험이 반드시 필요하다고 본다.
　④ 동물중심주의는 실험에 의한 동물의 고통은 윤리적으로 정당화될 수 없다고 본다.
　⑤ 동물실험은 인종차별과 성차별과 다르지 않은 학대행위이다.
　⑥ 동물도 두려움과 고통으로부터 벗어나 정상적인 행동을 할 수 있는 자유를 가진다.

(4) 동물실험의 윤리적 대안 : 3R원칙

　① 대체(replace) : 가능한 한 비동물 실험으로 대체해야 한다.
　② 축소(reduce) : 한 실험에서 사용하는 동물의 수는 가능한 한 줄여야 한다.
　③ 순화(refine) : 동물의 고통이 적도록 실험을 순화해야 한다.

Chapter 05 스포츠와 폭력

01 스포츠 폭력

1) 스포츠 고유의 공격적 특성과 폭력성

(1) 스포츠 폭력과 문명화

① 폭력의 의미와 기능
- 인간은 생물학적 존재로 생명유지를 위한 본능을 지니며, 공격의 욕구는 그 본능 중의 하나이다.
- 환경으로서의 외적 자연과 달리, 인간의 식욕, 성욕, 수면욕 등의 본능을 내적 자연이라고 하는데, 내적 자연으로서의 공격 욕구는 인간을 적대적으로 만든다.
- 따라서 공격의 욕구는 문화적으로 순화되어야 한다.

② 폭력성의 순치 및 순화로서의 스포츠
- 스포츠는 공격욕구의 순치를 위해 만들어진 인간만의 독특한 문화인데, 인류학적 관점에서 보자면 사냥과 전투의 흉내내기로 해석된다.
- 스포츠 장면에서의 과녁, 코트, 골대 등은 인간의 공격욕구를 해소하는 상징적 사냥감이다.
- 스포츠는 원시적인 폭력의 충동을 억제함과 동시에 이를 문화 속에 가두는 정당한 수단으로서의 이중적 성격을 갖는다.
- 스포츠의 중요한 요소인 투쟁과 경쟁은 인간의 폭력성과 공격성이 규칙에 의해 통제될 때 의미가 있다.

③ 엘리아스(N. Elias)의 스포츠와 문명화
- 그는 폭력의 통제를 문명화의 과정이라고 보며, 스포츠를 육체적 폭력의 문명화 된 표현 문화라고 보았다.
- 공격 욕구의 표출을 억제하려면 외적 강제와 내적 강제가 필요한데, 외적 강제는 규칙의 위반에 대한 엄격한 처벌이고, 내적 강제는 스포츠맨십과 같은 규범을 통한 내면화를 의미한다.

(2) 공격성에 대한 로렌츠의 설명

로렌츠(K. Lorenz)는 공격의 욕구가 종족의 생존을 위한 자연 선택이라는 점을 세 가지 측면에서 분석하고 있다.

① 공격의 욕구는 동족이 서로 견제하고, 싸움을 피하게 만들어 생존 영역을 확대시킨다.
② 공격의 욕구는 강한 수컷의 선택을 통해 2세의 생존 확률을 높인다.
③ 공격의 욕구는 무리 속의 우두머리를 선택하여 외부로부터 약한 동족을 보호하게 만든다.

2) 격투스포츠의 윤리적 논쟁 : 이종격투기

찬성	반대
스포츠에는 규칙에 의해 통제된 합법적 폭력이 존재한다.	스포츠 내에서의 폭력과 실제 일상생활 속에서의 폭력은 본질적으로 동일하다.
최소한의 안정장치(태권도의 호구 등)의 보호를 받는 경쟁이다.	만일 정당한 폭력이 존재한다면 모든 폭력은 정당화된다. 정당한 폭력은 없다.
인간은 스포츠 내에서 용인된 폭력과 그렇지 않은 폭력을 구별할 수 있다.	공적인 영역(스포츠)에서 폭력을 허용하고, 사적인 영역에서 금지하는 것은 도덕적으로 정당화될 수 없다.
기존의 격투스포츠에서 진화한 새로운 형태의 스포츠로, 억제된 폭력성에 대한 대리 만족을 준다.	폭력성에 대한 대리만족이 아니라 오히려 폭력성을 더욱 부채질 할 수 있다.
누가 더 폭력적인가 보다는, 여러 스포츠종목(권투, 레슬링, 유도, 태권도 등)의 신체적 탁월성을 복합적으로 겨루는 고차원적인 종목이다.	이종격투기가 스포츠로서 허용된다면 앞으로 더욱 자극적인 폭력적 스포츠가 출현하게 될 것이다.
종목마다 양적인 차이만 있을 뿐 폭력성은 스포츠의 본질적인 요소이다	폭력이 기술로 연마되는 것은 스포츠정신에 어긋난다.

02 선수 폭력

1) 경기 중의 선수 폭력

(1) 선수폭력의 의미

① 스포츠는 타자의 몸에 대한 폭력의 가능성을 내재하고 있다.
② 승리에 대한 과도한 집착은 극단적인 운동수행으로 이어져 통제되지 않은 폭력을 드러낸다.

③ 스포츠에서의 폭력은 어떠한 경우에도 적절한 행동으로 정당화 될 수 없다.

(2) 선수폭력의 유형과 처리
① 경기 중 선수의 폭력은 대부분 감정의 폭발에 의해 우발적으로 발생하지만, 의도적인 경우도 있는데, 이는 '게임의 일부', '전략의 일부'로 정당화되기도 한다.
② 규칙위반과 폭력은 의도성의 유무에 의해 명백히 가려진다.(예: 축구의 순수한 태클과 의도적 상해 행위)
③ 경기 중 일어난 선수의 폭력에 대한 제재는 일반 사회의 법률 적용과 달리 스포츠 내의 보편적 규범에 따른다.

(3) 선수폭력의 경향성
① 폭력에 관대한 팀 문화 내의 선수는 그렇지 않은 선수에 비해 경기 중 폭력을 행사할 가능성이 높다.
② 폭력에 대한 관중의 우호적 태도가 높을수록 선수의 폭력적 행위는 증가한다.
③ 신체적 접촉이 많은 경기일수록 폭력의 가능성은 높다.

2) 선수의 심판에 대한 폭력

원인	▶ 심판의 규칙 적용이 과도하다고 느끼거나 패배의 원인이 심판에게 있다는 피해의식
의미	▶ 해당 스포츠 자체에 대한 부정으로 모든 종목에서 매우 엄격한 제재를 가한다. ▶ 감독의 지도력 부족을 드러내는 것이다.
해결방안	▶ 판정에 대한 불만은 제소에 의한 합법적 절차를 통해 이루어져야 한다.

3) 일상생활에서의 선수폭력
① 운동선수의 경기외 폭력은 일반인에 비해 더 많은 도덕적 비난을 받는데, 운동선수는 스포츠의 가치와 순수성을 위해 일반인보다 더 높은 도덕적 자세가 요구된다.
② 운동에서의 신체적 접촉(폭력)은 자기완결적인 데 비하여 일상생활 속의 폭력은 물리적 강제력으로 신체적 손상과 정신적 압박을 가하는 반사회적 행동이다.
③ 운동선수의 폭행은 때로 경기기술의 폭력적 특징에서 비롯한다는 오해를 받기 쉽지만, (예: 권투 선수의 주먹과 태권도 선수의 발차기) 운동선수와 폭력적 성향과의 관계는 과학적 근거가 없다.

03 관중 폭력

1) 스포츠 관중의 특성
① 현대스포츠에서 관중은 스포츠 소비자로서 중요한 위치를 차지하는데, 관중은 같은 팀을 응원하며 연대감과 소속감을 공유하고, 집단의 힘을 과시하려는 경향이 있다.
② 이런 성향은 경기의 극적인 순간에 감정적 공감과 동조를 일으키고, 과격할 경우 폭력으로 나타난다.

2) 관중폭력의 특성
① 관중 폭력은 경기의 성격과 라이벌 의식, 배타적 응원 문화 등 지역과 나라에 따라 그 형태를 달리 한다.
② 관중 폭력은 개별성과 책임성을 갖지 않는 구성원이 집단행위에 민감해지는 몰개인화에 의해 일어난다.
③ 선수 간의 신체적 접촉이 많이 일어나는 경기일수록 관중폭력이 증가한다.(축구경기에서 관중의 적대감은 체조경기에 비해 높게 나타난다)
④ 경기 중 선수의 폭력은 관중들의 동조의식을 불러일으켜 때로 관중의 난동과 무질서한 폭력으로 발전한다.

3) 관중폭력의 사례와 해결방안
① 영국에서는 훌리건에 의한 경기장 내외의 잦은 폭력으로 힐스보로 대참사를 겪으면서 1989년 축구관중법이 제정되었다. (힐스보로 대참사 : 셰필드웬즈데이와 리버풀 FC와의 경기에서 96명의 리버풀 관중이 사망한 사건)
② 성숙한 관전문화를 위해서는 관중을 자극하는 선수의 불필요한 행동이 자제되어야 하며, 경기를 문화적 장르의 하나로 즐기는 자세가 필요하다.

Chapter 06 경기력 향상과 공정성

01 도핑

1) 도핑의 의미

(1) 도핑의 정의와 의미

① 도핑의 원어인 도프(dope)는 남아프리카공화국의 카피르(Kaffir) 부족이 전투나 수렵, 전통의식을 행할 때 원기를 북돋우려는 목적에서 마시는 술이나 음료를 가리킨다.
② 스포츠에서 도핑은 선수가 운동경기에서 성적을 향상시킬 목적으로 약물을 사용하거나 특수한 이학적 처치를 말한다.
③ 도핑은 스포츠의 도덕적 기준인 공정성, 자연성, 공개성에 위반된다.

> ▶ 세계도핑방지기구(WADA)는 매년 9월 도핑에 해당하는 약물이나 방법을 선정·목록화하여 금지목록국제표준을 제정하고 있다.
> ▶ 이를 통해 금지한 약물의 복용·흡입·주사·피부 접착 및 혈액제제·수혈·인위적 산소 섭취 등 금지된 방법을 사용하거나, 사용 행위를 은폐하거나, 부정거래를 하는 모든 행위뿐만 아니라 그러한 행위를 시도하는 것까지 도핑방지규정 위반으로 정의한다.

(2) 세계도핑방지규약(WORLD ANTI-DOPING CODE)

세계도핑방지규약(WADC)은 도핑방지 활동의 근거가 되는 문서를 말하며, 다음과 같은 목적을 가진다.

① 도핑 없는 스포츠 참여 선수의 기본적 권리를 보호하고, 전세계선수의 건강, 공정성 및 평등성을 진작한다.
② 도핑의 색출, 저지 및 예방에 관한 국내·국제적으로 조정된 효과적인 도핑방지 프로그램을 보장한다.

(3) 세계도핑방지기구(WADA)가 정한 금지 약물

　① 상시 금지 약물 : 비승인 약물, 동화작용제, 펩티드 호르몬 성장인자 및 관련약물, 베타-2작용제, 호르몬 길항제 및 변조제, 이뇨제 및 기타 은폐제
　② 경기기간 중 금지약물 : 흥분제, 마약류, 카나비노이드, 부신피질 호르몬
　③ 특정 종목 금지약물 : 알코올, 베타 차단제류

2) 도핑을 금지해야 하는 이유

　(1) 신체적 이유

　　① 도핑은 금단현상을 초래하여 신체적, 정신적인 의존성을 높인다.
　　② 중독에 따른 장기적인 약물 남용은 보다 많은 양의 섭취를 초래하여 영구적인 회복불능 상태에 빠지게 한다.

　(2) 윤리적 이유

　　① 공정성 : 도핑은 스포츠의 도덕적 기준인 공정성을 부정한다.
　　② 평등성 : 도핑은 동등한 기회의 보장을 부정한다.
　　③ 인간의 존엄성 : 도핑은 인간의 생명과 존엄성에 반하는 행위이다.
　　④ 신체의 수단화 : 도핑은 선수의 몸을 약학적, 의학적 효능을 검증하는 수단으로 만든다.
　　⑤ 도핑은 정상적인 신체 상태에서 인간의 운동적 탁월성 측정을 방해한다.
　　⑥ 도핑은 스포츠의 바람직한 가치인 노력과 훈련의 결과를 부정한다.
　　⑦ 도핑은 청소년들에게 악영향을 줄 수 있다.

3) 효과적인 도핑금지 방안

　(1) 도핑검사의 한계

　　① 금지약물의 기술은 언제나 금지목록 국제표준을 앞서기 때문에 모든 도핑을 원천적으로 막을 수는 없다.
　　② 따라서 선수와 지도자의 윤리의식이 선행되지 않으면 근본적인 근절은 불가능하다.

　(2) 금지방안

　　① 도핑방지의 이념과 정책 및 규정을 숙지시킨다.
　　② 어린 시절부터 도핑에 대한 바람직한 가치관 및 태도를 형성시킨다.
　　③ 징계 수위를 한층 강화한다.

　(3) 선수생체수첩(Athlete Biological Passport)

　　① 2002년 세계도핑방지기구에서 처음으로 제안된 도핑방지 프로그램이다.

② 소량, 혹은 간헐적 약물 사용은 경기기간 이외의 검사로도 검색의 한계가 있기 때문에, 의학, 생체학, 과학적, 통계적인 근거를 바탕으로 선수의 생체를 기록하여 고의적인 도핑을 막고자 도입했다.

02 유전자 조작

1) 스포츠에서 유전자 조작의 현황
- 스포츠에서 유전자 조작은 유전자(DNA)를 조작해 운동능력을 향상시키거나 부상의 회복을 촉진하는 방법을 말한다.
- 아직 구체적인 사례는 적발되지 않았지만, 그 가능성에 대해 경고하고 있다.

(1) 유전자 조작의 가능성
① 유전자 조작의 방식
- 조혈촉진 인자를 만들어내는 유전자를 삽입하여 적혈구의 생산을 늘리는 방법
  : 몸에 산소를 공급하여 적혈구의 숫자를 늘리는 적혈구생성촉진인자(에리스로포이에틴, EPO)는 신장에서 생산되는 당단백질 호르몬으로 적혈구 생성을 촉진한다. 이는 경기 중 근육에 공급되는 산소의 양을 끌어올린다.
- 선수의 몸에 근육섬유를 생성하는 유전자의 삽입하는 방식
  : 이 유전자를 국소적으로 삽입하면 특정한 근육만 키울 수 있다. 이러한 조작으로 웨이트트레이닝 없이 1개월 안에 60%의 근육섬유를 늘릴 수 있다.
- 유전자 조합에 의한 운동선수 탄생시키는 방식
  : 배아상태에서부터 유전자 조작을 통해 특정 종목의 경기력 향상에 유리한 유전자의 조합에 의해 새로운 운동선수를 만들 수 있다.
- 성장호르몬을 투여하는 방식
  : 뇌하수체전엽에서 분비되는 단백질 호르몬으로 뼈를 성장시키고 대사를 촉진하여 근육을 자라게 하는데 도움을 준다. 극소량 분비되는 호르몬으로 투여 후 1시간이면 분해되기 때문에 도핑 검사로도 찾기 힘들다.

② 대책
인체의 유전물질인 DNA로 이루어진 유전자를 체내에 집어넣기 때문에 현재의 과학기술로 이를 찾아내는 것은 불가능하다. 따라서 선수의 윤리의식이 무엇보다 중요하다.

(2) 승마 및 경주마에 대한 유전자 조작 가능성
① 동물에 대한 유전자 조작은 윤리적 거부감이 없어 더 쉽게 시도될 가능성이 있다.
② 현재 경주마로 활약 중인 50만 마리의 조상은 18세기 중엽에 살았던 네 마리 종마의 선택적 교배를 통해 번식하였다.

③ 생명공학 기술을 이용하면 지금보다 훨씬 빠른 말의 유전자 조작은 쉽게 이루어질 것이다.

2) 유전자 조작에 반대하는 이유

(1) 윤리적인 이유
① 선수의 생명을 상품화하여 인간의 존엄성을 부정한다.
② 선수의 신체를 실험대상화 하여 기계나 물질로 이해하도록 만든다.
③ 경기력 향상을 위한 인위적 조작이기 때문에 공정성에 어긋난다.
④ 인간의 신체적 특성을 유전적으로 변화시켜 생명체의 본질을 훼손한다.
⑤ 스포츠선수를 우생학적 개량의 대상으로 만든다.

(2) 안전상의 이유
① 과학적 분석을 통해 특정 유전자의 구조와 기능을 밝힌다고 하더라도 그것이 복잡한 유기체에서 어떠한 방식으로 기능할지에 대한 실증적 데이터가 없다.
② 인간의 유전체 가운데서 유전자를 지닌 97%는 아직 그 기능들이 밝혀지지 않은 상태에서 유전자 조작을 감행하는 것은 매우 위험하다.

(3) 기타
① 인간은 내적, 외적 환경에 의해 만들어지는 가능적 유기체이지 DNA에 의해 복제당하는 기계가 아니다.
② 뛰어난 유전자를 지닌 스포츠 선수와 그렇지 못한 선수 사이의 불평등은 스포츠의 본래적 가치를 훼손한다.

3) 유전자 조작 방지 대책

(1) 금지사항
① 운동능력에 관계되는 어떠한 형태의 배아의 생산 또는 복제를 금해야 한다.
② 스포츠 선수와 관련된 유전 증진제 및 증진제 생성 과정에 관한 어떠한 연구도 허용되어서는 안 된다.
③ 스포츠 선수를 위한 생식적, 치료목적 배아복제의 금지는 물론 배아나 난자 등 생식세포의 기증을 금지해야 한다.

(2) 법적조처
▶ 인간의 신체 일부가 유전자 조작을 위해 제공되어서는 안 된다는 것을 법적으로 명시한다.

03 용기구와 생체 공학 기술의 활용

1) 스포츠 공학 기술의 윤리적 문제
    ① 스포츠가 첨단기술의 경쟁으로 변질될 수 있고 인간과 기계의 경합으로 변질될 우려가 있다.
    ② 스포츠를 물리적으로 환원함으로써 정신적 요소를 경시할 수 있다.
    ③ 스포츠 선수가 기계의 조작인으로 변질되어 신체문화를 파괴할 수 있다.

2) 전신수영복 착용을 금지하는 이유
    ① 전신수영복은 기술도핑이라는 새로운 부정행위를 양산해내는 계기를 만들 수 있다.
    ② 수영이 신체의 탁월성 보다 첨단 소재의 우수성을 경연하는 장으로 전락할 수 있다.
    ③ 전신수영복은 인간의 신체적 가능성을 가로막고, 기록의 가치를 떨어뜨려, 운동의 목적을 상실하게 한다.

3) 의족 장애 선수의 일반 경기 참가에 대한 논란

    (1) 긍정적 의미
        ① 의족 장애 선수의 일반 경기 참가는 스포츠의 평등권을 신장한다.
        ② 장애인 선수에게 보다 많은 활동의 기회를 제공한다.
        ③ 장애인 선수를 위한 새로운 기술 공학의 발달을 가져올 수 있다.

    (2) 의족 장애 선수의 일반 경기 참가에 따른 윤리적 문제
        ① 탄소 섬유로 만든 의족은 기록 혹은 승리의 정당성에 의문을 갖게 한다.
        (예 : 의족 장애 선수의 멀리뛰기 신기록은 의족의 탄성에 의한 것인가, 아니면 선수의 노력에 의한 것인가)
        ② 의족과 인간의 다리가 동일한 조건이 아니라는 점에서 공정성의 원리에 어긋난다.
        ③ 인간의 다리와 동일한 의족의 길이와 탄성을 정하는 기준이 모호하다.
        ④ 의족 장애 선수와 일반 선수의 대결은 기술 공학과 신체의 탁월성의 대결로 변질되어 스포츠의 가치를 훼손할 수 있다.
        ⑤ 일반 선수가 패하였을 경우 패배의 원인을 의족의 첨단화로 지목하여 기술도핑의 의혹을 제기할 수 있다.

Chapter 07 스포츠와 인권

01 학생선수의 인권

1) 인권의 사각지대인 학교 운동부

(1) 학습권 침해

의미, 형태	▶ 학생선수에게 학생의 기본 권리인 학습권을 보장하지 않고 운동에만 집중하게 하여 학습의욕과 학업능력을 위축시키는 것 ▶ 정규수업 시간을 훈련과 경기에 할애하는 형태 ▶ 선수 폭력과 성폭력을 묵인하는 구조적 배경
원인	▶ 상급학교의 진학이 이루어지는 체육특기자 제도의 부작용. ▶ 학업과 운동의 병행은 경기력 저하로 이어진다는 오랜 고정관념
윤리적 문제	▶ 학생의 기본 권리 침해 및 공교육의 목적을 부정한다. ▶ 인지적 발달을 저해하고, 다양한 능력의 개발을 막아 사회적 적응력이 저하된다.
해결방안	▶ 정규수업의 준수, 주말리그의 도입, 전국 규모대회의 방학 중 개최, 학기 중 상시 합숙훈련 금지 등의 정책이 필요함

(2) 운동부 폭력

의미, 형태	▶ 지도자와 상급생 등으로부터 신체적, 정신적인 괴롭힘을 당하는 것
원인	▶ 운동선수들을 규율의 대상으로 바라보는 전근대적인 군대문화의 잔재로 손쉬운 통제의 수단으로 이용 ▶ 운동부의 일상적인 폭력은 엄격한 위계질서와 서열관계 등 폐쇄적인 조직문화에서 비롯한다. ▶ 단기간의 집중력과 실력향상을 위한 필요악이라는 인식이 폭력을 묵인하게 만든다.

파급효과	▶ 학생선수들의 사기와 자존심의 저해를 가져와 운동 의욕을 상실하게 만든다.
윤리적 문제	▶ 학생선수의 인격을 부정하여 부정적 자아를 형성한다. ▶ 폭력적인 운동부 문화를 재생산한다. ▶ 목적에 의한 수단의 정당화를 용인하여 경기 중 폭력의 가능성을 높인다. ▶ 일반적 폭력의 해악에 대한 불감증을 유발한다.

(3) 성폭력

의미, 특징	▶ 지도자에 의한 체벌, 격려와 친밀함을 가장한 성추행 및 성희롱, 성적 수치심을 일으키는 언행, 물리력을 이용한 성폭행 등 ▶ 폐쇄적 공간에서 우월한 지위를 이용한 권력의 불균형에서 비롯하기 때문에 지속적으로 반복될 가능성이 많다.
원인	▶ 신체접촉이 빈번한 지도 상황에서 어느 정도의 스킨십은 용인될 수 있다는 고정관념
파급 효과	▶ 성적 정체성을 형성해 가는 청소년 시기의 성폭력은 왜곡된 성인식, 대인관계 기피 등 생애에 걸친 피해를 주게 된다.
윤리적 문제	▶ 인간의 쾌락의 도구화하여 인간의 존엄성 유린 ▶ 피해자의 이성(異性)에 대한 적대감 유발하며, 건전하고 바람직한 성의식 파괴 ▶ 자기비하와 삶에 대한 비관적 태도를 형성하고 가족에게 정신적 고통을 준다.

2) 학생선수의 생활권과 학습권 : 최저학력제

(1) 학생선수의 생활권

① 학생선수의 생활권이란 개인이 일상생활에서 누려야 할 의사결정권과 휴식의 권리를 말한다.

② 우리나라의 학교 운동부는 폐쇄된 공간에서 반강제적 단체생활을 하기 때문에 개인이 누려야 할 생활권이 침해받는 경우가 많다.

③ 장기적인 합숙훈련과 기숙사 생활은 개인의 휴식을 보장하지 못하고, 문화적 욕구의 충족과 취미생활을 불가능하게 만든다.

④ 생활권의 침해는 학생으로서 가져야 할 정상적인 교우관계와 학교행사(소풍, 수련회, 수학여행, 졸업여행 등)로부터의 소외를 가져온다.

(2) 학생선수의 학습권과 학습권 보장제(최저학력제)

① 학습권의 의미와 법적 근거

▶ 학생선수의 학습권이란 선수이기 이전에 학생으로서 학습에 대한 권리를 말한다.

▶ 헌법 제31조 제1항 - "모든 국민은 능력에 따라 균등하게 교육을 받을 권리를 가진다."

고 명시하여 개인의 학습권을 국민의 기본 권리로 보장하고 있다.
- ▶ 또한 교육기본법 제3조(학습권) : 모든 국민은 평생에 걸쳐 학습하고, 능력과 적성에 따라 교육받을 권리를 가진다고 명시하고 있다.

② **학습권 보장제의 의미**
- ▶ 최저학력제는 이러한 권리를 보장하기 위해 2008년에 도입을 시도한 한국형 학습보장 프로젝트이며, 정식명칭은 학습권 보장제이다.
- ▶ 학습권 보장제는 학생선수가 도달해야 할 낮은 수준의 학력기준에서 시작하여 사전예고 하에 단계적으로 상향 조치하는 등의 방법을 통해 학생선수의 등록, 대회참가 및 상급 학교 진학의 기준으로 최저학업기준인증을 두고 있다.
- ▶ 학습권 보장제는 공부와 운동을 병행하는 새로운 학교운동부 문화를 만들기 위한 정부의 행정적 노력이다.

③ **해외사례 : 미국**
- ▶ 미국대학스포츠평의회(NCAA)는 학생선수의 학업 관리를 위해 고등학교 성적 2.0이상 (만점:4.0)의 고등학교 선수에 대해서만 대학 선수 선발을 인정하고, C+이상의 학생에게만 대회출전 자격을 부여하고 있다.

④ **전망**
- ▶ 제도적으로 정착하지 못하여 실질적인 효과를 검증하기는 어려우나, 운동선수의 학습권에 대한 사회적 인식과 공감대를 얻었다는 점에서 의미 있는 행정적 시도이다.

(3) **최저학력제의 윤리적 문제**

긍정적 요소	부정적 요소
헌법적 기본 권리인 학습권을 보호해 준다. 운동부 활동의 교육적 의미와 효과를 달성할 수 있다.	학습능력이 부진한 학생이 운동부를 선택하는 우리나라의 특수성을 감안할 때 학습부진 혹은 예비적 학습부진 운동선수의 행복추구권을 침해할 수 있다.
학업능력이 우수한 학생의 운동부 선택을 쉽게 할 수 있다.	학습 결과인 성적으로 인해 시합출전이 제한되는 것은 목적과 수단의 전도(顚倒)이다.
운동부와 운동선수의 이미지를 개선할 수 있다.	개인의 학습에 대한 간섭으로 해석될 경우 개인의 자기결정권을 침해할 소지가 있다.

3) 체육특기자의 진학과 입시제도의 문제

(1) 체육특기자제도의 의미
① 체육특기자 제도는 1972년 도입된 것으로 우수한 운동 기량을 가진 학생 선수에게 학업 성적과 상관없이 상급학교에 진학하여 자신의 능력을 발전시킬 수 있도록 해당 종목의 육성학교에 배정하여 엘리트 선수를 양성하는 제도를 말한다.
② 체육특기자 제도는 학생선수의 상급학교 진학요건으로 학업 성취 기준을 배제하고 경기 성적만을 요구함으로써 학업을 포기하고 운동에만 전념하는 폐단을 가져왔다.
③ 체육특기자 제도는 우리나라 엘리트 스포츠의 젖줄로 국위선양에 기여한 긍정적인 측면을 가지지만, 조급한 결과주의의 폐해를 가져왔다.
④ 학원스포츠의 구조적 폐해로 지적되면서 새로운 대안을 모색하려는 움직임이 나타나고 있다.

(2) 체육특기자제도에서 파생되는 문제
① 상급학교의 진학이 각종 경기대회에서의 높은 성적에 의해 결정되는 까닭에 학업을 포기하는 관행을 조장한다.
② 운동이 진로와 취업의 마지막 선택이 됨으로써 다양한 생애의 설계를 봉쇄한다.
③ 승리에 대한 강박을 갖게 하여 스포츠를 즐기는 대상이 아닌 성취의 도구로 생각하게 만든다.
④ 전국 규모 대회의 난립으로 특기자 자격을 둘러싼 승부조작의 가능성을 만든다.
⑤ 우수선수를 사전에 스카우트하는 조건으로 기량이 부족한 선수를 함께 선발하는 등 부정입학을 부채질한다.
⑥ 선수를 감독하고 선발하는 지도자의 편법과 전횡을 가능하게 만든다.
⑦ 지도자의 저임금과 왜곡된 후원구조로 인해 학부모에게 과도한 재정적 부담을 지운다.

(3) 체육특기자제도의 윤리적 문제
① 명확한 기준이 없어 학생 선발의 공정성과 평등권을 보장하지 못한다.
② 목적과 수단의 전도되어 스포츠의 본래적 가치를 훼손한다.
③ 결과에 의해 과정을 정당화 하는 윤리적 이기주의를 양산한다.
④ 과도한 경쟁으로 스포츠의 도덕적 규범은 내면화하지 못한다.
⑤ 소수의 특혜는 다수의 피해를 동반하여 결과적으로 사회 전체의 이익에 도움이 되지 않는다.

02 스포츠지도자 윤리

1) 스포츠 지도자의 폭력과 해결 방안

(1) 스포츠 지도자의 폭력이 가능한 이유

① 지도자의 폭력은 신체적, 정신적 가학을 통해 선수의 동기를 유발하고 투지를 고취하는 손쉬운 방법으로 통용된다.
② 지도방법으로서의 폭력은 단시간에 성취수준을 끌어올리는 효과적인 수단으로 간주된다.
③ 폭력이 효율적이라는 지도자의 믿음은 지도의 근본 목적에 대한 도덕적 판단을 하지 않고 '도구적 합리성'에 매몰된 결과이다.(도구적 합리성 : 주어진 목적의 성취를 위해 가장 효과적인 수단을 선택하는 것)
④ 폭력은 자신의 지도방법에 대한 반성적 성찰 없이 이전의 지도자로부터 익힌 지도법이 그대로 전습될 때 일어난다.
⑤ 폭력은 지도자와 선수의 관계를 상명하복의 주종관계로 인식하여 명령에 대한 거역으로 간주하는 사고방식에서 비롯한다.
⑥ 폭력은 때로 리더로서의 책임을 회피하는 수단으로 사용되기도 한다.
⑦ 의사전달능력이 부족한 지도자일수록 폭력에 의존하는 경향이 많다.
⑧ 규율의 강화, 정신력 무장 등 폭력의 정당화는 합리적 리더십의 부족을 드러낸다.

(2) 지도자의 덕목(도덕적 요구)

① 인성적 요구 - 사명감, 헌신성, 진실성, 진취성, 책임감
② 직업적 요구 - 풍부한 지식과 기능의 유능성, 판단력

2) 선수 체벌 문제

(1) 선수 체벌의 운동문화

의미	▶ 신체적, 언어적, 성적 폭력 등이 모두 포함된다.
원인	▶ 식민지시대의 군국주의와 군사 문화의 잔재인 상명하복의 엄격한 위계질서에서 비롯된다. ▶ 훈련 태만, 정신력 강화, 성적 부진, 규율 강화, 감정적 이유 등의 원인이 있다. ▶ 지도자 및 선수의 도덕적 결함과 함께 학교운동부 체제의 구조적 문제(예 : 동일한 공간 내에서 함께 생활하는 폐쇄성, 폭력에 대한 둔감함)에 의한 것이다.
파급효과	▶ 성적 정체성을 형성해 가는 청소년 시기의 성폭력은 왜곡된 성인식, 대인관계 기피 등 생애에 걸친 피해를 주게 된다.

평가	▶ 지속적인 동기부여의 수단, 즉각적인 처벌의 형태로 단기간의 목표를 이루기 위한 효과적인 수단으로 정당화되어 왔다. ▶ 그러나 이는 과학적인 근거는 물론 긍정적인 효과도 기대할 수 없다 ▶ 무원칙적이고 가학적이라는 점에서 아무런 윤리적 정당성을 가지지 않는다. ▶ 체벌 없는 운동부 문화의 선진화는 선수의 인권에 대한 자각과 존중에서 시작된다.

(2) 체벌의 부정적 영향
① 지도자에 대한 신뢰와 유대의 약화
② 자책과 자학으로 인한 부정적인 자아정체성의 형성
③ 일반적 폭력에 대한 관용도의 상승
④ 폭력을 정당화하는 조직 규범의 수용(예: 정신력 강화, 위계질서 등)
⑤ 분노와 적개심으로 인한 반사회적 행동의 촉발
⑥ 폭력의 고착화와 재생산

3) 성폭력 문제

(1) 성폭력의 정의와 유형
① 성폭력이란 성을 매개로 하여 피해자에게 가해지는 모든 신체적, 정신적, 언어적 폭력을 말한다.
② 성폭력의 유형은 가벼운 성추행, 심한 성추행, 강간, 강간미수, 음란전화/문자/메일 등, 스토킹, 성기노출, 성희롱의 8가지로 분류된다(여성가족부, 2010).

(2) 스포츠 지도자의 성폭력 특징
① 스포츠 분야 성폭력은 주로 스포츠 영역에서의 권위주의적 위계질서에서 비롯된다.
② 엘리트 스포츠 시스템이 성폭력 발생의 위험요소를 제공한다.
③ 성폭력을 훈련, 교육, 치료 등으로 왜곡하거나 혼동한다.
④ '남성 지도자'와 '여성 선수' 사이의 성폭력은 성차별과 권위주의가 중첩된 구조에 기인하는 전형적 성폭력 유형이다.
⑤ '남성 지도자'와 '여성 선수' 사이의 성폭력은 '성적 길들이기'의 특성을 가진다.
⑥ 스포츠 공동체의 폐쇄성과 가족적 유대가 성폭력을 은폐한다.

(3) 성폭력에 대한 지도자의 잘못된 인식
① 성폭력은 일부 지도자의 비정상적인 도착증에 국한된 일이다.
② 가벼운 신체접촉은 성폭력에 해당하지 않으며, 일종의 친밀감의 표현이다.
③ 성폭력은 당하는 사람에게도 문제가 있다.

④ 지나친 성폭력의 적용은 선수 지도를 어렵게 한다.
⑤ 성폭력의 피해는 시간이 지나면 잊혀 진다.

(4) 성폭력의 성립 요건
① 피해자의 관점 : 가해자의 의도와 관계없이 행위로 인해 피해자가 성적 수치심과 굴욕을 느꼈다면 성폭력에 해당한다.
② 업무 관련성 : 업무의 우월적 지위를 이용해 성적 행위를 한 경우
③ 행위의 상호성 : 피해자의 의사를 묻지 않은 일방적 성적 행위를 한 경우
④ 합리적 기준 : 합리적 이성에 비추어 피해자의 입장을 판단하는 것

(5) 예방을 위한 행동
① 불쾌감을 주는 성적 농담을 하지 않는다.
② 훈련과 관계없는 밀폐된 공간에서의 개인 면담은 하지 않는다.
③ 사적인 만남을 요구하지 않는다.
④ 경멸적인 언어를 사용하지 않는다.
⑤ 외모에 대한 성적인 비유를 하지 않는다.
⑥ 훈련 시 신체 접촉을 최소화하고, 불가피할 경우 선수의 동의를 얻는다.
⑦ 선정적인 영상물을 제공하지 않는다.
⑧ 선수 숙소의 무단 방문을 제한한다.
⑨ 합숙이나 전지훈련 시 지도자와 선수의 방은 분리한다.

4) 스포츠 지도자의 교육자로서의 책임과 권한

(1) 스포츠 지도자의 교육자로서의 지위
① 스포츠 지도자는 단순히 경기 스포츠의 기능을 전달하는 사람이 아니라 교육자로서의 책임과 권한을 갖는다.
② 선수에 대한 개별적 지도와 선수와의 끈끈한 유대는 교육적으로 매우 중요한 관계를 형성한다.
③ 코칭(coaching)은 티칭(teaching)과 구별되지 않는다. 스포츠는 심리학적으로 교육적인 경험일 뿐 아니라, 기능을 전수하고 가르치는 교육의 과정이다.
④ 선수는 스포츠를 통해 능력의 한계에 도전하면서 자아의 발달과 확장을 경험하게 되는데, 이때 스포츠 지도자는 교육자로서 교수와 학습에 참여하게 된다.
⑤ 스포츠는 공동체 생활에 있어 매우 중요한 가치를 배우는 중요한 교육적 수단이다. 따라서 이를 가르치는 지도자 또한 교육자로서의 책임을 가지게 된다.
⑥ 신체활동을 통한 교육이라는 체육의 개념과 스포츠 지도자의 역할은 다르지 않다.

(2) 교육제도상의 지위와 권한의 한계
① 그러나 현실적으로 스포츠 지도자는 교육제도상 교사와 동등한 지위와 권한을 가지지 않는다.
② 교사는 교육법상 교과를 지도하는 전문인으로서 학습의 내용과 도달목표, 지도의 내용에 있어 스포츠 지도자와 구분된다.
③ 스포츠 지도자는 경쟁과 승리를 위해 선수를 수단화할 가능성에 노출되어 있다.
④ 스포츠 지도자와 선수의 밀접한 관계는 교육적 기능을 가짐과 동시에 권위와 복종의 인간관계를 형성할 수 있다.
⑤ 스포츠 지도자의 패터널리즘(paternalism : 온정주의 - 부모와 자식 사이의 끈끈한 정에서 유래하는 것으로 선수에 대한 보호와 간섭)은 교육자로서의 한계를 가지게 한다.

03 스포츠와 인성교육

1) 어린이 운동선수의 보호

(1) 어린이 스포츠에서 고려되어야 할 사항
① 경쟁보다 자유로운 분위기에서 놀이로 즐기며 다양한 신체 움직임을 경험하도록 한다.
② 심신의 조화로운 발달을 도모해야 한다.
③ 기술의 습득보다 기초적인 운동능력과 체력향상을 도모해야 한다.
④ 인지적 발달에 맞게 단계별 운동 프로그램을 적용해야 한다.
⑤ 사회 적응력의 발달에 도움이 되는 교육적 내용이 고려되어야 한다.
⑥ 연령에 맞는 운동량과 충분한 휴식을 주어야 한다.

(2) 어린이 운동선수의 보호 방안
① 2010년 제정된 '스포츠인권 가이드라인'의 제8조에는 '아동과 청소년의 스포츠는 그 교육적 의미가 강조되어야 한다.'고 제시하고 있다.
② 전국규모 대회를 점진적으로 축소하고, 주말을 이용한 권역별 리그제를 도입하여 과도한 경쟁에 내몰리지 않도록 한다.
③ 운동선수의 학습권을 철저히 보장하여, 운동이 학습의 태만을 정당화하지 않도록 한다.
④ 훈련과 시합으로 인해 가족과의 생활권이 침해당하지 않도록 계획된 스케줄에 의해 지도한다.

⑤ 합숙과 전지훈련 등 가정으로부터 벗어나는 일정을 최소화하고, 부득이 한 경우 부모의 동행을 권장하여 심리적 안정을 갖도록 한다.

2) 학교체육의 인성교육적 가치

(1) 학교체육과 인성
① 청소년기는 자아정체성과 사회 구성원으로서의 가치관을 형성하는 단계로 인성의 형성에 매우 중요한 시기이다.
② 스포츠 참여는 사회성을 함양하고, 긍정적 정서를 갖게 한다.
③ 스포츠 참여는 타인과의 의사소통과 친화력, 공동체적 인성 요소를 함양시킨다.
④ 학교체육의 활성화는 협동심, 배려 등의 인성 교육에 중요한 교육적 수단이 된다.
⑤ 학교체육은 학교폭력, 따돌림 등의 부정적 학교문화를 개선하게 한다.

(2) 학교체육과 인성교육
① 스포츠 활동의 가치와 의미를 찾으려는 과정을 통해 인성이 개발되어지는 것이지 스포츠 활동 자체가 곧 인성을 함양하지는 않는다. 따라서 스포츠의 인성교육은 체육 교사의 역할이 매우 중요하다.
② 체육 교사는 인성에 대한 뚜렷한 가치관과 바람직한 행위습관을 갖추고 있어야 한다.
③ 체육 교사는 수업을 통해 예절과 타인 존중을 강조해야 한다.
④ 체육 교사는 학생에게 긍정적인 역할 모델이 되어야 한다.
⑤ 체육 교사는 학생과의 상호작용을 통해 인성교육을 실천해야 한다.
⑥ 체육 교사는 학생들의 자발적인 참여를 통해 바른 인성과 사회성을 함양할 수 있도록 체육 수업의 모형을 끊임없이 연구하고 개발해야 한다.

3) 새로운 학교문화를 위한 스포츠의 역할

(1) 학교문화의 의미
① 학교문화는 학생들이 학교라는 제도화된 공간에서 집단적으로 만들어가는 생활양식을 말한다.
② 학생들은 사회와 기성세대가 요구하는 사회적 가치와 규범을 수용하면서, 때로 반항하는 형태로 독특한 문화를 만들어 간다.

(2) 우리나라 학교문화의 특징
① 획일주의로 인해 학생의 개성을 존중하는 문화가 정착되어 있지 않다.
② 사회의 권위적 위계질서가 교사와 학생, 선배와 후배 사이의 무조건적인 순종을 강요한다.
③ 입시 위주의 결과 중심주의로 인해 학생 간의 서열이 성적에 의해 결정된다.

④ 경쟁적 동료관계는 타인에 대한 존중과 배려 규범을 배울 기회를 가로막는다.
⑤ 이런 구조적 원인이 학교폭력, 따돌림, 욕설 등의 하위문화를 형성한다.

(3) 학교문화의 개선을 위한 스포츠의 역할
① 스포츠는 건전한 여가활동으로 신체적, 정신적 건강에 많은 도움을 준다.
② 자발적 의사에 의한 스포츠 참여는 타인에 대한 배려와 개성을 존중하는 의식을 고취한다.
③ 스포츠를 통한 다양한 사회적 체험은 소속감과 이타심을 배양한다.
④ 스포츠는 자신에 대한 이해와 존중, 윤리적 문제의 해결, 재능발견의 기회를 제공한다.
⑤ 스포츠 활동을 통해 길러진 책임감, 자기 통제력, 팀워크, 리더십 등은 학교의 부정적인 하위문화(학교폭력, 따돌림, 욕설)의 해결에 기여할 수 있다.

Chapter 08 스포츠 조직과 윤리

01 스포츠와 정책윤리

1) 정치와 스포츠의 관계

   (1) 스포츠의 정치적 기능

   ① 사회통합기능 : 스포츠는 국위선양 및 국민화합 유도, 경제 및 사회발전 기여, 민족에 대한 자부심과 충성심을 함양한다.
   ② 이데올로기 및 정치체제의 선전기능 : 스포츠는 기존의 정치체제를 합법화시키고, 일반국민에게 허위의식을 조장하며, 현상유지에 대한 만족감을 주입시키는 등 이데올로기적 기능을 갖는다.
   ③ 사회 통제적 기능 : 스포츠 참여를 통해 얻어지는 사회적응성, 준법정신, 합리적인 경쟁심 등을 통하여 사회적 통제가 강화된다.
   ④ 사회화의 기능 : 스포츠는 공동체의 가치관, 태도, 신념 등을 가르치는 효과적인 수단으로 작용하여 구성원으로서의 지위에 상응하도록 행동하게 만든다.

   (2) 스포츠의 정치적 작용(긍정적 작용)

   ① 1971년 미국과 중국의 핑퐁외교
   ② 동서독 통일의 초석이 된 지속적인 스포츠 교류
   ③ 동서양 진영의 화합의 장이 된 1988년 서울올림픽
   ④ 2005년 코트디부아르의 축구선수의 호소로 인한 내전종식
   ⑤ 남북한 스포츠교류의 성과 및 향후 통일의 기반 조성

   (3) 스포츠의 정치적 작용(부정적 작용)

   ① 1936년 베를린올림픽의 나치스와 게르만민족의 우월성 선전
   ② 1969년 엘살바도르와 온두라스 간의 축구경기가 전쟁으로 비화

③ 1972년 뮌헨올림픽의 아랍 테러리스트에 의한 선수촌 습격
④ 1980년 모스크바, 1984년 LA올림픽의 동서진영 상호 불참

(4) 스포츠의 정치적 중립
① 스포츠와 정치는 긍정적인 면과 부정적인 면이 동시에 정치적 의미를 가지기 때문에 언제든 정치적 수단으로 이용될 가능성이 있다.
② 스포츠의 정치적 수단화는 스포츠의 사회적 파급력이 그 만큼 강력하다는 반증이나, 일회적 이용에 그쳐 스포츠의 본래적 가치를 희석시킨다.
③ 스포츠의 정치적 중립성은 스포츠를 그 자체로 즐기는 문화적 태도에 의해 달성된다.
④ 문화로서의 스포츠는 인간의 상징적 행위로 스포츠를 즐기는 것을 말한다.
⑤ 스포츠는 다른 인종과 국가에 대한 편견과 오해를 불식하고 국제 이해와 평화, 친선의 수단이 될 때 중립적인 가치를 가진다.

2) 스포츠의 사회적 이슈와 윤리성 문제

(1) 여자 축구선수의 성별 논란
① 인간의 성별을 구분하는 기준이 성기의 확인이라면 해당 선수에 대한 확인 절차는 또 다른 성폭력으로 작용할 수 있다.
② 근력과 스피드에서 일반적 여성보다 뛰어나다는 이유만으로 성 정체성에 대한 의심을 받는 것은 여성은 여성다워야 한다는 부정적인 성의식(젠더)을 기반으로 한다.
③ 젠더(gender)에 의한 성차별은 여성선수의 탁월성을 부정하는 비윤리적 행위이다.

(2) 승부조작
① 프로스포츠의 승부조작은 개인 혹은 단체의 이익을 위해 스포츠를 수단화하는 비도덕적 행위로 스포츠 자체의 존립을 부정하는 매우 심각한 범죄행위이다.
② 승부조작은 선수의 개인적인 일탈과 함께 구조적인 원인을 갖는다.
③ 승리를 위해 편법과 불법을 용인해 온 학교스포츠의 비윤리적 관행이 선수의 도덕적 불감증을 만들었다는 점에서 승부조작은 스포츠선수에 대한 윤리교육의 필요성을 보여준다.

(3) 스포츠도박
① 스포츠에서 도박은 결과의 예측에 돈을 거는 행위로 경기에 대한 몰입과 흥분을 배가시킨다.
② 그러나 도박은 오락과 중독의 경계가 모호한 까닭에 분명한 사회적 기준을 필요로 한다.
③ 스포츠토토는 사회적으로 용인된 오락의 범주에 포함되고 공익을 위한 것이지만, 스포츠도박은 금전적 이득만을 위한 사행이기 때문에 윤리적으로 정당하지 못하다.

(4) 프로스포츠 선수의 일탈행위
  ① 스포츠선수의 음주운전과 폭행, 절도, 사기 등 개인적인 일탈행위는 일반인에 비해 더 많은 도덕적 비난의 대상이 된다.
  ② 일반인은 스포츠선수에게 보다 높은 도덕적 기준을 적용한다. 페어플레이와 스포츠맨십을 내면화 한 스포츠선수는 일상생활에 있어서도 매우 도덕적일 것이라는 믿음 때문이다.
  ③ 이러한 믿음은 스포츠의 가치가 사회적으로 유익하다는 반증에 다름 아니다.
  ④ 따라서 스포츠선수는 공인으로서의 책임감을 가지고 도덕적인 성찰을 게을리 해서는 안 된다.

(5) 프로스포츠 선수의 사생활 노출
  ① 스포츠선수의 사생활 노출은 매스미디어의 상업주의와 SNS 등 통신수단의 발달에 의해 윤리적 문제를 야기한다.
  ② 인기가 대중의 주목도인 이상 공인으로서의 제약과 부자유는 감수하야 한다는 입장과 어떠한 경우에도 개인의 사생활은 침해될 수 없다는 견해가 맞선다.
  ③ 그러나 전자의 입장은 윤리적으로 용인되기 어렵다. 인기와 공인이라는 척도로 스포츠선수의 사생활을 폭로하는 행위는 미디어윤리에 저촉될뿐더러 개인의 자율적 행동권을 부정하는 비윤리적 행위이기 때문이다.

3) 우리나라 스포츠 정책과 윤리성 문제

  (1) 엘리트 중심의 스포츠 정책
    국위선양과 국민통합을 위해 국제 경쟁력이 있는 스포츠의 엘리트 선수 중심으로 이루어져 생활체육이 활성화 되지 못했다.

  (2) 스포츠복지 시설의 부족
    일반 시민이 손쉽게 이용할 수 있는 스포츠 시설이 부족하여 건강한 시민생활권이 위축되어 왔다.

  (3) 스포츠의 불평등
    중산층 이상의 계급은 스포츠를 접할 많은 기회가 보장되지만, 서민들이 즐길 수 있는 종목은 한정되어 있다.

  (4) 여성의 스포츠 참여 제한
    우리나라는 아직 스포츠에서 참가하는 여성의 기회가 제한되어 있으며, 시설과 조직에 있어 남성에 비해 상대적으로 열악하다.

(5) 스포츠 조직의 비민주성

우리나라의 경기스포츠 단체는 아직도 사조직적인 운영과 회계부정, 파벌주의 등 비민주적인 형태를 띠고 있다.

02 심판의 윤리

1) 심판의 도덕적 조건

  (1) 심판의 윤리적 자세

    ① 공평무사 : 사적인 이익과 감정에 휘둘리지 않고 공정한 자세를 유지해야 한다.
    ② 청렴성 : 성품과 행실이 바르고 탐욕이 없어야 한다.
    ③ 투명성 : 말이나 태도가 분명해야 한다.
    ④ 자율성 : 외부이 지시나 간섭을 단호히 뿌리쳐야 한다.
    ⑤ 정직 : 거짓이나 꾸밈이 없어야 한다.
    ⑥ 냉철함 : 침착한 판단과 선수의 심리에 밝아야 한다.

  (2) 도덕적 심판을 위한 행정적 조치

    ① 중앙경기단체는 심판위원회의 독립성·자율성 보장을 보장해야 한다.
    ② 중앙경기단체의 심판위원장은 위원회에서 선출하도록 하여 책임감과 사명감을 부여해야 한다.
    ③ 심판평가제를 도입하여 오심의 누적 시 자격을 박탈하는 등 엄격히 대처해야 한다.
    ④ 심판에 대한 처우를 개선하여 금전적 유혹에 빠지지 않도록 한다.
    ⑤ 심판에 대한 윤리교육을 지속적으로 시행할 수 있는 제도적 장치가 마련되어야 한다.
    ⑥ 비디오 판독과 심판 상고제도 등 판정의 신뢰성을 높이는 제도의 도입을 추진해야 한다.
    ⑦ 이해관계자의 심판배정에 이의를 제기할 수 있는 '심판기피제'를 명문화하여야 한다.

  (3) 비디오판독 제도와 심판

비디오 판독 제도는 인간의 눈으로 판독하지 못하는 경기 중의 상황을 기계의 힘을 빌려 공정성을 확보하려는 새로운 심판법으로 많은 스포츠에서 도입하고 있는 중이다. 그러나 비디오 판독제도는 몇 가지 윤리적 문제를 야기하기도 한다.

    ① 긍정적 효과

      ㉠ 심판의 실수를 줄여 공정성을 확보할 수 있다.
      ㉡ 심판의 눈을 속이려는 행위를 미연에 방지하여 페어플레이를 유도할 수 있다.

② **부정적 효과**
  ㉠ 심판의 권위를 훼손시킬 수 있다.
  ㉡ 경기가 자주 중단되어 관중이 지루함을 느낄 수 있다.
  ㉢ 오심도 경기의 일부로 받아들이는 스포츠맨십이 약화될 수 있다.
  ㉣ 기계에 종속되어 심판의 자주적인 판단을 저해한다.
  ㉤ 기계로 판독할 수 없는 상황의 발생 시 더 많은 판정 논란을 불러일으킬 수 있다.

2) 심판의 역할과 과제
  ① 심판은 제도화된 규칙을 토대로 경쟁을 통해 우월성을 가리는 스포츠에 있어서 본질적 구성요소이다.
  ② 심판은 경기스포츠에서 선수와 팀 관계자의 행위를 규칙에 따라 제어하여 경기를 이끌어 나가는 집행자이다.
  ③ 심판의 존재는 경기의 공정성에 의심의 여지가 없다는 약속이며, 이로부터 복종의 권위가 생긴다.
  ④ 심판이 개인적인 성향이나 가치관을 표출하여 선수의 행위에 영향을 끼치게 되면 스스로의 권위를 잃게 된다.
  ⑤ 심판의 존재가 드러나지 않을수록 좋은 경기인 이유는 중립성을 최대한 유지하였기 때문이다.
  ⑥ 심판은 해당 종목에 대한 식견과 고도의 집중력을 요구하는 전문적인 영역으로 철저한 자격 검증이 이루어져야 한다.
  ⑦ 심판의 공정성은 해당 스포츠단체의 권위는 물론 종목의 문화적 가치를 높인다.
  ⑧ 심판의 올바른 경기 운영과 윤리성은 스포츠의 도덕적 가치를 드높여 사회적 본보기로 작용한다.

03 스포츠 조직의 윤리 경영

1) 스포츠 경영자의 윤리 의식 : 윤리적 리더십

  (1) 리더와 리더십
    ① 리더(leader)는 조직이나 집단의 목표달성을 위한 행동을 하도록 구성원들에 영향을 미치거나, 일정한 방향에 따라 구성원들을 이끌어가는 중심적인 위치에 있는 사람을 말한다.
    ② 리더십(leadership)은 조직이나 단체 등이 설정한 공동의 목표를 달성하기 위하여 구성원의 도움을 이끌어 내거나 돕는 능력을 말한다.

(2) 리더의 역할
① 조직의 가치관의 증진 및 보호
② 조직의 임무와 역할 정의
③ 조직의 특성 형성
④ 조직의 통합 유지
⑤ 내적 갈등의 해소

(3) 윤리적 리더십(ethical leadership)
① 스포츠조직과 단체의 파행적 운영과 사회적 문제가 대부분 리더의 비윤리적 행동으로 인해 발생하면서 윤리적 리더십이 리더의 새로운 조건과 자격으로 대두하였다.
② 윤리적 리더십은 리더로서의 윤리적 책임의식과 실천뿐만 아니라 조직의 구성원들도 윤리적으로 행동하게 만들고, 사회에 기여하는 방식으로 업무를 수행하도록 영향력을 행사하고 장려하는 능력이다.
③ 윤리적 리더십은 리더가 일반적으로 갖추어야 할 자질에 존중, 봉사, 정의, 정직, 공동체 윤리 등의 부가적인 덕성을 행동으로 드러내는 것이다.
④ 윤리적 리더십은 구성원들의 신뢰를 바탕으로 경영에 대한 윤리적 비전과 목표를 제시하고 경영 과정에서 윤리적 합리성을 추구하는 것이다.
⑤ 윤리적 리더십의 특징으로는 정직, 결단력, 공정함, 솔직함, 겸손함, 인내심, 열의, 용기, 책임 등을 들 수 있다.

(4) 윤리적 리더십의 효과
① 윤리적 리더십은 조직원들에게 자신의 업무를 매우 의미 있는 일로 생각하게 만든다.
② 윤리적 리더십은 동기부여와 노력을 촉진하고, 생산적 행동을 신장시킨다.
③ 윤리적 리더십은 조직원들로 하여금 자신의 롤모델로 삼게 만들고, 리더의 윤리적 완결성, 가치를 자신의 것으로 받아들이게 한다.
④ 윤리적 리더십은 조직과 단체의 자부심은 물론 인재의 확보, 사회적 책임과 신뢰도를 높인다.

2) 스포츠 조직의 불공정 행위와 윤리적 조직행동
우리나라 스포츠조직의 불공정 행위는 선수들의 뛰어난 역량에 비해 아직 후진성에서 벗어나지 못하고 있다. 아직 개선되지 못하고 있는 스포츠조직의 불공정 행위는 크게 3가지로 나눌 수 있다.

(1) 조직의 사유화와 파벌주의
① **문제점**
㉠ 친인척의 임원 선임

ⓒ 동일 경기단체 내에서 동일인의 임원보직 겸임
ⓒ 특정 학교나 연고지 출신의 임원 독식
ⓔ 회장 선거의 불공정

② 개선방안
㉠ 지배구조의 개선
ⓒ 임원의 대표성과 객관성 유지
ⓒ 임원 임기의 제한 및 특정 파벌, 집단의 조직 장악 금지
ⓔ 회장의 친인척의 임원 선임을 금지하는 규정 마련
ⓜ 임원진에 국가대표 출신 및 비경기인의 일정한 비율 이상 참여
ⓗ 경기단체장 선임의 투명성 및 정치인 참여 제한

(2) 경기단체의 파행적 운영

① 문제점
㉠ 임원의 사적인 이익 추구
ⓒ 보조금의 용도외 사용 및 부적절한 예산 집행
ⓒ 임원 자녀의 부적절한 특별채용
ⓔ 임원 소유 업체에 대한 특혜 제공

② 개선방안
㉠ 경기단체에 대한 정기적이고 객관적인 평가체제 구축
ⓒ 부진 단체에 대한 제재의 강화 (지원금 삭감, 단체지위 강등, 관리단체지정 등)
ⓒ 우수단체에 대한 재정적 지원

(3) 심판 등 경기 운영의 불공정

① 문제점
㉠ 심판의 학연·지연에 따른 편파 판정과 특혜 부여
ⓒ 전문성 있는 심판요원 부족 및 자질 미흡
ⓒ 심판위원회 구성 및 운영의 공정성 부족
ⓔ 경기 당일 자의적인 대회규칙의 변경 등 파행적 경기 운영

② 개선방안
㉠ 심판 운영에 관한 표준 매뉴얼 작성
ⓒ 중앙 경기단체의 심판위원회 독립성과 자율성 보장
ⓒ 심판위원장의 민주적 선출
ⓔ 심판등록제와 심판평가제의 도입
ⓜ 전문 심판 육성을 위한 프로그램 마련

ⓑ 심판에 대한 처우 개선

(4) 윤리적 조직행동
① 조직행동은 사회 전체에 많은 영향을 끼치기 때문에 윤리적 책임이 요구된다.
② 조직원의 도덕성이 요구되는 이유는 조직행동에 있어 행동의 최종결정은 개인의 몫이며, 개인행동은 곧 조직 전체의 결정으로 비추어지기 때문이다.
③ 조직 내의 불법적 또는 비윤리적 행동을 제보할 수 있는 투명성과 독립된 기구를 확보해야 한다.
④ 윤리적 조직행동을 위한 윤리강령의 제정과 정기적인 윤리교육을 실시해야 한다.
⑤ 스포츠조직은 사회 책임경영을 바탕으로 스포츠의 본래적 가치를 유지하고, 국가의 스포츠경쟁력을 창출하여 사회 전체의 발전에 기여해야 한다.
⑥ 조직원이 윤리적 딜레마에 빠졌을 경우에는 아래의 순서에 따라 행동하여야 한다.
㉠ 사태를 정확히 파악한다.
㉡ 핵심적인 쟁점이 무엇인지 인식한다.
㉢ 보편적인 윤리관에 비추어 판단한다.
㉣ 선택과 대한을 스스로 제시해 본다.
㉤ 최종적으로 윤리적 결정을 내린다.

기초문제

01 도덕에 대한 설명으로 거리가 먼 것은?
① 일반적으로 개인의 심성 또는 덕행을 가리킨다.
② 도덕은 사람으로서 마땅히 해야 할 도리를 뜻한다.
③ 도덕은 외부의 명령에 의해 실천하는 강제성에 바탕을 둔다.
④ 도덕은 행위의 기준을 제시해 주고, 옳은 일을 스스로 실천하게 만든다.

🏠 <정답> ③
② = 도덕은 외부의 명령이 아닌 스스로의 판단과 자율성을 바탕으로 한다.

02 윤리적 선(善)에 대한 설명으로 바른 것은?
① 도덕적 실천의 기본이 되는 가치이다.
② 시대와 지역에 따라 달라지는 상대적 개념이다.
③ 스포츠에서의 선은 무조건 승리를 쟁취하는 것이다.
④ 남성이 추구하는 선과 여성이 추구하는 선은 다르다.

🏠 <정답> ①
② = 선은 보편적인 개념으로 시대와 지역을 초월한다.
③ = 스포츠에서의 선은 무조건적인 승리가 아니라 승리에 이르는 과정의 도덕성에 있다.
④ = 남녀의 가치관은 다를 수 있어도 선에 있어 남녀의 차이는 없다.

03 다음 중 가치판단에 해당하는 것은?
① 손기정은 1936년 베를린올림픽에서 금메달을 땄다.
② 100m 세계기록 보유자는 우사인 볼트이다.
③ 김연아는 올림픽 2연속 금메달에 실패했다.
④ 선수에게 약물복용을 강요하는 감독의 행위는 옳지 않다.

🏠 <정답> ④
①, ②, ③ = 사실판단.
④ = 옳음과 그름, 좋음과 나쁨, 바람직하거나 그렇지 못한 것 등 가치에 대한 판단.

기초문제

04 스포츠와 윤리의 관계에 대한 설명으로 옳지 않은 것은?
① 스포츠는 본질적으로 규칙의 준수라는 윤리적 행위를 요구한다.
② 스포츠의 도덕적 행위는 선수로서 갖추어야 할 인간성의 표현이다.
③ 승패의 구분은 경기의 과정 전체가 공정하게 이루어질 때 수긍하게 된다.
④ 스포츠에 있어서 도덕적 행위는 선수의 기분이나 성격에 따라 다르게 적용되어야 한다.

<정답> ④
④ = 스포츠의 도덕적 행위는 선수의 기분과 성격 등에 따라 달라지지 않는다.

05 스포츠윤리의 목적으로 볼 수 없는 것은?
① 승리의 방법을 가르친다.
② 비윤리적 행위를 배격한다.
③ 좋은 경기의 기준을 제시한다.
④ 바람직한 스포츠문화를 확산한다.

<정답> ①
① = 스포츠윤리는 승리의 방법을 직접적으로 가르쳐주지 않는다.

06 보기의 설명과 관련된 윤리이론은?

> 개인의 이익과 사회 전체의 이익을 조화시키는 문제에서 출발하였다.
> 효율성을 중시하는 윤리 체계이다.
> 도덕적 행위는 쾌락을 극대화하여 행복을 가져오는 것이다.
> '최대 다수의 최대 행복'을 행위의 원칙으로 한다.

① 덕윤리　　② 의무주의　　③ 공리주의　　④ 배려윤리

<정답> ③
③ = 공리주의는 '최대 다수의 최대 행복'을 도덕적 행위의 원칙으로 한다.

기 초 문 제

07 칸트의 윤리학과 거리가 먼 개념은?

① 중용　　　② 선의지　　　③ 실천 이성　　　④ 정언 명령

<정답> ①

① = 중용은 아리스토텔레스가 주장한 도덕적 행위 원칙이다.

08 칸트의 도덕 법칙에 대한 설명으로 바른 것은?

① 도덕적 삶은 상대방에 공감하고 배려하는 것에서 출발한다.
② 도덕 법칙은 그 자체가 목적인 무조건적인 명령이 되어야 한다.
③ 도덕은 개인의 내면적 특성과 성품인 덕(德)을 기르는 데 있다.
④ 행위의 가치 기준은 최대한 많은 사람에게 쾌락을 가져오는 원리에 입각해야 한다.

<정답> ②

① = 배려윤리　② = 칸트의 의무주의, 도덕은 의무라는 무조건적임 명령으로 주어진다.
③ = 덕윤리　④ = 공리주의

09 덕윤리와 관계가 깊은 사상가로 연결된 것은?

① 벤담-밀
② 칸트-헤겔
③ 에피쿠로스-스피노자
④ 아리스토텔레스-매킨타이어

<정답> ④

④ = 매킨타이어는 아리스토텔레스의 사상을 이어받아 덕의 함양이 도덕의 본질이라고 주장하였다.

10 동양의 윤리 사상가와 그 내용이 바르게 묶인 것은?

① 공자-무위자연(無爲自然)
② 맹자-호연지기(浩然之氣)
③ 노자-극기복례(克己復禮)
④ 장자-정명(正名)사상

<정답> ②

① = 무위자연은 노자의 사상이다.　③ = 극기복례는 공자의 사상이다.
④ = 정명사상은 공자의 사회윤리다.

기 초 문 제

11 맹자의 사단(四端) 중 불의를 보면 부끄러워하는 마음을 뜻하는 것은?

① 측은지심(惻隱之心) ② 수오지심(羞惡之心)
③ 겸양지심(謙讓之心) ④ 시비지심(是非之心)

<정답> ②

① = 측은지심(惻隱之心) : 남을 불쌍히 여기는 마음
② = 수오지심(羞惡之心) : 불의를 보면 부끄러워하는 마음
③ = 겸양지심(謙讓之心) : 겸손하고 양보하는 마음
④ = 시비지심(是非之心) : 옳고 그름을 가리고자 하는 마음

12 다음 중 아곤(agon)에 대한 설명으로 가장 올바른 것은?

① 아곤은 일시적인 무아지경과 몰입의 상태를 즐기는 놀이이다.
② 아곤은 자신의 의지가 아닌 운에 맡기는 놀이로 복권, 마작 등이 있다.
③ 아곤은 특정한 인물을 따라하거나 모방하는 놀이로 연극에서 많이 나타난다.
④ 아곤은 공정한 룰에 의해 승패가 명확히 결정되는 까닭에 결과에 이의를 제기할 수 없다.

<정답> ④

① = 일링크스에 대한 설명이다.
② = 알레아에 대한 설명이다.
③ = 미미크리에 대한 설명이다.
④ = 아곤은 규칙 안에서 경쟁을 통해 승패를 결정하는 놀이이다. 스포츠는 아곤에 해당한다.

13 다음 중 아레테(arete)에 대한 설명으로 거리가 먼 것은?

① 아레테는 덕성(德性)과 아무런 관련이 없다.
② 스포츠는 신체의 아레테를 발휘하는 것이다.
③ 아레테는 사람과 사물의 기능과 밀접한 연관을 갖는다.
④ 아레테는 사람이나 사물이 가지고 있는 탁월성을 뜻한다.

<정답> ①

① = 아레테는 신체적 탁월성과 함께 인간의 가장 좋은 상태에 도달하는 덕(德)과 깊은 연관을 갖는다.

기 초 문 제

14 다음 중 스포츠의 승리추구에 대한 도덕적 설명으로 가장 올바른 것은?

① 스포츠의 승리추구는 도덕과 아무런 연관을 갖지 않는다.
② 스포츠의 승리추구는 승리에 의해 모든 과정을 정당화 한다.
③ 스포츠의 승리 추구는 그 자체가 목적인 내재적 선(善)이다.
④ 스포츠의 승리 추구는 돈, 명예 등의 외재적 목적을 위한 수단이 되어야 한다.

<정답> ③

① = 스포츠의 승리추구는 과정이 윤리적이어야 하기 때문에 도덕과 깊은 연관을 갖는다.
② = 스포츠의 승리추구는 과정의 윤리적 정당성을 가져야 한다.
④ = 스포츠의 승리추구는 외재적 목적의 수단이 될 수 없다.

15 스포츠맨십에 대한 설명으로 올바르지 않은 것은?

① 스포츠맨십은 그 자체로 이미 도덕의 범주이다.
② 스포츠맨십은 상대를 적대관계로 만드는 것이다.
③ 스포츠맨십은 경쟁의 전 과정에 최선을 다하는 것이다.
④ 스포츠맨십은 상대를 동일한 규칙에 참여한 인격체로 존중하는 것이다.

<정답> ②

② = 스포츠맨십은 상대를 적대관계가 아닌 순수한 경쟁관계로 보는 것이다.

16 좋은 스포츠 경기로 볼 수 없는 것은?

① 좋은 스포츠 경기는 미적인 감동을 전해 준다.
② 좋은 스포츠 경기는 윤리적 논란이 없어야 한다.
③ 좋은 스포츠 경기는 승자에게만 완결의 쾌감을 준다.
④ 좋은 스포츠 경기는 상대에 대한 존경을 불러일으킨다.

<정답> ③

③ = 좋은 스포츠 경기는 승자와 패자 모두에게 완결의 쾌감을 준다.

기 초 문 제

17 페어플레이에 대한 설명으로 가장 올바른 것은?

① 페어플레이는 승리를 위해 무시되어도 좋다.
② 페어플레이는 선수의 컨디션에 따라 달라져야 한다.
③ 페어플레이는 구체적인 행동 요령과 승리의 방법을 가르쳐 준다.
④ 페어플레이는 경기 중 선수가 지켜야 할 정정당당한 행위의 실천규범을 말한다.

<정답> ④

③ = 페어플레이는 구체적인 행동 요령이나 승리의 방법을 가르쳐 주지는 않는다.

18 승부조작의 비윤리성에 해당하는 것은?

① 신의의 원칙에 어긋난다.
② 공정성의 원칙에 어긋난다.
③ 결과의 불확정성이라는 스포츠의 본질을 훼손한다.
④ 스포츠는 승리의 쟁취가 목적이기 때문에 조작에 의한 목적 달성도 가능하다.

<정답> ④

④ = 승부조작은 승리의 의미와 가치를 부정하는 것으로 스포츠 자체의 존립을 훼손한다.

19 스포츠에서 성 평등을 이루기 위한 인식으로 가장 올바른 것은?

① 경쟁적인 스포츠는 여성에게 바람직하지 않다.
② 여성은 주로 여성다운 아름다움을 겨루는 종목에 참여해야 한다.
③ 운동 수행능력의 차이는 남성의 우월을 주장할 근거가 되지 못한다.
④ 남녀의 신체적 능력이 다르기 때문에 스포츠에서 성 평등은 이루어질 수 없다.

<정답> ③

③ = 운동 수행에서 드러나는 남녀 간 성취수준의 차이를 남성의 우월과 여성의 열등으로 해석해서는 안 된다.

기 초 문 제

20 스포츠의 인종차별에 대한 설명으로 옳지 않는 것은?

① 인종 차별은 경제적 빈곤, 피부의 색깔, 역사적 이유 등 다양한 형태로 나타난다.
② 인종에 근거한 농담은 위트와 기지를 발휘하는 것으로 인종차별에 해당하지 않는다.
③ 인종차별은 인간을 인종과 민족, 국적에 의해 구분하고, 배척하거나 혐오하는 것을 말한다.
④ 특정 인종과 국가가 다른 인종 혹은 국가보다 열등하거나 우월하다는 잘못된 믿음을 바탕으로 한다.

<정답> ②

② = 인종에 근거한 농담도 인종차별에 해당한다.

21 스포츠와 환경윤리의 관계로 적절하지 않은 것은?

① 스포츠에 의한 환경오염은 다음 세대에 큰 부담을 주지 않는다.
② 스모그 등의 환경오염은 스포츠 선수의 운동 수행에도 악영향을 미친다.
③ 현대스포츠는 자연환경을 이용하는 수요가 급증하여 생태계의 파괴를 가속화한다.
④ 대규모 스포츠시설 개발은 다른 지역에까지 피해를 입힘으로써 지역 간의 갈등을 조장한다.

<정답> ①

① = 스포츠에 의한 환경오염은 해당 세대뿐 아니라 다음 세대에까지 큰 부담으로 작용한다.

22 스포츠의 환경윤리 중 동물중심주의 윤리를 주창한 사람은?

① 밀
② 싱어
③ 칸트
④ 테일러

<정답> ②

② = 싱어는 고통을 느낄 수 있는 동물도 도덕적 고려의 대상이 되어야 한다는 동물중심주의 윤리학을 제창하였다.

기 초 문 제

23 생명중심주의 윤리가 제시한 환경문제 해결의 네 가지 의무에 해당하지 않는 것은?

① 신의의 의무　　② 불간섭의 의무　　③ 불이득의 의무　　④ 불침해의 의무

<정답> ③

③ = 생명중심주의 윤리가 제시한 4가지 의무는 불침해, 불간섭, 신의, 보상적 정의의 의무이다.

24 지속가능한 스포츠의 발달에 해당하지 않는 것은?

① 그린스포츠를 정착시킨다.
② 환경의 존중과 개발을 동시에 추구한다.
③ 인간중심주의와 자연중심주의 사이의 조화를 꾀한다.
④ 스포츠에 의한 자연개발은 모든 사람에게 유익한 것이므로 계속 추진되어야 한다.

<정답> ④

④ = 지속가능한 스포츠 개발은 자연환경에 최소한의 피해를 주는 범위 내에서 이루어져야 한다.

25 다음 중 동물스포츠의 형태가 다른 하나는?

① 경마　　② 승마　　③ 폴로　　④ 투우

<정답> ④

④ = 경마, 승마, 폴로는 동물과 선수의 호흡과 교감을 바탕으로 하나, 투우는 동물과 사람의 대결로 이루어진다.

26 동물실험의 윤리적 대안인 세 가지 R원칙에 해당하지 않는 것은?

① 순화(refine)　　② 축소(reduce)　　③ 재생(recycle)　　④ 대체(replace)

<정답> ③

① 순화(refine) : 동물의 고통이 적도록 실험을 순화해야 한다.
② =축소(reduce) : 한 실험에서 사용하는 동물의 수는 가능한 한 줄여야 한다.
③ = 재생은 세 가지 R원칙에 해당하지 않는다.
④ =대체(replace) : 가능한 한 비동물 실험으로 대체해야 한다.

기초문제

27 스포츠의 폭력성에 대한 설명으로 거리가 먼 것은?

① 스포츠는 공격욕구의 순치를 위해 만들어진 인간만의 독특한 문화이다.
② 스포츠는 원시적인 폭력의 충동과 정서를 배양하여 공격성을 한층 강화한다.
③ 스포츠에서 사용되는 과녁, 코트, 골대 등은 인간의 공격욕구를 해소하는 상징적 사냥감이다.
④ 스포츠의 중요한 요소인 투쟁과 경쟁은 인간의 폭력성과 공격성이 규칙에 의해 통제될 때 의미를 가진다.

<정답> ②

② = 스포츠는 원시적인 폭력의 충동과 정서를 배양하지만 동시에 이를 문화 속에 가두는 정당한 수단으로서의 이중적 성격을 갖는다.

28 스포츠의 관중폭력에 대한 설명으로 바르지 않은 것은?

① 관중 폭력은 개별성과 책임성을 갖는 구성원에 의해 일어난다.
② 선수 간의 신체적 접촉이 많이 일어나는 경기일수록 관중폭력이 증가한다.
③ 관중 폭력은 경기의 성격과 라이벌 의식, 배타적 응원 문화 등이 원인으로 작용한다.
④ 경기 중 선수의 폭력이 관중들의 동조의식을 불러일으켜 관중의 난동과 무질서한 폭력으로 발전한다.

<정답> ①

① = 관중 폭력은 개별성과 책임성을 갖지 않는 구성원이 집단행위에 민감해지는 몰개인화에 의해 일어난다.

29 다음 중 도핑을 금지해야 할 윤리적 이유에 해당하지 않는 것은?

① 공정성
② 평등성
③ 신체의 목적화
④ 인간의 존엄성

<정답> ③

③ = 도핑은 인간의 신체를 목적화 하는 것이 아니라 수단화 하는 것이다.

기 초 문 제

30 보기의 내용이 설명하는 것은?

> 2002년 세계도핑방지기구(WADA)에서 제안한 도핑방지 프로그램으로, 내생적 물질과 정교한 약물투여에 대항하기 위해 의학, 생체학, 과학적 그리고 통계적인 근거를 바탕으로 선수의 생체를 기록하여 고의적인 도핑을 막고자 도입한 프로그램

① 선수생체수첩 ② 금지목록국제표준
③ 세계도핑방지규약 ④ 스포츠도핑방지선언

<정답> ①

31 다음 중 스포츠 공학 기술의 윤리적 문제로 볼 수 없는 것은?

① 스포츠가 첨단기술의 경쟁으로 변질될 수 있다.
② 스포츠가 인간과 기계의 경합으로 변질될 우려가 있다.
③ 스포츠를 물리적으로 환원함으로써 정신적 요소를 경시할 수 있다.
④ 스포츠 선수가 기계의 조작인이 됨으로써 신체문화의 발달을 꾀할 수 있다.

<정답> ④

④ = 스포츠 공학 기술의 발달은 선수가 기계를 조작하는 사람으로 전락시켜 신체문화의 발달을 저해한다.

32 전신수영복의 착용을 금지해야 하는 이유로 바르지 않는 것은?

① 인간의 신체적 가능성을 증가시킨다.
② 기술도핑이라는 새로운 부정행위를 양산할 수 있다.
③ 기록의 가치를 떨어뜨려, 운동의 목적을 상실하게 한다.
④ 수영이 신체의 탁월성 보다 첨단 소재의 우수성을 경연하는 장으로 전락할 수 있다.

<정답> ①

① = 전신수영복은 첨단 소재의 개발을 장려하여 인간의 신체적 가능성을 가로막는다.

기초문제

33 다음 중 학교 운동부의 인권 침해 중 학습권 침해에 해당하는 것은 ?

① 방학 중 전지훈련을 실시한다.
② 대회의 개최를 학기 중에 실시한다.
③ 선수의 정신력 강화를 위해 체벌을 가한다.
④ 선수의 일상생활을 관리하기 위해 일기장을 점검한다.

<정답> ②

② = 학습권 침해는 훈련이나 대회를 위해 수업을 받을 학생의 기본 권리를 침해하는 것이다.

34 다음 중 운동부 폭력의 윤리적 문제로 볼 수 없는 것은?

① 부정적인 자아를 형성하게 만든다.
② 일반적 폭력의 해악에 대한 불감증을 유발한다.
③ 규율적인 운동부 문화를 확립하여 경기력 향상에 도움을 준다.
④ 목적에 의한 수단의 정당화를 용인하여 경기 중 폭력의 가능성을 높인다.

<정답> ③

③ = 운동부의 폭력이 경기력 향상에 도움을 준다는 과학적 근거는 없다.

35 다음의 보기와 가장 관련이 깊은 우리나라 학교 운동부의 정상화 정책은?

> 미국대학스포츠평의회(NCAA)는 학생선수의 학업 관리를 위해 고등학교 성적 2.0이상(만점:4.0)의 고등학교 선수에 대해서만 대학 선수 선발을 인정하고, C+이상의 학생에게만 대회출전 자격을 부여하고 있다.

① 최저학력제   ② 학생인권선언
③ 체육특기자제도   ④ 지도자 윤리강령

<정답> ①

① = 최저학력제는 학생선수가 도달해야 할 낮은 수준의 학력기준에서 시작하여 사전예고 하에 단계적으로 상향 조치하는 등의 방법을 통해 학생선수의 등록, 대회참가 및 상급학교 진학의 기준으로 최저학업기준인증을 두는 것을 제도화하는 정책이다.

기 초 문 제

36 지도자의 체벌이 갖는 영향으로 볼 수 없는 것은?

① 폭력의 고착화와 재생산
② 선수의 부정적인 자아정체성 형성
③ 지도자에 대한 신뢰와 유대의 강화
④ 폭력을 정당화하는 조직 규범의 수용

<정답> ③

③ = 지도자의 체벌은 선수의 지도자에 대한 신뢰와 유대를 약화 시킨다.

37 성폭력에 대한 지도자의 인식과 태도로 바르지 않는 것은?

① 사적인 만남을 요구하지 않는다.
② 불쾌감을 주는 성적 농담을 하지 않는다.
③ 지도를 위한 가벼운 신체접촉은 성폭력에 해당하지 않는다.
④ 훈련과 관계없는 밀폐된 공간에서의 개인 면담은 하지 않는다.

<정답> ③

③ = 지도를 위한 신체 접촉이더라도 그 경우를 최소화하고, 불가피할 경우 선수의 동의를 얻어야 한다.

38 스포츠 지도자의 패터널리즘(paternalism)에 대한 설명으로 가장 올바른 것은?

① 경쟁에서의 승리를 위해 선수를 수단화하는 것을 말한다.
② 학교 안에서 교사와 동등한 지위와 권한을 보장하는 것을 말한다.
③ 스포츠 지도자의 교육자로서의 책임과 권한을 보장해 주는 개념이다.
④ 부모와 자식 사이의 끈끈한 정에서 유래하는 것으로 선수에 대한 지나친 보호와 간섭을 말한다.

<정답> ④

④ = 온정주의로 번역되는 말로 선수에 대한 지도자의 감정이 부모와 흡사해져 교육자로서의 역할에 방해가 되는 개념을 말한다.

기 초 문 제

39 심판의 도덕적 조건으로 볼 수 없는 것은?
① 청렴성   ② 타율성   ③ 투명성   ④ 공평무사

 <정답> ②

② = 심판은 협회나 외부의 영향력으로부터 간섭받지 않고 스스로의 판단에 따라 판정을 내리는 자율성이 강하게 요구된다.

40 스포츠 경영자의 윤리의식과 거리가 먼 것은?
① 조직의 통합 유지   ② 조직의 임무와 역할 정의
③ 조직의 가치관의 증진 및 보호   ④ 효율적인 조직 관리를 위한 계파형성

<정답> ④

④ = 스포츠 조직을 경영하는 사람은 어떠한 경우에도 파벌과 계파를 형성해서는 아니 된다.